게토의 저항자들

게토의 저항자들

유대인 여성 레지스탕스 투쟁기

주디 버탤리언 지음 · **이진모** 옮김

책과함께

나의 할머니 젤다를 추모하며,
그리고 내 딸 젤다와 빌리를 위하여

세대를 넘어서 ⋯ 강하고 담대하라.

나치 정권에 저항했던 폴란드의 모든 유대인 여성들을 기리며

일러두기

- 이 책은 Judy Batalion의 *The Light of Days: The Untold Story of Women Resistance Fighters in Hitler's Ghettos*(William Morrow, 2021)를 우리말로 옮긴 것이다.
- 옮긴이가 덧붙인 해설은 〔 〕로 표시했다.
- 인명과 지명 등 고유명사는 국립국어원 외래어 표기법을 따르되, 기준이 명확하지 않을 경우에는 최대한 원어 발음에 가깝게 표기했다.

바르샤바, 흐느끼는 얼굴로

길모퉁이 무덤이 즐비한 도시

그녀는 적들을 이기고 살아남으리라.

그리고 여전히 한낮의 빛을 보리라.

— 바르샤바 게토 봉기에 헌정하는 노래.

게토 노래 경연대회에서 1등을 차지한 '기도회 A Chapter of Prayer' 중에서.

가사는 한 유대인 소녀가 사망하기 전에 쓴 것으로, 《게토의 여자들》(1946)에 수록되었다.

옮긴이의 말

이 책을 번역하자는 출판사의 제의를 듣고 잠시 망설였다. 문득 오래전 당시 뜨거운 논쟁 대상이던 다니엘 골드하겐의 《히틀러의 자발적 학살자들Hitler's Willing Executioner》에 대한 번역 제의를 받았을 때의 기억이 떠올랐다. 학살과 저항-학살자의 가공할 폭력과 영웅적인 저항의 서사-악마와 천사에 관한 극적 카타르시스. 이는 홀로코스트에 관한 한 내가 원칙적으로 거부하는 구도였기 때문이다. 가해자의 악마화나 피해자의 신성시는 모두 역사의 진실을 굴절시키는 정치적 유혹에 특히 약하다. 그래서 나는 가해자를 악마화하고 다른 모든 주체들에게 면죄부를 주는 골드하겐의 할리우드식 서사 대신에 가해자들의 학살 동기를 다각적으로 심층 연구한 크리스토퍼 브라우닝의 《아주 평범한 사람들The Ordinary Men》을 기꺼이 번역했다. 이후에도 홀로코스트는 가해자와 피해자뿐만 아니라 회색지대의 수많은 방관자가 함께 만들어낸 근대의 비극이라는 전체적인 프레임에서 결코 벗어나지 않으면서 각각의 세계를 진지하게 성찰해야 한다는 생각은 변하지 않았다. 주디 버탤리언의 《게토의 저항자들》은 과연 어떤 책일까? 만약 이 책이 게토의 여성 투사들을 신성시, 영웅시하는 서사라면? 조심스런 의문을 품고 책을 펼쳤다.

　유대인 여성사에 관심이 있던 버텔리언은 2007년 런던에 있는 영국 국립도서관에서 우연히 한 권의 책, 1946년 뉴욕에서 출간된《게토의 여자들》을 발견한다. 본인이 용맹한 유대인 여성의 롤모델로 생각하던 한나 헤네시에 관한 자료를 찾던 중이었다. 그런데 이 책에는 한나 헤네시 관련 내용은 별로 없고, 당시까지 전혀 알려지지 않은 젊은 여성 수십 명의 드라마틱한 저항 이야기가 가득 담겨 있었다.

　그러나 그들의 저항은 내가 상상했던 것보다 훨씬 규모가 크고 잘 조직되어 있었다. 내가 자라면서 배운 홀로코스트 내러티브와 비교하면 엄청난 저항이었다. (…) 나는 끊임없이 스스로에게 물었다. 왜 나는 이들의 이야기를 전혀 듣지 못했을까?

　버텔리언의 저항자 탐구는 이렇게 시작되었고, 그동안 잊혔던 폴란드 유대인 여성 투사들의 이름, 영웅적인 저항의 역사뿐 아니라 종전 후 그들이 겪은 고통의 유산이 이 책을 통해 세상에 살아 나오게 되었다. 역사 전공자가 아니라 폭넓은 독자층을 대상으로 집필되었지만, 이 책은 상당히 높은 연구사적 토대에서 풍부한 자료를 동원하며 폴란드 유대인의 역사, 폴란드 지역에서 행해진 유대인 저항의 역사를 여성사의 관점에서 비판적으로 보완하고 있다. 기존의 많은 연구가 극한적인 상황에서 나치의 폭력에 맞서 시도된 다양한 방식의 저항, 폴란드인과 유대인의 관계, 서로 다른 이데올로기의 충돌 등을 조명했다면, 이 책은 그동안 등한시해왔던 젠더의 시선이 담겨 있는 점을 높이 평가할 만하다.

　《게토의 저항자들》을 펼쳐 한 장 한 장 읽어가면서 나는 그동안 무지

했던 새로운 세상 속으로 빠져들었다. 대학살의 가련한 희생자로 "양같이 순하고 수동적"이라고 알려진 유대인이 펼친 다양한 저항 이야기, 그것도 10대 말~20대 초의 유대인 여성들이 폴란드인으로 위장하고, 신분증을 위조하고, 자신들이 발간한 지하 간행물을 전달하고, 권총을 빵 속에 숨겨 나르고, 화염병과 폭탄을 제조하고, 실제 전투에 가담한 생생한 이야기들, 처절했던 당시의 투쟁을 낱낱이 증언하고 있었다. 전율이 일었다. 영국 국립도서관에서 《게토의 여자들》을 읽어 내려가며 지은이 버탤리언이 제기했던 질문, 그녀가 이 책을 집필하게 된 결정적인 계기가 바로 이것이었다. 왜 우리는 이렇게 놀라운 투쟁 이야기를 지금까지 한 번도 들은 적이 없을까?

반反나치 레지스탕스를 언급할 때면 무엇보다 나치 점령기 프랑스인들의 영웅적인 투쟁을 소재로 한 〈철로 전투〉(1946)와 같은 프랑스 영화가 떠오른다. 영웅적인 레지스탕스 서사가 종전 후 나치 협력이라는 수치스런 과거를 축소·은폐하고 프랑스의 정체성을 새롭게 구축하려는 이른바 '신화'였다는 사실이 국내에 알려진 것은 그리 오래지 않다. 유대인 집단 거주 구역을 의미하는 게토에서 전개된 무장 투쟁도 우리에게 어느 정도 알려져 있다. 로만 폴란스키 감독의 영화, 아름다운 음악으로 무자비한 폭력에 저항하는 한 예술가를 그린 〈피아니스트〉에 등장하는 바르샤바 게토 봉기(1943년)가 그것이다. 게토는 막강한 독일군의 화력에 결국 불바다, 초토화가 되고 수많은 투사들이 학살되고 말았지만 "양순하게 도살장으로 끌려가지 않으려는 유대인의 강력한 저항 의지"를 상징하는 사건으로 역사에 기록되었다. 모범적인 과거사 청산을 상징하는 역사적인 장면도 있다. 바르샤바 게토 봉기의 희생자를 추모하는 위령비 앞에 무릎 꿇은 전 독일 수상 빌리 브란트의 모습이다. 굴욕적이라는 보수

진영의 비판을 받기도 했지만, 그는 나치의 가공할 폭력에 무참하게 희생된 수많은 폴란드 유대인의 죽음을 생각하니 도저히 무릎을 꿇지 않을 수 없었다고 토로한 바 있다.

《게토의 저항자들》에서 버텔리언이 젠더라는 렌즈로 들여다본 게토 유대인들의 저항의 세계, 특히 여성들이 적극적으로 활동한 저항의 세계는 매우 다양하고 변화무쌍한 모습이었다. 지하 소식지 발간과 저항 계획 수립부터, 무기를 포함한 물자 밀수, 협상, 위장, 거짓말, 은신, 보호, 급식소 운영, 상호 연결망 유지, 그리고 화염병 투척과 무장 전투에 이르기까지. 이러한 저항에 참가한 폴란드 유대인 여성들은 대개 젊었고 10대도 많았다. 젊음은 여성이 지하투쟁에 참여하는 것을 촉진하는 요인이었다. 버텔리언은 그들이 각자 다양한 배경을 가지고 있으며, 가족의 종교적 배경, 사회적 지위 및 거주지가 여성들이 2차 세계대전 와중에 새로운 역할을 맡는 데 어떻게 영향을 미쳤는지 설명한다. 당시 여성 저항자의 심리 상태를 구성하는 요소가 무엇인지는 이 책 전반에 펼쳐져 있지만, 이 여성 저항자들을 만든 가장 중요한 요소는 그들이 이미 전간기부터 폴란드에서 유대인 청소년 그룹에 가입하고 활발하게 활동했던 구성원이었다는 사실이다. 그들이 맞닥뜨린 믿을 수 없는 비극적 현실은 그들을 청년 문화 운동가에서 레지스탕스 투사로 변모시켰다. 두말할 필요 없이 나치에 저항한 유대인 여성 레지스탕스는 급진적인 여성만 가담한 페미니스트 미션이 아니었다. 대개의 경우 남성들이 리더였고 전투 지휘관이었지만 유대인 남성은 갖추지 못하는 위장 능력, 즉 유대인이 아닌 척할 수 있는 능력 덕분에 여성들은 연락책으로서 아주 적합했고, 그래서 "저항운동의 신경 중추" 역할을 수행했다.

저항운동에 대한 트랜스내셔널한 관점도 흥미롭다. 이동성의 개념은 투사들의 개인사 또는 이 책을 구성하는 더 큰 차원의 내러티브와 얽혀 있다. 전쟁 전 여성 저항자들의 활동을 다룬 역사에서 전쟁 당시의 역사, 그리고 전후戰後의 역사로 계속 이동하면서, 버탤리언이 서술하는 저항자들의 활동 무대도 다양한 지역으로 옮겨간다. 결과적으로 버탤리언은 홀로코스트 연구에서 다소 소외된 폴란드 지역, 즉 벵진과 카토비체와 같이 독일 제국에 합병된 서부 지역으로 관심을 돌리게 된다. 그리고 바르샤바, 크라쿠프, 빌나, 그로드노 등에서 유대인 여성들이 펼친 활동에도 주목한다. 이렇게 저항운동의 공간을 지리적으로 확대하면서 유대인들이 구축한 다양한 네트워크, 유대인 운반책들이 활용했던 잘 조직된 네트워크의 존재를 밝혀나간다. 또한 버탤리언은 유대인 여성 투사들의 활동을 서술하면서 지리적으로 전간기 폴란드 영토를 넘어서게 된다. 국경을 넘어서는 트랜스내셔널 역사가 되는 것이다. 이러한 측면에서 주목할 부분 중 하나는 유대인을 독일 점령지인 폴란드에서 슬로바키아로 밀수하는 작업인데, 여기서 이 구조 작업을 일종의 저항으로 볼 수 있는지에 대한 토론이 제기된다.

버탤리언은 나치 점령과 게토 작전 당시 폴란드인과 유대인의 관계라는 다소 민감한 주제도 그냥 지나치지 않는다. 그녀가 볼 때 그것은 두려움, 협박, 배신, 밀고, 그리고 죽음에 대한 이야기다. 버탤리언이 전하는 이야기의 주인공인 유대인 여성들과 저항운동에 가담한 레지스탕스 동지들은 유대인이 아닌 지인, 이웃, 낯선 사람들로부터—그들이 기성세대든지, 청년세대든지 구별 없이—위협에 직면했다. 폴란드인과 유대인의 관계를 보여주는 구체적인 사례에서 놀라운 것은 이들 유대인 여성 투사들이 유대인들의 생명을 구하기 위해 고군분투하면서 느꼈을 외로움의 깊이다. 거짓 신분으로 위장한 채 살아남기 위해서 유대인 여성들은 폴란드 사회에 완전히 스며들어가야 했다. 그러자, 그들은 매일매일 일상 속에서 반유대주의에 접하게 되었다. 이러한 상황은 당시 폴란드인들이 유대인에게 보여준 지배적인 행동은 구조와 협력이 아니었다는 것을 확인시켜준다. 결과적으로 이 책은 홀로코스트 기간 동안 폴란드 사람들이 선택한 길과 행동에 대한 일반적이고 정치화된─폴란드인들은 유대인 박해와 전혀 무관하다는─서사에 도전한다. 물론 일부 폴란드인은 유대인들에게 공감을 표시하고, 자신이 가진 물자를 제공해주고, 자신과 가족의 위태로움을 감수하면서까지 유대인을 돕기도 했지만 말이다.

주요 여성 저항자들의 생사를 넘나드는 드라마틱한 저항 스토리를 생생하게 재조명해낸 이 책의 마지막 부분은 안타깝게도 "살아남은 자들의 고통" 이야기이다. 생존자들과 레지스탕스 투사들은 종전 후 외부 세계가 그들이 겪은 험난한 이야기에 주목하기는커녕 침묵한다는 사실, 그리고 살아남은 자의 죄책감 등으로 극심한 심리적 고통을 겪는다. 전후戰後 폴란드는 반유대주의가 만연한 '거친 서부'였다는 비판적 인식도 사실상 과장이 아니었다.

"우리는 죽음의 공포에서 벗어났다. 그러나 우리는 여전히 공포 속에서 일상을 살고 있다."

끝으로 버탤리언은 왜 여성 투사들의 저항기가 눈에 잘 띄지 않게 되었는지, 간혹 어디서 발견된다 해도 왜 거기엔 남성의 관점이 뚜렷하게 녹아있는지를 치열하게 파고든다. 그리고 궁극적으로 과거 여성 저항자들과 그들의 기억이 전쟁 후 신생 국가 이스라엘에서 어떻게 받아들여졌는지, 정치적으로 어떻게 이용되었는지를 날카롭게 비판한다. 또한 간혹 여성들의 영웅적 저항의 이야기를 다룰 때조차 그 이야기는 오랜 세월 지배해온 내러티브─아름답고 젊은 여성이어서 성공했다는 식의─에서 벗어나지 못하고 있다는 사실, 그리고 이 여성들이 자신들의 내면세계에서 과거 끔찍했던 전쟁에 대한 기억이나 후유증과 어떻게 계속 씨름했는지에 집중되어 있다는 사실을 신랄하게 지적한다.

이 책을 덮으며 나는 자칫 감상적으로 흐를 수 있었던 폴란드 여성 유대인들의 투쟁 이야기가 홀로코스트라는 거대한 서사 안에서, 앞서 서술한 바와 같은 다각적인 분석 틀과 함께 적절하게 균형을 유지하면서 조명되고 있다는 확신을 갖게 되었다. 홀로코스트는 여전히 그 어느 주제보다 더 신중하고 다층적으로 접근해야 하는 역사다. 가해자, 피해자, 방관자, 그리고 각 진영 속의 무수한 회색인들이 함께 만들어낸 근대의 비극이다. 프리모 레비가 "이것이 인간인가?"라는 피 끓는 절규와 함께 알려준 피해자의 세계, 그리고 브라우닝이 알려준바, 아주 평범한 사람들이 잔인무도한 학살자가 되어가는 과정에 대한 분석적 성찰에 이어, 이제 유대인들의 저항, 그것도 젊은 여성 투사들의 치열한 투쟁 이야기를 구체적으로 들여다보고, 그들의 이야기가 오랫동안 잊혔던 다양한 이유와 함께 국내 독자들에게 들려줄 때가 되었다는 결론, 이것이 번역에 나서게 된 동기다.

젠더를 비롯한 다양한 문제의식으로 읽는 이의 시선을 사로잡는 이 책 《게토의 저항자들》은 여기서 언급된 여성 저항자들에 대한 관심을 불러일으킬 뿐 아니라, 아직도 알려지지 않은 또 다른 인물들을 찾아보게 만드는 보이지 않는 힘을 가지고 있다. 우리의 치열한 항일운동사 속에서도 이와 같이 알려져야 할 이야기가 있지 않을까.

서론
전쟁 도기

영국 국립도서관 열람실은 고서에서 풍기는 매캐한 먼지 냄새로 가득했다. 나는 조금 전 열람을 신청해서 내 책상 위에 놓여 있는 여성사 책 더미를 응시했다. 속으로 '그렇게 많은 건 아니야'라고 주문을 외면서. 맨 밑에 있는 책은 가장 낯선 책이었다. 두껍고 제본이 많이 닳은 상태였으며, 가장자리가 노랗게 보존 처리된 푸른색 표지의 책. 사실 그것은 책이라기보다는 가느다란 활자로 인쇄된 200장의 종이 묶음이었다. 게다가 이디시어, 언젠가 배운 적이 있지만 15년 넘게 사용하지 않은 낯선 언어로 쓰인 글이었다.

　나는 그 책을 펼쳐보지도 않은 채 책 더미에 다시 올려놓을 뻔했다. 그런데 왠지 읽어야만 할 것 같은 압박감이 느껴졌다. 그렇게 몇 페이지를 훑어보았고, 그러다가 조금씩 더 읽어나가기 시작했다. 나는 이 책이 아마도 따분한 얘기일 거라고, 그리고 여성의 힘과 용기에 대한 찬양 위주의 애도이거나 따분하게 칭송하기만 하는 내용이거나 애매한 탈무드식 토론이 주된 내용일 거라고 예상했다. 그런데 그런 내용이 아니었다. 여성들, 사보타주, 소총, 위장, 다이너마이트 등이 등장하는 이야기였다.

마치 한 편의 공포영화를 발견한 것 같았다.

과연 이 이야기들이 사실일까?

나는 혼란에 빠졌다.

＊

나는 그동안 강인한 유대인 여성들을 연구해왔다.

2000년대 초, 20대였던 나는 런던에 살면서 낮에는 미술사가로, 밤에는 희극배우로 활동했다. 그런데 내가 가진 유대인이라는 정체성은 이두 분야에서 이야깃거리가 되었다. 유대인으로서 내가 가진 외모와 습성에 대해 공정하지 않게 묘사하는 표현, 받아들이기 어려울 만큼 부정적인 평가가 여기저기서 나왔는데, 이는 연구자들, 갤러리스트, 동료 연기자, 프로듀서 할 것 없이 모두 마찬가지였다. 나는 점차 유대인 정체성을 아무렇지 않게 드러내는 것이 영국인들에게 거슬린다는 사실을 깨닫기 시작했다. 나는 유대관계가 아주 끈끈한 캐나다의 유대인 공동체에서 자랐고 미국 북서부에서 대학을 다녔다. 어느 곳에서도 내가 가진 유대인 배경은 특별히 눈에 띄는 것이 아니었다. 그래서 사적 영역에서든 공적 영역에서든 내가 어떻게 보일지 신경 쓰지 않고 살았다. 그러나 영국에 온 후 현지인들과 '다른', 유대인이라는 나의 정체성은 문제에 부딪혔다. 이전처럼 살 수 없게 된 것이다. 이런 주장이 좀 성급하고 불쾌할지 모르겠다. 그러나 나는 나 자신이 처한 새로운 상황을 파악하게 되면서 자의식이 마비되는 듯한 충격에 빠졌다. 그리고 이 문제를 어떻게 해결해야할지 자신이 없었다. 무시할까? 웃어넘길까? 조심하는 게 좋을까? 미온적으로 반응해야 할까, 아니면 예민하게 반응하는 것이 좋을까? 유대인의 정체성을 숨기고 두 가지 모습으로 살아가야 하나? 아니, 아예 영국을 떠나야 하나?

나는 이 문제를 해결하는 데 도움을 얻기 위해 예술 활동과 연구로 눈길을 돌렸다. 나는 유대인 여성의 정체성과 세대를 이어온 트라우마가 남긴 감정적 유산에 관한 극본을 썼다. 용맹했던 유대인 여성에 관한 나의 롤모델은 한나 세네시Hanna Senesh였다. 그녀는 2차 세계대전 당시 레지스탕스에 참가했던 몇 안 되는 여성 가운데 한 명으로 역사에 이름을 남긴 인물이었다. 어렸을 때 나는 유대계 일반 학교에 다녔는데 그 학교의 설립 철학은 폴란드 유대인 운동에 뿌리를 두고 있었다. 거기서 우리는 히브리어 시와 이디시어 소설을 배웠다. 5학년 때 우리는 팔레스타인에 살던 스물두 살의 젊은 여성 한나가 어떻게 나치에 맞서 싸우는 영국 낙하산 부대에 합류했는지를 배웠고, 레지스탕스를 지원하기 위해 유럽으로 돌아갔다는 사실도 알게 되었다. 그녀는 저항운동에서 실질적인 성과를 거두지는 못했지만, 많은 젊은이들에게 용기를 북돋아주는 데는 성공했다. 그녀는 처형되면서도 눈가리개를 거부하고 자신을 향한 총부리를 똑바로 응시하겠다고 고집했다. 한나는 진실을 정면으로 마주했고, 자신의 신념을 위해 살다가 죽었으며, 자신이 유대인이라는 사실을 자랑스럽게 공개했다.

2007년 봄, 나는 런던에 있는 영국 국립도서관에서 세네시에 관한 정보를 뒤적이며, 그녀의 성격에 대한 세밀한 논의를 조사하고 있었다. 그런데 그녀에 관한 책이 많지 않다는 사실을 알게 되었고, 그래서 그녀의 이름이 언급된 다른 자료들도 주문했다. 그중 한 권은 이디시어로 쓰여 있어서 그냥 반납할 뻔했다.

다행히도 나는 그 책, 1946년 뉴욕에서 출간된 《게토의 여자들Women

in the Ghettos》을 집어들었다.' 그리고 한 장 한 장 넘기기 시작했다. 185쪽 분량의 앤솔러지에서 한나 세네시는 마지막 장에서나 언급되었을 뿐이다. 170쪽까지는 주로 폴란드 게토 내부에서 반나치 투쟁에 참가했던 알려지지 않은 수십 명의 젊은 여성들의 이야기로 채워져 있었다. 이들 '게토의 여자들'은 돈으로 나치 경비병을 매수하고, 빵 덩어리 속에 권총을 숨기고, 지하 벙커 구축을 도왔다. 그들은 나치를 유혹하고 포도주, 위스키, 패이스트리로 매수하고, 은밀하게 숨어 있다가 총으로 쏘아 죽였다. 그들은 모스크바 공산정권을 위한 비밀정보원 임무를 수행했으며, 가짜 신분증을 만들고 지하에서 작성된 전단을 유포했다. 그들은 유대인들에게 어떤 일이 벌어지고 있는지 그 진실을 전하는 사람들이었다. 그들은 환자를 돌보고 어린이들을 교육했다. 그들은 독일 철도를 폭파하고 빌나 [리투아니아의 옛 수도]의 전력 시설을 파괴했다. 그들은 비유대인 복장을 하고 바르샤바의 아리아인 구역에서 하녀로 일하며, 유대인이 하수도와 굴뚝을 통해 게토에서 탈출하는 것을 도왔다. 이를 위해 벽에 구멍을 뚫기도 했고 지붕 위를 기어가기도 했다. 그들은 사형 집행자들에게 뇌물을 주었고, 지하에서 전파되는 라디오 공지문을 썼다. 이런 식으로 유대인 집단의 사기를 진작시켰고, 폴란드 지주와 협상했으며, 게슈타포를 속여 짐 안에 무기를 숨겨서 실어 날랐다. 또한 그들은 나치 그룹 내부에 비판적인 성향을 가진 사람들의 조직이 형성되도록 유도했다. 지하 저항 운동의 행정 업무도 대부분 그들의 몫이었다.

나는 수년간 유대인 학교에 다녔지만, 이런 이야기는 한 번도 들어본 적이 없었다. 그런데 이 여성들의 일상적이면서 비범한 전투 활동에 관한 세세한 기록은 정말 놀라웠다. 나는 얼마나 많은 유대인 여성들이 레지스탕스에 뛰어들었으며, 얼마나 적극적으로 활동했는지는 전혀 모르고 있었다.

　이 책에 실린 이야기 자체가 내게 감동을 준 것은 아니었다. 그보다 그들은 내가 자신의 역사를 이해하는 방식을 완전히 바꿈으로써 내 마음을 흔들어놓았다. 나는 홀로코스트에서 생존한 한 폴란드 유대인 가정에서 태어났다. 나의 할머니 젤다(나의 첫째 딸과 이름이 같다)는 레지스탕스에 가담해 싸우지는 않았다. 할머니가 게토에서 탈출하면서 겪은 성공적이지만 비극적인 스토리는 생존에 대한 나의 이해 방식에 뚜렷하게 영향을 주었다. 튀어나온 광대뼈와 오므라든 코 때문에 유대인처럼 보이지 않던 할머니는 독일군에게 점령된 바르샤바를 탈출했다. 강을 헤엄쳐 건넜고 수녀원에 숨었으며, 시각장애인으로 드러난 나치에게 추파를 던져서 동부 지역으로 오렌지를 운반하는 트럭을 타고 이동한 뒤, 마침내 러시아 국경을 넘는 데 성공했다. 그렇게 천신만고 끝에 목숨을 건졌지만, 아이러니하게도 강제로 시베리아의 노동수용소로 보내졌다. 이렇듯 나의 할머니는 소처럼 강인했지만, 바르샤바에 남아 있던 부모, 그리고 네 자매 가운데 세 명을 잃었다. 내가 학교에서 돌아오면 할머니는 오후에 나를 돌보면서 이 끔찍한 이야기를 들려주었다. 그럴 때 할머니의 눈은 두려움과 눈물로 가득했다. 내가 살던 캐나다 몬트리올의 유대인 공동체에는 홀로코스트 생존자 가족이 많았다. 우리 가족과 이웃의 가족들은 서로 비슷한 고통과 아픔의 역사를 갖고 있었다. 이런 역사와 환경으로 인해 내 유전자—신경정신 과학자들이 최근 주장하듯이 다소 변형되기는 했지만—는 트라우마로 각인되었다. 나는 부당한 괴롭힘과 두려움의 오라 속에서 성장한 것이다.

　하지만 여기, 《게토의 여자들》에는 전시戰時 여성들에 관한 다른 버전의 이야기가 쓰여 있었다. 나는 이 책을 읽고 커다란 충격에 휩싸였다.

이 책에는 맹렬하고 의연하게 행동한 여성들이 등장했다. 때로는 폭력을 불사하면서까지 은밀하게 물자를 운반하고, 비밀 정보를 수집하고, 사보타주를 조직하고, 전투에 가담하기도 했다. 그들은 자신들이 뿜어낸 불꽃에 자부심을 갖고 있었다. 그들은 연민을 구하지 않았으며, 적극적인 용맹함과 대담함을 보여주었다. 때론 굶주리고, 때론 고문을 받았지만, 게토의 여성들은 용감하고 당당했다. 그들 가운데 몇몇은 탈출할 기회가 찾아왔을 때도 탈출하지 않았다. 몇몇은 탈출했다가 다시 돌아와 전투에 가담하는 길을 선택했다. 지금까지 할머니는 나의 영웅이었다. 하지만 만일 할머니가 바르샤바에 남아 투쟁하기로 결정했다면 어떻게 되었을까? 그리고 이런 질문이 나를 떠나지 않았다. 나라면 그런 상황에서 어떻게 행동했을까? 투쟁에 가담했을까, 아니면 도피를 택했을까?

✳

처음에는《게토의 여자들》에서 언급된 수십 명의 여성 투사들의 이야기가 당시 여성들이 펼친 레지스탕스 활동의 전부라고 상상했다. 그런데 내가 이 주제를 건드리자마자 이곳저곳에서 많은 여성 투사들의 범상치 않은 이야기가 꿈틀거리며 밖으로 나왔다. 문서고에서, 도서관 카탈로그에서, 그리고 자기 가족의 이야기를 내게 이메일로 보내준 낯선 사람들에게서. 나는 작은 출판사에서 나온 여성 투사들의 회고록과 전기를 발견했으며, 1940년대부터 지금까지 폴란드어, 러시아어, 히브리어, 이디시어, 독일어, 프랑스어, 네덜란드어, 덴마크어, 그리스어, 이탈리아어, 영어로 작성된 수백 개의 증언도 발견했다.

홀로코스트 연구자들은 그동안 어떤 행위를 유대인 저항운동으로 '규정'할지에 대해 토론을 거듭해왔다.[2] 많은 연구자들은 유대인 저항운동의 개념을 매우 광범위하게 규정한다. 즉 유대인의 인간성을 확인시켜준 모든 행위, 그리고 의도적인 저항은 아니지만 단순히 살아남기 위해서라도 나치의 정책이나 이데올로기에 맞섰던 모든 연대와 협력 행위를 저항으로 본 것이다. 반면 다른 연구자들은 저항의 개념을 이렇게 광범위하게 적용할 경우, 나치 정권에 맞서기 위해 목숨을 걸었던 사람들을 상대적으로 폄하하게 되며, 저항과 유연한 적응 사이에는 근본적인 차이가 있다는 사실을 희석시킨다고 비판한다.

이 연구의 중심을 이루는 폴란드의 유대인 여성 가운데서 내가 발견한 저항 행위는 그 범위가 매우 넓었다. 다량의 다이너마이트를 터뜨리는 것과 같이 복잡한 계획 세우기와 치밀한 사전 숙고에서 어쩌면 코미디처럼 보일지 모르지만 옷차림, 변장, 나치의 품에서 아양을 떠는 행위를 포함한 임기응변적인 많은 행위에 이르기까지. 많은 여성 투사들의 목표는 유대인을 구조하는 것이었다. 또 어떤 이들에게는 죽음을 불사하면서까지 자신의 존엄함을 유산으로 남기는 것이 목표였다. 《게토의 여자들》은 여성 게토 투사들의 행위, 즉 유대인 청소년운동에서 태동했으며 게토에서 진행되었던 지하 저항운동을 인상적으로 부각시켰다. 이들 젊은 여성들은 전투원이었고, 지하에서 은밀하게 유포된 전단지의 편집자였으며, 사회활동가였다. 특히 작전의 심장부에서 활동하는 연락책의 다수가 젊은 여성이었다. 그들은 비유대인으로 변장해 봉쇄된 게토와 마을 사이를 오가면서 은밀하게 사람과 현금, 문서, 정보, 무기 등을 운반했다. 이 가운데 다수는 그들이 직접 확보한 것이었다.

젊은 여성들은 게토에서 투사의 역할을 수행하기도 했지만, 숲지대로 도피해서 파르티잔에 합류한 후 사보타주에 참가하거나 첩보원 임무를 수행하기도 했다. 어떤 저항 행위들은 '조직되지 않은' 일회성 행위였다. 폴란드의 몇몇 유대인 여성들은 타국의 레지스탕스 그룹에 가담한 반면, 다른 여성들은 폴란드 지하단체에서 활동했다. 폴란드의 유대인 여성들은 동료 유대인들의 은신 또는 탈출을 돕는 구조 네트워크를 구축했다.[3] 또한 그들은 자신의 정체성을 숨긴 채 유대인 책자를 배포하고, 운반 도중에 두려움을 잊기 위해 농담을 하고, 혹한에 체온을 유지하기 위해 막사의 동료를 끌어안고, 고아들을 위한 무료 급식소를 운영하는 일 등을 통해 도덕적·정신적·문화적 저항을 했다.[4] 이 마지막 행위, 즉 무료 급식소 운영은 때로는 불법적이지만 조직적으로 공공연하게 이루어졌다. 물론 개인적으로 은밀하게 이루어진 경우도 있었다.

연구가 몇 달 동안 이어지면서, 나는 보물 같은 귀한 자료들을 얻었지만 동시에 심각한 도전에 직면했다. 나는 상상했던 것 이상으로 놀랄 만한 레지스탕스 스토리를 수집할 수 있었다. 그런데 과연 내가 이 자료들을 제대로 요약·정리하고, 주요 인물들을 선택할 수 있을까?

고심 끝에 나는 직관을 따르기로 했다. 즉 유대인 청소년운동인 프리덤Freedom(드로Dror)과 영가드The Young Guard(하쇼머 하차이르Hashomer Hatzair) 출신인 게토의 여성 투사들에게 초점을 맞추어 여성 레지스탕스를 연구하기로 마음을 굳힌 것이다. 《게토의 여자들》에서 핵심이자 가장 분량이 긴 글은 '레니아 K.'라는 서명을 남긴 연락책이 쓴 것이다. 나는 진심으로 그녀에게 매료되었는데 그녀가 가장 잘 알려지고 전투적이고 카리스마를 가진 리더였기 때문이 아니라 오히려 정반대 이유에서였다. 레니아는 이상주의자도 아니고 혁명과도 거리가 먼 중산층 가정의 소녀였다. 그녀는 갑작스럽게 저항운동에 뛰어들었다. 끝나지 않는 악몽 속에 있는 자신을 발견했던 그녀는 어찌 보면 요령을 부릴 줄 아는 여성이었다. 그녀는 위기에 직면했을 때도 정의감과 분노에 가득 찬 채 수완을 발휘했다. 경계선을 넘나들며 수류탄을 훔쳐서 몰래 게토로 들여온 놀랄 만한 이야기들, 그리고 그녀가 수행한 위장 임무에 대한 상세한 묘사를 읽으며 나는 그녀에게 매료되었다. 스무 살의 나이에 레니아는 나치 치하에서 5년 동안 경험한 일들을 평온하고 성찰적인 에세이로 기록했는데, 등장인물들의 성격 묘사는 신속하고 간명했다. 그녀는 자신이 받은 인상을 솔직하게, 심지어 재치까지 보이며 생생하게 서술했다.

나는 레니아의 이야기가 원래는 폴란드어로 쓰였다가 1945년 팔레스타인에서 히브리어로 출간된 회고록에서 발췌된 것이라는 사실을 나중에야 알게 되었다.[5] 그녀의 책은 한 개인이 홀로코스트를 처음부터 끝까지 겪고 글로 남긴 최초의 기록들(어떤 이들은 첫 번째 기록이라고 말한다)가운데 하나였다.[6] 1947년엔 뉴욕 시내에 있는 한 유대인 출판사에서 저명한 번역가가 소개의 글을 쓴 영어본을 출간했다.[7] 그러나 이 책과 거기 담긴 세계는 곧 잊히고 말았다. 나는 그저 연구자들이 쓴 논문의 각주에서나 그녀의 이름을 발견했을 뿐이다. 나는 이제 이 책을 통해 놀라울 정도로 용감한 행적을 남긴 이 여성을 감싸고 있던 덮개를 벗겨냄으로써 그녀의 이름을 각주에서 본문으로 올려놓으려 한다. 여기서 나는 레니아의 스토리와 함께 다른 지하운동 출신으로 다양한 임무를 수행했던 폴란드 유대인 레지스탕스 투사들의 이야기도 엮어 넣었다. 이 모든 것은 그 여성들이 용기 있게 활동한 분야가 얼마나 광범위했는지를 낱낱이 보여주기 위해서다.

✲

유대인 설화는 약자가 승리하는 이야기로 가득하다. 다윗과 골리앗, 이집트의 파라오를 감질나게 괴롭혔던 이스라엘 출신 노예들, 그리스 제국을 무너뜨린 마카베오(이스라엘의 마지막 왕조)의 형제들 등등.

하지만 이 책은 그런 이야기가 아니다.

군사적 성과나 나치에게 입힌 피해, 구출한 유대인의 수라는 측면에서 볼 때 폴란드 유대인 레지스탕스가 거둔 성과는 미미했다.[8]

그러나 그들의 저항은 내가 상상했던 것보다 훨씬 규모가 크고 잘 조직되어 있었다. 내가 자라면서 배운 홀로코스트 내러티브와 비교하면 엄청난 저항이었다. 자그마치 90개가 넘는 동유럽의 게토에서 유대인들이 무장 지하투쟁을 벌였다.[9] '소규모 작전'과 봉기가 바르샤바뿐 아니라 벵진, 빌나, 비아위스토크, 크라쿠프, 르부프, 쳉스토호바, 소스노비에츠, 타르누프에서도 발생했다.[10] 아우슈비츠, 트레블링카, 소비부르를 포함해서 적어도 다섯 군데나 되는 주요 집단수용소와 죽음의 수용소뿐 아니라 18개 강제노동수용소에서도 유대인의 무장봉기가 발생했다.[11] 3만 명의 유대인들이 숲지대에서 활동하던 파르티잔 부대에 합류했다.[12] 여러 유대인 네트워크들이 바르샤바에 숨어 사는 1만 2천 명의 동료 유대인들을 재정적으로 지원했다.[13] 이 모든 행동은 일상적인 저항 행위를 보여주는 수많은 사례들과 동시에 이루어졌다.

나는 끊임없이 스스로에게 물었다. 왜 나는 이들의 이야기를 전혀 듣지 못했을까? 왜 나는 모든 형태의 저항에 가담하고 때로는 그 저항을 주도했던 수백 수천의 유대인 여성들에 대해 한 번도 들은 적이 없단 말인가? 왜 《게토의 여자들》은 홀로코스트 관련 도서 목록에서 고전이 되기는커녕 제목조차 들어본 적이 없을까?

이 문제를 탐구하면서 나는 많은 개인적·정치적 요인들이 홀로코스트 내러티브에 영향을 주었다는 사실을 알게 되었다. 우리의 집단기억은 레지스탕스에 대해 강한 거부감을 갖고 있었다. 침묵은 자의식이 동요하고 권력이 이동할 때 이에 맞서는 수단이며, 폴란드와 이스라엘, 북아메리카에서 수십 년간 각기 다른 방식으로 작동했다. 침묵은 상황에 대처하는 수단이자 생존을 위한 기술이기도 했다.

스토리텔러들이 대세를 거슬러 가며 레지스탕스 이야기를 소개했을 때조차 여성들은 거의 주목받지 못했다.[14] 일부 스토리텔러들이 자신들이 쓰는 이야기에 여성들을 포함한 유별난 경우에도, 여성들은 홀로코스트에 관한 전형적인 내러티브의 틀 안에서 묘사되었다. 2001년에 바르샤바 게토를 다루어 크게 주목받은 TV 영화 〈봉기Uprising〉에 여성 투사들이 등장했지만, 잘못된 관행을 벗어나지 못했다. 다시 말해 여성 레지스탕스 리더들은 '주인공의 여자친구'와 같이 별로 중요하지 않은 인물로 나왔다. 유일한 여자 주인공인 토시아 알트만은 겁 없이 무기를 숨겨 들어오지만 부끄러움을 타는 예쁘장한 소녀로 묘사되었다. 그녀는 병든 아버지를 돌보다가 다른 사람들에게 떠밀려서 레지스탕스 활동에 뛰어들게 되는데, 이 모든 일은 눈이 휘둥그레진 상태에서 조용하게 이루어진다. 그런데 현실에서 토시아는 전쟁이 발발하기 전부터 청소년 단체인 영가드의 리더였다. 그녀의 전기작가는 토시아가 "까칠한 매력녀"이며 "자유분방한 여성"이었음을 강조한다.[15] 그런데 그녀에 관한 뒷이야기를 다시 쓰면서 영화는 그녀의 성격을 왜곡하는 정도가 아니라 그녀를 창조한 유대인 여성 교육과 훈련, 직업 등의 전체 세계를 아예 삭제해버린다.

두말할 필요도 없이 폴란드에서 나치에 저항한 유대인 레지스탕스는 급진적인 여성만 가담했던 페미니스트 미션이 아니었다. 남성들이 투사이자 리더였고 전투의 지휘관이었다. 그러나 여성들은 그들이 여성이라는 사실, 그리고 유대인이라는 사실을 숨길 수 있는 위장 능력 덕분에 중대한 작전, 생명을 무릅써야 하는 위험한 임무, 특히 연락책의 임무에 아주 적합했다. 레지스탕스 투사였던 차이카 그로스만이 묘사했듯이, "유대인 소녀들은 저항운동의 신경중추였다."[16]

✳

저명한 바르샤바 게토 연대기 작가인 에마누엘 링겔블룸Emanuel Ringelblum은 당시 활약했던 연락책 소녀들에 대해 이렇게 기록했다. "그녀들은 두말하지 않고, 단 1초의 망설임도 없이 가장 위험한 임무를 수행했다. (…) 그들은 눈앞에서 얼마나 많은 죽음을 맞닥뜨렸을까? 유대인 여성들의 이야기는 지금도 전쟁을 겪고 있는 유대인 역사에서 영광스러운 한 페이지가 될 것이다."[17]

다시 1946년으로 돌아가, 《게토의 여자들》이 집필된 목적은 바르샤바 게토의 유대인 여성들이 보여준 필사적인 저항을 미국의 유대인들에게 알리는 것이었다. 여러 집필자들은 미래의 역사가들이 여성 유대인 레지스탕스 투사라고 하는 믿을 수 없는 영역을 면밀하게 탐구할 것이라고 상상하면서, 그렇게 되면 여기 등장하는 여성들이 자기 가문의 자랑스러운 얼굴이 될 것이라고 생각했다. 레지스탕스 투사였던 루츠카 코르차크는 이들 여성 레지스탕스 스토리가 "우리 민족의 위대한 보물"이며, 유대 문화의 핵심이 될 것이라고 기록했다.[18]

그러나 75년이 지난 지금까지도 여성 레지스탕스 영웅들은 거의 알려지지 않은 상태이며, 영원한 기억의 책에 그들의 이야기는 쓰이지 않았다. 적어도 아직까지는.[19]

차례

옮긴이의 말 · 9

서론 전쟁 도끼 · 17

등장인물 · 32

2차 세계대전 당시 폴란드 지도 · 34

프롤로그 플래시 포워드—방어인가, 구조인가? · 35

1부 게토의 소녀들 · 45

1 | 폴-린 · 47

2 | 불 속에서 불 속으로 · 65

3 | 여성들, 투쟁 거점을 구축하다 · 70

4 | 또 하나의 아침을 맞기 위해—게토에서의 테러 · 92

5 | 바르샤바 게토—교육과 글자 · 111

6 | 정신교육에서 유혈투쟁으로—유대인투쟁위원회를 조직하다 · 124

7 | 방랑의 나날들—노숙자에서 가사도우미로 · 148

8 | 마음이 돌처럼 굳어버리다 · 172

9 | 검은 까마귀들 · 181

10 | 역사가 흘러갈 세 개의 길—크라쿠프 사람들의 크리스마스 선물 · 205

11 | 1943년, 새해—바르샤바에서 발생한 작은 봉기 · 224

2부 악마인가, 신인가 ·243

12 | 투쟁 준비 · 245

13 | 소녀 연락책 · 257

14 | 게슈타포에 잠입하다 · 269

15 | 바르샤바 게토 봉기 · 285

16 | 땋은 머리의 강도들 · 301

17 | 무기, 무기, 무기 · 324

18 | 교수대 · 337

19 | 숲속으로 간 프리덤—파르티잔 · 346

20 | 멜리나스, 돈, 그리고 구조 · 373

21 | 피로 물든 꽃 · 389

22 | 자그웽비에의 예루살렘이 불타고 있다 · 401

3부 "어떤 경계선도 그들이 가는 길을 막을 수 없다" ·413

23 | 벙커, 그리고 그 너머 · 415

24 | 게슈타포의 감시망 · 441

25 | 뻐꾸기 · 461

26 | 자매들이여, 복수하라! · 482

27 | 한낮의 빛 · 507

28 | 대탈출 · 514

29 | "여행이 끝나간다고 말하지 마라" · 539

4부 감정적 유산 ·557

30 | 삶의 공포 ·559
31 | 잊힌 힘 ·589

에필로그 실종된 유대인 ·611
후기 이 연구에 대해서 ·630
감사의 말 ·637
주 ·641
참고문헌 ·708

등장인물

(등장 순)

레니아 쿠키엘카 Renia Kukielka 엥제유프에서 출생, 벵진에서 활동한 프리덤의 연락책

사라 쿠키엘카 Sarah Kukielka 레니아의 언니. 벵진에서 유대인 고아들을 돌본 프리덤의 동지

지비아 루베트킨 Zivia Lubetkin 비텐에서 출생. 유대인 투쟁 조직 ZOB와 바르샤바 게토 봉기에서 활동한 프리덤의 리더

프룸카 프워트니카 Frumka Płotnicka 핀스크에서 출생. 벵진에서 투쟁 조직을 이끈 프리덤의 리더

한체 프워트니카 Hantze Płotnicka 프룸카의 여동생으로 프리덤의 리더이자 연락책

토시아 알트만 Tosia Altman 바르샤바를 중심으로 활동한 영가드의 리더이자 연락책

블라드카 미드 Vladka Meed 결혼 전 이름은 파이겔레 펠텔Feigele Peltel. 바르샤바 분트에서 활동한 연락책

차이카 클링어 Chajka Klinger 벵진 영가드와 투쟁 조직의 리더

구스타 다비드손 Gusta Davidson 크라쿠프를 중심으로 활동한 아키바의 리더이자 연락책

헬라 시퍼 Hela Schüpper 크라쿠프를 중심으로 활동한 아키바의 연락책

벨라 하잔 Bela Hazan 그로드노, 빌나, 비아위스토크를 중심으로 활동한 프리덤 연락책. 론카 코지브로드스카Lonka Kozibrodska, 테마 슈나이더만Tema Schneiderman과 함께 활동함

차시아 비엘리츠카 Chasia Bielicka, **차이카 그로스만**Chaika Grossman 비아위스토크에서 활동한 반파쇼 첩보원 네트워크의 일원

루츠카 코르차크 Ruzka Korczak 빌나의 투쟁 조직 FPO(파르티잔 조직 연합)에서 활동한 영가드의 리더이자 숲지대에서 활동한 파르티잔 리더

비트카 켐프너 Vitka Kempner FPO에서 활동한 영가드의 리더이자 숲지대에서 활동한 파르티잔 리더

젤다 트레거 Zelda Treger 빌나와 숲지대를 중심으로 활동한 영가드의 연락책

파예 슐만 Faye Schulman 파르티잔 간호사이자 투사가 된 사진사

안나 하일만 Anna Heilman 바르샤바 영가드 소속으로 아우슈비츠에서 발생한 저항에 가담함

2차 세계대전 당시 폴란드

발트해

카우나스

리투아니아

빌나

그단스크

루드니키 숲

동프로이센

독일

그로드노

비아위스토크

벨라루스

포즈난

비스와 강

말키니아 고라

트레블링카

부크 강

제3제국
병합 지역

로미안키
숲

바르샤바

1941년 이전
소련 점령 지역

우치

총독구

소비부르

스카르지스코카미엔나

루블린

코벨

독일

첸스토호바

키엘체

루블리니에츠

옘제유프

비스와 강

벵진

카토비체

미스워비체

카지미에시 비엘카

우크라이나

아우슈비츠

크라쿠프

비엘스코

르부프

타트라 산맥

미쿨라시

슬로바키아

빈

오스트리아

브라티슬라바

헝가리

루마니아

부다페스트

Map © Copyright MMXX Springer Cartographics LLC

▦ 1939년 9월 1일 이전의 폴란드 국경선

0   50   100 마일

0   50   100 킬로미터

프롤로그

플래시 포워드 ─ 방어인가, 구조인가?

서론에서 서술한 이야기 때문에 사람들은 번쩍이는 성城과 파스텔 톤의
건물, 캔디색 거리 풍경을 가진 한 작은 마을이 마치 마법의 왕국인 것처
럼 착각할 수도 있을 것 같다. 9세기 이래 주민들이 거주한 벵진은 처음
엔 키이우와 서유럽을 이어주는 고대 교역로를 보호하는 요새 도시로 건
설되었다.[1] 폴란드의 많은 중세 도시들처럼, 특히 폴란드 남부의 숲으로
가득한 지역에 자리 잡은 도시 벵진의 풍경은 눈부시게 아름다웠다. 이
도시가 지닌 파릇파릇한 전망에서 분열과 죽음, 끝없는 전쟁과 점령군의
칙령을 연상하기는 어렵다. 멀리서 바라보면 사람들은 이 도시, 꼭대기
에 금탑을 세운 왕령 마을이 유대 민족 파멸의 상징이었다는 것을 결코
상상하지 못할 것이다.

　폴란드 자그웽비에 지역에 위치한 벵진은 수백 년 동안 유대인들의 고
향이었다. 유대인들은 1200년대 이래 이 지역에서 활동하고 번영했다.
16세기 말 왕은 벵진 거주 유대인들에게 회당을 보유할 권리, 토지를 구
입하고 자유롭게 무역에 종사하고, 가축을 도축하며, 술을 유통할 권리
를 하사했다. 200년이 넘는 세월 동안 유대인들은 세금을 납부하는 조건

으로 왕의 보호를 받으면서 강력한 교역망을 구축했다. 18세기에 이 도시가 프로이센과 러시아의 엄격한 통치를 받았을 때, 지역의 주민 집단들은 이들 외부 식민주의자들에게 반기를 들었으며, 폴란드 유대인의 연대감을 옹호했다. 20세기에는 경제가 크게 부흥했고 근대적인 학교가 설립되어, 벵진은 고상한 철학들, 특히 사회주의의 중심지가 되었다. 새로운 실천의 피도가 밀려와서 열정적이고 생산적인 내부 갈등을 초래했다. 이에 따라 유대인 정당들, 교수직, 언론이 활발하게 일어났다. 폴란드의 다른 많은 지역에서와 마찬가지로 유대인이 전체 주민에서 차지하는 비중이 증가했으며, 일상생활의 다양한 분야에 유대인의 영향이 미치지 않는 곳이 없었다. 그리고 이런 과정을 거치면서 이디시어를 사용하는 주민들은 이 지역이 필요로 하는 구성원이 되었다.

벵진이 '자그웽비에의 예루살렘'으로 불렸던 1921년, 유대인들은 672개의 공장과 작업장을 보유하고 있었다. 벵진의 전체 주민 가운데 거의 절반이 유대인이었으며 그중 많은 유대인이 부유층이었다. 의사, 법률가, 상인, 소규모 수공업 제품 제작소의 소유주 등.[2] 그들은 자유주의적이고 세속적이며, 커피숍을 찾는 온건한 사회주의 집단에 속했으며, 산악 지대에 여름 별장을 소유했고, 탱고의 밤과 재즈, 스키를 즐겼다. 그들은 자신들이 유럽인이라고 느끼고 있었다. 노동자 계급과 종교적인 유대인들도 유복하게 살았다. 수십 개의 기도원이 설립되었고, 유대인 평의회 구성을 위해 선택할 수 있는 정당의 폭도 넓었다. 1928년 지방자치 선거에서는 22개의 정당이 등장했는데, 그중 17개가 유대인 단체였다. 벵진의 부시장도 유대인이었다. 물론 이들 유대인들은 자신들이 건설한 역동적인 세계가 곧 철저하게 파괴될 것이라는 사실, 또는 자신들이 쌓아올린 유산과 생명을 지키기 위해 사투를 벌이게 될 것이라는 사실을 전혀 알지 못했다.

✳

1939년 9월 폴란드를 침공한 독일군이 벵진을 점령했다. 나치는 성에서 바로 내려오는 내리막길에 서 있는, 도시가 자랑하던 멋진 건축물인 로마네스크 양식의 유대교 회당을 불태웠다. 그리고 유대인 수십 명을 살해했다.[3] 3년이 지난 후, 다윗의 별이 새겨진 완장을 착용한 2만 명의 유대인들이 도시 외곽에 있는 작은 마을로 강제이주되었다.[4] 여러 가족이 함께 판잣집이나 단칸방에 밀어 넣어졌다. 수백 년 동안 비교적 평화롭고 번창하는 삶을 누렸던 사람들이 여기저기 산만하게 세워진 열악한 몇 개의 막사에 구겨 넣어진 것이다. 이제 벵진 사회는 하나의 새로운 구역을 갖게 되었다. 어둡고 축축한 구역, 게토였다.

자그웽비에에 있던 게토들은 히틀러의 군대가 이곳에 도착하고 그들의 '최종 해결'[2차 세계대전 때 나치에 점령된 유럽 지역에서 유대인을 체계적으로 절멸시키려 했던 계획]을 완결하는 후기 단계에 이르렀을 때 폴란드에서 '철거되어야 할' 마지막 게토에 속했다.[5] 게토에 거주하는 많은 주민들은 즉각 죽음의 수용소로 이송되지는 않았으며, 노동허가증을 발급받아 독일 무기 공장이나 작업장에서 강제노동을 했다. 당시 벵진에서는 우편물 교환이 아직 가능했다. 그리고 이들 게토는 러시아, 슬로바키아, 튀르키예, 스위스, 그밖에 비非아리아인 국가들과의 접촉도 가능했다. 이들 어두운 구역에서조차 레지스탕스의 작은 세포조직들이 등장했다.

공포, 불안, 그리고 테러의 분위기가 숨 막힐 정도로 가득했음에도 불구하고 많은 사람들이 꽉 들어찬 작은 집들 한가운데 특별한 건물이 하나 있었다. 건물의 기반이 튼튼해서가 아니라(이 건물 밑에는 곧 지하 벙커가 만들어진다) 그곳에 사는 사람들, 그들의 머리와 가슴과 근육으로 단단한 건물이었다. 지역 유대인 레지스탕스의 벵진 본부가 바로 여기였다. 땅에서 하는 노동과 사회주의, 그리고 평등을 소중히 여기는 노동 시온주의 철학을 가진 유대인 단체에서 레지스탕스가 태동한 것이다. '동지들'은 육체노동과 여권 신장이라는 가치가 합쳐진 독특한 식단에서 자라났다. 이곳이 프리덤 청소년운동의 센터였다.

✳

1943년 2월, 게토에는 감기가 유행했고, 공기는 납처럼 무거웠다. 사람들로 붐비던 공동체 건물은 이상하리만치 조용했다. 사람들로 북적대고, 어학 강좌와 음악 공연, 마음과 땅 사이의 연결에 관한 세미나들로 채워졌던 프리덤 청소년운동 센터의 문화 프로그램들은 사라졌다. 사람 목소리도, 노랫소리도 들리지 않았다.

레니아 쿠키엘카, 열여덟 살의 유대인 여성, 지하 레지스탕스 운동에서 리더로 떠오르던 투사가 세탁실에서 걸어 나왔다. 그녀는 본부 1층의 큰 테이블에서 열리는 회의에 참석하기 위해 발걸음을 옮겼다. 그곳에서 가장 중요한 거사 계획이 이루어졌다. 그들에겐 친근한 장소였다.

"몇 개의 서류를 받았어요." 헤어셀이 발표했다.

모두 숨을 죽이고 침을 삼켰다. 그것은 황금 티켓이었다. 폴란드를 탈출해 생존으로 가는.

오늘이 바로 결정의 날이었다.[6]

검은 눈, 이마에 주름이 있는 프룸카 프워트니카가 테이블 한쪽 끝에 섰다. 가난하고 신앙심이 돈독한 가정 출신인 그녀는 내성적인 10대로 이 운동에 가입했다. 타고난 진지함과 분석적인 사고력 덕분에 그녀는 곧 지도부에 올랐다. 전쟁이 시작되자 그녀는 신속하게 지하운동을 이끄는 리더가 되었다.

프룸카와 함께 벵진 '부대'의 공동 리더였던 헤어셸 슈프링어는 반대편 끝에 있었다. 모두의 사랑을 받는 헤어셸은 "유대인의 토속적 성격을 너무 많이 갖고 있어서" 마부에서 푸줏간 일꾼에 이르기까지 같은 유대인 뿌리를 가진 누구와도 일상생활에서 발생하는 사소한 문제에 대해 밝게 대화를 나누었다.[7] 여느 때와 다름없이 따뜻하고 바보같이 순박한 그의 미소는 바깥세상에서 이루어지는 끔찍한 파괴에 맞서도록 위안을 주는 힘이었다. 폐허가 된 게토가 하루하루 비어갔지만 아무런 반향도 없었다.

레니아는 테이블에서 그들 사이에, 나머지 유대인 청년들과 함께 자리를 잡았다.

그녀는 자신이 처한 현실에 충격을 받아 때때로 불신에 사로잡혀 비틀거렸다. 여섯 명의 형제자매와 사랑하는 부모가 있던 열다섯 살의 소녀는 불과 몇 년 사이에 고아가 되었다. 형제자매가 아직 살아 있는지, 살아 있다면 지금 어디에 있는지조차 모른 채. 그때 레니아는 가족과 함께 시체로 뒤덮인 벌판을 가로질러 무작정 달렸다. 한참 뛰다 보니 혼자였다. 그리고 바로 몇 달 전에 그녀는 달리는 열차에서 뛰어내려 폴란드 농촌 소녀로 변장하고 한 독일인 가정에 가사도우미로 들어갔다. 자신의 정체를 숨기기 위해 그녀는 그 집의 가족과 함께 교회에 가겠다고 고집했다. 그러나 막상 교회에 가서는 벌벌 떨어야 했다. 언제 자리에서 일어서고, 언제 자리에 앉고, 어떻게 성호를 긋는지 몰랐기 때문이다. 이처럼 순진한 10대 소녀는 점차 능숙한 배우가 되어 나중엔 머뭇거림 없이 완벽한 연기를 했다. 그 집의 가장은 그녀를 좋아했으며, 그녀가 깨끗하고 부지런하며 심지어 지적이라고 칭찬을 아끼지 않았다. "물론 저는 지적인 가정 출신이에요. 우리 집은 부유해서, 부모님이 돌아가시기 전엔 육체노동을 해본 적이 없어요." 레니아는 살짝 거짓말을 했다.

레니아는 독일인 가정에서 좋은 대우를 받았다. 그러나 언니 사라와 은밀하게 연락이 닿자마자, 레니아는 언니와 함께 있기로 했다. 사라는 가족 가운데 남은 유일한 핏줄이었다. 사라는 레니아가 자신이 속한 프리덤 센터가 있는 벵진에 몰래 숨어 들어올 수 있도록 일을 꾸몄다.

벵진에 들어온 레니아는 세탁 일을 담당하도록 교육받은 소녀로 위장했다. 그녀는 이곳에 불법 체류했다. 침입자들 가운데 몰래 들어와 있는 침입자였다. 나치는 폴란드를 점령한 후 이 나라를 여러 구역으로 분할했다. 레니아는 총독구에서만 유효한 신분증을 갖고 있었는데, 이 구역은 많은 유대인들이 처음엔 노예 노동을 위해 강제로 이송되어오다가, 결국엔 유럽의 유대인 전체를 대상으로 하는 집단학살이 자행된, 일종의 "인종 덤핑 지역"(불필요한 인종을 처리하는 지역을 뜻한다)으로 기능하던 곳이었다.[8] 그녀는 제3제국에 의해 병합된 지역인 자그웽비에에 거주하는 데 필요한 신분증은 없었다.

이제, 레니아의 오른쪽에는 프룸카의 여동생이지만 성격이 정반대인 한체가 앉아 있었다. 그녀는 활기 넘치는 영혼과 끝없는 낙관주의로 회의실을 밝게 비추었다. 한체는 가톨릭 신자로 위장하고는, 나치 바로 앞에서 행진하고, 그들을 감쪽같이 속여서 여러 차례 바보로 만들었던 이야기를 동료들에게 들려주곤 했다. 뾰족하게 튀어나온 광대뼈, 마음을 꿰뚫어보는 듯한 검은 눈을 가진 사라도 회의에 참석했다.[9] 헤어셀의 여자친구이면서 사라와 함께 고아가 된 게토 아이들을 돌보던 알리자 치텐펠트도 그녀와 함께 참석했다. 동안童顔이면서 거침없고 솔직한, 자매 그룹의 리더인 차이카 클링어도 자신의 이상인 진리, 행동, 존엄을 위해 싸울 준비가 된 채 그 자리에 있었던 것 같다.

"우리가 신분증 몇 개를 확보했어요." 헤어셸이 다시 말했다. 그 신분증을 갖고 있으면 포로수용소에 들어갈 수 있게 된다. 한 사람의 목숨을 건질 수 있는 문서인 것이다. 이 서류들은 독일인들이 포로로 잡혀 있는 연합국 진영에서 온 위조 여권이었다. 연합국 여권을 소지한 사람들은 별도의 수용소에 수용되었다가 나중에 독일군 포로들과 맞교환되었다. 그들이 그동안 말로만 들었던 수많은 여권 계획의 하나였다.[10] 그들의 희망대로라면 이것은 아마도 합법적인 문서였다. 이들 문서를 얻고자 조직을 구축하고 결국 손에 넣기까지 수개월이 걸렸다. 이 일을 담당하는 전문가에게 사진이 부착된 암호화된 편지를 보내는 것은 비용이 많이 들고 엄청나게 위험한 일이었다. 그런데 지금 누가 이 여권을 받을 것인가?

아니 아무도 받아서는 안 되는가?

방어가 중요한가, 구조가 중요한가? 투쟁인가, 도피인가?

이것은 전쟁 초기부터 그들이 씨름해온 토론 주제였다. 총을 몇 자루밖에 확보하지 못한 소수의 유대인들은 나치 체제를 무너뜨린다는 생각을 하지 않았다. 그렇다면 당시 레지스탕스의 목표는 무엇이었을까? 존엄한 죽음? 복수? 아니면 미래 세대에게 영예로운 유산을 물려주기 위한 투쟁이었을까? 또는 적에게 타격을 입히고, 유대인들을 도피시키고 구조하기 위해? 그렇다면 구체적으로 누구를 구조해야 하는가? 개인 아니면 운동 조직 자체? 어린이들 아니면 어른들? 예술가들 아니면 리더들? 레지스탕스들은 어디에서 투쟁을 벌여야 할까? 게토 안에서, 아니면 게토 바깥 숲지대에서? 유대인으로, 아니면 폴란드인으로?

이제 결론을 내려야 할 때였다.

"프룸카!" 테이블 건너편에 있던 헤어셸이 검은 눈을 똑바로 응시하면서 그녀를 불렀다.

프룸카가 그를 돌아다보았다. 침묵을 지켰지만 아주 단호한 시선으로. 헤어셸은 바르샤바에 있는 존경하는 지도자 지비아 루베트킨에게서 지시가 왔다고 설명했다. 프룸카가 이 여권을 가지고 폴란드를 떠나 유엔 국제사법재판소가 있는 헤이그로 가야 한다는 것이다. 그곳에 가서 그녀는 유대 민족을 대표해서 지금 이곳에서 무슨 일이 벌어지고 있는지 전세계에 증언해야 한다. 그런 다음에는 팔레스타인으로 가서 나치 폭압의 공식적인 증인으로 활동하게 될 것이다.

"저보고 떠나라고요?" 프룸카가 되물었다.

레니아가 프룸카를 바라보았다. 그녀의 심장이 요동치고 있었다. 그녀는 프룸카의 가슴도 뛰고 있음을 느낄 수 있었다. 그녀의 평온한 얼굴 뒤에 냉철한 생각이 긴박하게 움직이고 있음이 거의 보일 정도였다. 프룸카는 그들의 리더였다. 남자 여자 할 것 없이 그들 모두를 지탱해주는 바위 같은 리더. 누가 그녀와 동행할 것인가? 이제 이 집단은 그녀 없이 어떻게 될 것인가?

"저는 가지 않겠어요." 프룸카는 단호하지만 온화한 표정으로 선언했다. "만약 우리가 죽어야 한다면 모두 함께 죽어요." 그녀는 잠시 말을 멈췄다. "그리고 어차피 죽을 바에는 영웅적으로 죽도록 함께 투쟁해요."

그녀의 선언, 확신에 찬 말을 들으면서 회의실 전체가 긴 한숨을 내쉬었다. 마치 건물 전체가 죽음에서 되살아난 것처럼, 회원들은 발을 구르기 시작했고, 몇몇은 미소를 지었다. 프룸카는 단순하고 재빠르게 주먹을 마치 망치처럼 탁자에 올려놓고 말했다. "이제 에너지를 충전할 시간이에요." 무엇을 위해?

그들이 한목소리로 찾은 대답은 '방어'였다.

늘 준비가 되어 있던 레니아가 자리에서 벌떡 일어났다.

1부

게토의 소녀들

——————— 영웅적인 소녀들 (…) 그들은 폴란드의 도시와 마을들 사이를 오고 갔다. (…) 그들은 매일 죽음의 위험 속에 있었다. 그들이 전적으로 의지한 것은 '아리아인'처럼 보이는 얼굴, 그리고 머리에 쓴 농촌 여성의 스카프였다. 그들은 한마디 중얼거림이나 1초의 망설임도 없이 위험천만한 임무를 받아들이고 수행했다. 누군가 불법 출판물이나 물건, 돈 등을 밀반입하기 위해 빌나, 비아위스토크, 렘베르크, 루블린, 쳉스토호바, 또는 라돔으로 여행해야 한다면?[1] 소녀들은 마치 당연한 일인 듯 자발적으로 나섰다. 빌나, 루블린 또는 다른 도시로 도피시켜야 할 동료들이 있다면? 그들은 기꺼이 나섰다. 그들의 앞을 가로막는 것은 아무것도 없었다. 그 무엇도 그들을 단념시킬 수 없었다. (…) 그들은 얼마나 자주 죽음에 직면했던가? 게슈타포에게 체포되거나 집요하게 추적당한 일이 얼마나 많았던가? 이들 유대인 여성들의 이야기는 지금 벌어지고 있는 전쟁 기간 동안 유대인들이 겪은 참혹한 역사에서 빛나는 한 페이지가 될 것이다. 왜냐하면 이 소녀들은 결코 굴복할 줄 모르기 때문이다.[2]

—에마누엘 링겔블룸의 1942년 5월 일기에서

1 폴-린

1924년 10월 10일 금요일, 옝제유프의 유대인들이 안식일을 지내기 위해 가게 문을 닫고, 계산대를 마감하고, 음식을 끓이고, 튀기고, 식재료를 자르고 있을 때, 모셰 쿠키엘카도 서둘러 가게를 나섰다.[1] 그리고 급히 집으로 향했다. 수도원이 있는 클라슈토르나 거리 16번지에 있던 그의 집은 파릇파릇한 가로수들이 줄지어 서 있는 메인스트리트에 인접해 있으며, 돌로 지어진 작은 집이었다. 모퉁이를 돌면 터키석과 금장식 인테리어로 유명한 웅장한 중세 수도원이 있었다. 이날 밤 쿠키엘카의 집은 떠들썩했다.[2] 해가 저물 무렵, 오렌지색 가을 햇빛이 숲이 무성한 골짜기와 키엘체 지역의 완만한 언덕들을 점점 붉게 물들이고 있을 때, 쿠키엘카 가정에서는 오븐이 열을 내고, 가족들의 스푼이 달그락달그락 부딪히고, 난로는 쉭쉭 소리를 내고, 교회 종소리가 이디시어, 폴란드어 대화 소리를 배경으로 울려 퍼지고 있었다.[3] 그때 새로운 소리가 들렸다. 갓 태어난 아기의 첫 울음소리였다.

모셰와 레아는 둘 다 현대적인 사고를 갖고 있으면서 신중한 성격이었다. 그들의 세 자녀도 그랬다. 그들은 폴란드 문화계에 종사하고 있으면서, 유대 전통을 지키고 있었다. 모셰는 안식일 저녁식사와 기도를 위해 마을 광장을 가로질러 집이나 기도원을 향해 걸음을 재촉하곤 했다. 광장에는 파스텔톤의 건물들이 줄지어 있었고, 유대인 상인들과 기독교인 농부들이 나란히 살고 있었다. 이번 주에 그는 서늘한 가을 공기를 뚫고 서둘러 걸음을 옮겼다. 전통에 따라 촛불이 켜져 있었고, 안식일 자체가 귀향한 신부같이 반가운 날이었다. 그리고 그 안식일에 모셰는 고대하던 특별한 손님을 맞았다.

집에 도착한 모셰는 아기를 발견했다. 그의 셋째 딸. 아기의 이름은 히브리어로 리브카였는데, 그 이름은 연결 또는 연합, 심지어 매혹 같은 여러 가지 의미를 갖고 있었다. 성경에서 리브카는 유대 민족의 "네 명의 여성 가장"〔성서에 나오는 네 명의 어머니. 사라, 레아, 레베카(또는 리브카), 라헬. 이들은 모계사회인 유대 민족의 상징으로 여겨진다〕 가운데 하나였다. 물론 폴란드 사회에 어느 정도 동화된 이 가족의 아이들은 폴란드식 이름도 갖고 있었다. 셋째 딸의 폴란드식 이름은 레니아였다. 쿠키엘카라는 이름은 폴란드어 쿠키엘로와 비슷한데, 그것은 그 지역에서 여러 세대를 거치며 장례식을 담당했던 가족의 성이었다.[4] 유대인들은 때때로 폴란드 이름에 '카ka' 같은 귀여운 어미를 추가한 성을 합쳐 이름을 만들기도 했다. 쿠키엘카는 인형이나 꼭두각시를 의미한다.

때는 1924년, 새로 태어난 국가 폴란드가 국제 사회에서 공식적으로 인정되고, 국경이 확정된 지 1년이 지난 시점이었다. 그때까지 오랜 점령과 영토 분할이 있었으며, 국경선은 끊임없이 변경되었다(유대인의 오래된 농담과 같이, 사람들은 그들의 마을이 지금 폴란드 영역인지, 소련 영역에 속하는지 묻는다. 그가 "올해는 폴란드 영역입니다"라고 대답하면 사람들은 "하느님, 감사합니다"라고 외친다. "저는 그저 또 한 번의 러시아식 겨울을 견딜 수 없어요."). 경제 상황은 근근이 유지되고 있어서, 옝제유프 유대인들은 겨우 빈곤을 면했지만, 모셰는 단추, 의복, 바느질 도구 등을 판매하는 갈렌테리아를 운영하는 소사업가로 성공적인 삶을 살고 있었다. 그 덕분에 이 중산층 가족은 음악과 문학을 즐길 수 있었다. 그 주에 레아가 다른 일을 처리하는 동안 두 딸과 친척들[5]이 준비한 안식일 식탁은 모셰가 대접할 수 있는 그날의 별미로 차려졌다.[6] 달콤한 주류, 생강 케이크, 양파를 곁들인 잘게 썬 간, 촐랜트(천천히 익힌 콩과 고기 수프), 감자, 단맛의 둥근 누들 푸딩, 자두와 사과로 만든 디저트, 그리고 차. 대부분 금요일에 나오던 레아의 게필테피시(송어·잉어의 생선살에 달걀, 양파 따위를 섞어 둥글게 뭉쳐 끓인 유대 요리)는 레니아가 가장 좋아하는 음식이었을 것이다. 의심할 여지없이 이 요리들은 특별한 파티 분위기를 냈다.

한 사람의 개성은 때로는 그냥 지나칠 수 없을 만큼 또렷하게 눈에 보인다. 생애 최초의 시기에는 특히 그렇다. 심리 상태는 정신을 각인한다. 따뜻하고 지적이고 예리한 통찰력을 가진 모셰가 레니아를 처음 품에 안았을 때 그의 영혼은 딸의 미래를 예감했을지도 모른다. 1924년 당시에는 상상조차 할 수 없는 여행을 딸이 훗날 떠나게 될 것이라는 사실. 그의 어린 딸, 푸른 눈과 연한 갈색 머리칼, 섬세한 이목구비를 가진 레니아—그의 작고 예쁜 인형—가 천부적인 연기력을 갖고 태어났다는 것도 알았을지 모른다.

옝제유프는 이디시어로 '작은 마을'을 뜻하는 슈테틀shtetl이었는데, 구체적으로는 유대인이 많이 사는 폴란드의 시장 마을을 뜻하는 단어였다.[7]

레니아가 태어났을 때 이 마을에 사는 유대인은 4500명이었으며 이는 마을 주민의 거의 45퍼센트였다(그 뒤로 동생 아론, 에스더, 어린 얀켈이 태어났다).[8] 유대인들의 정착이 공식적으로 허락된 1860년대에 이 마을 유대인 공동체가 만들어졌다. 당시 유대인들은 대부분 가난했다. 그들은 주로 세일즈맨이나 행상으로 일했으며, 야외시장 또는 그 주변에 소규모 상점을 갖고 있었다. 나머지는 대부분 기술을 가진 수공업 장인으로, 제화공, 제빵사, 목수 등이었다. 옝제유프는 독일이나 서유럽과 국경을 맞대고 있던 벵진처럼 현대적인 마을은 아니었다. 하지만 여기에서도 지역 엘리트 일부는 의사, 긴급 의료 시설 종사자, 교사였다. 판사도 한 명 있었다. 마을 유대인의 10퍼센트는 부유했으며 목재소, 제분소, 기계작업장뿐 아니라 중앙 광장에 부동산도 보유하고 있었다.

또한 이곳에서는 폴란드 나머지 지역에서와 마찬가지로 레니아가 어린 시절을 보낸 1930년대에 근대적인 유대인 문화가 꽃피었다. 당시 바르샤바에서만 180개나 되는 유대계 신문이 발간되었다. 130개는 이디시어, 25개는 히브리어, 25개는 폴란드어였다.[9] 그렇기 때문에 유대인 주민들이 구독하는 수십 개의 잡지가 옝제유프 우체국을 통해 배달되었다. 지역의 유대인 인구는 계속 증가했다. 유대교의 다양한 성향을 충족시키기 위해 여러 개의 기도원들이 설립되었다. 이 작은 마을에만도 유대인 서점이 3개, 출판사가 1개 있었으며, 유대인 도서관도 문을 열었다. 연극 그룹과 독서 모임이 점차 늘었으며 정당들도 번창했다.

레니아의 아버지는 유대인을 대상으로 하는 교육과 자선사업에 종사했는데, 가난한 사람들에게 식량을 제공하고, 체브라 카디샤chevra kadisha 장례조합을 통해 돌아가신 분들의 시신을 돌보는 일도 했으며, 지역 교회의 칸토(성가대장)로도 봉사했다. 그는 정치적으로는 시온주의를 지지

했다. 종교적인 시온주의자들은 작가 테오도어 헤르츨의 19세기 사상을 숭배하고 있었다. 이 사상에 따르면 참되고 개방적인 유대인은 차별받지 않고 일등 시민이 되는 모국, 팔레스타인에서만 그들의 존재 가치가 달성될 수 있었다. 폴란드는 수백 년 동안 그들의 고향이었을지 모르지만, 임시 고향일 뿐이었다. 모셰는 언젠가 가족이 '약속의 땅'으로 이주할 날을 꿈꾸고 있었다. 정당들은 강좌와 정치 집회들을 조직하고 운영했다. 우리는 점점 인기를 더해가던 대규모 시온주의자 집회, 예를 들어 1937년 5월 18일에 열린 "팔레스타인을 쟁취하기 위한 유대인의 투쟁" 강연회와 같은 집회에 레니아가 사랑하는—턱수염이 무성한—아빠의 손을 잡고 참석하는 모습을 상상할 수 있을 것이다.[10] 폴란드 여학생들의 교복인 흰색과 네이비블루의 세일러복과 주름치마를 입고 무릎까지 올라오는 스타킹을 신은 레니아,[11] 영원히 산책길을 사랑했던[12] 그녀는 아버지의 손을 꼭 잡고 새로 지어진 시온주의 도서관 두 곳을 지나 수백 명의 유대인들이 토론과 논쟁을 펼치고 있던 집회 장소로 향했다. 폴란드 유대인의 정체성에 대해 고민하며 뜨겁게 토론하던 모임이었다. 폴란드인들이 새로 안정을 찾은 그들의 고향에서 새로운 정체성을 만들었을 때, 유대인들도 그렇게 했다. 그들은 천 년이 넘는 세월을 살아왔지만, 결코 폴란드인으로 취급받지 못했던 이곳에 수립된 새로운 나라에 어떻게 적응했을까? 그들에게는 폴란드인의 정체성이 먼저였을까, 유대인의 정체성이 먼저였을까? 디아스포라 정체성에 관한 근대적인 의문이 과열되고 있었다. 이는 특히 당시 급격히 확산되던 반유대주의 때문이었다.

✳

모세와 레아 쿠키엘카는 교육을 아주 중요하게 여겼다. 당시 폴란드에서는 유대인 학교가 우후죽순으로 설립되고 있었는데, 쿠키엘카 가족이 사는 마을에는 히브리 일반 학교와 유대교 유치원, 그리고 성별로 구별된 미션스쿨 등이 있었다. 옝제유프에 사는 400명의 유대인 어린이 가운데 100명은 유대교의 교구 부속학교나 유대교 유치원 혹은 학생들이 긴 소매에 스타킹을 신은 바이트 야콥 초등 여학교의 분교에 다녔다.[13] 그러나 레니아는 집에서 가깝다는 이유로—그리고 학비가 많이 드는 종교 교육은 주로 남자아이들만 받았기 때문에—다른 많은 유대인 소녀들처럼 폴란드 공립학교에 다녔다.[14]

어느 학교든 상관없었다. 레니아는 35명이 있는 학급에서 가장 우수한 학생이었다. 친구들은 주로 가톨릭 신자였으며 그녀는 친구들과 폴란드어로 소통했다. 당시에는 의식하지 못했지만, 그녀가 학교에서 폴란드어와 문화를 체득한 것은, 훗날 유대인의 억양이 전혀 없이 폴란드어를 완벽하게 구사하며 전국을 떠돌고 지하운동을 하는 데 큰 도움이 되었다. 레니아는 똑똑했고 폴란드 사회에 잘 적응했지만, 그렇다고 완전히 동화되진 않았다. 성적우수상 시상식에서 레니아의 이름이 호명되자, 같은 반 학생이 그녀의 이마에 필통을 던졌다. 레니아에게 이 일은 평생 잊을 수 없는 사건이었다.[15] 당시 그녀는 폴란드 사회 내부에 동화된 존재였을까, 아니면 소외된 존재였을까? 그녀는 수백 년 동안 지속된 '폴란드계 유대인의 정체성'이라는 장애물을 개인적으로 극복해가며 살았다.

건국 이래 폴란드는 서서히 발전하고 있었다.[16] 폴란드는 역사적으로 국경선이 수시로 변했기 때문에 폴란드 사회의 인종 구성은 국경 안에 새로 포함된 공동체가 어떤가에 따라 다양했다. 중세 때 유대인들은 그들을 박해하고 추방하는 서유럽을 떠나 안전한 피난처였던 폴란드로 이주해왔다. 그들은 관용적이면서도 경제적 기회가 있는 이 나라에 도착해 안도의 숨을 쉬었다. 히브리어로 이 나라의 명칭은 'Po'와 'Lin'이 합쳐진 'Polin'이었는데, '우리가 머무는 이곳'이란 뜻이다. 폴린은 그들에게 비교적 자유롭고 안정된 삶을 제공해주었다. 이곳에는 미래가 있었다.

바르샤바에 있는 폴린 폴란드 유대인역사박물관POLIN Museum of the History of Polish Jews에는 1200년대 초의 동전 하나가 전시되어 있는데, 이 동전에는 히브리어 문자가 새겨져 있다. 당시에도 이디시어를 사용하는 유대인들은 폴란드에 사는 소수 집단 가운데 큰 규모였으며, 은행가, 제빵사, 집달관으로 일하면서 폴란드 경제에 통합되어 있었다. 초기 폴란드는 공화국이었으며, 헌법은 아메리카 헌법과 거의 같은 시점에 비준되었다.[17] 왕권은 소수 귀족 계급으로 구성된 의회의 견제를 받았다. 그리고 유대인 공동체와 귀족들은 다음 사항에 관해 합의하고 있었다. 젠트리 계층은 마을에 정착한 유대인들을 보호하며, 그들에게 자치와 종교적 자유를 부여한다. 그 대신 유대인들은 세금을 납부하며, 이자를 붙여서 돈을 빌려주는 등 기독교도 폴란드인들에게 금지된 경제활동에 종사한다.

1573년에 체결된 바르샤바 연맹 협약은 종교적 관용을 법적으로 명시한 유럽 최초의 문서였다. 그 결과 유대인들은 공식적으로는 폴란드 문화에 동화되고 철학과 민속, 의복과 음식, 음악 등을 공유했지만, 내적으로는 폴란드 사회에서 이질감과 위협을 느꼈다. 많은 폴란드인들은 유대인들이 자유롭게 경제활동을 하는 것에 대해 분개했다. 유대인들은 귀족들로부터 마을 전체를 빌려서 이를 다시 임대했는데, 폴란드 농노들은 이러한 유대인 지주들의 역할을 몹시 못마땅하게 여겼다. 가톨릭교회는 유대인들이 종교의식에 사용할 피를 얻기 위해 기독교인—특히 아기들—을 살해한다고 하는 증오심에 가득 찬 헛소문을 퍼뜨렸다. 이런 상황은 아무 이유 없이 유대인에게 폭력을 행사하도록 사회 분위기를 악화시켰고, 폭동이나 살인과 같은 심각한 사태가 주기적으로 일어났다. 이에 대한 반작용으로 유대인 공동체는 점점 결속했으며, 자신들만의 고유한 관습 안에서 힘을 모았다. 이처럼 유대인과 폴란드인 사이에는 '밀고 당기기' 관계가 존재했으며, 그들의 문화는 상호관계 속에서 발전했다. 한 예로 유대인이 안식일에 먹는 전통저인 빵, 힐라를 보자. 달걀을 넣어서 매우 부드러운 이 빵은 폴란드에서는 할카, 우크라이나에서는 칼라흐라고 하는데, 이 빵을 처음 만든 곳이 어디인지는 알 수 없다. 각 지역의 전통들은 동시에 발전하다가 지역사회들이 서로 긴밀하게 얽히면서 경우에 따라 조화롭게 또는 갈등 속에 하나로 합쳐졌다.

17세기 후반 폴란드가 무너졌다. 정부는 불안정했으며, 독일, 오스트리아, 러시아 세 나라로부터 동시에 침략당한 끝에 세 지역으로 분할되었다. 각 지역은 서로 다른 관습을 부과하는 점령자에 의해 통치되었다. 이런 상황에서 폴란드인들은 민족적 소속감으로 뭉쳐서 그들의 언어와 문학을 유지했지만, 폴란드 유대인들은 점령자가 어느 나라인가에 따라 상황이 달라졌다. 독일계 유대인들은 색슨어를 배웠고 교육받은 중산층으로 발전했던 반면, 오스트리아의 지배를 받는 갈리치아 유대인들은 끔찍한 굶주림으로 고통을 겪었다. 과거 폴란드 유대인 가운데 다수는 러시아 제국의 지배를 받았는데, 러시아는 주로 노동계급에 속했던 이들에게 러시아의 경제 및 종교 칙령을 강요했다. 국경선은 계속 달라졌다. 예를 들어 옝제유프는 처음엔 갈리치아에 속했다가, 나중엔 러시아에 점령되었다. 따라서 유대인들의 삶은 늘 불안했다. 특히 재정적 불안이 컸는데, 이는 점령국에 따라 바뀌는 법들이 그들의 생계에 지대한 영향을 미쳤기 때문이다.

1차 세계대전 동안에는 폴란드를 점령하고 있던 세 나라가 폴란드 땅에서 서로 싸웠다. 수만 명이 사망하고 경제가 무너졌지만 폴란드는 승리했다. 그리고 제2공화국이 수립되었다. 통일된 폴란드는 도시들을 재건하고 더 나아가 폴란드의 정체성을 재건하고자 했다. 정치적 풍경은 두 갈래로 나뉘었으며 오랜 세월 연마된 민족주의적 열망이 서로 모순된 방식으로 표출되었다. 한편에는 군주제에 대한 향수를 품고 다원적인 옛 폴란드의 복원을 외치는 군주주의자가 있었다. 그들은 다민족국가 폴란드를 원했는데, 새로 건국한 통일 폴란드에서 열 명 가운데 네 명은 소수민족이었다. 하지만 다른 진영은 단일 민족국가 폴란드를 지향했는데, 폴란드인의 순수한 혈통을 옹호하는 민족주의 운동이 빠른 속도로 성장했다. 이들 민족주의 계열 정당들의 강령은 폴란드 유대인들이 중상모략을 일삼는다며 우려를 표명했다.[18] 그들은 폴란드가 가난하고 정치적 문제를 겪게 된 것이 폴란드 유대인들 때문이라고 여겼다. 폴란드는 1차 세계대전에서 결코 회복하지 못한 채 이웃 국가들과 전쟁으로 인한 심각한 후속 갈등을 겪었다. 폴란드에 거주하던 유대인들은 적국의 편을 들었다는 혐의를 받았다. 우익 정당들은 폴란드의 새로운 정체성을 촉진했는데, 그것은 특히 '비非유대적'이라는 개념으로 정의되었다. 공식적인 평등권은 아예 언급되지 않았으며, 여러 세대를 거쳐 폴란드에 정착해 살았다고 해도 유대인은 폴란드인과 동일한 권리를 부여받지 못했다. 이들 정당이 경솔하게 채택한 나치의 인종 이론이 뒷받침해준 것처럼, 유대인은 결코 폴란드인이 될 수 없었다.

폴란드 중앙정부는 일요일 – 휴무법 제정을 통해 공공 고용 정책에서 유대인을 차별했다. 그러나 정부의 리더십은 불안정했다. 따라서 폴란드는 건국 이후 불과 몇 년이 지나지 않은 1926년에, 특이하게도 군주주의자인 동시에 사회주의자인 유제프 피우수트스키가 일으킨 쿠데타에 의해 전복되었다. 정권을 잡은 옛 장성들과 정치인들은 다민족국가를 옹호했다. 그렇다고 해서 그들이 유대인들을 특별히 지원해준 것은 아니지만, 폴란드 유대인들은 이전의 대의제 정부보다 반+권위적인 피우수트스키 치하에서 더 안전하게 느꼈다.

그러나 피우수트스키에게는 반대파가 많았고, 레니아가 열한 살이 되던 1935년에 그가 사망하자 우익 민족주의자들은 피우수트스키 세력을 몰아내고 권력을 장악했다. 이 정부는 유대인에 대한 직접적인 폭력 행사나 포그롬〔러시아에서 시작된 유대인에 대한 조직적인 폭력 행사와 박해〕은 반대했지만(그래도 이런 사태는 일어났고), 유대인 상점에 대한 보이콧을 배후에서 은근히 장려했다. 가톨릭교회는 나치의 인종주의를 규탄했지만, 반유대 정서는 확산되도록 부추겼다. 대학에서 폴란드 학생들은 히틀러의 인종 이데올로기를 옹호했다. 학생 선발에서도 인종 할당제가 시행되었고, 유대인 학생들은 강의실 뒤편에 따로 마련된 '벤치 게토'에 앉아야 했다〔유대인의 학생증에는 '벤치 게토에 착석'이라는 스탬프가 찍혀 있었다〕. 그런데 아이러니하게도 유대인들은 가장 전통적인 폴란드식 교육을 받았고, 폴란드어를 구사하는 사람들이 많았으며(어떤 사람들은 오직 폴란드어만 사용했다), 폴란드어로 된 유대인 신문을 읽었다.

1930년대에는 옝제유프의 작은 마을에서도 반유대주의가 증가했다.[19] 인종 비방에서부터 상점 보이콧과 진열장 파괴, 싸움 선동에 이르기까지 수많은 사건이 발생했다. 레니아는 반유대적인 불량배들이 집에 몰려와서 불을 지르고 부모님을 해칠까 봐 두려움에 떨면서, 경계의 시선으로 창문을 응시하며 저녁 시간을 보내야 했다. 그녀는 늘 부모님을 지켜야 한다는 책임감을 느꼈다.

바르샤바에 카바레 회사를 갖고 있던 유명한 유대인 코미디언 2인조 지간과 슈마허는 무대에서 반유대주의 문제를 파고들기 시작했다.[20] 섬뜩할 정도로 예언적인 그들의 해학적 토막극, 〈폴란드의 마지막 유대인〉에서 그들은 유대인들이 갑자기 사라진 나라, 그 결과 나락에 빠진 경제와 문화로 인해 공황 상태가 된 나라를 그렸다.[21] 인종적 편협함은 점점 증가하고 있었지만, 유대인들은 어쩌면 불안한 상황이 개선될 수 있다는 희망을 품고 문학, 시, 연극, 철학, 사회활동, 종교 연구, 교육 등에서 황금기를 보냈다. 쿠키엘카 가족은 이 모든 분야를 즐기며 살았다.

폴란드에는 유대인 공동체를 대변하는 많은 정치세력이 있었다. 그리고 각 정치세력은 반유대주의적 위기에 대해 서로 다른 해답을 제시했다. 시온주의자들은 이등 시민의 대접을 받는 부당함 때문에 이제 인내심을 잃었다. 레니아는 아버지가 유대인은 인간답게 발전할 수 있고 종교나 계급에 얽매이지 않을 수 있는 유대인의 고향 팔레스타인으로 돌아가야 한다고 말하는 것을 자주 들었다. 히브리어에 능통하고 카리스마를 가진 지식인들이 이끈 시온주의자들은 근본적으로 다른 정파들에 반대했다. 폴란드 생활을 중시했던 종교당은 차별 완화 정책, 그리고 유대인이 다른 시민들과 대등한 대우를 받기 원했다. 많은 공산주의자들은 상류층에 속하는 대다수 사람들처럼, 유대인이 폴란드 사회에 동화되는 것을 지지했다. 시간이 흐르면서 그중에서 가장 큰 정치세력으로 등장한 것은 노동자 계급을 대변하는 분트Bund였는데, 이들은 유대인 문화를 촉진하는 사회주의자들의 집단이었다.[22] 분트 회원들은 유대인 사회에서 가장 낙관적인 입장을 갖고 있었다. 그들은 폴란드인들이 언젠가 술에서 깨어나서 반유대주의가 폴란드의 문제를 해결하지 못한다는 사실을 직시할 것이라고 희망을 품었다. 디아스포라적인 분트는 폴란드가 유대인의 고향이며, 유대인들은 계속 이디시어를 쓰면서, 지금의 자리에 머물러야 한다고 주장했다. 나아가 그들에게 적절한 지위를 줄 것을 요구했다. 분트는 자기 방어를 위한 부대를 조직해서, 폴란드에 머물려는 강한 의지를 표명했다. "우리가 살고 있는 곳, 거기가 바로 우리의 조국이다." 그곳은 폴린이었다.

그렇다면 이제 투쟁할 것인가, 아니면 도피할 것인가? 항상 문제는 이 선택지였다.

청소년기에 접어든 레니아가 언니 사라를 따라 청소년운동에 참여한 것은 자연스러운 일이었다.[23] 1915년에 태어난 사라는 레니아보다 아홉 살이 많았다. 날카로운 눈매, 미소를 머금은 여린 입술을 가진 그녀는 다재다능한 지식인, 견문이 넓은 박애주의자였다. 레니아는 이러한 언니의 권위를 피부로 느끼고 있었다.

우리는 의무감과 에너지에 가득 찬 채 나란히 빠른 걸음으로 걷고 있는 자매를 상상할 수 있다. 최신 유행인 베레모를 쓰고, 몸에 딱 맞는 재킷과 정강이까지 내려오는 주름치마를 입고, 단발머리를 뒤로 넘겨 단정하게 핀을 꽂은 자매. 레니아는 머리부터 발끝까지 최신 유행을 따르는 패셔니스트였는데, 그녀는 평생 멋쟁이 패션을 유지했다. 여성 해방과 파리 패션의 영향을 받았던 전간기 폴란드 스타일은 보석, 레이스, 깃털을 버리고 심플한 커트 스타일 머리와 편안함을 중시하는 쪽으로 바뀌었다. 메이크업은 대담해져서 검은 아이섀도와 반짝이는 붉은색 립스틱을 칠했으며, 헤어스타일과 치마가 짧아졌다(한 풍자 작가는 "누구나 신발 전체를 볼 수 있다"라고 적었다).[24] 1930년대에 촬영된 사진 속에서 사라는 행진하는 데 편리한, 목이 짧고 굽이 두꺼운 구두를 신고 있다.[25] 당시 여학생들은 통학할 때는 주로 걸어 다녔지만, 먼 거리를 이동할 때는 튼튼한 워커를 신었기 때문에, 위와 같은 구두는 필수품이었다.

사라, 레니아 자매가 회의실에 들어서자 모두 그녀들 쪽으로 고개를 돌린 것은 당연했다. 전간기 20년 동안 점증하는 반유대주의와 가난은 폴란드 유대인 청소년들에게 집단 우울증을 초래했다.[26] 그들은 폴란드 사회로부터 소외되는 것을 느꼈으며, 그들의 미래는 조상들의 미래와 비교할 때 불확실했다. 유대인 청소년은 폴란드 스카우트 단체에 가입할 수 없기 때문에 10만여 명의 유대인 청소년들이 다양한 정치 정당과 연관된 유대인 청소년 단체에 가입했다.[27] 이들 단체는 그들에게 생존을 위한 길과 미래에 대한 희망을 제시해주었다. 그래서 옝제유프의 젊은 유대인들은 번창하는 유대인 청소년 단체들의 활동에 참여했다. 어떤 사진들을 보면 회원들은 검은색 옷을 입고 팔짱을 낀 채 진지한 지성인 같은 자세를 취하고 있다.[28] 다른 사진에서는 회원들이 밭갈이에 쓰는 갈퀴를 꽉 잡고 있으며, 근육이 불끈 튀어나오고 검게 그을리고 붉은빛을 띤 피부를 드러낸 채 서 있다.

사라는 아버지처럼 시온주의자였다. 하지만 종교적이었던 모세와 달리 그녀는 세속적인 사회주의 노동 시온주의자 그룹인 프리덤Freedom(자유)에 속해 있었다.[29] 주로 중산층에 속하며 세속적이었던 노동 시온주의자들은 함께 모여 살면서 히브리어를 쓰고 소속감을 느낄 수 있는 조국을 꿈꾸었다. 그들은 독서와 토론을 장려했지만, 다른 한편으로 유대인은 게으르고 지적이라는 통념에 반박하고, 개인적 행동을 촉진하는 방법으로 신체 활동도 소중히 여겼다. 육체노동에 종사하고 집단의 자원에 기여하는 것은 무엇보다 중요했다. 그들은 땅에서 노동하는 것을 이상적으로 여겼고, 농산물의 자급자족은 공동체나 개인의 독립과 분리될 수 없는 것이라고 생각했다.

당시 몇 개의 노동 시온주의자 청소년 집단이 있었다. 일부는 지적이거나 세속적인 성격을 띠었던 반면, 다른 일부는 자선사업, 법률 지원 또는 다원주의를 특징으로 했다. 하지만 이들 집단은 모두 민족주의, 영웅주의, 개인적 희생 같은 전통적인 폴란드의 가치를 추종하면서 거기에 유대적 맥락을 부여했다. 프리덤은 사회적 활동에 초점을 맞추었고, 특이하게도 이디시어를 구사하는 노동자 계급에서 회원을 모집했다. 그들은 여름 캠프와 훈련 캠프(하흐샤라hachshara)를 운영했으며, 팔레스타인 이주를 준비하는 의미에서—부모들을 경악하게 할 정도로—고된 노동과 협동체 생활을 가르치는 공동 농장(키부츠)도 설립했다. 모셰는 프리덤이 지나치게 자유로우면서 충분히 엘리트적이 아니라는 불만을 갖고 있었으며, 이들이 가족보다 동지들을 우선시하고, 그룹 리더를 롤모델로 삼아서 마치 대리 부모처럼 생각한다는 점에 대해서도 개탄했다. 스카우트나 스포츠 단체와 달리 이들 청소년운동 단체는 회원들의 생활 구석구석에 영향을 주고 있었다. 그곳은 청소년들의 육체적·감성적·정신적 훈련장이었다. 그 결과 청소년들은 이들 단체를 통해 자신의 정체성을 규정했다.[30]

사라는 사회적 평등과 정의를 옹호했으며, 특히 어린이를 상담하는 데 열심이었다. '게토 투사의 전당' 박물관에는 1937년에 옝제유프에서 320킬로미터 떨어진 포즈난의 훈련 캠프에서 찍은 그녀의 사진 몇 장이 전시되어 있다. 그중 한 사진에서 그녀는 어깨 깃이 높은 맞춤 의상을 입고 옆으로 살짝 기울어지게 모자를 쓴 채 동상 앞에 서 있다. 손에는 책을 들고 있다. 진지하고 결연한 표정으로. 현대 세계는 그녀가 쟁취할 몫이었다.

폴란드에서 여성들은 전통적인 역할과 진보적인 역할 모두를 떠맡았다. 그녀들을 고용 관계에 진입하게 만든 실증주의 교육철학과 1차 세계대전의 영향이었다. 신생 공화국에서 초등교육은 남녀 모두에게 의무였다. 이제 여학생들도 대학에 입학할 수 있었다. 또한 폴란드 여성들은 1918년에 투표권을 갖게 되었다.[31] 사실 이것은 대부분의 서유럽 국가들보다 이른 시점이었다.

서유럽에서 유대인 가정들은 대부분 중산층에 속해서 광범위한 부르주아 관습에 지배되었기 때문에, 여성들은 가사 영역에 갇혀 있었다. 그러나 동유럽의 경우 유대인 대부분은 가난했으며, 경제적 필요성 때문에 여성들은 집 밖에서—특히 종교 단체에서—노동에 종사했다. 종교 단체에서는 남성들이 고된 노동보다는 연구를 선호하는 것이 허용되었기 때문이다. 유대인 여성들은 주로 공공 영역에서 활동했다.[32] 1931년, 여성 노동자의 임금은 남성보다 적었지만, 유대인 임금노동자 가운데 44.5퍼센트가 여성이었다. 대부분 빈곤 때문에 평균 결혼 연령은 20대 후반, 심지어 30대 수준까지 높아졌다. 이런 상황은 결과적으로 출산율 저하를 초래했으며, 그 대신 노동 활동으로 진출하는 여성들이 증가했다. 사실 그들의 일과 삶의 균형은 어느 정도 근대적인 젠더 규범과 닮아 있다.

유대인 여성들은 수 세기 전에 '알 권리'를 부여받았다. 인쇄기가 발명되어 여성 독자들을 위한 이디시어와 히브리어 서적이 확산되었다. 여성도 예배에 참석할 수 있다는 종교적 판결이 내려졌으며, 새로 건축되는 유대인 회당에는 여성을 위한 별관이 마련되었다. 이제 유대인 여성은 시인, 소설가, 언론인, 여행가, 법률가, 의사, 치과의사 등으로 활동했다.

대학에서 유대인 여학생이 차지하는 비중은 컸는데, 그들은 주로 인문학과 과학 분야 학과에 입학했다.

시온주의 정당들은 분명히 페미니스트가 아니었던 반면에(예를 들어 여성은 공직에 진출하지 못했다),[33] 사회주의 청년 단체들에선 젊은 여성들이 어느 정도 성평등을 경험했다.[34] 레니아의 오빠 즈비가 속해 있던 청년 단체인 영가드는 남녀 공동위원장 제도를 가진 '결사체' 사상에 기반을 두고 있었다. 각 분과에는 각각 1인의 남성 리더와 여성 리더가 있었다. 학습을 이끄는 리더는 '아버지Father', 회원의 감성을 관할하는 리더는 '어머니Mother'였다. 두 리더는 동등한 권한을 가졌으며, 서로 보완적 관계에 있었다. 이러한 가족 모델에서 그들의 '자녀'들은 마치 형제와 같았다.

이들 단체는 카를 마르크스와 지크문트 프로이트뿐 아니라 로자 룩셈부르크나 엠마 골드만 같은 여성 혁명가들에 대해서도 공부했다. 그들은 감정적인 토론과 인간관계에 대한 분석을 뚜렷하게 선호했다. 주로 여자 회원이 남자 회원들보다 더 성숙한 10대 후반이어서 여성들이 조직책을 맡는 경향이 있었다. 여성들은 호신술 훈련을 이끌었으며, 그들은 사회 문제에 대한 인식을 갖고, 침착함과 강인함을 갖도록 교육받았다. 몇몇 시온주의 청소년 단체를 포괄하고, 팔레스타인에서 선구자로서 활동하는 데 필요한 농업교육을 촉진하던 우산조직인 파이어니어(헤찰루츠Hechalutz) 연합은 회원들이 폴란드 군대에 징집될 경우에 대비한 플랜 B를 갖고 있었다. 여성만을 대상으로 하는 플랜이었다. 1930년대 청소년들이 등장하는 수많은 사진에는 여성들도 남성들과 똑같이 검은 코트와 벨트를 착용하거나, 작업복과 반바지를 입고 있다. 손에는 마치 전리품처럼 낫을 쥐고 있다. 고된 육체노동을 하는 삶을 준비하는 모습이었다.

사라는 헌신적인 노동 시온주의자였다. 그녀와 레니아의 중간에 태어

난 자매인 벨라도 프리덤에 가입했고, 즈비는 히브리어를 유창하게 구사
했다. 회원이 되기엔 너무 어렸던 레니아는 언니들의 열정을 흡수하며
10대 초반을 보냈기 때문에, 우리는 그녀가 언니들을 따라 각종 회의, 스
포츠 경기와 축제 등에 참석하는 모습을 상상해볼 수 있다. 어린 소녀가
언니들을 따라다니며 눈을 크게 뜨고 그들의 활동을 받아들이는 모습을.

　1938년 열네 살이 된 레니아는 초등학교를 마쳤다. 일부 유대인 학생
들은 옝제유프에 있는 남녀공학 중학교에서 일반적인 중등교육을 받았
다. 그러나 레니아는 입학할 수가 없었다. 그녀는 반유대주의 때문이라
고 원망했지만, 다른 증언에서는 공부를 계속하는 대신 돈을 벌어야 했
다고 설명했다.[35] 당시 많은 젊은 여성들이 남긴 회고록은 간호사나 심지
어 의사가 되고픈 꿈을 기록하고 있다.[36] 그러나 아마도 옝제유프의 전통
적인 분위기나 경제적 사정 때문에 레니아는 비서가 되는 길을 걷게 되
었다. 그녀는 비서로서의 인생을 준비하기 위해 속기사 강좌에 등록했
다. 자신이 곧 맡게 될 일이 이와는 다소 다른 성격이라는 것을 그때는
알지 못했다.

청소년 단체들은 각각 여름방학 프로그램을 운영했다. 1939년 8월, 청년
노동 시온주의자들은 캠프에 모여 심포지엄을 진행하면서 함께 춤추고,
공부하고, 책을 읽고, 운동하고, 야외에서 잠을 자고, 수없이 많은 세미
나를 이끌었다. 그들은 유대인의 팔레스타인 이주를 제한하는 최근 영국
의 백서에 대해 토론하면서, 어떻게 하면 자신들의 집단적 이상을 실현
하고 세계를 구하기 위해 팔레스타인으로 이주할 수 있을지 필사적으로

고민했다. 여름방학 프로그램이 끝난 직후인 9월 1일, 회원들은 이제 막 집에 돌아와 선택한 가족과 태어난 가족, 여름 캠프와 학교, 녹색과 황색, 따뜻한 바람과 냉기, 시골과 도시 사이의 변화를 뚜렷하게 느끼고 있었다.

그날이 바로 히틀러가 폴란드를 침공한 날이었다.

2   불 속에서 불 속으로

레니아

1939년 9월

흉흉한 소문이 쏜살처럼 퍼졌다. 나치가 불을 지르고, 약탈하고, 눈을 파내고, 혀를 잘라내고, 갓난아기를 살해하고, 여성의 가슴을 도려내고 있다는 소문들. 레니아는 상황을 어떻게 받아들여야 할지 도저히 감을 잡지 못했지만, 마을의 모든 사람들처럼 독일군이 옝제유프로 다가오고 있다는 사실을 알았다. 그들이 유대인을 쫓고 있다는 사실도. 온 집안 위에 먼지가 가득했다. 공포의 토네이도였다. 이제 어디로 가야 할지 아무도 몰랐다. 모든 집들이 굳게 문을 닫아걸었다. 사람들은 피난을 위해 짐을 꾸렸다. 마을 사람들과 아이들은 후퇴하는 폴란드 군인들의 무리를 따라 이 마을에서 저 마을로 계속 발길을 옮겼다. 기차는 없었다.

쿠키엘카 가족은 이웃들을 따라 마을 동쪽에 있는 흐미엘니크로 가기로 결정했다. 흐미엘니크는 니다강 건너편에 있는 옝제유프와 비슷하게 작은 마을이었다. 그들은 폴란드 군대가 아직 강하기 때문에 독일군이 거기까지는 오지 못할 것이라고 희망하고 있었다. 또한 그곳에는 쿠키엘카 가족의 친척들이 살고 있었다. 그래서 그들은 아무것도 챙기지 않고 피난민 무리에 섞인 채 걸어서 출발했다.

34킬로미터 정도 되는 길을 따라 사람의 시체들과 소의 사체들이 널려 있었다. 나치가 쉴 새 없는 공습을 퍼부은 결과였다.[1] 독일 공군기들은 사방에서 포탄을 투하했다. 고약한 냄새에 숨이 막힐 정도였던 레니아는 종종 발을 헛디디곤 했다. 뒤에서는 마을이 불타고 있었다. 그녀는 포탄이 떨어지면 그 자리에 가만히 있는 것이 더 안전하다는 사실을 빠르게 터득했다. 움직이지 않는 것이 상책이었다. 또 한 번의 폭발이 있은 후, 비행기가 낮게 날아오더니 수없이 많은 기관총 탄환이 공기 중에 뿌려졌다. 그녀는 탄환이 날아가는 소리 외에는 아무것도 들을 수 없었다. 레니아는 훗날 이렇게 묘사했다. 엄마들은 아이를 꼭 끌어안은 채 죽어갔다. 그들의 몸은 축 늘어졌고, 아직 살아 있는 젖먹이들을 남겨둔 채 "하늘을 향해" 비명을 지르며 떠나갔다.[2] 흐미엘니크로 가며 목격한 지옥 같은 낮과 밤이었다.

하지만 레니아는 곧 흐미엘니크가 안전한 피난처가 아니라는 것을 알았다. 그 마을은 여기저기에 부서진 돌 더미로 뒤덮여 있었는데 그곳에서 불에 그을리고 반쯤 죽은 듯한 사람들이 꿈틀꿈틀 나오고 있었다. 그래도 그들은 운이 좋은 편이었다. 이곳 사람들은 대부분 옝제유프로 도피했다는 사실이 곧 드러났다. 그곳이 더 안전할 것이라고 믿었다. 하지만 현실은 정반대였다. "모든 사람들이 끓는 프라이팬에서 활활 타오르는 불 속으로 도피하려고 애쓰고 있었다."[3]

흐미엘니크에서는 상상할 수 있는 온갖 끔찍한 폭력이 난무했다. 고향에서 들려오는 소문은 악몽과 같이 생생했다. 나치는 옝제유프를 점령한 후 무차별 총격을 가했으며, 마을 사람들의 생활의 중심이며 밝고 생동감이 넘치던 마을 광장에서 열 명의 유대인을 체포해 사살했다는 것이다. 이 행위는 지역 유대인들에게 보내는 경고로서, 만약 그들에게 불복종한다면 어떤 일이 벌어질지 보여주기 위한 것이었다. 흐미엘니크 사람들은 다음은 자기들 차례라는 것을 알았다.

그 순간까지 사람들은 과거의 모든 전쟁이 그랬듯이 위험에 처한 것은 남자들이며 여자나 아이는 괜찮을 것이라고 믿었다. 레니아의 아버지 모셰를 포함한 많은 유대인 남성들은 마을을 떠나 소련군이 진격해온 부크 강 쪽으로 피신했다. 외곽의 시골 지역에서 피난처를 찾을 수 있기를 희망하면서 훗날 레니아는 당시 여자들이 남자들과 떨어져 있는 동안 지른 비명은 정말로 견딜 수 없는 것이었다고 기록했다. 우리는 그녀들이 사랑하는 아버지를 떠나 보내면서 느꼈을 공포가 얼마나 컸을지 그저 상상만 할 수 있을 뿐이다. 아버지와의 이별이 얼마나 오래 걸릴지, 어디로 가게 될지, 그리고 앞으로 무슨 일이 벌어질지 누가 알겠는가?

레니아는 흐미엘니크의 부자들이 말을 빌려 타고 러시아로 피난했다는 이야기를 들었다. 집들은 텅 비어 있었다.

어느 정도 예상했던 일이지만, 그래도 소름 끼치는 그들의 시간이 다가왔다. 어느 날 밤 레니아는 독일 전차가 멀리서 다가오는 것을 보았다. 그녀는 마을에서 단 한 명의 유대인 소년이 용감하게 그들과 맞섰다고 자부심을 갖고 기록했다. 그 소년은 독일군을 향해 총을 쏘면서 뛰쳐나갔지만, 나치의 총격은 그를 산산조각으로 만들었다. 레니아의 기록에 따르면 나치는 10분 동안 마을을 돌아다니며 집과 레스토랑에 들어가 먹을 것을 약탈하고, 그들이 타고 온 말을 닦기 위한 누더기를 끌어 모았다. 그들은 원하는 것은 무엇이든 다 가져갔다.

레니아는 가족과 숨어 있던 다락방에서 갈라진 틈으로 밖을 내다보았다. 거리는 불타는 집들로 환했다. 사람들은 다락방과 지하실에 웅크리고 있었고, 문이 닫히고 창문이 잠겼다. 레니아는 쉴 새 없이 기관총이 발사되는 소리, 벽이 무너지고, 사람들이 신음하고 울부짖는 소리를 들었다. 그녀는 무슨 일이 벌어지고 있는지 알아내려고 목을 길게 뺐다. 마을 전체가 화염에 휩싸여 있었다.

그때, 누군가 밖에서 문을 두드렸다. 레니아 가족이 숨어 있던 집의 입구는 철문이었고 쇠막대기로 봉해져 있었지만, 독일군은 단념하지 않았다. 그들은 창문을 부수었다. 레니아는 그들이 집으로 들이오는 발자국 소리를 들었다. 그녀의 가족은 재빨리 사다리를 다락방으로 끌어올렸다.[4] 레니아는 독일인들의 말소리가 들리자 숨을 죽이고 앉아 있었다. 그들은 아래에서 집 안을 샅샅이 뒤지고 있었다.

그리고 독일군은 떠났다.

집이 약탈당하고 남자와 사내아이들이 끌려나와 마당에서 사살되었던 많은 이웃들과 달리 쿠키엘카 가족은 목숨을 건졌다. 휘발유가 뿌려지고 불이 붙은 대회당에 갇혀 있던 부자 유대인들과 달리, 불타는 건물에서 뛰쳐나오자마자 바로 사살되고 말았던 현지 주민들과 달리, 레니아의 가족은 발각되지 않았다. 적어도 이번에는.

다음 날 아침 9시, 이 집 저 집 문이 열리기 시작했다. 레니아는 상황을 파악하기 위해 조심스레 밖으로 나갔다. 주민의 80퍼센트가 유대인이었던 흐미엘니크 마을에서 전체 주민의 4분의 1이 산 채로 불타거나 사살되었다.[5]

이것이 첫 번째 밤이었다.[6]

✳

열흘 동안 서서히 충격에서 회복되면서 레니아는 자신이 앞으로 살게 될 새로운 인생의 윤곽이 점차 뚜렷해지는 것을 느꼈다. 유대인들은 목이 말라도 물을 구하기 위해 거리로 나가는 것이 금지되었다. 거리는 시체 썩는 냄새로 진동했다. 그 후 마을을 점령한 독일군은 정상화를 약속했고 주민들이 그들에게 복종하는 한 죽이지는 않겠다고 약속했다. 생활과 노동은 정상적으로 재개되었지만, 이미 굶주림이 그들의 삶 속에 들어왔다. 회색이 감도는 딱딱하고 쓰디쓴 빵이 배급되었고, 대부분의 제빵사들이 유대인이었지만, 나치는 유대인들을 줄의 맨 뒤에 서게 했다.[7] 생각해보면 레니아는 매년 이 시기가 지닌 엄숙함을 두려워하곤 했다.[8] 유월절과 오순절의 봄 축제를 사랑하는 그녀는 이맘때면 탄원, 금식, 고해성사 등으로 이어지는 깊은 가을 휴일의 슬픔에 젖어 있었다.

아버지 모셰가 집으로 돌아오자마자—감사하게도 그는 다른 남자들과 함께 어느 마을에 도착했는데 그곳이 흐미엘니크보다 더 위험하다는 사실을 깨달았다—쿠키엘카 가족은 옝제유프로 돌아가기로 결정했다. 레니아는 집으로 돌아가는 하루 동안의 길에서 목격한 바를 이렇게 기록했다. "우리는 폴란드군이 굶주리고 누더기가 된 군복을 걸친 채 전선에서 후퇴하고 있던 반면, 독일군은 승리에 취해 의기양양해 있는 것을 보았다."

계속해서 레니아는 "독일인이 어떤 사람들인지 알기까지 그리 오랜 시간이 걸리지 않았다"라고 썼다. 나치 점령자들은 유대인 지식인들을 거리로 끌어내서 사살했으며, 무기를 소지한 남성들을 처형했다. 거의 유대인들만 거주하는 대형 아파트에서 총이 발견되었기 때문에, 그것에 대한 벌로 각 아파트에서 한 명씩 끌고 나와 처형했다. 그들은 모든 독신 유대인들에게 집합을 명령했다. 처형을 위한 것이었다. 그리고 나치는 무고한 시체들을 하루 종일 거리 양편에 서 있는 나무들에 매달아놓았다. 마을의 평화로운 동맥은 영원히 절단되었다.

3 여성들, 투쟁 거점을 구축하다

지비아와 프룸카

1939년 12월

새해 전야였다.[1] 지비아 루베트킨은 폴란드 북동부, 전쟁으로 이미 폐허
가 된 마을 치제프 외곽에 있었다. 차가운 공기가 그녀의 뺨을 때렸다.
한 걸음, 또 한 걸음, 그녀는 어둠 속에서 구불구불한 길을 기어 올라갔
다. 눈은 목까지 쌓였고, 턱은 얼어붙었다. 사방 어디를 둘러보아도 잠
재적 종말이었다. 지비아는 여기서 유일한 여성이자 유일한 유대인이었
다. 밀입국 안내원을 따라 소련과 독일 작센 사이의 국경을 넘어가고 있
던 폴란드 학생들은 만약 체포된다면 그들이 싫어하는 러시아 볼셰비키
보다는 차라리 독일군에 잡히기를 바라고 있었다. 그러나 지비아는 독일
군에게 잡힌다는 생각만 해도 두려워서 벌벌 떨 지경이었다.[2] 새벽이 다
가올 무렵, 그들은 무사히 독일 땅에 도달했다. 지비아는 그녀의 고향 옛
폴란드에 돌아온 것이다.

대부분의 유대인들에게는 나치 점령지에서 탈출하는 것이 꿈이었다.
그런데 지비아는 거꾸로 점령지로 돌아왔다.

레니아가 옝제유프에서 공포스러운 독일 점령 생활을 경험하는 동안,
전위적인 사상을 가진 새로운 공동체가 폴란드의 다른 지역들에서 만들

어지고 있었다. 이 사상은 그녀의 삶을 바꿔놓았다. 전쟁 중에도 유대인 청소년운동은 계속되었다. 공동체의 동지들은 1939년 여름에 전쟁이 발발하자 잠시 후퇴했다가, 9월경 다시 돌아와서 조직을 해체하지 않고 활동을 강화했으며, 몇몇 열정적이고 용기 있는 젊은 리더와 함께 그들의 임무를 지속적으로 재배치하고 개혁했다. 이들 젊은 리더 중 많은 이들은 독일군을 피해 도피할 수도 있었지만 그렇게 하지 않았다. 그들은 본래 있던 곳에 머물거나 심지어 잠시 도피했다가도 다시 돌아와서, 남아 있는 폴란드 유대인 사회에 합류했다.

이들 리더 가운데 한 명이 지비아 루베트킨이었다. 수줍음을 타면서도 진지한 젊은 여성. 그녀는 1914년에 비텐이라는 작은 마을의 하층 중산층이며 종교적인 가정에서 태어났다. 등유 가로등이 마을에 있는 유일한 도로를 밝히고 있었다. 부모님은 딸이 폴란드 사회에서 안정된 직장과 지위를 갖길 바라며 그녀를 폴란드 공립초등학교에 보냈다. 그녀는 방과 후에 다니던 히브리어 학교 선생님이 총애하던 수제자로서, 히브리어를 유창하게 구사했다. 영리하고 기억력이 뛰어나서, 여섯 형제자매 가운데 아버지가 가장 아끼는 자식이었다. 고등학교에 진학하는 대신 아버지의 식료품 상점에서 일하던 그녀는 '프리덤'이 추구하는 이상주의, 즉 평등주의 철학과 탄탄한 대의명분을 위한 삶을 추구하는 사상에 심취했다. 곧 그녀는 헐렁한 옷과 가죽 재킷(사회주의자의 표식)을 입기 시작했다. 그녀가 부모의 반대를 무릅쓰고 참가했던 키부츠에서 집으로 돌아왔을 때 부모는 딸을 거의 알아볼 수 없을 정도였다.

시온주의자이면서 그녀가 갖고 있던 사회주의적 열정과 자제력, 직업윤리 덕분에 지비아(히브리어로 가젤이라는 뜻)는 프리덤 운동에서 빠르게 능력을 발휘했으며, 그 결과 소심하고 낯을 가리는 성격에도 불구하고 단체의 리더가 되었다(가족은 그녀에게, 사람들 앞에서 말할 때 긴장을 풀라고 조언하곤 했다. 그래서 집에 손님들이 오면 딸에게 부엌에 있는 의자에 올라가서 말하는 것을 연습하게 했는데, 당시 그녀는 얼굴을 붉히면서 거의 한마디도 하지 못했다). 스물한 살 때 그녀는 키엘체에 파견되었다. 그녀의 임무는 이스라엘 이주를 원하면서도 프리덤의 원칙에는 동의하지 않는 '사기꾼들'로 붐비는 지역사회 키엘체에서 실패를 거듭하고 있던 키부츠를 이끄는 것이었다. 그곳에서 그녀는 성과를 거두었는데, 성공하기가 매우 어려운 임무였음은 모두에게 명백했다. 그밖에 그녀는 거기서 로맨스에서도 성공을 거두었다. 첫 남자친구인 슈무엘을 만난 것이다.

다른 사람들에게뿐 아니라 자기 자신에게도 엄격했던 지비아는 늘 자신이 옳다고 생각하는 것을 말하면서 이것이 다른 사람들을 불쾌하게 할까 두려워하지 않았다. 자신에 대한 의심을 포함한 그녀의 감정들은 그녀의 거침없는 면모를 어쩌지 못했다. 그녀는 사람들 사이에 논쟁이 벌어졌을 때 이를 쉽게 해결했고, 심지어 그녀의 정직함 때문에 난처함을 겪었던 사람들조차도 그녀를 존경하게 되었다. 지비아는 매일 밤 행정업무를 마친 후에도, 세탁실에서 일하거나 오븐에 빵을 굽고 있는 여성 동지들의 작업에 합류했으며, 철로를 부설하는 남성 동지들의 일을 거들겠다고 나섰다. 그녀는 한때 동지들을 조롱하던 훌리건들을 혼자서 물리친 적도 있는데, 그때 그녀는 막대기를 들고 그들이 도망갈 때까지 위협했다. 지비아는 온 가족을 책임지는 '큰언니'였다.

폴란드 전국에서 실시되는 파이어니어 훈련 프로그램의 진행자로 승진한 지비아는 슈무엘과 함께 바르샤바로 갔다. 유대인의 팔레스타인 이주를 엄격하게 제한하는 영국의 백서 때문에 해결해야 할 숙제가 더 많아졌다. 팔레스타인 이주를 희망하는 청소년들은 키부츠에 머물며 준비하는 기간이 예상보다 길어지자 점차 사기가 떨어졌지만, 지비아는 교육 프로그램을 그대로 유지하면서 추가 비자 발급을 추진했다. 리더의 역할을 잘 수행하고 있던 그녀는 1939년 8월 21일 제네바에서 개최된 21차 시온주의자 회의, 즉 세계 시온주의자 대표 모임에 참석했다. 그녀는 제네바를 즐겼다. 맵시 있게 차려입은 여성들이 활보하는 우아한 거리, 깔끔하게 정돈된 잔디밭, 진열장이 즐비한 거리를 걸었다. 그녀는 "만약 언젠가 소설을 쓴다면, '비텐에서 제네바까지'라고 제복을 붙이고 싶다"라고 기록했다.[3] 그러나 황홀한 도시의 매력에도 불구하고 스물네 살의 지비아는 기꺼이 자신의 제자들, 가난한 아이들에게 돌아가서, 그들이 개인적으로 무엇인가 성취하려면 어떻게 해야 하는지 그 길을 가르쳐주기를 열망했다. 시온주의자 회의에 참석한 대표들은 다가오는 정치적 미래가 매우 암울하다는 사실을 감지했다. 많은 리더들은 스위스에서 유럽을 탈출할 방법을 찾았다. 지비아는 즉시 팔레스타인으로 출국해서 임박한 전쟁을 피할 수 있게 해줄 특별 여권을 받았다.

하지만 그녀는 이 특권을 사용하지 않았다.

프랑스가 국경을 봉쇄하면서 도로가 폐쇄되고 열차 노선은 변경되었다. 폴란드로 돌아가는 것은 쉽지 않았지만, 그녀는 우여곡절 끝에 8월 30일에 바르샤바에 도착했다. 그래서 그녀는 히틀러의 폴란드 침공 첫날을 제대로 경험했다. 극심한 혼란이 벌어진 전쟁 초기에 지비아는 프리덤이 운영하던 농장과 세미나 장소들을 폐쇄하기 위해 여기저기를 여행했다. 파이어니어의 플랜 B를 추진하기 위해 그녀와 동료 여성 리더들이

운동의 지휘봉을 잡게 되었다.[4]

그러나 폴란드군이 후퇴를 거듭하자, 끊임없이 변화하는 정치 현실에 대응했던 많은 사람들처럼 플랜 B는 취소되었다. 그 대신 지비아와 동료들은 부크강을 건너 동쪽, 즉 러시아 영토로 이동하라는 지시를 받았다. 레니아의 가족이 피난한 것과 같은 방향이었다. 몇 달 동안 프리덤 조직은 소련군이 장악한 마을들에 자리를 잡았는데 이곳에선 청소년들이 비교적 자유를 누릴 수 있었다. 이 격변기 동안 청소년 단체들은 강하고 견고하게 조직화되었다. 지비아는 프리덤이 새로운 상황, 즉 소련이 종교와 유대인 활동을 점점 더 엄격하게 금지하는 상황에 어떻게 대처해야 할지를 배우는 동안에도 그들의 이상에 충실하도록 확실하게 조직을 이끌었다. 그녀의 새로운 기술은 이것이었다. 상황이 뒤집히면, 신속하게 새로운 행동방식으로 전환한다.

1939년 11월, 프리덤의 수십 개 지부가 소련 지역에서 활동하면서 시온주의, 사회주의, 파이어니어의 가치를 지속적으로 홍보했다. 네 명의 핵심 리더 가운데 두 명이 여성이었다. 커뮤니케이션과 비밀 정보를 관리하는 지비아와 교육 활동을 조정하는 신델 슈바르츠. 신델은 세 번째 리더인 이츠하크 주커만과 열애 중이었는데, 그는 안테크란 가명으로 알려지게 되었다.[5]

코벨에 프리덤 본부를 설치한 지비아는 동지들을 연결하면서 그 지역을 돌아다녔다. 훗날 그녀는 "우리는 연락이 두절된 회원이나 멀리 떨어진 회원들과 접촉하기 위해 끊임없이 치명적인 위험에 직면하면서 미친 사람처럼 뛰어다녔다"라고 적었다.[6] 그녀는 동지들의 생존과 안정을 위해 도움을 주었지만, 그녀의 주된 활동은 불법적으로 루마니아를 거쳐 팔레스타인으로 사람들을 보내기 위한 탈출 지점을 확보하는 것이었다.

비록 상급자들은 그녀가 사회주의적 시온주의의 목적을 달성하기 위해 지하운동을 시작하도록 내버려두지 않았을지라도, 지비아는 이를 집요하게 시도했다. "지하에 파이어니어 청년들의 운동 조직을 구축하는 것은 불가피한 일이었다"라고 말하면서.[7]

그녀는 남자친구인 슈무엘을 탈출 루트 한 곳에 보냈는데, 그는 거기서 체포, 투옥되었다가 어디론가 사라졌다. 지비아는 엄청난 충격에 빠졌지만, 사적인 감정을 억누른 채 더욱더 맹렬하게 자신의 임무에 몰두했다.

지비아의 지원을 요청하는 곳이 많았다. 벌써 그곳 청소년들을 이끌기 위해 바르샤바로 돌아온 프룸카는 프리덤 지도부에 편지를 보내 그들의 친구 지비아도 그곳으로 돌아오게 해달라고 요청했다. 그들은 지비아가 새 나치 정부를 상대하기에 가장 적합한 인물이라고 주장했다. 고참 리더들은 죄다 바르샤바에서 도망쳤으며, 주요 도시들에는 독일이나 폴란드 당국과 접촉할 준비가 제대로 되어 있지 않은 2진 리더들만 남아 있던 것이다.

소련의 위협이 점차 커지고 있었기 때문에, 지비아는 리투아니아가 새로 장악한 도시 빌나로 이동하기로 했었고, 프리덤이 자신을 보호해주는 장치라고 느꼈다. 하지만 그녀는 이러한 너그러운 조치에 저항하면서, 자신은 바르샤바로 가서 프리덤 운동을 도와 극도의 혼란에 빠진 청소년들을 위로하고, 파이어니어 교육과 노동 시온주의자들의 목적을 장려해야 한다고 주장했다.[8] 여느 때와 마찬가지로, 그녀는 스스로 결정을 내렸고 불 속으로 곤두박질해 들어갔다.

✳

1940년으로 넘어가는 새해 전야에 프리덤은 철야 회의를 열었는데, 이것은 축제이자 공식적으로 개최된 첫 지하 회의였다. 지비아는 훗날 이 모임에 대해 "우리는 먹고 마시고 즐겼다. 그리고 술을 마시는 중간중간에 이 운동이 나아갈 방향에 대해 논의했다"라고 기록했다.[9] 지비아는 르부프에 있는 한 회원의 아파트에서 초콜릿과 소시지, 버터 바른 검은 빵을 마음껏 먹으면서, 소련 지역과 독일이 점령한 폴란드에서 시온주의의 불꽃을 유지하고 "유대인의 인간성을 유지하는 것"이 중요하다고 거듭 강조하는 리더들의 말에 귀를 기울였다.

그날 밤 지비아와 점점 가까워지고 있던 키가 크고 금발이며 잘생긴 공동 리더 안테크가 간곡히 만류했음에도 불구하고, 지비아는 나치가 점령한 폴란드를 향해 떠났다.[10] 거기서 마주치게 될 상황이 두렵고, 자신이 과연 새로운 정권하에서의 가혹한 삶을 잘 견뎌낼 수 있을지 의심하면서도 지비아는 그 길을 택했다. 그녀는 위험한 임무를 수행하면서 폭풍과 같은 세월을 함께하며 의지했던 친구들, 어려운 임무를 마치고 돌아오면 반갑게 맞아주던 동지들을 떠나게 되어 슬펐다. 하지만 지비아의 결심은 확고했다. 그녀는 이렇게 기록했다. "내가 암울한 생각에 사로잡혀 있는 동안, 기차가 굉음을 내며 플랫폼에 들어왔고 사람들은 열차 안으로 밀려들어갔다."[11] 그녀는 따뜻한 손길과 따스한 눈물을 느꼈고, 그 후 그녀 역시 동료들로부터 멀어져 갔다.

지비아는 프룸카가 마련한 계획에 따라 나치 점령지로 몰래 들어갔다. 그녀는 집으로 돌아가는 폴란드 남학생 무리와 같은 칸에 타고 눈이 펑펑 내리는 밤을 꼬박 지새우는 기나긴 여정을 견뎌냈다. 열차가 국경 마을에 다다르자, 지비아를 점잖게 대하던 남학생들의 태도가 돌변했다. 소련 점령 지역에선 유대인 동행자가 도움이 되었지만, 나치 점령 구역에서 지비아는 힘없고 열등한 존재가 된 것이다. 기차가 역에 멈추었을 때 그들은 한 독일인이 유대인 무리를 때리면서 유대인은 폴란드인, 아리아인과 같은 대기실에서 기다릴 수 없다고 말하는 것을 들었다. 그 일행은 지비아 역시 분리되어야 한다고 불평했지만, 그녀는 아무 반응도 하지 않았다. "나는 이를 악물고 꼼짝도 하지 않았다."[12] 지비아는 새로운 형태의 정신력을 길러야 했다. 모멸의 안개 속에서 고개를 꼿꼿이 쳐들 수 있는 능력 말이다. 열차 안은 조명이 전혀 없었기에 칠흑같이 어두웠고, 모두 독일인의 눈에 띄지 않도록 몸을 숨겼다. 그때 한 남자가 한숨을 내쉬었고, 지비아는 폴란드인 그룹이 "유대인 한숨"을 내쉰다고 그를 비난하며 잔인하게 공격하는 모습을 지켜보았다. 그는 열차에서 내동댕이쳐졌다.

이제 1940년이 되었다. 지비아는 완전히 새로운 한 해를 맞았다. 자신이 유대인이라는, 자부심에서 굴욕감에 이르기까지의 완전히 새로운 경험을 하면서. 열차가 쭉 뻗은 대로와 비둘기 떼가 모이를 쪼아대는 광장을 지나 중앙역으로 진입하자, 그녀는 생각했다. 여기는 옛 바르샤바가 아니라 완전히 새로운 바르샤바라고.

유대인들은 비교적 늦게 바르샤바에 정착했다. 반反유대인법이 중세부터 19세기 초 나폴레옹 1세 황제가 바르샤바를 정복할 때까지 유대인의 바르샤바 이주는 금지되었다. 그러다가 유대인들이 나폴레옹의 전쟁 비용을 지원한 것을 계기로 도시의 유대인 은행 문화가 시작되었다. 19세기 중반, 러시아의 점령하에서 바르샤바의 유대인 인구가 증가했다. 지역사회에 동화된 소수의 '진보적인' 유대인들은 비스와강 양쪽의 언덕을 따라 자리 잡은 푸릇푸릇한 도시에서 점차 성장했다. 바르샤바는 행상인과 전차들로 붐비고, 아름다운 중세의 성이 위용을 뽐내는 도시였다.

1860년, 팔레〔러시아의 서부 국경 지방으로 1791년 이래 유대인의 정착이 허용되었던 지역〕에 살던 유대인들이 바르샤바에 거주할 수 있도록 허용된 이후, 이 도시의 인구는 폭발적으로 증가했다. 1914년경 유대인들은 바르샤바의 산업 분야를 지배하는 세력이었고, 그 결과 유대인들은 원하는 곳에 어디든지 정착할 수 있게 되었다. 연극, 교육, 신문, 출판, 정당 등 다양한 영역에서 유대인 문화가 번창했다. 주민들은 도시의 빈곤층과 세계를 무대로 활동하는 부유한 코즈모폴리턴으로 구성되었다. 1878년에 지어진 웅장한 유대교 대회당은 번성하는 이 도시의 상징이었다.[13] 세계에서 가장 규모가 큰 대회당은 바르샤바의 대표적인 건축가에 의해 설계되었으며, 제정 러시아의 건축 양식을 포함하고 있었다. 이 회당은 전통적인 기도원이 아니고, 주로 엘리트층 신자들이 다녔으며, 오르간과 합창단을 보유하고 폴란드어로 설교가 진행되었다. 장관을 이루는 이 건물은 유대인의 번영과 문화를 상징하며 동시에 폴란드 사회의 관용을 보여주는 곳이었다.

지비아가 아는 바르샤바는 전쟁 전 모든 유대인들의 삶의 진원지였다. 나치가 폴란드를 침략했을 때, 수도 인구의 약 3분의 1을 차지하며, 다양한 배경을 가진 37만 5천 명의 유대인들이 이 도시를 고향이라고 불렀다[14](이와 대조적으로 2020년 뉴욕에 사는 유대인은 뉴욕 전체 인구의 약 13퍼센트를 차지한다[15]).

지비아는 겨우 넉 달 동안 이 도시를 떠나 있었지만, 돌아와 보니 이곳의 풍경은 극적으로 갈라져 있었다. 비유대인 구역 바르샤바와 유대인 구역 바르샤바는 이제 완전히 서로 다른 영토였다. 그녀는 거리가 오직 폴란드인으로 붐빈다는 것을 알아차렸다. 독일이 점령한 직후 반유대인 법이 시행되었고, 유대인을 차별하는 새로운 규정이 매일 통과되고 있었다. 유대인은 특별 허가증 없이는 기독교인의 공장에서 일하거나 기차에 타는 것이 금지되었다. 길에서 눈에 띄는 유대인은 몇 안 되었다. 그들은 하얀 완장, 즉 '수치'의 표식을 의무적으로 착용한 채 종종걸음을 하면서, 혹시나 누가 쫓아오고 있지는 않은지 확인하느라 초조한 눈을 부릅뜨고 있었다. 지비아는 공포에 질려서 얼어붙었다. 어떻게 이런 상황에 익숙해질 수 있을까? 그러나 그녀는 유대인들이 억압자들을 은밀히 경멸하면서 반항적으로 완장을 착용한 것은 아닌지 궁금해졌다. 그녀는 이런 생각을 하면서 스스로를 안심시키려고 했다.

도로는 우아한 자동차와 마차, 빨간색 전차로 북적였다.[16] 하지만 지비아는 전차를 타는 것보다 걷는 것을 더 좋아했다. 그녀의 기억 속에 간직된 바르샤바는 역동적인 도시, 카페테라스와 꽃으로 장식된 발코니, 그리고 엄마와 유모들이 줄지어 거닐고 화려한 장식으로 꾸며진 공원들이 있는 도시였다. 그녀는 바르샤바가 폐허가 되었다는 소문을 들었지만, 지금 이 도시에 첫발을 내디디면서 보니 몇몇 폭파된 건물들 말고는 예전과 똑같아 보였다. 폴란드인들이 거리를 가득 메웠고 일상적인 삶이 정상적으로 돌아가고 있었다. 그녀의 회고에 따르면, "마치 아무 일도 없었던 것처럼 유쾌한 분위기가 대기 중에 떠돌고 있었다."[17] 단지 독일 호송차들이 공포에 질린 주민들을 흩어놓으면서 거리를 누비는 모습이 유일한 변화였다.

그곳엔 오래된 유대인 동네가 있었다. 지비아는 곧장 파이어니어 본부를 향해 걸음을 옮기다가 잔해더미를 발견했다. 시대가 변했다는 것이 여기서 분명히 보였다. 지비아는 신세계에 다시 들어가는 중이었다. 독일인과의 접촉을 피하기 위해 유대인들이 집 안에서 꼼짝하지 않고 어둠 속에 숨어 사는 세계, 바깥 공기를 두려워하며 어떤 굴욕이든 감수해야 하는 세계였다.

'다른 패기'를 가진 유대인들을 찾으면서, 지비아는 전쟁 전에 많은 운동가들이 살았던 지엘나 거리 34번지에 있는 프리덤 본부로 향했다.[18] 네 동의 3층 건물이 안마당을 둘러싸고 있는 지엘나는 항상 사람들이 많고 활기가 넘치는 곳이었지만, 이곳에 도착한 지비아는 깜짝 놀랐다. 인근 작은 마을들을 떠나 바르샤바로 온 수백 명의 동지들을 포함한 수많은 군중이 거기 있었기 때문이다. 그들은 일제히 막 도착한 그녀를 바라보면서 놀라고 몹시 흥분했다. 음식을 담당하는 남자는 그녀를 위해 즉흥적으로 파티를 열고 이날을 '공식적인 휴일'로 선언했다. 별도의 빵과 잼이 제공되었다. 지비아와 프룸카는 다정하게 머리를 맞대고 앉아, 나치가 침공한 이후 일어난 모든 일과 그동안 실행되었던 모든 활동, 그리고 무엇보다 중요한, 앞으로 해야 할 행동들을 검토했다.

✳

우리는 프룸카가 옛 친구이자 신뢰하는 동료인 지비아가 프리덤 본부로 걸어 들어오는 모습을 보며 얼마나 기뻐했을지 상상할 수 있을 것이다. 과거 몇 달 동안, 지비아는 바르샤바에서 프리덤 운동의 주요 리더로서 모든 새로운 공포에도 불구하고, 회원들에게 따뜻함과 희망을 주고 열정을 불어넣으면서 지엘나를 단체의 터전으로 재건하는 데 도움을 주었다. 유대인이 절대다수를 차지하고 지적 분위기가 강한 동부 도시 핀스크 인근에서 태어난 프룸카 프워트니카는 지비아와 동갑내기였는데, 둘 다 스물다섯 살이라는 이유로 갑자기 연장자 그룹에 끼게 되었다. 이목구비가 뚜렷하고 이마가 훤칠하며 생머리를 한 프룸카는 카를린 출신 랍비를 따랐던 가난한 하시드파(경건을 중시하는 유대교 모임으로 우크라이나에서 시작되어 동유럽으로 확산되었다) 집안의 세 딸 중 하나였으며, 그녀의 가치관은 솔직함과 완벽주의였다. 프룸카의 아버지는 랍비가 되기 위해 수련을 쌓았지만, 카를린 랍비의 조언을 따르는 대신에 가족을 부양하기 위해 상인이 되었다. 이후 수송아지 매매를 가업으로 삼았다. 그런데 불행히도 그는 타고난 상인은 아니었다. 프룸카의 부모는 딸을 좋은 학교에 보낼 여유가 없었기 때문에, 프룸카는 김나지움(폴란드의 예비학교)에서 우수한 성적을 뽐냈던 예리한 사상가인 그녀의 언니 즈워트카로부터 가르침을 받았다. 즈워트카는 아버지와 마찬가지로 감정을 억누르며 살던 공산당원이었다.

반면에 프룸카는 부지런하고 헌신적이며 겸손한 어머니를 많이 닮았다. 열렬한 사회주의 시온주의자인 그녀는 열일곱 살 때 프리덤에 합류해서 적극적으로 활동했다. 사실 가족의 생계에 도움을 줘야 할 가난한 집안의 소녀에게는 전적인 희생이었다. 깊은 분석적 사고력을 갖고 있었지만, 그녀는 심각하고 침울한 태도 때문에 남들이 가까이하기 쉽지 않았다. 다시 말해 그녀는 사람들과 소통하고 우정을 유지하는 데 다소 어려움을 겪었기에 한동안 프리덤에서 아웃사이더로 머물러 있었다. 그러나 프룸카는 실제 활동을 통해 자신이 가진 뜨거운 감정과 타고난 열정을 보여주었다. 그녀는 아픈 동지들이 있으면 귀가시키지 않고 훈련 캠프에 머물게 하면서 성심껏 돌봐주었다. 그녀는 수련회를 운영하면서 커리큘럼부터 음식 제공에 이르기까지 모든 것을 조율하고, 청소년들의 규율을 유지시키면서 게으른 아이들을 일하게 할 뿐 아니라, 지역 농부들이 보내온 후원금은 돌려보내기도 했다. 그녀는 위기 속에서 오히려 빛을 발했다. 어떤 상황에서도 그녀의 도덕적 나침반은 전혀 동요하지 않았기 때문이다.

한 선배 특사는 프룸카에 대해 이렇게 기록했다. "빛과 어둠을 구별하기 어려운 회색빛 시대에 그녀는 구석에 숨어 있었다. 하지만 결정적인 위기의 순간에 그녀는 자신을 전면에 드러냈다. 그러고는 누구보다도 큰 장점과 미덕을 발휘했으며, 그녀의 도덕적인 역동성과 심도 있는 분석은 항상 행동으로 이어졌다."[19] 프룸카에 대한 기록은 이렇게 이어졌다. 프룸카는 "자신이 가진 모든 능력을 통합해서 삶의 경험을 분석하는 독특한 재능을 갖고 있었다. 그녀가 가진 온화함과 사랑, 그리고 마치 엄마처럼 걱정하는 마음 등이 여기 동원되었다." 또 다른 친구는 "그녀의 심장은 결코 박자에 맞추어 뛰는 법이 없었다. 그녀는 마치 자신의 내면에 품고 있는 사랑을 쏟아낼 중요한 순간을 기다리고 있는 것 같았다"라고 설명했다.[20]

프룸카는 보통 어두운 방의 한구석에 웅크리고, 모직코트로 온몸을 휘감은 채 무언가를 집중해서 듣고 있는 모습일 때가 많았다. 그녀는 정말 잘 듣고 있었고, 세부 사항을 모두 기억했다. 어떤 경우에는 갑자기 방 안에 있는 모든 사람을 대상으로 "마법 같은 말투로"—그것은 민요풍의 문학적 이디시어였다—연설을 했다. 어떤 동지는 그녀의 즉흥적인 연설이 "길은 찾았지만, 아직 마음의 평화를 찾지 못한 한 유대인 소녀의 두려움에 대한" 것이었다고 회상했다.[21] 그녀는 단순함과 성실함으로 사람들의 관심을 사로잡았다. 그런데 모든 사람들이 주목하면 "그녀의 얼굴은 불타는 듯 빨개졌다." 한 동료는 그들이 프룸카와 함께 비아위스토크

시민공원에서 지냈던 일화를 들려주었다. 프룸카가 공원에 있는 꽃들의 아름다움에 도취되어 그 꽃들 사이를 껑충껑충 건너뛰더라는 이야기였다.[22]

날카로운 이목구비를 마무리하는 부드러운 턱은 그녀의 따뜻함을 드러냈다. 동지들은 그녀의 침착함과 열정에 감사하면서 끊임없이 그녀에게 조언을 구했다. 수줍음을 타는 지비아처럼, 프룸카도 원래 순종적이고 내성적이었다. 그래서 그녀가 리더 역할을 맡았다는 것을 알았을 때 가족들은 깜짝 놀랐다.[23] 헌신적인, 그래서 충분히 자격이 있는 지비아가 이 그룹의 큰언니였다면, 이해심이 많고 점잖은 프룸카는 '디 마메Die Mameh'(이디시어로 엄마)가 되었던 것이다.

한 단계 한 단계 간부급으로 승진하고, 또 전국을 돌며 교육 세미나를 실시한 후, 프룸카는 지비아와 함께 파이어니어 본부에서 일하기 위해 바르샤바로 갔다. 1939년 여름, 활동은 활발해졌지만 팔레스타인의 특사들이 방문을 연기하자, 프룸카가 고위 책임자의 임무를 맡았다. "태양만 있는 땅"인 에레츠Eretz[성지] 이스라엘로 이주하는 것이 그녀의 꿈이었다. 본래 그녀는 그해 여름 '알리야aliyah'[유대인 디아스포라들이 유대인의 땅인 에레츠 이스라엘, 즉 팔레스타인으로 돌아오는 것)가 예정되어 있었지만, 본부는 그녀에게 가을까지 기다려달라고 요청했다. 비록 귀환에 대한 꿈이 그녀를 압도했고, 이때를 놓치면 결코 귀환하지 못하게 될까 봐 두렵기도 했지만, 그녀는 본부의 지시를 따랐다. 사실 그해 가을은 분위기가 좋지 않았다.

일단 전쟁이 발발하자 프룸카는 본부의 지시에 따라 동부 지역으로 갔다. 하지만 위기를 피해 다른 지역으로 가는 것을 원치 않았던 그녀는 즉시 프리덤 지도자들에게 가족이 살고 있는 지역을 떠나 나치가 점령한 바르샤바로 돌아가게 해달라고 요청했다.[24] 동지들은 망연자실했다. 결국 프룸카는 프리덤 리더 가운데 바르샤바로 돌아간 첫 번째 사람이 되었다.

그런데 이제 지비아도 여기 바르샤바에 있었다.

✳

프룸카와 지비아는 주로 조용한 방의 구석에 머물러 있었는데, 프룸카는 자신이 지난 3개월 동안 지엘나에서 이룬 모든 것을 지비아에게 전해주었다. 그 공동체는 도망치고 있던 젊은이들에게 피난처를 제공했다. 주민은 대부분 여성이었다. 프룸카는 주민들을 잘 이끌어서 도피 중인 젊은이들을 지원하는 계획을 세우는 데 앞장섰다. 이렇듯 배고프고, 혼란스럽고, 가족이 흩어지는 고통스러운 시기에 음식과 일자리뿐 아니라 위안을 제공해주면서 그녀는 마을 주변에 널리 알려졌다. 프리덤이 추구하는 가치는 이제 변해 있었다. 더 이상 운동 그 자체나 청소년을 선도하는 목표에만 집중하지 않고, 고통받는 유대인 대중을 구체적으로 돕는 데 초점을 맞추었다. 사회적 평등을 중시해왔던 지비아는 즉시 이 흐름에 뛰어들었다.

프룸카는 더 조인트The Joint — 전 세계의 유대인들을 지원하기 위해 1914년 미국에서 설립된 공동배급위원회American Joint Distribution Committee (JDC) — 의 지원을 받아 600명의 유대인들에게 식량을 제공해주는 공공 급식소를 설립했다. 그녀는 스터디그룹을 조직하고 다른 운동 단체들과의 협력에도 앞장서서, 수용 시설에 여유가 있을 경우 비회원들도 수용했다. 잔혹하기로 악명 높은 파비아크 감옥 바로 건너편, 경찰과 스파이,

그리고 사람들을 살상하는 총성으로 가득한 이 지역에서, 혁명가들이 웅성거리는 이 둥지는 새롭게 생각하고 새롭게 행동하도록 영감을 주었다. 프리덤에서 청소년 단체 상담을 담당하는 한 여성은 이렇게 말했다. "파이어니어 회원들은 생존하고, 행동하고, 꿈을 이루기를 열망했다. (…) 여기서는 어떤 회원도 진실로부터 도망치지도, 눈앞의 진실과 타협하지도 않았다. (…) 이곳에서의 활동은 신체를 망가뜨리고, 영혼을 피폐화시켰지만 저녁때 모두가 지엘나에 있는 우리 집에 모였을 때, 우리는 분노를 느끼지 않았다."[25] 지비아는 그 공간에 스며들어 있는 따뜻한 동지애와 긍정적인 정신을 느꼈다. 프룸카와 그녀 주변의 젊은 여성들 덕분이었다.

프룸카는 지엘나 외곽 지역, 심지어 바르샤바를 벗어난 지역에서도 활동하고 있었다. 그들의 활동을 먼 지역과도 연계할 필요성을 예견했기 때문이다. 그녀는 손수건으로 얼굴을 가리고 유대인으로 보이지 않게 분장한 뒤 정보를 수집하기 위해 우치와 벵진으로 갔다. 벵진에 있던 프리덤 키부츠는 세탁소를 운영하면서 지역 피난민들을 돕는 허브 역할을 했다. 우치의 경우, 공동체는 거의 전적으로 프룸카의 자매인 한체와 리브카 글란시, 레아 페를슈타인과 같이, 도피하기를 거부했던 여성들이 이끌었다. 여성들은 독일인들을 위해서 바느질을 했는데, 독일인들은 툭하면 작업 도구를 몰수하겠다고 위협했다. 그때마다 혈기 왕성하고 책임감 있는 레아가 나치에 맞섰고, 결국 항상 이겼다.[26]

✳

그 첫날 저녁, 지비아와 프룸카는 다른 프리덤 리더들과 함께 공동체의 지원을 받아내는 데, 그리고 그들의 시온주의 목표인 팔레스타인 귀향을 위한 탈출로를 찾는 데 집중하기로 결정했다. 이 두 가지 임무를 수행하기 위해 그들은 지역 키부츠를 탄탄하게 유지하면서, 프리덤 운동의 가치를 굳건히 지킬 필요가 있었다.

지비아는 프룸카에 뒤지지 않기 위해 지엘나에서 거의 잠시도 휴식을 취하지 않았다. 우선, 유대인 평의회에 연결 고리를 만들고, 로비 활동을 시작하려 했다.

일찍부터 나치는 유대인들을 분열시키는 전략을 활용했다. 그들은 게토가 유대인 스스로에 의해, 다시 말해 수 세기 동안 유대인 공동체를 통치해온 선출직 카할kahal이 아니라, 나치가 통제하는 위원회 또는 유대인 평의회에 의해 관리·운영될 것이라고 공표했다. 그 결과 각 지역의 유대인 평의회는 모든 유대인 시민들을 등록하게 하고, 그들에게 출생증명서나 사업 허가증을 발급하며, 세금 징수와 배급카드 발급, 노동 인력과 사회봉사 활동을 조직하고, 유대인 경찰이나 민병대를 감독하는 역할을 부여받았다. 바르샤바의 경우, 모자를 쓰고 부츠를 신고 유대인 동포들에게 곤봉을 휘두른 민병대 대원들은 주로 교육을 받은 중산층 남자들로서, 그들 가운데에는 종종 젊은 변호사와 대학 졸업생도 있었다.[27] 레니아를 포함한 많은 사람들이 볼 때, 민병대는 유대인들을 수색하고, 규제하고, 감시하라는 게슈타포의 명령을 충실히 이행할 "최악의 인간들"로 구성되었다.[28] 일부 유대인들은 살해당할 위험을 무릅쓰고 유대인 평의회에 강제로 끌려갔다고 주장했다. 일부는 자발적으로 참여함으로써 자신의 가족을 구하거나(구하지 못하기는 했지만), 심지어 더 큰 공동체에 도움이 되기를 희망했다. 물론 유대인 평의회라는 기구는 유대인을 탄압할 목적으로 세워진 도구였다.[29] 하지만 평의회에 참가한 개별 구성원들의 주관적인 의지는 다양했고, 그들이 펼친 활동의 성격도 게토마다 달랐다. 그들 가운데에는 어려움에 처한 유대인에게 영웅적으로 도움을 제공한 사람들도 있었고, 앞장서서 유대인을 박해한 악질 나치 협력자들도 있었다. 이렇듯 유대인 평의회는 매우 이질적인 집단이었다.[30]

유대인 평의회를 게슈타포의 꼭두각시로 보고 두려워했던 많은 사람들과 달리, 지비아는 그들에게 식량을 더 달라고 조르기도 했다.[31] 머리도 빗지 않은 채, 마치 "담배 연기를 뿜어내면 그 연기의 고리 속에서 분노가 사라질 것처럼" 계속 줄담배를 피웠던 그녀는 유대인 공동체 조직의 회관들에 붙박이가 되어갔다.[32] 그녀는 트워마키에 거리 5번지, 흰 대리석 기둥과 웅장하고 열린 복도로 되어 있는 유대인 자활 단체에서 하루 종일 시간을 보냈다. 1920년대에 대회당 옆에 세워진 이 건물은 바르샤바의 유대인 도서관이자 유럽 최초의 유대인 연구 센터로서 신학 및 세속학 연구의 중심지였다. 전쟁이 발발하자 이 건물은 유대인 상호부조의 중심지가 되었다.

지비아는 그곳에서 오후 내내 JDC 및 복지 기관의 지도부들과 옥신각신하고, 청소년 단체의 리더들과 정보를 교환하며, 지하에서 비밀리에 간행된 인쇄물을 배부하고, 부유한 유대인들을 설득해서 상당한 자금을 빌리는 일에 매진했다. 그녀는 시온주의 청소년 단체를 위해 바르샤바로 보내는 자금을 담당했고, 외국의 조직들이 바르샤바에 보내는 비밀 서신을 수신하는 임무를 맡았다. 그러다가 밤이 되면 지비아는 세탁실에서 여성 동료들과 함께 빨랫감을 처리했다. 다른 이들을 세심하게 돌보면서도 정작 자신은 거의 먹지 않아 너무 야위었기 때문에 다들 걱정할 정도였지만, 그녀는 끊임없이 회원들을 격려하고, 그들의 고민을 들어주었다. 물론 그녀의 솔직한 입담은 종종 그들을 충격에 빠뜨리기도 했다. 젊은 동지들은 그녀의 가식 없는 모습과 빠른 의사결정, 솔직한 충고를 존중했다.

배고프고 굴욕적인 분위기가 지배적이었지만, 지비아는 청소년들을 먹이고 재워야 할 책임을 느꼈으며, 그들이 체포되어 노동수용소로 이송되지 않도록 보호하기 위해 최선을 다했다. 바르샤바에서, 12세에서 60세 사이의 모든 유대인들은 강제노동에 끌려갈 대상이었는데, 이것은 관련자 모두를 끊임없이 두려움에 떨게 했던 폭력적이고 학대적인 상황이었다. 독일군은 노동자들을 강제동원하기 위해 길거리에 저지선을 치고 우연히 그곳에 있던 유대인들, 심지어 아이들에게 줄 빵 한 조각을 구해서 집으로 가던 사람들까지도 낚아챘다. 이렇게 붙잡힌 사람들은 트럭에 실려 구타당하고 굶주리면서 고된 강제노동에 끌려갔다. 지비아는 여러 차례 이런 상황에 개입해 붙잡힌 동지들을 풀어주었는데, 그때마다 일련의 담배 연기 고리가 그녀의 행적을 뒤따랐다.

그녀의 주요 프로젝트는 나치에 의해 아직 피해를 입지 않은 마을의 훈련 농장을 재건하고 유지하는 일에 관해 협상하는 것이었다. 전쟁 동안, 그로슈프와 체르니아쿠프의 농장들은 밭과 화원, 낙농장(젖소 농장)에 젊은이들을 고용하는 중요한 장소가 되었는데, 그렇지 않았으면 이들은 강제노동에 끌려갔을 것이다. 농장에서는 노래와 춤을 가르치고 교육의 중심지 역할도 담당했다. 지비아는 지역에서의 교육 활동을 조정하기 위해 이곳저곳을 여행하곤 했지만, 특히 밤에는 유대인이라는 사실을 감추지 않고 상대적 자유를 즐길 수 있는, 나무가 무성한 교외 지역을 즐겨 방문했다. 이는 길거리에서 총이 난사되고 매일같이 고문이 자행되는 것은 말할 것도 없고, 굶주림과 이, 그리고 전염병이 만연한 바르샤바에서 벗어나는 길이기도 했다.

전쟁 후반, 지비아는 유대인 경찰에게 뇌물을 주고, 게토 장벽을 기어오르고, 묘지를 통해 게토를 빠져나가곤 했다. 그러고는 게토를 떠나기위해 시간을 낭비하는 것에 대해 씩씩대곤 했다. 이것은 지비아가 게토에서 탈출하는 망명자와 동행하는 방법이기도 했다. 그녀는 적절한 순간에 현금을 슬쩍 건넨 다음, 서류 가방을 들고 자연스럽게 문을 통과했다. 마치 하루 일과를 위해 거리를 활보하는 자신감에 찬 여학생처럼 보이게하면서.

그러나 이제 바르샤바에 장벽으로 둘러싸인 게토는 없었다. 절망과 혼란, 그리고 이상한 폭력 사건이 간혹 일어났음에도 불구하고, 앞으로 투옥이나 살인이 발생할 것이라는 예감조차 없었다. 젊은이들이 두려워했던 최악의 사태는, 나치가 패배하고 후퇴할 때 폴란드인들 사이에서 대학살이 일어날지 모른다는 것이었다. 현재로서는 이 젊은 유대인들은 그저 역사와 사회 이론을 가르치면서 파이어니어의 가치를 전달하는 데 바쁜 사회활동가일 뿐이었다. 아직은 단위 조직을 강화하느라 바빴다. 그런데 이들 조직은 곧 지금까지와는 전혀 다른, 신성한 목표에 매진하게된다.

✳

1940년 봄 어느 날, 지비아는 평소 콧노래를 부르며 하던 활동을 위해 지엘나로 돌아왔다. 안테크도 함께 왔다.

안테크 역시 나치가 점령한 지역으로 돌아갔었다. 어떤 사람들은 그가 지비아를 따라갔다고 의심했다. 지비아는 자신의 감정을 유지하면서도 안테크와의 관계에 대해 아무것도 기록하지 않았다. 반면에 안테크는 그들의 초기 관계에 대한 회상을 남겼다. 한번은 코벨에 돌아갔을 때 지비아가 아팠는데, 그는 그녀에게 생선과 케이크를 가져다주기 위해 진흙탕길을 한참 걸어갔다. 그런데 그녀는 고마워하기는커녕 그가 너무 지저분해 보인다고 투덜댔다. "나는 그녀의 배짱에 놀랐다"라고 그가 말했다. "그녀는 마치 아내처럼 말하고 있었다."[33] 몇 달 후 그는 지비아가 열정적으로 주먹을 두드리며 강의하는 모습을 보았다. 그리고 그녀와 사랑에 빠졌다.[34]

안테크는 지비아와 프룸카에게 합류해서, 바르샤바와 인근 지역에 프리덤 조직을 건설했다. 프룸카는 "유대인 코"와 "자꾸 끊기는" 폴란드어 실력에도 불구하고,[35] 프리덤의 바르샤바 본부와 폴란드 마을들 사이의 네트워크를 유지하면서 마을 조직을 지원하고 새로운 회원들을 모집했다. 그녀는 점점 더 많은 세미나를 이끌고 운동 조직 사이에 전국을 포괄하는 인맥을 유지하기 위해 더 자주 여행을 다녔는데, 그 여행 가운데 일부는 안테크와 지비아를 피하기 위한 것으로 추측되었다. 물론 프룸카는 안테크를 꽤 좋아했지만 그의 낭만적인 관심은 프룸카의 절친인 지비아에게 온통 쏠려 있다는 사실이 점점 분명해졌기 때문이다.[36]

지엘나에서 지비아(그리고 프룸카, 지비아가 그곳에 있었을 때는 안테크도)는 낮에 있었던 여러 가지 사소한 일화를 소개하고 조용한 노래와 짧은 연극을 공유함으로써 저녁 분위기를 북돋았다. 물론 이 모든 일은 커튼으로 가려진 창문 뒤에서 일어났다. 공동체는 유대인 역사에 나오는 용맹한 이야기에서 용기를 얻었다. 그들은 함께 책을 읽고, 히브리어를 배웠으며, 격렬한 토론을 벌였다. 그들은 또한 공포와 살인, 각자도생의 원칙이 지배하는 세상에서 여전히 연민과 사회적 활동이 중요하다는 믿음을 견지했다. 그들은 전쟁에서 살아남을 강한 유대인들을 배출하길 희망했다(그들은 여전히 그들 대부분이 살아남을 것이라고 생각했다). 그들은 자신들이 믿고 있는 그 미래를 준비하고자 했다. 회원들의 분위기는 밝았는데, 몇 달 동안 지엘나에 살면서 가르친 저명한 시인 이츠하크 카츠넬손이 한때 표현한 것처럼 "자유의 정신"이 이들을 지배했던 것이다.

'지비아'는 폴란드의 청소년운동 전체에 적용되는 비밀 암호명이 되었다.[37]

4   또 하나의 아침을 맞기 위해 — 게토에서의 테러

레니아

1940년 4월

홀로코스트라는 공포스러운 사건은 유대인을 괴롭히는 작은 조치들이 계속 이어지면서 점차 진화한 결과라는 것, 그리고 진화의 각 단계는 최종적으로 집단학살을 향해 나아가면서도 바로 이전 단계의 조치와 비교할 때 그리 과격해 보이지 않았다는 것은 사실이다. 하지만 레니아가 전쟁 초기에 겪은 테러는 예전의 삶을 회복할 수 없을 정도로 극명하게 갈라놓았다. 그녀가 성공적으로 수행했던 법원 속기사란 직업은 사라졌고 미래에 대한 꿈도 완전히 사라졌다.[1] 그야말로 삶이 송두리째 바뀌었다.[2]

1940년에 작은 마을 옝제유프를 포함해서 폴란드 전국의 지역사회에 여러 가지 법령이 연달아 공표되었다. 결국은 유대인들을 선별해서 굴욕감을 주고 무력화하려는 의도에서 나온 것, 다시 말해 유대인을 식별하기 위한 것이었다. 독일인들은 폴란드인과 유대인을 구별하기 위해 10세 이상의 모든 유대인들에게 다윗의 푸른 별이 그려진 흰색 완장을 팔뚝에 부착하도록 하는 법령을 발표했다. 만약 완장이 더럽거나 폭이 정확하지 않으면 사형에 처해질 수 있었다. 유대인은 나치와 마주치면 모자를 벗어야 했다. 보도 위를 다닐 수도 없었다. 레니아는 유대인의 재산이 몰수되어 민족독일인volksdeutsch〔독일 국적은 아니지만 해외, 특히 동유럽과 동남 유럽에 거주하는 독일 교포를 지칭하던 용어. 나치 이전에는 해외 독일인으로 지칭되었다〕에게 넘어가는 것을 보고 속병이 들 정도로 아파했다. 이런 특권과 신분 상승을 지원한 민족독일인은 사실상 부분적으로 독일 혈통을 이어받은 독일계 폴란드인들이었다. 레니아의 기록에 따르면, 가장 가난한 독일계 폴란드인들이 갑작스레 백만장자가 되었던 반면, 유대인들은 자신이 살던 집에서 새 주인의 하인이 되었고, 집세를 내도록 강요당했으며, 민족독일인들에게 자신의 소유였던 저택들을 관리하는 법을 가르쳐야 했다. 그 후 유대인 가족들은 모두 쫓겨나 거리를 떠도는 거지 신세가 되었다. 그들의 상점들은 모두 비유대계 폴란드인들에게 넘어갔다. 그들의 모든 소장품들, 특히 정원에 파묻거나 식당의 타일 틈새에 밀어 넣지 못했던 금이나 모피, 보석, 귀중품들도 모조리 몰수당했다. 레아는 싱어 재봉틀과 값비싼 촛대를 폴란드인 이웃에게 맡기며 잘 보관해달라고 부탁했다.[3] 레니아는 폴란드인들이 거리에서 윈도쇼핑을 하며 나누는 대화를 우연히 엿들었는데, 그들은 다음엔 또 무엇이 자신들의 차지가 될지에 대해 꿈에 부풀어 있었다.

4월, '유대인 이웃Jewish neighborhood'이란 단체가 강제로 조직되었을 때 많은 유대인들은 이 단체가 자신들을 보호하고 도와주리라고 희망했다.[4] 이미 프리덤 키부츠에 합류한 사라와, 러시아로 탈출한 즈비를 제외한 레니아의 가족은 이틀 안에 살림살이 전체를 마을 중앙 광장에서 몇 블록 떨어진 구역으로 옮기라는 지시를 받았다. 그곳은 도시 하층민이 모여 살던 작은 저층 건물들과 좁은 골목들로 이루어진 지저분한 구역이었다. 레니아의 가족은 작은 책가방과 옷가지 몇 개만 남기고 거의 모든 가구와 살림살이를 포기해야 했다. 다른 엄마들도 밤새도록 짐을 싸느라 잠을 자지 못했고, 아이들이 이리저리 뛰어다니면서 옷, 음식, 화분, 애완동물, 비누, 코트, 신발 주걱, 바느질 도구, 그리고 다른 생계수단 등 짊어질 수 있는 모든 것을 옮겼다는 이야기가 전해진다.[5] 숨길 수 있는 보석은 몸 구석구석에 붙였으며, 금팔찌는 옷소매 안에 꿰맸다.[6] 돈은 과자 구울 때 그 안에 함께 넣었다.[7]

군중이 모이는 것은 불가능했다. 각 아파트에는 여러 가족이 함께 입주해서, 바닥이나 개조된 2층 침대에서 잠을 잤다. 레니아는 바닥의 침낭에서 잤다.[8] 작은 집 하나에 50명까지 꾸역꾸역 밀어넣어졌다.[9] 게토의 주거 상태를 보여주는 희귀한 사진들은 여러 가족이 유대교 회당의 성소를 공유하면서, 강단에서 그리고 회당의 긴 의자 밑에서 아이들이 한 줄로 나란히 누워 자고 있는 모습을 보여준다. 팔을 뻗지 못할 만큼 비좁았다. 개인의 사적 공간은 아예 존재하지 않았다. 게토에 거주하게 된 유대인들은 때로는 근처에 살던 지인을 발견해 그들의 집으로 옮겨가서 함께 사는 행운을 만나기도 했지만, 대부분은 생활습관이 전혀 다른 낯선 사람들과 함께 살아야 했다. 주변 마을에서 온 사람들, 그리고 다양한 계급에 속한 유대인들이 뒤섞여 살면서, 긴장이 고조되었고 정상적인 사회 질서는 무너졌다.[10]

사람들이 가구를 가져왔다고 해도 들여놓을 공간이 없었다. 임시 침대는 세면과 식사 공간을 확보하기 위해 낮에는 해체되어 집 밖에 세워졌다. 옷가지는 벽에 박은 못에 걸었고, 작은 물통은 몸의 일부를 씻고 빨래하는 데 사용되었으며, 세탁물은 이웃집 지붕에 널어서 말렸다.[11] 탁자와 의자는 집 바깥에 겹겹이 쌓여 있었다. 힘겨운 몇 주가 지나면서, 레니아의 가족은 가재도구들을 땔감으로 써야 했다. 생활필수품들이 불에 활활 타올랐다.

독일인들은 폴란드에 총 400개 이상의 게토를 설립했다.[12] 유대인들을 격리해 집단으로 모여 살게 해서 질병과 굶주림으로 죽게 하거나, 노동 수용소나 죽음의 수용소로 쉽게 이송하기 위해서였다. 게토 건설과 유대인을 게토로 이송하는 일은 대규모 작전이었다. 각각의 게토들은 지역의 유대인 문화, 지역을 점령한 나치의 통치 방법, 자연경관, 그리고 게토 내부의 지도력에 따라 조금씩 다른 규칙을 갖고 있었고, 그 집행 강도에도 차이가 있었다. 그럼에도 불구하고 구금과 투옥을 포함한 게토 정책에는 멀리 떨어진 소도시와 훨씬 더 먼 마을에 이르기까지 전국적으로 통용되는 표준이 있었다.

게토 생활 초기에 쿠키엘카 가족은 직업 활동을 하고 식료품을 사기 위해 게토를 떠날 수 있었다. 마찬가지로 폴란드 사람들도 게토 출입구를 통과해서 빵을 들여왔고, 이를 귀중품들과 교환했다. 하지만 곧 쿠키엘카가 사는 게토에도 출입이 통제되었다. 유대인은 오직 유대인 평의회가 발급하는 통행증을 소지해야만 게토를 벗어날 수 있었다. 1941년부터는 유대인이든 폴란드인이든 게토를 벗어나 이동하는 것이 금지되었다. 울타리를 세워 게토 지역의 일부를 에워싸서 봉쇄했고, 울타리가 없는 지역에서는 강이 자연적인 울타리 기능을 했다. 결국 게토 밖으로 나가는 것은 처형과 다름이 없었다.

＊

그럼에도 불구하고…[13]

레니아는 양말을 여러 개 신고 겹겹이 껴입은 옷 위에 폴란드 농민처럼 두꺼운 겉옷을 걸쳤다. 에스더는 코트를 두 벌 겹쳐 입고 스카프를 둘렀다. 벨라는 어둠 속에서 더듬거리면서 자매들이 복장을 마무리하는 것을 도왔다. 그들은 임신한 것처럼 꾸미기 위해 셔츠 여러 벌을 배에 대고 그 위에 허리띠를 둘러맸다. 그들 모두는 작은 물건들을 여러 개의 층으로 나눈 주머니에 채워 넣었는데 팔기 위한 물건과 신체 모든 부분의 변장을 위한 물건들이었다. 레니아는 이런 활동이 어머니와 남동생, 그리고 가족을 돕는 길이라고 스스로 되새겼다.

잠깐 사이에 10대 소녀는 불쑥 멀리 떨어진 곳으로 날아갔다. 실질적으로는 몇 킬로미터 안 되는 곳, 몇 달 전의 과거 세계, 그녀의 중산층 생활이 완전히 무너지기 전의 세계였다. 그녀는 강인한 어머니가 그때 그곳에서 요리와 청소, 돈 관리 등을 어떻게 처리했는지 상상해보았다. 폴란드 이웃들은 의아해하면서 레아에게 묻곤 했었다. "당신이 버는 돈으로 어떻게 일곱 명의 아이들을 저렇게 부자처럼 보이게 입힐 수 있나요?" 이디시어로 레아는 발라바스타balabasta였다. 가정교육을 잘 시키고, 품행이 바른 아이들과 아이 친구들로 가득하면서도 집을 깔끔하고 정돈된 상태로 유지하는 훌륭한 주부라는 뜻이었다. 그녀의 대답은 한결 같았다. "값비싼 옷을 사세요. 오래 입을 수 있으니까요. 옷이 작아지면 동생에게 물려주세요. 그리고 아이들에게 고급 수제화를 사주세요. 한 치수가 큰 신발로요. 그러면 발이 자라도 오래 신을 수 있겠지요."

어떤 옷을 입었든지, 그 옷을 어떻게 입었든지, 이제 소녀들은 평상복과 역할 의상 두 가지를 입고 있었다. 밤 9시가 거의 다 되었다. 떠날 시간이다.[14] 그들은 가볍게 손을 흔들며 빠른 작별인사를 하고 거리로 내려와 게토를 빠져나갔다. 레니아는 어떻게 게토에서 나왔는지는 결코 밝히지 않았다. 아마도 경비병에게 뇌물을 주거나, 느슨한 판자 조각이나 창살을 비집거나, 벽을 타고 넘거나, 지하실이나 지붕을 통해 나왔을 것이다. 대부분 여성으로 이루어진 밀수업자들은 폴란드의 유대인 거주 구역을 그런 식으로 드나들었다.

유대인 남자들은 종종 거리에서 잡혀갔기 때문에, 가능하면 집에 머물러 있었다. 대신에 빈곤층에서부터 상류사회에 이르기까지 여성들이 담배, 브래지어, 예술품, 심지어 몸을 팔면서까지 먹을거리를 구하러 다녔다.[15] 경우에 따라서는 차라리 아이들이 게토에서 기어 나와 음식을 구하는 것이 더 수월했다. 게토는 보통 사람들의 사회적 역할을 완전히 뒤바꿔놓았다.[16]

쿠키엘카 자매는 마을에 도착해서 거리를 오르내리기 시작했다. 발걸음을 빠르게 옮기면서, 레니아는 금요일마다 엄마와 함께 빵집에 가서 쿠키를 고르던 일을 생각했다. 지금 그녀의 손에는 배급카드가 들려 있다. 하루에 10그램짜리 10개, 혹은 작은 빵 덩어리의 4분의 1. 허용된 양보다 많거나 비싸게 빵을 팔면 처형이었다.

레니아가 어떤 집에 다가갔다. 모든 발걸음이 위험했다.

그녀가 거기 서 있는 걸 누군가 본다면 무슨 일이 벌어질지 누가 알겠는가? 폴란드 사람? 독일인? 민병대원? 누가 문 앞에서 대답하든 그는 그녀를 신고하거나 총을 쏠 수도 있었다. 아니면 그 사람은 물건을 사는 척하고는 돈을 내지 않고, 대신 게슈타포에게 보내겠다고 협박할 수도 있었다. 자, 이때 그녀는 무엇을 할 수 있을까? 레니아는 자신이 법원에서 일하던 때를 생각했다. 그때는 정의, 법 이런 것들이 의미가 있었다. 이제는 더 이상 그렇지 않았다. 밤마다 여자들은 몰래 거리로 나갔고, 어머니들은 가족의 식량을 구하기 위해 뛰어다녔다.

다른 소녀들은 지방자치단체 또는 민간 기업의 강제노동에 동원됨으로써 가족을 도왔다.[17] 14세부터 75세까지의 모든 유대인들은 노동에 동원되어야 했지만, 가끔은 14세 이하의 어린 소녀들이 나이 들어 보이려고 하이힐을 신기도 했다.[18] 식량을 구하기 위해서였다. 어떤 유대인들은 강제로 재단사가 되었고, 재봉사나 목수가 되기도 했다. 또 다른 유대인들은 집을 철거하고, 도로를 수리하고, 거리를 청소하고, 기차에서 폭탄을 하역하는 일을 했다(간혹 작업 도중에 폭탄이 터지는 바람에 사망하는 경우도 있었다). 심지어 여성들도 바위를 깨는 작업에 동원되어 수 킬로미터를 걸어가야 했고, 종종 무릎까지 쌓인 눈과 뼈까지 시려오는 차가운 진창 속에서 굶주리고, 옷이 찢어지기도 했다. 하지만 이런 일로 휴식을 요구했다가는, 가차 없이 무자비하게 구타당할 수 있었다. 그래서 사람들은 상처를 감추었고 나중에 그로 인한 감염으로 사망했다. 신체 일부는 얼어 있었고, 구타당한 뼈는 부러져 있었다.

"아무도 말 한마디 안 했다."[19] 한 젊은 여성 노동자가 새벽 4시 나치 경비대에 둘러싸여 작업장으로 가는 행렬을 묘사했다. "어두워서 앞이 잘 안 보였지만 앞 사람의 걸음걸이 속도와 보폭을 계산하면서, 그의 발뒤꿈치를 밟지 않도록 주의했다. 그가 숨을 내쉴 때 나오는 김, 빨래하지 않은 더러운 옷에서 풍기는 악취, 밤 동안에 너무 많은 사람이 밀집해 사는 집들에서 풍겨 나오는 불결한 냄새가 나를 훑고 지나갔다." 그때 그곳에는 몸에 여기저기 멍이 들고 목이 뻐근한 채, 게토 출입구에서 이루어지는 몸수색 때문에 가족을 위해 당근 한 조각조차 훔칠 수 없었다는 것에 절망한 채 늦게 귀가하는 사람들도 있었다. 그리고 이튿날 또 구타당할지 모르는 공포에도 불구하고, 노동자들은 일터로 갔다. 어린아이들을 집에 둔 채 일터로 가는 엄마들도 있었다. 당시 상황에서 그들이 도대체

달리 무엇을 할 수 있었을까?

게토에서 가족을 돌보고, 유대인 아이들의 목숨을 지켜주는 것—육체적으로나 정신적으로 다음 세대를 부양하는 것—은 엄마들이 할 수 있었던 일종의 저항이었다. 남자들은 끌려가거나 도망갔지만, 여자들은 집에 남아서 자식들 또는 부모를 돌봤다. 레아와 마찬가지로 많은 사람들이 가계 예산을 짜고 음식을 배분하는 일에 익숙했지만, 이제 그들은 극심한 궁핍 속에서 일해야만 했다. 곡물, 줄기, 잎으로 만든 쓴 옥수수 빵, 약간의 밀가루와 소금, 그리고 감자 몇 개를 조달해주는 하루짜리 배급표로는 한 끼 아침 식사로도 부족한 영양분밖에 얻을 수 없었다.[20]

레니아는 가난한 사람들이 가장 큰 고통을 겪었다고 말했다. 그들은 암시장에서 팔리는 물품조차 살 형편이 못 되었기 때문이다.[21] 훗날 레니아는 이렇게 회고했다. "엄마라면 아이들이 굶어 죽는 것—"최악의 죽음"—을 지켜보지 않기 위해 무슨 짓이든 했을 것이다."[22] 생존에 필요한 기본적인 식량을 제공할 수 없어, 그들은 영양분이 될 만한 것들을 찾아다녔고, 아이들이 폭력의 대상이 되지 않도록, 그리고 나중엔 추방되지 않도록 아이들을 숨겼으며(은신처에서 아이들이 숨을 죽이고 있게 하거나, 때로는 우는 아기를 울지 못하게 강압하면서), 병이 들었을 때는 약이 없어서 그들이 할 수 있는 최선을 다해 병을 치료했다. 성폭행의 가능성이 항상 있었지만, 게토의 여성들은 일하러 가거나 비밀리에 물건을 구하러 다녔으며, 그때마다 체포되거나 아이들만 남긴 채 목숨을 잃을 위험을 무릅써야 했다. 어떤 사람들은 종종 거금을 들여 폴란드인에게 아기를 맡겼는데, 그래서 때로는 아이들이 학대당하거나 부모에 관해 거짓말을 하는 것을 먼발치에서 지켜봐야 했다. 일자리 때문에 겨우 목숨을 부지했던 엄마들도 결국은 가스실로 보내졌다. 그들은 아이들이 엄마 없이 죽어가게 할 수 없어 함께 가스실로 갔다. 마지막 순간까지 아이들을 품에 안고 있다는 사실에 위안을 받으며.

남편이 아직 집에 머물고 있을 경우엔, 부부 갈등이 자주 발생했다.[23] 남자들은 배고픔을 참지 못하고 음식이 보이면 자기가 먹는 경향이 있었다. 그래서 여자들은 적당하게 배분한 다음 숨겨야 했다. 비좁은 숙소와 굶주리는 사람들 사이에서 성관계를 하는 것은 대개 불가능했는데, 이것도 긴장을 높이는 요인이었다. 우치 게토의 기록에 따르면, 많은 부부들이 독신일 경우 추방되거나 살해될 가능성이 더 높은데도 불구하고 이혼을 신청했다. 그들은 중매보다 연애결혼을 많이 한 첫 세대였지만,[24] 남녀의 낭만적인 결합은 만성적인 굶주림과 고문, 테러로 인해 해체되고 만 것이다.

가정을 돌보는 기술, 가사를 훈련받았던 여성들은 집 안에서 이를 잡고, 청소하고, 단정하게 꾸미는 일도 도맡았다. 이런 기술들은 그들이 감정적으로나 육체적으로 생존하는 데 도움이 되었다.[25] 심지어 어떤 사람들은 여자들의 경우 굶주림보다는 불결한 위생 환경 때문에 더 고통을 받았다고 말했다.

갖가지 문제에 대처하는 혼신의 노력에도 불구하고, 부족한 식량과 과밀한 주거 환경, 수돗물과 위생시설의 부족 탓에 결국 엥제유프 게토에서 티푸스 전염병이 창궐했다. 감염자가 나온 집은 폐쇄되었고, 환자들은 특히 이 전염병의 치료를 위해 설립된 유대인 병원으로 옮겨졌다. 대부분의 환자들은 제대로 치료받지 못한 채 사망했다. 특수 목욕탕은 신체와 옷에 대한 살균 소독을 실시했는데, 의복의 경우 입을 수 없게 아예 폐기되는 일도 종종 있었다. 레니아는 독일군이 티푸스 환자에 대한 치료를 금지하고 독살하도록 명령을 내렸다는 소문을 들었다(나치는 세균 공포증으로 악명이 높았다. 그래서 크라쿠프에서는 감염되지 않은 유대인들이 목숨을

구하기 위해 전염된 병원에 모여들었다).[26]

　굶주림과 전염병, 씻지 않은 몸에서 나오는 악취에 괴로워하며 사는 것, 일자리는 없고 그렇다 보니 특별한 하루일과도 없이, 강제노동으로 끌려가서 구타당할지 모른다는 두려움에 떨며 사는 것이 게토 유대인들의 일상적인 현실이었다.[27] 철없는 아이들은 거리에서 나치 대 유대인 게임을 했다. 한 어린 소녀는 아기 고양이에게 출입증 없이는 게토를 떠나지 말라고 소리쳤다.[28] 유대인들은 하누카 축제를 위한 양초나 안식일 음식을 마련할 돈이 없었다. 부유한 유대인들도 게토에 몰래 숨겨온 돈이나 가져온 물건을 팔고 받은 돈이 이제 바닥났다. 그들이 가져온 물건은 폴란드인들에게 거의 헐값으로 팔린 반면에, 유대인에게 필요한 물건은 암시장에서 터무니없이 비쌌다. 당시 바르샤바 게토 암시장에서는 빵 한 조각이 오늘날의 가격으로 환산하면 60달러 정도였다.[29]

　자, 이제 문 앞에서 레니아에게 기회가 왔다. 그녀는 필사적으로 자금을 모으려고 했다. 전국의 많은 유대인 여성들처럼, 그녀는 자신이 정치적 인간이라고 생각하지 않았다. 그녀는 어떤 조직에도 속해 있지 않았지만, 이곳에서 목숨을 걸고 활동했다. 그녀는 주먹을 내밀고 노크했다. 노크할 때마다 그에 대한 대답으로 총알이 날아올 수도 있었다.

　한 여자가 흥정할 마음이 있다고 대답했다. 레니아는 그들이 물건을 사면서 매우 흡족해했다고 생각했다. 그녀는 조급하게 약간의 석탄을 제공하면서 그 대가로 동전 몇 개를 달라고 요구했는데, 이것은 집안의 보물 밑에 까는 레이스 받침 가격보다 훨씬 적은 액수였다. "좋아요." 그리고 레니아는 급히 발걸음을 옮겼다. 심장이 뛰었다. 그녀는 주머니에 있는 몇 푼 안 되는 잔돈을 만지작거렸다. 그래도 오늘 그녀는 적어도 무언가 해냈다.[30]

✳

어느 날 아침, 문을 마구 두드리는 소리가 들렸다. 민병대였다. 명령이 전달되었다. 유대인 사회는 마을 외곽에 있는 강제노동수용소로 끌려갈 220명의 건장한 남성들을 선발하라는 지시를 받았는데, 그들이 작성한 명단에 레니아의 남동생 아론이 들어 있었다.

쿠키엘카 가족은 그에게 가지 말라고 애원했지만, 아론은 만약 명령에 응하지 않을 경우 어떤 위험이 가해질지 두려워했다. 가족 전체가 처형될 수도 있었다. 큰 키에 금발인 아론이 문에서 점점 멀어지는 것을 보며 레니아는 애가 탔다. 강제동원된 청년들은 일단 소방서 앞에 집결해서 의사에게 간단한 진찰을 받은 후, 게슈타포로부터 온갖 괴롭힘을 당했다. 그들은 청년들에게 유대 노래를 부르고 춤을 추게 하면서 피가 터질 때까지 한 명씩 마구 구타했다. 다른 게슈타포는 옆에서 구경하면서 신나게 웃었다. 청년들을 호송할 버스가 도착하자 경비견과 기관총으로 무장한 게슈타포는 조금이라도 꼼지락거리는 사람을 발견하면 즉시 마구 구타해서 다른 남자들의 부축을 받아야 버스에 탈 수 있는 지경으로 만들었다.

나중에 레니아의 동생은 자신이 분명 처형장으로 이송되는 것이라고 확신했다고 털어놓았다. 하지만 놀랍게도 그는 르부프 근처에 있는 강제노동수용소로 이송되었다. 그곳은 야노프스카 수용소였던 것 같다.[31] 잠시 머물다 다른 곳으로 이동하는 중간 임시 수용소였던 야노프스카 옆에는 유대인들이 무임금으로 목공과 금속 가공 작업을 했던 공장들이 있었다. 나치는 이른바 "바람직하지 않은 인종들"을 쉽게 제거하기 위해 임시 수용소, 집단수용소, 노동수용소, 죽음의 수용소, 다목적 수용소 등 4만

개 이상의 수용소를 만들었다.[32] 친위대(SS)는 노동수용소 가운데 일부를 민간업자들에게 임대했고, 그들은 강제동원된 유대인의 노예 노동을 통해 그 비용을 조달했다.[33] 여자들은 남자들보다 비용이 덜 들었기 때문에, 어떤 회사들은 여자들을 "임대"해서 고된 중노동에 투입했다.[34] 폴란드 전역에 흩어져 있던 국가 소유나 민간이 임대한 노동수용소들의 극히 열악한 환경에서 노동자들은 굶주림과 끊임없는 구타, 불결한 위생이 초래한 질병, 노동 혹사에 따른 탈진 때문에 죽어갔다. 전쟁 초기, 노동수용소 유대인들은 바위 깨기처럼 굴욕적이고, 때로는 무의미한 강제노동에 투입되어서 사기가 바닥에 떨어졌다. 시간이 흐르면서 독일군의 군사적 요구를 충족시켜야 할 필요가 커지자 그들이 수행하는 노동도 달라졌고 더 강화되었다. 수용소 노동자들의 하루 식단은 빵 한 조각과 동물에게 사료로 주는 작물인 베치로 만들어졌고, 끓인 후추 같은 맛이 나는 검은 수프 한 그릇이었다.[35] 이런 상황 속에서 젊은 유대인들은 강제노동수용소에서 노예가 될 것이라는 비관적 전망 때문에 공포에 떨었다.

이 나라의 사회 체제가 완전히 붕괴되었음에도 불구하고 우편망은 여전히 작동해서, 어느 날 편지 한 통이 도착했다. 레니아는 부들부들 떨면서도 혹시 아론이 살아 있을지 모른다는 간절한 희망으로 편지를 펼쳤다. 그러나 편지를 읽는 동안 그녀는 공포로 얼어붙었다. 소년들은 마구간이나 외양간 같은 곳에서 더러운 짚더미 위에서 잠을 잤고, 새벽부터 해가 질 무렵까지 일했다. 그들은 들판에서 따온 야생 베리와 잡초를 먹으며, 굶주리고 추위에 떨며 살고 있었다. 또한 매일 두들겨 맞아서, 동료들의 어깨에 의지한 채 숙소로 돌아왔다. 밤에는 건강 체조를 해야 했는데, 만약 제대로 따라 하지 못하면 죽음이 기다리고 있었다. 이가 살을 물어뜯었다. 그곳에는 세면대도, 화장실도 없었다. 악취가 진동했다. 그리고 이질이 발생했다. 생존할 날이 얼마 남지 않았다는 것을 깨달은 많은 소년들이 탈출을 시도했다. 추운 겨울인데도 얇은 누더기를 입고 있어 쉽게 눈에 띄는 그들은 마을을 피해서 숲과 들판을 가로질러 가야 했다. 게슈타포는 남아 있는 소년들을 고문하면서 탈출한 사람들을 뒤쫓기 시작했다.

레니아는 즉시 동생에게 생필품 꾸러미를 챙겨 소포로 보냈다. 옷 몇 벌, 그리고 만약 그가 탈출할 경우 집으로 돌아오는 차표를 살 수 있도록 옷 주머니에 돈을 넣어 꿰맸다. 그녀는 매일같이 수용소를 탈출해서 집으로 돌아오는 사람들을 주시했다. 그들의 모습은 처참했다. 피부와 뼈, 궤양과 발진으로 뒤덮인 몸, 이와 벼룩이 득실거리는 옷, 퉁퉁 부어오른 팔다리. 소년들은 갑자기 허약한 노인처럼 보였다. 그런데 아론은 어디에 있지?

수많은 유대인들이 아무도 알 수 없는 곳으로 보내졌다. 레니아에 따르면, 집집마다 "아빠나 남동생, 여동생 혹은 엄마 한 명씩은 실종된 상태였다."

하지만 모든 것은 상대적이기도 했다. 레니아는 머지않아 가족 가운데 "한 명만 실종"된 게 얼마나 다행인지를 깨닫게 되었다. 심지어 가족 가운데 "한 사람이 살아 있다"는 것은 운이 좋다는 것을 의미했다.

레니아는 이제 스스로 행운을 만들어야 한다는 것을 깨달았다.

✳

게토의 쓰러질 듯한 지붕들에 황혼이 내려앉던 어느 날 저녁, 통지서 하나가 도착했다. 아무리 얇은 종이 한 장이라도, 거기 담긴 메시지는 당신의 일생을 영원히 바꿔놓을 잠재력이 있었다. 당신이 온갖 위기를 견디기 위해 만들어놓았던 아슬아슬한 안락함을 갑자기 산산조각으로 무너뜨리는 힘. 이제 쿠키엘카 가족은 게토에서 가장 부유한 399가구와 함께 마을을 떠나야 했다. 그것도 한밤중에.

그동안 레니아는 부자 유대인들이 어떻게 규정을 어기고, 유대인 평의회에 뇌물을 주어서 자신이 있어야 할 자리에 노동자들을 앉히거나, 자신들이 수행해야 할 일을 위해 노동자들을 고용하는지를 보았다. 부자 유대인들은 자신들이 항상 보유해왔던 시스템을 가동시키면서 그들이 알고 있는 방식으로 위기에 대처했다. 이제 달라진 것은 게임에 아무런 규칙도 없다는 사실이었다. 부자들은 같은 유대인들에게서만 존경받았지 독일인들은 그들에게 조금도 신경 쓰지 않았다. 부유한 가정은 뇌물을 주고 이 강제 퇴거로부터 벗어나려고 몸부림쳤지만, 유대인 평의회의 금고는 이미 그동안 받은 뇌물로 가득 차 있었다. 사실 그들은 부유한 가정들에 이주 비용으로 50즈워티를 지급해주기까지 했다.

쿠키엘카 가족은 정신없이 소지품을 썰매에 싣고 깊은 밤 어둠 속으로 떠났다.[36] 그날 보지스워프의 날씨는 엄동설한이었다. 레니아는 이것도 계획의 일부라고 추측했다. 유대인들을 이 마을에서 저 마을로 계속 이동시키는 것. 여기엔 그들에게 수치심을 주고 사기를 떨어뜨리는 것 외에 다른 이유가 있을 리 없었다. 레니아는 추위에 몸을 부들부들 떨며 외투를 더 꽉 끌어당겼다(그나마 코트라도 있어 다행이었다). 그리고 그녀는 얼어서 시퍼렇게 변한 아기를 보고 거의 히스테리 상태가 된 엄마들의 모습을 무기력하게 바라보았다. 보지스워프 유대인들은 엄마와 그들의 반쯤 죽은 아기들을 자신들의 집 안마당에 있는 양 우리에 들어오게 했다. 적어도 이것은 휘몰아치는 바람으로부터 그들을 어느 정도 보호해주었다.

결국 유대인들은 벽에 고드름이 주렁주렁 매달린 유대교 회당에 몰려들었고, 공동 주방에서 수프를 얻어먹었다. 그들은 한때 유대인 사회에서 가장 부유하고 영향력이 큰 사람들이었지만, 이제 살아남는 것만이 유일하게 중요한 일이라는 사실을 받아들였다. 자신의 속마음이 굳어지는 것을 느끼면서, 레니아는 "결과적으로 독일인들은 유대인들의 마음이 경직되게 만들었다"라고 썼다. "이제 각자는 오직 자신만을 위해서, 기꺼이 형제들의 입에서 음식을 훔칠 준비가 되어 있었다."[37] 한 생존자는 시간이 흐르면서 바르샤바 게토에서 유대인들의 영혼이 얼마나 피폐해졌는지에 대해 이렇게 얘기했다. "만약 당신이 거리에서 유대인의 시체를 발견했다면, 당신은 그 시체에서 신발을 벗겨 가져갔을 것이다."[38]

모든 게토에서 다 그랬지만, 나치의 훈령은 날이 갈수록 야만성을 더해 갔다.

레니아는 "어느 날 독일인들은 유대인을 죽이는 새로운 방법을 고안해냈다"라고 기록했다. 지금까지 겪은 것보다 더 큰 공포감을 느끼게 하는 것이 과연 가능했을까? 어떻게 된 일인지, 지금까지 무수한 방식으로 폭행을 당했음에도 불구하고 그들이 새롭게 고안한 학살 방법이 준 충격은 매번 새로웠다. 매번 살인자들이 폭력을 가하는 수많은 방법, 그 사디스트적인 창의성을 볼 때마다 레니아는 그들이 가진 끝없는 악의가 병적이라는 깊은 슬픔의 감정을 느꼈다. "밤에 게슈타포들이 가득 탄 버스 한 대가 도착했다. 그들은 술에 취해 제정신이 아니었다." 그들은 30명의 명단을 가지고 와서, 이들 남녀 그리고 아이들까지 집에서 끌어낸 다음 마구 구타하고 사살했다. 레니아는 비명소리와 총성을 들었고, 다음 날 아침 채찍질 때문에 온몸에 검푸른 상처가 난 시체들이 골목에 널려 있는 것을 보았다. 가족들의 애끓는 통곡 소리에 레니아의 가슴은 무너졌다. 그럴 때마다 그녀는 다음 차례는 자신의 가족 중 한 명일 것이라고 상상했다. 이런 사건이 벌어지면 지역사회가 진정되기까지 며칠이 걸렸다. 도대체 누가 명단을 만들었을까? 이웃 중에 누구를 조심해야 할까? 내 앞에 있는 이 사람은 누구 편일까? 이제 사람들은 말하는 것조차 두려워했다.

이것이 게토의 유대인들이 완전히 정복당했다고 느낀 이유다. 그들은 영토와 피부색, 심지어 생각까지도 지배당하고 위협받았다. 그들이 하는 어떤 말이나 행동—가장 미세한 움직임이나 행동조차—이 자신이나 가족 전체의 처형을 초래할 수 있었다. 그들의 신체적·정신적 존재의 모든 요소가 감시를 받고 있었다. 게토에 살던 한 젊은 여성은 "누가 숨을 쉬거나, 기침을 하거나, 울거나, 다 듣는 사람이 있었다"라고 묘사했다.[39] 누굴 믿을 수 있을까? 누가 엿듣고 있을까? 옛 친구와 허심탄회한 대화를 나누려면 약속 장소를 미리 정해놓고, 마치 일상적인 집안일을 처리하듯 자연스럽게 함께 걸어야 했다.

게슈타포는 가끔 밤에 게토에 들이닥쳐서 이유도 없이 사람들을 총으로 쏘아 죽였다. 어느 날 밤엔 유대인 평의회 전체와 그들의 가족이 처형당했다. 기억에 남아 있는 또 다른 밤에는 버스 몇 대에 나눠 타고 도착한 게슈타포들이 반쯤 벌거벗은 채, 또는 잠옷 바람에 맨발로 집 밖으로 집결한 유대인들에게 눈 덮인 시장 주변을 뛰라고 강요했다. 그동안 게슈타포는 곤봉을 들고 유대인들을 쫓아다녔고, 30분 동안 눈 쌓인 맨땅에 누워 있게 했다. 유대인에게 채찍을 주어 동료 유대인들을 따라다니며 때리게 하거나 땅바닥에 눕도록 강요하기도 했는데, 누워 있는 그들을 군용 차량이 덮쳤다. 나치는 몸이 얼어가는 사람들에게 찬물을 끼얹으면서 부동자세로 서 있게 했다. "우리는 다음 날 아침에 산 채로 깨어날지 전혀 알 수 없었다." 이게 레니아의 새로운 현실이었다. 그녀는 왜 그럴 수밖에 없었을까?

밤이 지나면 낮의 악몽이 시작되었다. 기관총 소리가 숲에 울려 퍼졌다. 나치는 유대인들에게 스스로 구덩이를 파게 했고 그들에게 사격을 개시할 때까지 그 안에서 노래하고 춤추게 했다. 다른 유대인들에게는 희생자들을 매장하도록 강요했다. 때때로 산 채로 파묻기도 했다. 연로한 유대인도 노래를 부르고 춤을 추어야 했으며, 나치는 그들의 수염을 하나씩 뽑고 이가 부러져서 뱉어낼 때까지 뺨을 때렸다.

게토에서는 라디오도 들을 수 없었다. 하지만 레니아는 정보를 수집하기 위해 백방으로 뛰어다녔다. 수백 명의 여자가 납치되어 어딘가로 끌려갔으며, 다시는 돌아오지 않았다. 한 솔직한 군인은 레니아에게 사라진 여성들은 매춘부로 복무하기 위해 전선으로 보내졌다고 말했다. 그곳에서 성병에 걸렸고 산 채로 불에 타거나 사살되었다는 얘기도 있었다. 그 군인이 한번은 수백 명의 젊은 여성들이 폭동을 일으키는 것을 보았다고 얘기했을 때 레니아는 넋이 나간 채 들었다. 젊은 여성들은 나치를 공격해서 총검을 훔치고, 그들에게 상처를 입혔으며, 눈을 도려냈다. 그리고 스스로 자결하면서 자신들은 절대 매춘부가 되지 않을 것이라고 외쳤다. 살아남은 소녀들은 결국 진압되었고, 강간당했다.

열다섯 살 소녀들이 할 수 있는 일이 과연 무엇이었을까? 레니아는 정보를 수집하고 진실을 직시해야 한다는 것을 본능적으로 느끼면서 경계의 끈을 늦추지 않았다. 그녀는 다른 마을들에서 흘러나오는 소문을 들었다. 사람들은 감자 껍질이나 음식물 쓰레기라도 달라고 애원했지만, 집단으로 굶어 죽어갔다. 유대인들은 스스로 목숨을 끊고 아이들이 독일인에게 끌려가는 것을 막기 위해 아이들의 목숨도 거두고 있었다. 이송이 진행될 경우 모든 유대인들—때론 1만 명이나 되는—은 게토에서 기차역까지 걸어가도록 강요되었다. 그들은 도시를 떠나 어디론가 끌려갔다. 들리는 바에 따르면 사람들은 그곳에서 분류되어 그중 일부는 강제노동 현장으로 끌려갔다고 한다. 유대인 공동체는 거기서 탈출한 몇몇 생존자들로부터 정보를 얻었는데, 추측에 따르면 그들은 잘못된 정보를 퍼뜨리기 위해 독일인들이 의도적으로 살려 보내준 선발된 소수였다. 대부분의 사람들은 그냥 사라졌다. 레니아는 "유대인들은 마치 심연 속으로 빨려들어가는 것처럼 떠나고 있다"라고 기록했다.[40] 그들은 모두 어디로 간 것일까?

나치는 집단 처벌 방식을 사용했다. 친위대는 유대인에게 도움을 베푼 폴란드인은 누구나 사형에 처해질 것이라고 공표했다. 게토 유대인들은 탈출하면, 그에 대한 보복으로 가족 모두가 살해될 것이라는 사실을 몹시 두려워했다.[41] 남아서 공동체를 지킬 것인가, 아니면 도망칠 것인가? 투쟁인가, 도주인가?

살육은 끊이지 않고 집행되었다. 레니아가 썼듯이 "인간 생명에 어떤 의미도 부여하지 않는" 독일 혈통의 "우크라이나 야만인"과 "젊고 건강한 독일인"으로 구성된 말살 위원회가 유대인 학살 작업을 집행했다.[42] 레니아는 나치와 그들의 협력자들에 대해 이렇게 설명했다. "그들은 항상 피에 굶주려 있었다." "그것은 그들의 본성이었다. 마치 알코올이나 아편 중독자 같았다."[43] 이 "검은 개들"은 검은색 제복을 입고 해골 문양이 장식된 모자를 쓰고 있었다. 굳은 얼굴과 불룩 튀어나온 눈, 커다란 이빨을 가진 그들이 나타나면—마치 먹이를 덮칠 준비가 된 야수들처럼—, 사람들은 그날 주민의 절반이 처형되리라는 것을 알아챘다. 그들이 게토에 발을 들여놓는 순간, 사람들은 황급히 몸을 숨겼다.

레니아는 "그들에게 사람을 죽이는 건 담배를 피우는 것보다 더 쉬운 일이었다"라고 썼다.[44]

5 　바르샤바 게토—교육과 글자

한체와 지비아
1940년 10월

1940년 욤키푸르('속죄의 날'이라는 뜻으로 유대교 최대의 명절)를 맞은 바르샤바 지엘나 거리 34번지의 한 식당은 키부츠 농장들에서 온 동지들로 가득 찼다.[1] 하지만 식당은 쥐 죽은 듯 고요했다. 프룸카의 여동생 한체[2]가 독특한 매력을 보이며 감미로운 목소리로 한 연설에 깊이 매료된 상태였다.[3] 그녀는 유대인이 얼마나 자부심을 가질 만한 민족인지, 그리고 인간성을 유지하는 것이 얼마나 중요한지에 대해 말했다.

　네 살 아래인 한체는 여러 면에서 프룸카와 대비되었다. 프룸카는 갈색 머리였지만 한체는 금발이었고, 프룸카는 강한 인상을 풍겼지만 한체는 명랑하고 쾌활했다. 프룸카는 엄숙하고 진지하지만, 한체는 사교적이었다. 프룸카는 분석적이었지만, 한체는 창의적이었다. 이스라엘의 유명한 정치인 라헬 카츠넬손은 훗날 한체에 대해 이렇게 썼다. "누군가와 만났을 때 이보다 더 흥분되고 신났던 적이 없었다."[4] "그녀의 웃음소리와 움직이는 방식엔 무언가 마법과 같은 것이 있었다. 단순한 아름다움을 넘어서는 무엇—열린 마음, 삶이 어떤 역경을 가져다주더라도 기꺼이 받아들이고자 하는 마음, 그리고 낙관주의. 그것들이 내 마음을 완전히 사로잡았다."

친구를 사귀거나 어학을 배우거나 무슨 일이든 쉽게 받아들이는, 패기만만한 매력적인 여성 한체는 어릴 때부터 아이들을 이끌고, 줄넘기를 하고, 나무에 오르고, 항상 앞에 나서면서 대개는 웃고 있었다. 아버지의 사랑을 듬뿍 받으며 자란 한체는 안식일 만찬이 끝난 후에 정치 문제에 관해 얼띤 논쟁이 벌어질 때마다 가족의 긴장을 완화시키는 역할을 했다. 종교적인 아버지와 공산주의자인 언니 즈위트카(한체의 스승이기도 하다), 그리고 시온주의자인 오빠 엘랴후는 각자 자기주장이 뚜렷했다. 프룸카는 자신의 생각을 잘 드러내지 않았지만 한체는 농담을 던졌다. 이 자매는 보통 한체의 이름을 앞세워서 '한체와 프룸카'라고 불렸다. 자매가 함께 걸어 들어오면 여동생의 에너지가 참석자들의 시선을 사로잡았다.

한체가 겨우 열네 살일 때, 엘랴후는 팔레스타인으로 떠나기 전에 여동생이 충분히 성숙했다고 판단하고, 프리덤을 소개해주었다. 이 소녀는 천진난만하게 쾌활하면서도 지적으로 깊이가 있었고, 무언가 도전하고자 하는 열망을 보여주었다. 그녀의 세련된 미적 취향과 시에 대한 사랑은 프리덤 동지들을 놀라게 할 정도였다.[5] 그녀는 곧바로 적극적인 회원이 되었고 항상 행복한 것은 아니지만, 오빠가 보내준 돈으로 프리덤이 주최하는 다양한 세미나와 행사에 참여했다. 훈련 캠프에서 쓴 한 편지에서, 한체는 캠프에 참가한 다른 소녀들이 그녀가 자는 줄 알고 하는 이야기를 듣고는 몹시 외롭고 속상한 마음을 표현했다(소녀들은 "그녀는 미쳤지만 예쁘다"라고 얘기했다). 그녀는 남자아이들이 자신에게 관심을 갖는 것에 대해 이중적인 감정을 느꼈고 이츠하크와의 잠재적인 사랑에 대해서도 확신이 없었다. "이츠하크는 내 시집을 편집해주겠다고 약속했는데 나는 그의 단편소설들에 칼질을 하고 있었다."[6] 또한 자매의 관계는 애정과 갈등으로 가득 차 있었다. 그들은 서로를 너무 좋아했지만, 한체는 가끔 그녀를 걱정하는 언니 때문에 숨이 막힐 때가 있었다. 그래서 둘이 함께 사는 것은 어려울 수도 있었다. 프룸카는 고독을 사랑했고, 한체는 "움직임, 사람, 삶"을 사랑했다.[7]

전쟁이 발발하고 첫 몇 주 동안 프리덤은 운동을 촉진하기 위해 한체를 동부의 르부프로 보냈다. 그녀는 소련 편에 서는 것이 그들에게 행운을 가져다줄 것이라는 사실을 환기시키면서, 넘치는 에너지로 모든 사람들에게 영감을 주었고, 전반적으로 사기를 북돋아주었다. 핀스크에서는 부모님을 방문해서 충격적인 결정을 알렸다. 한 친구는 다음과 같이 썼다. "나는 한체가 그녀의 부모님께 자신은 폴란드의 나치 점령 지역으로 돌아가겠다고 말한 순간을 잊지 못할 것이다. 한체가 그런 결정을 알린 순간, 온 집안이 무거운 침묵에 빠졌다. 세상이 무너져 산산조각이 났다." 그녀가 고심 끝에 내린 결정을 알리는 동안, 부모님의 얼굴에서는 아주 미세한 움직임조차 보이지 않았다. 침묵의 순간이 잠시 흐른 후, 그녀의 아버지는 정신을 차린 채 이렇게 말했다. "어린 딸아, 네가 가야만 한다고 느낀다면, 그래 가거라. 하느님의 가호가 너와 함께하시기를 빈다."[8] 물론 그녀는 가야만 했다. 국경을 넘으려는 첫 번째 시도가 실패했을 때 —헤엄쳐 건널 요량으로 차가운 강에 들어갔을 때 그녀의 몸은 완전히 얼어버렸다—, 그녀는 다시 시도해보겠다고 고집했다.

유대인에게 가장 성스러운 날, 한체는 고향에서 멀리 떨어진 바르샤바의 프리덤 식당에서, 늘 땋은 머리에 스카프를 머리에 쓰고, 부풀고 짧은 소매가 달린 꽃무늬 블라우스를 입은 채 자존감(혹은 인간의 존엄성)에 대한 연설을 하고 있었다. 그때 언니 프룸카가 문을 열고 불쑥 들어왔다.

프룸카는 새로운 소식을 전해주었다. 유대인 구역은 곧 봉쇄되고, 거기 사는 유대인들은 바깥세상이나 직장, 혹은 다른 집단과의 접촉, 음식을 먹는 일까지 사실상 모든 게 단절될 것이라는 소식이었다. 프리덤 회원들은 외부와의 관계가 단절된 지방 게토의 상황에 대해서는 익히 알고 있었지만, 한 유럽 국가의 수도인 바르샤바에서 이런 일이 일어날 것이라곤 전혀 상상하지 못했다. 지비아와 프룸카는 프리덤이 이제 인력과 자원을 재배치하고, 재정비하고, 재교육해야 한다는 사실을 깨달았다. 한마디로 또 다른 반전이 필요했다.

＊

장벽 위쪽에 날카로운 유리 조각을 꽂은 높고 두꺼운 벽이 40만 명 이상의 유대인들을 에워쌌으며,[9] 게토 출입구가 봉쇄되었다. 그러나 구호와 교육, 문화활동에 중점을 두었던 프리덤의 활동은 시들지 않고 오히려 단단해졌다. 지비아는 활동을 강화하는 것이 그들의 정신을 유지하고 독일 치하라는 난국을 타개하는 길이라고 믿었다.

프리덤은 혼자가 아니었다. 많은 단체들이 프리덤처럼 구호활동과 문화활동을 실시했다. 수천 명의 게토 유대인들이 공연에 목숨을 걸고 연기를 했다. 아마추어 연기자와 전문 연기자, 이디시어와 폴란드어, 대규모 공연과 경연이 혼재했다. 커피숍에서는 풍자극을, 극장에서는 교육적인 내용의 공연을 무대에 올렸다. 또한 배우들은 여윳돈을 벌기 위해 지하에서 열리는 비밀 쇼에도 참여했다. 바르샤바 게토에는 한 거리에만 30개의 공연장이 밀집한 '브로드웨이'가 있었다.[10] 분트는 콘서트도 개최했고 일곱 개의 급식소와 두 개의 찻집도 운영했다.[11] 또한 그들은 큰 규모로 체계적인 학교 시스템, 주간 캠프, 스포츠 단체, 지하 의과대학, 문학 행사, 사회주의 적십자사 등도 설립했다. 정치적 모임은 금지되었기 때문에 공동 급식소가 사람들이 은밀하게 접촉하는 만남의 장소 기능을 수행했다.[12]

프리덤에게는 교육활동이 우선이었다.[13] 지엘나에서는 유대인 평의회의 반대에도 불구하고 1940~1941년에 세 번의 대규모 세미나가 개최되었다. 첫 번째 세미나에는 폴란드 전역의 23개 지부에서 온 50명의 회원뿐 아니라 시인 이츠하크 카츠넬손, 역사가이자 사회운동가인 에마누엘 링겔블룸, 교육자 야누슈 코르차크와 스테파 윌친스카 같은 전문가들도 참석했는데, 그들은 모두 지비아의 친구로 유대인 평의회 복도에서 만난 사이였다. 이 세미나에서 참가자들은 6주에 걸쳐서 다가올 미래에 대해 연구하고 진지하게 고민했다. 지엘나가 운영한 상설 문화 프로그램에는 성경 공부, 문학 독서, 과학 강연, 연극 모임 등이 있었다.

모든 유대인 학교가 강제로 문을 닫으면서 지비아는 게토에 사는 아이들이 게으르고 어리석어지지 않을까 걱정했다. 이런 사태를 막기 위해 프리덤은 비밀리에 초등학교와 중등학교를 설립해서 가장 나이가 많은 한체를 포함한 120명의 학생들을 가르쳤다. 열세 명의 교사들은 교육 도구도, 상설 교실도, 보장된 봉급도 없이 일반적인 세속 지식과 유대교 주제를 가르쳤다. 그들은 이 아파트에서 저 아파트로 돌아다니면서 온 가족이 밀집해서 살 수밖에 없는 좁은 방에 모여서 교육활동을 했다. 강사들은 몹시 굶주렸고 엄동설한으로 다리가 부어올랐지만, 성경, 생물학, 수학, 세계 문학, 폴란드어, 심리학을 강의했다. 그들은 너무 굶주려서 몸이 덜덜 떨리고 부어오른 학생들에게 '생각하는 법'을 가르쳤다. 시인 카츠넬손은 학생들에게 유대인의 정신적 유산을 사랑하도록 영감을 불어넣었다. 모든 가정이 영감에 차서 노래하게 될 정도였다. 시험도 치렀던 이 "날아다니는 학교"(이동 학교)는 2년 동안 존속하면서 미래의 지하 레지스탕스 투사 양성소가 되었다.[14]

어린아이들을 돌보는 것도 프리덤의 활동에서 우선순위를 차지했다. 지엘나는 아동 보육에 관한 교육 과정을 제공했다. 유아원과 유치원 관련 전문 인력은 탁아소를 운영했다. 이전에 폴란드 정부가 관리 감독했던 고아원은 복구 불능 상태였기 때문에, 프리덤의 소녀들은 옷과 필기도구를 모아서 아이들에게 연극, 옛날이야기, 민속 음악을 가르쳤고, 아이들이 참여하는 명절 축제를 준비하기도 했다. 많은 게토 아이들은 거리에서 물건을 교환하거나 빵을 구걸했다. 지비아와 안테크, 그리고 다른 단체의 활동가들은 게토의 소년소녀들에게 식사를 제공하기 위해 급식소를 운영하면서 동시에 그들에게 히브리어와 이디시어의 읽기, 쓰기를 가르쳤다.

한 여성 동지는 "우리는 온 힘을 다해서 그 아이들에게 약간의 웃음과 농담을 통해서라도 자신들이 어렸을 때 누렸던 달콤한 추억의 일부를 전해주려고 애썼다"라고 썼다. "독일인 감독관이 오면, 그들은 (⋯) 더 이상 아무것도 하지 않고 먹기만 했다. 열한 살, 열두 살짜리 아이들이 어른처럼 위장하는 법을 배워서 나이에 맞지 않는 방식으로 행동한 것이다."[15] 프리덤의 어린이 합창단과 극단은 정서적 보살핌을 희구하는 수천 명의 유대인들을 매료시켰다.

지엘나의 주소는 유대인 거리에서 널리 알려져 있었다. 주로 여성들이 운영한 프리덤 커뮤니티는 천 명 이상의 회원을 보유하고 있었다. 동지들은 아이들과 노래하고, 산책하고, 들판에서 뛰어놀면서 많은 시간을 보냈다. 게토 장벽 사이에 널려 있는 파괴의 잔해들 속에서 이런 활동이 이루어지고 있었다. 연로한 유대인들은 걸음을 멈추고, 아이들이 즐거운 시간을 보내는 모습을 지켜보았다. 희망의 불꽃이었다.

✳

프리덤은 이 모든 교육 프로그램을 운영하기 위해 책이 필요했다. 저항 운동 초기 단계에서 필수 요소는 문해력이었다. 점령 독일군들은 유대 인이나 반정부 성향 작가들의 책뿐만 아니라 이디시어와 히브리어 책들을 금지하고 불태웠다. 당연히 반나치 성향의 출판물은 금지되었고, 그 출판물을 소지하기만 해도 감옥행이나 죽음을 불러왔다. 나치에 저항하는 내용의 일기를 쓰거나 나치에 반하는 '증거 수집 행위'도 처벌될 수 있었다.[16] 오랜 세월 책을 사랑하는 민족으로 알려진 유대인들은 글쓰기를 통해 저항했다. 정보를 전달하고 기록을 남기고 개인적인 표현을 위해. 그리고 독자들은 그 이야기를 모음으로써 저항에 참여했다.

더 이상 신간은 나오지 않았고, 이미 출간된 서적들도 더는 접할 수 없게 되자, 프리덤은 자체적으로 책을 만들기 시작했다.[17] 등사기로 인쇄된 그들의 첫 번째 책은 유대인의 시련과 영웅주의 이야기로 가득한 서사문학 선집이었다. 이 책들은 젊은이들에게 용기 있는 유대인들의 감동적인 사례들을 보여주고자 했다. 수백 부가 전국에 뻗어 있는 프리덤 지부로 비밀리에 유포되었다. 그들은 교육용 핸드북과 프리덤 드라마 그룹이 제작한 카츠넬손의 성서극 〈욥Job〉의 극본도 출판했다. 안테크가 등사기로 책을 찍는 동안, 아이들은 인쇄기의 소음을 덮기 위해 목청 높여 노래를 불렀다.

나치가 모든 정보를 봉쇄한 상황에서 소통은 매우 중요했다. 그래서 모든 분파의 유대인들은 지하에서 게토와 수용소들에 대한 정보 자료를 간행해서 전국에 유포했다. 프리덤은 폴란드어와 이디시어로 매일의 이슈를 논의하는 지하신문을 발간했다. 그들은 나중엔 비밀 라디오를 통해 수집한 뉴스를 정리한 이디시어 주간지도 발행했다.[18] 역사가 에마누엘 링겔블룸에 따르면 "정치 간행물은 우후죽순으로 생겨났다. 만약 당신이 한 달에 한 번 글을 발표한다면, 나는 한 달에 두 번 발표할 것"이라는 정서가 팽배했다.[19] 정치 논쟁, 문학 작품, 세토 외부의 소식을 담은 70여 종의 정기간행물이 게스테트너Gestetner 등사기를 통해 폴란드어와 히브리어, 이디시어로 비밀리에 제작되었다.[20] 인쇄된 출판물의 총 부수는 그리 많지 않았지만 각 사본은 여러 사람이 돌려가며 읽었다.

독서는 도피의 한 형태인 동시에 비판적 지식의 원천이었다. 그리고 책을 구하는 것은 문화적이면서 개인적인 구원 행위였다. 도서관 이용이 금지되었기 때문에 한 여성 회원은 프리덤이 바르샤바에 도서 목록을 갖춘 나름대로의 도서관을 설립하는 아이디어를 제안하면서 이렇게 설명했다. "만약 한 공간에 책을 비치하는 도서관을 세우는 것이 불가능하다면, 주민들이 각자의 집에 있는 모든 책의 종합 목록을 만들어서 모두가 공유할 수 있게 하면 되겠네요."[21]

폴란드 전역의 많은 사람들이 집에 비밀 도서관을 만들었다.[22] 우치 게토에서 활동하던 분트의 젊은 회원 헤니아 라인하르츠는 회원들이 우치에 있던 이디시어 도서관에 가서 책 꾸러미를 짊어지고 가족들의 아파트로 옮겨왔다고 설명했다.[23] 그녀는 언니와 몇 명의 친구들과 함께 책을 분류했고, 벽에 선반을 만들어 고정시켰다. "이렇게 해서 우리 집 부엌이 게토 도서관이 되었다"라고 그녀는 나중에 설명했다. "여기는 사실상 지하 도서관이어서 비밀에 부쳐졌는데, 그것은 게토 관리 당국도 독일인들도 이곳에 대해 알지 못했다는 뜻이다." 헤니아는 독서에 대한 자신의 애정이 게토 시절로 거슬러 올라간다고 생각했다. 그녀에게 "독서는 다른 세상으로 도피하는 것, 두려움과 굶주림 속에 살면서도 우리와 다른 평범한 세상에서의 평범한 삶의 희로애락을 느끼고, 남녀 영웅들의 기쁨과 슬픔을 나누며 사는 것"을 의미했다. 그녀는 수용소로 끌려가지 않으려고 숨어 사는 동안 폴란드어로 번역된 《바람과 함께 사라지다》를 읽었다.

많은 사람들이 직장을 잃고, 학교에 가지 못하고, 좁은 공간에 갇혀서 배고프고 무기력한 채 고립되고 지루한 삶을 살면서, 글쓰기는 점점 편리하고 흔한 취미가 되었다. 유대인들은 자신의 인간성을 유지하고 자신이 삶의 주체라는 의식을 지키기 위해 사적인 이야기들을 썼다. 일반적으로 자전적인 글은 인간 내면의 변화 과정을 기록하며, 자기성찰은 자신의 정체성을 확인해주고 개성을 강화한다.[24] 널리 알려진 안네 프랑크나, 덜 알려졌지만 벵진에 살던 10대 소녀 루트카 라스키어Lutka Laskier의 사례가 잘 보여주듯이, 유대인 소녀들은 글을 쓰면서 변화하는 인식과 성, 두려움과 사회 분석, 자신에게 사랑을 고백했던 남자나 엄마에 대한 실망 등에 관해 깊이 성찰했다. 안네와 루트카는 다른 많은 유대인 여성들과 마찬가지로 좋은 교육을 받았다. 그들은 나치에 의해 파괴된 자유주의적 인문주의를 믿었다. 그들은 글쓰기를 통해 자신의 운명을 스스로 제어한다는 느낌을 받았다. 이는 끔찍한 사회적 쇠락에 맞서고, 믿음과 질서를 보존하려는 몸부림이었다. 그녀들은 글쓰기를 하면서 무의미한 잔혹성 속에 숨어 있는 의미를 탐구하고, 무너진 세상을 치유할 방법을 모색하고 있었다.[25]

에마누엘 링겔블룸은 지엘나에서 몇 블록 떨어진 곳에서 매주 토요일에 오네그 샤바트Oneg Shabbat 그룹과 모임을 가졌다. 오네그 샤바트는 유대 민족에게 책임감을 느끼는 지식인과 랍비, 사회활동가들의 모임이었다.

이 모임은 특히 유대인의 관점에서 전쟁에 관해 증언하고 기록을 남기는 것이 필요하다는 동기에서 만들어졌다. 당시 나치는 사진과 영화를 활용해 폴란드 유대인들을 마구잡이로 기록했다. 오네그 샤바트 그룹은 사건에 대한 독일인들의 편파적인 해석만 유일하게 역사에 남아서는 안 된다고 굳게 믿었다.[26] 그래서 회원들은 바르샤바 게토에서의 삶에 대한 자료들과 글을 포함해서 미래 세대를 위한 수많은 자료들을 대량으로 수집해 보관하다가 나중에는 우유통 속에 숨겼다. 전쟁과 파괴에도 불구하고 살아남은 자료 가운데에는 화가였던 에마누엘의 어머니 겔라 젝슈타인Gela Seksztajn이 졸고 있는 아기를 크레용으로 스케치한 〈잠자는 소녀〉가 있다. 검은 머리칼의 어린 소녀가 엄마 옆에 팔베개를 한 채 누워 있는 모습을 그린 그림은 당시 상황에선 거의 보기 드문 평온한 순간을 보여주고 있다. 작가는 이런 증언을 남겼다. "나는 칭찬받기 위해 이 그림을 그린 것이 아니다. 나는 단지 나와 내 딸이 기억되기를 바랐을 뿐이다. 재능 있는 이 어린 소녀의 이름은 마골리트 리히텐슈타인Margolit Lichtensztajn이다."[27]

바르샤바 게토의 상황은 급격히 악화되었다. 한 여성 동지는 "게토에 갇힌 주민은 지나치게 많았으며 그들은 외롭게, 그리고 하루하루 생존에 대한 불안으로 고통스럽게 살고 있었다"라고 썼다. "유대인들은 이 모든 것을 거리로 끌어냈다. 그들은 무리 지어 다니면서 서로 마음을 털어놓았다."[28] 게토에 있던 건물 대부분은 앞쪽 대로에서부터 뒷골목으로 들어갈수록 점점 미로를 형성하며 퍼져 있었다(부유한 사람들은 햇빛이 잘 들어오는 맨 앞줄의 아파트에 거주했다). 건물 안쪽의 뜰은 만남의 장소로 활용되었고, 유대인 지역 단체들의 행사가 열리기도 했다. 요란한 사회적 굉음과 함께 배고픔과 질병, 공포가 만연했다. 각종 질병이 퍼졌고, 시체가 거리에 널려 있었다. 유대인이 운영하던 가게들은 문을 닫았으며, 일자리는 찾기 어려웠다. 볼록 나온 배, 그리고 식량을 구하는 간절한 애원이 게토의 풍경이 되었다. 지비아는 아이들이 빵을 달라고 외치는 소리가 매일 밤 들리는 것을 느꼈다. 몹시 고통스러운 일이었다.[29]

지비아와 프룸카는 유대인의 정신을 강화하는 데 더욱 역점을 두었으며, 계속해서 급식소를 운영했다. 동지들은 점심식사에서 남은 음식을 여러 개의 접시에 나눠 담고, 각자 얼마 안 되는 수프를 신입 회원들에게 나눠주었다. 그러나 얼마 가지 않아 자신들도 너무 배가 고파 이런 관습을 중단하고 말았다.

많은 유대인 여성들이 동포들을 돕기 위해 나섰다.[30] 거의 2천 개의 '주민 위원회House Committee'가 의료 봉사와 문화활동을 제공했는데, 이 모든 활동을 조직하고 운영한 것이 대부분 여성 자원봉사자들이었다.[31] 저명한 언론인이자 소설가이며 대학에서 철학을 전공한, 오네그 샤바트의 멤버 라헬 아우어바흐Rachel Auerbach는 급식소를 운영했다.[32] "그리스인의 외모와 웅장한 포즈"를 지니고 있으며,[33] 이미 중학교 시절에 정치활동 때문에 체포된 경력이 있었던 파울라 알스터Paula Alster가 급식소 활동을 주도했는데 이곳은 지하 활동의 중심지가 되었다.[34] 열정적인 교육자 바시아 베르만Basia Berman은 처음부터 주도적으로 어린이 도서관을 설립했다.[35] 분트주의자 마냐 바서Manya Wasser와 지하운동 지도자인 소냐 노보그로드스키Sonya Novogrodsky는 버려진 옷을 수선해서 길거리 아이들을 위한 옷으로 만드는 워크숍을 열었고, 그 아이들에게 음식과 의료 서비스도 제공했다.[36] 바르샤바 대학 법학부를 우등으로 졸업했으며 적극적인 프리덤 회원인 샤인들 헤치트코프Shayndl Hechtkop는 페레츠 도서관과 주민 공동 부엌 운영, 학술회의 조직 등을 담당했다.[37] 그녀가 나치에게 붙잡혔을 때, 운동 단체는 그녀를 탈출시킬 계획을 세웠지만, 그녀는 어머니 곁을 떠나기를 거부했다.

✳

바르샤바의 상황이 1년 사이에 더 악화되었기 때문에 프리덤의 활동은 도시 외곽에서 계속되었다. 그들은 공포와 무기력 속에서 살아가는 청소년들을 위해 프로그램을 전국적으로 연계·조직하고 운영했다. 지비아는 학생 그룹을 조정하기 위해 바르샤바를 자주 떠났고, 시간을 절약하기 위해 역에서 지역 운동가들과 만나는 일도 빈번했다.[38] 그녀에게는 우선 게토 장벽을 넘어 작동될 수 있는 정보 소통망을 구축하는 것이 중요했다. 이것이 선견지명이었음이 곧 드러난다.

지비아는 이 임무를 수행하기 위해 동지들을 바르샤바에서 시골 마을들로 보냈다. 이 임무는 프룸카가 내내 담당해왔던 위험한 종류의 일이었다. 아리아인으로 보이는 이 젊은 여성 메신저들은 지정된 현지인들과 접촉해서 그들에게 '5인 그룹', 즉 파이어니어의 일을 수행할 다섯 명으로 구성된 그룹을 만들라고 지시했다.[39] 차나 겔바르트Chana Gelbard는 초기의 연락책이었다.[40] 지비아는 차나에게 첫 번째 임무에 필요한 가짜 폴란드 신분증을 주었다. 실제로 운동 관련 서적을 배포할 때 그녀는 행상으로 위장했다. 당시에는 폴란드 사람들조차 기차 여행이 어려웠기 때문에 차나는 매우 조심스럽게 마차를 타고 다녔다. 차나는 동료 유대인들을 포함해서 모든 사람들에 대해 의심의 눈길을 거두지 않았다. 이 젊은 여성은 중앙 지휘부에서 접선 주소를 받을 때마다, 그녀가 적절한 사람에게 말을 건네고 있는지, 혹시 그 사람이 그녀를 함정에 빠뜨리지는 않는지, 그리고 그 사람이 그녀를 게슈타포의 끄나풀로 의심하지는 않는지를 검증하기 위해 매우 신중했다. 그래서 어떤 문서를 건네기 전에 그녀는 상대방에게 꼬치꼬치 캐물었다.

소녀들의 방문은 어디서나 환영받았는데, 특히 소녀들이 프리덤의 활동에 대해 희망적인 소식을 가져왔을 때 그러했다. 바르샤바 외곽에서 두 번째 임무를 수행하면서 차나는 지하에서 간행된 서적들이 가득 들어 있는 가방을 들고 여행했다. 이 책들의 목차는 유대인의 역사, 노동자 문학, 국경일들로 구성되어 있었다. 물론 "이런 '이야기'를 가지고 여행하는 것은 위험했다." 하지만 그녀는 "이들 자료를 퍼뜨리기로 결심했다"라고 말했다. 차나는 한 번의 여행에서 한 팀의 5인조가 모인 건 아니었지만 서로 다른 두 팀의 5인조가 모였다고 썼다. 그들은 모두 한 목조 주택에서 어둠 속에 앉아 있었는데, 그녀는 거기 모인 열 명의 동지들에게 프리덤의 활동에 대해 말하면서, 아직 모든 것이 파괴된 것은 아니며 그들의 역사에서 힘을 끌어내야 한다고 강조했다. 젊은이들은 숨죽이며 들었는데, 나중에는 각자의 현장으로 흩어져 각자의 걱정거리로 돌아갔지만, 점차 용기를 되찾았다. 차나의 금과옥조 같은 말은 젊은 유대인들에게 상황을 바라보는 지식뿐 아니라, "이러한 폭풍의 시대에 밀려오는 검은 구름에 맞서는 스스로의 힘을 느낄 수 있도록" 도와주었다.

'지비아의 소녀들'[41]로 알려진 이들은 곧 저항운동 세력에서 가장 중요한 역할은 아니더라도 중요한 하나가 될 역할을 개척해가고 있었다.[42]

6 정신교육에서 유혈투쟁으로 ─ 유대인투쟁위원회를 조직하다

토시아, 지비아, 블라드카
1941년 12월

1941년 12월. 빌나에는 가볍고 솜털 같은 눈이 흩날렸다. 6개월 전, 나치의 전쟁 기계들이 굉음을 울리며 동부로 진격해와 그 지역을 점령했다. 1939년에 지비아와 젊은이들이 피난해와서 소련과 리투아니아의 통치하에서지만 시온주의자와 분트 활동을 전개했던 도시들도 더는 안전하지 않았다. 1941년 이전에는 유대인들이 대개 직업 활동을 할 수 있었고, 비교적 자유롭게 문화운동과 교육활동을 전개할 자유도 누릴 수 있었다 (사실 많은 여성들은 공산주의 러시아의 지배하에서 받은 훌륭한 교육에 대해 감사하게 생각했다). 하지만 이제 이 모든 것이 갑자기 멈추었다. 즉각적인 게토화가 추진되고, 반反유대인법이 제정되었으며, 고문이 자행되면서 유대인들의 삶은 깊은 어둠 속으로, 나락으로 떨어졌다.

하지만 나치의 점령이라고 하는 사소한 사건이 토시아 알트만을 멈추게 하지는 못했다.[1] 오히려 그녀는 지금까지 수행한 여러 임무 가운데 최고로 중요한 임무를 맡았다.

스물세 살의 젊은 영가드 리더가 빌나에 도착했다. 새하얀 눈꽃이 그녀의 굵은 금발에 내려앉았고, 그녀의 금빛 머리칼은 자신감에 찬 걸음걸이와 함께 출렁였다. 옛 유대인 구역에 설치된 게토에 들어가기 위해, 그녀는 거대한 네리스강을 건너고 눈 덮인 공원과 돌을 깎아 포장된 길을 따라 지어진 중세 건물들, 이 마을에 꽃피웠던 유대인 도서관, 유대교 회당, 예시바yeshiva[정통파 유대교도를 위한 학교], 기록 보관소, 그리고 수백 년 된 이디시어 시, 랍비의 학문, 지성을 연구하는 폴란드의 연구센터를 지나갔다. 전쟁이 발발했을 때 토시아도 빌나로 피신해왔기 때문에 이 도시를 알고 있었다. 그녀는 지난 2년의 대부분을 나치가 점령한 폴란드 전역을 쉬지 않고 여행하며 보냈기 때문에, 그녀의 여행 일정은 정신없이 휘갈긴 낙서와 같아서 그 낙서에서 그녀가 얼마나 자주 여행했는지를 알아내는 것은 거의 불가능해 보였다. 빌나의 독일인들을 상대하는 것은 그녀에게 그저 또 하나의 일과에 불과했다.

토시아는 이미 전쟁이 발발하기 훨씬 전에 영가드의 리더로 활동했으며, 지비아와 프룸카처럼 그룹이 세워놓은 플랜 B의 핵심 인물이었다. 유복하고 교양 있고 사랑이 넘치는 가정에서 태어난 활기 넘치는 그녀는 폴란드 중부의 작은 마을인 브워츠와베크에서 성장했다. 천문학자 코페르니쿠스가 다녔던 학교가 있는 마을인 동시에, 그로부터 수 세기가 지난 후 그녀의 아버지가 시계보석상을 소유했던 마을이다. 시온주의자였던 그는 지역사회에 아주 적극적으로 관여했다. 토시아 역시 이 운동에 참여하게 되었는데, 그녀가 가진 호기심과 탁월한 사회성, 그리고 운동의 중심에 서고자 하는 열망으로 그녀는 운동 진영에서 빠르게 리더급으로 떠올랐다. 팔레스타인으로 가고자 했던 꿈은 그녀가 바르샤바 영가드의 청소년 교육 책임자가 되면서 사라지고 말았다. 토시아는 이미 약속된 땅에 정착해서 의심할 여지없이 온갖 활동으로 가득 찬 삶을 살고 있는 친구들을 부러워했고, 자신보다 약간 나이가 많은 폴란드 리더들을 어느 정도는 너무 진지하게 여기고 있었다. 하지만 시간이 흐르면서 그녀는 그들과 연결되었다.

토시아는 폴란드인 가운데 유행에 앞서가는 유형으로 여겨졌다. 그녀는 "매력이 넘치는 소녀", 잘 교육받고 말도 잘하며, 스포티한 복장을 한, 그래서 그녀를 졸졸 따라다니는 많은 남자친구들과 곧잘 어울려 다니는 소녀였다.[2] 특히 그녀는 창의적이고 지적인 청년 유레크 혼Yurek Horn(그녀의 아버지는 그의 냉담함을 그리 좋아하지 않았지만)에게 흠뻑 빠져 있었다. 그녀는 낭만적이고 독서를 좋아하는 책벌레, 늘 구석에서 다리를 꼬고 앉아 꼼짝하지 않고 두꺼운 책에 코를 박고 있는 사람이었다. 개와 어둠을 무서워했던 토시아는 포그롬 동안에는 두려움을 극복하기 위해 밤에 억지로 밖으로 걸어 나왔다. 그녀는 콧노래를 흥얼거리며 항상 크고 진주 같은 이를 드러내며 활짝 웃었다. 친구를 쉽게 사귀는 익살꾼이었던 그녀는 사회적 논쟁은 용의주도하게 피했지만, 오해를 받을 때는 마음이 흔들렸다.

프룸카는 도피하지 않은 동지들을 돌보기 위해 바르샤바로 복귀한 프리덤의 초기 멤버였지만, 토시아는 영가드에 의해 선발되어 조직의 1진으로 바르샤바에 돌아온 멤버였다. 그녀는 권위 있는 이론가는 아니었지만 열정, 에너지, 그리고 모든 연령대의 사람들과 잘 소통하는 능력을 인정받아 선발되었다. 빛나는 푸른 눈과 유대인처럼 보이지 않는 부티 나는 외모도 작용했다. 그녀는 자신에게 부여된 임무에 즉각 동의했고, 운동이 개인의 삶보다 우선이라는 사실을 지적으로 받아들였다. 하지만 이런 상황은 그녀를 감정적으로 커다란 혼란에 빠뜨렸다. 그녀는 빌나를 떠나야 했고, 그녀의 꿈이었던 팔레스타인행을 포기해야 한다는 사실이 몹시 슬펐지만, 가장 가까운 친구들에게만 눈물을 보였다. 그럼에도 불구하고 토시아는 당당하게 앞으로 나아갔으며, 국경을 넘기 위해 세 번이나 필사적인 노력을 다한 끝에 마침내 바르샤바에 도착했다. 매력적인 금발과 유창한 폴란드어, 그리고 그녀의 히브리어 전기작가의 표현에 따르면 '외유내강'형인 그녀는 곧 영가드의 주요 연락책으로 떠올라서, 쉴 새 없이 전국 방방곡곡을 다니며 각 지부를 연결하고, 정보를 가져오고, 세미나를 조직하고 비밀리에 교육활동을 전개했다.³ 활짝 웃는 미소와 헝클어진 머리칼은 모든 호스트들을 즐겁게 했다. 토시아는 종종 시골 소녀처럼 옷을 입고 치마를 겹겹이 입고서는 치마의 접힌 곳에 물건을 숨겼다. 그녀의 활동은 가끔 차질을 빚기도 했지만, 젊은 여성의 쾌활함과 호기, 그리고 예리한 본능 때문에 그녀는 별 탈 없이 활동할 수 있었다. 한 진술에 따르면, 그녀는 쳉스토호바에서 한 나치 국경 수비대원에게 체포되었지만, 그의 품을 뿌리치고 나와 24킬로미터를 달려서 차르스키에 있는 한 농장으로 도주했다.

수많은 동지들이 토시아가 자신들이 있던 게토에 "도착한 날"을 회고했다. 그녀의 모습은 마치 그들의 어두운 삶에 환한 햇빛을 주입하는 것 같았다. "짜릿하게 전기에너지가 흐르는 충격"이었다.⁴ 사람들은 그녀의 상반된 내면을 감지하지 못했다. 그들은 기뻐서 울었고, 그녀를 꼭 끌어안았다. 그녀는 따뜻함, "끝없는 낙관론", 유대감, 잊히지 않았다는 안도감을 가져다주었다.⁵ 어떻게든 괜찮을지도 모른다는 느낌이었다. 심지어 전시에도 토시아는 동지들에게 "생활의 기술"과 너무 심각하지 않게 사는 법을 가르쳤다.⁶

추운 겨울 빌나에서도 비슷했다. 그녀의 여정은 특히 잔인했었다. 먼 거리를 이동하는 위험한 여정이었고 도처에 검문소가 있었다. 토시아는 가짜 신분증 주머니를 움켜쥔 채 얼어붙은 쓰레기 속에서 잠 못 이루는 여러 밤을 보냈다. 도착한 후 그녀는 몸을 녹일 시간이 필요했지만, 금방 언제 그랬냐는 듯이 예전의 쾌활한 모습으로 돌아갔다. 빌나에서 활동했던 영가드 리더인 루츠카 코르차크는 "만약 그녀가 우리와 함께 게토 장벽 안에 갇혀 있지 않았다면, 이 '특별한 여성'이 게토 경계를 넘어 들어왔다는 것이 도대체 무엇을 뜻하는지 도저히 이해할 수 없었을 것이다"라고 썼다. "토시아가 왔어요! 바르샤바에서 온 토시아가 이 게토를 방문하고 있다는 소식이 행복한 봄의 기운처럼 이곳 사람들 사이에 퍼졌다. 마치 게토와 독일인, 죽음이 세상에 존재하지 않는 것처럼, 마치 모든 위험이 사라진 것처럼. (…) 토시아가 이 게토 안에 있다! 그녀는 사랑과 빛의 우물이었다."[7]

토시아가 영가드 본부에 들어갔을 때, 그 건물의 출입문에는 경첩조차 없었고, 동지들은 테이블 위에서 잠을 자고 있었다.[8] 설명할 수 없는 행복감과 젊은 열정으로 가득한 그녀는 그들에게 바르샤바 소식을 전했다. 그곳에서 자행된 테러와 굶주림뿐 아니라 동지들이 어떻게 계속 활동했는지도 말이다. 루츠카는 훗날 "그녀는 우리에게 믿을 수 없는 새로운 세상을 보게 해주었다"라고 회상했다. "우리는 그녀에게서 바르샤바 게토의 절망적인 어둠 속에서 어떻게 활기 넘치는 새로운 노래가 등장했는지 들었다."[9] 나치의 점령과 비인간적인 환경이 2년이나 지속되었음에도 불구하고 그들의 조직은 깨지지 않았고 여전히 자신들이 추구하는 더 고귀한 목적을 믿고 있었다.

그녀가 방문했던 모든 게토에서 그랬듯이, 토시아는 이곳에 여러 가지 소식을 가져왔다. 또한 오늘 밤 빌나에서 그녀는 소식을 확인해주는 일도 해야 했다. 그녀는 프리덤의 연락책 몇 명과 동시에 전국에 파견되었다. 바르샤바로 돌아왔을 때 그들은 집단학살에 대한 소문을 들었다.

그게 사실일까? 만약 사실이라면 그녀는 어떤 도움을 줄 수 있을까? 토시아는 빌나 그룹이 바르샤바로 이동하도록 도울 준비가 되어 있었다. 동지들은 그게 더 안전할 거라고 생각했다.

이튿날 밤, 지역 영가드 리더인 아바 코브너Abba Kovner는 여러 운동 단체에서 150명의 청년들을 소집했다. 그 결과 지역에서 최초로 대규모 청년 집회가 열렸다. 유대인 평의회 건물에 있는 한 축축한 방에서 신년 파티로 위장했고 촛불을 켠 채였다. 사람들이 도착하자, 아바는 이디시어로 된 팸플릿을 읽었다. 그러고는 즉시 토시아에게 신호를 보내서 히브리어로 통역해달라고 부탁했다. 바르샤바에서 온 리더가 자신의 급진적인 생각에 동참하고 있다는 것을 보여주기 위해서였다. 그녀가 들은 내용, 그녀가 전달해야 할 내용은 그녀를 먹먹하게 했다.

빌나 출신의 어린 소녀, 사라는 포나리로 보내졌다.[10] 한때 인기 있는 휴양지였던 그곳은 이제 집단학살지가 되었고, 이후 3년 동안 7만 5천 명이 넘는 유대인들이 끌려와 살해당했다.[11] 유대인들은 먼저 학살당한 유대인들의 시체가 겹겹이 쌓여 있는 6미터 깊이의 거대한 구덩이 옆에서 옷을 전부 벗은 채 총에 맞았다. 사라는 총에 맞았지만 목숨이 붙어 있었다. 그녀는 꽁꽁 얼어붙은 시체 구덩이 속에서 정신이 들었다. 벌거벗은 채, 그리고 죽은 엄마의 눈을 마주한 채로. 그녀는 어두워질 때까지 기다렸다가 구덩이를 빠져나온 뒤 이틀 동안 인근의 숲속에 숨었다가 빌나로 돌아왔다. 그리고 벌거벗은 채, 히스테리 환자처럼 온몸을 부들부들 떨면서 자신이 목격한 학살을 전했다. 유대인 평의회 대표는 그녀의 말을 믿지 않았거나 최소한 믿지 않는다고 주장했다. 게다가 이런 이야기를 사람들에게 알려서 공포에 빠지게 하지 말라고 경고했다.

사라는 병원에 보내졌고 아바 코브너가 그녀를 만나러 갔다. 코브너는 그녀를 믿었다. 그에게는 나치가 유대인을 몰살할 계획이라는 것이 분명해 보였다. 신년 전야 모임에서 토시아는 결국 그가 내린 결론을 읽었다. "여러분에게 거짓을 말하는 자들을 믿지 마세요. (…) 히틀러는 유럽의 모든 유대인들을 말살하려는 음모를 꾸몄습니다." 그녀는 유명한 저항 구호가 된 코브너의 마무리 발언, "순한 양처럼 도살장으로 끌려가지 맙시다!"를 외치며 연설을 마무리했다.[12] 아바는 모든 유대인들에게 이러한 음모가 실행되고 있다는 것을 경고해야 하며, 이에 맞서 반격을 가해야 한다고 주장했다. 유일한 해답은 자기방어였다.

레지스탕스 작전 기획을 담당한 여성 토시아는 결코 한 장소에 오래 머물지 않았다. 이제 그녀는 운동에 참여한 회원들에게 위로의 말을 전하는 것이 아니라, 집단학살이 자행되고 있다는 끔찍하고 긴급한 소식을 전달하기 위해 전국의 게토로 가야 했다. 나치가 유럽의 유대인을 몰살하려고 계획하고 있다는 소식이었다.

이제 저항해야 할 때가 다가왔다.

당신은 만약 자신이 살해당할 것이라는 말을 들으면 어떻게 반응하겠는가? 온전한 정신 상태를 유지하기 위해 낙관적으로 생각하고 망상을 품으려고 노력하겠는가, 아니면 어둠을 정면으로 마주하고 눈앞의 총알을 똑바로 바라보려고 하겠는가?

지비아는 토시아나 프리덤의 연락책들이 전해온 소식—유대교 종교계 인사들이나 폴란드 활동가들이 전해온 것과 같은 소식—을 접했을 때 조금도 의심하지 않았다.[13] 빌나에서 온 소식은 단지 이를 확인해줄 뿐이었다. 이미 다른 유대인들의 증언도 있었다. 그들은 헤움노와 같은 죽음의 수용소에서 탈출해 자신들이 겪은 충격적인 이야기를 여러 게토에 알렸다.[14] 그녀가, 그리고 그들 모두가 "오만한 미치광이의 허황된 구호"라고 무시했던 히틀러의 협박이 갑자기, 그리고 날카롭게 사실처럼 들렸다.

만약 이 모든 것이 사실이라면 지비아는 엄청난 죄책감을 느꼈을 것이다. 물론 이런 일이 지금 일어나고 있었다. 그녀는 왜 이 모든 일을 더 명확하게 보지 못했을까? 왜 나치가 유대인들을 체계적으로 말살하려는 이 역겨운 계획을 수립했다는 것을 파악하지 못했을까? 왜 그녀는 이런 임무에는 다른 많은 선배들이 나설 것이라고 가정해서 젊은 회원들에게만 집중하고 지역의 지도부가 되는 것은 피해왔을까? 왜 자기방어나 무기 구입에는 집중하지 않았을까? 왜 좀 더 일찍 무언가를 하지 않았을까? 이미 소중한 시간이 너무 많이 허비되었다.

지비아는 이런 후회들을 떨쳐버리기 위해 대답을 찾으려 애썼다. 나치가 특히 보복이나 국제적 비난을 피할 목적으로 이 계획을 비밀리에 추진했고 따라서 비밀 유지를 위해 엄청난 노력을 기울였다면, 과연 어떻게 이런 잔학한 행위가 구체적으로 계획되고 있는지를 알아낼 수 있었을까? 고통받는 소수민족이 어떻게 나라 전체를 무력 정복하는 군대와 맞서 싸울 수 있을까? 굶주리고 병든 사람들이 어떻게 군사 행동을 위한 전술적인 계획을 세울 수 있었을까? 만약 조직의 초기 활동이 유대인의 자부심 고취와 교육, 동지애 증진에 집중하지 않았다면 지금 같은 상황에서 전투력을 가능케 할 정신이나, 상호 신뢰, 열정은 준비되지 않았을지도 모른다. 그럼에도 그녀는 여전히 후회에 깊이 사로잡혀 헤어 나오지 못했다.

프룸카를 비롯해서 수많은 프리덤 연락책 소녀들[15]이 포나리에서 자행된 집단학살 소식과 나치의 '최종 해결'에 대해 자신들이 알고 있는 이야기를 전했다. 학살을 피해 도주했던 목격자들도 지역 리더들의 대규모 모임 앞에서 이런 사실을 증언했다. 하지만 사람들은 종종 그들의 말을 믿지 못했다.[16] 많은 유대인 사회는 너무 기괴해 보이는 이야기들을 그대로 받아들이기를 꺼렸다. 그들은 잔혹한 생활환경에도 불구하고 집단학살의 흔적이 전혀 없는 폴란드 서부에서도 그와 비슷한 잔혹 행위가 일어날 수 있다는 사실을 믿지 않았다. 그들의 공동체는 독일제국에 필수적인 노예 노동력을 공급하고 있었다. 나치가 그들 모두를 처형한다는 것은 경제적으로도 말이 되지 않았다.

많은 유대인들은 여전히 살아남을 수 있다는 환상을 품었다. 그들은 분명 최선의 길이 있다고 믿고 싶어 했고 또 필사적으로 살기를 원했다. 그들 중 누구도 어머니와 형제자매, 그리고 아이들이 살해되기 위해 끌려갔다고는 생각하지 않으려 했다. 또는 그들 자신이 강제추방된 것이 사실상 죽음으로 가는 길이라고도 생각하려 하지 않았다. 무엇보다도 바르샤바는 유럽의 중심에 있는 도시가 아닌가? 어떻게 한 국가의 수도 전체를 강제로 추방할 수 있을까? 폴란드 유대인들은 이전에 수백 년 동안 격리된 채 살았었다. 그들은 히틀러가 구축한 게토가 살인기계의 일부라고는 상상도 하지 못했다. 그래서 유대인들은 그들이 나름대로 예측한 상황에 심리적으로 대비해왔다. 1차 세계대전과 같은 사태였다. 그러나 불행하게도, 이번 사태는 그런 전쟁이 아니었다.

1942년 4월 7일 자 토시아가 팔레스타인에 보낸 마지막 편지에서, 그녀는 바르샤바에서 진행 중인 파멸적인 상황을 지켜보면서도 그것을 막을 수 없는 고통에 대해 썼다. "유대인들이 바로 내 눈앞에서 죽어가고 있는데도 나는 아무것도 할 수 없다. 당신은 혹시 자신의 머리로 벽을 부수려 한 적이 있는가?"[17]

한 자료를 보면 젊은 유대인 여성이 아우슈비츠로 가는 기차에 올라타던 일에 대해 이야기한다. 어느 순간 그녀는 메모 한 장이 판자로 된 기차의 벽 틈새로 밀어 넣어지는 것을 발견했다. 그녀는 메모를 읽었다. "이 열차는 당신을 죽음의 수용소에 데려갈 것입니다. (…) 그러니 이 기차를 타지 마세요."[18]

하지만 그 여성은 경고를 무시했다. 사실이라고 믿기에는 너무 말이 안 되는 소리였기 때문이다.

그러나 지비아는 알고 있었다. "이건 대대적으로 계획된 살인이야."[19] 연락책들이 돌아온 후 며칠 동안, 그녀는 모든 유대인이 살해당하는 것을 상상하면서, 분주하면서도 불안감이 감도는 게토를 이리저리 걸어 다녔다. 그녀가 자살하지 않게 붙들어준 유일한 지주는 자신이 해야 할 일이 있다는 사실이었다. 그것은 아마도 생명을 구하지는 못하겠지만, 명예를 지키는 것, 그대로 조용히 사라지지 않는 것이었다. 그녀는 감정은 한편에 제쳐놓고, 이제 어떻게 행동해야 할지를 분명히 알고 있었다. 프리덤 동지들 또한 진실을 알고 있었다. 그들의 운동은 다시 한번 중심을 이동해서 이제 방어를 최우선 목표로 삼아야 했다. 그러나 히틀러에 맞서 싸우기 위해 저항 부대를 조직하는 것은 어마어마하게 힘겨운 일이었다. 투쟁에 필요한 자원과 경험 부족만이 문제가 아니었다. 유대인 평의회나 유대인 지도자와의 갈등, 청소년운동 단체 사이의 갈등, 그리고 운동권 내부의 갈등 등 내부 문제들도 극복해야 했다.

청소년 단체인 프리덤은 막 성장하고 있던 폴란드의 지하운동 조직과 아무런 연계도 없었고, 지비아는 그들이 유대인을 돕는 데 그다지 노력하지 않을 것이라고 우려했다. 동지들은 '성인들'의 도움이 필요했다. 몇몇 청소년운동 리더들은 마을 대표들과 모임을 가지면서, 그들이 다가오는 위험을 깨닫고 대응 방안을 모색하길 희망했다. 하지만 성인 리더들은 두려움과 분노에 사로잡힌 채 얼굴이 창백해졌다. 훗날 지비아는 "그들은 무책임하게 우리가 사람들에게 절망과 혼란의 씨앗을 뿌리고 있다고 비난했다"라고 썼다.[20] 그녀와 안테크는 공동배급위원회 위원장으로부터 행동을 자제하라는 경고를 받았다. 물론 그 위원장도 유대인 집단학살이 어떤 의미를 지니는지 알고 있었지만, 그는 지비아와 안테크에게 성급한 행동은 오히려 더욱 위험한 상황을 초래할 것이며 유대 국가는 결코 그들을 용서하지 않을 것이라고 경고했다. 반면 바르샤바 유대인 평의회의 감독관들은 학살에 관한 소문을 믿지 않거나, 아니면 전혀 반응하지 않았으며, 어떠한 행동도 결국은 나치가 더 큰 폭력을 행사하도록 자극할 것이라고 우려했다. 그들은 몸을 낮추고 규칙을 지키는 것이 유대인 사회, 그리고 아마도 그들 자신을 구하는 길이라고 생각했다. 가족과 자녀가 있는 중년의 감독관들은 아무 훈련도 받지 않은 게릴라전으로 뭔가 이룰 수 있다고 꿈꾸는 일부 젊은이들의 이상주의적인 비전 때문에 게토 유대인 전체를 위험에 빠뜨리고 싶지 않았다. 프리덤 회원들은 회의가 길어지면서 크게 동요했다. "좌절감과 무력한 분노"를 느끼면서 지비아와 동료들은 이제 그들 스스로 움직여야 한다는 것을 깨달았다.[21] 무엇보다 먼저 그들은 대중의 지지가 필요했다. 그리고 동료 유대인들에게 끔찍한 현실을 알려야 했다. 지비아는 "진실을 있는 그대로 보는 것이 우리의 의무"라고 믿었다.[22] 그녀에겐 "우리의 가장 거대한 적은 헛된 희망을 품는 것이었다."[23] 죽음이 임박했다는 사실을 받아들이기 전엔 대중은 아마도 절대 저항하지도 않고 심지어 몸을 숨기지도 않을 것이다.

프리덤의 동지들은 이 메시지를 전달하기 위해 지하운동의 통지문을 활용할 줄은 알았다. 하지만 군대를 어떻게 조직할지에 대해선 막막했다. 지비아가 말했듯이, "우리 중 누구도 무장한 독일군이 강력하게 밀고 올 때 우리가 어떻게 대응해야 할지 몰랐다. 우리에게는 무기라곤 리볼버 두 정밖에 없었다."[24] 민영기업과 유대인 군사조직 창설을 옹호했던 우파인 분트와 수정주의 시온주의자들은 전쟁이 발발하기 전에 자위自衛 동맹을 결성했다.[25] 하지만 노동 시온주의 청년들은 주로 사회이론에 대해 토론하도록 교육받았다. 그들은 자기방위에 대해 공부했지만 전투를 수행할 수 있도록 조직되지는 않았다. 프리덤에게는 투쟁 네트워크를 보유하거나 군사훈련을 받은 동맹 단체가 필요했다.

지비아는 집요하게 동맹 단체를 찾아다녔다. 다년간에 걸쳐 습득한 협상 기술과 유연한 적응력을 바탕으로, 그녀는 지역 리더들의 편에서 계속 활동했지만, 거듭해서 당파적 정치와 마주쳤다. 1942년 3월, 그녀는 분트의 식당에서 다양한 정당 소속 유대인들의 회동을 성사시키는 데 협력했다. 프리덤을 대표하는 안테크는 이들 리더들에게 조속히 대응책을 마련해야 한다고 요청하면서, 유대인 집단방위운동을 설립하기 위한 프로그램을 제안했다. 하지만 이 회동은 아무런 성과 없이 끝났다. 시온주의자들은 폴란드 정당들과 밀접한 관계를 맺고 있던 분트와 협력하기를 원했다. 하지만 분트는 부르주아적이며 팔레스타인 영토에 집착하는 시온주의자 집단을 신뢰하지 않았으며, 실제로 약간의 무기를 보유하고 있는 폴란드 지하조직과 손을 잡는 방안을 선호했다.[26] 주요 정당의 리더들은 프리덤 같은 청년운동이 전투 경험이 전혀 없으면서 순진하고 성급하게 불안만 조성하는 집단이라고 비난했다. 결국 프리덤과 제대로 무장한 수정주의적인 시온주의 청년 단체인 베타르Betar와의 동맹은 불가능했다.

역겹도록 무력감을 느낀 시온주의 청년들은 폴란드 저항세력과 직접 접촉하려고 시도했다. 그리고 그들은 유대인 공산주의자들이 주도했던 반파시스트 블록에 가담했다. 공산주의자들은 게토 밖에서 소련 적군赤軍과 협력하기를 원했지만, 지도부에 속해 있던 지비아는 내부 방어를 주장했다.[27] 그리고 그들이 앞으로 함께 추진할 일에 대해 합의하기도 전에, 공산당 리더들은 체포되었고 동맹은 와해되었다. 이제 프리덤 회원들은 어디서 무기를 구할 수 있을지 막막했다. 지비아조차 난감한 상황에 처했다.

이제 그녀는 깨달았다. 우리는 너무 늦었다.

시간이 다 되어가고 있었다고 말하는 것은 이상할 정도로 절제된 표현이다. 1942년 여름, 바르샤바 게토에서 유대인의 강제추방과 학살을 지칭하는 나치식 완곡어인 '주요 작전'이 전개되었다. 그 작전은 4월, '피의 안식일'에 시작되었다.[28] 그날 밤 친위대 병력이 게토에 들이닥쳤고 미리 작성된 명단에 따라 지식인들을 집결시킨 후에 학살을 집행했다. 그 순간부터 게토 전역이 킬링필드, 테러가 지배하는 세상이 되었다. 6월에 프룸카는 또 다른 죽음의 수용소인 소비부르 수용소가 존재한다는 소식을 가지고 바르샤바에 도착했다.[29] 동쪽으로 240킬로미터 떨어진 곳이었다.

스물한 살의 분트주의자이자, 지하 신문 인쇄와 불법적인 청소년 단체 운영을 도왔던 젊은 여성 블라드카 미드는 훗날 1942년 7월 게토에서 벌어진 사태에 대해 기록을 남겼다.[30] 파멸이 임박했다는 흉흉한 소문과 일제히 이루어진 소탕과 끊임없는 총격에 관한 이야기들이다. 물자 밀반입을 담당했던 한 어린 소년은 장벽의 반대편에 독일과 우크라이나 군인들이 줄지어 서 있다는 소식을 전했다. 두려움과 혼란이 밀어닥쳤다.

그때 거리에 벽보가 나붙었다.

유대인들은 이 벽보를 읽기 위해 평상시에는 인적이 드문 거리로 몰려들었다. "독일인들을 위해 일하지 않는 사람은 추방될 것이다." 블라드카는 며칠 동안 게토를 미친 듯이 돌아다녔다. 그녀와 가족의 노동허가증, 다시 말해 "생명의 문서"를 구하기 위해서였다. 타는 듯한 불볕더위 속에 괴로워하면서도 수백 명의 유대인들은 몸을 웅크린 채 공장과 작업장 문 앞에서 진을 치고 어떤 일자리나 아니면 문서라도 구해보려고 필사적으로 노력했다. 몇몇 운 좋은 사람들은 자기 소유의 재봉틀을 움켜쥐고 있었는데, 그들은 이 재봉틀 덕분에 더 쉽게 고용될 수 있기를 바랐다. 브로커들은 노동허가증을 위조했으며 이를 얻기 위해 뇌물을 주는 일이 비일비재했고, 정식 고용이 성사될 경우엔 그 대가로 가보家寶를 갖다 바치는 일도 있었다. 어머니들은 자녀를 어떻게 할지 결정하느라 정신이 멍한 상태에서 헤매고 있었다. 일자리를 확보해서 일시적으로 목숨을 연장할 수 있었던 사람들은 죄책감 때문에 그 누구와도 대화를 피했다. 강제로 부모에게서 떨어진 채 울어대는 아이들로 가득 찬 수레들이 지나갔다.

블라드카는 나중에 "거기서 우리를 기다리고 있는 것이 과연 무엇일지에 대한 두려움에 사로잡힌 나머지 우리는 그저 자신을 구하는 것 말고는 다른 어떤 것도 생각할 여유가 없었다"라고 썼다.[31]

끝없이 긴 줄에 서 있는 것이 부질없다는 사실을 느끼면서, 블라드카는 지하에서 활동하고 있는 친구로부터 메시지를 받을 기대감에 잔뜩 부풀어 있었다. 그녀는 자신과 가족의 사진을 들고 나타나 노동허가증을 받기로 되어 있었다. 그녀는 친구가 알려준 주소로 달려갔다. 그 건물 내부는 짙은 담배 연기가 자욱했고 매우 혼잡했다. 블라드카는 거기서 분트의 리더이자 역사학자인 링겔블룸을 발견했으며, 그들이 어떻게 가짜 노동허가증을 입수했는지, 그리고 어떻게 새로운 워크숍을 조직하고 있는지에 대해 전해 들었다. 이 모든 일은 게토의 젊은이들을 구하기 위한 것이었다. 하지만 리더들은 여전히 나치에게 발각되면 그것은 곧 죽음을 의미한다 할지라도 일단 숨는 것이 최선의 선택이라고 생각하고 있었다. "도대체 우리가 무엇을 해야 할까?" 그들은 중얼거렸다.

그때 갑자기 공포 분위기가 조성되었다. 건물이 포위된 것이다. 블라드카는 달려가서 가짜 노동허가증을 움켜쥐었으며, 유대인 경찰 수비대에게 뇌물을 건넨 그룹과 겨우 붙어 있었다. 블라드카는 점점 더 많은 유대인들이 체포되어 끌려가기도 하고, 또 비록 성공하지는 못했지만 이에 거세게 저항하기도 하는 흔한 광경을 목격했다. 여성들은 그들을 트럭에 밀어 올리려는 경찰들과 힘겹게 몸싸움을 했다. 그들은 기차에서 뛰어내리기도 했지만, 대개는 헛수고로 끝났다.[32] 그런데 블라드카는 왜 이들에게 아무 도움도 주지 않고 그냥 바라보기만 했을까?

게토에서 유대인을 추방하는 작전은 계속되었으며, 독일인과 우크라이나인들은 유대인 경찰과 합세해 일제 단속을 벌였다. 유대인 경찰은 그들이 매일 체포해야 하는 유대인 할당량을 갖고 있었다. 할당량을 채우지 못하면 그들도 가족과 함께 끌려갔다.[33] 청년과 노인, 비노동자, 그리고 명단에 있는 사람들이 거리로 끌려나왔다. 사람들은 공포에 질려 그들이 사는 거리가 봉쇄되기를 기다렸다. 그리고 많은 사람들은 옥상으로 기어 올라가거나 지하실과 다락방에 들어가 문을 잠그거나 하면서 몸을 숨기려고 애썼다. 블라드카가 갖고 있던 가짜 노동허가증은 더 이상 쓸모가 없었고, 안전한 은신처도 없었다. 유대인들은 자발적으로 지정된 집결 장소에 모여서 3킬로그램의 빵과 1킬로그램의 잼을 받아가라는 명령을 받았다. 그 집결지는 사실 죽음의 수용소로 떠나는 출발지였다. 하지만 다시 말하지만, 사람들은 명령에 따르는 것이 최선의 길이리라고 희망하고 믿었다. 굶주리고 절망한 사람들은 가족과 떨어지지 않으려고 함께 그 장소로 갔고, 거기서 죽음의 수용소로 끌려갔다. "도대체 유대인들은 어떻게 자신의 삶을 빵 한 조각과 바꾸었을까? 그게 바로 이유였다"라고 어느 지하운동 리더는 회고했다.[34]

블라드카는 그녀가 머물던 거리로 달려가서 숨었지만, 군인들이 문을 마구 두드리자 함께 숨어 있던 한 동지는 문을 열어주기로 결정했다. 이제 그녀는 모든 것을 운명에 맡겼다. 그녀는 많은 사람들과 함께 이른바 '선별'이 이루어지는 곳으로 떠밀려가면서, 혹시 그들 가운데 건너편 몇 채의 집에 몸을 숨기고 있던 자신의 가족이 있는지 살펴보았다. 선별 장소에 도착한 그녀는 누군가로부터 친구 명의의 위조된 노동허가증을 건네받았다. 어떤 이유에서인지 그 문서는 받아들여졌고, 그녀는 오른쪽 줄에 세워졌다. 생존이었다. 그런데 그녀의 가족은 왼쪽에 세워졌다.

망연자실한 채, 그녀는 아직 가동되고 있던 한 작업장으로 일하러 갔다. 피로에 지치고, 계속해서 기다리고, 두려워하면서, 구타당해서 통통 붓고, 또 배가 고파서 죽을 지경이면서도. 이제는 몇 안 되는 이 일자리조차 위협받고 있었으며, 검문검색과 일제 단속이 실시되었다. 게으르거나, 숨어 있다가 체포되거나, 너무 늙거나 젊어 보이는 사람들은 모두 살해되었다. 사람들은 자신의 재봉틀 앞에서 쓰러졌다. 생사를 가르는 선발, 또 선발이 이어졌다. 건물이 포위되었을 때 블라드카는 공식 노동허가증을 발급받으려고 해보았다. 그녀는 몇 시간 동안 식당의 찬장 속에 숨어 있기도 했다.

게토는 날이 갈수록 점점 비어가고, 사람들은 점점 사라지고 있었다.

살해와 추방을 통해 어느 거리의 유대인 청산이 진행되고, 그러고 나면 거리가 완전히 폐쇄되는 것은 이제 일상적인 일이었다. 야누슈 코르차크와 스테파 윌친스카는 체포되어 그들이 데리고 있던 고아들과 함께 살해되었다. 그들은 분트 리더의 집에 숨어 있다가 한밤중에 들이닥친 나치에게 끌려갔는데, 블라드카는 숨어 있던 집의 창문을 통해서 이 모습을 지켜보았다. 부서진 가구들과 낡은 주방 도구들이 어지럽게 널려 있고, 침구에서 터져 나온 오리털이 마치 눈처럼 허공에 날리고 있었으며, 유대인들의 시체가 누워 있을 뿐 거리는 텅 비었다.[35] 물자의 밀반입은 이제 불가능했다. 아직 생존해 있던 사람들에겐 굶어 죽는 일만 남았다. 그 무거운 침묵을 깨는 것은 오직 노동허가증을 가진 엄마들이 매일 아침 일터로 갈 때, 아기들이 자지러지게 우는 소리뿐이었다. 한 여덟 살 난 아이가 자기들은 엄마가 없이도 잘 숨어 있을 테니 걱정하지 말고 일하러 가라고 엄마를 안심시키는 말을 들었을 때 블라드카는 가슴이 갈기갈기 찢어졌다.

"걱정하지 마." 그리고 한 번 더, "걱정하지 마, 엄마."[36]

✳

바르샤바 게토에서 집행된 나치의 첫 번째 작전에서 5만 2천 명의 유대인이 추방되었다. 이튿날 프리덤 회원들은 지역 리더들과 모임을 갖고 대응 방안에 대해 논의했다. 그들은 무장하지 않은 유대인 경찰을 곤봉으로 공격할 것을 제안했다. 그들은 또한 대규모 시위를 선동하자고 했다. 하지만 지역 리더들은 수천 명의 유대인이 학살되었다는 사실이 젊은 동지들의 머리에 꽉 차 있겠지만, 성급하게 행동하거나 독일인들을 화나게 해서는 안 된다고 경고했다.

그러나 이제, 집단살인을 눈앞에서 겪으면서 청소년운동 단체는 기성세대가 지나치게 몸을 사린다고 느꼈다. 그들이 배를 뒤흔들면 과연 누가 신경 쓸까? 그들은 이미 난파했고 배는 빠르게 가라앉고 있었다.

7월 28일, 지비아와 그녀의 동료인 청소년 그룹 리더 전원이 지엘나에서 모였다.

더 이상 토론은 없었다.

그들은 기성세대나 폴란드 저항조직의 도움 없이 유대인투쟁위원회를 결성했다.[37] 이디시어로는 이디셰 캄프 오르가니자치예Yiddishe Kamf Organizatsye, 히브리어로는 에얄EYAL. 폴란드어로는 지도브스카 오르가나차 보요바Zydowska Organacja Bojowa 또는 ZOB였다. ZOB는 권력을 가진 기구가 아니었다. 자금도 없었고 권총 두 자루 말고는 무기도 없었다. 프리덤 지역 대표들을 위한 은신처도 아니었다(이 단체는 140명의 회원을 농장에 숨겨주고 있었다). 하지만 그들은 비전을 갖고 있었다. 유대인들의 저항을 이끌어낸다는 계획이었다. 그들은 유대인으로서, 그리고 유대인을 위해서 투쟁하고자 했다. 그들은 지비아가 그동안 치밀하게 준비해둔 네트워크에 의해 수행될 전국적인 작전을 추진했다. 이제 그녀는 어린 여성 연락책들을 목숨을 건 임무에 보내야 했다. 그들의 임무는 이번엔 통상적인 교육 자료나 뉴스를 배포하는 것이 아니라, 유대인들의 자기방위 작전을 조직하는 것이었다(지비아는 '셀리나Celina'라는 위조 신분증을 갖고 있었지만, 상황이 예전보다 훨씬 위험하고 눈에 띄게 유대인다운 외모 때문에 더 이상 직접 여행에 나설 수 없었다). 전투력을 구축하는 데 집중하다 보니 죄의식이나 두려움이 어느 정도 희미해졌다. 지비아는 마침내 올바른 길로 나아갈 수 있게 되었다고 느꼈다. 그러나 무기고나 군사훈련도 없이, 구체적으로 어떻게 투쟁해야 할지에 대해 내부 다툼이 잦았다. 더 많은 유대인들이 학살당하기 위해 끌려가면서 긴장은 점점 고조되었다.

지비아는 ZOB에서 유일하게 선출된 여성 리더였다. 그녀는 구체적으로 작전에 투입될 전투 그룹의 일원이었기에 무기 사용법을 배웠다. 보초 임무도 훈련받았다. 요리와 세탁도 했고, 젊은 투사들이 정신을 바짝 차리고 낙관적인 마인드를 유지하도록 하는 책임도 짊어졌다. 다른 여성 리더들—토시아, 프룸카, 레아—은 협력 네트워크를 구축하고 무기를 조달하기 위해 아리아인 구역에 파견되었다.

무기를 기다리는 동안 ZOB는 그들의 영역을 표시하기로 결정했다. 어느 날 밤 대원들은 파비아크 감옥 맞은편에 있던 ZOB 본부를 나와서 세 그룹으로 나뉘어 몰래 게토로 향했다. 그들의 첫 임무였다. 한 그룹은 게토 주민들에게 주민들을 위해 투쟁할 새로운 그룹에 대해 알리는 임무를 맡았다. 그들은 게시판과 건물들에 다음과 같은 사실을 설명하는 포스터를 붙이는 일도 해야 했다. 유대인들을 강제로 이송한 열차를 뒤따라갔던 연락책들로부터 전해 들은 정보처럼, 열차의 목적지였던 트레블링카는 확실한 죽음을 의미하므로 유대인들은 집합 명령에 따르지 말고 몸을 숨겨야 하며, 특히 청년들은 스스로를 방어해야 한다는 내용이었다. 벽보에는 "트레블링카에 끌려가서 죽는 것보다 게토에서 싸우다 총에 맞아 죽는 것이 더 낫다!"라는 구호가 쓰여 있었다.[38]

두 번째 그룹은 버려진 집과 약탈물이 쌓여 있던 창고에 불을 지르는 임무를 받았다. 나치는 전문가들에게 추방된 유대인들의 재산을 평가하게 한 다음, 살아 있는 유대인들에게 귀중품들을 철저하게 정리하도록 시켰다.

세 번째 그룹은 적을 살해하는 임무를 맡았다. 이스라엘 카날Israel Kanal이라는 한 젊은이는 이중간첩의 역할을 수행한 회원 가운데 하나였다. 그는 저항세력에 속하면서 동시에 민병대에 들어가서 비밀 임무를 수행하고 있었다. 그는 권총으로 유대인 경찰서장을 사살해야 했다. ZOB는 이를 통해 개인에 대한 복수를 원했지만, 동시에 나치의 명령을 집행하고 있던 유대인 민병대들 사이에 공포를 확산시키는 효과도 노렸다.

지비아는 두 번째 그룹의 일원이었다. 어둠 속에서 그녀의 심장은 마구 뛰었다. 그녀는 땀에 젖은 손바닥으로 사다리를 움켜쥐며 건물 벽을 기어올랐다. 몇 걸음 더 올라가자 목적지에 도달했다.

그녀와 동지들은 방화 물질을 내려놓고 불을 붙이려 했다. 그런데 뭔가 잘못됐다. 집에 불이 붙지 않았다. 그들은 서둘러서 모든 가연성 물질들을 쌓아올리고 거기에 불을 붙이기로 결정했다.

"성공이었다!" 그녀는 나중에 이렇게 기록했다. "불길은 점점 더 크게 번졌고 타닥타닥 소리를 내며, 공중에서 춤을 추는 듯 이글거리며 활활 타올랐다. 우리가 그토록 갈망했던 유대인들의 무장 저항의 상징, 우리 안에서 불타오르던 복수심이 눈앞에 펼쳐지는 것을 보고 감격했다."[39]

세 가지 임무를 모두 완수한 몇 시간 후에 작전에 참가했던 전원이 지엘나 거리 34번지에 모였다. 그날 밤 카날은 유대인 경찰서장에게 총을 쏘았지만 죽이지 못했고, 유대인 경찰은 겁에 질려서 카날을 쓰러뜨리지 못했다.[40] 그리고 그날 밤, 러시아군이 처음으로 바르샤바를 폭격했다. 지비아에게는 정말 기쁨에 벅찬 밤이었다.

✳

그 후 놀라운 일이 있었다. 1942년 늦여름까지, 리더 한 명이 아리아인 구역에서 총 다섯 자루와 수류탄 여덟 발을 게토로 몰래 들여왔다.[41] 토시아가 ZOB의 자금을 사용해 수류탄과 총기 몇 개를 구입한 것인데 이들은 못 박힌 상자로 운반되었다. 어떤 사람들은 프룸카가 처음으로 무기를 들여왔다고 말한다. 그녀는 커다란 감자 자루—감자 밑에는 총기가 숨겨 있었다—를 들고 돌아오는 노동자 그룹에 섞여서 게토에 들어왔다. 동료 분트 회원의 요청에 따라 아리아인 구역에서 활동하고 있던 블라드카가 주요 무기 공급원이 되었고 결국 다이너마이트를 게토에 임시로 설치된 무기 실험실로 운반하는 일이 성사되었다. 밀수업자들은 게토 장벽을 넘어 다니거나 폴란드 경비원에게 돈을 주고 암호를 사서 장벽을 넘거나 물건을 들여오는 내부의 투사들에게 암호를 전해주었다. 그들은 또한 게토 경계선에 늘어선 집들의 창문을 통해서도 무기를 들여왔다. 무기고에 새로운 무기가 추가될 때마다 그들은 흥분했다. 다음으로, 독일군에 대한 매복 작전이 시작되었다. 건물 입구에 숨어 있다가 수류탄을 던져 나치를 혼란에 빠뜨린 다음 그 틈을 이용해 그들의 총을 훔치는 일이었다.

그러나 성공의 기쁨은 이후 몇 차례에 걸친 실패로 인해 좌절로 이어졌다. 바르샤바 유대인 사회는 ZOB의 투쟁 성과에 편승하는 대신 두려움에 빠졌다. 지역사회에는 공포와 편집증이 만연해서 많은 사람들은 최근의 반란 행위가 단지 독일인들의 책략일 뿐이며, 바르샤바 유대인들은 이제 처벌받을 준비를 해야 할 것이라고 추측했다. 물론 많은 유대인들은 누군가가 유대인 경찰서장을 암살하려 했다는 것을 알고 기뻐했다. 하지만 그들은 동료 유대인들이 그럴 만한 힘이나 용기를 가지고 있다고 믿지 않았고, 아마 폴란드 저항세력의 소행일 것이라고 생각했다. 지비아는 불안에 떠는 유대인들이 저항을 외치는 ZOB의 포스터를 찢고 더 많은 저항을 주장하는 동지들을 구타하는 것을 보고 아연실색했다.

많은 투사들은 게토를 떠나 숲지대에서 활동하던, 파르티잔 조직으로 갔다. 하지만 대부분은 가는 도중에 사살되었다. 그 후 영가드 리더인 요셉 카플란Josef Kaplan이 무기고에서 붙잡혀 사살되었다. 또 한 명의 사랑받던 리더가 그를 구하러 갔다가 역시 사살되었다.

절망에 빠진 그룹은 은신처를 지엘나로 옮기기로 결정했다. 젊은 여성 회원인 레기나 슈나이더만Regina Schneiderman은 무기를 바구니에 넣고 출발했지만 거리에서 독일군에게 발각되었다(안테크가 나중에 회상했듯이 "한 소녀가 바구니에 담아 옮길 수 있을 정도라면 우리의 '무기고'가 얼마나 컸는지를 상상할 수 있을 것이다").[42] 지비아는 이렇게 진행된 3부작의 비극이 그들에게 "크나큰 타격"이었다고 말했다.[43] 이제 이 그룹은 사기도, 지휘관도, 그들의 계획도 모두 잃었다.

ZOB는 토론을 계속했다. 당장 무장 투쟁을 전개해야 할까, 아니면 신중하게 전략을 세워야 할까? 결론이 나오지 않았다. 그러는 동안에 3개월에 걸쳐 수행된 세 번의 이송 작전을 통해, 30만 명의 유대인들이 바르샤바에서 트레블링카 수용소의 가스실로 이송되었고, 바르샤바 게토에서 온 아이들의 99퍼센트가 살해되었다. 이제 유대인들에겐 미래가 없는 것으로 보였다. 지비아의 기록에 따르면, 게토 장벽 안에 남겨진 6만 명의 사람들은 서로의 눈을 똑바로 쳐다볼 수 없었다.[44] 그들은 산 채로 남아 있기 때문이었다.

9월 13일 작전의 마지막 날 밤, 수십 명의 동지들이 밀라 거리 63번지에 모였다. 화가 난 사람들, 격앙된 채 신속한 대응을 주장하는 사람들은 별도의 방에 보내졌다. 20대 중반인 선배급 멤버들은 남아서 이제 무엇을 해야 할지 논의했다. 대화는 공허했다. 지비아는 이렇게 기록했다. "우리는 함께 모여 앉아서 슬픔에 잠기고 마음의 피를 철철 흘렸다." 이제 너무 늦었다는 데 의견이 일치했다. 그들은 정신적 충격에 사로잡혀 있었다. 집단 자살 임무를 수행할 시간이었다. 그들은 남겨둔 휘발유, 등유, 그리고 총 한 자루를 가지고 독일 창고에 불을 지르고 일부 나치를 사살한 후 죽음을 택할 생각이었다. 명예롭게.

비관론자인 지비아가 노골적으로 발언했다. "이제 죽을 때가 되었어요."

지비아에 맞서 발언한 것은 동지이자 그녀를 사랑하는 안테크였다. 그는 처음에는 속삭이는 듯하다가 점점 큰 목소리로 말했다. "나는 지비아의 제안에 반대합니다. (…) 우리가 처한 위기가 거대한 만큼, 우리가 당할 수치도 엄청나게 큽니다. 하지만 지금 제안된 작전은 절망의 몸짓일 뿐이에요. 그런 죽음은 어떤 반향도 일으키지 못할 겁니다. (…) 그 작전은 개인적 차원에서 우리 각자에게 좋은 선택일지 모릅니다. 지금과 같은 최악의 상황에서 죽음은 마치 구원으로 보일 테니까요. 하지만 지금까지 우리를 지켜주고, 우리의 행동에 동기를 부여했던 힘, 그 힘은 우리가 단지 아름다운 죽음을 선택할 수 있게 해주는 동력에 그치는 것일까요? 전투에 임할 때나 죽음을 앞두고 있거나 우리는 유대 민족의 명예를 지키기를 원하지 않았나요? (…) 우리는 지금까지 수없이 실패를 거듭했으며, 앞으로도 수없는 패배를 당할 것입니다. 하지만 우리는 그 모든 것을 넘어 새롭게 출발해야 합니다."[45]

안테크의 말은 투사들의 감정과 충돌하면서 형용할 수 없는 분노를 불러일으켰다. 그들을 덮친 절망감은 자신들에게 남아 있는 유일한 투쟁 기회를 지체시키고 있었다. 그러나 과감하고 영웅적인 행동을 갈망하는 사람들은 결국 안테크의 논리를 반박할 수 없었고, 집단 자살 계획은 철회되었다. 지비아는 동지들이 손에 무기를 들고 당당히 서서 투쟁에 나서야 한다는 사실을 깨달았다. 무엇보다도 그들의 운동은 개인보다 집단을 믿었다. 그리고 지금부터 저항은 그들의 존재 의미가 될 것이다. 비록 저항이 그들을 죽음으로 내몬다 해도.

지비아는 운동의 다음 단계인 민병대 구축을 추진하기 위해 청년운동들을 다시 연계하는 작업에 뛰어들었다.

7 　 방랑의 나날들 — 노숙자에서 가사도우미로

레니아

1942년 8월

1942년 8월 따뜻한 아침, 바르샤바 게토에서 집단살인이 자행되는 동안, 보지스워프의 태양은 오렌지 빛으로 이글거렸고 대기는 신선했다. 열일곱 살의 레니아는 잠에서 깼다. 지난밤 악몽이 그녀를 뒤흔들어놓았다. "투쟁하다가 마치 한 마리 파리처럼 추락하는" 혼란스러운 꿈이었다.¹ 하지만 찬란한 아침은 그녀를 진정시키고 새로운 활력을 불어넣었다. "내 머릿속은 삶을 집어삼킬 듯한 뜨거운 열정으로 터질 듯했다. (…) 내 얼굴이 빛나고 있고 나는 살아 있다. 아무도 나를 무너뜨릴 수 없다!"

하지만 부모님을 바라본 순간, 그런 기분은 180도 변했다. 그들은 고개를 떨구었고 손으로 얼굴을 감쌌다. 그들은 미친 것처럼 보였다. 지난밤, 인근 키엘체에서 강제추방이 있었다. 탈출을 시도했던 사람들은 남녀노소를 불문하고 그 자리에서 사살되거나 산 채로 매장되었다. 나치는 더 이상 추방은 없다고 약속했었다. 또한 영국이 유대인들에게 해를 끼치지 말라고 요구하자, 모든 추방자들의 귀향을 약속했다.

하지만 거짓말이었다.

"네 아빠와 나는 여전히 젊지만, 그래도 지금껏 인생의 기쁨을 맛보긴 했단다." 레니아의 어머니는 늘 그렇듯이 그녀에게 요점을 말했다. "그런데 이 불쌍한 아기들, 너희들이 도대체 무슨 잘못을 했다고…. 이 아기들의 목숨을 구하기 위해서라면 나는 지금이라도 기꺼이 여기서 죽을 거야."[2] 40대 중반의 레아는 어린 자식들을 어떻게든 숨겨서 죽음에서 구하려고 제정신이 아니었다.

지난 몇 주 동안 나치가 자행한 잔학한 행위들에 대한 이야기가 아주 많이 전해졌다. 인근 마을에서 탈출한 후 독일군에게 사살되지 않았거나, 폴란드인들의 밀고로 체포되지 않은 사람들은 보지스워프로 왔다. 거기에는 유대인들이 아직 살고 있다는 말을 들었기 때문이다. 낡은 가방과―종종 아이들에 대한―끔찍한 이야기 외엔 가진 것이 아무것도 없는 그들은 제대로 서 있을 수조차 없는 형편이었다.

한 남자는 두 아이를 추방자들의 대열에서 끌어낸 아내에 대해 얘기했다. 그러자 한 독일군이 득달같이 그녀에게 달려들었고, 뾰족한 구두로 아기들을 발로 차서 죽였다. 아기 엄마는 주변을 잘 감시한 후 땅을 파서 아기들을 묻으라는 명령을 받았다. 그 후 그 독일군은 총의 개머리판으로 그녀의 머리를 강타해서 두개골이 깨지게 했다. 그는 아내가 숨을 거둘 때까지 오랫동안 끔찍한 고통에 몸부림쳤다고 말했다.

또 다른 어느 날, 레니아는 반쯤 실성한 여자들을 보았는데, 그들은 누더기를 입고 얼굴은 창백했으며 새파랗게 질린 입술로 버드나무처럼 떨고 있었다. 이 굶주린 여성들은 거의 발작하듯이 울면서, 자기 마을이 완전히 포위되었고, 사방에서 총이 날아왔다고 그녀에게 말했다. 아이들은 밖에서 놀고 있다가 혼비백산해서 집으로 뛰어 들어왔다. 하지만 한 나치가 그들을 잡아서 아이들을 한 명씩 죽도록 구타했다. 여자들은 반쯤 벌거벗은 잠옷 차림으로 맨발로 들판과 숲으로 달아났다. 그러고는 정처 없이 헤매다가 친절한 농부의 아내들에게 음식을 구걸했다.

레니아는 17명으로 구성된 또 다른 그룹도 보았다. 탈출했던 180명 가운데 살아남은 사람들이었다. 그들은 폴란드인들에게 공격당해서 모든 것을 빼앗겼지만, 어디에도 하소연할 곳이 없었다. 오히려 그들은 독일인들에게 신고하겠다는 위협을 받았다. 그 남자들은 속옷만 입고 있거나, 손수건으로 몸의 주요 부위만 겨우 가린 채였다. 아이들은 완전히 벌거벗은 상태였다. 그들은 며칠 동안 물 한 모금도 마시지 못해서 심각한 갈증에 고통스러워했다. 모두 반쯤 죽은 것처럼 보였다. 하지만 죽음을 피했다는 사실에 행복해했다. 그밖에 다른 사람들은 죽었거나 독일인들에게 체포되지 않기 위해 스스로 혈관을 잘랐거나, 아니면 실종되었다. 젊은이들의 머리칼은 하룻밤 사이에 잿빛으로 변하고 말았다.

이들을 보고 충격에 휩싸인 레니아는 옷과 음식을 꺼내서 나눠주었다. 이들을 돕기 위해 무엇이든 해야만 했다.

특히 고통스러웠던 일은 다섯 명의 어린 형제자매를 만났던 때였다. 그들의 설명에 따르면, 독일인들이 유대인을 집결시키자 그들의 엄마는 아이들을 벽장 안에, 침대 밑에, 심지어 담요로 둘둘 싸서 숨겼다. 몇 분 후 그들은 독일군의 군화 소리가 뚜벅뚜벅 울리는 것을 들었다. 그들은 침묵 속에 얼어붙었다. 나치 한 명이 총을 들고 방에 들어와 샅샅이 수색하기 시작했다. 그는 결국 모두를 찾아냈다.

그런데 그 독일군은 그들을 사살하지 않고 조용히 빵을 한 조각씩 나눠주었다. 그리고 "해가 저물 때까지 그대로 숨어 있어"라고 강하게 얘기했다. 그는 분명히 엄마가 와서 그들을 데리고 탈출하게 해줄 것이라고 약속했다. 아이들은 감사한 마음에 가슴이 터질듯했다. 나치는 처음엔 웃었다가, 자신도 아이들의 아버지라며 그들의 머리를 쓰다듬으며 울기 시작했다. 아버지로서 그의 마음은 아이들을 죽이는 것을 허락하지 않았던 것이다. 도시 전체가 죽은 듯이 고요했던 밤, 태어난 지 두 달 된 여동생은 이불 속에서 그만 질식사해서 싸늘하게 식어 있었다. 열한 살이었던 큰언니는 무거워진 로사의 시신을 안고 지하실로 데려갔다. 이 사실이 바깥에 알려지면 끌려갈까 두려워서였다. 그녀는 어린 동생들에게 옷을 입히고 엄마가 오기를 기다렸다. 엄마는 그들을 잊어버린 것일까?

엄마는 결코 집으로 돌아오지 않았다. 동이 틀 무렵, 큰언니는 동생들의 손을 잡고 창문을 통해 밖으로 나와 이웃 사람들을 찾아 나섰다. 항상 엄마가 뒤에서 그들을 따라오고 있다고 생각하며. 그녀는 농부들에게 빵을 구걸하고, 땅바닥에서 잠을 자며, 돌을 던지는 농장 소년들을 피하면서 동생들을 데리고 마을 밖으로 나왔다. 그녀는 농부들에게 엄마가 죽었다는 것 외엔 아무 말도 하지 않았다. 보지스워프에 아직 유대인이 살아 있다는 소식을 들었기 때문에 그들은 그곳으로 갔다. 맨발로 걷다가 발이 베이고 얼굴과 몸이 부어올랐으며, 옷은 찢어지고 더러워졌다. 그들은 상대방이 변장을 한 독일인일 수도 있기 때문에 그 누구와도 이야기하는 것을 두려워했다. "엄마는 분명 우리를 찾으며 울고 계실 거야. 그런데 만약 엄마를 찾지 못하면 어떻게 하지? 불쌍한 아기들은 '엄마는 어디 있어? 엄마는 어디 있어?'라며 계속 엄마를 찾고 있는데."[3] 아이들은 부유한 가정에 보내졌다. 하지만 레니아는 의문을 피할 수 없었다. 이제 그들은 어디로 갈 수 있을까? 사형집행인의 손에서 벗어난 사람들은 맨발로 벌거벗은 채, 미친 사람처럼, 빵 한 조각을 구걸하며 떠도는 방랑자가 되고 있었다.

공황, 완전한 공황 상태. 레니아는 매 순간마다 새로운 국면이 펼쳐지는 듯했다. 매 순간이 그들의 인생에서 가장 중요한 순간이었다. 생존해 있는 하루하루가 순전히 행운이었다. 누구도 밤에 잠을 자지 못하고 깨어 있었는데 아마도 그 상황이 최선이었을 것이다. 그때가 바로 나치가 주로 활동하는 시간이었기 때문이다. 레니아는 훗날 "현인賢人들은 갑자기 지혜를 잃었다. 랍비들은 조언해줄 말을 찾지 못했다. 그들은 콧수염과 턱수염을 깎았지만 여전히 유대인처럼 보였다"라고 썼다. "유대인들은 도대체 어디로 갈 수 있을까?"[4]

모두가 떠나려고 했다. 하지만 어디로? 어디로 가야 안전할까? 그들은 어떻게 숨을까? 온종일 사람들이 삼삼오오 거리에 모여서 쫓기듯 묻고 있었다. 유대인이 아직 남아 있는 마을이 있나? 만약 마을들이 모두 독일군의 손에 넘어갔다면? 그들에게는 무기가 없었고 그밖에 다른 아무것도 없었다. 사람들은 가구를 주고 빵을 샀다. 게토는 사람들로 붐비고 있었지만, 레니아는 자신의 집이 으스스하게 비어 있는 것을 보았다. 모든 것이 돈 몇 푼에 폴란드인들에게 팔렸으며, 그나마 남은 얼마 안 되는 것마저 폴란드인들에게 도둑맞을까 봐 두려웠다.

게토에 살던 많은 유대인들이 하룻밤 사이에 숲과 들판으로 탈출했다. 부자들은 마을 사람들에게 뇌물을 주고 다락방과 지하실, 헛간에 숨었지만, 대부분의 유대인들은 안내자도 목적지도 없이 떠돌기 시작했다. 그리고 대부분은 결국 살해당했다.[5]

＊

레니아는 게토의 장벽을 기어오르는 것은 위험한 일이며, 게토 바깥세상에서 살아남는 것은 더욱 위험하다는 것을 알고 있었다. 아리아인 구역에서 그럭저럭 살아남는 한 가지 방법은 몸을 숨기는 것이었다. 겉모습이 셈족으로 보이는 유대인들은 자신들을 숨겨주고 식량을 제공해주는 폴란드인들에게 종종 거액의 뒷돈을 지불했다. 일부 폴란드인들은 목숨을 걸고 도움을 주면서 자비롭게 행동했지만, 대다수 사람들은 도움을 요청하는 유대인을 경찰에 넘기겠다고 위협하고 금전을(심지어 성적으로까지) 갈취했다.[6] 유대인들의 은신처는 자주 발각되었기 때문에, 유대인 망명자들은 밤늦게까지 서둘러서 은신처를 옮겨야 할 수도 있었다.

두 번째 방법은 새로운 정체성으로 위장하는 것이었다. 그들은 마치 유대인이 아닌 것처럼 행동했다. 이는 폴란드 사회에 동화되기를 선택했던 많은 유대인들이 했던 방식으로, 이들은 자신들이 가진 차이점을 감추기 위해 무진 애를 썼다. 이제 유대인들은 '유대인의 외모'에 관한 편견들을 이용해야만 했다. 그들은 유대인의 전형적인 외모로 오해되는 특징들이 잘 드러나지 않게 분장하고, 유대인의 특징이 아닌 부분은 뚜렷하게 부각시켜야 했다.

레니아는 폴란드인처럼 보이는 신체적인 재산—실제 신체적인 재산보다 더 큰 가치가 있는—을 가지고 있었다. 외모가 유대인으로 보이지 않으면 기독교인으로 취급되어 검문소를 '통과'할 가능성이 높았다. 사실상 기독교인으로 다시 태어날 수도 있었던 것이다. 돈과 인맥이 있는 사람들은 안면이 있는 폴란드 공무원을 통해 위조된 여권, 혹은 가격은 비싸지만 아예 원본으로 된 여권을 구입했다. 그리고 아무도 그들을 알아볼 수 없는 새로운 도시로 이사했다.

운이 좋을 경우 그들은 새로운 이름으로 등록하고, 일자리를 찾고, 새로운 삶을 시작했다. 아무도 그들의 정체를 상상하지 못했다. 사무실이나 상점에 취직하고 여배우나 가사도우미로 일하는 소녀들은 한결 쉬웠다. 육체노동을 해본 적이 없는 교육받은 여성들이 가사 도우미 일을 열심히 맡았다. 어떤 소녀들은 수녀원에 들어갔다. 남자는 더 어려움이 많았다. 독일인은 어떤 남자가 유대인이라고 의심되면 바지를 벗어보라고 명령했다. 할례 받은 남자아이 하나 때문에 온 가족이 체포될 수도 있었다. 이 때문에 성형외과 의사는 포경수술을 되돌리는 수술을 개발했다.[7] 레니아에 따르면 그 수술 비용은 1만 즈워티(현재 3만 3천 달러에 해당)였는데 거의 성공하지 못했다. 레니아와 달리 어떤 사람들은 더 나은 결과가 있었다고 보고하기도 했다. 어린이의 경우, 포피를 복원하려면 외과적 수술과 특수 마사지 및 지지 중량이 필요했다. 어떤 남자는 생식기에 문제가 있어서 태어나자마자 포경수술을 받았다는 가짜 진단서를 갖고 다니기도 했다. 바르샤바에 있던 타타르 무슬림 연합회도 소수의 유대인들에게 할례를 받게 된 이유가 기재된 거짓 서류를 발급해주었다.[8]

아리아인 편에 섰던 '협잡꾼'들조차도 살아가는 것은 쉽지 않았다. 슈말초브니크Schmaltzovnik〔본래 뇌물을 요구하는 사람, 밀고자, 협박자를 의미하는데, 여기에서는 뇌물을 받고 유대인의 편의를 봐준 폴란드인을 지칭한다〕혹은 공갈꾼들[9]은 폴란드인으로 위장한 유대인에게 접근해, 돈을 내지 않으면 경찰에 신고하겠다고 협박했다. 폴란드인은 누가 유대인인지를 독일인들보다 더 잘 알고 있었다. 잠시라도 게토를 떠나는 유대인은 도중에 슈말초브니크를 만날 경우를 대비해 돈다발을 지니고 다녀야 했다. 폴란드 공갈꾼들은 유대인들을 갈취하고, 유대인들로부터 돈과 물건을 훔치고 때리고 협박하고, 무작위로 지정한 장소에 돈을 갖다 놓으라고 요구하는 익명의 편지를 보내기도 했다. 때때로 그들은 한 유대인을 지속적으로 갈취하면서 사실상 그들에게 기생해서 살기도 했다. 또는 돈을 챙긴 후 게슈타포에게 유대인을 넘기기도 했다. 게슈타포는 이들에게 생포된 유대인 한 명당 약간의 현금이나 2파운드의 설탕 또는 위스키 한 병과 같이 약간의 보상을 제공했다.[10] 일부 협잡꾼들은 아예 게슈타포의 하수인으로 일하면서 약탈품을 나눠 가졌다.

일부 유대인들은 폴란드인으로 위장해 도시에 사느니, 차라리 숲으로 가서 파르티잔 부대에 합류한 후 몇 달, 심지어 몇 년을 이곳저곳 떠돌아다니며 지냈다. 아이들은 대개 뇌물을 주고 고아원에 보냈다. 다른 어린 이들은 아리아인 구역의 거리에서 신문이나 담배를 팔고, 구두닦이로 일했다. 그런데 유대인 아이들은 항상 자신들을 알아보고는 때리곤 했기 때문에 나치에게 신고할지도 모르는 폴란드 아이들의 눈길을 피해 다녀야 했다.

여러 가지 어려움이 있었지만, 레니아에센 선택의 여지가 없었다. 세토 소개 작전이 언제든 불시에 단행될 수 있다는 소문이 나돌았기 때문이다. 이번에는 그 누구도 추방자 명단에서 제외될 수 없었다. 게토에 머물 수 있는 유일한 사람들은 게토를 해체하고 강제추방된 유대인들의 재물을 분류하도록 선택된 사람들뿐이었다. 인근의 키엘체 수용소에서 탈출한 한 남자는 다음과 같은 사실을 경고하며 다녔다. 그에 따르면 나치는 젊은이들을 고문해서 가족에게 자신은 잘 지내고 있으며, 이번 추방은 죽음으로 가는 길이 아니라는 거짓 편지를 쓰도록 강요했다. 거부한 사람들은 그 자리에서 사살되었다. 이 남자는 유대인들로 꽉 찬 기차들이 확실한 죽음을 향해 가고 있다고 확신했다.

쿠키엘카 가족은 도망쳐야 했다. 그들은 가구를 팔아서 받은 돈을 아이들에게 똑같이 나눠주었다. 레니아의 부모님과 남동생 얀켈은 숲지대로 떠나기로 했다. 다른 두 자매는 아리아인으로 변장하고 바르샤바에 가서 친척들과 지내다가 부모님을 데려오기로 했다. "어떤 일이 일어나도, 너희들은 항상 유대인으로 남을 거라고 약속해라."[11] 모셰가 아이들에게 당부했다.

　레니아는 혼자 출발하기로 되어 있었다. 이날은 그녀가 집에서 가족과 함께 보내는 마지막 밤이었다.

❊

　8월 22일 토요일.[12] 레니아는 남동생 덕분에 셍지슈프 외곽에 있던 유대인 노동수용소에 들어갔다.[13] 아론은 첫 번째 노동수용소를 탈출해서 숲지대를 떠도는 폴란드인으로 위장하고는 가족에게 돌아왔다.[14] 그리고 이곳 철로를 건설하는 노동수용소에 들어왔다. 그는 수용소 경비원들에게 호감을 사서 레니아가 이 수용소에 들어올 수 있도록 주선해주었다. 이 수용소에서는 수천 즈워티를 지불한 500명의 재능 있는 유대인 소년들이 일하고 있었는데 이 소년들은 이곳이 안전할 것이라고 믿었다. 그곳에는 벽돌 세는 것처럼 가벼운 노동을 하는 20명의 유대인 여성들도 있었다.

　게토에서 친구 요시모비츠와 함께 이곳에 도착한 레니아는 이제 한 시름 놓을 수 있었다. 하지만 부모님과 헤어지던 모습이 늘 잊히지 않았다. 이별 당시 레아와 모셰는 거의 제정신이 아니었다. 레니아는 아버지의 눈물과 어머니의 통곡, 그리고 그들의 팔과 손, 손가락이 자신에게서 떨어지던 순간을 잊을 수가 없었다. 그리고 동생 얀켈, 눈물이 줄줄 흐르던 그의 눈, 그녀의 등에 얹은 그의 따스한 손, 작은 손가락들. 아니야, 그게 그들과의 마지막 순간이 되게 할 수는 없어. 절대, 절대로!

　레니아는 철교 건설 작업을 시작하자마자, 감독관에게 아빠와 자매들을 이 수용소에 받아달라고 설득했다.

하지만 너무 늦었다.

며칠 후 청명하고 화창한 아침, 레니아는 일하러 갈 준비를 했다. 그때 청천벽력 같은 소식이 그녀를 덮쳤다. 불과 몇 시간 전인 새벽 4시에, 보지스워프에서 게토 소개 작전이 시작되었다는 것이다. 레니아는 가족과 더 이상 연락할 수 없게 될 것이다. 그들은 과연 제때에 게토를 빠져나갔을까?

그뿐이 아니었다.[15] 나치 수용소 지휘관이 소녀들에게 다가오더니 레니아에게 부드럽게 말했다. 이제 여자들은 더 이상 이 수용소에서 일하지 못하게 되었다고, 게슈타포로부터 이송자 명단에 그녀들의 이름을 추가하라는 명령을 받았다는 것이다.

"도망쳐." 그는 조용히 레니아를 재촉했다. "어디든지 갈 수 있는 곳으로 가."

가라고요? 떠나라고요? 또요?

아니, 아니에요, 안 돼요. 절망감이 너무 컸다.

하지만 그는 그녀를 계속 설득하려고 애썼다. "너희는 아직 젊어." 그 독일인이 말했다. "도망쳐. 어쩌면 살아서 나갈 수 있을지도 몰라."

요시모비츠는? 레니아는 그녀를 두고 떠날 수 없었다. 독일 지휘관은 만약 자신에게 결정권이 있다면, 소녀들을 그곳에 머물게 해주고 싶다고 말했다. 큰 위험이 없다면 자신은 그들을 모두 받아들였을 거라고 했다. "행운을 빌어." 그는 정직하고 온화하게 말했다. "자, 어서 달아나."

✳

1942년 8월 27일은 레니아의 인생에서 다음 단계, 즉 방랑의 인생 첫날이었다. 그녀는 이제 안내인도, 목적지도 없이 떠돌아다니는 유대인 중한 명이었다. 아론과 그의 친구 헤르만은 그녀와 요시모비츠를 위해서 씻을 물을 가져오고, 독일인들로부터 음식도 한 꾸러미 얻어왔다. 그러고 나서 그들은 두 사람을 작업장 근처의 숲으로 데려다준 후 떠났다.

이제 레니아와 요시모비츠 둘뿐이었다. 어디로 갈 것인가?

갑자기 사방에서 비명소리, 총 쏘는 소리, 개 짖는 소리가 들려왔다.

독일어로 개에게 명령하는 소리도 들렸다. "망할 유대인들을 붙잡아, 렉스, 물어!"

소녀들은 무작정 뛰었다. 하지만 몇 분 안 가서 그들은 요시모비츠가 유대인 같다고 의심한 두 명의 경찰에게 쫓기고 있었다. 결국 그들은 붙잡혀서 열차의 차장들이 머무는 오두막에 보내졌다. 그곳에는 이미 체포된 유대인들이 수용되어 있었다. 레니아는 바깥쪽에서, 지하실에서 올라오는 비명소리를 들었다.

레니아는 결코 그 지하실로는 가지 않겠다고 다짐했다.

"자녀가 있으세요?"라고 그녀는 경찰관에게 물었다.

"있어, 네 명이야."

"저도 엄마와 아빠의 딸이기도 해요. 형제자매도 있고요." 다른 장교들이 그 경찰관에게 그녀들을 데리고 지하실로 가라고 지시하자 레니아는 그에게 하소연했다. "당신은 정말 제가 유대인이라고 생각하세요?"

그는 울먹이며 "아니"라고 말했다. "너는 폴란드 사람으로 보이고 폴란드어를 하잖아. 너도 우리와 같은 폴란드 사람이야. 자, 어서 가, 빨리. 그리고 네 친구들도 데려가."

소녀들이 빠르게 움직이기 시작했다. 그런데 이게 좋지 않았다. 요시모비츠는 폴란드인으로 보이지 않았기 때문이다. 또한 그녀의 친구는 레니아가 책임져야 할 존재였을까, 아니면 레니아의 생명을 지켜주는 보호 장치였을까?

레니아는 그녀와 헤어져야 할까?

질문은 때때로 스스로 답을 찾기도 한다.

그때 그녀는 총소리를 들었고 황급히 몸을 돌렸다.

그녀 바로 앞 땅바닥에 요시모비츠가 쓰러져 죽었다.

✳

1942년 뉴욕의 열여덟 살 소녀들은 험프리 보가트를 쫓아다니거나 골목 편의점에서 밀크셰이크를 홀짝이고 빙크로즈비의 히트곡 '화이트 크리스마스'를 따라 부르며 이제 성인으로서의 생활 문화를 개척해갔다.

런던에 있던 레니아의 또래들은 댄스홀의 윤기 나는 바닥을 가로질러 뛰어다녔다. 심지어 바르샤바의 아리아인 구역에서조차 젊은이들은 전쟁에 대한 관심을 잃고 공원에서 산책하며 음악이 흘러나오는 회전목마를 타듯이 즐거운 시간을 보내고 있었다. 하지만 열여덟 번째 생일을 몇 주 앞둔 레니아의 성년은 숲지대에서 전혀 다른 모습으로 나타났다.

그녀는 나중에 이렇게 썼다. "그 순간부터 나는 혼자였다."[16]

✳

1942년 9월 12일.

아름다운 밤이다. 달이 정말 찬란하게 빛나고 있고, 나는 들판의 감자 밭에 누워 추위에 떨며 최근에 겪은 경험을 돌이켜보고 있다. 왜? 나는 왜 이렇게

심한 고통을 겪어야 할까? 나는 아직 죽고 싶지 않다.[17]

레니아는 해가 뜰 무렵 잠에서 깨었다. 밤낮 개 짖는 소리 외엔 아무것도 없던 들판에서 지내던 그녀는 갑자기 더 이상 땅에 떨어진 곡식 알갱이를 주워 먹으면서 그곳에 머물러 있을 수 없다는 사실을 깨달았다. 그녀는 유대인들이 아직 살고 있는 곳을 찾아 이동할 필요가 있었다. 어디엔가 존재할 그곳으로. 납덩이처럼 무거운 다리를 질질 끌며 걷던 그녀는 길을 잃었고, 그래서 그녀의 가슴은 더욱 친구에 대한 슬픔으로 가득 찼다. 혼자 이 험한 고생을 하는 것이 그녀에겐 너무 힘들었다. 하지만 몇 시간 동안 방황하던 그녀는 마침내 작은 마을을 발견했다.[18]

레니아는 가장 가까운 역에 가서 기차를 타고 자신이 아는 철도 노동자—그는 부모님 가게의 고객이었다—가 살고 있는 마을로 가기 전에, 자신의 외모를 다르게 보이려고 필사적으로 노력했다. 이제 이것은 매우 중요했다.

기차에서 내린 후 그녀는 심한 탈진에도 불구하고 재빨리 움직였다. 그때 떠올릴 수 있었던 생각은 단 하나, 샤워를 하고 싶고 그래서 주변 사람들과 비슷하게 보이고 싶다는 것이었다.

그때 갑자기 기적이 일어났다. 땅바닥에 지갑이 떨어져 있었다. 레니아가 주워서 뒤져보니 약간의 돈이 들어 있었다. 하지만 가장 중요한 것은 여권이 들어 있었다는 것이다. 레니아는 이것이 그녀가 가고자 하는 곳으로 데려다줄 티켓이라는 사실을 깨닫고 그것을 꼭 움켜쥐었다.

레니아는 총총걸음으로 마을로 들어갔고, 마침내 지인의 집 문을 두드렸다.[19] 피곤과 두려움으로 두 손이 벌벌 떨렸다. 지인이 문을 열더니 그녀를 따뜻하고 깨끗하고 안락한 집 안으로 맞아주었다. 레니아가 최근 겪은 세상과는 완전히 다른 세계가 거기에 있었다. 그와 그의 아내는 그녀를 보고 기뻐했지만 거기까지 온 그녀의 용기, 그리고 그녀의 끔찍한 모습에 충격을 받았다. "리브추Livchu, 너 굉장히 안 좋아 보여." 이게 그들의 첫 인사말이었다.

레니아는 "내 얼굴이 축 늘어졌지. 하지만 누가 신경이나 쓰겠어?"라고 썼다.[20] 그 부부는 토마토 수프와 국수를 차려주고 깨끗한 옷과 속옷을 주었다.

그들은 함께 부엌에 앉아서 레아와 그녀의 엄마, 그들의 친구들의 근황에 대한 끔찍한 얘기를 나누며 부둥켜안고 울었다.

그때 그들의 어린 아들이 창문 너머로 이웃에게 예전에 자기 가족이 의복과 양말을 사곤 했던 상점의 리브추가 지금 집에 와 있다고 말하는 소리가 들렸다.

"낯선 이름이네"라고 그 건장한 이웃이 말했다.

"맞아요. 유대인이거든요"라고 소년이 말했다.

집 주인 부부는 자리에서 벌떡 일어나 레니아를 벽장 속으로 밀어 넣고 옷더미로 그녀를 덮었다. 곧이어 문을 두드리는 소리, 그리고 혹시 여기 유대인이 와 있는지를 묻는 의심 어린 질문을 들을 수 있었다.

"아니, 아니, 아니요." 그 부부는 아이가 상상해서 말한 것이라고 얘기했다. "우리 집에 잠시 손님이 왔었지만 유대인은 아니었어요."

그날 밤, 그들은 레니아에게 돈과 기차표를 건네주었다. 그렇게 그나마 안전한 휴식을 잠시 취한 후, 그녀는 다시 떠났다.

그래도 그녀는 지금 새 옷으로 갈아입고 반다 위두초프스카Wanda Widuchowska라는 새 이름을 갖고 있었다. 아마 그녀가 길에서 주웠던 신분증에 적힌 이름이었을 것이다. 다른 증언에 따르면, 레니아는 가족의 지인이 신부님에게 도움을 요청했고, 그 신부님이 최근에 사망한 20대 여성 반다 위두초프스카의 신분증을 주었다고 한다.[21] 반다의 남편은 마커를 사용해 원래의 지문을 흐리게 한 후 레니아의 지문을 덧씌웠다.

폴란드 유대인들이 필요했던 위조 서류에는 신분증(켄카르테Kennkartes, 누구나 소지할 의무가 있다), 출생증명서, 여행허가증, 직장, 거주지와 식량배급카드, 세례증명서 등이 포함되어 있었다.[22]

대부분의 유대인들은 지역마다 다른 신분증이 필요하기 때문에 여러 개의 ID를 가지고 있었다. 가장 좋은 가짜 신분증은 죽은 사람이나 아직 생존해 있는 사람의 진짜 신분증을 위조한 것이었다(때때로 게슈타포는 전화를 걸어서 신분증 소지자가 지역 주민 명부에 등재되어 있는 사람인지 확인했다). 레니아처럼 유대인들은 진짜 신분증 원본의 사진과 지문을 그들의 것으로 대체하곤 했다. 때로는 스탬프 전체나 일부를 복제해서 원본 사진 위에 겹치게 했다. 두 번째로 좋은 것은 가명으로 된 실제 신분증이었다. 이를 얻기 위해서는 누군가가 신청서 양식과 스탬프, 직인을 훔치거나 입수해 서류를 작성한 후 읍사무소에 제출해야 했다.

일부 위조범들은 고무지우개를 깎아서 직인을 만들거나, 우편으로 지자체의 서류를 요청했다. 반송 봉투에는 보관하며 사용할 수 있는 직인이 들어 있었다.

대부분의 유대인들이 소지한 위조 신분증은 통째로 만들어진 것이었다. 이 경우 위조 전문가들은 사진을 받아 새로운 인물을 만들어내야 했다. 새로운 이름과 성은 그 사람의 실제 신분과 관련이 있는 것이 좋았다(종종 본래 유대인 이름과 비슷하게 들리는 이름이나, 비슷한 뜻을 가진 이름들이 사용되었다). 또한 그들의 직업은 외모와 어울려야 했고, 가능한 한 그들의 실제 직업과 관련이 있고, 출생지도 그들에게 친숙한 장소—예를 들어 바르샤바인들에게는 우치—일수록 좋은 선택이었다. 만약 누군가가 완벽한 폴란드 억양을 구사한다면, 새로운 신분증에는 벨라루스 출신이라고 표기되었다. 그러나 이렇게 통째로 위조된 서류는 신빙성이 매우 낮았는데, 그것을 소지한 사람이 유대인이라는 의심을 불러일으킬 수 있기 때문이었다. 이 경우는 신분증이 없는 것보다 오히려 더 위험할 수 있었다.

가짜 신분증을 얻는 가장 좋은 방법은 친구를 통해서(여자들은 부탁을 더 잘하는 경향이 있다), 또는 암시장을 통해서였다. 하지만 후자의 경우, 품질을 믿기 어려웠으며 가격이 비쌌음에도 불구하고 제작자를 항상 신뢰할 수 있는 것이 아니었다. 예를 들어 교육받은 젊은 남자에게 중년의 구두장이로 기재된 신분증을 만들어준다면 그가 어떻게 그 역을 연기할 수 있겠는가? 게다가 암시장에서는 낯선 사람에게 진짜 신분을 밝혀야 했기 때문에 협박에 노출될 수 있었다. 레니아가 최근의 경험을 통해 뼈저리게 깨달았듯이, 그런 상황은 반드시 피해야 했다.

다음 날 낯선 작은 마을로 이동한 레니아는 한 저택에서 가사 도우미로 일해달라는 제안을 받았다. 그녀는 잠시 고민했다. 하지만 어떻게 그런 일이 가능할까? 지금 그녀는 너무 피곤하고 지친 상태였다. 그리고 유대인이라는 사실이 발각될까 봐 몹시 두려웠다. 그녀가 가진 서류는 최소한의 익명성이 보장되는 작은 시 구역에서만 쓸모가 있었다. 이런 작은 마을에서 신분을 등록하는 것은 죽음을 의미했다.

또 한 번 먼 거리를 힘들게 걷고, 또 다른 역을 지났다. 그날 밤은 특히 어둡게 느껴졌다. 달은 구름 뒤에 숨어 있었고 별들은 그녀만큼 지쳐 있었다.

레니아는 폴란드어를 유창하게 구사해서 카지미에시 비엘카 마을로 가는 기차표를 샀다. 유대인들이 아직 살고 있다고 들은 마을이었다. 그녀는 안정된 주거지가 필요했고, 가족들이 살아 있는지 알고 싶었다.

기차가 막 움직이기 시작했을 때, 레니아는 피가 얼어붙는 것 같았다.[23]

한 남자가 그녀의 눈을 응시하고 있었다. 그녀는 그가 옝제유프에서 왔다는 것을 바로 알아챘다. 그도 그녀를 알아보았다.

다행히 그는 그녀를 그냥 지나갔지만, 한동안 사람들이 그녀의 자리를 계속 지나쳤다. 그러다가 그녀는 어둠 속에서 말소리를 들었다. "예, 저 여자예요." "그런데 여유 있어 보이네요. 저 여자는 유대인처럼 보이지 않아요."

레니아는 완전히 얼어붙었다. 주변의 모든 게 희미하게 보였다. 그녀는 자신이 정신을 잃고 말 것이라고 확신했다. 어느 쪽을 향하든 사방에 박해자들이 보였다. 그녀는 포위되었고, 침몰하고 있었다.

레니아는 자리에서 일어나 열차의 맨 끝 칸, 탑승구가 바깥으로 돌출된 곳까지 갔다. 차가운 공기가 그녀의 뺨을 때렸다.

굴뚝에서 나오는 불꽃이 그녀에게 무자비하게 튀었다. 그녀는 심호흡을 했다. 하지만 한 번 심호흡을 하자마자 차 문이 열리고 차장이 나타났다. "좋은 저녁입니다."

그녀의 억양이 어떤지, 다시 말해 그녀가 유대인인지 아닌지 테스트한다는 것을 즉시 알아챘다.

"객실 바깥은 너무 춥고 불꽃도 위험합니다"라고 그가 말했다. "왜 안 들어오고 거기 서 있나요?"

"친절하게 안내해주셔서 고맙습니다"라고 레니아가 대답했다. "객실 안은 너무 붐비고 답답하더군요. 바람 좀 쐬고 싶어요."

차장은 그녀의 티켓을 보고 목적지를 확인하더니 다시 객실 안으로 들어갔다. 의심할 여지가 없었다. 그는 다음 역에서 독일 헌병대에 그녀를 인도하고 아마 그 대가로 몇 푼을 받을 것이다. 언덕을 오르던 기차의 속도가 다소 느려졌다. 망설일 시간이 없었다. 탈출할 기회는 지금 아니면 영원히 없다.

레니아는 얇은 여행 가방을 던졌다. 그리고 바로 열차에서 뛰어내렸다.

몇 분 동안 그녀는 의식을 잃은 채 바닥에 누워 있었다. 하지만 추위가 그녀를 강타해서 정신을 차렸다. 그녀는 사지가 멀쩡한지 확인했다. 다리를 다치긴 했지만 무슨 상관이야? 그녀는 목숨을 건졌고, 그것보다 중요한 것은 없었다.

그녀는 온 힘을 다해 낯설고 어두운 곳을 향해 발걸음을 옮겼다. 풀밭에 맺힌 이슬이 그녀의 다친 발을 어루만져서 고통을 약간 덜어주었다.

멀리 한 줄기 불빛이 보였다. 작은 집이었다. 개가 시끄럽게 짖자 집주인이 나왔다. "뭐가 필요하세요?"

"저는 친척을 만나러 가는 중이에요." 레니아가 거짓말로 둘러댔다. "저는 아리아인 출신을 증명하는 증명서가 없고, 나치가 찾고 있다는 것을 알고 있어요. 저는 단지 안전한 곳에서 하룻밤을 지내고 싶을 뿐이에요. 낮이라면 독일군은 제가 유대인이 아니란 걸 바로 알아볼 거예요."

그 남자는 동정 어린 표정으로 고개를 갸우뚱거리면서 안으로 들어오라고 손짓을 했다. 그녀는 안도의 숨을 내쉬었다. 그는 따뜻한 물을 주고 그녀가 잠잘 수 있는 건초 더미를 보여주었다.

"아침엔 여기를 떠나야 해요"라고 그가 경고했다. "등록하지 않은 채 숙박 손님을 받을 수는 없거든요."

다음 날 아침 레니아는 그 집을 떠났지만, 적어도 휴식을 취하고 기운을 차렸다. 그녀는 가족이 살아 있다는 희망, 그리고 그녀가 살아야 할 목적이 있다는 희망에 고무되어 계속 나아갔다.

인근 마을 주민들이 이미 "몰살되었다"는 것을 알고 있던 카지미에시 비엘카의 유대인들은 극도의 긴장감에 휩싸였다. 탈출할 계획이 있는 사람은 거의 없었고, 돈을 가진 사람도 거의 없었다. 그리고 아무리 착한 기독교인들조차도 이 시점에 자신의 목숨을 걸면서까지 유대인들이 숨겨주려고 하진 않았다.

나치는 마을에 있는 유대인들에게 타지에서 오는 유대인 난민을 받아들여서는 안 된다고 명령했다. 마을 유대인들은 명령을 잘 따르면 혹시 추방되지 않을 수도 있다는 희망에서 거기에 복종했다. 레니아는 이것이 그저 망상일 뿐이라는 걸 알았지만, 그렇다고 해서 그에 맞서서 무엇을 할 수 있을까? 그녀는 머리 둘 곳도, 돈도 없는 노숙자 신세로서, 완전히 벌거벗은 기분이었다. 그녀는 일자리가 필요했다. 하지만 어떻게? 유대인 집단학살이 벌어지고 있는 와중에 어떻게 일자리를 얻을 수 있을까?

레니아는 무력감과 메스꺼움을 느끼면서 이 이방인 마을을 돌아다녔고 그저 거리에서 눈에 띄는 다윗의 별[유대인 완장]을 보고 위안을 얻었다. 몇몇 유대인들이 아직 살아 있었기 때문이다. 어느 날 저녁 그녀는 한 유대인 민병대원을 발견하고는 자신이 "이디시 사람", 즉 유대인이라고 밝혔다.[24] 그리고 "오늘 밤을 어디서 보낼 수 있을까요?"라고 물었다.

그는 레니아에게 거리를 돌아다니지 말라고 주의를 주면서, 아침까지 자기 집 복도에서 지내도록 해주었다. 레니아는 이 가족이 이 마을에서 그녀가 아는 유일한 유대인 가족이라는 사실을 알게 되었다. 거꾸로 말하면, 그들은 이 마을에서 그녀가 유대인이라는 것을 아는 유일한 사람들이었다. 이들 외에 그녀의 정체를 아는 사람이 과연 누구였을까?

✽

레니아의 인간적 매력이 중요한 역할을 수행했다. 얼마 지나지 않아 그녀는 한 폴란드 소녀를 만났는데, 그녀는 레니아를 좋아하게 되었다. 그 소녀는 레니아가 폴란드인인 줄 알고, 부부 중 한 사람이 독일인인 집의 가사도우미로 일하게 주선해주었다.[25] 이미 밀반입과 은신, 음모, 도주를 통해 나치 정권에 맞서왔던 레니아는 이제 그녀의 파란만장한 인생에서 새로운 장을 열게 되었다. 이번엔 위장이었다.

홀란더 씨 가정에서 보내는 하루하루는 평온했지만 사실 그것은 집행유예의 상태나 다름없었다. 그래도 그녀는 일하면서 보내는 하루가 그동안 입은 상처와 모욕을 치유하는 가장 좋은 약이라고 느꼈다. 물론 그녀는 여전히 자신을 숨기고 위장해야 했다. 즉 매일 밤 흐느낌과 불면증을 억누르고, 불안한 마음을 끝없이 미소로 포장하면서, 성격이 단순하고 행복하고 운 좋은 소녀인 것처럼 지내야 했던 것이다. 이는 쉽지 않은 일이었지만, 그럼에도 불구하고 그녀에게는 적어도 잠시나마 머물 수 있는 집이 있었다. 그리고 자신의 목표인 가족 찾기에 마음을 집중할 수 있었다.

집주인은 레니아를 아주 좋아해서 이따금 이 젊은 여자를 불러서 넘치게 칭찬하곤 했다. "나는 정말 운이 좋아"라고 부인이 말했다. 홀란더 부인은 "이렇게 깨끗하고, 열심히 일하고, 신을 두려워할 줄 알고, 경험과 학식이 풍부하고, 교양 있는 소녀를 만나게 되어 정말 행운이야"라고 털어놓았다.

그 얘기를 들으며 레니아는 미소를 지었다. "저는 부유하고 교양 있는 집안 출신이에요"라고 그녀는 반쯤 거짓말을 했다. "하지만 부모님이 돌아가신 후 가사도우미로 일해야만 했어요."

홀란더 가족은 레니아에게 선물을 주었으며, 그녀를 한 번도 하녀처럼 대하지 않았다. 홀란더 부인은 새 가사도우미를 경찰서 명부에 등록하지 않았다. 레니아가 유대인이라는 사실을 알아차렸음이 틀림없다.

신중하고 조심스럽게 행동함으로써 오히려 의심을 사는 것을 막기 위해, 레니아는 교회에 갈 때 입을 옷이 없다고 불평하는 등 차라리 두드러지게 행동하는 전략을 취했다. 가톨릭 신자인 그녀가 어떻게 교회에 나가지 않을 수 있겠는가? 홀란더 가족은 결국 그녀에게 교회에 갈 때 입을 옷 한 벌을 사주었다. 그러자 새로운 문제가 생겼다. 이제 그녀는 교회에 다녀야만 했다.

드디어 첫 일요일, 그녀는 살짝 떨면서 서둘러 옷을 입었다. 비록 어릴 적에 학교와 운동장에서 폴란드 아이들과 함께 지내며 자랐지만, 레니아는 한 번도 미사에 참석한 적이 없고 가톨릭 전통에 대해서도 아는 게 전혀 없었다. 찬송가나 기도문은 전혀 알지 못했다. 혹시라도 너무 어색하게 행동했다가 가짜 교인이라는 사실이 드러나지는 않을까? 속이 울렁거리면서 교회 안으로 들어가는데, 레니아는 모든 사람들이 자신을 주시하는 것 같아 두려웠다. 그들이 자신의 행동을 꿰뚫어볼 것 같아 무서웠다. "나는 가는 곳 어디서나 연기를 해야 했다"라고 레니아는 썼다.[26]

심장이 마구 뛰는데, 그녀는 부모님이 그런 모습을 본다면 어떻게 생각하실까 궁금해하며 신자들 틈에 끼여 앉았다. 레니아는 주변 사람들에게 시선을 고정하고 그들이 하는 동작을 그대로 따라 했다. 그들이 성호를 그을 때 그녀도 성호를 그었으며, 그들이 무릎을 꿇자 그녀도 무릎을 꿇었다. 그들이 경건한 자세로 기도할 때, 레니아도 똑같이 따라 했다. 나중에 레니아는 "내가 그렇게 훌륭한 배우인지 이전엔 정말 몰랐다. 나는 모든 것을 가장하고 흉내 낼 수 있었다"라고 회상했다.[27]

마침내 미사가 끝나자 모든 사람들이 일어나 문 쪽으로 향했다. 레니아는 그들의 행동을 하나하나 관찰했다. 그들은 예수상에 입을 맞췄고, 그녀도 그렇게 했다.

밖으로 나오자, 시원하고 맑은 공기 속에서 그녀는 커다란 안도감을 느꼈다.

홀란더 가족과 이웃들은 교회에서 그녀가 예배드리는 모습을 바라보았다. 그녀가 진심으로 기도하는 모습을 지켜보았다. 정말 멋진 공연이었다. 그녀는 무사히 시험을 통과했다.

⁂

그리고 또 한 번의 기적이 있었다. 행복, 더할 나위 없이 행복한 일이었다. 예전에 레니아가 언니 사라에게 편지를 쓴 적이 있었다. 당시에 사라는 벵진에 있는 프리덤 키부츠에 있었다. 그게 마지막이었다. 1942년 공포가 지배하는 세상이었지만, 유대인 평의회가 운영하는 우편 서비스가 그래도 여전히 작동하고 있었고 한 민병대 대원이 그녀 대신 편지를 보내주었었다.

며칠이 지난 지금, 그녀는—바로 사라로부터!—우주에서 가장 놀라운 소식을 담은 답장을 받았다. 사라의 편지에 따르면 부모님과 형제자매들은 모두 살아 있었다. 그들은 미에추프 마을에서 가까운 보지스워프

서쪽 숲 은신처에 머물고 있었다. 그리고 아론은 여전히 노동수용소에 있었다.

레니아가 사라의 편지를 다 읽었을 무렵, 눈물이 편지지를 적셨다.

사랑하는 사람들이 살아 있다는 사실에 뛸 듯이 기뻤지만, 그들이 늦가을의 추위를 견디며 숲지대에서 살고 있다는 생각에 마음이 아파 견딜 수 없었다. 가족들이 배고픔과 추위로 고통받으며 살고 있는데, 자신은 어떻게 반+독일인 가정의 깨끗하고 따뜻한 침대에서 안락하게 지낼 수 있겠는가? 레니아는 훌륭한 성인으로 자라날 운명을 가진, 똑똑하고 영리한 어린 얀켈이 추위에 떨고 굶주리는 모습을 상상해보았다. 함께 있고 싶다는 뜨거운 열망이 그녀를 압도했다.

그 후 레니아는 매일매일, 순간순간을 기다림과 걱정 속에서 살았다. 그러던 어느 날 부모님으로부터 편지가 도착했다.

이번에도 짜릿함에 이어, 그들이 겪고 있는 고통에 대한 괴로움이 뒤따랐다. 모셰와 레아는 지붕도 없는 곳에서 굶주리며 궁핍하게 살고 있었다. 그들은 "얀켈이 우리에게 기운을 불어넣고, 살아갈 이유를 주기 위해 애쓰고 있단다"라고 썼다. 바르샤바로 도망친 다른 두 자매로부터는 아무런 소식이 없었다. 레니아는 아무것도 할 수 없는 무력감에 고통을 느꼈다.

그녀는 즉시 사라와 아론에게 편지를 써서 부모님을 도와드리라고 부탁했다. 그러자 두 남매는 가까운 곳에 사는 농부들을 설득해서 부모님께 몇 가지 식량을 배달하도록 하는 데 성공했다. 물론 엄청난 비용이 들었다.

그 후 사라에게서 더 많은 편지가 왔다. 레아와 모셰는 레니아가 살아 있고 건강하다는 것을 알게 되어 매우 기뻐했다는 소식이었다. 하지만 그들은 레니아가 적절한 서류 없이 그 집에 계속 머무르는 것이 너무 위험하다고 생각했다. 그녀가 주운 여권은 이 지역에서는 유효하지 않았다. 레니아는 가족의 걱정이 아마 맞을지 모른다고 생각했다. 만약, 그리고 언젠가 홀란더 가족이 그녀를 경찰에 등록하기로 마음먹는다면 그땐 그녀가 유대인이라는 사실이 드러날 것이다.

그래서 레니아는 이제 사라를 보러 갈 시간이 되었다고 마음을 굳혔다. 벵진에 있는 프리덤 키부츠로 가야 할 시간이다.

8   마음이 돌처럼 굳어버리다

레니아

1942년 10월[1]

사라는 필요한 모든 조치를 취해놓았다.[2]

화창한 가을날, 레니아는 평범한 가톨릭 소녀처럼 교회에 갔다가 돌아왔다. 홀란더 씨 집에 도착하자 그녀는 전에 자신을 거기로 데려왔던 민병대 대원의 여동생을 찾았다. "벵진에서 밀수꾼이 왔어요." 그녀가 속삭였다.

"벌써요?" 레니아는 심장이 뛰어 숨이 멎을 것 같았다. 사라의 계획이 바로 이거였다.

사라는 레니아가 바르샤바 총독부 구역의 경계를 넘어 제3제국에 병합된 구역으로 갈 수 있도록 도와줄 여성 안내원을 고용했다. 레니아는 이동하는 도중에 최근 체포되었던 그녀의 가족을 포함해서 유대인들이 일시적으로 갇혀 있던 마을인 미에추프를 지나기로 되어 있었다. 그들에 대한 그리움으로 그녀는 가슴이 저렸다. 그래서 가는 길에 그곳을 들르기로 결심했다. 드디어 오늘 레니아는 부모님과 예쁘고 귀여운 얀켈을 볼 수 있을 것이다.

레니아는 홀란더 씨 부부를 위해 저녁식사를 준비했다. 기쁨에 겨워 그녀의 팔다리는 가벼웠고, 볼은 붉어졌으며, 에너지로 가슴이 뭉클한 상태였다. 홀란더 부인은 그녀가 얼마나 행복해 보였는지, 그리고 이런 모습이 얼마나 이례적인 일이었는지 기록했다.

그날 저녁, 민병대의 가족과 음모를 꾸민 후, 레니아는 홀란더 부부에게 말했다. "이모가 많이 아프대요. 그래서 제가 며칠 동안 가서 돌봐드려야 해요."

물론 홀란더 부인은 레니아를 이해했다. 그녀가 최고의 가사도우미를 믿지 않을 이유가 있겠는가?

밝게 빛나던 태양이 구름과 비로 변했다. 이윽고 밤이 되어 어둠이 깔렸다. 사방은 완전히 고요했다. '반다'로 위장한 레니아는 기차를 기다리는 동안 심장이 마구 뛰었다. 그녀와 다른 승객들을 태운 열차가 빠르게 달리는 순간에도, 매 순간이 그녀에겐 한 시간처럼 길게 느껴졌다. 그녀는 앞으로 다가올 환희에 찬 장면을 마음속으로 그렸다. 부모님이 자신을 보면 그분들의 얼굴이 얼마나 빛날지.

그런데 왜 그녀는 배가 그렇게 아팠을까?

그들은 작은 역에 도착했다. "여기가 미에추프인가요?" 레니아는 비유대인인 밀수꾼에게 조용히 물었다.

"아직 아니에요. 곧 도착할 거예요, 곧"

열차가 다음 역에 도착했다.

"여긴가요?"

"아니요, 우리는 미에추프에서 내릴 수 없어요."

"뭐라고요? 왜요?" 레니아는 그만 온몸이 얼어붙었다.

"거기서 내리면 여정이 너무 어려워질 거예요." 밀수꾼이 속삭였다. 레니아가 항의하려고 하자, 그 여자는 이렇게 덧붙였다. "그리고 나는 당신을 거기까지 데려다줄 시간이 없어요."

레니아는 간청했다. '안 돼'는 선택 사항이 아니었다.

그녀를 진정시키면서 밀수꾼이 말했다. "하지만 약속할게요. 당신을 벵진에 데려다주자마자 나는 곧 미에추프로 돌아가서 당신의 부모님과 동생을 데려올 겁니다. 내가 그들을 벵진에 있는 당신에게 데려온다고요."

"안 돼요." 레니아가 앞으로 발을 내디디며 말했다. "저는 지금 당장 그들을 보러 가야 해요."

레니아에게 몸을 기대며 밀수꾼이 말했다. "잘 들어요. 사라는 당신이 절대로 미에추프에 가면 안 된다고 말했어요. 그래서 난 당신을 그곳에 데려갈 수 없어요."

기차가 칙칙폭폭 소리를 내며 들판과 숲을 지나가자, 레니아는 머릿속이 빙글빙글 돌았다. 하지만 그녀가 결국 결심하기까지는 그리 오래 걸리지 않았다. 밀수꾼을 버리고 열차에서 내려서 여기 머물다가 나중에 혼자서 어떻게든 국경을 넘어야 할까? 그렇지만 사라는 자신보다 나이가 더 많을 뿐 아니라 더 현명하고 유능하다. 또한 지금은 이번 여행에서 가장 위험한 국경 넘기를 신속하게 하는 것이 중요했다. 미에추프 역을 그대로 지나치면서 좌석에 몸을 깊이 파묻은 레니아의 심장은 납덩이처럼 무거웠고, 그녀의 뇌는 짙은 안개 속에 잠겨 있었다.

그녀는 쳉스토호바에 있는 밀수꾼의 집에서 며칠을 보냈다. 간식도 먹고, 잠도 자고, 가족에 대한 그리움에 사무치고, 잠을 자다가 혼란스러움과 걱정에 벌떡 일어나기도 하면서. 그녀가 언니를 본 지 벌써 여러 해가 지났다. 마치 평생 못 본 것 같았다. 사라는 지금 어떻게 생겼을까? 서로를 알아볼 수 있을까? 과연 국경을 넘을 수 있을까? 낯설었던 폴란드의 이 지역에서, 그녀는 이방인에 불과했음에도 불구하고 이상하게 편안함을 느꼈다. 사실 그녀가 외지인이라는 것은 소중한 자산이었다. 여기선 아무도 그녀를 알아보지 못할 것이기 때문이었다. 유대인이라는 정체성은 아주 깊숙이 묻혀버렸다.

✳

다행히 무사히 국경을 넘을 수 있었다. 벵진에 들어오자, 그녀는 언덕 위의 성으로 이어지는 오르막길을 걸었다. 다양한 색채로 화려하게 치장된 건물들을 지나쳤다. 아르데코 양식으로 장식된 발코니, 보자르 가고일(짐승 모양으로 된 장식물), 발러스트레이드(난간 손잡이) 등은 전쟁 전 이 지역이 얼마나 번성했는지를 보여주었다.[3] 자, 이제 프리덤 키부츠로 간다! 낙천적인 기분에 젖은 열여덟 살의 여성은 계단을 뛰어 올라가 문을 열어젖혔다. 그녀는 햇빛에 반짝이는 복도, 그리고 말끔하게 옷을 입고 방에서 테이블에 둘러앉아 책을 읽는 젊은 남녀를 보았다. 모든 것이 너무 평범해 보였다.

그런데 사라는 어디 있지? 왜 그녀는 언니를 보지 못했을까?

바루크라는 청년이 자신을 소개했다. 그 방에 있는 모든 사람들처럼 그도 그녀가 누군지 알고 있었다. 레니아는 심호흡을 했다. 그녀 자신으로 취급받는 것이 얼마나 좋은가!

바루크는 친절하고, 지략이 있고, 활기가 넘친다는 인상을 주었다. 그는 두 계단 더 위에 침대가 있는 방으로 그녀를 안내했다. 방은 조용하고 어두웠다. 레니아는 조심스럽게 걸음을 옮겼다. 그리고 억누른 신음소리를 냈다.

사라다! 침대에 누워 있는 사람은 바로 사라였다!

바루크가 레니아의 팔을 이끌고 다가갔다. "사라." 그가 부드럽게 말했다. "레니아가 당신을 보러 왔어요."

사라는 침대에서 펄쩍 뛰어내렸다. "레니아!" 그녀가 소리쳤다. "너는 이 세상에서 내게 남은 전부야. 그동안 네 걱정 하느라 너무 고통스러웠어."

사라의 키스와 포옹이 레니아의 피부에 너무나도 따뜻하게 느껴졌다. 얼마나 울었는지 매트리스가 젖었다. 언니는 힘이 없었지만, 곧바로 레니아를 식당으로 데려가서 먹을 것을 주었다. 식당 불빛 아래에서 레니아는 뼈가 앙상한 언니의 얼굴을 볼 수 있었다. 그녀는 몇 년 전에 사라가 팔레스타인으로 이주하는 데 필요한 서류를 어떻게 해서 얻었었는지를 생각하지 않으려고 애썼다. 그때 그녀가 일하던 신발 가게 주인은 심지어 이주에 필요한 비용을 지원해주겠다고 제안했었다. 하지만 그들의 아버지는 자존심이 너무 강해서 사라가 팔레스타인으로 가기 위해 필요한 추가 비용을 친척들에게 부탁할 수가 없었다. 결국 그녀는 이주를 포기해야 했다. 레니아는 심란해하며 적었다. "언니가 너무 늙어 보인다." 사라는 스물일곱 살 여자의 얼굴이 아니었다. 하지만 레니아는 언니가 자신을 위해 열심히 음식을 만드는 것을 보며 생각했다. "언니는 여전히 마음은 젊구나."

부모님을 구하기 위해 자매는 며칠 동안 아이디어를 떠올려보았지만, 현실적인 아이디어가 없었다. 부모님을 데려오겠다고 한 밀수꾼의 약속은 거짓이었다. 사실대로 말하면 레니아가 너무 분노해서 자신을 꼼짝 못하게 할지 모른다는 두려움 때문에 거짓 약속을 한 것이었다. 사실 부모님을 모셔오는 일에는 여러 가지 복잡한 문제가 있었다. 우선 키부츠에는 쿠키엘카 가족을 위한 공간이 없었다. 게다가 밀입국을 위한 비용도 상상을 초월했다.

그러던 중 레니아의 부모님으로부터 편지가 도착했는데, 거기에는 소름 끼치는 내용이 들어 있었다.

모셰와 레아는 미에추프 동쪽에 있는 산도미에시라는 작고 지저분한 동네에서 마치 짐승처럼 살고 있었다. 유대인들은 곰팡이가 핀 작은 방에 웅크리고 앉아 지내다가 밤에는 방바닥이나 얇은 건초 매트리스에서 잠을 잤다. 그들은 먹을 것도, 방을 따뜻하게 해줄 연료도 없었다. 그들의 나날은 두려움으로 가득 차 있었다. 추방이나 몰살, 치형의 공포, 그리고 게토 전체가 불에 탈 수도 있었다. 언제 이런 잔학한 짓이 벌어질지 몰랐다.

얀켈도 형제들에게 편지를 썼다. 일시적으로라도 좋으니 제발 벵진으로 데려가달라는 부탁이었다. 그가 원하는 것은 오직 하나, 즉 자신이 신뢰할 수 있는 유일한 사람인 누이들과 함께 있는 것이었다. 비인간적인 공포를 수도 없이 목격했지만, 그는 삶에 집착하고 있었다. 그는 "부모님은 상상도 못할 일, 어쩌면 자살을 시도할지도 몰라요"라고 썼다. "하지만 그분들과 함께라면, 나는 그분들을 제정신으로 지킬 수 있어요." 그는 돈을 벌기 위해 매일같이 게토 밖으로 나갔다. 노동의 대가로 그가 받은 1그로시〔100그로시=1즈워티〕는 매일 밤 노출된 널빤지 위에서 자는 비용인 120즈워티를 지불하는 데 사용되었다. 널빤지는 마치 깡통 속의 물고기처럼 빽빽이 들어찬 상태였다. 얀켈의 묘사에 따르면, "벌레들이 살을 물어뜯었기 때문에", 엄마와 아빠, 아들은 꼭 붙어서 서로의 몸을 따뜻하게 했다. 그들은 몇 달 동안 겉옷이나 속옷을 갈아입지 못했다. 빨래할 비누도 흐르는 물도 없었다.

편지를 읽고 레니아는 눈이 휘둥그레졌고 속이 메스꺼웠다. 하지만 그녀가 도대체 뭘 할 수 있을까? 그녀는 며칠 밤 잠을 이루지 못한 채 이제 그들 모두에게 종말이 다가오고 있다는 두려움에 떨었다.

그리고 마지막 편지, 마지막 작별인사가 왔다.[4] 그녀의 부모님은 "만약 우리가 살아남지 못한다면, 너희들은 부디 목숨을 걸고 싸우기 바란다"라고 썼다. "그게 너희들이 증언하는 길이야. 그렇게 해서 너희는 사랑하는 사람들, 너희의 민족이 순전한 악인 그 자체에 의해 어떻게 학살당했는지를 알릴 수 있을 거야. 신이 너희를 구원해주시기를 빈다. 우린 곧 죽을 거지만, 너희는 살아남을 거라고 믿어. 다만 우리를 가장 고통스럽게 하는 건, 막내 얀켈의 운명이란다. 하지만 그렇다고 해도 우린 너희들을 원망하진 않아. 우리는 너희가 우릴 구하기 위해 할 수 있는 모든 걸 시도할 거란 사실을 잘 알고 있어. 이게 우리의 운명이야. 이것이 하느님의 뜻이라면 우리는 받아들여야 해."

아직 충분하지 않다는 듯, 편지는 레니아의 자매 에스더와 벨라의 운명에 대해서도 말해주었다. 그들은 보지스워프에 들렀었는데, 마침 유대인들을 수색하고 있다는 것을 감지하고 별채에 숨어 있었다. 그런데 집주인의 열일곱 살짜리 아들이 그들을 발견하고 게슈타포에게 알렸다.

그들은 트레블링카로 보내졌다.

그리고 죽었다. 모두 죽었다.

하지만 레니아는 눈물을 흘리지 않았다. 나중에 그녀는 "이때 내 마음은 돌처럼 굳어버렸다"라고 썼다.

레니아에게는 끔찍한 날들이었다. 그녀는 속으로 "이제 나는 고아야"라고 거듭 되뇌었다. 레니아는 마치 기억력과 장소에 대한 감각, 그리고 자의식마저 상실한 듯 심각한 혼란을 느꼈다. 그녀는 자신의 존재를 재정립하고, 언니를 위해, 그리고 동지들을 위해 살겠다고 다짐했다. 그들은 이제 레니아의 새 가족이었다. 만약 그들과의 관계를 이렇게 재설정하지 않았다면, 그래서 자신에게 현실감과 개인적 정체성을 새롭게 부여하지 않았다면, 그녀는 결국 미쳐버렸을 것이다.

그리고 나서 아론과의 연락이 끊어졌다. 소문에 따르면 아론은 스카르지스코카미엔나의 무기공장으로 보내졌다. 그곳에서 유대인들은 맨발로, 누더기가 다 된 옷을 입은 채, 빵 한 조각과 차가운 물 한 잔을 받으며 강제노동을 했다. 2만 5천 명 이상의 유대인 남녀가 이 수용소로 끌려왔는데,[5] 이 가운데 대다수 사람들은 비위생적인 환경과 머리카락이 녹색으로 변하고 피부가 붉어지게 하는 독소에 노출되어 살아남지 못했다. 레니아가 들은 바에 따르면 아론은 티푸스에 걸려 고생을 했다. 상관들에게 호감을 사서, 아론은 즉각적인 사형집행을 면했지만, 건강 상태는 매우 좋지 않았다. 환자로서 "생산성이 떨어졌던" 그는 먹을 것을 거의 공급받지 못했다.

그런데도 아직.

레니아와 사라는 살아 있었다. 그들은 서로의 그림자, 텅 빈 그림자였다. 아직은 살아 있는. 부모를 잃은 수많은 유대인 청년들과 마찬가지로, 그들은 새롭게 자유를 찾았지만, 여기엔 슬픔과 죄책감뿐 아니라 끓는 듯한 에너지도 수반되었다.[6] 그들을 정상적인 삶에 연결하는 끈은 이미 완전히 훼손되어서 그들은 더 이상 다른 사람들에 대해 책임을 느끼지 못했다. 살아남기 위해서, 그리고 정신을 가진 인간으로서의 감각을 유지하기 위해서, 그들은 위기에 맞서는 적극적인 자세가 필요했고, 도저히 견딜 수 없는 고통을 가능한 한 희미하게 만들어야 했다. 그래서 그들은 까다로운 일에 빠져들려고 몸부림침으로써 자신의 상황을 고민하고 좌절할 틈도 허용하지 않으려고 했다.

레니아는 아바 코브너가 기도하듯 외쳤던 주문을 읊조렸다. "만약 내가 죽게 될 운명이라도, 나는 절대로 어리석고 무지한 양들처럼 아무 말 없이 도살장에 끌려가지는 않을 거야."

그녀의 열정은 벵진의 청년들 사이에서 이미 타오르고 있던 뜨거운 불을 더욱 활활 타오르게 했다.

9 검은 까마귀들

차이카와 레니아

1942년 10월

차이카 클링어는 벵진의 거리와 골목길을 분주하게 누비고 다녔다. 그녀의 첫 번째 임무. 가방 안에는 전단지가 들어 있었다. 그녀는 곱슬곱슬한 짧은 갈색 머리칼[1]을 귀 뒤로 단정하게 넘기고 있었고, 눈으로 사방을 살피고 있었으며, 가슴을 두근거리고 있었다. 그녀가 내딛는 한 걸음 한 걸음은 끊임없는 위험의 연속이었지만, 조심스러운 기쁨도 담고 있었다. 게릴라들의 활동, 대규모 추방, 그리고 숨 가쁘게 돌아가는 정치 상황에 관한 새로운 소식을 알리는 전단지를 배포하러 가는 길이었다. 진실 말이다. 그녀는 손을 부들부들 떨면서 전단지를 문에 붙이기도 했고, 지나가는 보행자들에게 건네주기도 했다. 그녀는 위험하지만 심지어 유대인 구역 밖으로 나가는 모험도 했다.

마침내, 그녀는 무엇인가를 하고 있었다!

레니아가 도착한 벵진은 이미 저항 정신으로 지글지글 끓어오르고 있었다. 그 저항 정신을 매우 목청 높여 지지했던 사람 중 하나가 스물다섯 살의 차이카 클링어였다.[2]

✳

1917년 벵진의 가난한 하시드파 유대교 집안에서 태어난 차이카는 머리가 좋고, 불같은 성격에 영리하고 열정적이었다. 어머니가 식료품점을 운영했지만, 그 수입만으론 가족을 부양하기 벅찼다. 그녀의 아버지는 하루 종일 율법과 탈무드를 연구했다. 그녀는 매우 드물게 제공되는 장학금을 받고 유대인 일반 학교인 푸르스텐베르크 김나지움에 입학했다. 최상위 클래스에 속했던 그 학교에서 차이카는 여러 언어를 배워 유창하게 말할 수 있었고, 지식인이 될 꿈을 꾸었다. 유대인 중산층 인구가 상당한 규모였던 벵진은 시오니즘 운동이 일어났던 여러 지역 가운데 초기에 중심 역할을 했던 마을이다.[3] 1930년대에는 비교적 반유대주의의 영향에서 벗어나 있던 이 마을은 12개 청년 집단의 활동을 연계·조율하는 열정적인 허브 역할을 했다. 벵진의 번영을 비춰주는 등불이자 자유로운 공동체였던 차이카의 학교는 사회주의 시오니즘을 지지했다. 차이카는 학교 밖에서는 지적으로 엄격하고 철학적인 특성을 가진 영가드에 전적으로 사로잡혔는데, 영가드는 이러한 엄격한 특성 때문에 또래들 사이에서는 그리 인기 있는 단체가 아니었다.

"내적으로 친밀한 집단" 모델을 추구한 영가드는 마르크스주의와 철저한 낭만주의, 그리고 건강한 신체와 건강한 정신을 함양하기 위해선 자연 그대로의 청춘과 인생이 중요하다는 믿음을 유대인 조국에 대한 사랑과 연결시켰다. 그들은 유럽 혁명가들에 대해 읽었고, 대화와 자아실현의 문화를 촉진했으며, 새로운 유형의 유대인을 만들어내고자 했다. 진실을 추구하기 위해 이 단체는 순수의 원칙을 포함해서 그들만의 열 가지 계명을 가지고 있었다. 금연·음주·성관계 금지. 성에 대한 정신분석학적 연구는 장려되었지만, 이와 관련된 행동은 집단이 추구하는 대의명분에 어긋난다고 여겨졌다.

옷깃이 있는 셔츠와 철사테 안경을 쓴 차이카는 이러한 급진적인 시각을 열정적으로 받아들였다. 영가드가 궁극적으로 완전한 사회 및 민족혁명을 위해 유대 민족을 이끌 운동 단체라고 보았기 때문이다. 온건했던 자신의 출신 배경에 반기를 들면서, 그녀는 자신이 세대갈등 문제에서 영가드가 추구하는 구호와 긴밀하게 연결되어 있다고 느꼈다. 그녀의 첫 번째 남자친구도 영가드의 헌신적인 멤버였다. 차이카는 외향적이면서 예민하고 늘 사랑에 빠졌다.

헌신석으로 활동했던 그녀는 영가드의 눈높이에 미치지 못했을 때 다른 사람들뿐만 아니라 자신에 대해서도 비판을 주저하지 않았다. 그녀는 필요할 경우 한순간에 상담자가 되었고, 그다음에는 편집자가 되기도 했으며, 또 그다음에는 지역 운동 리더로 활동했다.

그녀의 남자친구는 폴란드 군대에 징집되었었다. 그가 군대에 가 있는 동안, 그녀는 키가 크고 후리후리한 다비드 코즐로프스키David Kozlowski를 알게 되었다. 그는 항상 주머니에 신문을 넣어 다니고, 말을 심하게 더듬는 동지였다. 그들은 도서관에서 우연히 만났는데, 당시 사서가 차이카에게 어떤 책을 대출해주기를 거부했었다. 도서관의 최고 이용자였던 다비드가 그 책을 원한다는 이유에서였다. 다비드는 그녀에게 미소를 지었지만, 화가 난 그녀는 그를 모르는 척했다(그는 결코 그녀를 용서하지 않았다). 그 후 다비드는 차이카가 편집하는 신문에 시 한 편을 투고했는데, 그녀는 이 시가 지닌 서정성과 갈망에 그만 압도되었다. 갑자기 그녀는 움푹 들어간 그의 눈이 얼마나 부드러운 갈색인지, 그리고 "꿈꾸는 사람의 눈"이 얼마나 많은 고통을 품고 있는지를 알아차렸다.[4]

1930년대 후반, 차이카와 다비드는 알리야aliyah, 즉 팔레스타인 귀환을 준비하기 위해 키부츠에 가입했다. 이는 다비드에겐 그의 엘리트 부모가 절대로 허락하지 않았던 중요한 결정이었으며, 지적인 야망을 포기하고 궁핍한 삶을 선택하는 것과 마찬가지였던 차이카에게도 중대한 결정이었다. 이론적으로 과격한 좌파이면서, 감수성이 예민하고 초라한 차림이었던 다비드는 스스로 프롤레타리아가 되는 어려운 과정을 견뎌냈다. 그는 중국의 천두슈陳獨秀[중국 공산당 창립자이자 사상가], 소련과 스페인의 혁명에 대해 장황하게 말할 수 있었지만, 재봉틀 앞에 앉아 단조로운 일을 반복하는 것은 견딜 수 없었다. 치유할 수 없는 낭만주의자였던 차이카는 이 "섬세하고 연약한 구세주", 이 "젊은 나무"가 꽃피우도록 돕는 것이 자신의 의무라고 느꼈다.[5] 그녀는 다비드가 그룹의 정신적 리더가 될 때까지 그를 지지했다. 두 사람은 1939년 9월 5일에 팔레스타인으로 이주할 예정이었다.

이주 예정 4일 전 나치 독일이 폴란드를 침공하자, 차이카는 자신의 가족이 아닌 다비드와 함께 폴란드를 탈출하려고 시도했다. 인파로 붐비는 도로를 걸었고, 공습 때문에 열차에서 뛰어내렸으며, 공습이 지난 후엔 연이어 쏟아지는 총알을 피해 쓰러지는 나무 뒤에 숨기도 했다. 하지만 그들은 더 이상 폴란드를 빠져나올 수가 없었다. 그들이 동부로 도망칠 준비를 하고 있을 때, 영가드 본부로부터 메시지가 도착했다. 벵진에 머물면서 영가드 운동을 재건하라는 지시였다. 만약 폴란드에 아직 유대인 공동체가 남아 있다면, 영가드 공동체 역시 "그들과 함께 살고, 성장하고, 죽을 것"이라는 메시지였다.[6] 지역의 리더로서 차이카와 다비드는 이 명령에 귀를 기울였다. 그러나 그들은 나치의 잔혹성에 큰 충격을 받았다. 차이카는 독일이 계몽된 문화를 가진 나라이기 때문에, 그들이 점령한 폴란드를 진보적으로 통치해줄지도 모른다는 기대까지 했던 것이다.

자그웽비에 지역은 총독부 통치구역이 아니었고 제3제국에 합병되었기 때문에, 독일의 유대인 정책이나 독일 지배하의 유대인의 미래에 대해 배우는 데 더 좋은 환경을 제공했다. 이 지역의 유대인들은 독일 공장에서 강제노동을 해야 했다. '깊은 곳으로부터'라는 뜻을 갖고 있어서 광업 자원이 풍부하게 매장된 지역임을 알려주는 자그웽비에는 의류, 제복, 신발 등을 생산하는 공장 수십 개가 자리 잡은 공장 지대였다. 이들 '공장'에서의 노동은 쉽지 않았다. 당시 한 10대는 공장에서 보내는 일상에 대해 "창밖에는 사과나무와 라일락이 피어나고 있지만, 당신은 질식할 것처럼 악취 나는 방에 앉아 바느질을 해야 한다"라고 썼다.[7] 유대인들은 몇 푼 안 되는 임금과 몇 조각 먹을거리를 얻기 위해 일했지만, 노동조건은 노동수용소보다 훨씬 좋았고, 몇몇 공장주들은 값싼 노동자들이 추방되지 않도록 보호하기도 했다.

한 가지 주목할 사례는 나치당에 결코 입당하지 않았던 독일인 기업가 알프레트 로스너Alfred Rossner였다. 독일이 폴란드를 점령한 후, 그는 한 유대인 공장을 인수하기 위해 벵진으로 이주해서 수천 명의 유대인을 고용했다. 나치 제복을 제작하는 로스너의 공장은 당시에 없어서는 안 될 중요한 공장으로 여겨졌다. 거기서 일하는 노동자들은 노란색 특별증명서Zonder pass를 가지고 있었는데,[8] 이 증명서가 있으면 자신은 물론 두 명의 친척까지 추방을 면할 수 있었다. 지금은 널리 알려진 오스카 쉰들러Oskar Schindler와 비슷하게 로스너는 자신이 고용한 유대인 노동자들을 보호하고 친절하게 대했다. 전쟁 후반기에 접어들면서 그는 자기 공장의 유대인들에게 추방 조치가 있을지 모르니 주의하라고 경고했으며, 강제이송 열차에 실린 그들을 직접 구출하기도 했다.

차이카는 남자친구 다비드 및 몇몇 다른 여성들과 함께 지역 영가드를 재조직하고 지휘했다. 여성 리더 가운데에는 러시아 혁명에 가담했던 분트주의자 아버지를 두었던 두 자매, 레아와 이지아 페작손도 있었다. 서로를 아꼈던 이 친구 그룹은 한 개인 주택에서 은밀하게 모였다. 알리야 의식은 불가능했기 때문에 그들의 주된 활동은 청소년들에게 언어와 문해력, 문화, 윤리, 역사를 가르치는 것이었다. 개인적으로 실망스러운 일도 많았지만, 차이카는 보육원, 고아원, 그리고 보호자 없이 가난과 사회의 무시에 시달릴 것으로 우려되는 열 살에서 열여섯 살 사이의 아이들을 돌보는 일에 집중했다. 어린아이들은 더럽고 보호자 없이 프레첼, 빵, 사탕, 구두끈, 코르셋 등을 몰래 들여와서 길거리에서 팔고 있었다. 차이카는 일정한 계획이 없다는 점 때문에 스스로를 비판하고 있었지만, 열정은 아주 많았다. 가장 가난한 아이들부터 찾아서 그들에게 신발과 옷을 구해주고 깨끗이 씻겨주고 점심도 만들어주었다. 그녀는 공장에 다니는 부모들을 돕기 위해 주간탁아소를 설립할 것을 유대인 평의회에 제안했다. 사실상 영가드가 모든 계획을 세웠지만 공식적으로는 유대인 평의회가 그 일을 맡았다. 어쨌든 아이들이 보살핌을 받게 되어 차이카는 무척 행복했다. 그녀는 이 어린 고아들과 난민들이 언젠가 그들이 추구하는 운동의 이상을 실현할 것이라고 희망을 품었다.

점령 첫 겨울, 벵진의 영가드는 부림절 축제를 조직했다. 부림절에 유대인들은 전통 의상을 입고 풍자극인 부림극을 하고, 성일聖日 두루마리를 읽고, 유대인 몰살 계획을 꾸몄던 페르시아의 사악한 고관 하만이란 이름이 어디서도 들리지 않도록 시끄러운 소리를 내기 위해 그래거라는 도구를 돌렸다. 그리고 유대인들은 유대인이 아닌 여왕으로 변장하고 지성과 계략을 이용해 아하수에로(크세르크세스) 왕이 하만의 유대인 학살 계획을 취소하도록 설득해서 그들의 구세주가 된 유대인 여성, 에스더 여왕을 기렸다.

유대교 고아원은 사람으로 가득 찼으며, 수십 명의 어린이들이 제일 좋은 옷을 입은 채 웃고 있었다. 차이카는 마치 감방 경비원처럼 그 모습을 바라보며 황홀감에 사로잡힌 채 방구석에 서 있었다. 페작손 자매의 셋째이자 막내인 이르카가 축제일 기념행사에서 단체를 지휘하는 것을 보며 그녀의 검은 두 눈은 자부심으로 반짝였다. 아이들이 큰 소리로 노래 부르며 걸어 들어왔다. 그들은 이스라엘과 그들의 고된 삶, 즉 부림의 기적에 대해 희곡을 쓰고 무대에 올렸다. 그 후 공간이 빠르게 바뀌었고, 120명의 영가드 내원들이 회색 또는 흰색 셔츠를 입고 회의를 시작했다. 동지들은 일제히 구호를 외쳤다. "우리는 운명이 우리를 어디론가 맹목적으로 끌고 가도록 방관해서는 안 됩니다. 우리는 우리 자신의 길을 가야만 해요."⁹ 차이카는 특히 전쟁이 격렬하게 벌어지는 상황에서도 이렇게 많은 사람들이 축제에 왔다는 사실을 도저히 믿을 수 없었다.

전쟁 전에 60명의 회원을 보유했던 벵진의 프리덤 키부츠는 모든 운동의 중심지가 되었다. 프리덤은 어린이 프로그램뿐만 아니라 노래 부르기 모임, 히브리어 교실, 도서관도 운영했다. 레니아의 언니 사라는 어머니로부터 물려받은 가족에 대한 열정을 발휘해 이 분야에서 헌신적으로 일했다. 그녀는 어린이들을 열심히 돌봤고, 아티드('미래'를 뜻하는 히브리어)라고 불린 키부츠 고아원을 운영하는 데 도움을 주었다. 비교적 경계선에 구멍이 많았던—폐쇄된 게토가 아니어서 스위스나 기타 국가로 가는 우편물 배달 서비스가 가동되고 있던—벵진은 교육과 훈련의 중심지가 되었다. 프룸카는 바르샤바에서 320킬로미터 떨어진 이곳에 와서 자주 세미나를 개최했다. 영가드 리더들도 역시 그렇게 했다.

절정기에는 2천 명의 유대인 청년들이 그들의 활동에 참여했으며, 많은 활동은 가까운 농장들에서 전개되었다. 유대인 평의회는 시온주의자들에게 30곳의 밭과 정원, 말과 염소를 제공해서 밭을 갈고 씨를 뿌리고 가축을 돌보게 했다. 당시의 사진들은 노란색 별이 없는 모자를 쓰고 농작물을 베어내면서 호라 춤을 추며 웃고 있는 다양한 그룹의 젊은이들을 보여준다.[10] 사라 쿠키엘카의 이미지는 야외 행사에 참석해서 수십 명의 동지들 사이에서 히브리 시인 고故 하임 나흐만 비알리크Chaim Nachman Bialik의 생일을 기리고 있는 모습으로 묘사되었다.[11]

청년들은 추모의 밤을 마련해서 들판에 앉아 자유에 대해 노래하고 추억을 나누었으며, 파시즘에 대한 저항 의지를 외쳤다. 차이카의 기록에 따르면 "수백 명이 숨을 쉬기 위해, 잔디가 깔린 길을 기대하면서 샤바트를 지내기 위해 우리에게 합류했다."[12] "벽 위에 놓인 화분들이 마치 축제처럼 반짝였던" 농장은 이 젊은이들이 다시 젊음을 찾고 성찰하며 새로워지는 거점이었다.[13]

1941년 가을, 벵진의 영가드는 전성기에 있었고, 차이카는 그 단체의 어머니였다.

그 후 어느 날 밤, 수색 작전이 있었다.[14] 수색이 이루어지던 그날 저녁 시간은 무서웠다. 차이카를 포함해 아무도 잠을 자지 못했다. 그들을 체포해서 공포스럽게 하고, 등골 빠지게 혹사하고, 온갖 질병에 시달리게 하는 수용소로 보내기 위해 행진곡과 휘파람을 불며 다가오는 군인들을 기다렸다. 그날 밤, 실제로 그런 일이 벌어졌다. 차이카는 자신이 숨어 있는 건물을 그들이 그냥 지나치길 바랐지만, 아아! 독일군은 지나치지 않고 문을 쾅쾅 두드렸으며, 문을 여는 데 너무 오래 걸렸다며 관리인을 마치 갈기갈기 찢을 듯한 기세였다. 그녀는 혹시라도 그들이 자기 아파트는 지나치길 바랐지만, 그들은 안에 들어와서 방 구석구석을 샅샅이 뒤졌다.

"옷 입어." 그들이 차이카에게 명령했다. 그녀의 어머니는 울면서 나치에게 간곡히 애원했다. 그러자 차이카가 "가만히 계세요!"라고 소리쳤다. "그들 앞에서 애원하거나 굴욕스럽게 행동하지 마세요. 저는 갈 거예요. 잘 지내세요."

바깥은 칠흑같이 어두워서 차이카는 호송되고 있는 소녀들이 누구인지 일일이 알아보기가 힘들었다. 그녀는 그저 문이 열리는 소리만 들을 수 있었다. 독일군은 소녀들을 줄지어 세운 뒤에 커다란 시립 학교 건물로 끌고 갔다. 그곳에는 2천 명의 여자들이 있었다.

차이카는 즉시 친구들을 찾기 시작했다. 레아, 나시아, 도라, 헬라… 동지들이 모두 거기 있었다. 그들이 2층에 있을 때, 그녀는 창문 밖으로 뛰어내릴까 생각했지만, 뜰 곳곳에 경비병들이 지키고 있었다.

아침에 선별 작업과 추방이 있을 것이다. 차이카와 동지들은 일단은 현재의 혼란에 대처하고 싶어 했다. 그곳은 시장터처럼 소란스러웠다. 벵진의 소녀들은 얼굴이 거의 닿을 정도로 빽빽하게 모여 있었다. 울음과 비명, 냉소적인 웃음이 가득한 인산인해의 상황, 놀라움에 질식할 것 같은 상황이었다.

레아 페작손이 행동에 나섰다. 차이카의 든든하고 멋진 영가드 동료 리더는 항상 아침 5시에 제일 먼저 일어나서, 흙을 채로 치고, 쟁기질하고, 트랙터를 운전할 준비를 하고, "일어나라, 게으름뱅이들아!"라고 말하며 다른 동료들을 쿡쿡 찔러 깨웠다. 이때쯤이면 레아가 이 방에서 다른 방으로 뛰어다녔다. 그녀는 아는 사람을 찾아다녔으며, 오는 길에는 여자들이 질식하지 않도록 창문을 열었다. 그녀는 아이들이 울음을 터뜨리는 소리를 들었다. 그녀는 나시아와 함께 아이들을 한구석에 모아 머리를 빗기고 빵을 나눠주었다.[15] "울지 마." 레아는 소녀들을 안심시켰다. "그들은 너희가 눈물 흘릴 만한 가치도 없어. 이건 굴욕이야! 그들은 너희들을 멀리 보내지 않을 거야. 너희들은 아직 너무 어리잖아." 나시아는 나치가 지금까지는 나이를 확인하고, 어린아이들을 모두 풀어주었다고 굳게 확신했다.

아침에 선별 작업이 개시되었다. 여성들은 독일인 감독관에게 노동허가증을 제시했다. 무기공장에서 일하는 소녀들은 모두 풀려났다.

레아는 가장 먼저 풀려난 사람 가운데 하나였지만, 그곳을 허겁지겁 떠나지 않았다. 대신에 선별 작업에서 풀려 나오는 소녀들을 기다렸다가 그녀들의 노동허가증을 받았다. 그리고 그녀는 몰래 건물 창문을 통해 이 허가증을 유효한 노동허가증이 없는 소녀들에게 들여보냈다. 그녀는 소란스러운 선별 작업 내내 건물 밖에 있었다. 그녀의 "노동허가증 돌리기 작업" 덕분에 많은 소녀들이 풀려날 수 있었다.

선별 작업이 끝난 후 추방 대상자가 너무 적다는 사실을 깨달은 독일군은 거리를 훑으면서 그 지역에 남아 있던 여성들을 마구잡이로 체포했다. 레아도 그중 하나였다. 이제 그녀는 노동허가증이 있는데도 강제이송 열차에 그대로 실렸다!

레아는 그들 집단에서 첫 번째로 한 노동수용소에 이송되었다. 차이카는 그녀에게 "우린 네가 너무 보고 싶어"라고 편지를 보냈다. "네가 우리를 얼마나 강하게 결합하고 있었는지…"

수용소에서 레아가 답장을 보내서, 굶주림과 구타—심지어 여성에게도 가해진—에 대해 이야기했다. "나도 너희들이 애타게 그리워. 하지만 난 괜찮아"라며 그들을 안심시켰다. 레아는 반나절은 식당에서 일했고, 나머지 반나절은 환자들을 돌봤다. 나치의 감시 아래서도 그녀는 죽어가는 듯 잿빛 얼굴을 한 죄수들을 위해 몰래 빵을 들여오는 활동을 조율했다. 레아는 어깨가 넓고 몸이 튼튼한 사람들은 식량을 조금만 배급받아도 큰 문제가 되지 않지만, 예시바(탈무드 학교)에서 곧장 끌려와서 유대교 율법에 따라 도살되지 않은 고기는 먹지 않아서 건강 상태가 안 좋고 안색이 창백한 사람들은 도움이 필요하다는 사실을 알고 있었다. 차이카는 그녀가 어디서 음식을 구했을지 궁금했다. 독일군 몰래 어떻게 모든 음식을 나눠주었을까? 레아는 "그건 들판도 바람도 알지 못해"라고 썼다. 환자를 돌보는 것은 힘들었지만, 레아는 자신이 거기 머물러야 한다는 것을 알고 있었다. 그녀는 자신이 감옥에서 인생을 마칠지 모른다고 상상했음에도 불구하고 많은 사람들에게 유용한 존재였기 때문이다.

식당이 일하기에 더 좋은 것도 아니었다. 여자 요리사들은 뇌물과 선물을 받고, 식자재를 훔치고, 자신의 친구들에게 가장 좋은 것을 배급해주었다. 레아는 설교하듯이, 그들의 양심에 호소했다. "이런 식으로 하면 안 돼요."

차이카는 그녀에게 "레아, 그 싸움에서 너는 결코 혼자가 아니야. 구탄-브리케에서는 라헬이, 마르크슈타트에서는 사라가, 클라탄도르프에서는 구테가 너와 똑같은 싸움을 벌이고 있어"라고 썼다.[16] 벵진의 유대인 여성들은 도처에서 물자 반입과 절도뿐 아니라 구제 활동도 펼치고 있었다.

＊

특별 구역에 속해 있었음에도 불구하고 자그웽비에의 상황은 더욱 악화되었다. 일자리를 확보하고 있다 해도 그것도 더 이상 영원한 구세주가 아니었다.[17] 1942년 5월에 수행된 작은 규모의 강제 이주 작전들에 이어서 8월에 바르샤바에서 게토 소개 작전이 집행된 것과 같은 시기에 대규모의 나치 부대가 벵진에 도착했다. 이튿날 벵진 유대인들은 서류 검사를 위해 축구장으로 모이라는 명령을 받았다. 청년운동 단체들은 경계심을 갖고, 유대인들에게 이에 따르지 말라고 경고했다. 나치는 이 사실을 알고 있어서, 먼저 이웃 마을에서 아무 후속 조치가 없는 서류 검사를 실시했다. 이 검사가 모두에게 안전할 것이라고 확신시키려는 위장 작전이었다. 그 후 ZOB(유대인투쟁위원회)는 이 서류 점검에 응하는 것이 안전할지에 대해 열띠게 토론했다. 결국 그들은 서류 검사에 응하기로 결정했다. 차이카도 마찬가지였다.[18]

다음 날 새벽 5시 30분에, 수천 명의 유대인들이 걸어서 축구장으로 갔다. 분위기는 좋았고 유대인 평의회의 권고에 따라 축제 복장을 하기도 했다. 그러다가 그들은 기관총을 든 병사들이 자신들을 에워싸고 있다는 것을 알아차렸다. 사람들은 실신했고, 아이들은 울부짖었다. 비가 내려서 그들 모두를 적시기 전까지 극심한 갈증을 해소할 물 한 방울조차 없었다. 오후 3시에 선별 작업이 시작되었다. 귀가하는 그룹, 강제노동수용소로 이송되는 그룹, 추가 검사가 필요한 그룹, 그리고 추방과 죽음으로 가는 그룹.[19] 유대인 평의회는 나치를 화나게 하고 싶지 않았기 때문에 전날 동료 유대인들에게 거짓말을 한 것이었다.

선별 작업과 관련된 세 개의 줄이 무엇을 의미하는지 사람들이 깨달기 시작하고 가족들이 여기저기로 갈기갈기 찢어지면서 일대 혼란이 일어났다. 많은 사람들은 자신들이 서 있던 줄을 바꾸려고 했다. 그러자 독일인들은, 차이카에 따르면 "재미있는 놀이"를 시작했다. 그들은 부모와 자녀들을 잔인하게 분리해서 각각 생명으로 가는 줄과 죽음으로 가는 줄에 따로 세웠다. 그들은 총의 개머리판으로 사람들을 마구 때렸고, 제정신이 아닌 채 울부짖는 엄마들의 머리칼을 움켜쥐고 질질 끌고 갔다.

모두 2만 명의 유대인이 축구장에 모였었다. 그들 중 8천 명에서 1만 명은 이제 그들을 어디로 데려갈지 아무도 모르는 이송 열차를 기다렸다. 친위대 경비병들은 어떤 식량이나 의료품도 그들에게 전달되지 못하도록 엄격하게 막았다. 절망한 사람들은 스스로 목숨을 끊기 시작했다.

하지만 항상 그래왔듯이, 벵진의 청년 리더들은 운명을 순순히 받아들이지 않았다. 그들은 수천 명에 달하는 유대인이 유대인 경찰과 친위대보다 수적으로 많다는 사실을 알고 있었다. 그날 밤, 청년운동 단체들은 행동하기로 결정했다. 사전 계획은 없었고, 즉흥적으로 행동에 나섰다. 프리덤 회원들은 추방될 예정인 아이들을 모았고, 아이들은 그들의 신호에 따라 있는 힘을 다해 뛰었다. 다른 사람들은 유대인 경찰 모자를 낚아챈 뒤 사람들을 '안전선' 안으로 밀어 넣고 발로 차면서, 군중 속으로 들어갔다. 유대인 평의회가 친위대에게 음식을 들여보내 달라고 설득하자, 동지들은 임시 경찰의 모자를 쓰고 한 건물로 들어가 빵을 배달할 때 사용하는 컨테이너나 거대한 수프용 드럼통에 사람들을 숨겨서 데리고 나왔다. 또 다른 사람들은 탈출을 위한 땅굴을 파려고 시도했다.

영가드 여성 회원들은 어떤 대가를 치르더라도 봉쇄된 건물에 침투해야 한다는 것을 알고 있었다. 그들은 재빨리 유대인 평의회가 고아원 내부에 양호실을 만들 필요가 있다고 설득했고 간호사처럼 흰 앞치마를 두른 유대인 소녀들이 건물 안으로 들어가 구석구석으로 흩어졌다. 이 '간호사'들은 아픈 사람들을 위로하고 붕대를 감아주었지만, 그들의 주요 임무는 가능한 한 많은 여성들이 탈출하도록 돕는 것이었다. 소녀들은 자신의 흰 유니폼을 벗어 포로 중 한 명씩 골라서 건네주며 "빨리 이 옷을 입고 증명서를 받아, 두려워하는 내색을 하지 말고 곧장 정문으로 걸어 나가세요"라고 지시했다. "누구도 여러분을 막을 수 없을 거예요. 밖으로 나간 후엔 유니폼을 다시 들여보내세요."

'간호사'들은 각각 건물을 나설 때마다 어떤 민병대원이 문을 지키고 있는지 조심스럽게 살펴봐야 했다. 그들 중 한 명은 소녀들로부터 금시계를 받기로 약속되어 있었기 때문이다. 하지만 만약 중위가 있다면 그냥 예쁘게 웃고 순진한 표정을 지어야 했다.[20]

이런 과정이 진행되는 동안, 이르카 페작손은 다락방에서 보초가 없는 민가의 블록을 통과해 바깥으로 나가는 통로를 발견했다. 여성 대원들은 누군가를 다락방 앞에 감시자로 배치해놓고, 벽에 구멍을 냈다. 두려움에 덜덜 떨면서도 그들은 한 사람 한 사람 유대인들을 침착하게 밖으로 내보냈다. 한 진술에 따르면 이때 2천 명이 탈출에 성공했다고 한다.[21]

그런데 갑자기 독일 관리들이 서류를 요구하며 건물 안으로 들이닥쳤다. 한 도우미는 유니폼을 잃어버린 상태였고, 다른 도우미는 서류가 없었다. 결국 그들은 끌려갔다. 차이카가 알고 있었듯이, "이런 활동에는 늘 희생이 따랐다."

✳

영가드와 프리덤을 포함해서 벵진의 청년운동 조직들은 이러한 잔인한 추방, 그리고 빌나와 헤움노에서 자행된 집단학살 이야기에 자극을 받아 함께 소통하며 활동하기 시작했다. 이들은 여성 회원들에게 임무를 수행하고 행동을 취할 것을 특별히 강조한 토시아의 방문, 바르샤바에서 전개된 저항 활동과 파르티잔 활동에 대한 이야기를 통해서도 크게 고무되었다.[22] 그들은 자신들이 가진 약간의 조직만으로도 소중한 생명을 구할 수 있다는 사실을 직접 목격했다.

1942년 여름, 차이카는 바르샤바에서 온 영가드 리더 중 한 명인 모르데하이 아닐레비츠를 접대했다. 그때 그녀는 아닐레비츠를 이론과 실천 모든 면에서 "비범하고 보기 드문 능력"을 가진 "우리 운동의 자랑"이라고 부르며 최고의 존경을 표했다. 그녀는 계속해서 "모르데하이는 용감했어요"라고 부연했다. "그가 용감해지기를 원했기 때문에 그런 말을 한 게 아니고요. 그는 진정으로 용감한 사람이었어요."[23]

늦여름, 바르샤바 게토가 소개되는 동안 여러 시온주의 단체 지도자들이 벵진의 청년 농장 식당에 모여서, 2시간에 걸쳐 아닐레비츠의 기조연설을 들었다. 연설 제목은 '인생이여 안녕'이었다. 아닐레비츠는 깃을 세운 셔츠 차림으로 우뚝 서서 자신이 알고 있는 것을 말했다. 차이카는 남자친구 다비드, 페작손 자매와 함께 그 모임에 참석했다. 트레블링카의 가스실과 질식에 의한 집단학살 이야기를 듣고 그녀는 머리카락이 곤두서는 것을 느꼈다. 아닐레비츠는 빌나, 비아위스토크, 바르샤바에서 전개되고 있던 저항운동 단체들의 노력에 대해서도 말했다. 그는 그곳에 모인 사람들에게 행동에 나서고 명예롭게 죽을 것을 요구했다. 그의 로맨틱한 비전은 차이카에게 호소력 있게 다가왔다.

그 후 바르샤바에 있던 저항운동의 위성 조직인 자그웽비에 ZOB가

공식적으로 설립되었는데, 여러 운동 단체에 속한 200명의 동지들이 그 구성 멤버였다.[24] 벵진은 이미 바르샤바와 견고한 연결 고리를 갖고 있었으며, 다양한 정보와 투쟁 계획, 무기를 수집하고 공유하기 위해 연락책들이 왕래하고 있었다. 벵진은 파이어니어의 조정위원회가 자리 잡고 있던 제네바와도 우편으로 소통하고 있었다. 그래서 바르샤바에 있는 ZOB의 활동을 알려주는 암호화된 비밀 엽서가 벵진에서 스위스로 보내지기도 했다.[25]

프룸카, 토시아, 지비아가 폴란드 밖의 유대인들에게 보냈다가 압수 또는 폐기되지 않고 살아남은 엽서들은 비밀스러운 암호로 가득 차 있다. 그들은 종종 사건을 사람으로 바꿔서 적었다. 예를 들어 토시아는 세미나 개최 소식을 알리기 위해 "세미나르스키Seminarsky가 지금 우리를 방문 중이며, (…) 한 달 동안 머무를 것입니다"라고 적었다. 프룸카는 "손님의 방문을 기다리고 있습니다. 마차노트Machanot와 아보다Avodah가 여기로 올 것입니다"라고 적었는데, 마차노트와 아보다는 각각 '수용소'와 '노동'을 뜻하는 히브리어다. 다시 말해 그녀는 위의 표현을 통해 나치 노동수용소를 언급하고 있었다. "E. C.는 렘베르크의 병원에 있다"라는 말은 그가 체포되었음을 의미했다. "프루에트니츠키Pruetnitsky와 시타Schitah는 나와 함께 살았다"에서 두 이름은 히브리어로 '포그롬'과 '파괴'를 뜻했다. 가슴이 미어질 듯한 편지에서, 지비아는 미국의 유대인들에게 "의사가 V. K.의 병을 치료하는 데 필요하니 돈을 보내주세요"라고 간청했다. 이는 유대인을 구하기 위해 무기 구입 비용이 필요하다는 뜻이었다.

스스로를 방어하라는 아닐레비츠의 호소는 차이카의 마음을 움직였다. 차이카는 아닐레비츠보다 더 과격해졌고, ZOB의 가장 치열한 지지

자의 하나가 되었다. "청년운동은 말할 것도 없고 어떤 혁명운동도 우리와 비슷한 문제에 직면한 적이 없었다. 바로 절멸, 죽음이라고 하는 단하나의 적나라한 문제다. 우리는 그것과 직접 대면하고 있고, 결국 그 해답을 찾았다. 우리는 길을 발견했다. (…) 하가나Hagana〔방어〕다."[26] 그녀는 영가드가 더 이상 급진적 낙관론을 제시할 수 없으며, 이젠 폭력에 대한 철학을 제시해야 할 때라는 것을 깨달았다. 무장 방어—유대인으로서, 유대인 편에 서서 투쟁하다 유대인의 유산을 남기는 것—가 앞으로나아가는 유일한 방법이었다. 그녀는 탈출이나 구조를 위한 모든 계획을 거부했다. 그녀는 나중에 "아방가르드들은 사람들이 죽어가고 있는 그곳에서 죽어야 한다"라고 썼다.[27]

지비아와 마찬가지로 차이카는 진실을 공유해야 한다고 강하게 느꼈고 진실을 숨기려 했던 리더들에게 분노했다. "우리는 〔유대 민족이〕 눈을 뜨게 해서, 그들이 아편의 힘으로 편안하게 느끼는 것을 막아야 했어요. 그들이 적나라한 진실을 보게 해야 한다는 말이에요"라고 그녀는 주장했다. "왜냐하면 우리는 유대인들이 저항하도록 자극을 주고 싶었기 때문이에요." 또한 그녀는 일기장에 이렇게 썼다. "만약 군사작전이 시작되면, 그들은 우리를 더 이상 조심스럽게 다루지 않을 것이라고 말하는 것은 오직 우리들, 큰까마귀들뿐이다. 그들은 단 한 번의 공격으로 우리를 확실하게 박살낼 것이다."

그러나 바르샤바에서처럼 군사조직을 구성하는 것은 쉽지 않았다. 벵진은 무기, 군사훈련, 폴란드 지하단체와의 접촉, 그리고 유대인 평의회나 유대인 지역사회의 지원, 모든 것이 부족했다. 청년들은 돈이 거의 없었고 외국에 사는 유대인들이 저항운동을 지원해주지 않고 있는 것에 대해 깊이 분노하고 있었다. 바르샤바에서 영가드 리더들이 살해되고 무기도 빼앗기자, 아닐레비츠는 림보에 있던 벵진 ZOB 지부를 떠나서, 최고 위급 업무를 수행할 수 있는 지도자가 한 명도 없이 자금과 지침을 기다리고 있는 ZOB 바르샤바 본부로 돌아가야 했다. 동지들은 바르샤바나 폴란드 저항군으로부터 연락이 오기를 애타게 기다리며, 하릴없이 불안한 세월을 보내고 있었다. 많은 동지들은 수용소에 끌려가서 죽느니 저항하다 죽기를 원하면서 파르티잔에 가담하는 것을 꿈꾸고 있었다. 그러던 중 9월 말경에 차이카가 하흐샤라hachshara〔팔레스타인 이주를 위한 훈련 캠프〕에서부터 잘 알고 있었던, "두껍고 단단한 근육질의 팔"과 바위 같은 체격, 그리고 자신감 넘치는 걸음걸이를 가진 존경하던 리더, 즈비 브란데스Zvi Brandes가 도착했다.[28] 지하운동을 지원하고 인력이 필요한 감자 수확에 도움을 주기 위해서였다.

파르티잔과 접촉하는 데 실패하자 즈비는 영가드 활동의 초점을 방어와 선전활동으로 전환했다. 그리고 이는 곧 행동으로 옮겨졌다. 그들은 다섯 개의 그룹을 조직했다.[29] 오랫동안 실행해서 확립되었던 교육 모델에서처럼, 이들은 5인으로 구성된 비밀전투조였으며, 각 조에 독립된 지휘관이 있었다. 이 투사들은 유대인 평의회에 맞서서 그들을 공격할 계획을 수립했으며 지하 게시판, 공지문, 일간지도 발간했다. 제복 공장에서 일하는 동지들은 독일어 전단지를 만들어 배포해서 독일 병사들에게 무기를 버리라고 호소했다. 그들은 전선으로 보내지는 새 군화들 속에 이 전단지를 쑤셔 넣기도 했다.

차이카가 처음으로 임무를 수행하기 위해, 거리와 골목길을 누비고 다니며 지하 전단지를 배포한 것, 그리고 사람들에게 진실을 알리며 저항하라고 외친 것이 바로 이때였다.

※

사람들은 얼마나 빨리 새로운 일상에 익숙해지던가. 강제노동과 죽음으로 가는 추방에도 불구하고, 레니아에게 벵진에서의 삶은 '천국'이었다.[30] 그녀가 머물던 합숙소는 매우 고요하고 평안하게 느껴졌다. 그들은 채소로 수프를 만들고 빵을 구웠다. 37명의 동지들이 함께 일했다. 많은 사람들이 특별허가증을 발급받아서 강제노동이나 사형 집행으로부터 벗어나 이동할 수도 있었다. 노동력이 부족했기 때문에, 동지들은 날마다 일용직 일자리를 구할 수 있었고, 저녁때에는 키부츠 세탁소에서 일하거나 작은 규모로 농사를 지었다. 그들 중 가장 어린 레니아도 도착하자마자, 유대인 평의회가 운영하는 세탁소에 일자리를 얻었다. 동지들은 나치 제복을 세탁하고 약간의 수당을 받았던 것 같다.[31] 레니아가 폴란드의 총독부 구역에서 목격했던 끔찍한 고문과 고통은 자그웽비에에서는 아직 느껴지지 않았다.

레니아는 나중에 이렇게 썼다. "나는 가끔 이곳에 살고 있는 동지들을 보면서 내 눈을 믿을 수 없었다. 인간으로 살면서 미래를 내다볼 수 있는 선견지명을 가진 유대인이 여기에 정말 있을까?" 그녀는 이곳의 유대인들이 에레츠 이스라엘Eretz Israel〔원래 유대인들이 살던 땅〕에만 관심을 집중해서, 그들이 마치 꿈속에 사는 것처럼 그리고 그들 주변 도처에서 일어나고 있는 끔찍한 잔혹 행위들에 대해 전혀 모르는 것처럼 말하고 노래하는 것에 기가 막혔다.

그러고는 한체 프워트니카가 도착했고, 그녀는 더욱 긍정적인 정신을 가져왔다.[32] 이곳에 오기 전에 한체는 바르샤바 외곽의 그로슈프에 머물고 있었다. 그 농장은 저항세력의 중심지이자, 이동하는 연락책들이 도중에 머물다 가는 정거장이기도 했다. 이튿날 게토에 들어가기 전에 하룻밤을 보낼 수 있는 장소이자 지하운동의 물자를 숨길 수 있는 장소인 농장이 폐쇄되자 한체는 다시 벵진으로 보내졌다. 그녀의 여정은 위험하기 짝이 없었지만, 일단 그녀가 벵진에 도착하자, 레니아는 그룹 전체가 새로운 삶을 시작하게 되었다고 느꼈다. 레니아는 한체가 어떻게 좋은 분위기를 북돋는지를 보고 감명되었다. 그녀는 키부츠 멤버들을 모두 알고 있었으며 그들 각자가 가진 장점에 주목했다. 그녀는 문화활동을 중단하기를 거부했다. 하루의 고된 노동이 끝나면 그녀는 회원들을 불러모아 철학적인 시케siche, 즉 대화를 나누었는데, 특히 팔레스타인 키부츠에 대해 말할 때 그녀의 얼굴은 빛났다. 그녀는 동지들의 레지스탕스 준비 작업을 돕기도 했고 바르샤바와 바르샤바 인근 지역의 회원들, 특히 언니 프룸카와도 계속 연락을 유지했다. 한체는 그들에게 그로슈프의 끔찍한 상태, 굶주림과 박해, 비계와 썩어가는 배추 잎, 감자 껍질로 요리한 식사에 대해 말하는 것을 좋아했다. 그녀는 자신이 이방인으로 변장한 채 바르샤바까지 먼 길을 가면서 독일인들을 속였던 일을 웃으면서 회상했다. 레니아는, 벵진 사람들이 살아가는 게 힘들다고 불평할 때마다 한체가 미소 지으면서 그들을 놀리곤 했다고 썼다. "그로슈프의 상황은 여기하곤 비교할 수 없을 만큼 나빴어요. 하지만 그들도 견디고 살아 있었지요."[33]

어느 날 레니아는 동지들이 폴란드인 열차 차장을 만났는데, 그가 여러 가지 사실을 알려주었다고 전했다. 그 차장은 동지들이 대략 희미하게 전해 들었던 것을 뒷받침해주는 구체적인 세부 사실을 알고 있었다. 그는 바르샤바 동북쪽에 있는 트레블링카의 마을로 가는 기차에 타고 있었는데, 유럽 전역에서 오는 기차가 그곳에 도착했다. 그런데 그는 도착하기 몇 정거장 전에 갑자기 열차에서 내리라는 지시를 받았고, 그 대신 독일인 차장이 탔다. 이 모든 것은 집단학살 현장을 숨기려 한다는 것을 의미했다. 트레블링카에 도착하면 나치는 유대인들을 마구 구타하면서 빠르게 이동하도록 몰아붙였고, 그 바람에 유대인들은 그곳이 어디인지 알수가 없었다. 병자들은 곧바로 막사로 끌려가서 그대로 사살되었다.

새로 도착한 다른 유대인들은 자신들이 일터로 보내질 것이라고 생각했다. 남자와 여자는 분리되었고 아이들은 빵과 우유를 받았다. 그들은 옷을 모두 벗어야 했다. 그들이 벗은 옷가지는 이미 높이 쌓여 있던 옷더미에 추가되었다. 독일인들은 비누와 수건을 나눠주었고, 물이 차가워지기 전에 서둘러서 샤워를 끝내라고 재촉했다. 그 후 나치는 방독면을 쓰고 그들을 따라왔다. 그러자 사람들은 울부짖으며 기도하기 시작했다. 민병대원이 가스 버튼을 눌렀다. 유대인들은 눈을 감았고 근육은 팽팽한 줄처럼 긴장되었다. 그들은 공포에 질려서 서로를 꼭 끌어안았으며 그래서 거대한 덩어리가 된 채 모두 질식사했다. 차장의 이야기에 따르면, 이 거대한 덩어리는 여러 개의 작은 부분으로 잘린 뒤 크레인으로 들어올려져 화물칸에 실렸다가 커다란 구덩이에 던져졌다.

나중에 레니아는 결의를 다짐하면서 이렇게 썼다. "대지는 모든 것을 받아들인다. 도대체 무슨 일이 일어났는지, 그 비밀만 빼고."[34] 그녀가 알고 있던 참혹한 이야기들은 어떻게 해서든 스스로를 드러내는 방법을 찾을 것이다.

꿈꿈

프룸카가 와서 더 많은 이야기를 전해주었다. 여동생 한체처럼, 프룸카도 바르샤바에서 벵진으로 보내졌다. 원래는 폴란드 남부 국경을 넘어 슬로바키아를 거쳐서 팔레스타인으로 가는 길을 탐색하기 위해서였다. 그녀는 그렇게 폴란드를 탈출해서 유대 민족을 위한 메신저로 봉사할 계획이었다. 프룸카는 지난 몇 달간 기독교인으로 변장하고 비아위스토크, 빌나, 르부프, 바르샤바 사이를 여행하면서 '지옥'을 경험했다. 레니아는 그날을 두 자매의 인생에서 매우 행복했던 날들 중 하나로 기억하지만 벵진에 도착했을 때 그녀는 지치고 상처 입은 채였다. "나는 그들이 꼬박 한 시간 동안 앉아서 자신들이 겪었던 모든 일들을 어떻게 이야기했는지 잘 기억하고 있어요"라고 말했다.[35] 그들에겐 자매가 전부였다.

프룸카는 키부츠 사람들에게 수백 명의 우크라이나인과 게슈타포로 구성된 절멸위원회가 전국에서 저지르고 있는 잔혹 행위에 대해 이야기하며 저녁 시간을 보냈다. 이 절멸위원회는 유대인 민병대의 지원을 받았는데 나중에는 그들도 결국 처형되었다. 빌나의 유대인 동네는 핏덩이로 얼룩져 있었다. 살인자들은 미친 듯이 날뛰며 거리를 활보했다. 거리와 골목길, 아파트에는 시체가 즐비하게 널려 있었다. 사방에 야생동물 같은 비명과 신음소리가 가득했다. "어디서도 도움은 오지 않았어요!"[36] 프룸카는 흐느꼈다. "세상은 우리를 저버렸어요." 그녀의 이야기는 너무 끔찍하고 생생해서, 며칠 동안 레니아의 머릿속에서 지워지지 않았다. 그녀는 자주 열렸던 모든 회의에 참석했는데, 그 회의 동안 프룸카는 회원들에게 단 한 가지를 부탁했다. "방어!", "우리 스스로를 지킵시다!"였다.

프룸카의 헌신에 이끌린 레니아는 조직의 '어머니'로 불리는 프룸카가 키부츠의 무게를 홀로 짊어지고도, 동시에 더 큰 공동체 임무에 임하는 것을 지켜보았다. 바르샤바에서처럼 벵진의 모든 대원들은 프룸카의 헌신에 고마워했다. 그녀는 위로의 말과 진심 어린 충고로 대원들의 고통을 덜어주었다. 프룸카는 유대인 평의회도 그대로 놔두지 않았다. 그녀는 몇 개의 훈령을 철회하도록 했을 뿐 아니라 최소한 한 명 이상을 "죽음의 손아귀"에서 구해냈다. 그녀는 자신의 활동에 대해선 거의 말하지 않았지만, 모든 사람들은 프룸카가 감옥에 갇힌 유대인들을 도왔고, 다른 나라의 유대인들과 접촉하려고 노력했다는 사실도 알고 있었다. 그녀는 목표를 달성할 때마다 좋아서 어쩔 줄 몰라 했고, 그녀의 열정은 그들 모두를 감동시켰다.

프룸카의 이야기, 한체의 활력, 트레블링카행 열차 차장의 이야기, 그리고 그들이 아닐레비츠에게 들은 모든 이야기는 이제 갓 태어난 자그웽비에 ZOB에 활기를 불어넣었다. 차이카는 회원들이 해외에서 받은 시계와 옷, 음식 꾸러미를 가져왔을 때 이를 자랑스럽게 지켜보았다. 그들은 파르티잔에게 매력적으로 보일 수 있는 물건을 구입하기 위해 현금화할 수 있는 물건들, 심지어 신발까지도 팔았다. 그들은 총을 구입하겠다는 희망도 품었다. 그들은 부유한 유대인들에게 기부를 요청했지만 차이카는 필요한 만큼 외에는 동전 한 닢도 더 받지 않겠다는 입장이 강했다. 기부자가 수백만 달러를 가진 부자라 해도 마찬가지였다. 그들은 열 명 이상의 대원들이 파르티잔 부대에 '적응'하는 데 충분할 것으로 예상되는 2500제국마르크 정도가 모이면 모금 활동을 끝냈다.[37] 첫 번째 워크숍에서 대원들은 칼을 제작하고 자신들이 만든 수제폭탄을 실험하면서 수류탄과 폭탄 사용법을 터득하고자 했다.

차이카 클링어는 어서 빨리 하나를 터뜨리고 싶어 했다.

✳

실제로 봉기의 기운이 감돌고 있었다. 1942년의 그 가을, 인근 마을인 루블리니에츠에서 돌발적인 봉기가 일어났다. 어느 날 오후, 나치는 모든 유대인들에게 시장에 집결해서 옷을 벗으라고 명령했다. 독일군에게 의복이 필요하다는 핑계로 남녀노소 할 것 없이 모두 심지어 속옷까지 벗어야 했다. 나치는 채찍을 휘두르며 쌓여 있는 옷더미 위에 섰다. 그들은 여자들의 몸에서 옷을 마구 찢으며 벗겼다.

그때 갑자기 10여 명의 벌거벗은 유대인 여성들이 손톱으로 할퀴면서 경찰들을 공격했다. 비유대인 구경꾼들에 의해 용기를 얻은 그들은 경찰들을 물어뜯고 떨리는 손으로 돌을 주워서 그들에게 내던졌다.

나치는 충격을 받았다. 당황한 그들은 압수한 옷들을 그대로 남겨둔 채 황급히 도망쳤다.

"폴란드의 유대인 레지스탕스: 여성들이 나치 병사를 짓밟다." 이것은 유대인 통신사Jewish Telegraphic Agency가 이 사건을 보도하면서 붙인 제목이었다.[38] 이 보도는 러시아에서 작성되어 뉴욕에서 인쇄되었다.

이 사건 이후 여성들을 포함한 루블리니에츠의 많은 유대인들이 파르티잔에 가담하기로 결심했다. 최초의 유대인 무장 저항운동이 폭발한 것이 바로 이 무렵이었다. 그것도 바로 총독부 구역의 수도에서.

10   역사가 흘러갈 세 개의 길―크라쿠프 사람들의 크리스마스 선물

아키바Akiva 맹세[1]

나는 할루츠Halutz 청년운동이 결성한 유대인 투쟁조직의 틀 안에서 적극적인 저항에 참가할 것을 맹세합니다.

내게 가장 소중한 모든 것을 걸고, 그리고 무엇보다도 죽어가는 폴란드 유대인들의 기억과 명예를 걸고, 내 인생의 마지막 순간까지 내가 사용할 수 있는 모든 무기를 동원하여 독일과 국가사회주의자들(나치), 그리고 그들과 연합하는 자들, 유대 민족과 전 인류의 강력한 적들에 맞서 투쟁할 것을 맹세합니다.

나는 수백만 명의 어린이, 어머니, 아버지, 그리고 유대인 노인들의 무고한 죽음에 대한 원수를 갚고, 유대인의 정신을 지키고, 자랑스럽게 자유의 깃발을 들 것을 맹세합니다. 나는 유대 민족을 위한 밝고 독립적인 미래를 이룩하기 위해 피 흘려 싸울 것을 맹세합니다.

나는 정의와 자유, 그리고 모든 인간이 존엄하게 살 권리를 위해 싸울 것을 맹세합니다. 나는 자유롭고 공정한 사회 질서를 향한 나의 열망을 공유하는 사람들과 함께 싸울 것입니다. 나는 모두를 위한 인권을 달성하는 데에 일체의 망설임 없이 헌신하고, 개인적인 욕망과 야망을 숭고한 대의명분에 종속시키면서, 인간성 수호를 위해 충실하게 봉사할 것입니다.

나는 적에 대항하는 나의 투쟁에 기꺼이 동참하는 모든 사람을 형제로 인정할 것임을 맹세합니다. 나는 우리가 공유하는 이상을 배신하는 누구에게도 죽음의 도장을 찍을 것을 맹세합니다. 나는 끝까지 저항하며, 어떠한 역경이나 죽음 앞에서도 결코 물러서지 않을 것을 맹세합니다.

구스타

1942년 10월[2]

구스타 다비드손은 녹초가 된 채 총독부의 수도인 크라쿠프에 도착했다.[3] 그녀는 새벽에 일어나서 몇 킬로미터를 걸으면서 며칠 동안 계속 이동했다. 긴장이 그치지 않았고 계속되는 위험이 도처에 산재했다. 첫째, 그녀는 경찰에 의해 둘러싸인 마을에 갇혀 있던 자신의 가족을 도왔다. 그러고 나서 크라쿠프로 돌아가는 잠 못 이루는 여정에는 여러 교통수단을 이용해야 했는데, 그 과정에서 마치 수렁에 빠지듯이 많은 문제가 발생했다. 그녀는 말과 마차, 사륜마차와 오토바이 등 교통수단을 여러 차례 바꿔야 했는데, 그 과정이 원활하게 연결되지 않았고, 기차역에서는 예정과 달리 몇 시간이나 대기해야 했다.

구스타는 부어오른 다리를 이끌고 그녀의 도시, 유대인 구역으로 갔다. 중세의 모습을 간직한 도시 중심부는 붉은 지붕과 웅장한 성, 그리고 화려하고 구불구불한 길로 이루어져 있었는데, 그녀의 목적지는 이 중심부에서 멀리 떨어져 있는 지역으로 강의 남쪽 제방에, 낮은 건물들이 자리 잡은 곳이었다. 전쟁 전에는 크라쿠프에 약 6만 명의 유대인이 살고 있었는데 이는 도시 전체 인구의 4분의 1에 해당했다.[4] 옛 카지미에시 구역에는 1407년에 지어진, 웅장한 건축 구조를 가진 일곱 개의 역사적인 유대교 회당이 있었다.

그녀가 게토에 다가갔을 때, 평소에는 윤기가 흘렀던 그녀의 입술과 높게 튀어나온 광대뼈는 유난히 창백했고 눈 밑 부위는 검게 축 처져 있었다. 그녀는 완전히 피로에 찌들어 있었다. 그러나 게토를 에워싼 철조망에 가까이 다가가서, 혼잡한 거리의 소란과 유대인들이 살아 있음을 알리는 군중의 웅성거림이 주변 건물 사이에서 울려 퍼지는 것을 들었을 때, 그리고 안면이 있던 사람들을 알아채거나 또는 모르는 사람들을 발견했을 때, 그녀는 그들 모두를 끌어안을 힘이 솟구치는 것을 느꼈다.[5] 게토가 만들어진 지 이미 1년이 넘었지만, 게토는 계속 달라지고 있었다. 유대인들은 게토에서 도망쳤고, 전쟁 난민들이 그곳으로 들어왔다. 마치 그곳이 안전한 피난처인 것처럼. 구스타와 마찬가지로 모든 사람들이 포위된 한 도시에서 포위된 다음 도시로, 돈과 힘이 다 떨어지거나, 수색 작전에 의해 갑작스레 체포될 때까지 원을 그리며 계속해서 도망 다녔다. 그녀는 집이 없다는 사실에 오히려 안정감과 소속감마저 느꼈다. 그녀는 지나가는 모든 유대인들에게 이렇게 묻고 싶은 유혹을 느꼈다. "당신들은 어디서 도망쳐왔나요?"

따뜻했던 어느 일요일 오후, 그녀는 그들 중 다수가 살아갈 의지를 완전히 잃었다는 것을 느꼈다. 그들은 마지막이 다가오고 있다는 것을 깨닫고 있었다.

그들은 죽음이 갑작스레 오길 바랐다. 그래서 이대로 항복하길 거부하고 있었다. 그들이 우릴 추격하라고 해. 구스타는 "나이든 유대인들에게 얼마나 투쟁 정신이 부족한지", 그리고 오랜 세월 차별과 박해를 받아오면서 그들 유대인들의 "영혼이 얼마나 멍들고 절망적"이 되었는지를 깨달았다.[6] 그런데 아이러니하게도 젊은 유대인들은 목숨을 걸고 저항에 자신을 내던질 만큼 아직 삶에 대한 열망을 품고 있었다.

　게토 장벽을 넘어가는 출입구의 문은 아마도 의도적으로 묘지의 비석과 비슷하게 만들어져 있었는데, 구스타는 거기서 몇몇 동료들을 만났다. 그들은 구스타를 부축해 게토 안으로 데리고 들어갔다. 그들의 목소리와 얼굴, 그녀의 뒤늦은 귀환에 대한 그들의 우려가 모두 따뜻한 흐릿함으로 합쳐졌다. 이제 몇 안 남은 유대인 공동체 중 하나인 크라쿠프는 최고위급 나치들이 득실거리는 도시임에도 불구하고 지금은 저항운동의 중심지였다. 신앙심이 매우 깊은 가정에서 자란 구스타는 여기서 지역 시온주의자 그룹인 아키바의 지도부에 속했다. 한 친구가 그녀에게 아키바를 소개했고, 그녀는 그들이 추구하는 이상주의와 자기희생에 매료되었다. 그녀는 아키바 중앙위원회에서 그들의 출판물 집필자이자 편집자로 활동했으며 조직 전체의 기록물 관리자 역할도 수행했다. 세속적인 좌파 시오니즘 단체와 달리 아키바는 유대인의 전통을 중시해서 매주 금요일 안식일 행사인 오네그 샤바트를 지냈다.

　지난여름, 이 단체는 잔혹함과 폭력이 난무한 상황에서 마치 평화로운 오아시스와 같았던 코팔리니 마을의 한 농장에 본부를 두고 있었다. 구스타는 "깊은 숲이 내뿜는 고요가 하늘에서 내려와 대지가 흡입할 수 있게 해주었다"라고 묘사했다.

　"나뭇잎 하나도 흔들리지 않았다."[7] 그들은 배나무와 과수원, 능선, 협곡 사이에서, "창백한 하늘을 배경으로 천천히 굴러가는" 태양 아래에서 공동생활을 했다.[8] 그러나 아키바 리더인 구스타의 남편 심손Simshon은 이 운동이 곧 죽음을 맞이할 거라는 걸—그들 대부분이 죽을 것이라는 사실을—알고 있었다. 그는 회의를 소집했다. 전쟁은 순간적인 떨림이 아니었다. 야만적 행위는 그들이 상상했던 것보다 더 심할 것이다. 악랄한 집단 살인은 성공적으로 진행되었다. 구스타와 그녀의 동료들은 심손의 말을 믿었지만, 자신들은 아키바의 이상에 헌신해야 한다고 느꼈다. 그들은 "젊은이들이 선봉에 서서, (…) 점점 확산되는 냉소주의에 맞서 싸우며", "유대인의 품위와 인간성을 유지하고 삶을 포기하지 않는다"라는 이상을 포기할 수 없었다.[9]

전쟁이 발발했을 때 심손은 반파시즘적인 저술 때문에 체포된 적이 있었다. 1940년에 결혼한 심손 부부는 만약 둘 중 한 사람이 체포되면 다른 한 명은 순순히 자수하기로 약속했다. 그래서 구스타도 자발적으로 감옥에 갔다. 그러나 그들은 곧 거액의 뇌물을 주고 풀려나와서 계속 활동했다. 그들은 "만약 자신들이 감옥에 미물게 된다면 레지스탕스 투사들을 지킬 수 없을 것"이라고 믿었다.[10] 그러나 1942년 여름 동안 그들은 바르샤바와 벵진의 동지들처럼 그들의 운동을 근본적으로 바꿔야 한다는 사실을 깨달았다.

심손은 회의에서 "우리가 어벤저스의 세대로 살아남았으면 좋겠어요"라고 선언했다. "만약 우리가 살아남기를 원한다면, 우리는 집단적으로, 두 손에 무기를 들고 투쟁해야 합니다." 이에 대해 토론이 이어졌다. 무장투쟁을 하면 나치가 너무 심하게 보복하지는 않을까? 그들은 자신들만 구출해야 하는 것은 아닐까? 아니다. 그들은 싸워야만 했다. 심지어 책벌레 같은 성격을 지녀서 폭력에 거부감을 느꼈던 구스타조차도 복수하고 싶은 깊은 열망을 느꼈다. 아버지와 여동생을 죽인 적을 죽이고 싶은 열망. 그녀는 "지금은 기름진 흙이 묻어 있는 손이 곧 피에 젖게 될 것이다"라고 썼다. 지금까지 아키바가 쌓아올린 활동 성과는 곧 파괴될 것이다.[11] 8월경에 그들은 영가드, 프리덤, 그리고 다른 저항 단체들과 연합해서 '크라쿠프 파이팅 파이어니어'라는 조직을 결성했다.

성문 바로 안쪽에서 동지들이 심손의 심성에 대해, 그리고 구스타가 도착하기로 한 시간에 오지 못하고 있는 것에 대해 심손이 얼마나 조바심치며 걱정하고 있었는지 중얼거리는 소리가 들렸다. 그녀는 바로 자신이 험담의 대상이라는 당혹감을 감추기 위해 얼굴을 붉히고 크게 웃었다. 심손은 심지어 그녀를 맞이하기 위해 일터를 떠났다. 그들이 마주 섰을 때, 그녀는 자신의 등에 대고 있는 그의 단단하고 좁은 손바닥에서 힘을 느끼면서, 그의 강철같이 푸른 눈을 응시했다. 구스타는 갑자기 그가 이제 전업 전투원이고, 따라서 사람을 죽이는 것이 그의 운명이 되었다는 사실을 깨달았다. 이제 그녀 혼자 모든 일을 다 알아서 할 것이다. 그는 더 이상 영화배우들이 치장하는 것과 같은 피어싱이나 검은 눈으로가 아니라, 미래라는 눈으로 그녀를 바라보았다.

"시간이 얼마 남지 않았어."[12] 그가 속삭였고, 그녀는 그것이 영원하다는 것을 알았다. 그는 회의에 가야만 했다. 지금까지 구스타는 가장 영향력 있는 리더들의 회의에 많이 참석했었지만 여기서는 그 회의에 초대받지 못했다. 그녀는 곧 알아차렸다. 그들은 자신들만의 행동을 계획하고 있다는 것을.

크라쿠프는 나치에게 전략적 요충지였다. 그래서 그들은 크라쿠프가 프로이센의 뿌리를 가진 작센인들의 도시라고 주장하며 바르샤바 대신에 총독부의 수도로 지정한 후 철통같이 보호했다.[13] 이러한 상황에서 크라쿠프에 살던 유대인들은 고위 친위대 장교들과 밀접한 관계를 맺으며 지냈다. 크라쿠프의 청년 저항운동은 이처럼 특별한 환경 속에서 진행되었다.[14]

그래서 몇 주 후에 심손이 며칠 동안 집에 돌아오지 않았을 때, 구스타는 제정신이 아니었다. 재앙은 순식간에 닥칠 수 있었다. 만약 남자든 여자든 누군가가 심손을 알아보기만 해도 끝이었다. 그러나 그녀는 자신의 남편은 영리하기 때문에 위기를 극복했을 것이라고 스스로 위로했으며, 저항군이 싸울 준비가 되어 있다고 스스로 선언했던 것처럼 적과의 싸움에서 최선의 노력을 기울였다면, 지금쯤이면 여러 전투에서 승리했을 것이라고 생각했다. 심손은 마침내 돌아왔고, 잠시 머물다가 다시 떠났다. 그녀는 슬픔에 잠겼다. 서로 육체적으로 떨어져 있으면서 재회를 상상하는 것이 더 나았을까, 아니면 함께 있지만 감정적으로 멀리 있는 것이 차라리 더 나았을까?

심손이 돌아온 후부터 대원들은 게토 내부와 숲지대에서 중요한 전투가 계획되고 있다는 것을 알게 되었다. 추운 가을 날씨였지만 모두가 그 전투에 참여하기를 원했다. 비밀 계획에 따르면 크라쿠프 그룹은 자체 리더와 커뮤니케이션 전문가, 관리자 및 공급 담당자를 두고 자체적으로 움직이는 그룹으로 분리되었다. 각 그룹은 무기, 식량, 작전 지역 및 독립적인 행동 계획을 갖고 있었다. 대원들은 자신의 그룹에 속하는 다른 대원이 누구인지와 작전 계획을 알고 있었지만, 그룹 내에서조차 대원들은 다른 사람들의 소재와 행방을 알지 못했다.

이 모든 비밀 군사작전은 개방성과 비폭력을 주창해온 청년 그룹 문화와 완전히 반대되는 것이었다. 하지만 집과 가족을 잃은 대원들의 헌신은 대단했다. 구스타는 이들 "그룹은 죽음을 향해 가는 그들의 여정에서 마지막 피난처, 그들의 속마음을 내려놓는 마지막 항구가 되었다"라고 설명했다.[15] 동료들은 함께 모이면 안 되었지만—그들의 웃음과 동지애는 다른 사람들의 눈에 쉽게 띄었다—그렇게 모이지 않고는 견딜 수 없었다. 구스타는 "그들은 서로 동지애를 넘치게 표현했기 때문에, 집단은 너무 어린 나이에 상처 입은 그들의 정신에 필사적인 출구를 제공했다"라고 직관적으로 느꼈다. "누군가 그들이 효과적인 레지스탕스 투사가 되기에는 너무 어리지 않느냐고 묻는다면, 도대체 뭐라고 대답할 수 있을까? 그들은 젊음을 경험할 기회를 전혀 갖지 못했고, 앞으로도 계속 그럴 것 아닌가?"[16] 리더들은 그들이 속한 운동 단체가 추구하는 이념이 서로 달랐음에도 불구하고 모든 차이를 잊은 채 게토의 심장부에서 하나로 뭉쳤다. 이러한 모임은 외부에 노출될 수 있었고, 위험천만한 일이었음에도 불구하고 말이다.

에칭과 판화에 경험이 있는 아마추어 식자 장인 심손이 '기술 지원 본부'를 담당했다. 당시는 "문서, 어수선한 물건, 직인, 통행증, 증명서"의 시대였다. 심손은 투사들이 자유롭게 이동할 수 있도록 가짜 서류를 만들었으며, 구스타는 이를 꼼꼼히 살펴보았다. 심손은 문서를 만들 필요가 있을 때마다 장비를 늘어놓을 수 있는 방을 분주하게 찾아다니면서, 처음엔 사무실 전체를 자신의 "외투 주머니에" 지니고 다녔다. 그러나 그는 차츰 더 많은 공간이 필요했고, 아예 작업할 서류 가방을 들고 다니기 시작했다. 그는 자신의 "이동 사무실"을 휴대하고 빈 방을 찾아 게토를 배회했다.[17] 그러나 결국 서류 가방 하나로는 부족해서 두 개가 필요했다. 그리고 점점 더 많은 서류 가방이 필요했다. 그래서 조수팀이 작은 여행 가방과 상자, 타자기, 패키지 등의 장비를 들고 그의 뒤를 따랐다. 물론 이것은 전체 워크숍 부대에게 심각한 보안 문제를 야기했다. 기술 본부는 은밀하게 상주할 수 있는 공간이 필요했다.

구스타는 크라쿠프 외곽의 작은 마을 라브카에 있는 한 아름다운 빌라에서 아파트를 구했다. 그 아파트엔 창문이 두 개 있는 큰 방 외에 주방과 베란다가 있었으며 전체적으로 "소박하지만 세련되게 꾸며져 있고 조용한 가정적인 분위기가 풍기는 곳이었다." 그녀는 테이블 위에 꽃을 올려놓고, 창문에 커튼을 달고, 벽에 그림을 걸었다. "아늑한 둥지 같은"[18] 가족적인 분위기를 만들기 위해서였다.

여기서 구스타는 "휴양지에서 황금빛 가을을 보내는 병든 아내의 역할"을 맡았다. 구스타의 여섯 살 된 조카 비테크가 그들과 함께했다. 그들은 낮 동안에는 정원에서 즐겁게 놀고, 산책을 나가고, 잔잔한 강에서 보트를 빌려 탔다. 심손은 매일 아침 크라쿠프로 가는 버스를 타고 다니면서 다른 통근자들과 친해졌다. 구스타는 그가 말수가 적고, 확고한 표정을 짓고 다녔으며, "위험인물로 보일 만한 모습을 없앴다"라고 썼다. 버스 승객들은 그가 정부에서 일하는 공직자라고 생각해서 그에게 자리를 양보했다. 모든 사람들은 그의 가정이 부유하며, 그가 젊은 아내나 아들과 더 많은 시간을 보내기 위해 직장에서 처리해야 할 일을 두꺼운 서류 가방에 넣어 귀가한다고 생각했다. 그 누구도 그들의 빌라에 유대인 저항세력의 문서 위조 공장이 있다고 의심하지 않았다.

구스타는 창에서 조금 떨어진 구석에 책상과 타자기, 각종 장비 등을 갖춘 제대로 된 사무실을 마련했다. 그녀가 가정의 평온함 속에서 낮 시간을 보냈다면, 심손이 늦게 귀가한 후의 밤 시간은 내내 일하면서 보냈다. 마을에서 하나둘 불이 꺼지면 구스타는 창문을 가리고 문을 잠갔다. 그리고 새벽 3시까지 위조 서류를 만들고, 문서를 작성하고, 지하신문을 제작하고 인쇄했다. 매주 금요일에 발행되는 〈파이팅 파이어니어Fighting Pioneer〉는 유대인 나치 협력자들의 명단을 포함해서 10쪽으로 타이핑되어 있었다. 구스타와 심손은 250부를 인쇄했는데 이는 2인 1조로 구성된 투사들에 의해 크라쿠프 지역 전역에 배포되었다.[19] 그런 다음 그들은 심손이 도시로 나가는 7시 버스를 타기 전에 잠시 몇 시간 동안 눈을 붙였다. 버스에서 심손은 밤새 푹 쉰 것처럼 상쾌한 모습을 보여야 했다.

아키바의 동료이자 심손의 연락책인 한카 블라스Hanka Blas는 그들의 빌라에서 20분 거리에 살고 있었다. 구스타는 그녀와 "자매애"를 나누는 사이였는데,[20] 서로 접촉하지 않는 것이 그들의 안전을 위한 일일 텐데도 불구하고 쉽게 떨어질 수 없었다. 그들은 서로의 정체성을 알고, 서로의 절망적인 상황을 이해해주는 친구 관계 속에서 위안을 얻었다. 이웃 사람들은 한카가 비테크의 유모일 것이라고 짐작했다. 한카는 지하에서 작성된 회보를 몰래 운반했고, 아침에는 장바구니에 달걀, 버섯, 사과와 전날 밤 작성된 자료들을 담고 수건으로 덮은 채, 마치 시장에 가는 것처럼 버스를 탔다. 때때로 한카는 심손의 바로 옆자리에 앉았다. 그를 전혀 모르는 척하며.

어느 아름다운 날, 구스타는 자료를 전달했고, 바르샤바에서 돌아온 헬라 시퍼가 크라쿠프 게토에 도착했다.[21] 장밋빛 볼을 가진 '관능적인 미녀'인 헬라는 자신의 매력, 언변, 풍부한 상식과 요령을 이용해 아키바의 주요 연락책이 되었다.[22] 헬라는 유대교 하시드파 가정에서 자랐으며 폴란드 공립학교에 다녔다. 여성 민족주의자 단체에서 학생 회원들을 모집하러 왔지만 아무도 자원하지 않았을 때, 헬라는 유대인 동료들이 애국심이 부족하다는 사실을 부끄러워하며 이에 합류했다. 그 단체의 모임에서 이 소녀는 문화와 스포츠, 소총 및 권총 사격 훈련에 참여했다. 하지만 그녀는 결국 이 단체를 그만두었다. 관련 리더들이 제안한 내용들이 반유대주의적이라는 사실을 깨달았기 때문이다. 심손은 아키바는 무신론 집단이 아니라고 하면서 그녀가 합류하도록 설득했다. 시퍼는 자신이 폴란드 조직에 가담했다는 것보다 그 조직이 무신론 집단이라는 사실에 더 화가 났었다. 헬라는 가족에게서 도망쳤으며, 이제 아키바가 그녀의 집이 되었다.

자신감과 완벽한 자제력, 그리고 무역학 학위를 보유한 그녀는 지난여름 바르샤바 회의에서 청년 그룹이 전투부대를 결성하기로 했을 때 아키바의 대표로 참석했었다. 그녀는 여러 도시를 오가며 정보와 문서를 전달했다. 그런데 1942년 가을 오늘 아침, 그녀는 새로운 물건을 갖고 크라쿠프에 도착했다. 무기였다. 그녀의 헐렁한 운동복 안에는 두 자루의 브라우닝 소총이 걸려 있었고 그녀가 든 세련된 가방에는 세 개의 손 무기와 여러 개의 탄창이 들어 있었다.

구스타는 훗날 "지금까지 누구도 당시 헬라에게 쏟아진 것만큼 애정이 가득한 인사를 받은 적이 없었다"라고 적었다. "그 무기들이 주는 영감은 이루 말할 수 없는 황홀경을 불러일으켰다."[23] 사람들은 벽에 걸린 가방을 한 번이라도 보기 위해 그녀가 쉬고 있는 방에 들렀다. 구스타의 회상에 따르면 심손은 "어린아이처럼 행복해했다."[24] 리더들은 환상을 갖기 시작했다. 그들이 더 많은 무기를 구해서 투쟁하는 상황에 대해. 이것은 새로운 시대의 시작이었다.

그러나 사실 그들은 아무런 군사훈련도 받지 않았고, 심지어 어떤 희미한 군인 정신조차 갖지 않은 상태였다. 그들은 한마디로 말해서 대원들을 사지로 보낸다는 사실이 매우 불편했다. 대원들은 그들이 지하 폴란드 공산주의 정당인 PPR[정식 명칭은 폴란드 노동당Polska Partia Robotnicza으로 1942년부터 1948년까지 활동한 공산주의 정당]과 협력할 필요가 있다는 것을 알고 있었다. PPR과 그들을 이어주는 주요 연결 고리는 급진적 좌파 견해 때문에 몇 년 전에 영가드에서 제명되었던 혈기왕성한 유대인 시인 골라 미레Gola Mire였다.[25] 적극적인 공산주의자였던 그녀는 파업을 조직한 혐의로 12년 징역형을 선고받았다(당시 재판에서 그녀의 변론에 감동한 나머지 검사가 그녀에게 장미를 사줄 정도였다). 그러다가 나치 침공의 혼란 속에서 골라는 여자 교도소에서 탈출을 주도했으며, 남자친구를 찾기 위해 전국을 헤매고 다녔다. 그들은 소련 점령 지역에서 결혼한 후, 적군에 합류했다. 결국 그녀는 나치의 인간사냥을 피하기 위해 숨어 지내다가 첫 아이를 낳았는데, 주변에 도와줄 사람이 아무도 없어서 혼자서 탯줄을 잘라야 했다.

몇 달 후 골라는 도움을 받기 위해 게토에 들어왔지만, 아기는 그녀의 팔에 안긴 채 사망했다. 그녀는 게토에 있던 한 독일 공장에서 일했으며, 거기서 사보타주가 너무 위험해질 때까지 음식을 담는 통에 몰래 구멍을 뚫었다. 골라는 PPR과의 관계를 유지했는데, 이 당은 유대인과 협력하는 것을 꺼려했지만 당원들에게 유대인들이 숲지대 안내원과 은신처 찾는 것을 도와주도록 설득했다. 아키바는 그녀를 "진정한 여성의 마음을 가진 용맹한 전사"로 보았다.[26] 그러나 유대인들은 PPR을 무조건 신뢰할 수는 없었다. 언젠가 PPR 당원들이 유대인 다섯 명을 숲에 있는 반군 그룹에게 인도하기로 약속했는데, 그들은 제대로 길을 안내하지 않았으며 배신하기도 했다. 한번은 무기와 자금을 제공하기로 약속해놓고 어찌된 일인지 도착하지 않았다.

결국 유대인당은 이들과의 협력 없이 독립 세력을 조직해서 투쟁하기로 결정했다. 젊은이들은 마른 껍질을 먹고 구멍 난 장화를 신고 지하실에서 잠을 잤지만, 자부심에 차 있었다. 그들은 무기 구입 자금을 모았다.

기술 본부는 가짜 서류를 판매했으며, 아마도 강도짓을 통해 획득한 돈도 받았다. 한 그룹의 투사들이 폴란드 돈인 즈워티를 찾기 위해 샅샅이 뒤지고 다녔으며, 다른 그룹은 기지로 삼을 만한 장소를 찾기 위해 숲을 정찰했다. 헬라와 다른 두 명의 여성은 안전한 집을 찾기 위해 숲 주변을 탐색했다. 다른 여성들은 인근 마을로 파견되어 작전이 임박했다는 사실을 미리 경고해주었다. 구스타는 은신처를 찾아내고, 몇몇 그룹들을 숲으로 안내하고, 리더들과 협의를 수행하고, 커뮤니티를 구성했다. 그녀는 키엘체와 연락을 유지했는데, 그곳에서 동료들은 젊은 유대인 예술가나 가족을 구출하는 데 집중할 것인지에 대해 토론했다. 이 유대인당 그룹은 다양한 투쟁 방법을 개발하고, 이를 실행하기 위해 필요한 자금을 구하러 다녔지만, 구스타는 이들 그룹이 착각하고 있다고 느꼈다. 그녀는 여성인 그들의 아이디어를 저항운동 지도부에 납득시키기에 적합한 사람이 아니었다.

고위직 리더들이 모이는 레지스탕스 집회에 여성의 참석을 막는 보이지 않는 장벽이 있다는 사실, 그리고 여성들은 그저 남성들에게 방해가 된다는 이유로 훈계를 받는다는 사실 때문에 구스타는 좌절감을 느꼈다. 여기에서 여성들은 겉보기에는 평등했지만(이 그룹에는 많은 활동적인 여성 리더들이 있었다),[27] 주요 결정을 내리는 핵심 리더 그룹에서는 밀려나 있었다. 그녀는 네 명의 남성 리더가 성급하고 고집이 세지 않을까 걱정했지만, 그녀는 적어도 그중 한 명은 다음 사실을 기억할 것이라고 희망하면서 스스로 위안을 얻었다. '소중하지 않은 생명은 없다.'

✳

10월의 어느 날 가을 햇살은 포근했고, 불길한 조짐은 전혀 없었다. 그런데 이날 아침 크라쿠프에서 나치의 대규모 작전이 펼쳐졌다. 나치의 작전이 예상했던 것보다 하루 일찍 펼쳐졌기 때문에 그들은 방심한 상태였다. 구스타와 그녀의 동지들은 부모를 구하지 못한 채 겨우 게토를 탈출할 수 있었다. 그들은 일단 창고에 숨었다가 한 은신처에서 다른 은신처로 옮겨 다녔다. 구스타에게 절대적인 고요만큼 절망적인 것은 없었다. 다른 마을의 경우, 나치의 학살 작전이 온 가족에 대한 기관총 사살을 수반한 기괴하고 피비린내 나는 일이었다면, 크라쿠프에서의 작전은 한 나라의 '수도'가 연관된 사건이었다. 그런데도 학살은 그저 조용하고 질서정연하게 집행되었다. 유대인들은 너무 굶주려서 비명을 지를 힘조차 없는 나약한 상태였다. 침묵, 가족의 상실, 공포는 그 결과였고, 결국 이 모든 것이 청년들을 자극했다. 터질 것 같은 머리를 식히기 위해, 그리고 복수를 위해서 그들은 행동에 착수했다.

유난히 아름다운 가을이었다. 구스타는 "나뭇잎들은 푸르른 신선함을 지닌 채 새로운 계절을 맞이하고 있었다"라고 썼다.[28] "태양은 자비로운 빛을 내려서 대지를 따스하게 데우면서 온 땅을 황금빛으로 물들게 했다." 운동 단체는 이러한 매일매일이 선물과 같다는 것을 잘 알고 있었다. 날이 춥고 축축해지기 시작하면 숲속에서 방향을 잡기가 힘들어질 것이다. 그래서 그들은 투쟁 방향을 바꿨다. 투사들은 투쟁 장소를 바로 이 도시로 옮기고 나치 고위층을 공격 목표로 삼기로 결정했다. 그러면 "아무리 소규모 공격이라도 권력의 심장부와 같은 크라쿠프를 타격하면, 나치 권력을 작동하게 하는 거대한 기계의 핵심 부분에 막대한 손상을 가할 수 있다."[29] 그녀는 이런 작전이 나치에게 극도의 혼란과 두려움을 초래하기를 간절히 바라면서 그렇게 적었다. "합리적인 목소리"들은 청년들에게 작은 행동으로 나치를 자극하지 말고 기다리라고 말했다. 하지만 투사들은 남아 있는 날이 별로 없다고 생각했다.

모든 동지들이 황혼부터 새벽까지 일하면서 믿을 수 없을 만큼 바쁘게 지낸 나날이었다. 그들은 신속하게 게토 안팎에 기지를 설치했을 뿐 아니라, 인근 도시에도 접촉 지점과 안전한 숙소(안가)를 마련했다. 동지들은 두세 명씩 다니면서 상황을 파악하고, 연락책으로 활동하고, 비밀경찰의 움직임을 살펴보고, 문서 위조 등 기술 작업을 계속하고, 번화한 거리에 전단지를 배포하면서 적에 맞섰다. 투사들은 어두운 골목에서 갑자기 나타나 나치 대원을 공격해서 무기를 탈취하고는 어둠 속으로 사라졌다. 그들은 반역자와 협력자를 우선적으로 죽였다. 유대인의 외모 때문에 그들 중 많은 사람들은 변장하지 않은 채 아리아인 사이에 숨어 들어가서 활동하기가 어려웠다. 그 와중에도 한 리더는 폴란드 경찰 제복을 입고 활동하다가[30] 스스로 나치로 "승진"하기도 했다.[31]

그룹 구성원 사이에는 새롭고 강력한 유대감이 형성되어, 혈연 가족과는 다른 고귀한 유대감으로 발전했는데, 이 새로운 가족과의 유대감은 가족의 몰살로 인한 쓰라린 상처에서 회복되도록 도와주었다. 전국에 흩어져 있던 동지들에게 운동 조직은 그들만의 우주와 같아서, 그들이 내리는 결정은 생사를 좌우했으며, 그들의 상호 의존은 세상에서 가장 중요한 것이었다. 이 청년들은 대학생 나이였는데, 이 시기에는 파트너십이 자아 개념이나 정체성을 형성하는 데 중요했다. 일부 대원들은 서로 연인 관계로 급속히 발전하기도 했고, 대상이 바뀌기도 했다. 남녀의 이성적 관계는 종종 열정적이고 조급했지만 삶을 긍정하는 성격을 보였다.[32] 그밖에 다른 대원들은 서로에게 부모나 형제자매, 사촌의 역할을 대신했다.

크라쿠프의 요제핀스카 거리 13번지 1층에 게토 본부가 있었다. 길고 좁은 복도를 거쳐야 하는 방 두 개짜리 아파트에 둥지를 튼 게토 본부는 대원들에게 집이 되었다. 그들은 이 집이 마지막 집이 될지 모른다는 사실을 알고 있었다. 대부분의 청소년들은 가족 가운데 유일하게 살아남았기 때문에 가족이 남긴 "유품"(속옷, 옷, 부츠)을 은신처로 가져와서 필요한 사람들에게 나눠주었다.[33] 그렇지 않으면 그것들을 판매해서 조직의 공동 자금으로 사용했다. 그들은 서로 깊이 사랑해주고, 또 사랑받고 싶어 하면서, 금고와 주방 등 모든 것을 공유하는 공동체를 만들었다. 인상이 매우 강하지만 유머가 풍부한 동지 엘사는 난로를 완전히 장악하고 "그녀의 인생과 영혼을 주방 관리에 바쳤다."[34] 주방은 협소해서 냄비와 프라이팬이 바닥에 겹겹이 쌓여 있었기 때문에 주방 문을 열려면 이것들을 옆으로 치워야 했다. 아파트는 작전 본부로 사용되어서, 그들은 여기서 체크인한 후에 각자의 자리로 배치되었다. 그들 모두는 통금 시간이 되기 직전에 복귀해서, 작전의 성과와 실패에 대해 보고하고, 글자 그대로 가까스로 총알을 피한 무용담을 이야기했다.

그들은 요제핀스카 거리의 본부에서 함께 식사했다. 대화와 웃음이 있는 매일 저녁이 특별했다. 아주 강한 성격이어서 체포되었을 때도 마치 경찰을 산책시키는 듯 보였던 안카, 매력적이고 눈부시게 빛나는 미르카, 토스카, 마르타, 기자, 토바.[35] 침대 하나에 일곱 명씩 자고 나머지는 의자나 바닥에서 잤다. 그곳은 세련되게 꾸며진 것도 특별히 깨끗한 것도 아니었지만, 소중한 거처이자 그들의 진정한 정체성을 가지고 살 수 있는 마지막 장소였다.

이 모든 시기 동안 그룹은 아키바의 전통에 따라 오네그 샤바트를 지켰다. 11월 20일 금요일, 그들은 안식일을 지키기 위해 황혼 무렵부터 다음 날 해가 뜰 때까지 모여 있었다. 이틀 동안 음식을 장만한 후 흰 블라우스와 셔츠를 입은 채, 하얀 식탁보가 씌워진 테이블에 모였다. 잠시 침묵이 흐른 후, 그들은 수년 동안 불러왔던 노래를 우렁차게 불렀고 화음이 넘쳐흘렀다. 그러나 그날 밤 그들은 마지막으로 안식일 신부를 맞이했다. 누군가 "오늘이 최후의 만찬이야!"라고 외쳤다.[36] 맞아, 그렇지! 그들 모두는 알고 있었다. 테이블 머리에 앉아 있던 리더는 죽음이 얼마나 가까이에 있는지에 대해 장황하게 말했다. 이제 "역사가 흘러갈 세 개의 길을 위해 싸워야 할" 때가 다가왔다.[37]

그리고 활동이 크게 증가했다. 상황이 악화되자 그룹은 게토를 떠나야 했다. 어느 날 밤 그룹 리더들이 공원에 숨어 있다가 지나가던 한 나치 중위를 총으로 쏘았다. 그들은 덤불에서 천천히 걸어 나와 겁에 질린 군중 속에 섞여 지그재그식으로 걸어서 요제핀스카로 돌아왔다. 그들을 따라오는 사람은 아무도 없었다. 하지만 이 과감한 행동은 나치 당국이 용인할 수 있는 선을 넘었다. 자신들을 수치스럽게 만든 이 반란세력을 분쇄하기로 작정한 나치는 대중에게 어떤 일이 벌어졌는지에 대해선 거짓말을 했다. 그들은 보안을 강화하고, 통금 시간을 늘렸으며, 인질을 잡고, 관련자 명단을 작성했다. 그들은 투쟁의 클라이맥스로 노천에서의 전투를 계획하고 있던 리더들을 추적했다.

마을에서 몇 차례 더 나치를 살해하는 데 성공한 후, 운동 조직은 그 활동을 확대하기로 결정했고 그들의 활동을 "점점 더 강하게" 전개하기 위해 폴란드 지하운동 단체 PPR에 속한 유대인 대원들과 결속을 다졌다. 1942년 12월 22일, 나치들이 마을에서 크리스마스 선물을 사러 다니거나 크리스마스 파티를 즐기고 있는 동안, 40명의 유대인 남녀 투사들이 크라쿠프 거리로 향했다. 여성들은 도시 전역에서 나치 반대 포스터를 나눠주었고, 남성들은 폴란드 파르티잔의 깃발을 들고, 한 폴란드 시인의 동상 앞에 화환을 바쳤다. 이 모든 것은 곧 발생할 사태와 관련해서 유대인들이 비난받지 않도록 하기 위한 것이었다. 그 후 레지스탕스 투사들은 군용 차고를 공격했고, 도시 전역에서 화재경보기를 울려 큰 혼란을 일으켰다. 저녁 7시가 되자 그들은 독일인들이 모여 있던 세 개의 커피숍으로 내려가서 마침 진행 중이던 나치 크리스마스 파티를 폭파했다. 투사들이 아름다운 구시가지에 있는 독일군 고위 장교들의 전용 카페 시가네리아에 수류탄을 던졌던 것이다. 이 습격으로 인해 적어도 일곱 명의 나치가 사망하고 수많은 부상자가 발생했다.[38]

이 일에 가담한 레지스탕스 리더들은 곧 체포되고 사살되었지만, 유대인들은 크라쿠프 중앙역, 키엘체 커피하우스, 라돔의 영화관을 포함하여, 도시 외곽에 있는 여러 폭파 대상물들에 대한 공격을 멈추지 않고 계속했다. 골라 미레가 이 모든 작전에서 도움을 주었다.

✳

12월의 공격이 있은 지 몇 주 후, 헬라는 기차를 타고 가면서 어디서 자야 할지, 뭔가 먹을 수 있을지 알 수 없어서 전전긍긍하고 있었다.[39] 그러다가 한 젊은 폴란드 학자와 대화하게 되었는데, 그는 그녀를 안심시켰다. "전쟁은 곧 끝날 거예요."

그녀가 물었다. "어떻게 아세요?"

그는 폴란드군이 움직이기 시작했다고 설명했다. 그는 폴란드인들의 지하운동을 자랑스럽게 여겼다. 그들이 나치가 모여 있던 카페를 폭파했답니다!

헬라는 자신을 제어할 수 없었다. 만약 그녀가 마지막 남은 유대인이라면? 그녀는 그가 진실을 알기를 원했다. 그녀에게는 배신할 사람이 남아 있지 않았다. 결국 그녀는 말했다. "친절한 선생님, 당신이 조금 전에 언급한 크라쿠프 카페를 공격한 것은 사실 젊은 유대인 투사들이었다는 것을 아셔야 합니다. 그리고 만약 당신이 살아서 전쟁의 끝을 보게 된다면, 세상 사람들에게 부디 진실을 말해주세요. 그리고 기왕 말하는 김에 알려드리고 싶군요. 저도 유대인이랍니다."

남자는 깜짝 놀라는 것 같았다. 그런데 그때 기차가 크라쿠프 역에 들어서고 있었다.

기차가 도착하자 그는 단호하게 말했다. "나와 함께 갑시다." 헬라의 끝이 이것이었을까? 그를 따라가도 괜찮을까?

그는 그녀를 따뜻한 아파트로 데려갔고, 그녀는 거기서 안전한 밤을 보냈다.

11   1943년, 새해 — 바르샤바에서 발생한 작은 봉기

지비아와 레니아

1943년 1월

크라쿠프에서 저항세력에게 고무적인 성과를 보여준 봉기가 있은 지 몇 주 후인 어느 날 아침 6시에, 지비아는 새로운 소식을 듣고 잠에서 벌떡 일어났다.[1] 나치가 바르샤바 게토에 쳐들어왔다. 기습 작전이었다.

ZOB는 나치가 아리아인 구역에서 대규모 수색에 정신이 팔려 있다고 추정했었다. 거기서 나치는 수천 명의 폴란드인을 체포했다. 이 때문에 조직은 모든 연락책들에게 아리아인 구역보다 비교적 안전해 보이는 게토로 복귀하라고 요청했었다. 심지어 폴란드 지하운동 조직도 게토에 은신처를 두고 있었다.

하지만 힘러는 그들이 제거해야 할 새로운 유대인 할당량이 생겼다.[2]

활동 계획을 세우고 회의하느라 늦은 밤이었지만, 지비아는 서둘러 옷을 입고 상황을 점검하기 위해 아래층으로 내려갔다.

거리는 이미 포위되었고 집집마다 앞에 독일군 보초가 배치되어 있었다. 밖으로 나갈 수도 없었고 다른 부대와 연락할 방법도 없었다. 지금까지 세웠던 계획은 모두 무용지물이었다. 그들의 전투 계획은 이제 실행 불가능이었다. 독일군은 게토를 완전히 파괴할까?

지비아는 패닉에 빠졌다. 어떻게 아무 준비도 하지 않았을까?

✳

지난 몇 달 동안, 나치의 여름 작전이 초래한 엄청난 사망자 수에도 불구하고, ZOB에서 진행된 발전은 희망을 불러일으켰다. 크라쿠프에서와 마찬가지로 청년 단체들은 서로 든든하게 신뢰하는 사람들로 구성되어 있어서, 비밀 전투부대가 될 만반의 준비가 되어 있었다. ZOB는 아직 게토에 살아 있는 수백 명의 동지들을 대상으로 새로운 동지들을 모집했다. 신입 회원 가운데 혹시라도 밀고자가 있을지 모르므로 선발 작업은 매우 신중하게 이루어졌다. 또한 ZOB는 다른 운동 조직과 동맹을 맺으려는 노력도 재개했다. 물론 그들은 무장이 더 잘되어 있는 독자적인 민병대 ZZW(유대군사연합)를 보유한 수정주의자 단체인 베타르와는 동맹조건에 합의할 수 없었다.[3] 그러나 분트는 마침내 그들과의 협력을 받아들였다. 그들은 '성인'들로 구성된 시온주의 정당들과 함께, ZOB에 합류해서 새로운 동맹을 맺었다.[4]

ZOB는 이런 새로운 신뢰감을 동원해서 마침내 두 개의 경쟁적 분파로 구성된 폴란드 지하운동과 연결될 수 있었다.[5] 국내군(폴란드에서는 아르먀 크라요바Armia Krajowa 또는 AK로 알려졌다)은 런던에 머물고 있던 우익 성향의 망명정부에 소속되어 있었다. 비록 많은 회원들이 개인적으로는 유대인을 돕는 자유주의자였지만, 국내군의 지도부는 반유대주의적 성향을 갖고 있었다(현재 바르샤바에서 유명한 동물원 사육사인 얀 야비에스키Jan Abièski는 당시 AK 회원이었다). 반면에 인민군은 폴란드 공산주의자 단체인 PPR과 연계되어 있었으며, 당시 두 분파 중에서 약자였다. 인민군Armia

Ludowa(AL)은 소련과 협력하면서, 유대인 게토나 숲의 레지스탕스 투사들과도 기꺼이 연대하고자 했다. 사실상 나치를 무너뜨리고자 하는 누구와도 협력할 용의가 있었다. 하지만 그들은 투쟁 자원이 부족했다.

국내군은 여러 가지 이유로 ZOB를 돕는 것을 달가워하지 않았다. 그 리더들은 유대인들이 맞서 싸우지 않았다고 느꼈다. 게다가 그들은 게토 봉기가 확산하는 것을 두려워했다. 봉기를 지속할 만한 무기도 충분히 갖고 있지 않았다. 그들은 준비되지 않은 채 성급히 일으킨 봉기가 오히려 해가 될 것을 우려했고, 자신들이 뛰어들기 전에 독일과 러시아가 서로 싸우며 피를 흘리도록 내버려두기를 원했다. 국내군은 보잘것없는 청년 단체들과 협력에 관해 진지하게 논의할 의지가 없었지만, 새로운 동맹과는 만날 생각이 있었다.

회의는 성공적이었다. 국내군은 성능이 좋은 총 열 자루와 폭발물 제조법에 대한 설명서를 보내주었다. 그리고 한 유대인 여성이 화염병을 제조하는 방법을 발견했다. 가족들이 모두 떠나 황폐화된 주택에서 수거한 전구들을 가져다가 황산으로 채우는 방법이었다.[6]

열정에 불타는 ZOB는 광범위하게 활동을 전개하기 시작했다. 프룸카가 벵진으로 파견된 것과 마찬가지로, 여러 대원들이 폴란드 전역에 파견되어 레지스탕스 그룹을 이끌었고 외국과의 관계도 유지했다(지비아는 나중에 자신들이 그동안 외부의 도움을 받지 못한 것이 단지 바깥 세계가 자신들의 투쟁을 몰라서 그런 것이라고 생각할 정도로 순진했다는 점에 대해 자책했다). 리브카 글란시는 쳉스토호바로 갔고, 레아 페를슈타인과 토시아는 바르샤바의 아리아인 구역에서 무기를 구하러 다녔다.

분트 대원들은 전투조를 강화했다.[7] 분트 리더인 아브라샤 블룸Abrasha Blum은 블라드카 미드에게 접근해서 저항군 회의에 초대했다. 블룸은 블라드카가 곧고 연한 갈색 머리칼에 작은 코와 회녹색 눈을 갖고 있으니, 아리아인 구역으로 가라고 요청했다. 블라드카는 대부분의 유대인들이 끔찍한 환경에서 거의 노예 노동자처럼 일하던 지긋지긋한 게토를 떠난다고 생각하니 마음이 들떴다.[8]

1942년 12월 초의 어느 날 밤, 블라드카는 다음 날 아침 한 작업반과 함께 그곳을 떠날 때 분트가 발간한 마지막 지하 회보를 가져가야 한다는 연락을 받았다. 회보에는 트레블링카의 세부 지도가 들어 있었다. 그녀는 그 부분을 신발 속에 숨긴 채 나가다가, 전에 그녀에게서 뇌물 500즈워티를 받았던 작업반 책임자를 발견했다. 그때 그는 꽁꽁 얼어붙는 추운 날씨에 한 그룹이 게토 장벽 출구에서 검문을 기다리는 동안 대기 중이던 그룹 속에 그녀를 슬쩍 끼워 넣어주었다. 블라드카를 조사하던 나치가 그녀의 얼굴이 마음에 들지 않는다고 불평하기 전까지는 모든 것이 순탄했다. 어쩌면 그녀의 얼굴이 너무 마음에 들었는지도 모른다. 블라드카는 대열에서 끌려 나와서 여기저기 핏자국이 흩어져 있고 반나체의 여성 사진이 걸려 있는 작은 방으로 보내졌다. 경비병이 그녀를 수색하면서 옷을 전부 벗으라고 명령했다. 그녀는 이제 신발만 신은 채였다.

"신발 벗어!" 그가 소리쳤다. 그런데 바로 그때, 나치 한 명이 뛰어 들어와서, 그녀를 괴롭히던 경비병에게 유대인 한 명이 탈출했다고 알렸고, 둘 다 급히 뛰어나갔다. 블라드카는 재빨리 옷을 입고는 문밖에서 지키고 있던 경비병에게 자신은 검열을 통과했다고 말하며 그곳을 빠져나왔다. 이어서 그녀는 아리아인 구역으로 가서 동지들을 만났고, 비유대인들과의 연락망을 구축하면서 유대인이 은신할 수 있는 장소를 물색하고, 무기를 조달하는 임무를 시작했다.

가장 중요한 것은, ZOB가 나치 협력자들을 제거하기로 결정한 것이다.

ZOB는 게토 곳곳에 유대인들에게 저지른 범죄에 대한 복수를 선언하는 포스터를 내걸었으며, 유대인 민병대와 유대인 평의회에 속한 두 명을 살해함으로써 즉각 이 경고를 실행에 옮겼다. 지비아도 놀랐지만, 이 암살 사건은 게토 유대인들에게 강한 인상을 남겼다. 그들은 이제 ZOB의 힘을 존중하기 시작했다.

새로운 권위가 게토를 지배했다.

투쟁 단체들은 몇 주 후에 전면적인 봉기를 계획하고 있었다. 분트의 리더 중 한 명인 마레크 에델만Marrek Edelman에 따르면, 그들은 거사 일을 1월 22일로 정했다.[9]

※

그런데 1월 18일 전격적으로 나치의 작전이 시작되자, 지비아는 충격에 빠졌다. 동지들은 회의를 소집해서 대응책을 결정할 시간이 없었다. 몇 몇 동지들은 자신들이 유사시에 어디에 배치되기로 결정되어 있는지조차 확실히 알지 못했다. 대부분의 전투조는 각목, 칼, 쇠꼬챙이를 제외하곤 무기도 지급받지 못했다. 또한 각 그룹은 별개로 조직되어 있어서 서로 연대하는 것도 불가능했다.

하지만 지체할 시간이 없었다. 두 그룹이 즉흥적으로 대응책을 결정한 후 곧바로 행동에 나섰다. 지도부가 모여 논의할 시간이 없었다는 것이 오히려 그들을 즉각 움직이도록 재촉했던 것이었다.[10]

당시 지비아는 이런 사실을 파악하지 못한 상태였지만, 모르데하이 아닐레비츠는 재빨리 남녀 영가드 투사들에게 거리로 나가서 나치에게 체포되어, 집결지로 끌려가는 유대인 대열 속으로 들어가라고 명령했다.

아닐레비츠는 자신이 있던 대열이 니스카 거리와 자멘호파 거리가 만나는 모퉁이에 도달했을 무렵, 명령을 내렸다. 젊은 투사들은 숨기고 있던 총기를 순식간에 꺼내서 근처를 행진하고 있던 독일군에게 발사했다. 또한 그들은 동료 유대인들에게 도망치라고 소리치면서 수류탄을 던졌다. 도망친 유대인은 적었다. 블라드카 미드가 언급한 바에 따르면 "추방되고 있던 다수 유대인들이 손과 발, 이빨, 팔꿈치 등을 이용해서 독일군 병사들을 덮쳤다."[11]

그러자 독일군은 혼비백산했다. "유대인들이 우리에게 총을 쏘고 있다!" 극도의 혼란 속에서 유대인 청년들은 계속 사격을 가했다.

하지만 나치는 곧 진열을 정비하고 신속하게 반격을 시작했다. 말할 필요도 없이, 저항세력이 가진 몇 자루의 권총은 독일군의 강력한 화력에 경쟁 상대가 못 되었다. 독일 제국군의 병사들은 도망치는 몇 안 되는 ZOB 투사들을 추격했다. 아닐레비츠는 총알이 떨어지자 독일군의 총을 낚아채고, 건물 안으로 도피한 뒤 계속 사격을 가했다. 그때 근처 벙커에 있던 한 유대인이 그를 끌어당겨 피신시켰다. 살아남은 사람은 아닐레비츠와 여자 투사 한 명뿐이었다. 결과는 비극적이었다. 하지만 이러한 투쟁이 미친 영향은 이루 말할 수 없이 컸다. 유대인들이 독일인들을 죽였다.

두 번째 그룹은 지비아의 그룹이었다. 안테크와 다른 두 명이 지휘하는 이 전투조는 첫 번째 그룹과는 다른 전술을 취했다. 유대인들은 대부분 거리로 나가지 않고 숨어 있었다. 이는 유대인들을 찾기 위해서 독일인들이 건물 안으로 들어가야 한다는 것을 의미했다. 그들은 자신들이 패배할 것이 거의 확실한 거리 전투 대신, 나치가 건물 안으로 들어와서 총을 쏠 때까지 기다리기로 결정했다. 지비아는 매복공격이 독일군에게 가장 큰 피해를 입히는 방법이라고 생각했다.

지비아는 자멘호파 거리 56~58번지 아파트에 있던 프리덤 기지 중 한 곳에 숨어서 경계 태세를 취하고 있었다. 40명의 젊은 남녀 투사가 각자 자리를 잡았다. 그들에겐 수류탄 4발과 4자루의 총이 있었으며, 대부분은 쇠파이프나 각목, 임시방편으로 제조된 화염병으로 무장했다.

지비아와 그녀의 동료들은 자신들이 목숨을 걸고 싸우고 있다는 것을 알고 있었지만, 그들이 계획한 것처럼 나치가 건물에 진입하면 그들에게 큰 피해를 입힌 뒤에 명예롭게 죽음을 맞이할 수 있기를 간절히 고대했다. 지난 반년 동안 독일인들은 조직적으로 바르샤바의 유대인들을 살해해왔지만, 유대인들은 그들에게 한 발의 총도 발사하지 않았다.

집결 광장에 강제로 끌려가는 사람들의 날카로운 외침을 제외하면 절대적인 침묵이 지배했다. 무기를 움켜쥐고 초조하게 서서 독일군과의 대결을 기다리는 동안, 그녀는 급격한 흥분과 동시에 깊은 슬픔을 느꼈다. 훗날 그녀는 당시를 회상하면서, 내면에 소용돌이쳤던 혼란은 마치 "내 인생의 마지막 순간에 이루어진 감정의 결산 같았다"라고 표현했다.[12] 이제 그녀는 친구들을 다시는 볼 수 없으며, 알리야, 즉 팔레스타인 이주는 결코 이루어지지 않을 것이다.

시인 이츠하크 카츠넬손이 침묵을 깨고 한마디 했다.

"우리의 무장투쟁은 미래 세대에게 영감을 줄 겁니다. (…) 그리고 우리의 행동은 영원히 기억될 겁니다."[13]

그때 군화가 계단을 오르는 날카로운 소리가 들렸다. 현관문이 휙 열렸다. 한 무리의 독일군 병사들이 쏟아지듯 건물 안으로 밀려 들어왔다.

한 동지는 숄렘 알레이헴Sholem Aleichem의 책을 읽는 척하고 있었다. 독일군은 그를 지나쳐 지비아가 다른 사람들과 함께 앉아 있는 방으로 들어갔다. 불쌍한 유대인들, 그들은 마치 사형 집행을 기다리고 있는 듯 보였다. 바로 그때, 책을 읽는 척하던 청년이 벌떡 일어나, 등 뒤에서 독일군 두 명에게 총을 발사했다. 그러자 다른 나치들은 계단 쪽으로 후퇴했다. 투사들이 옷장과 은신처에서 일제히 튀어나와 각자 가진 무기를 동원해 싸우기 시작했다. 몇몇은 총에 맞아 쓰러진 독일군에게서 소총과 권총, 수류탄 등을 탈취하는 데 집중했다.

살아남은 독일군은 서둘러서 퇴각했다.

제대로 무장하지도 못한 유대인들이 나치를 죽였다!

그리고 이제 그들은 많은 무기를 확보했다.

몇 분 동안의 흥분이 가라앉자, 충격이 몰려왔다. 그들은 혼란스러웠고, 정말로 당황했다. 지비아는 그들이 독일인을 죽이고 살아남았다는 것을 도저히 믿을 수 없었다. 감정이 북받쳤지만, 투사들은 집중력을 잃으면 안 된다는 것을 깨달았다. 나치는 반드시 돌아올 것이다. 그러면 어떻게 해야 할까? 지비아는 "우리는 전혀 준비가 되어 있지 않았다"라고 기록했다. "우리가 살아남을 것이라고는 예상하지 못했다."[14]

그들은 도망쳐야 했다. 그들은 부상당한 한 동지를 은밀한 곳에 숨긴 다음, 건물의 천장에 있는 채광창을 통해 지붕으로 올라간 후, 눈과 얼음이 덮인 5층 높이의 기울어진 지붕을 따라 줄지어 살금살금 걸어갔다. 그리고 마침내 어떤 건물의 다락방 안으로 들어갔다. 겁에 질린 채, 휴식을 취하고 투쟁을 재점검할 시간을 가질 수 있기를 바라면서.

하지만 독일인들도 그 건물로 들어왔고 쿵쿵거리며 계단을 올라왔다. 프리덤 동지들이 사격을 시작했다. 대원 두 명은 한 독일 병사를 계단실 아래로 밀어 던졌다. 다른 대원은 출입구 쪽에 수류탄을 던져서 나치가 탈출하지 못하도록 막았다. 독일군은 사망자와 부상자들을 끌고 밖으로 나갔고, 그날 밤엔 다시 돌아오지 않았다.

이튿날, 나치는 사람들이 모두 떠난 아파트와 이 새로운 '기지'를 공격했다. 그러나 동지들은 또다시 살아서 나왔다. 부상자는 단 한 명, 사망자는 없었다.

날이 어두워지자마자, 지비아의 부대는 농장에서 도착한 동지들을 만나기 위해 밀라 거리 34번지에 있는 프리덤 초소로 향했지만, "죽음의 침묵이 공기 중에 무겁게 스며들어 있다"는 사실만 확인했다.[15] 가구들은 모조리 부서졌고, 베개의 깃털이 온 바닥을 뒤덮고 있었다. 지비아는 그들이 모두 체포되어 트레블링카로 끌려갔다는 사실을 나중에야 알았다. 몇몇 용감한 여성들을 포함한 소수만이 기차에서 뛰어내려 탈출하는 데 성공했다.

지비아의 그룹은 건물에서 가장 전략적인 위치에 있는 아파트에 기지를 마련했다. 그리고 각 전투조는 브리핑을 받고 전투 위치를 잡았다. 갑작스러운 기습 공격에 대비해서 경계조도 배치되었다. 투쟁이 시작된 이래 처음으로, 그들은 후퇴 계획과 대체 집결지에 대해 설명을 들었다. 그리고 드디어 잠을 청했다.

동이 틀 무렵, 게토는 고요했다. 지비아는 나치가 조용히 건물로 잠입하고 있다는 것을 알아챘다. 그들은 지역의 안전을 테스트하기 위해 먼저 유대인 경찰을 들여보냈다. 가택수색은 그리 철저하지 않았다. 나치는 "유대인의 총알"을 무서워했다.

지비아는 활기를 되찾았고 살아야 할 새로운 이유를 느꼈다.

그녀는 "수천 명의 유대인들이 은신처에서 몸을 움츠리고, 낙엽 지는 소리에 몸을 떨고 있던 바로 그때, 총탄과 피의 세례를 받았던 우리는, 예전에 갖고 있던 두려움의 흔적들이 거의 모두 사라진 채 자신만만하게 물러앉아 있었다"라고 썼다.[16] 한 동지는 난로에 불을 붙일 성냥을 찾기 위해 마당으로 나갔다. 그리고 보드카까지 구해서 돌아왔다. 그들은 난롯가에 앉아서 술을 마셨다. 그러곤 자신들의 전투를 회상하고 농담을 하며, 너무 우울해 있던 한 대원을 놀리기까지 했다. 그 우울한 대원이 수류탄으로 그들 모두를 죽이려 해서 결국 지휘관이 뜯어말리는 소동이 벌어지긴 했지만.

그들이 여전히 농담을 나누고 있을 때 경계를 보고 있던 대원이 안으로 들어왔다. 그는 "안마당에 친위대 부대가 나타났다"라고 경고했다.

지비아가 창밖을 힐끗 내다보았더니, 친위대 부대가 그곳에 사는 유대인들에게 건물 밖으로 나오라고 소리치고 있었다. 그러나 누구도 꿈쩍하지 않았다.

다시 한번 독일군이 안으로 들어왔다가, 순간적으로 항복하는 척하는 투사의 속임수에 넘어갔다. 바로 그때 다른 사람들이 총을 쏘아서 "사방에서 독일 병사들에게 총알이 쏟아졌다."[17] 나치는 건물 밖으로 후퇴했지만, 이번엔 밖에서 매복하고 있던 동지들로부터 공격을 당했다. 지비아는 계단 위에 몇 명의 사망자와 부상당한 독일군 병사들이 흩어져 있는 것을 보았다.

그녀는 자신과 동료들이 살아 있다는 사실에 다시 한번 놀라지 않을 수 없었다. 심지어 부상자조차 없었다. 투사들은 죽은 독일 병사들에게서 무기를 수거한 후, 다락방을 통해 건물을 벗어났다. 그들은 거기서 우연히 위장 은신처를 발견했다. 그리고 거기 숨어 있던 유대인들로부터 환영을 받았으며, 한 랍비는 그들의 활동에 대해 칭송을 아끼지 않았다. 그는 "만약 우리가 투쟁하고 보복을 가하는 젊은 유대인, 여러분을 떠난다면, 앞으로 우리는 더 쉽게 죽임을 당할 것"이라고 말했다.

지비아는 눈물을 흘렸다.

독일군은 원래 공격했던 건물로 돌아왔다. 하지만 거기엔 유대인이 한 명도 남아 있지 않았다.

✳

1월 작전은 4일 만에 끝났다. 결국 ZOB는 탄약이 떨어졌고, 나치는 레지스탕스의 은신처를 노리고 있었으며, 많은 동지들이 전사했다. 수천 명의 유대인들이 길거리에서 그대로 잡혀갔으며, 토시아도 체포되어 집결 광장으로 끌려갔지만, 다행히 영가드를 돕던 이중첩자가 그녀를 구해주었다.

하지만 전반적으로 투쟁은 대성공이었다. 게토를 제거하려던 나치의 의도는 지비아와 다른 투쟁 단체들의 저항으로 인해 수포로 돌아갔다. 한 분트 대원은 슐츠 작업장에서 선별 작업을 하던 친위대 지휘관을 총으로 사살했다. 복면을 쓴 ZOB 투사들은 할만 가구점에서 나치에게 산酸을 뿌렸다.[18] 또한 그들은 경비원들에게 총을 겨누어 꼼짝 못하게 한 후, 그들이 가진 문서를 폐기했다.[19] 한 동지는 나치에게 달려들어, 자루 하나를 그의 머리에 던지면서 창밖으로 밀어버렸다.[20] 다른 동지는 독일인의 머리에 끓는 액체를 뿌렸다. 나치는 게토 소개를 위한 2시간짜리 작전에서 할당된 유대인 수의 절반밖에 체포하지 못했다.[21] 유대인들은 먹을 것은 거의 없었지만 새로운 희망을 갖게 되었다. 이 작은 봉기는 유대인들의 단결과 자존심과 사기를 높이고 유대인에 대한 인식을 바꾸는 데 도움을 주었다. 유대인 집단과 폴란드인 모두 독일군의 후퇴를 ZOB의 승리로 여겼다.

투사들은 잔뜩 고무되었지만, 한편 후회도 밀려왔다. 투쟁은 그렇게 힘들지 않았는데 이것을 실행하기까지 왜 그렇게 오랜 시간이 걸렸을까? 여하튼 그들은 명예로운 죽음을 위해 계속 싸우는 것 외에 대안이 없었다. 반면에 보통의 유대인들은 잘 숨어 있으면, 살아남을 수도 있다고 믿게 되었다. 게토는 하나로 뭉친 투쟁 기지가 되어가고 있었다. 이때가 바르샤바 게토의 '황금기'였다.

＊

바르샤바에서 흥분과 희망이 고조되고, 이 소식이 폴란드 다른 도시들 전체에 울려 퍼졌음에도 불구하고, 벵진의 상황은 "말 그대로 엉망진창"이었다고 레니아는 썼다. 레니아에게 하늘이 무너지는 것 같은 사태 이후 다가온 겨울은 육체적·실존적·감정적으로 일종의 "고문"과 같았다. "배고픔은 우리 집의 단골손님이었다. 병은 점점 더 심해졌는데, 치료할 약품은 없어서 죽음이 무덤을 파고 있었다."[22] 마흔이 넘어서 노동에 투입되기엔 너무 늙어 보이는 유대인들의 무리가 매일 어디론가 이송되었다. 유대인들은 길을 대각선으로 건너거나, 유대인이 가면 안 되는 인도를 걷거나, 통행금지를 어기거나, 담배를 피우거나, 무엇을 판매하거나, 달걀·양파·마늘·고기·유제품·구운 음식·라드lard〔돼지비계를 식용으로 활용하기 위해 정제한 반고체의 기름〕를 소유하거나, 어떠한 사소한 규정이라도 위반하면 사형 처분을 받을 수 있었다. 심지어 경찰은 그들이 무엇을 요리하는지를 조사하기 위해 유대인의 집에 들이닥치기도 했다. 유대인 평의회와 민병대는 독일군이 어떤 명령을 해도 복종하면서 그들을 도왔다. 레니아의 기록에 따르면, 하얀 모자를 쓴 유대인 평의회와 민병대원들은 무자비했고, 만약 유대인들이 뭔가를 숨기고 있다는 정보를 들으면, 이를 비밀로 해주는 대가로 뇌물을 요구했다. 또한 유대인이 지극히 사소한 규정이라도 위반하면 벌금을 부과하고 현금을 챙겼다.

한체가 병에 걸렸다. 그녀는 밤낮으로 악몽 때문에 고통을 겪었다. 그로슈프와 벵진으로 오는 도중에 목격했던 끔찍한 장면을 결코 잊지 못했고, 고열에 시달렸다. 그래도 떨리는 다리로 서서 빨래를 할 수밖에 없었다. 키부츠에는 식량이 거의 없었다. 레니아 역시 피로, 혼란, 음식에 대한 끈질긴 집착 등 굶주림의 영향을 느끼기 시작했다.

그들은 이 모든 수단을 동원해서 인간사냥을 시도했고, 레니아는 그들의 목표물 가운데 하나였다. 그녀는 '비非코셔'〔코셔kosher는 유대인의 율법에 상응하는 정결한 음식을 칭한다〕였기 때문에 두 배로 조심해야 했다. 밤이 되자, 경찰과 유대인 민병대는 레니아와 총독부 구역에서 온 난민들을 찾아 사냥에 나섰다. 비非코셔를 게토에 받아들인 것만으로도 즉각적인 추방 처분을 받을 수 있었다. 레니아, 한체, 프룸카, 즈비 그리고 또 다른 소년은 밤새 이루어지는 테러 때문에 은신처에서 공포에 떨어야 했다. 그들은 한숨도 자지 못했지만, 아침이 되면 세탁소에 출근했기 때문에, 코셔 대원들은 공공장소에서의 세세한 활동에 더 많이 집중할 수 있었다. 훗날 레니아는 "힘들었지만 우리는 그것을 모두 사랑하는 마음으로 짊어졌다"라고 썼다. "살고자 하는 우리의 욕망은 그 어떤 고문보다 더 강했다."

그러던 어느 날 아침, 레니아는 메인 룸에 앉아서, 그룹 멤버들이 오븐에 필요한 작은 금속 조각에 대해 이야기하는 것을 듣고 있었다. 열일곱 살 소년 핀차스가 작업장에 나가서 찾아보기로 결정했다. "리틀 핑크"는 필요한 금속 조각 하나를 발견해서 집어 들고는 살펴보았다. 그거면 충분했다. 그런데 독일인 고용주에게 들키는 바람에 강제추방되었고 결국 살해되었다.

이 사태는 동지들의 굳은 마음을 뒤흔들어놓았다. 그들은 목적의식이 흐트러지기 시작했다. 도대체 왜 읽고, 배우고, 일하는 것일까? 왜 사는 것일까? 왜 생존하는 것 외의 것에 신경 써야 할까?

※

상황은 더 악화되었고 악성 루머가 떠돌기 시작했다. 유대인들은 기차역 저편의 카미온카 근처에 있는 봉쇄된 게토로 '재이주'될 것이라는 내용이었다.[23] 이는 2만 5천 명의 유대인이 1만 명에게 적합하게 구획된 거처에 수용된다는 것을 의미했다. 이미 게토에서 살아본 적이 있는 레니아 같은 사람들은 악몽 같은 환경이 그들을 기다리고 있다는 사실을 너무나 잘 알고 있었다. 심지어 게토에 살지 않았던 사람들도 경악했다. 재이주 소식을 듣고 벵진의 한 10대는 일기장에 "여름에 들판과 꽃을 볼 수 없게 회색 자물쇠로 잠긴 새장 속에 앉아 있는 것은 아마 견딜 수 없는 일일 것이다"라고 적었다.[24] 프룸카와 동료 프리덤 지도자인 헤어셸 슈프링어는 마치 독약을 먹은 듯 창백하고 병든 사람처럼 돌아다녔다. 무엇을 해야 할까? 게토로 다시 이주해야 할까, 아니면 도망쳐야 할까? 투쟁인가, 도망인가? 그들은 선택해야 했다.

열띤 토론이 벌어졌다.[25] 결국 투쟁은 원치 않는 결과를 초래할 뿐 아무 소용이 없을 것이라는 결론이 내려졌다. 투쟁을 위한 시간은 아직 오지 않았다는 판단이었다.

대신에, 프룸카와 헤어셸은 프리덤 키부츠뿐만 아니라 폐쇄된 고아원 출신으로 그들과 함께 사는—10대 19명으로 구성된—아티드Atid 그룹이 머물 주거지를 마련하기 위해 동분서주하면서 유대인 평의회에서 온종일을 보냈다. 유대인 평의회 사무실은 만원이었으며 각종 고함과 비명이 난무했다. 돈 많은 부자들은 뇌물을 줄 수 있기 때문에 좀 더 수월한 시간을 보냈다고 레니아는 썼다. "돈이 없다면, 당신은 마치 총이 없는 군인과 같다."

　유대인들은 게토로 떠밀려갔다. 카미온카는 지금은 언덕이 많고 나뭇잎이 무성한 교외 지역이지만 전쟁 동안에는 혼잡한 피난민 수용소를 방불케 했다. 가난하고, 방치되고, 위생은 엉망이었다.[26] 사방에 유해한 연기를 내뿜는 작은 난로가 있었다. 사람들은 땅바닥에 앉아서 무언가 먹을 수 있는 것을 찾고 있었다. 집집마다 입구에 가구와 짐 꾸러미들이 겹겹이 쌓여 있었다. 짐 더미 옆에는 아기들도 있었다. 아파트에 들어갈 형편이 안 되는 사람들은 비를 피하기 위해 광장에 닭장 같은 오두막을 지었다. 마구간, 다락방, 외양간 모두 사람들을 위한 집이 되었다. 열 명이 개조된 외양간에서 살았는데 이 정도면 운이 좋은 편이었다. 많은 사람들이 지붕 없이 잠을 잤다. 필수적인 테이블과 침대를 제외하고는 어느 집에도 가구를 들여놓을 공간이 없었다. 레니아는 매일같이 유대인들이 한 명이라도 더 집 안에 들이기 위해 매트리스를 밖으로 끌어내는 것을 보면서 예전에 가족과 함께 게토에서 살았던 끔찍한 기억을 떠올렸다. 그녀의 기록에 따르면 "유대인들은 그림자처럼, 그리고 마치 누더기가 다 된, 살아 있는 송장처럼 어슬렁거리며 다녔다." 동시에 그녀는 많은 폴란드인들이 유대인의 집에 들어가 도둑질을 하면서, "히틀러가 더 일찍 오지 않은 것이 참 유감입니다"라고 태연하게 얘기하며 기뻐한다는 것을 알았다. 일부 유대인들은 폴란드인들이 자신들의 물건을 강탈해가는 것을 막기 위해 차라리 태우거나 가구들은 땔감으로 쓰기 위해 산산 조각으로 부수었다.

프리덤 회원들은 겨우 생필품만 챙겨서 차에 싣고 게토로 떠났다. 프룸카와 헤어셸은 2층짜리 집을 확보해서 반은 자신들이, 반은 아티드 고아들이 사용하도록 했다. 이곳은 대부분의 거주지보다는 환경이 훨씬 나았지만(레니아는 아주 깨끗해서 만족했던 이 집을 '궁전'이라고 불렀다), 이 궁전은 작아서 침대들 사이에는 걸어갈 틈이 없을 정도였다. 옷장과 테이블은 마당에 쌓여 있었고 불쏘시개로 사용될 예정이었다.

게토는 폐쇄되었고, 민병대가 지키고 있었다.²⁷ 경찰은 독일인이 운영하는 작업장에서 재단사, 구두 수선공, 금속공으로 일하는 유대인들의 출퇴근길을 동행했다. 그러던 어느 날 노동자들이 아이들을 돌볼 탁아소가 필요하다고 말하면서 작업장에 출근하지 않았다(레니아는 유대인들의 반항심을 눈치채고 자랑스럽게 여겼다). 유대인 평의회는 부모들이 일하는 시간 동안 아이들에게 밥을 먹일 주간 공동 탁아소를 설치했다. 나중엔 작업장 바로 앞에 나무로 된 가건물을 지어서 아이들이 밤에도 잘 수 있도록 했다. 각 작업장은 아이들을 돌보기 위한 판잣집을 가지고 있었다. 절박한 사람들이 시설이 완공되기도 전에 그 판잣집을 이용했다. 레니아가 회상했듯이, 카미온카는 "수치스러운 장소"였다.²⁸

어떤 규정 위반도 죽음을 불러왔다. 밤은 너무 조용해서 8시 이후에 집 밖으로 나가는 것은 위험했다. 모든 전등을 끄는 것이 의무 사항이었다. 길모퉁이마다 민병대가 지켜 서서 통행금지를 집행했으며, 그들의 손전등은 퀴퀴한 공기 속에서 깜박거렸다. 갑자기 어디선가 총소리가 났다. 다음 날 아침엔 장례식이 진행되었다. 한 남자가 다른 건물로 이동하려다 사살된 것이었다.

레니아는 매주 여러 그룹이 죽음의 수용소 아우슈비츠로 보내지는 것을 지켜보았다. 노약자들, 자녀를 몰래 숨겼던 부모들, 엄마의 품에서 강제로 떨어진 유아들, 정치적 활동을 했다는 혐의를 받는 젊은이들, 며칠 동안이나 출근하지 않았던 노동자들. 그들은 역으로 끌려가서 마구 구타당한 뒤 가축용 화물차에 실렸다. 실수로 물건을 가져간 사람들은 채찍질을 당했고, 목 졸림을 당했고, 짓밟혔고, 필요하다면 사살되었다. 하지만 대부분의 경우 사살은 필요하지 않았다. 이미 사망했기 때문이다.

갑자기 고통스러운 비명이 들려왔다. 독일인이 한 엄마의 품에서 아기를 잡아챘다. 그는 아기의 발을 붙잡고 벽에 아기의 머리를 내려쳤다. 아기의 두개골이 둘로 쪼개졌다. 건물과 보도 전체에 피가 튀었다. 그는 아이의 시체를 땅바닥에 내동댕이쳤다. 이 장면은 평생 레니아의 머릿속에서 떠나지 않았다.[29]

레니아는 지독한 공포 속에서 이런 비인간적인 만행을 지켜보았다. 아이들은 잔학 행위를 목격하고 울부짖었다. 매일매일, 각 가정마다 몇 명씩 이송되면서 게토는 점차 덜 붐비게 되었다. 레니아는 이렇게 썼다. "모든 심장이 산산이 부서졌다. 사람들이 정신을 잃지 않는 것이 그저 놀라울 따름이다."

✳

키부츠에서 모든 문화활동이 중단된 것은 이런 맥락에서였다. 가짜 여권이 들어온 것, 테이블의 한쪽 끝에 헤어셸, 다른 쪽 끝에 프룸카가 앉은 상태에서 프리덤이 회의를 진행한 것이 이때였다. 청년 그룹이 투쟁과 도피 사이에서 결단을 내려야 하는 순간이었다. 프룸카가 "아니요"라고 대담하며 떠나지 않겠다고 말한 것이 이때였다. 그들 모두가 크라쿠프와 바르샤바에서 시작된 무장투쟁에 가담하기로 결정한 것이 이때였다. 스스로를 방어하고 적에게 보복을 가하고, 자존심을 지키자고 결정한 것이 이때였다.

레니아가 벌떡 일어나서 행동할 준비를 하자고 외친 것이 이때였다.

2부

악마인가, 신인가

———————— 그들은 인간이 아니었다. 어쩌면 악마 혹은 신이었을지도. 침착
했다. 마치 서커스 공연자처럼 민첩했다. 그들은 종종 양손에 권
총을 들고 동시에 사격을 가했다. 전투에서 보이는 치열함을 끝
까지 유지했다. 그들에게 접근하는 것은 위험했다. 사로잡힌 할
루첸Haluzzen〔베타르라고도 불리는 유대인 무장투쟁운동 단체〕
소속의 소녀 한 명은 겉으로는 소심해 보였고, 완전히 체념한 표
정이었다. 그런데 우리 대원들이 그녀의 몇 걸음 거리 안에 들어
오자 그녀는 갑자기 치마 또는 바지 밑에서 수류탄 한 개를 꺼내
더니 그들에게 던져 죽이면서 10대 후손에까지 미칠 저주를 퍼
부었다. 당신의 머리칼이 쭈뼛하게 곤두서지 않는가! 이런 상황
에 우리는 손실을 입었고 그래서 나는 이 소녀 죄수들을 체포하
지 말고, 그들에게 너무 가까이 접근하지 말고, 멀리서 기관총으
로 사살하라고 명령했다.[1]
— 나치 지휘관 위르겐 슈트롭 Jürgen Stroop

12 　투쟁 준비

레니아와 차이카
1943년 2월

벵진이 웅성거리고 있었다.[1] 새벽부터 밤 8시에 통행금지령이 내려질 때까지 키부츠와 그 마당은 동지들로 가득 찼다. 이웃 주민들은 알아차렸다. 레니아는 "우리는 행동하는 사람이라는 명성을 얻었다"라고 적었다. 그녀는 자신들이 새로 얻은 명성, "자신들의 미래에 대한 주도권을 장악한 사람들이라는 명성, 그리고 때가 다가오면 무엇을 해야 하는지 알고자 하는 사람들"이라는 명성에 대해 자부심을 느꼈다.[2]

군사 분야에 경험이 있는 유일한 동지였던 즈비 브란데스Zvi Brandes와 바루흐 가프테크Baruch Gaftek가 다섯 명의 리더들과 만나 매일 계획을 세우면서 활동 지침을 주었다. 모든 대원이 총기 사용법뿐만 아니라 도끼와 망치, 낫, 수류탄, 인화성 액체—그리고 맨주먹—사용법을 배웠다. 그들은 최후까지 싸우고, 결코 산 채로 끌려가지 않도록 훈련받았다. 레니아와 대원들은 날카로운 도구, 손전등, 칼 등 전투에 사용할 수 있는 모든 도구를 모았다.

첫 번째 무기가 바르샤바에서 도착했을 때 그들은 이 무기들을 거의 신성하게 취급했다. 차이카는 조심스럽게 총을 집어들어, 머뭇거리면서도 힘 있게 총을 움켜잡았다. 교육 과정에서 총기 관련 훈련은 전혀 받지 못했던 대부분의 청소년들처럼 그녀는 총이 뜨겁거나 혹시라도 실수로 발사될까 봐 두려워했다. 하지만 시간이 지나면서 점점 자신감을 갖게 되었다. 점차 권총에 매달리게 되면서, 그녀는 자신을 위대한 역사적 사건의 일부인 인간의 사명을 완수해가는 진정한 혁명가로 여겼다.

PPR은 한편으론 게토에 무기를 밀반입했고, 카미온카 외곽에도 유대인들이 거주할 수 있는 장소를 확보했다. 그 결과 그들은 게토의 다른 편에서도 공격을 가할 수 있게 되었다. ZOB는 회원들이 아리아인 구역에서 게토로 물자를 밀반입하는 것을 훈련시켰다. 밀반입 임무를 위해 어떤 회원들은 일주일에 세 번 아리아인 구역으로 외출했다. 그들은 작업장을 계속 개발해서, 동지들은 이제 쇠몽둥이와 단검을 생산하고, 화학을 공부해서 폭탄·수류탄 및 폭발성 물질로 채워진 병을 만들었다. 이때 그들은 파이프와 석탄 가루, 설탕을 사용했다. 그들의 무기 제조 기술이 발전함에 따라, 그들이 만든 수제폭탄도 구입한 것보다 성능이 더 좋아졌다.

동지들은 하루 종일 강제노역을 한 다음엔, 밤을 새워가며 벙커를 구축했다. 유대인 평의회는 이 사실을 전혀 인지하지 못했다. 굶주린 젊은 유대인들은 외부의 도움을 전혀 받지 못했고 탈진한 상태였기 때문이다. 레니아는 그들이 무보수로 개인 아파트 안에 유대인을 위한 지하 벙커까지 만드는 모습을 언급하면서, "쇠약해지고 녹초가 된 얼굴들을 보니 끔찍하다"라고 가슴 아파했다. 다비드 코즐로프스키를 포함한 영가드 회원들은 "학위를 가진 엔지니어처럼 똑똑하게" 계획을 세운 다음, 이에 대해 며칠 동안 논의를 거듭했다.[3] 벙커를 건설하기에 가장 좋은 곳은 어디일까? 입구와 출구는 어떻게 위장할 수 있을까?

벙커가 공학의 업적임을 잘 보여주었던 바르샤바에서 연락책을 통해 벙커 건축 계획이 게토에 도착했다. 지하 복도가 전체 게토의 길이에 해당하며, 아리아인 구역에까지 연결되는 수 킬로미터 길이로 구상되었다. 주요 땅굴은 조명과 식수, 라디오, 음식, 탄약과 폭발물이 저장된 지류 땅굴로 이어졌다. 각 그룹은 자신들에게 배정된 벙커로 진입하는 비밀번호를 알고 있었다. 레니아는 이 건축 계획이 "놀랄 만큼 독창적"이라고 기록했다. 벵진의 경우, 대피 벙커의 입구는 오븐이나 벽, 벽장, 소파, 굴뚝 및 다락방 등으로 은폐되어 있었다. 그 입구들을 위장하기 위해 방 전체를 빙 둘러 가벽을 만들기도 했다. 동지들은 별다른 도구도 없이 맨손으로 땅굴을 팠다.[4] 은신처는 계단실과 마구간, 장작 창고에 설치되었다. 유대인들은 주민들이 서둘러 집을 떠난 것처럼 보이게 하려면 방을 어떻게 꾸며야 할지 꼼꼼히 계산했다.[5] 전기 조명과 식수, 라디오, 벤치, 작은 오븐, 위장병이 있는 사람을 위한 토스트 등 모든 것이 계획 속에 들어 있었다.

시간이 되었을 때 그들이 해야 할 일은 잘 갖춰진 벙커 안으로 들어가는 것뿐이었다. 모든 준비가 끝났다.

이 모든 열성적 활동은 유대인 사회 내부에서 레지스탕스의 에피소드로 이어졌다.[6] 1943년 2월, 유대인 민병대는 더 많은 인원이 필요했다. 레니아는 이것이 곧 추방이 임박했음을 의미한다는 것을 알았다. 민병대는 동료 유대인들을 이송 열차로 몰고 가는 임무를 떠맡을 터이므로 여섯 명의 프리덤 동지들이 민병대에 합류해서 협력하기를 원했다. 동지들이

카미온카에서 해왔던 세탁 작업은 이제 중단되었다. 유대인 평의회는 키부츠에 소환장을 보내서, 남자들은 모두 유대인 평의회에 출두해서 그들이 쓰던 흰색 모자를 반납하라고 지시했다. 그렇지 않으면 특별허가증을 몰수하고 독일에 있는 수용소로 추방할 것이라고 했다.

유대인 평의회는 이미 몇 명의 소년을 게토에서 독일로 이송했는데, 아무도 돌아오지 않았다. 이와 상관없이 동지들은 자신들이 유대인 게슈타포라고 부르는 민병대의 일부가 되는 것을 거부했다. 차라리 노동허가증을 몰수당하겠다는 입장이었다. 동지들은 유대인들을 죽음의 수용소로 보내는 나치에게 결코 협력하지 않으려 했다. 소년들이 지정된 시각에 나타나지 않자, 민병대원들은 유대인 평의회 위원장으로부터 특별허가증을 몰수하라는 명령서를 받고 키부츠에 도착했다. 민병대원들은 특별허가증 없이 돌아다니다가 잡힌 유대인들은 강제노동으로 보내지거나 사살된다는 것을 잘 알고 있었음에도 불구하고 그들을 절차에 따라 넘겨주었다. 다음 날 유대인 경찰은 키부츠를 포위했다. 그들은 곤봉으로 무장했으며, 소집된 소년들을 독일로 추방하라는 명령서를 갖고 있었다. 그들은 건물 입구를 봉쇄하고 신분증을 일일이 확인했다.

그때 두 명의 프리덤 소년이 창문을 통해 뛰어내렸고, 민병대가 그들을 쫓아갔다. 소년들은 그들을 때리고 계속 도망쳤다. 남아 있던 동지들은 "망할 놈의 민병대원들!"이라고 외쳤다. 동지들은 경찰이 프리덤 회원을 잡도록 호락호락 내버려두지 않았다. 부지휘관은 민병대원들에게 그들을 두들겨 패고, 탈출한 소년들이 스스로 돌아올 때까지 나머지 소년들을 인질로 잡으라고 명령했다. 충격에 빠진 레니아는 이 충돌을 뚫어지게 쳐다보았다.[7]

프롬카는 이 난투극에서 누군가가 살해되지는 않을까, 또는 이보다 더 나쁜 상황, 즉 독일군이 몰려와서 모두를 죽이지 않을까 두려웠다. 그녀는 "아무도 인질로 잡히지 않을 것"이라고 선언하며, 명단에 있는 사람들에게 사무실로 가라고 지시했다. 젊은이들은 이에 순종했고, 전체 키부츠는 포장된 길을 따라 버스로 갔다. 그때 "소처럼 튼튼한" 한 소년이 경찰의 손을 뿌리치고 뛰기 시작했다. 민병대와 키부츠 사이에 곤봉질과 주먹질이 오갔으며, 여성 회원인 치포라 보지안Tzipora Bozian은 여러 민병대원에게 심각한 부상을 입혔다. 구타당한 지휘관은 부하들에게 버스에 타라고 명령했다. "우리는 헌병 사무실로 간다"라고 그가 지시했다. "저들은 민병대원들을 박살낼 것이다." 게토 주민들은 이 광경을 지켜보았으며, 유대인들이 경찰과 군중을 두려워하지 않는 모습을 보며 뜨겁게 박수를 쳤다. 레니아는 벅찬 자부심에 얼굴이 상기되었다.

그러나 프룸카는 독일 헌병들에게 이 사실이 알려지면 그들 모두는 끝장이라고 우려했다. 그래서 그녀는 유대인 민병대 지휘관과 그의 부대를 진정시키기 시작했고, 평온을 유지하기 위해 협상에 나섰다. 그들은 그녀를 존중했고 그녀와 협상에 나섰지만, 탈출한 사람들 대신에 인질을 잡는다는 조건을 내걸었다.

소집된 사람들은 세 명의 인질과 함께 버스에 탔다. 헤어셸 슈프링어, 그의 형제 요엘, 프룸카였고, 프룸카는 스스로 지원했다. 레니아는 버스가 떠나는 모습을 지켜보며, 한편으론 감동을 받았지만 다른 한편으론 두려워했다.

이 충돌에 대해 보고받은 상급 지휘관은 그날 밤 키부츠를 봉쇄하고 구성원들을 모두 안뜰에 가두라고 명령했다. 감사하게도 프룸카와 헤어셸이 키부츠에 돌아왔지만, 그들이 민병대와 그 지휘관을 모욕했기 때문에 키부츠의 모든 남자들은 독일로 이송될 것이라고 말했다. 그날 밤 레니아와 동료들은 별빛 아래 야외에 앉아 있었다. 그들에게 호의를 가진 이웃 사람들이 그들을 초대하기 위해 찾아왔지만 프룸카는 거절했다. 그녀는 통행금지 이후에 바깥에 있는 것이 위험하고, 또 나치 경비대가 여기저기서 배회하고 있음에도 불구하고, 그들이 바깥에서 시간을 보낼 수 있다는 것을 민병대에게 보여주고자 했다. 밤새도록 민병대가 다녀갔지만, 그저 키부츠 입구의 문에 납 봉인이 훼손되지 않았는지를 확인하기 위해서였다.

그룹은 체포되지 않았으며, 다음 날 온종일 굶주리고 추위에 시달리며 밖에서 머물렀다. 프룸카와 헤어셸은 유대인 평의회에 가서 남자 회원들을 위해 간청했다. 그날 저녁, 레니아와 동료들은 아티드 고아원에서 초라한 저녁을 먹었다. 그때 민병대가 와서 폐쇄했던 문을 열었다. 이로써 처벌은 끝났다. 그런데 프룸카와 헤어셸은 어디에 있을까? 레니아는 그에 대해 생각하는 것조차 두려웠다.

그날 밤 늦게, 누구도 이송되거나 유대인 경찰에 징집되거나 강제노동에 투입되는 일 없이 무사히 돌아왔다. 게토 전체에서 프리덤의 용기에 대해 수군거렸다.

그들은 그동안 배워온 것이 있었기 때문에 "아니요"라고 말할 수 있었다.

*

바르샤바에서 새로운 소식이 전해졌다.[8] 그곳에 나치의 작전이 임박했다는 것이었다. 뱅진의 회원들에게 그들은 방어를 준비하고 있으며, 유대인들은 더 이상 당 정치나 이념적 차이에 관심이 없지만 싸울 준비가 되어 있다고 알려주었다. 동지들은 탈출이 아직 가능했을 때조차 아리아인 구역에서 탈출하는 것을 거부하면서, 기꺼이 적과 맞서 싸우다 죽고자 하는 열정에 사로잡혀 있었다.

2월에 지비아는 벵진의 지하단체에 다시 한번 편지를 보내서 프룸카가 외국으로 나갈 수 있게 해달라고 요구했다. 그녀는 살아남아서 외부 세계에 "유대인에 대한 야만적인 도살 행위"를 널리 알려야 한다는 것이었다. 그런 다음 3월에 또 다른 편지를 보냈다. 한체가 이 나라를 비밀리에 떠날 수 있도록 바르샤바에 와야 한다는 내용이었다. "이에 반대하는 어떤 구실도, 토론도 필요 없다." 이것은 그녀의 명령이었다.

하지만 프룸카와 마찬가지로 한체는 거절했다. 그녀는 자신의 목숨을 구하는 일에 대해 아예 들으려고도 하지 않았다. 이런 불확실한 상황에서 그녀가 어떻게 언니를 떠날 수 있었을까? 레니아는 "두 자매는 서로를 위해 지옥이라도 갔다 돌아올 수 있었을 것이다"라고 썼다. 프룸카 역시 이별을 생각조차 할 수 없었지만, 한체에게 떠나라고 간곡히 부탁했다. 한체는 언니의 말을 거부할 수 없었다. 언니가 걱정하는 것을 원치 않았기 때문이다.

비밀리에 그녀를 데려갈 밀수업자에게 가능한 한 빨리 오라는 연락이 취해졌다. 한체는 패셔너블한 아리아인 스타일의 옷을 가방에 챙기는 등 여행을 준비하면서 몹시 우울했다. 그녀는 언제 동료들을 다시 볼 수 있을까? 그녀는 프룸카에게 함께 가자고 간청했지만 프룸카는 거부했다. 레니아는 "한체는 셈족의 외모인데 비유대인 농부 소녀처럼 옷을 입어서 좀 우스꽝스럽게 보였다"라고 쓰면서 그녀가 혹시라도 해내지 못할까 봐 걱정했다.

이틀 후 쳉스토호바에서 전보가 도착했다. 레니아는 부들부들 떨면서 다음과 같이 읽었다. 한체는 국경을 넘어 총독부 지역 안으로 들어섰고 곧 목적지를 향해 계속 이동할 예정이다. 그러고 나서 또 다른 전보가 왔다. 그녀는 결국 바르샤바에 도착했다! 며칠 안에 그녀는 폴란드를 떠날 것이다. 모든 것이 완벽하게 준비되어 있었다. 레니아는 안도의 숨을 내쉬었다.

레니아는 ZOB를 위해 몇 번이나 목숨을 걸었던 한 폴란드 여성이 거의 모든 서신에서 언급되고 있다는 사실을 주목했다. 레니아는 그녀의 정체를 숨기기 위해 A.I.R.이라고 불렸지만, 그녀는 지비아와 프룸카, 토시아의 좋은 친구로 지내고 있는 이레나 아다모비치Irena Adamowicz라는 여성이었다.[9] 귀족 가문 태생의 독실한 가톨릭 신자이며, 당시 30대 초반의 전직 스카우트였던 이레나는 폴란드 저항운동과 접촉하는 임무를 가진 ZOB의 주요 담당자 가운데 하나였다. 바르샤바대학에서 교육학 학위를 받고 졸업한 후 이레나는 영가드와 함께 활동하면서 키부츠를 방문하고 유대 민족주의 대의에 동조하고 있었다. 전쟁 중에 그녀는 프리덤 및 영가드 회원들과 친해졌으며 심지어 이디시어도 배웠다.

이레나는 바르샤바의 지방자치단체에서 아이들의 집을 점검하는 업무를 담당하고 있어서, "공식적인 업무로" 게토를 방문할 수 있는 허가증을 갖고 있었다. 1942년에 그녀는 빌나에 가서 영가드 리더들에게 바르샤바 게토의 파괴에 대해 전해주었다. 그녀는 이제 독일인 수녀로 변장한 채 수많은 게토를 방문해 정보를 교환하고 용기를 북돋아주었다. 친구들과 국내군 리더들에게 접근해서 바르샤바의 유대인을 돕는 일에 대해 의논했으며, 유대인 지하단체와 폴란드 지하단체를 오가며 편지와 출판물을 배포했다. 또한 그녀는 유대인을 자신의 아파트에 숨겨주고, 국경을 넘는 사람들을 돕기도 했다. 하우스 메이트에게는 자신의 활동을 철저히 숨겼다. 하지만 사실 그녀는 심지어 벵진에서도 유대인 젊은이들에게 전설과 같은 존재였다. 레니아는 "우리는 그녀가 어떻게 생겼는지도 전혀 몰랐지만, 그녀의 성격에 대해 놀라움을 금치 못했다"라고 썼다.

한편 바르샤바에서 온 한 편지에는 파비아크 감옥과 아우슈비츠에서 살해된 연락책들의 비극적인 실패 스토리가 들어 있었다. 차이카도 체포되었다가 살해당한 벵진 연락책의 이야기를 일기에 기록했다. 그녀의 동료 리더인 이지아 페작손은 성격이 엄하고 날카롭고 냉혹한 사람의 전형이어서, 차이카가 물불을 안 가리고 따라갈 사람이었다.[10] 이지아는 "지금 당신은 사랑의 감정 따위에 사로잡힐 때가 아니에요"라고 말할 것 같았다. "감상적인 마음이 가장 중요한 관심사였던 시대는 지났다."

이지아는 벵진의 그룹이 바르샤바처럼 단결해야 한다고 주장했다. 그녀는 어떤 대가를 치르더라도 옛 폴란드 수도로 가고 싶어 했다. 그녀는 "그들의 활동을 내 눈으로 직접 봐야 해요"라고 말했다. "그리고 돌아와서 이곳에 봉기의 씨앗을 심을 것입니다. 나도 선물을 가져올 겁니다. 최초의 무기 운반이 그겁니다."[11] 동지들은 그녀를 만류했다. 그녀의 외모는 적합하지 않았다. 게다가 근시였는데, 차이카는 그녀가 늘 신경이 예민한 게 이 때문이라고 생각했다. 그러나 아무도 그녀를 막을 수 없었다. 이지아는 다른 소녀들에게 모범을 보여 용기를 주고 싶었다. 결국 1943년 2월에 그녀는 떠났지만 결코 돌아오지 않았다. 그녀는 바르샤바에 가서 벵진 사람들의 투쟁 열망을 전한 후, 세 개의 권총과 수류탄을 얻었지만 쳉스토호바에서 나치에게 체포되었다.

그녀의 죽음에 관해서는 서로 다른 이야기들이 전해진다.[12] 한 소문에 따르면 이지아는 한 비밀 요원의 관심을 끌었다. 그녀는 그의 존재를 눈치채고 그를 따돌리기 위해 골목을 이리저리 헤맸지만, 아리아인 구역에 익숙하지 않았던 그녀는 게토 쪽으로 갔다. 비밀 요원은 그녀를 계속 쫓아갔다. 그러자 그녀는 달렸는데, 그때 들고 있던 빵 덩어리에서 권총 한 자루가 떨어졌다. 그녀는 그 자리에서 총에 맞아 죽었다. 다른 버전에 따르면, 비밀 요원이 그녀를 미행하고 있다는 사실을 알게 되자, 그녀는 그를 유혹하기로 했다. 그가 그녀를 자기 집으로 초대하자, 그녀는 선택의 여지 없이 응할 수밖에 없었다. 쳉스토호바의 접선에서 그녀와 접촉하기로 한 대원은 그녀가 누군가와 함께 있는 것을 보고 접선 장소를 떠났다. 비밀 요원이 그녀를 공격하려고 하자, 그녀는 권총을 꺼내 그를 쏘았다. 하지만 그는 달아났다가 경찰을 불러왔다. 이지아가 어떤 상황에서 죽음을 맞았든 간에 전체 그룹은 깊은 슬픔에 빠져서 그녀의 죽음을 안타까워했다. 그들은 최고 대원을 보내지 말았어야 했다.

이제 아스트리드Astrid가 이지아의 역할을 대신했다.[13] A. 에스테리트, 아스트리트, 조시아 밀러 등으로 알려진 아스트리드는 '일반적인 정보원'은 아니지만, 많은 접선자들뿐만 아니라 바르샤바와 그 지방을 연결하는 기차와 도로, 고속도로를 잘 알고 있었다. 그녀는 매번 나갈 때마다 새로운 신분으로 위장했다. 농민 소년이 되었다가, 어느 날엔 큰 모자를 쓰고 도시에서 온 교사가 되었다. 그녀는 무기와 돈, 서신, 정보, 허위 문서, 상세한 방어 계획 등을 옷 속에 꿰매 운반했다. 그녀는 커다란 곰 인형(동물 인형을 끌어안고 다니는 모습이 매우 상냥해 보였다), 비밀 칸막이가 있는 잼 깡통, 빵 덩어리, 또는 단순히 코트 주머니에 권총을 숨기고 다녔다. 그녀는 이 물건들을 한번 전해주고 나면 공허함을 느낀다고 불평했다. 그럼에도 불구하고 그들은 아스트리드가 벵진에 도착할 때마다 보드카와 함께 파티를 열어주었는데, 이는 무엇보다 "바르샤바의 관습에 익숙해져야 하기 때문"이었다.[14] 그녀는 사람들도 비밀리에 데려왔다.

차이카는 아스트리드가 매력적이고, 맵시 있는 몸매를 가졌지만, 변덕이 심하고 끊임없이 옷에 대해서 얘기하고, 여행할 때마다 새 옷을 사는 등 허영심이 많다고 언급했다. 이에 대해 그녀는 아리아인 구역에서는 깔끔하고 잘 차려입는 것이 중요하다는 이유를 댔다. 그녀는 멋진 아리아인 외모와 남다른 용기를 소유하고 있었다. 차이카에 따르면 정말 "저돌적인" 그녀는 대담하고 짓궂은 미소를 띠면서 비밀정보원의 눈을 똑바로 쳐다보면서 자신의 서류를 확인하길 원하는지 묻곤 했다. 오랫동안 그녀는 아주 운이 좋았지만, 대부분의 연락책 대원들이 그렇듯, 결국엔 체포되어 감옥에서 고문당하다 사망했다. 비극이었다.

*

그 후 수많은 연락 사항이 밀려왔다. 한체에 관한 소식을 전하는 편지에 따르면 그녀는 출국 일정이 연기되었고, 현재로서는 바르샤바에 그대로 머물 것이다. 또 다른 편지에 따르면 바르샤바의 상황은 매우 심각했고, 전체적인 추방 작전이 언제든지 집행될 것 같았다. 바르샤바 ZOB는 "만약 여러분이 우리에게서 아무 소식도 듣지 못한다면, 독일군의 추방 작전이 시작되었다는 것을 뜻한다"라고 적었다. "하지만 이번에는 그들의 작전이 훨씬 더 어려울 것이다. 독일군은 우리가 가지고 있는 것에 대해 준비가 되어 있지 않다." 한 연락책이 벵진에 도착해서 큰 공포가 게토를 지배하고 있기는 하지만, 동지들은 싸울 준비가 되어 있었다고 보고했다.[15] 그리고 그녀는 아리아인 구역의 기지에서 게토와 접촉할 수 있는지를 확인하기 위해 바르샤바로 급히 달려갔다.

몇 주 후 연락책이 돌아왔다. 바르샤바에서 끔찍한 살육이 있었다는 사실, 그것이 그녀가 아는 전부였다. 전투가 계속되었지만, 너무 많은 사람이 죽었다. 그리고 아리아인 구역에서 전보가 날아왔다. "지비아와 토시아 사망."

그러곤 바르샤바에서 아무 소식도 오지 않았다. 완전한 침묵이었다. 정말 아무것도 오지 않았다. 전보도, 편지도, 전령도. 어떤 정보도, 어떤 뉴스도 없었다. 모두 죽은 것일까? 그들 모두 살해당한 것일까?

누군가는 정보를 얻기 위해 돈을 가지고 바르샤바로 가야 했다. 하지만 너무 많은 여성들이 이미 바르샤바로 가는 도중에 살해당했다. 그룹은 외모가 유대인처럼 보이지 않으면서, 지금과 같은 특별히 어려운 상황에서 사실 확인의 임무를 해낼 수 있는 연락책이 필요했다. 프룸카와 모든 리더들은 결정했다. 레니아였다.

어린 레니아, 옝제유프에서 온 10대 소녀.

그녀는 행방불명된 소녀들과 실종 사건, 끝없는 죽음 등에 대해선 생각하지 않았다. 이 무렵 그녀는 분명한 목적을 가진, 결단력 있고 행동하는 여성이었다. 그녀는 자신이 분노하고, 격분하고 있음을 느꼈다. 정의의 필요성을 절감했다.

레니아가 말했다. "물론이에요. 제가 갈게요."

1930년대 후반의 바르샤바 유대교 대회당(오른쪽)과 유대교 도서관(왼쪽). 전쟁 당시 유대교 도서관 건물에는 유대인 구호단체가 입주해 있었으며, 지금은 에마누엘 링겔블룸 유대역사연구소가 되었다.
(K. Wojutyński, 1936~1939년 사이에 촬영. 에마누엘 링겔블룸 유대역사연구소 제공)

1935년 옝제유프 파이어니어 훈련 공동체의 멤버들. 오른쪽에서 세 번째가 지비아 루베트킨.
(게토 투사의 전당 박물관 사진 아카이브 제공)

폴란드 브위츠와베크 영가드
멤버들. 1937년 라그바오메르
(유대교 축제) 동안 촬영.
맨 아래 있는 여자가 토시아 알트만.
(예루살렘 야드바셈 사진
아카이브 제공, 1592/1)

토시아 알트만.
(Moreshet, Hashomer Hatzair
아카이브 제공)

한체 프워트니카.
1938년 바라나비치에서 열린
파이어니어 훈련공동체 모임에
참가했을 때의 모습.
(게토 투사의 전당 박물관 사진
아카이브 제공)

1938년 비아위스토크 파이어니어 훈련공동체의 동지들. 오른쪽에서 두 번째가 프룸카 프워트니카.
(게토 투사의 전당 박물관의 사진 아카이브 제공)

구스타 다비드손(왼쪽)과 민카 리베스킨트(오른쪽), 1938년 아키바 여름 캠프.
두 사람 모두 크라쿠프 게토의 지하운동 멤버가 된다. (게토 투사의 전당 박물관 사진 아카이브 제공)

(왼쪽부터) 테마 슈나이더만, 벨라 하잔, 론카 코지브로드스카.
1941년 게슈타포 크리스마스 파티에서. (예루살렘 야드바솀 사진 아카이브 제공, 3308/91)

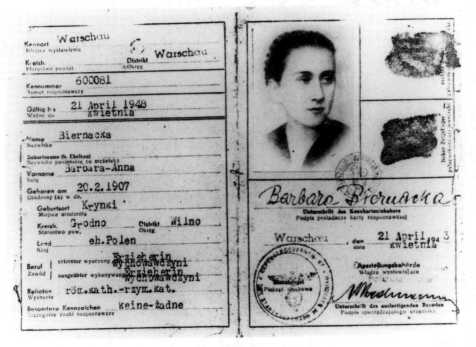

1943년 아리아인으로 위장한 론카 코지브로드스카의 위조 신분증 가운데 하나.
(게토 투사의 전당 박물관 사진 아카이브 제공)

'잠자는 소녀' 마고리트 리히텐슈타인.
겔라 젝슈타인이 종이에
크레용으로 스케치.
(폴란드 바르샤바 에마누엘 링겔블룸
유대역사연구소 제공)

사라 쿠키엘카, 1943년.
(게토 투사의 전당 박물관 사진
아카이브 제공)

전쟁 당시의 차이카 클링어.
(게토 투사의 전당 박물관 사진
아카이브 제공)

1943년 벵진 농업훈련농장의 청소년운동 구성원들이 시인 하임 나흐만 비알리크
탄생 기념일 축제에서 이스라엘의 원무圓舞인 호라를 추는 모습.
(게토 투사의 전당 박물관 사진 아카이브 제공)

전쟁 기간에 벵진 농업훈련농장에서 열린 시온주의자 청소년 캠프. 중앙에 차이카 클링어가 있다.
(게토 투사의 전당 박물관 사진 아카이브 제공)

바르샤바 게토 옆에
있는 크라진키 광장에
설치된 이동식 놀이공원.
1943년 4월
얀 리소브키 촬영.
(폴란드 바르샤바 에마누엘
링겔블룸 유대역사연구소 제공)

1943년 바르샤바 게토 봉기를
위해 유대인 레지스탕스가
만든 벙커 내부의 취침 공간.
나치가 촬영한 것으로,
나치가 붙여둔 본래 사진
제목은 "소위 거주용 벙커 사진".
(미국 홀로코스트 추모관 소장,
칼리지파크 국립아카이브 및
기록청 제공)

13   소녀 연락책

레니아

1943년 5월

레니아가 접하게 된 새로운 세계, 연락책의 세계는 인간의 가치가 신체적인 외양에 따라 측정되는 위장의 세계였다.[1] 아리아인 구역에서 유대인으로 사는 것은 끊임없는 연기의 연속이었다. 끊임없는 고도의 계산과 재평가 능력, 눈앞에 닥치는 위험을 감지하는 동물적 본능, 누구를 믿어야 할지에 대한 기본적인 감각 등을 필요로 하는 사활을 건 임무였다.

레니아가 알고 있던 것처럼, 게토 장벽을 기어오르는 것은 매우 힘들었다. 하지만 다른 구역, 즉 아리아인 구역에서 머무르며, 일하고, 사람들과 소통하는 것은 훨씬 더 힘들었다. 밖에서 음모를 꾸미고 물자와 사람을 밀반입하거나 밀반출하는 것은 말할 필요도 없었다.

✳

바로 그날, 벵진 ZOB의 리더들은 쳉스토호바에서 온 밀수업자와 접촉했는데, 그는 오래지 않아 게토를 몰래 빠져나갈 수 있는 최선의 방법을 알아냈다.[2] 몇 시간 후 그 밀수업자는 키부츠에 도착하자마자 곧장 레니아에게 왔다. 그녀가 첫 공식 임무를 수행하기 위해 게토를 벗어날 수 있도록 준비를 한 상태였다.

레니아는 돈을 제외하면, 점령 상태의 게토에서 지내던 평범한 날과 다를 바 없이 출발했다. 그녀는 수백 즈워티를 가터벨트 안에 넣고 꿰맸다. 그 그룹은 현금이 바르샤바의 투사들에게 유용할 것이라고 생각했다. 그녀는 몇 날 전에 길에서 기적적으로 주웠던 것과 동일한 ID를 사용하면서 기차를 타고 스트셰빈까지 갔다. 레니아와 밀수업자는 총독부 구역의 국경 바로 한 정거장 전에 내렸다.

두 사람은 밀수업자가 한 경비병을 알고 있는 작은 국경 초소에 도착하기까지 들판과 숲을 지나며 12킬로미터를 걸었다. 그들은 경찰의 눈을 피하려 애쓰면서 도보로 신속하게 국경을 지나야 했다. 군인과 마주쳤을 때 레니아는 심장이 멎는 것 같았다. 그때 밀수업자는 군인에게 위스키 한 병을 건네주었다. "그는 한마디 말도 없이 우리를 통과시켰으며, 심지어 우리에게 길을 알려주기까지 했다"라고 레니아는 적었다.

"우리는 조용히 그리고 신중하게, 나무와 돌기 사이로 몰래 지나갔다"라고 그녀는 회상했다. 작은 소리만 나도 그녀는 겁을 먹었다. 나뭇잎과 나뭇가지에 흔들리는 달빛조차도.

갑자기 부스럭거리는 소리가 들렸다. 정체 모를 그것은 아주 가까이에 있었다. 두 사람은 땅바닥에 엎드린 채 근처에 있는 작은 나무들 밑으로 기어간 다음 덤불 속으로 비집고 들어갔다. 조심스러운 발걸음이 그들에게 다가왔다. 두근거리는 가슴에 진땀을 흘리면서, 그녀는 주변을 살폈다.

한 사람이 두려움에 떨면서 그들에게 다가왔다. 그는 국경 반대편 쪽에서 넘어오고 있었는데, 레니아와 밀수업자가 몰래 잠복하고 있다가 자기를 공격하려고 하는 민병대라고 믿고 있었다.

폴란드 숲지대에는 또 다른 세계가 존재했다. "여기서부터는 조용합니다." 그 낯선 사람은 레니아를 안심시켰다. 그제야 그도 다시 자유롭게 숨을 쉬기 시작했다.

몇 분 후 그녀는 숲을 벗어나서, 다른 지역에 있었다.

✳

바르샤바에서 레니아는 목적을 가지고 성큼성큼 걸어갔다. 하지만 목적이 너무 많은 것은 아니었다. 기차는 그녀를 도시 한복판에 데려다주었다. 그녀는 잠시 멈춰서 신기한 배경, 회색과 크림색 건물들, 구부정한 둥근 지붕, 비스듬하게 기운 지붕들을 바라보았다. 그녀가 첫 번째 대도시 여행으로 상상했던 것과는 달랐다. 바르샤바 역시 그녀처럼 위장하고 있었기 때문이다. 어쩌면 그녀보다 더 많이. 이른 봄 햇살, 수 킬로미터에 걸쳐 뻗어 있는 저층 건물들, 커다란 광장, 떠들썩하던 노점상들은 이제 연기와 재로 뒤덮여 있었다. 폭발과 "자칼의 울부짖음" 같은 비명소리 때문에 차 소리는 거의 들리지 않았다. 거리에는 시체가 즐비했고, 건물이 불타는 냄새, 머리카락 타는 냄새로 진동했다. 술에 취한 독일인들은 난폭하게 차를 몰고 다녔다. 거의 모든 교차로에 검문소가 있었고 경찰이 지나가는 사람들의 짐 꾸러미를 하나하나 검사했다.

레니아는 경비병이 그녀의 가방을 샅샅이 뒤질 때까지 한 걸음도 앞으로 나갈 수 없었다. 그녀는 전날 밀수업자에게서 받은 새 신분증을 상세히 외웠으며, 늘 그래왔듯이 정신적으로도 신분증에 있는 다른 사람이 되고자 노력하면서 새로운 정체성을 연습하고 있었다. 신분증에 부착된 흐릿한 사진의 주인처럼 행동하고자 노력했다. 이 신분증은 그녀의 이디시어 이름의 폴란드어 버전과 그녀의 억양에 합당한 출생지를 기재한, 주문 제작된 신분증이 아니었다. 이 신분증은 우연히 생긴 것으로, 밀수업자 여동생의 것이었는데, 레니아가 길에서 주웠던 신분증보다는 더 적합한 서류였다. 하지만 거기엔 아직 사진이나 지문이 없었다.

나치의 검문소들을 더 살펴보기 위해 거리를 내려다보면서, 레니아는 이 가짜 서류들이 시골에서는 통할지 몰라도 도시에서는 충분하지 않다는 사실에 대해 걱정했다.

그녀가 손등으로 몸을 스치자, 두툼한 지폐 덩어리가 느껴졌다. 돈이 아직 거기 있다.

"신분증!" 또 다른 경찰이 소리쳤다. 레니아는 신분증을 넘겨주고 그의 눈을 똑바로 쳐다보았다. 그는 그녀의 지갑을 뒤지더니, 전차에 올라타게 했다.

목적지에 도착하자 레니아는 전차에서 내려서 조금 더 걸었다. 경찰들이 지나는 행인들을 하나하나 멈춰 세웠다. 심지어 좁은 골목길에도 민병대와 민간인으로 위장한 비밀요원들이 넘쳐났다. 그들은 게토에서 탈출한 유대인들을 찾고 있었다. 의심스러운 사람이 보이면 주저하지 않고 총을 쏘았다. 레니아는 훗날 "이 무시무시한 광경을 보면서 나는 머리가 아찔했다"라고 썼다.

레니아는 정신을 가다듬고 목표 지점을 향해 빠르게 움직였다.

마침내 그녀는 지정된 주소에 도착했다. "조시아를 만나러 왔어요." 레니아는 문틈으로 그녀를 노려보는 퉁퉁한 여주인에게 말했다.

조시아는 가톨릭 신자인 이레나 아다모비치의 암호명이었다.

"그녀는 여기 없어요."

"그럼 기다릴게요."

"아닙니다. 떠나세요. 투숙객은 받지 않습니다. 낯선 사람을 집에 들이면 우리가 죽을 수 있어요."

레니아는 심장이 철렁했다. 그녀는 어디로 갔을까? 그녀는 바르샤바에 아는 사람이 한 명도 없는데.

레니아는 지금까지 모든 검문소를 통과했지만 다음번에도 잡히지 않는다는 보장은 없었다.

"게다가," 여주인이 쉬쉬거리며 말했다. "조시아는 유대인인 것 같아요." 그녀는 잠시 멈추었다가 속삭였다. "이웃들이 의심하고 있어요."

"아니에요. 전 그렇게 생각하지 않아요." 레니아가 대답했다. 그녀의 목소리는 침착하고 어린애 같았지만, 진땀을 흘리고 있었다. "언젠가 기차에서 그녀를 만난 적이 있는데, 이곳에 오면 들르라고 했어요. 그녀는 가톨릭 신자처럼 보였지 유대인처럼 보이진 않았어요." 혹시 이 집주인은 레니아의 치마 주름 안에 겹겹이 꿰매 넣은 비밀들을 볼 수 있었을까? 레니아는 폴란드인 같은 외모 때문에 이번 상황 조사 임무에 투입된 것이었는데, 그것으로 충분했을까? 그녀는 변장을 거의 하지 않았으며, 분명히 세련되게 입지도 않았다.

그들이 지금 어떤 게임을 하는지 불확실한 상황에서 레니아는 계속 공세적으로 말했다. "만약 그녀가 유대인이었다면, 우린 바로 알아차렸을 거예요."

여주인은 레니아의 대답에 만족해하며 그녀를 바라보았다. 그리고 큰 기침을 하더니 집 안으로 들어갔다. 레니아도 돌아섰다.

그런데 거기 조시아가 서 있었다.

✳

이제 드디어 레니아에게 임무가 주어졌다. 그녀는 단순히 변장한 유대인이 아니라, 비밀과 암호, 테스트와 이미지 왜곡이 가능한 지하 행동 대원이었다.

그녀는 이 전시 연락책의 계보에 속한 한 구성원이었다. 히브리어로 그들을 카샤리옷kashariyot이라 불렀다. 이는 연결자connector라는 뜻으로 그녀의 임무를 더 잘 설명하는 용어였다.[3] 카샤리옷은 보통 미혼 여성으로 15세부터 20대 초반이었으며, 청소년운동의 리더였거나 이 운동에 헌신하는 리더였다. 그들은 활기찼고, 숙련되었으며, 용감해서 목숨도 아끼지 않았다.

커넥터들은 많은 역할을 맡고 있었는데, 전쟁이 진행되면서 그 역할이 변했고, 레니아는 전쟁 후반기에 합류했다. 연락책 활동은 전쟁이 발발하면서부터 시작되었고, 초기에는 프룸카, 토시아, 차나 겔바르트Chana Gelbard가 그 임무를 맡았다. 이들은 게토 사이를 오가며 지방의 동지들과 연계하여 세미나를 주도하고, 출판물을 전달하고, 지역 지도자들을 교육하며, 정신적 성장을 지속했다. 이 여성들은 네트워크를 구축해서 식량과 의약품을 밀반입하는 데 이를 활용했다. 독일 점령자들은 유대인들이 외부로부터 정보와 도움을 얻는 것을 막기 위해, 게토가 세계로부터 완전히 단절되어, 지비아가 묘사했듯이, "조각난 왕국"이 되도록 했다.[4] 라디오와 신문은 금지되었고 우편물은 압수되는 경우가 많았다. 여행은 쉽지 않았다. 기차는 정해진 운행 시간표가 없어서, 이 여성들은 역 대합실에서 몇 시간이나 기다려야 했다. 또한 새로운 도시에서 길을 잃은 것처럼 보이면 의심을 사기 쉬웠다. 비아위스토크 연락책이었던 차시아 비엘리츠카는 "그들은 절대 게토로 가는 길이 어디인지 묻지 않았다"라고 썼다.[5]

카샤리옷이 가족이나 정치에 관한 소식을 갖고 오면, 그것은 게토에 사는 유대인들이 아직 잊히지 않았다는 것, 그들이 폐쇄된 채 살고 있는, 사실상 고문의 현장인 게토 바깥에서는 삶이 계속되고 있다는 것, 그리고 모든 사람이 절망에 빠진 것은 아니라는 것을 보여주는 신호였다. 이 여성들은 생명줄이자, "인간 라디오"였고, 신뢰할 수 있는 접점이며, 물자 공급자이자 영감의 원천이었다.[6] 그들 덕분에 새로운 소식들이 "유성처럼 번쩍이며" 전국에 걸쳐 확산되었다.[7] 토시아처럼 그들은 도착하는 곳마다 그곳 사람들로부터 포옹과 키스로 환영받곤 했다.

하지만 시간이 흐르면서 카샤리옷들은 희망과 함께 집단학살과 '최종 해결'에 관한 고통스러운 소식을 전해야 했다. 그들은 추방과 학살을 두 눈으로 목격한 후, 그들의 이야기뿐만 아니라 다른 사람들의 이야기를 조심스럽게 전달하면서 유대인들에게 진실을 알리고 저항하도록 확신을 심어주었다.

학살이 점차 확대되고 청소년운동이 민병대로 진화하면서, 연락책의 경로와 기술, 그리고 지금까지 얻었던 지식들(경비병들의 하루 일과, 이들의 눈을 피해 몰래 빠져나갈 수 있는 샛길 등), 그리고 그들이 나치보다 한발 앞서 나갈 수 있다는 자신감 등 모든 것이 새로운 상황과 기능에 맞게 조정되었다. 이제 그들은 가짜 신분증과 돈, 정보, 지하 출판물, 그리고 유대인까지도 게토 안팎으로 몰래 들여오거나 또는 내보내기 시작했다. 그들은 회의할 수 있는 안전한 방을 구했다. 그들은 비밀리에 활동하는 남성 저항군 리더들을 위해 여러 가지 방식으로 해결사 역할을 했다. 그들을 위해 도시에서 돌아다니는 데 필요한 거리 정보를 제공하고, 그들의 임무를 계획하는 것을 돕고, 그들이 노동허가증을 얻도록 도왔다. 그들은 남성들의 공식 "호위 수행원" 행세를 하며, 산책하는 멋진 커플처럼 보이도록 옆에서 걷거나, 심지어 아침에 게토에 들어가기 위해 기다리면서 기차역에서 밤을 지새우기도 했다.[8] 남자 동료들보다 폴란드어를 더 잘했기 때문에, 카샤리옷은 그들을 대신해서 기차표를 사오고, 그들이 지낼 아파트를 빌렸다. 또한 연락책은 남자 동지가 붙잡힐 경우를 대비해서 계속 그의 행방을 파악하고 있어야 했다. 이런 종류의 일에는 초인적인 침착함과 평정심이 필요했다. 레니아는 이런 능력을 가지고 있었을까?

대부분의 연락책은 여성이었다.[9] 유대인 여성들은 할례를 받은 유대인 남성의 신체적 표식이 없었기에 "바지 내리기 테스트"를 두려워할 필요가 없었다. 그렇기 때문에 여성들이 낮에 여행하면 그다지 의심을 사지 않았다. 폴란드 남성들이 직장에 있을 것으로 예상되는 동안에는, 여성들은 거리에서 즉각 붙잡혀서 강제노동으로 보내지거나 하지 않고, 거리를 돌아다니면서 아마도 쇼핑을 하거나 점심식사를 할 수 있었다. 나치 문화는 전형적으로 성차별적이었기 때문에 여성이 불법 공작원이 된다는 생각은 전혀 하지 못했다. 예쁜 농촌 소녀가 지하 유인물을 치마 속에 꿰매 넣어 다니고, 곰인형 속에 권총을 숨겨 다닌다는 사실을 아직 이해하지 못했다. 게다가 남자를 유혹하는 미소는 절대 상처를 주는 것이 아니었다. 연락책 소녀들은 종종 나치에게 여성다운 우아함이나 "꼬마 소녀"의 모습과 위장된 순진함을 보이며 그들에게 가방, 바로 밀반입 물자로 가득 찬 그 가방을 옮기는 데 도와달라고 요청하기도 했다. 여성이 길거리에서 핸드백이나 지갑, 바구니를 들고 다니는 것은 지극히 정상이었다.

여성들의 멋진 장신구는 무기를 숨기는 도구가 되었다. 당시에는 폴란드 여성들도 밀수업자와 행상인으로 활동했으며, 그들의 핸드백에는 각종 불법 수입품들이 들어 있었다. 토시아와 블라드카 같은 몇몇 연락책들은 비유대인 밀수업자인 척하면서 게토와 수용소에 접근했다. 한때 토시아는 운동복을 입은 채 게토에 접근해서 값싼 유대인 물건을 사러 온 폴란드인의 행세를 했다.[10]

보통은 유대인처럼 보이지 않는 여성들만 이 임무에 선발되었다. 레니아처럼 이 여성들은 머리카락이 가늘고, 푸른색, 녹색, 또는 회색 눈을 갖고 있었다.[11] 그녀들은 "예뻐" 보였다. 발그레한 볼은 건강해 보이게 했기 때문에 중요했다. 무사히 "통과"하려고 애쓴 사람들은 머리칼을 염색하고 종잇조각들로 싸서 폴란드 스타일로 만들었다.[12] 여성(및 남성)들은 폴란드식 옷을, 더 화려하고 중산층이나 상류층 스타일로 입으려고 노력했다(근사하게 차려입은 폴란드 신사는 십중팔구 유대인이라는 농담이 떠돌 정도였다).[13] 프룸카와 한체는 얼굴의 일부를 가리기 위해 머리에 스카프를 둘렀다. 프룸카는 화장하는 데 시간을 들일 필요가 있는지 확신하지 못했지만 좀 더 아리아인처럼 보이기 위해 화장을 했다.

소녀들은 몸짓과 행동도 폴란드인처럼 보여야 했다. 모피 머플러를 착용하는 것처럼 단순한 것도 대화 도중에 유대인의 손짓 습관을 줄이는 데 도움이 되었다.[14] 레니아는 폴란드인의 얼굴과 몸가짐을 갖고 있어서 자신 있게 걸어 다니며, 다른 사람들에게 주저하지 않고 당당하게 행동할 수 있었다. 게다가 폴란드어를 완벽하게 구사했다. 폴란드 유대인 여성들은 언어에 매우 능숙했다. 경제적인 이유에서, 아들들은 대개 유대인 학교에 다녔지만, 딸들은 폴란드 공립학교에 다녔기 때문이다. 지비아와 레니아 같은 소녀들은 유대인 특유의 억양 없이 폴란드 토박이처럼 말하는 법을 배웠다. 그들은 폴란드 문학도 공부했으며, 폴란드인과 함께 많은 시간을 보내면서 그들의 습관과 특이한 성격을 자연스럽게 흡수하며 성장했다.

역설적인 애기이지만, 폴란드 유대인 여성들은 가난했기 때문에 오히려 상황에 적응하는 데 유리했다. 그들은 전쟁 전에는 일을 해야 했고, 취업을 통해 비유대인들을 알게 되고, 그들과 접촉하고 교류하면서 친구 관계를 형성했다. 여성들은 폴란드인 이웃들을 알고 있었고, 그들의 요리 냄새를 맡았으며, 아이들을 키우는 것을 보았고, 종교적이거나 일상적인 폴란드 풍습에 익숙했다. 예를 들어 유대인들은 매일 이를 닦았고 안경을 쓴 사람이 많았지만, 폴란드인들은 대부분 둘 다 하지 않았다.[15]

바르샤바에 있는 미용 연구소 같은 곳에 있는 전문가들이 유대인이 위장하는 데 도움을 주었다.[16] 그들은 코 수술과 음경 수술을 해주고, 메이크업 상담, 머리 염색과 스타일링도 제공했다. 앞머리와 곱슬머리는 유대인이라는 의심을 샀기 때문에 그들은 아리아인들이 머리에 쓰는 두건으로 머리칼을 확실히 쓸어 넘겼다. 또한 그들은 유대인 여성들에게 폴란드식 예절을 가르쳤으며, 돼지고기를 요리하고, 밀주를 주문하고, 손짓을 덜 하는 법과 주기도문을 암송하는 것도 가르쳤다. 토시아가 벵진을 방문했을 때, 그녀는 그곳의 여성 동지들에게, 그들이 검문당할 경우에 가톨릭 기도문을 어떻게 암송하는지 배우도록 권유했다.[17]

유대인들은 교리 문답서를 공부했고, 가톨릭 수호성인의 축일을 어떻게 기념하는지도 배웠다.[18] 유대인식 표현(예를 들어 "당신은 어느 거리 출신입니까?")은 폴란드식 표현("당신은 어느 구역 출신입니까?")으로 대체되어야 했다. 이런 뉘앙스의 차이는 끝이 없었다.

아마도 그들이 폴란드 환경에서 더 편안했기 때문인지, 아니면 여성들이 다른 사람의 비언어적 단서에 더 잘 공감하거나 적응하고, 적절히 대응하는 법을 배웠기 때문인지, 이 유대인 여성들은 직감이 강한 편이었다.[19] 그들이 가진 여성적인 능력은 좋은 기억력과 함께 그들이 다른 사람들의 동기를 이해하는 데 도움을 주었다. 예를 들어 그가 진짜 접촉하기로 한 인물인가, 아니면 나치 협력자인가? 이 폴란드 사람들이 날 나치에게 넘겨줄까? 수색이 임박했나? 이 경비병은 뇌물을 원하고 있을까? 이 여자가 나를 좀 심하게 쳐다보고 있는 건 아닌가?

청소년운동을 하면서 받은 훈련 덕분에, 여성들은 이런 일에 대한 전문 지식을 갖고 있었다. 그들은 자기 인식, 독립성, 집단의식, 그리고 유혹 극복에 대한 메시지를 내면에 흡수하고 있었다.[20] 그들은 이미 10대 후반이나 20대 초반에 바른 길을 가고, 누군가가—보통 사람에게는 어쩌면 지극히 자연스러운—욕망을 자극할 때 이에 넘어가지 않는 법을 알고 있었다. 언젠가 기차 안에서 마을 소녀로 위장하고 있던 토시아는 매력적인 남자를 발견하고 갑자기 그의 관심을 끌고 싶었다.[21] 그녀가 그 남자에게 유혹의 미소를 던지자 그는 그녀를 자신의 집으로 초대했다. 토시아는 그날 하루는 정상적인 쾌락을 누리고 싶은 유혹을 느꼈다. 하지만 모든 힘을 다해서 유혹을 떨쳐냈다.

카샤리옷은 신분증, 배경, 목적, 머리스타일, 이름까지 모두 가짜였다. 이 모든 것들 못지않게 중요한 가짜 미소도 지을 줄 알아야 했다. 그들은 슬픈 눈을 한 채로 돌아다닐 수 없었기 때문에 즉석에서 미소를 만들어냈다. 특히 연락책은 크게 웃고, 많이 웃도록 훈련받았다. 그들은 고개를 들고, 술을 마시고, 아무 걱정도 없는 듯 보여야 했다. 또한 부모와 형제들이 고문을 당하거나 살해된 적이 없으며, 굶주리고 있지도 않으며, 잼 항아리에 총알을 숨기고 있지 않은 사람처럼 태연하게 행동해야 했다. 심지어 그들은 기차 안에서 다른 승객들과 대화하면서 반유대주의적인 주제가 나와도 아무렇지 않은 척해야 했다. 구스타 다비드손이 표현했듯이, "슬픈 생각에 잠겨 있으면서, 아무 걱정 없는 듯 가볍게 행동하는 것은 쉽지 않았다. (…) 그녀는 인내심의 한계에 도달해 지쳐갔다."[22] 차시아 비엘리츠카는 끊임없이 자신을 짓누르던 압박감을 이렇게 표현했다. "우리는 울 수도, 아파할 수도, 우리의 진짜 감정을 느낄 수도 없었다. 우리는 잠시도 중단이 없는 연극, 무대 없는 연극에 출연한 배우, 쉴 틈이라곤 없는 배우였다."[23]

그리고 게토를 드나들어야 하는 카샤리옷은 슈말초브니크(협잡꾼, 공갈범)의 표적이 되었다. 그들은 게토를 드나들 때 돈을 뜯어내는 자들에게 줄 현금을 따로 지니고 있었다. 한번은 차이카 그로스만이 서류와 돈을 숨긴 채 바르샤바 게토를 나섰을 때 한 슈말초브니크가 쫓아오자, 그녀는 고함을 지르고 욕설을 퍼부으며, 그를 게슈타포에 신고하겠다고 협박했다. 블라드카 미드는 공세적인 전략을 사용하기도 했다.[24] 그녀는 슈말초브니크들에게 (현장을 피하기 위해) 자기를 따라오라고 했고, 그들을 신고하겠다고 위협하고는 나치 경비병이 있는 쪽으로 태연하게 달려갔다. 그들이 놀라서 도망칠 때까지.

구스타에게는 게토 바깥세상의 모든 순간이 공포였다. "철조망 바깥의 모든 발걸음은 마치 우박처럼 쏟아지는 총알 속을 지나가는 것 같았다. (…) 모든 거리는 무성한 밀림 같아서 마체테(날이 넓고 무거운 정글 칼)를 휘둘러 장애물을 제거하듯 나아가야 했다."[25]

그럼에도 연락책 여성들은 기꺼이 그 바깥세상으로 나갔다.

레니아도 마찬가지였다.

14   게슈타포에 잠입하다

벨라
1943년 5월

레니이는 성공적이고 대담한 대표적 연락책 중 하나가 주로 동부 지역에
서 일했던 프리덤 동지 벨라 하잔이라는 것을 알고 있었다.[1] 벨라와 그녀
의 영리하고 아리아인처럼 예쁜 "동료들"은 전설이어서, 그들에겐 가장
위험한 임무가 할당되었다.

이름처럼, 벨라는 금발 미인이었다. 그리고 그녀의 성처럼, 벨라의 아
버지는 폴란드 남동부에 있는 유대인들이 모여 사는 작은 마을에서 성가
대의 하잔hazzan 선창자였다. 그의 가족은 유대교 회당 아래의 어두운 지
하 방에서 살았다. 벨라가 여섯 살 때 아버지가 세상을 떠난 후 어머니가
혼자 여섯 아이를 키우면서, 아이들에게 지원금이나 동정을 받아들이지
말고 자부심과 자립심을 가지라고 가르쳤다. 지역사회에서 존경받았던
벨라의 어머니는 정식 교육을 받지는 못했지만, 세상 사는 지혜를 갖고
있었다. 그녀는 자신은 한 번도 받아보지 못한 교육을 자녀들에겐 시켜
주겠다고 다짐하면서 자녀들을 히브리어 학교에 보냈으며, 경제적 지원
을 거부하고 가게 문을 닫고서라도 학교의 모든 행사에 참석했다. 그녀
는 자녀들이 부잣집 아이들처럼 깔끔해 보이도록 매일 밤 옷을 빨아 입

혔다. 벨라는 졸업한 후 어머니에 의해 히브리어 개인 교사로 보내졌는데, 그녀의 어머니는 "따스함과 사랑"이 가득 담긴 음식과 편지를 보내면서 딸을 격려했다.

벨라의 어머니는 종교적 시온주의자였지만, 안식일 외에는 청년운동에 참여하도록 허락했다. 1939년 벨라는 지역의 지도자들에게 선발되어 팔레스타인에서의 삶을 준비하기 위한 일환으로 마련된 특별한 자기방어술 과정에 참가했다. 그때 벨라는 무기 사용법뿐 아니라, 막대기와 돌을 사용하는 법도 배웠다. 그녀는 프리덤 강의를 들었으며, 프룸카와 지비아의 강연을 듣고 특히 큰 감동을 받았다. 성적이 우수했던 그녀는 벵진에 있는 프리덤 키부츠의 방위 교관으로 뽑혔다. 그녀는 어머니가 알면 허락하지 않을까 봐 집에 들르지 않고 곧바로 자그웽비에로 갔다. 실제로 그녀의 어머니는 이 일 때문에 화가 나서 3개월 동안 딸의 편지에 답장도 하지 않았다가, 나중에야 용서를 구했다. 늦여름이었던 그 무렵에 그녀는 온 가족을 팔레스타인으로 이주시키기 위해 서류를 갖추려고 애쓰고 있었다.

히틀러가 폴란드를 침공했을 때, 벨라는 방어 훈련을 받고 있었다. 동지들은 주방에 앉아 라디오를 듣고, 나치가 몇 분 안에 이 국경 마을에 도착한다는 것을 알았다. 그래서 지도부는 회원들을 폴란드 내륙 안쪽으로 더 깊숙이 재배치하기로 결정했다. 몇 명의 남성과 벨라는 남아서 벵진 키부츠를 돌보기로 했다. 그런데 독일군의 폭격이 너무 심해서 벨라와 동지들은 목숨을 구하기 위해 도망치지 않을 수 없었다. 도로들은 공포에 질려 서로 밀치며 피난하는 사람들로 마치 화물열차 승강장처럼 북적였다. 폭탄이 사방에서 터졌다. 며칠간 험난한 피난길을 걸은 후 벨라는 적어도 비는 피할 수 있는 지붕이 있는 벵진으로 다시 돌아왔다. 그녀는 자신이 여기 속한다는 감정에 복받쳐서 울었다. 바로 거기가 그녀의 집이었다.

그러나 얼마 지나지 않아 그녀는 프리덤으로부터 아직 팔레스타인행이 가능할지 모르는 빌나로 가라는 권유를 받았다. 그녀가 빌나로 가는 여정은 뒤죽박죽으로 진행되어, 야간에 배를 타고 강을 건너기도 했고, 러시아 교도소에서 3주 동안 갇혀 있으면서 하루 종일 서 있어야 하는 상황도 벌어졌다. 며칠간 자신의 억울함을 탄원한 끝에, 그녀는 교도소 경비대장의 집으로 찾아갈 수 있었다. 그곳에서 그녀는 울부짖으며 동료들의 석방을 주장했고 이는 성공적이었다. 빌나로 돌아가는 길에, 벨라는 살해당한 줄 알았던 어머니를 만났다. 그러나 행복한 재회는 겨우 두 시간 동안이었다. 벨라는 팔레스타인행을 시도하기 위해 자동차를 타고, 또는 도보로 계속 동쪽으로 향해야 했다. 떠나면서 그녀는 가족들에게 꼭 데리러 오겠다고 약속했다. 그게 마지막이었다.

빌나에서 벨라는 활동이 왕성하지만 굶주리고 있던 청년운동 현장에 뛰어들었는데, 이 운동 현장에서는 러시아의 지배 시기에도 농사와 문화활동이 계속되었다(이전보다 조용하기는 했지만). 그러다가 1941년에 갑자기 단행된 독일의 침공은 엄청난 공포를 초래했다. 점령 첫날부터 눈에 띄었던 한 이미지는 음경이 잘린 채 나무에 묶여 있는 한 유대인 남자였다. 곧이어 각종 반유대법이 시행되었다. 유대인을 표시하는 다비드의 별, 총격, 게토화.

하지만 벨라는 굴복하지 않았다. 처음부터 그녀는 작업 동료들과 함께 좁은 통로를 통과해서, 또는 게토 경계선에 있는 집을 거쳐서 게토를 떠나려 했다. 그때 그녀는 꿰매지 않고 핀으로 고정했던 유대인 표식을 떼어낸 후—이것은 범죄에 해당했다—시장으로 향했으며, 친구들에게 줄 음식과 약을 샀다. 그녀는 빌나에서 낯선 외지인이었다. 그녀는 금발이었다. 그녀는 자신의 외모가 유대인으로 보일까 봐 걱정할 필요가 없었지만, 그녀의 폴란드어는 유대인의 억양이 강해서 가능한 한 말을 적게 했다. 게토에서 그녀는 방 세 개짜리 아파트에서 열세 가족과 함께 살았는데, 그들은 피난 중이던 유대인들을 항상 환영했다. 그녀는 탁구대 위에서 잠을 잤다. 벨라는 의학 지식은 없었지만, 병원에서 수술실의 '간호사'로 일자리를 얻었다. 수술실에서 피를 닦아내는 일도 했고, 한번은 촛불만 들고 수술하는 상황에서 외과의에게 수술 도구를 넘겨줘야 했다.

포나리에서 대량학살이 자행되었다는 소식을 들은 동지들은 빌나 외곽의 숲에서 저항군을 조직하기 시작했다. 영가드의 아바 코브너가 레지스탕스 그룹을 주도했다. 프리덤 리더들은 이 게토들 사이에서 연락책으로 활동할 소녀들, 특히 유대인처럼 보이지 않는 소녀들을 구하려고 노력했다. 벨라는 이미 아리아인으로 위장해 활동한 경험이 있어서 이 임무에 자원했다. 그래도 자유롭게 이동할 수 있는 서류가 필요했다. 그래서 벨라는 병원에서 한 비유대인 지인에게 접근해서, 가족을 만나러 가고 싶다고 호소했다. 그녀는 자기 남편이 유대인을 싫어하니 절대 집에는 오지 말라고 경고하면서도, 더 이상 묻지 않고 자신의 여권을 벨라에게 주었다. 그래서 열아홉 살의 벨라 하잔은 브로니슬라바 리마노프스카Bronislawa Limanowska, 줄여서 브로니아Bronia가 되었다. 프리덤의 지도자들은 이 여권에서 사진과 도장을 교체했다. 이 위조된 여권은 몇 년 동안 사용되었다.

벨라의 임무는 빌나와 그로드노, 비아위스토크를 연결해 공지문, 돈, 무기를 몰래 전달하는 것이었다. 그녀는 그로드노에 연락책들을 위한 은신처를 찾고 그곳에 활동 거점을 만들라는 지시를 받았다. 벨라는 아침에 일행과 함께 게토를 벗어나서 금화 10개를 주고 십자가 목걸이와 기독교 기도서를 샀다. 거친 바람이 귓전을 스치는 가운데 그녀는 군용차, 수레, 마차 등을 번갈아 타고 철거된 집에서 잠을 자며 이동한 끝에, 지붕이 급히 경사진 건물들과 자갈길이 깔려 있는 화려한 중세 도시 그로드노에 도착했다. 그녀는 나이 든 폴란드 여자의 집 문을 두드리고는, 기름 램프를 켜고 빨래하고 있던 그 여자에게 자신의 집이 폭격을 당해서 가족이 모두 죽었다며 피난처가 필요하다고 말했다. 말하는 내내 그녀는 입에서 히브리어나 이디시어가 튀어나오거나, 아니면 "요셉 마리아" 대신 "하느님God"이라고 말할까 봐 조심했다. 그 여자는 벨라를 위로하며 일으켜 세웠다. 그날 밤 벨라는 혹시 잠을 자다가 히브리어로 소리칠까 봐 한잠도 자지 못했다.

벨라는 그로드노에서 일자리를 구하기 위해 고용 사무소로 갔다.

"독일어를 할 수 있나요?" 창구 직원이 그녀에게 물었다.

"그럼요." 자칫하면 이디시어로 말할 뻔했다.

직원이 그녀를 테스트했고, 벨라는 독일어로 답했다.

"독일어를 아주 잘하시네요"라고 그가 칭찬했다. 그녀의 서툰 이디시어가 점잖은 독일어가 되어 나왔다. "당신에게 줄 일이 있어요." 그가 제안했다.

"게슈타포 사무실에서 통역 일을 할 수 있어요."

게슈타포와 함께 하는 일? 벨라는 이 일이 위험천만하지만, 특별한 방법으로 그녀에게 도움이 될 수 있는 자리라는 것도 알았다.

이튿날, 그녀는 그로드노 게슈타포에서, 그것도 주로 행정실에서 일하기 시작했다. 상사는 즉시 그녀를 마음에 들어했으며, 다른 독일인 직원들도 그랬다. 벨라는 폴란드어, 러시아어, 우크라이나어를 독일어로 번역하는 일을 맡았다. "갑자기 나는 다국어를 사용하는 사람이 되었다"라고 그녀는 회상했다. 그녀는 사무실 청소도 하고 차를 내오기도 했다.

연락책을 위한 숙소를 찾기 위해 벨라는 자신의 억양이 인식될 만한 지역은 피했다. 그녀는 마을 외곽에서 자신이 유대인 신분을 드러내는 말실수를 해도 눈치채지 못할 것으로 희망했던 벨라루스 출신의 미망인에게 방을 빌렸다. 그녀는 예수의 성상들이 벽에 줄지어 걸려 있는 좁은 방에서 편안하게 지내려고 노력했다. 하지만 그녀가 10시간 근무를 마치고 집에 돌아왔을 때, 그 예수의 모습들은 그녀를 두려움으로 가득 차게 했다. 사실 그 예수의 형상들은 나치에 둘러싸여 지내는 것보다 더 커다란 두려움을 자아냈다. 벨라는 항상 동료와 함께 성당에 갔으며, 그 동료 뒤에 앉아서 그녀의 동작을 따라 하기 위해 극도로 신경을 집중했다.

일을 시작한 지 일주일이 되었을 때 벨라는 상사에게 자신이 게슈타포에서 일한다는 것을 증명하는 공식 서류를 발급해달라고 요청했다. 그는 즉석에서 서명해주었다. 그녀는 이것을 들고 그로드노 시청으로 가서 자신의 모든 신분증이 손상되었다고 설명하고는 새로 발급해달라고 요청했다. 게슈타포 직원을 함부로 대할 수 없었던 담당 직원은 그녀를 신청자들이 서 있는 줄의 맨 앞으로 오도록 재촉했다. 그리고 가짜 세부 사항을 담은 신분증을 작성했다. 벨라는 복권에 당첨된 것이었다. 당시 이동의 자유는 복권과 다름없었다.

이 서류들 덕분에 그녀는 통행금지 시간 이후에도 밖에 나갈 수 있었으며, 심지어 그녀가 도우러 갔던 게토 근처에서도 문제가 없었다. 그녀는 빌나 지도부에 이 상황을 보고했고, 그녀의 새로운 서류를 위조 샘플로 사용하도록 동료들에게 제공했다. 하지만 기차 여행 허가증을 얻는 것은 거의 불가능했다. 기차 여행 허가증은 군인들을 위한 것이었다. 어느 날 아침, 벨라는 울면서 출근을 한 후, 빌나에 사는 오빠가 죽어서 장례식에 가야 한다고 설명했다. 폴란드 전통에 따르면 삼일장을 치러야 했다. 그리고 그녀는 여러 가지 사소한 일들을 처리해야 했는데 그러려면 일주일은 필요하다고 했다. 게슈타포 상사는 벨라를 위로하면서 그녀와 함께 관련 창구에 가서 기차 여행 허가증을 받도록 도와주었다.

기쁨에 벅찬 채 빌나에 도착한 벨라는 기독교 여성으로 분장하고는 적절한 순간에 게토에 들어가고, 지갑에 숨겨두었던 다비드의 별을 핀으로 부착할 계획을 세웠다. 게토 근처에 도착했을 때 긴 금발 머리의 여자가 그녀에게 다가와 말을 건넸다. "우리 서로 아는 사이 아닌가요?"

벨라의 심장이 마구 뛰었다. 이 사람은 도대체 누굴까? "누구시죠?" 그녀가 물었다.

"크리스티나 코소브스카."

그 여자는 지갑에서 사진 한 장을 꺼냈다. 동지 그룹의 사진이었다. 벨라는 그들 중 한 명이었다. 그녀가 속삭였다. "저의 진짜 이름은 론카 코지브로드스카Lonka Kozibrodska입니다."

론카. 벨라는 그녀에 대해 많이 들었다. 폴란드어를 완벽하게 구사하고, 아주 예쁘고 기독교적인 외모를 가진 최고의 연락책인 론카는 "곱게 땋은 긴 금발이 후광"처럼 늘어져 있었으며, "대제사장"의 지혜와 매력을 지니고 있었다.[2] 동지들은 종종 그녀가 게슈타포가 보낸 함정이 아닌지 의심했다. 20대 후반으로, 바르샤바 외곽의 교양 있는 가정 출신의 키 크고 날씬한 론카는 대학에서 공부했으며 여덟 개 국어에 능통했다. 거의 열 살 정도 어렸던 벨라는 세상 물정에 밝은 노동자 계급 소녀로, 억세고 재빠르며 약삭빠른 서민이었던 반면, 론카는 교육받은 세속 여성의 자신감을 갖고 있었다. 론카는 자신의 외모를 동지들을 압도하는 데 사용하진 않았지만, 나치에게는 강한 인상을 주었다. 그녀의 동료는 "게슈타포는 그녀가 금지된 자료를 담은 배낭을 운반할 때 한 번 이상 도움을 주었다"라고 썼다. 게슈타포는 그녀를 기독교 소녀로 생각했기 때문이다. 쾌활하면서도 부지런한 행실로 빠르게 프리덤의 리더 반열에 오른 론카는 전국을 돌아다니며 무기와 문서, 그리고 한때는 기록물을 운반했다. 지금 그녀는 바르샤바 지도부에서 내려온 임무를 띠고 여기에 와 있었다. 두 사람은 노동자들 사이에 섞여 게토에 들어갔다. 그들이 함께한 많은 공동작업 가운데 첫 번째였다.

벨라는 그녀의 직장이 매우 위험한 곳이었기 때문에 걱정이 많았던 동료들과 재회의 기쁨을 나누고, 그들에게 자신의 신분증 등 서류를 넘겨주었다. 그들은 그것을 갖고 "문서 위조실"에서 복사하느라 밤을 꼬박 새웠다. 며칠 후 벨라는 유대인 평의회에 포나리 학살에 대해 알리고, 빌나에서 유대인을 탈출시키는 데 필요한 재정적 도움을 요청하라는 지시를 받고 그로드노에 돌아왔다. 또한 그녀는 프리덤 회원들과 만나 봉기 계획을 공유해야 했다.

빌나를 떠나기 직전에 벨라는 차고 있던 유대인 완장을 애도를 뜻하는 검은 리본으로 교체했다. 기차에서 그녀는 유대인들을 파멸시키라고 외치며 울음을 터뜨렸다. 승객들은 그녀 오빠의 죽음에 대해 위로했다. 이때까지만 해도 그들은 폴란드가 가진 모든 문제의 책임을 유대인들에게 돌리며 그들을 비난하지는 않았다. 아파트로 돌아오자, 집주인과 이웃은 그녀가 마음의 안정을 회복하도록 도와주었다. 직장에 복귀했을 때, 그녀는 나치 동료 직원들이 보낸 위로의 카드를 발견했다. 그녀 오빠의 죽음에 슬픔을 표하는 내용이었다. 마침내 이것이 그녀를 웃게 만들었다.

벨라는 게토에 들어갈 수 있는 특별허가증을 발급해달라고 청원했다. 훌륭한 유대인 치과의사에게 진료를 받기 위해서라고 설명했다. 그녀는 2주 동안 게토에 출입할 수 있는 허가증을 받았다. 그녀는 유대인 평의회에 자신이 가진 정보와 요청 사항을 전달했다. 과연 그들은 빌나에서 극빈층을 위해 돈을 쓸 수 있을 것인가? 난민들을 받아들일 것인가? 하지만 평의회에 있던 남자들은 그녀를 믿지 않았다. 게다가 사람들을 더 이상 수용할 수 없으며, 아무에게나 돈을 줄 수도 없다고 말했다. 벨라는 복도에서 흐느꼈다. 평의회의 한 여성 위원이 그녀에게 다가와 자신이 가진 돈과 가짜 신분증을 주면서 난민들을 도와주겠다고 조용히 제안했다. 벨라는 지하 도서관에서 프리덤 그룹을 만났다. 강의와 히브리어 수업을 듣기 위해 80명이 거기 모여 있었다. 그녀는 그들에게 포나리에서 자행된 학살에 대해, 그리고 젊은이들이 봉기를 일으킬 필요성에 대해 말했다.

1941년 크리스마스를 앞두고 벨라는 첫 트리를 장식했으며, 집주인에게 친구가 휴일에 찾아올 것이라고 말했다. 테마 슈나이더만Tema Schneiderman이 당시에 유행하던 검은 겨울 부츠를 신고 우아하지만 캐주얼한 옷차림으로 그로드노에 도착했다. 그녀는 오는 도중에—심지어 게토에 들어올 때조차—꺾은 야생화 같은 선물, 밀수된 레몬, 옷가지 등을 항상 지니고 다니는 것으로 알려져 있었다.

바르샤바 출신인 테마(반다 마예프스카Wanda Majewska로도 알려진)는 키가 크고 절제심이 있으며, 기독교인처럼 보이는 연락책이었다. 점잖게 웃는 얼굴 위로 두 줄로 땋은 갈색 머리를 왕관처럼 쌓아올리고 있었다.[3] 어린 나이에 어머니를 잃는 테마는 독립적이며 실용주의적이었다. 집에서는 폴란드어를 사용했으며, 간호사가 되기 전에는 공립학교에 다녔다. 그녀는 약혼자인 모르데하이 테넨바움Mordechai Tenenbaum을 통해 프리덤에 합류해서 이디시어를 배웠다. 전쟁 초기에 두 사람은 이민 서류를 위조해 동지들을 팔레스타인으로 보내는 일을 했다. 모르데하이는 자신의 가짜 신분증에 그녀의 이름을 적었다. 그는 테마를 몹시 사랑했는데, 그녀를 가장 위험한 임무에 보낸 것이다.

그녀는 자신이 작성한 보고서들을 지하 회보에 실었고, 독일인들을 대상으로 제작한 폴란드 지하신문에 전쟁의 참상을 알리는 기사를 썼다. 테마는 그 지역에서 연락책으로, 그리고 사람들을 몰래 탈출시키는 일을 하고 있었다.

벨라는 테마를 자신의 사무실로 데려갔다. 애도 카드가 여전히 게시판에 걸려 있었다. 테마 역시 환하게 웃었다.

벨라에게 홀딱 빠진 한 나치가 그녀를 사무실 직원들의 크리스마스 파티에 초대했다. 그녀는 거절할 수 없었다. 그날 밤 벨라의 아파트에 머물고 있던 테마와 론카도 벨라와 함께 파티에 갔다. 세 여성은 옷을 잘 차려입고 게슈타포의 크리스마스 파티에 참석해서 포즈를 취하고 사진을 찍었다.[4] 이 사진은 그 후에 연락책 소녀들의 상징적인 이미지가 되었다. 그녀들은 각자 인화된 사진을 한 장씩 받았다.

곧이어 지하 레지스탕스 지도부는 벨라를 빌나로 불러들였다. 그녀는 상사에게 2주 동안 병원에 입원해야 한다고 말하고 그곳에서 기차를 탔다. 객차 안은 나치 병사들로 가득해서, 그녀는 브래지어에 돈을 숨기고 코트 주머니에는 다비드의 별을 넣은 채 그들과 수다를 떨었다. 그녀는 한 무리의 여성 노동자들에게 감자 운반하는 것을 도와주겠다고 제안하며 그들과 함께 빌나 게토로 들어갔다.

몇 블록이 몇 킬로미터처럼 느껴졌다.

얼마 후 벨라는 비아위스토크 게토에 있었다. 그곳에서 그녀와 론카는 그로드노에서 태어난 유아를 숨긴 소포를 몰래 들여오는 임무에 협력했다. 벨라는 거기서 유대인이라는 사실을 숨기지 않아도 되어 너무 행복했으며, 그래서 그곳에 머물기로 결심했다. 그때쯤 3주간 진행될 세미나를 이끌기 위해 프룸카가 비아위스토크에 도착했다. 그 세미나는 동지들을 계속 배우고 생각하게 하려는 의도로 계획된 것이었다. 론카와 벨라는 며칠 동안 지역을 샅샅이 뒤지면서, 위장을 하고 자동차나 기차, 혹은 도보로 세미나에 데려올 유대인을 찾았다. 세미나는 마치 그들이 평범한 삶을 사는 것처럼 느끼게 해주었다.

빌나, 비아위스토크, 볼히니아, 코벨… 벨라는 그 후 몇 달 동안 학살을 피해 이런 곳들을 떠돌았으며 한번은 시멘트 통에 숨기도 했다. 그러다가 마침내 가족이 살던 집에 도착했다. 그런데 그 집에는 우크라이나인들이 살고 있었고, 어머니의 거실은 예수의 성상들로 장식되어 있었다. 벨라는 반유대주의 발언을 몇 마디 내뱉고는, 현지에 살던 유대인들에게 무슨 일이 일어났는지 물었다.

"다 죽었어요."

벨라는 그곳을 나와 아무도 듣는 사람이 없는 곳에서 통곡하기 시작했다. 그녀는 이제 깨달았다. 만약 계속 살기를 원한다면 그 유일한 목적은 오직 복수라는 것을.

봄이 되자, 론카는 권총 네 자루를 갖고 바르샤바로 파견되었다.

그 후 그녀가 사라졌다.

비아위스토크의 리더들은 그녀의 행방을 찾기로 결정했다.

벨라가 자원했다. 그들이 그녀에게 "가서 너의 뼈〔론카〕를 되찾아와"라고 말하자 모두가 긴장했다.

벨라의 남자친구인 하노치는 벨라를 역까지 바래다주었다. 힘세고 근육질이며, 나치에게서 무기를 훔쳐왔던 남자, 하노치는 그녀에게 용기를 북돋아주었다. 그들은 전쟁이 끝나면 결혼하여 팔레스타인으로 이주할 계획이었다.

그는 그녀에게 권총 두 자루를 주었고, 벨라는 그것을 큰 주머니에 숨겼다. 얇은 종이에 인쇄된 히브리어 지하 공지문은 그녀의 땋은 머리칼 안에 함께 엮었다.

그녀는 바르샤바로 가는 길에 자신감을 느꼈고, 가짜 서류로 모든 검문을 통과했다.

말키니아 고르나 마을에 도착할 때까지는 그랬다.

한 장교가 기차에 올라타서 그녀에게 다가왔다.

"네?"

"날 따라와." 그가 말했다. "우린 오랫동안 너를 기다렸어."

벨라는 아무 말 없이 일어나서 그를 따라 기차에서 내렸다.

그리고 기차가 떠났다.

장교는 그녀를 역 안에 있는 작은 방으로 데리고 가서 그녀의 몸과 여행 가방을 뒤졌고 무기를 찾았다. 이제 그녀가 할 수 있는 일은 아무것도 없었다. 벨라는 총을 들고 있는 그들을 바라보며 깨달았다. 그녀는 처형될 예정이었다. 이 10대 소녀는 아무 일도 아닌 것처럼 행동하기로 결심했다. 남자들이 와서 그녀를 숲으로 호송했으며, 그녀에게 뛰라고 소리치며 그녀의 등을 때렸다. 그녀가 뛰면 그들은 총을 쏠 계획이었지만 그녀는 뒤에서 쏘는 총에 맞고 싶지 않았다. 그녀는 뛰지 않았고, 마음을 가라앉히기 위해 콧노래를 흥얼거렸다.

그들은 인적이 드문 곳에 있는 작은 감옥에 도착했다. 벨라는 공포에 사로잡혔다. 그녀가 숨기고 있는 히브리어 자료는 어떻게 하지? 그들은 그녀가 무기 밀수업자라는 것을 알았지만, 유대인이라는 것은 몰랐다. 그녀는 화장실에 가고 싶다고 말했다. 그들은 그녀를 땅을 파헤쳐 만든 지붕 없는 헛간으로 데려갔다. 그녀는 땋은 머리에 숨겨두었던 종이 통지문을 빼내서 구덩이에 던졌다.

작은 방에 돌아온 그녀는 모든 것을 압수당했다. 이것이 끝이었다. 그녀에게 무슨 일이 일어났는지 아무도 모를 터였다. 벨라는 큰 소리로 울기 시작했다. 장교가 외쳤다. "울음을 그치지 않으면 죽여버릴 거야!" 그리고 심문이 시작되었다. 그녀는 끊임없이 거짓말을 했고, 폴란드어로만 말했고, 유대인 억양이 드러나지 않도록 필사적으로 몸부림쳤다.

"네, 제 아버지는 유명한 폴란드 정치가 리마노브스키의 첫째 조카입니다."

"저는 여행증명서를 기차에서 어떤 남자한테 20마르크에 샀어요."

"그리고 그 무기들은 제 것입니다."

그들은 그녀를 사정없이 구타했다. 그리고 어떤 폴란드 장교에 대해 물었다. 그제야 벨라는 그들이 자신을 폴란드 국내군 대원으로 생각한다는 것을 깨달았다.

갑자기 그들 중 한 사람이 물었다. "너, 크리스티나 코소브스카를 알지?" 론카를 뜻하는 것이었다.

"모릅니다."

"사실대로 말해. 안 그러면 죽을 거야." 그 남자는 사진 한 장을 꺼내더니 그녀의 얼굴 앞에 들이댔다. 론카, 테마, 벨라가 게슈타포 크리스마스 파티에서 함께 찍은 사진이었다. 론카는 너무 자신만만해서 임무를 수행할 때 이 사진을 갖고 다녔다. 그들이 이 사진을 발견했던 것이다.

"너를 알아보겠지?"

그녀는 파티에서 론카를 처음 만났다고 말했다. 그들은 그녀를 믿지 않았고, 이를 부러뜨리며 다시 때렸다.

여섯 시간의 심문 후, 벨라는 만신창이가 되어 차가운 흙바닥에 내동 댕이쳐졌다. 밤새도록 경비원들이 그 방에 들어가려고 했다. 그녀는 비명을 지르면서 그들에게 겁을 주었다. 새벽 5시, 그녀는 수갑을 찬 채 호송원과 함께 기차에 올랐다. 지나가는 사람들이 그녀를 동정 어린 눈으로 쳐다보았지만, 벨라는 고개를 꼿꼿이 쳐들었다.

그녀는 수차 거리에 있는 바르샤바의 게슈타포 본부에 보내졌다. '수차'로 알려졌던 나치 본부는 나치가 점령한 폴란드 정부 청사 안에 있었다. 도도하게 뻗은 대로와 아르데코 양식의 아파트가 있는 고급스러운 동네에 자리 잡은 이 흰색 기둥의 건축물 지하에 고문 감옥이 있을 줄은 누구도 상상하지 못했을 것이다. 체포된 사람들은 어두운 '트램웨이tramway' 감방에서 심문을 기다렸다. 그들이 앉아 있던 좌석들은 트램 스타일로 배치되어 있었고, 서로 밀접하게 연결되어 있었으며 모두 같은 방향을 향하고 있었다. 채찍 소리와 비명, 몽둥이와 울부짖는 소리를 가리기 위해 라디오에서 음악이 시끄럽게 흘러나왔다. 콘크리트 벽 곳곳에 절망적인 메시지가 새겨져 있었다.[5]

벨라는 또 다른 작은 방에 갇혔는데, 거기서 "너는 오직 앞만 바라보라, 절대 뒤를 돌아볼 수 없어"라는 독일어 구호를 벽에 적었다. 그녀는 세 시간 동안 무언가로 입이 틀어 막힌 채 비명을 지르고 울부짖는 소리를 들었다. 그리고 그녀는 3층으로 옮겨졌다. 교활한 눈을 가진 다른 장교의 심문이 이어졌고 벨라는 거짓 답변을 했다. "무기를 어디서 구했는지 당장 말하지 않으면, 우린 결국 네가 말하게 만들 거야."

그녀는 지하실로 보내져서 잔인하게 두들겨 맞았다. 게슈타포 장교는 강제로 그녀의 옷을 벗기고 마루 한가운데 있는 널빤지 위에 눕게 했다. 그는 몽둥이를 꺼내어 그녀의 몸을 때렸다. 그는 그녀가 기절할 때까지 손으로 그녀의 입을 막았다. 얼마 후 깨어나 보니 온몸이 피투성이였다. 온몸이 까맣게 멍들고 퉁퉁 부은 채 3일 동안 누워 있었다. 그 후 장교가 돌아와서 그녀에게 옷을 입으라고 말했고, 그녀는 정치범 수용소인 파비아크로 이송되었다. 게토 안에 있는 지엘나 거리 바로 건너편이었던 것 같다. 특수 차량이 하루에 몇 번씩 두 곳의 고문 장소 사이를 누비며 죄수들을 행진시켰다. 외부인들은 공포에 질려 이를 지켜보았다.

파비아크는 지옥으로 알려져 있었지만, 벨라는 사실 행복했다.

론카가 거기 있었다.

✳

이레나 아다모비치는 레니아와 함께 바르샤바 거리를 활보하면서 그녀에게 "론카는 파비아크에서 체포되었을 때 밖으로 쪽지 하나를 던졌어"라고 설명해주었다.[6] "동지들이 그것을 발견해서 그녀의 행방을 알게 되었지."

한 걸음 한 걸음이 모두 위험했지만, 이레나와 레니아는 도시로 나갔다. 여성 투사들과 진심으로 결속되었던 이레나는 레니아를 두 팔을 벌려 받아들였다. 이레나는 키가 크고 날씬하며 섬세한 이목구비를 가지고 있었다. 회색으로 얼룩진 그녀의 금발이 목에 감겨 있었다. 그녀는 길고 어두운 색 치마와 하얀 블라우스, 그리고 무거운 신발을 신고 있었다.[7] 함께 걸으면서 레니아는 그녀에게 벵진에서 들었던 여러 가지 절망적인 소식들에 대해 물었다.

"지비아가 살해되었다는 게 사실인가요?"

자신만만하고 신중한 성격의 이레나는 바르샤바 아리아인 구역에서 많은 사람들과 주소를 교환하고 유대관계를 유지하며, 청소년운동을 조직하는 데 몇 년을 보냈지만, 지금은 특히 힘든 시기였다. 그녀가 마지막으로 게토와 접촉한 것이 벌써 며칠 전이었다. 하지만 그녀는 자신이 아는 한, 뱅진에 전해진 소식은 사실이 아니라고 설명했다.

"지비아는 살아 있어요"라고 그녀가 말했다. "지금 이 순간에도 그녀는 게토에서 싸우고 있어요."

레니아가 숨을 깊이 내쉬었다. 그녀는 두 눈으로 직접 봐야겠다고 결심했다.

15   바르샤바 게토 봉기

지비아

1943년 4월

몇 주 전인 1943년 4월 18일, 유월절 전날 밤, 지비아는 동료들과 함께 쿰시츠kumsitz("와서, 앉으시오"라는 뜻의 이디시어로 단합 운동을 위한 용어)의 시간을 보내고 있었다.[1] 새벽 2시였지만 그들은 미래에 대한 계획을 논의하고 있었다. 그때 한 동지가 심각한 표정으로 다가왔다. "아리아인 구역에서 전화가 왔어요"라고 그가 전했다.[2] 그 말에 모두 얼어붙었다. "게토는 포위되었으며, 독일군은 6시에 포격을 시작한답니다."[3] 4월 20일이 히틀러의 생일이었고, 게토 파괴는 힘러가 그에게 줄 작은 선물이라는 것을 그들은 알 리 없었다.[4]

지비아는 기쁨의 떨림과 동시에 공포의 전율을 느꼈다. 그들은 몇 달 동안이나 이 시간을 위해 준비하고 기도해왔지만, 종말의 개시를 직접 마주하는 것은 고통스러웠다. 그녀는 감정을 억누르고 총을 집어들었다. 이제 때가 왔다.

지난 1월 '미니 봉기' 이후 바르샤바 게토는 대규모 봉기를 계획하고 있었다. 유대인들은 독일인을 죽이고 그들의 파괴 작전을 저지하면서, 살 수 있다는 것을 보았다. 그래서 지비아는 게토의 심리 상태가 변했다고 느꼈다.[5] 물론 그들이 감행하려는 행동이 안전하리라는 환상은 더 이상 없었다. 추방과 죽음이 임박했음을 모두가 알고 있었다. 돈 많은 유대인들은 아리아인의 서류를 사서 도피를 시도했다. 다른 이들은 건물 잔해 속에서 건축자재를 찾아내서, 정교하게 위장된 은신처를 지었으며 식량도 충분하게 채웠다. 그들은 응급처치 키트를 만들었고, 전기를 연결했으며, 환기 시스템을 설치하고, 도시 하수 시설에도 연결했다. 그리고 아리아인 구역으로 이어지는 땅굴도 팠다.[6] 블라드카 역시 분위기가 바뀐 것을 알아차렸다. 봄에 게토를 방문했을 때, 그녀는 벽에 걸려 있던 ZOB의 포스터를 보았는데, 유대인들에게 독일의 명령을 듣지 말고 저항하라는 내용이었다. 한 지인이 그녀에게 총을 어디서 살 수 있냐고 물었다. 유대인들은 무기를 샀다.[7] ZOB의 봉기는 더 이상 사제폭탄을 가진 한 무리의 아이들의 싸움이 아니라 존중받는 한 민족의 투쟁으로 인식되었다.[8]

1월 봉기에 감명을 받은 폴란드 국내군도 마침내 더 중요한 지원을 해주기로 결정했다. 그들은 권총 50자루와 수류탄 50발, 수 킬로그램의 폭발물을 게토에 보냈다.[9] 안테크는 자기 몸에 조금 작은 양복을 입고 폴란드인으로 변장한 채 아리아인 구역으로 들어가서 활동을 이끌고 네트워크를 구축했다.[10] ZOB는 폴란드인, 게토 유대인, 독일 병사들에게서 무기를 구입했고, 폴란드와 독일 경찰의 무기를 훔쳤다. 하지만 이렇게 획득한 장비들은 뒤죽박죽이어서 여러 노동수용소에서 제작된 각기 다른 구경의 총알들이 그들의 무기에 항상 알맞은 것은 아니었다.

레지스탕스 본부는 확장되었으며, 작업장과 실험실도 추가로 설치되었다. 블라드카는 긴 테이블과 의자가 놓인 침침한 "무기 공장"을 조용한 성스러운 공간이라고 묘사했다.[11] 그곳에는 한 가지 이유에서 깊은 침묵이 지배했다. 한번 잘못 계산하면 건물이 완전히 날아갈 수 있다는 것. ZOB는 빈집들에서 가져온 큰 수도 파이프로 원시적인 폭탄을 만들었다. 그 파이프를 톱으로 약 30센티미터 길이로 잘라내고, 한쪽 면을 납땜한 뒤 폭약뿐 아니라 쇳조각과 못을 넣은 얇은 금속 파이프를 삽입했다. 바람이나 짧은 심지 등 실제 운영상에 위험 요인이 많았다.

분트의 한 엔지니어는 PPR 친구들로부터 몰로토프 칵테일(화염병) 제조법을 배웠다. 그 청년들은 얇은 유리병을 모았다(두꺼운 유리는 소용이 없었다). 그들은 기름 창고를 갖고 있던 유대인 가정과 유대인 평의회에 매일 들어오는 대형 트럭에서 휘발유와 등유를 얻어냈다. 그들은 운전기사가 들어오기 전에 기름 탱크를 가득 채우도록 한 후, 유대인 평의회에 들어오면 그 일부를 뽑아냈다. 시안화칼륨과 설탕은 아리아인 구역에서 게토로 밀반입됐다. 몰로토프 칵테일은 두꺼운 갈색 종이에 둘둘 말려 있었는데, 그것을 던지면 불이 붙었다. 그들은 탱크와 병사들의 헬멧을 어떻게 겨냥하는지도 배웠다. 그들은 또한 전기 촉매 지뢰를 만든 후 강화 시멘트와 철근을 이용해 게토 입구의 땅 밑에 묻어놓았다.[12]

ZOB는 유대인 평의회를 대신해서 게토를 공식 장악했고, 이제 지비아가 쓴 것처럼 사실상 게토의 "정부"였다. 그녀는 한 유대인이 게토에 카지노를 열면 어떻겠냐고 제안했던 이야기를 웃으며 들려주었다(아마 자금을 모으는 데 도움이 될 거라고 제안했을 듯하다).[13] 제빵사들도 도움을 주었다.[14] 구두 수선공들은 투사들이 권총을 몸에 소지하기 위해 사용했던 밧줄을 대신할 권총집을 만들겠다고 제안했다.[15] ZOB는 나치 협력자들과 정보원들을 제거하고, 자금을 모았다. 지비아가 말했듯이, 수백 명의 투사들을 무장시키기 위해선 수백만 즈워티가 필요했다. 초기에는 그들에게 신중하게 행동하라고 경고했지만, 미국공동분배위원회(JDC)는 상당한 자금을 기부했다.[16] 지비아는 신입 대원 발굴을 담당하는 것 외에도 기부금을 모으기 위해 설치한 재정위원회의 공동 책임자가 되었다.[17] 그러나 기부금 모금이 부적절하다고 판명되자, 그들은 처음에는 유대인 평의회에, 그다음엔 폴란드 경찰이 경비를 맡고 있던 게토 은행에 세금을 부과했다. 그녀의 기록에 따르면, "어느 화창한 날, 우리는 권총을 들고 은행에 가서 돈을 가져왔다."[18] ZOB는 부유한 유대인들, 특히 독일인들과 유대관계를 갖고 있던 유대인들에게 세금을 부과했다. 그들은 납부를 요구하는 쪽지를 쓰고, 그들과 협상하고, 때로는 가족을 납치하고, 무장한 투사들(그들은 폴란드인으로 위장하고 갔는데, 그렇게 하는 것이 동족인 유대인으로 보이는 것보다 겁을 줄 것으로 판단했기 때문이다)을 보내서 집을 수색하겠다고 협박했지만, 사실 그들의 자체적인 감옥을 만들어 거기로 보내겠다고 협박하는 것보다 더 효과적인 것은 없었다.[19] 그들은 부유한 유대인들에게 그들이 부정한 수단으로 번 돈을 납부하지 않으면 구금하겠다고 위협했다.

그러나 ZOB는 돈 때문에 다른 유대인을 죽인 적은 결코 없었다. 지비아에겐 자칫하면 빠질 수 있는 "걷잡을 수 없는 풍기문란"과 과도한 욕심 사이에서 높은 도덕성을 유지하는 것이 중요했다. 그들은 수백만 즈워티를 모았지만, 정작 투사들은 필요한 만큼의 마른 빵만을 먹었다.[20] 지비아는 절대 자신들을 위해 그 돈을 써서는 안 된다고 강조했다.

지비아는 활기찬 바르샤바 태생의 영가드 리더 미리암 하인스도르프Miriam Heinsdorf와 함께 ZOB 중앙지도부에 속해 있었다.[21] 미리암은 무기 창고에서 체포되었던 리더인 요셉 카플란과 열애 중이었다. 그런데 두 여성 모두 분트와 성인 정당들을 포괄하는 광범위한 상부 조직에서 강등되었던 것으로 보인다.[22] 어떤 여성도 이 조직에선 최고 직급의 파워를 갖지 못했지만, 지비아는 매일같이 ZOB 회의에 참석했고, 그녀의 의견에는 무게가 실렸다.[23] 토시아도 고위급 논의에 참여했다.

지비아가 차분히 정리한 바에 따르면, 그들은 그동안 군대 경험이 전혀 없이 교육자로 활동해온 대원들을 위해 시간을 지혜롭게 사용하면서, 대면전과 야간 게릴라 공격, 벙커 격투 등을 위한 군사 전략과 전투 방법을 개발했다.[24] ZOB는 미로 같은 좁은 게토 거리를 연구하고, 1월 봉기의 결과를 반영했으며 기습 공격을 위해 긴장을 늦추지 않았다. 대원들은 1월 공격 때 사용했던 덜 극적이면서 더 체계적인 전투 전략을 고수했다. 은신처에서 공격을 한 후 다락방과 지붕을 통해 철수하는 전략이었다. 나치를 놀라게 하는 기습공격이 그들의 최선책이었다.[25] 그들은 길모퉁이가 내려다보이는 전략적 요충지를 꼼꼼히 선정했다. 총 500명의 대원(20~25세)으로 구성된[26] 22개 전투조가 청년운동 단체에 따라 조직되었다.[27] 그 가운데 3분의 1이 여성이었다.[28] 각 전투조는 한 명의 지휘관과 한 개의 전투 초소를 배정받았으며, 그들이 담당한 특정 지역에 대한 지식, 그리고 중앙 지휘부와 연락이 끊어질 경우에 대비한 비상 계획을 갖고 있었다. 투사들은 예비적으로 응급처치 수업을 들었다.[29] 그들은 매일 밤늦게까지 미리 순찰한 골목길에서 총알을 사용하지 않고 마분지 표적을 이용해 훈련했다.[30] 그들은 몇 초 안에 총을 분해하고 조립하는 법도 배웠다.[31]

지비아는 바르샤바 게토의 투사들이 결국 살아남지 못할 것이라고 확신했기 때문에, 유대인들이 나치에게 어떻게 대항했는지 국제사회에 알릴 사람들을 찾는 데 주력했다. 그녀는 자신이 폴란드를 떠날 생각은 전혀 없었기에 프룸카와 한체에게 편지를 보내 폴란드를 떠나서 이곳의 저항을 전 세계에 알리는 역할을 맡으라고 요청했다. 구조 계획은 전혀 없었으며, 아무도 최후의 탈출로나 마지막으로 은신할 벙커를 준비하지 않았다. ZOB는 전투 중 발생할 사상자를 치료하기 위한 '의료 벙커'만 준비했다. 그들은 이제 전투가 임박했음을 알고 있었다.

✳

그럼에도 상상하던 일이 구체적인 현실로 나타날 때 그것은 여전히 놀라운 일이었다. 손에 무기를 쥔 지비아는 "오늘 아침 마침내 종말이 그 시작을 고했다"는 것을 감지했다.[32] ZOB 전령들은 게토를 뛰어다니며 소식을 전했다. 사람들은 무기를 들거나 어디론가 몸을 숨겼다. 글자 그대로 패닉 상태였다! 지비아는 자신이 위치한 건물의 꼭대기에서, 겁에 질린 채 비명을 지르는 아기를 안고 소지품이 든 가방을 끌며 숨을 공간을 찾기 위해 이 벙커에서 저 벙커로 뛰어다니는 한 엄마의 모습을 지켜봤다. 다른 사람들은 한동안 한낮의 빛을 보지 못하리라는 것을 알고 재빨리 빵을 말렸다. 이것은 진정한 유월절 이야기였다. 벙커 안에서는 사람들이 임시로 만든 나무 칸막이 선반 위에 잔뜩 몰려들었고, 울음소리가 너무 큰 아이들을 달래고 있었다. 지비아는 깜빡 잊고 온 무언가를 찾기 위해 위험하게 달려가다가 요소요소에 배치된 투사들을 자랑스럽게 바라보는 한 여자의 먼 그림자를 빼곤, 게토가 유령 마을처럼 텅 비어가는 모습을 지켜보았다.

지비아는 날레프스키 거리와 겐시아 거리가 교차하는 지점에 있는 건물의 가장 높은 층에 배치된 30명의 투사 중 한 명이었다. 그들의 부대가 독일군과 최초로 충돌했다. 불안과 흥분은 압도적이었다. 그들은 제대로 된 군대는 아니었지만, 1월 봉기 때보다 훨씬 더 탄탄하게 조직되어 있었다. 그들 중 수백 명은 권총, 소총, 자동 화기, 수류탄, 폭탄, 그리고 수천 개의 몰로토프 칵테일 또는 독일인들이 "유대인들의 비밀 무기"라고 불렀던 화염병으로 무장한 채 전략적으로 중요한 장소들에 배치되어 있었다. 많은 여성들 또한 폭탄과 폭발물을 움켜쥐었다. 투사들은 각자 갈아입을 속옷, 음식, 붕대, 그리고 무기가 들어 있는 개인 키트(여성 투사들이 꾸려놓은 것)를 갖고 있었다.[33]

해가 뜰 무렵, 지비아는 독일군이 게토를 향해 진격해오는 것을 보았다. 마치 진짜 전쟁이 벌어지는 전선인 것처럼 보였다. 2천 명 정도의 나치와 기갑 전차, 기관총이 보였다. 세련되고 마음도 가벼워 보이는 병사들이 군가를 부르며 행신했다. 어렵지 않은 최종적인 승리를 쟁취하려 준비하는 모습이었다. ZOB 투사들은 독일군이 게토 정문을 통과하도록 그냥 놔두었다. 그리고 그들은 스위치를 눌렀다.

뇌성과 같은 폭발! 게토 입구를 지나는 메인스트리트 밑에 묻어두었던 지뢰가 터졌다. 독일군 병사의 잘려나간 팔과 다리가 공중으로 날아올랐다.

새로운 나치 부대가 밀려왔다. 이제 지비아와 동료들이 수류탄과 폭탄을 던졌고 폭발물이 하늘에서 비같이 쏟아졌다. 독일군은 뿔뿔이 흩어졌고 유대인 투사들은 총을 들고 그들을 뒤쫓았다. 독일군이 흘린 피가 "산산조각으로 잘린 채 피범벅이 된 몸뚱이들"이 나뒹구는 거리에 흘러넘쳤다.[34] 타마르라는 한 투사는 감격에 겨워 기쁨의 합창에 동참하면서 자신도 모르게 "이번에는 그들이 대가를 치르게 되리라!"라고 외쳤다.[35]

지비아 부대는 독일군과 몇 시간 동안 싸웠는데, 독일군의 지휘관은 이리저리 뛰어다니며 방어를 강화하고 부하들을 재촉했다. 순간 취약한 지점이 포착되자, 나치가 건물 안으로 들어왔다. 화염병이 더 투척되었다.

독일군은 "자신들이 흘린 피바다에 뒹굴고 있었다."[36]

부상당한 유대인 투사는 한 명도 없었다.

그들은 복수했다는 기쁨에 도취되었다. 유대인들은 살아 있다는 사실이 놀랍고, 숨이 찰 정도로 충격이었다. 투사들은 서로 부둥켜안고 입을 맞추었다.

그들은 빵과 쉴 곳을 찾으러 이리저리 다니다가 호루라기 소리, 그다음엔 엔진이 부르릉거리는 소리를 들었다. 그들은 각자 위치로 돌아가 나치 탱크에 화염병과 수류탄을 던졌다. 명중! 그들은 독일군의 진격을 막았다. 지비아는 훗날 "이때 우리는 한편 당황했다"라고 회상했다. "우리 자신도 이런 일이 어떻게 일어났는지 이해할 수 없었다."[37]

그날 밤, 임시로 마련된 유월절 파티가 독일인에게서 해방된 게토의 벙커에서 치러졌다.[38] 유대인들은 해방과 구원을 노래하고, 왜 이 밤이 다른 모든 밤들과 다른지 물었다. 그리고 '다예누Dayenu'〔'충분하도다'라는 뜻의 히브리어〕를 큰 소리로 열창했다. 이것만으로도 충분했을 것이다. 유대인 평의회 식품점이 문을 열었고, 사람들은 식량을 비축했다.

그러나 다음 날의 싸움은 힘들었다. 대부분의 벙커에는 전기와 수도, 가스가 완전히 끊겼으며, 거의 모든 민병대 사이의 연락도 끊겼다. 아리아인 구역에 배치된 독일군 포병대가 게토를 향해 쉬지 않고 포탄을 퍼부었다. 자리를 이동하는 것이 힘들었다. 지비아는 그녀가 가진 권위를 계속 지키면서, 늘 해왔듯이 주도적으로 정찰 임무를 수행하고, 투사들의 진지와 벙커를 야간 순찰했다.[39] 그러면서 투사들을 안심시키고, 전투 계획을 계산하고, 독일군이 어디에 포진하고 있는지 그 위치를 특정하려고 노력했다. 그러나 이 야간 정찰은 대단히 위험했다. 한번은 그녀가 독일군에게 발각되어 총을 발사한 적이 있었다. 또한 그녀는 여러 차례 폐허가 된 건물 꼭대기에 기어 올라가 밤의 고요를 누리기도 했다. 그녀는 이렇게 회상했다. "나는 고요함에 사로잡힌 채 몇 시간 동안 그곳에 머물곤 했다. 이른 봄철에 하늘이 질주하고 있었다. 가끔은 그렇게 누워 있으면서 내 손에서 총이 기분 좋게 작동하는 것을 느끼는 것이 아주 좋았다."[40]

어느 날 밤 그녀는 두 명의 동지와 함께 게토 시내 중심가인 밀라 거리에 배치된 주요 자유투쟁 그룹들과 접촉하기 위해 건물 밖으로 나갔다. 그러고는 "은밀하게 돌무더기를 뚫고" 거리와 골목길들을 가로질러 집 가까이에 다가갔다.

그 주소에 다가가자 그녀의 심장이 두근거렸다. 누군가 살아 있다는 조짐이 보이지 않았다. 그녀는 망연자실한 채 겨우 암호를 댈 수 있었다.

그런데 그때 위장되어 있던 문이 열렸다. 갑작스럽게 동지들과 오랜 친구들이 그녀를 껴안고 입을 맞추었다. 게토에 들어오던 독일군을 배후에서 공격했던 부대에서는 단 한 명만 목숨을 잃었다. 라디오에서 흘러나오던 노래가 갑자기 멈췄다. 폴란드의 한 비밀 방송에서 뉴스가 흘러나왔다. "게토의 유대인들이 무엇과도 비교할 수 없는 용기로 싸우고 있습니다."

지비아는 지쳤지만 계획대로 다른 부대를 방문해야 했다. 동지들은 그녀를 보내주지 않았다. 이 벙커는 의사, 간호사, 의료 장비, 응급처치, 의약품, 온수 등을 갖춘 의료부대로 준비되어 있었다. 그들은 지비아에게 따스한 물로 목욕하고 가라고 고집했고, 그녀를 위해 닭고기를 굽고 포도주 한 병을 땄다. 그들은 서로 말하고, 느끼고, 감정을 한껏 풀어놓으면서 자신들이 달성한 일을 칭찬하는 것을 멈출 수 없었다. 어떤 대원이 던진 화염병은 한 나치 병사의 머리에 떨어져 그를 불기둥으로 만들어버렸다. 다른 대원은 탱크를 맞혀서 연기가 솟게 했으며, 또 다른 대원은 독일군의 시체에서 총기를 벗겨냈다.

다른 부대들도 비슷한 성공담을 들려주었다. 전투 시간, 그들은 다락방 통로로 밀려났지만, 입구에 매설해놓았던 지뢰가 출구를 폭파시켰다. 300명으로 구성된 독일 파견대가 이 지뢰로 인해 "산산조각이 났고", "제복과 인체의 조각들이 사방으로 날아갔다."[41] 또 다른 투사는 자기 조가 설치한 폭탄이 터진 후의 광경을 이렇게 묘사했다. "조각난 팔다리가 날아다니고, 부서진 돌 조각들이 널려 있고, 담장이 무너졌다. 그야말로 카오스였다."[42] 한 그룹의 전투에서는 나치 병사들이 백기를 들고 건물 안으로 다시 들어왔지만, ZOB는 속지 않았다. 지포라 레러Zipora Lerer는 창밖으로 몸을 내밀어 밑에 있는 독일군에게 산酸으로 채운 병을 던졌다.[43] 그녀는 그들이 미덥지 않은 듯 외치는 소리를 들었다. "여자 한 명이 싸우고 있다!" 독일군이 그녀에게 사격을 가하기 시작했지만, 그녀는 물러서지 않았다.

분트 소속인 마샤 푸터밀히Masha Futermilch는 건물 지붕으로 올라갔다.[44] 그녀는 너무 긴장해서 몸을 떨었다. 그 바람에 성냥을 켜서 폭탄의 심지에 불을 붙이는 데 시간이 더 걸렸다.[45] 드디어 그녀의 파트너가 독일군을 향해 힘껏 수류탄을 던졌다. 천둥 치는 듯한 폭발과 함께 나치 병사가 추락했다. 그때 한 독일군이 외치는 소리가 들렸다. "저기 봐, 여자 한 명이야! 여자 투사!" 마샤는 두려웠지만, 곧 안도감이 그녀를 감쌌다. 그녀는 자신의 임무를 다했다.

그녀는 권총을 움켜쥐고 마지막 남은 한 발까지 쏘았다.

❋

한체는 계획했던 대로 바르샤바를 떠날 준비를 했다.[46] 하지만 그녀는 계획을 세우고, 신은 웃는다. 그녀가 떠나기 며칠 전 바르샤바 게토 봉기가 일어났다. 이제, 다음과 같이 결정되었다. 한체는 바르샤바를 떠나는 대신 벵진으로 돌아가 자그웽비에서 방어 활동을 돕기로 했다. 만약 이것이 전투 중에 죽는 것을 뜻한다면, 그녀는 그곳에서 기꺼이 언니와 동료들과 함께 죽기를 원했다. 봉기 둘째 날 전투가 잠시 멈췄을 때, 한체는 두 명의 무장한 동지들과 함께 기차역 쪽으로 난 구불구불한 작은 거리를 몰래 지나갔다. 매 순간이 소중했다. 그들은 게토와 아리아인 구역 사이에 있는 공터에 다다랐다. 한체의 뒤편은 봉기가 일어난 전쟁터여서, 뒤로 돌아갈 수도 없었다. 그래서 그녀는 한 발짝 더 나아갔다.

갑자기 사나운 목소리가 들려왔다. "멈춰라!"

무장한 동지들은 권총을 꺼내 쏘았다. 경찰 지원부대가 도착했다. 한체는 있는 힘을 다해 달렸다. 하지만 훗날 레니아가 소중하고 빛나는 그 친구에 대해 쓴 내용에 따르면, 나치는 그녀를 뒤쫓아 마당으로 들어갔고 결국 체포했다. "그들은 그녀의 머리카락을 잡은 채 옆에 있는 벽으로 끌고 가서 기관총을 겨누었다. 그녀는 꼼짝하지 않고 당당히 서서 죽음을 똑바로 응시했다. 그때 총알이 그녀의 심장을 찢었다."

첫 5일간의 전투, 길거리 교전, 다락방 공격이 끝난 후, ZOB는 믿을 수 없는 결과를 남겼다. 대부분의 대원들이 아직 살아 있었다. 이것은 물론 좋은 소식이었지만, 동시에 도전을 뜻했다. 그들은 이미 죽음을 각오했기 때문에 탈출 경로나 단기적인 생존 계획도 세우지 않았다. 따라서 은신처도 없었고 남은 식량도 거의 없었다. 그들은 지치고 배고프고 약해졌다. 이제 지비아는 전혀 예상치 못했던 새로운 토론에 참여하게 되었다. 그들은 앞으로 어떤 식으로 계속 싸울 수 있을까?

✳

레니아는 아리아인 구역에 있는 한 호텔에 머물러 있었다. 다음 날 아침, 레니아가 "상냥한 여성"이라고 묘사한 한 여성, 아마 이레나의 연락책인 듯한 여성이 그녀를 게토에서 펼쳐지고 있는 전투를 가까이에서 볼 수 있는 곳으로 데려갔다.[47] 게토로 이어지는 모든 길은 독일군과 탱크, 버스, 오토바이로 가득 차 있었다.[48] 나치는 헬멧을 쓰고 무기를 들고 돌격할 준비를 했다. 구름은 집들을 태우는 불길에 반사되어 붉게 물들어 있었다. 멀리서도 대기는 비명소리로 꽉 차 있었다. 레니아가 유대인 구역에 가까이 갈수록 비명소리는 더 충격적이었다. 나치 병사들과 무장대원들은 바리케이드 아래 자리 잡고 있었다. 전투 대형을 갖춘 특수 친위대 병력은 게토 장벽 맞은편에 서 있었다. 아리아인 주택의 발코니, 창문, 지붕에서 기관총 총구가 튀어나왔다. 사방에서 포탄을 발사하는 무장 탱크 등에 의해 게토는 완전히 포위되었다.

하지만 레니아는 나치의 탱크가 유대인에 의해 파괴되는 것을 직접 보았다. 바로 그녀의 백성들, 앙상하게 마르고, 머리가 엉클어지고, 굶주려 있지만, 수류탄을 던지고 기관총을 겨누면서 투쟁한 저항군 투사들에 의해 독일군의 탱크가 파괴되고 있었다.

높은 곳에서, 햇빛에 반짝이던 독일 비행기들이 낮게 하강하더니 게토 위를 빙빙 돌면서 소이탄을 투하했다. 곧 거리는 불바다가 되었다. 건물들은 산산조각으로 부서지고 바닥이 무너지고 커다란 먼지기둥이 피어올랐다. 이 충돌은 너무 거대해서 내전을 방불케 했다. 레니아는 "단지 일부 유대인들이 독일인과 싸우고 있는 것만은 아닌 것 같았다"라고 썼다. "두 나라 전체가 전투 중이었다."[49]

레니아는 게토 장벽 근처에 자리 잡고 가까이서 전투를 지켜보고 있었다. 목격하고 보고하는 것이 그녀의 임무이자 책임이었다. 게토가 불타는 것을 보면서, 그녀는 게토 장벽을 따라 살금살금 걸어갔다. 가능한 한 유리한 위치에서 전투를 살펴보려고 애쓰면서. 그녀는 젊은 유대인 어머니들이 불타는 건물의 꼭대기 층에서 아이들을 아래로 던지는 것을 보았다. 남자들은 아내와 노부모가 추락하면서 느낄 고통을 조금이라도 줄이려고 애쓰면서 가족을 죽음 속으로 던지거나 스스로 뛰어내렸다.

모두가 자살을 시도할 수 있는 것은 아니었다. 레니아는 불길이 건물 위쪽으로 번지면서 아파트 고층에 갇히게 된 게토 주민들을 목격했다. 갑자기 불꽃이 폭발하면서 벽 하나가 갈라졌고, 그곳에 있던 주민 모두가 잔해 속으로 떨어졌다. 그렇게 파괴된 건물 아래에서 무시무시한 외침이 터져 나왔다. 아이를 안은 채 기적적으로 불길에서 살아남은 어머니들은 아이의 목숨을 살려달라고 애걸하며 외쳤다.

한 나치 병사가 어머니의 손아귀에서 아이들을 잡아챘다. 그는 아이들을 땅바닥에 내던진 뒤 작은 몸을 발로 짓밟고 총검으로 후려쳤다. 레니아는 그 병사가 꿈틀거리는 부서진 신체들을 불 속에 던져 넣는 것을 지켜보았다. 그 병사는 지팡이로 한 어머니를 구타했다. 탱크 한 대가 다가와 죽어가는 그녀의 몸 위로 그대로 지나갔다.

레니아는 눈이 튀어나온 한 성인 남성이 고통에 떨며 독일군에게 차라리 총을 쏘아달라고 간청하는 것을 목격했다. 나치는 그저 웃기만 하고는 그를 불 속에 던져서 불꽃이 그 남자를 처리하도록 했다.

그러나 이 타락하고 역겨운 혼돈 속에서도 레니아는 그것이 주는 희망, 그리고 그것이 벵진의 투사들에게 전할 수 있는 약속을 보기 위해 기꺼이 전투를 지켜보았다. 연기 속에서 그녀는 화염을 피한 어떤 집의 지붕에 기관총을 든 젊은 유대인 남성들을 희미하게 알아볼 수 있었다. 유대인 소녀들—바로 유대인 소녀들!—은 권총을 쏘고 화약이 들어 있는 병을 던졌다. 유대인 꼬마아이들—남자아이, 여자아이 할 것 없이—은 돌과 쇠막대를 갖고 매복했다가 독일인들을 습격했다. 어느 조직에도 속하지 않아서 저항운동이 어떻게 전개되는지도 모르던 유대인들은 전투가 격렬해지는 것을 보고, 찾을 수 있는 것은 무엇이든지 움켜쥐고 투사들에게 합류했다. 그렇지 않으면 유일한 탈출구가 죽음뿐이기 때문이다. 게토는 죽은 사람들로 가득 차 있었다. 대부분 유대인이었다. 하지만 레니아가 보았듯이 독일인들도 있었다.[50]

레니아는 게토 성벽 옆에 붙어 서서 하루 종일 전투가 벌어지는 모습을 목격했다. 유대인이 아니면서도 이 광경을 바라보는 사람들에 둘러싸인 채. 사진 한 장에는 성인과 어린이들을 포함한 폴란드인들이 모자를 쓰고, 코트를 입고, 주머니에 손을 넣은 채 수다를 떨며 그들 앞에서 검은 연기가 자욱이 피어오르는 광경을 바라보는 장면이 담겨 있다.[51]

역시 아리아인 구역에 있던 블라드카는 바르샤바 전역에서 수천 명의 폴란드인들이 몰려든 것을 보았다. 레니아는 이 끔찍한 장면들을 구경하러 온 사람들이 어떤 반응을 보이는지를 주목했다. 몇몇 독일인들은 그 광경을 보고 침을 뱉으며, 더 이상 공포를 목격할 수 없게 옆으로 물러섰다. 레니아는 인근 한 아파트 창문에서 폴란드 여성이 가슴에서 옷을 찢고 있는 것을 목격했다. 그 여인은 울부짖었다. "만약 신이 위에서 이런 장면을 보면서도 침묵을 지킨다면, 이 세상에 신은 없다."[52]

레니아는 발밑이 부러지는 것 같은 느낌을 받았다. 그녀가 본 것들, 그 래픽 이미지들 모두가 그녀를 땅 밑으로 끌어당기는 것처럼 느껴졌다. 그러나 동시에 그녀는 가슴속에서 어떤 가벼움을 느꼈다. "아직도 이곳에 유대인들이 살아 있고, 그들이 독일인들과 싸우고 있다는 어떤 행복감"이었다.[53]

마음이 흔들렸지만, 폴란드 소녀 행세를 하던 레니아는 전투가 격렬해지자 결국 호텔로 돌아왔다. 좀 쉬려고 했지만 환영이 떠오르고, 조금 전 확인한 정보들 때문에 고통에 시달렸다. "내 두 눈으로 직접 목격한 것을 믿을 수가 없었다. 그러나 내 감각이 날 속일 수 있었을까?" 그녀는 계속해서 자신에게 물었다. 굶주림으로 파괴되고, 떼죽음을 당한, 고통받는 유대인들이 과연 이런 영웅적인 전투를 할 수 있었을까? 하지만 사실이다. 그런 전투는 실제로 있었다. 맞다, 그녀는 그것을 보았다. "유대인들은 인간답게 죽기 위해 스스로 일어섰다."[54]

온종일 게토에서 온 뉴스가 도시 전역에 퍼졌다. 사망한 독일군의 수, 유대인들이 탈취해간 무기의 수, 파괴된 탱크의 수. 유대인들이 마지막 숨을 거두는 순간까지 싸우려고 했다는 소문이 돌았다. 레니아는 잠을 자려고 했지만, 밤새 폭발한 폭탄 때문에 침대가 몹시 흔들렸다.

이른 아침, 그녀는 전날보다 더 침착한 모습으로 기차역으로 걸어갔다. 키엘체 근교의 작은 마을에서 온 젊은 유대인 여성 레니아는 전쟁으로 황폐화된 바르샤바의 거리 곳곳에 있는 죽음의 덫을 피해 방향을 잡는 데 전문가가 되어가고 있었다. 그녀는 비유대인들과 함께 기차를 타고 갔는데, 그들은 하루 종일 유대인들이 보인 영웅적인 모습과 용기에 대해 경외감을 느낀다고 말하지 않고는 견딜 수 없어했다.

그녀보다 앞서 활동했던 많은 여성 연락책들처럼, 레니아는 과소평가되거나 잘못 평가됨으로써 오히려 이득을 얻었다. 누구도 그녀를 보고 레지스탕스 요원이라고는 짐작할 수 없었기 때문에 그녀는 바르샤바를 무사히 빠져나갈 수 있었던 것이다.

레니아는 우연히 마을을 산책하거나 기차를 타고 시골로 가는 순진한 폴란드 소녀로 보였다. 그렇기에 전쟁의 와중에 발발한 반란과 심지어 전쟁의 후유증에 대해 터놓고 이야기하는 것을 들을 수 있었다. "폴란드인들이 유대인 편에 서서 싸우고 있는 게 틀림없어요." 그녀는 많은 폴란드인들이 이렇게 추측하는 것을 들었다. "유대인들은 절대로 그런 영웅적인 전투를 할 수 없어요."[55] 이건 정말 최고의 칭찬이었다.

어느새 열차는 국경에 가까워졌다. 레니아는 좋은 소식을 입 밖에 내지 않고 참느라 힘들었다. 이제 도처에서 봉기가 일어날 때였다. 다음은 벵진이다!

16   땋은 머리의 강도들

지비아

1943년 5월

지비아는 너무 눈이 부셔서 앞을 보기 힘들었다.[1] 깊은 밤중이었지만 사방에서 활활 타오르는 불길 때문에 마치 대낮처럼 환했다.

전투 초기 단계가 지나면서 나치는 전략을 재조정했다. 유대인들이 숨어 있는 건물의 안뜰로 진입하는 대신에, 그들은 작은 그룹으로 나누어 조용히 게토로 들어갔다. 유대인들의 은신처로 의심되는 건물들이 목적지였다.

ZOB는 건물 내부에서 그들에게 공격을 가했다. 그러다 접전이 벌어질 가능성에 직면하자, 독일군은 전술을 바꿨다. 5월 초 사령관은 게토에서 주로 나무로 지어진 건물들에 불을 질러 파괴하라는 명령을 내렸다.

지비아는 불과 몇 시간 만에 게토 전체가 불길에 휩싸였다고 기록했다. 나치는 한 번에 한 건물씩 파괴했고, 연기가 가득한 은신처에서 탈출하는 유대인들을 사살했다. 철제로 지어진 벙커에서도 사람들은 뜨거운 열과 짙은 연기로 인해 죽어갔다. 가족과 집단, 아이들은 피난처를 찾아서 무너져가는 거리를 여기저기 미친 듯이 뛰어다녔다. 지비아는 공포에 질린 채 이 광경을 바라보았다. 그녀는 "바르샤바 게토가 화형당했다"

라고 묘사했다. "불기둥이 솟아오르고 튀어오르는 불꽃이 허공에서 터졌다. 하늘은 끔찍한 붉은빛으로 빛났다. (…) 유럽에서 가장 큰 유대인 공동체의 가련한 유적이 죽음의 단말마적 고통 속으로 훨훨 날아갔다."[2] 그녀는 이 끔찍한 테러가 벌어진 날, 게토 장벽 바로 바깥에서는 폴란드인들이 봄날을 즐기며 회전목마를 탔다고 썼다.

ZOB 투사들은 더 이상 건물 내부에 숨은 채 싸울 수 없었고, 옥상을 넘어 다닐 수도 없었다. 모든 다락방과 통로가 파괴되었다. 얼굴에는 젖은 천을, 발에는 누더기를 둘러서 뜨거운 열을 피하면서, 민간인들을 위해 만들어놓았던 벙커를 이용하는 전투에 돌입했다. 유대인들은 대부분 기꺼이 그들의 대피 공간을 레지스탕스 투사들과 공유했고, 밖으로 나가서 자신들의 위치를 노출하지 말라는 ZOB의 명령에 복종했다. 그러나 결국 화재는 견고하게 버티고 있던 레지스탕스 진영을 무너뜨렸다. 검은 연기와 맹렬한 열기, 거리 전체가 화염에 휩싸였다. 지비아는 매일 밤 게토를 돌아다니면서, "맹렬한 화염, 건물 잔해가 무너지는 소리, 깨진 유리가 떨어져 거리에 부딪히는 소리, 하늘로 솟아오르는 연기기둥" 등을 조사했다. 그녀는 이렇게 기록했다. "우리는 산 채로 불에 타고 있었다."[3]

사람들은 그룹을 지어서 불길에 휩싸인 은신처에서 나와 아직은 멀쩡한 외부 공간으로 도망쳤다. 불길은 그들의 얼굴과 눈을 모두 태워버릴 듯 뜨거웠다. 수백 명의 레지스탕스 투사와 수천 명의 민간인들이 아직 파괴되지 않은 채 남아 있던 밀라 거리의 안뜰에 모여서, ZOB 지휘부에게 향후 대책을 물었다. "친애하는 여러분, 이제 우리는 어디로 가야 할까요?" 지비아는 책임감을 느꼈지만 대답해줄 말이 없었다. 이제 어떻게 해야 할까? ZOB의 계획은 결국 산산조각이 났다. 그들이 꿈꾸던 최후의 육박전은 사실상 불가능했다. 그들은 게토 곳곳에 매복해 있다가 나치를 한 명씩 피 흘리게 할 계획이었다. 그들은 학살자들이 게토에서 거리를 두고 포진해 있었기 때문에 게토가 이런 식으로 파괴될 것이라고는 미처 상상하지 못했던 것이다. 지비아가 나중에 강조했듯이 "우리는 독일군이 아니라 불에 맞서 싸워야 했다."[4]

지비아는 밀라 거리 18번지로 이동했다. 모르데하이 아닐레비츠는 몇 주 전에 ZOB 본부를 이 거대한 지하 벙커로 옮겼다. 이곳은 과거에 유대인 지하 세계에서 악명 높았던 도둑들이 만든 장소였다. 무너진 세 개의 건물 아래를 파서 만든 이 벙커에는 긴 통로를 따라 침실과 주방, 거실이 있고, 중간에는 심지어 미용실 의자를 갖춘 '살롱'과 미용사까지 있었는데, 미용사는 아리아인 구역으로 넘어가는 사람들의 준비를 도와주었다.[5] 그들은 강제수용소의 이름을 따서 각 방에 별명을 붙였다(아닐레비츠의 이름을 딴 이스라엘의 야드 모르데하이Yad Mordechai 박물관에 가면 방문객들은 이 벙커를 재현해놓은 전시물을 볼 수 있다. 벽돌로 구성된 공간에는 나무 침대, 긴 밧줄에 늘어뜨린 옷들, 냄비와 프라이팬, 라디오, 테이블, 의자, 모직 담요, 전화기, 변기, 세면대 등이 가득 진열되어 있다).

처음에는 벙커에 우물과 수도꼭지, 신선한 빵, 그리고 도둑 친구들이 밀반입해놓았던 보드카가 있었다. 아닐레비츠를 존경했던 덩치 큰 갱 두목은 모든 준비 작업과 배급을 담당했다. 그는 ZOB 투사들을 돕기 위해 자신의 부하들을 보내서, 대부분의 지역이 파괴되었을 때에도 그들에게 독일군의 진지와 뒷골목들, 그리고 골목길을 알려주었다. 그는 지비아에게 "우리에겐 자물쇠를 푸는 손재주가 있어요"라고 말했다.[6] 그룹의 중앙 지휘부와 불타는 벙커에서 도피한 120명의 투사들, 그리고 민간인들이 그곳에 머물렀다. 지비아가 도착했을 때, 밀라 거리 18번지에 있던, 원래 수십 명의 도둑들을 위해 만들어진 공간에는 300명이 넘는 사람들이 빽빽이 들어차 있었다. 그곳은 이제 사람들의 수가 공간에 비해 너무 많아서, 산소와 식량 부족으로 고통받기 시작했다. 안테크에게 보낸 편지에서 아닐레비츠는 공기가 부족해서 촛불을 켤 수 없다고 썼다.[7]

낮 동안 밀라 거리 18번지는 사람들로 붐볐고 투사들은 배가 고파서 몸을 뒤척였다(낮에는 연기가 보일까 봐 요리를 할 수 없었다). 지비아는 헬라 시퍼 옆에 누워 말아서 만든 담배를 피우고 있었다. 그러다 나치가 작전을 마치고 물러간 밤에는 활력이 살아났다. 연락책들은 다른 벙커들과 연락을 시도했고, 정찰 임무를 맡은 대원들은 무기와 접선자들 및 여전히 작동하는 모든 전화기를 찾기 위해 나갔다(화재가 발생하기 전까지 토시아는 매일 밤 게토 외부의 동료들과 연락했다. 투사들은 몇 달 동안 작업장의 전화로 아리아인 구역의 동료에게 게토의 최근 상황을 알렸다). 다른 사람들은 유용한 물품을 찾기 위해 빈 벙커들을 샅샅이 뒤지면서 심지어 담배꽁초까지 찾았다. 100명 이상의 투사들이 무기를 간절히 원했고, 독일군이 자신들의 위치를 파악하고 있다는 것을 알았지만, 여전히 팔레스타인으로 이주할 꿈에 대해 이야기하며 저녁 시간을 보냈다. 지비아는 "게토의 대기에서는 여전히 잿더미에서 나오는 딱딱거리는 소리와 속삭임이 어둠을 뚫고 있었지만", 그들은 조심스럽게 밖으로 나가서 아픈 근육을 스트레칭하고, 자유롭게 걷고 심호흡을 했다고 썼다.[8] 낮 동안 지하 하수도 속에서 보냈던 게토 유대인들도 어두워지면 위로 올라왔다. 게토는 "화염으로 황폐화되고 있었지만" 밤에는 살아 움직였다.[9]

지비아는 이어서 다음과 같이 썼다. 해가 뜨자 독일 경비병들이 먹이를 찾는 굶주린 개처럼 킁킁거리며 다가왔다. "빌어먹을 유대인들, 그 마지막 남은 유대인들은 도대체 어디에 있는 거야?"[10] 간단하게 말하자면, 최후 집행까지의 유예 기간은 짧았다.

✳

전투가 시작된 지 약 10일, ZOB는 몇 개 안 되는 땅굴과 하수도를 통해 아리아인 구역으로 이동하기로 결정했다. 사실 몇몇 투사들이 이미 이 방법을 시도했지만 소용이 없었다. 그들은 도중에 총에 맞거나 지하에서 길을 잃고 갈증과 절망으로 죽었다. 물론 지금은 선택의 여지가 없었다. 게토는 거의 파괴되었고, 거리는 곳곳에 싸인 커다란 콘크리트 더미로 막혀 있었고, 그을린 시체의 냄새는 말할 것도 없고, 곳곳에서 피어오르는 심한 연기 때문에 숨 쉬는 것조차 어려웠다. 지비아는 임무를 수행하기 위해 밖으로 나갔을 때, 일가족의 시체에 걸려 넘어질까 봐 두려웠다.

나치는 몰래 숨어서 유대인들의 대화를 엿듣고, 고통받고 굶주린 유대인들을 인질로 잡고서는 저항군이 은신하고 있는 모든 벙커를 찾아내기 위해 사냥에 나섰다. 매일 밤 공기를 마시러 나오는 사람이 점점 줄어들었다. ZOB는 민간인을 구해야 할지 아니면 스스로를 구해야 할지 논쟁을 벌였다. 그들은 카지크라는 열일곱 살 소년을 포함한 전령을 ZZW(유대군사연합) 땅굴을 통해 보내서 아리아인 구역에 그들이 머물 은신처가 있는지를 확인했다[11](ZZW는 대규모 전투를 벌였고, 깃발을 흔들며 그들이 선제적으로 만들어놓은 도주 경로를 이용해 아리아인 구역에 도달해서, 그곳에서 활동하던 파르티잔 그룹과 합류할 계획이었다. 하지만 대부분이 전투에서 사망했다).[12] 안테크가 아리아인 구역에 가서 여러 차례 비밀회의를 했지만, 별 성과를 거두지 못했다. 게토 투사들은 도피할 장소가 없었다.

아닐레비츠는 게토 내부에서 복수의 꿈을 키우기도 했지만 여전히 우울했다. 지금 무엇이 문제인가? 그는 상황을 분석하기 위해 지비아와 토시아, 그의 여자친구 미라 푸흐러(한체와 함께 탈출한 것으로 추정되는 또 다른 용감한 리더), 그리고 다른 지휘관들을 만났다. 외부의 도움은 없었고 PPR과의 연계도 보잘것없었다. 그들의 작전은 끝났다.

지비아는 "전쟁을 하는 데 필요한 무기도, 전쟁을 치를 사람도 이제 거의 남지 않았다"라고 썼다.[13] 그들은 무언가 성취했다는 생각에 마음의 평화를 느꼈다. 하지만 그들은 굶주린 채 서서히 죽음을 기다리고 있었다. 누구도 자신들이 여전히 무기를 손에 쥔 채, 앞으로 어떻게 해야 할지 아는 사람을 기다리면서 살아 있을 것이라곤 상상하지 못했었다. 동지들은 격려와 안심, 그리고 작전 지시를 받기 위해 지비아를 돌아보았다. 그녀역시 깊은 비관론에 빠져 있었지만, 이제 그런 기분을 벗어버리고 구체적인 행동에 나서야 했다. 바르샤바의 광범위한 하수도 시스템이 유일한 답이었다.[14]

지비아는 하수도를 탈출하는 임무를 지니고 떠날 때, 헬라를 포함해서 아리아인으로 보이는 첫 번째 그룹 투사들을 데리고 갔다. 그들은 지하창고들과 연결되어 있던 "쓰레기 수집기" 벙커에서 출발했다. 그녀는 벙커의 리더와 안내원을 설득해서, 원래 계획대로 진행해 유대인들을 밖으로 데리고 나오려 했다.

우선 게토를 가로질러야 했다. 이 그룹은 겉으로는 조용하고 농담도 나눴지만, 사실 동지들은 권총을 움켜쥐고 아마도 마지막이 될 작별인사를 나눴다. 그들은 캄캄한 어둠 속에서 한 줄기 햇빛을 갈망하며—그들이 언젠가 다시 태양을 볼 수는 있을까?—땅바닥에 누운 채 마치 뱀처럼 기어서 밀라 거리 18번지를 빠져나왔다. 그들은 그을음과 연기가 자욱한 공기를 마시면서, 총격을 받지 않도록 조심하라는 경비 요원의 지시에 따라, 발을 누더기로 감싸 소리가 나지 않도록 한 후 골목길을 걸었고, 방아쇠에 손가락을 걸친 채, "불에 그을리고 철근과 구조물만 앙상하게 남은 집들" 사이를 지나갔다.[15] 주변은 완전히 조용했지만, 간혹 바람이 창문을 흔들어서 덜컹거리는 소리가 났다. 그들은 깨진 유리와 불에 그을린 시체 위를 지나갔고, 열기에 녹아내린 타르에 빠져 질퍽거리며 걸었다. 지비아는 마침내 그들을 벙커로 안내했고, 그곳에서 그녀는 지하에 있는 14개의 탈출 경로를 잘 알고 있는 것으로 보이는 리더 및 안내원과 협상하는 데 성공했다.

이 그룹에게는 약간의 음식과 설탕 덩어리, 그리고 행동 지침이 주어졌다. 그들은 바로 그날 밤에 떠났다. 지비아는 감정을 통제하기 위해 안간힘을 썼다. 그녀는 한 사람 한 사람 탈출구로 들어갈 때마다 첨벙, 물이 튀는 소리를 들었으며, 그들의 발걸음 소리는 점차 희미해졌다. 두 시간 후 안내원은 일행이 아리아인 구역에 무사히 도착해 도로 한가운데에 있는 맨홀에서 나왔다는 사실을 보고하기 위해 발길을 돌렸다. 그들은 지시받은 대로, 맨홀에서 나온 후 헬라와 또 다른 "잘생긴" 동지가 연락책을 찾으러 간 동안 근처 돌무더기에 숨어 있었다(나중에야 지비아는 그들이 독일군의 공격을 받았다는 것을 알게 되었다. 안내원이 그들을 잘못된 출구로 데려갔던 것이다. 몸을 깨끗이 씻고 스타킹을 갈아 신고 얼굴에 물을 뿌렸던 헬라는 도망쳤다. 그녀는 유일한 생존자였다).[16]

거의 새벽이 되어서야 몹시 지친 지비아는 아닐레비츠에게 좋은 소식을 전하기 위해 밀라 거리 18번지로 떠날 준비를 했다. 그러나 동지들, 특히 아닐레비츠가 지비아의 안전을 위해 배치했던 투사들은 그녀가 대낮에 밖에 다니는 것을 허용하지 않았다. 항상 활동적인 지비아는 겁쟁이로 보이기 싫었지만, 분트 지휘관인 마레크 에델만과의 긴긴 싸움에서 결국 손을 들었다.

지비아와 그녀의 경호원, 그리고 마레크는 그날 밤에 밀라 거리 18번지를 향해 떠났다. 마레크는 규율을 어기고 촛불을 켰으나 곧 꺼졌다. 그들은 건물과 시체들에 부딪쳤다. 갑자기 지비아가 무너진 두 건물 사이에 난 구덩이에 빠졌다. 그녀는 도움을 요청할 수도, 소리를 낼 수도 없었다. 그녀는 혹시 총을 떨어뜨리지는 않았는지 즉각 확인해보았다. 하지만 이제 어떻게 해야 하나? 다행히 한 남자 대원이 그녀를 발견하고 구덩이에서 꺼내주었다. 그녀는 "멍이 들고 절뚝거렸지만 계속 걸었다."[17] 그녀는 밀라 거리 18번지에서 동지들을 만날 수 있다는 생각에 들뜬 체, 탈출 계획을 들고 계속 전진했다. 그녀는 심지어 동지들을 놀리는 재미있는 방법까지 생각하고 있었다. 드디어 건물에 다가갔을 때, 그녀는 위장되었던 입구가 열려 있으며, 경비원들이 보이지 않는다는 사실을 확인했다. 처음에 그녀는 잘못된 주소에 왔다고 생각했다. 그러다가 혹시 이것이 더욱 강화된 위장을 위한 계획의 일부일지 모른다는 생각이 스쳤다. 그래서 여섯 개의 입구를 모두 확인했다. 암호를 외쳤다. 절망이 밀려왔다.

아무 대답도 없었다.

"폴란드에서 파이어니어 지하운동을 이끌었던 토시아와 지비아가 바르샤바에서 유대 민족의 존엄성을 지키며 투쟁하다 전사하다." 히브리어 신문 《다바르Davar》의 보도였다.[18]

이 소식은 아리아인 구역을 강타했다. 전보 하나가 벵진에 있던 프룸카에게 도착했다. 그녀는 암호문을 팔레스타인에 보냈다. "지비아는 항상 마베츠키Mavetsky〔죽음〕 가까이에 있으며, 토시아는 지비아와 함께 있다."[19]

그들의 죽음은 히브리 언론의 1면 헤드라인을 장식했다.

청년운동, 아니 온 나라가 슬픔에 잠겼다. 지비아와 토시아는 투쟁하는 유대인 여성의 신화적 상징—"지하운동의 잔다르크"—이 되었다.[20] 동지들은 모두 "토시아의 친구들"로 여겨졌다. 지하운동 교관들은 "지비아 A"나 "지비아 B"로 불렸다. "지비아"라는 이름은 폴란드와 팔레스타인, 나아가 영국 및 이라크의 유대인들에게까지 알려졌다.[21] '지비아'는 폴란드의 운명을 상징하는 존재여서, 그녀의 죽음으로 온 나라가 무너졌다. 부고 기사는 다음과 같다. "그들의 이름은 새로운 세대를 형성할 것이다. (…) 희생의 불길 속에서 피어난 그들의 투쟁과 동지애는 바위를 부수고 산을 뽑기에 충분한 잠재력을 갖고 있다."

그러나 그 부고 기사는 오보였다.

그날 밤 아무도 없고 아무 대답도 듣지 못하다가, 지비아는 근처 마당에 몇 명의 동지들이 있는 것을 알아챘다. 그녀는 그들이 야간 순찰 중인 동지들이라고 생각해서 안심하고 그들에게 달려갔다. 그런데 그게 아니었다. 그녀는 피와 쓰레기로 범벅이 된 채, 고통에 몸부림치고, 부들부들 떨다가 기절하고, 숨을 헐떡이고 있는 동지들—벙커에서 자행된 학살의 인간 잔해들—을 보고 움찔하며 뒤로 물러섰다. 토시아가 거기에 있었다. 머리와 다리를 심하게 다친 채.

공포에 질린 채 지비아는 어떤 일이 있었는지 이야기를 들었다. 나치가 밀라 거리 18번지에 도착했을 때, 투사들은 독일군이 겁이 많아서 건물 안으로 들어올 수 없을 것이라고 가정했기 때문에, 뒷문으로 빠져나가서 공격해야 할지 아니면 그대로 있어야 할지 결정할 수 없었다. 그들은 독일군이 가스를 사용한다는 것을 알았지만 젖은 천을 입과 코에 대고 있으면 괜찮다는 말을 들었다. 하지만 그렇지 않았다. 나치는 가스를 천천히 주입해 그들을 서서히 질식시켰다. 한 투사가 집단자살을 하자고 주장했고, 몇몇 투사가 거기에 따랐다. 다른 대원들은 질식해서 죽었다. 총 120명의 투사가 죽었고, 단 몇 사람만 은폐된 출구를 통해 탈출했다.

지비아는 망연자실하여 무너져 내렸다. 그녀는 이렇게 회상했다. "우리는 미친 사람처럼 이리저리 뛰어다니며, 바위로 봉인된 벙커를 맨손과 손톱으로 부수고 들어가 동지들의 시신에 다가갔고 그들의 무기를 되찾으려고 시도했다."[22]

하지만 미친 듯한 마음을 터뜨릴 시간도, 그들의 가장 친한 친구들, 그들의 모든 것을 슬퍼할 시간도 없었다. 나머지 ZOB 대원들은 부상자들을 치료하고, 새로운 은신처를 찾고, 다음에 무엇을 할지 결정해야 했다. 지비아와 토시아, 마레크가 지휘를 맡았다. "그림자 사이를 걷는 유령처럼 생명 없는 시체들을 호송"하며 걷다가, 그들은 여전히 활동이 이루어지고 있다고 믿은 한 벙커로 방향을 잡았으며, 지비아는 ZOB 본부의 주소가 바뀌었다고 알렸다.[23] 그녀는 항상 행동했고, 끊임없이 앞으로 나아갔으며, 절대 수동적 상태에 빠지지 않았다. 그것은 사실상 절망에 굴복하는 것을 뜻했을 것이다. 지비아는 이렇게 기록했다. "다른 사람들에 대한 책임감은 여러분을 다시 일어서게 한다. 상황이 아무리 절망적일지라도."[24]

그들은 부상당한 투사들을 데리고 새로운 본부에 도착했지만, 독일군도 그 장소를 파악하고 있다는 것을 알게 되었다. 위험하다는 사실을 알았지만, 지비아는 일단 그곳에 머물기로 결정했다. 부상이 너무 심각한 대원들은 더 움직일 수가 없었다. 모든 투사들은 병들고 기진맥진했지만, 함께 죽을 각오가 되어 있었다. 하지만 지비아는 그들을 대신해서 하수도 탈출 임무를 수행할 다른 그룹을 보냈다. 그녀는 다른 투사들이 히스테리에 빠지는 것을 막기 위해 그들에게 부상자들을 돌보는 일을 맡겨 정신없이 바쁘게 만들었다. 밤새 자신도 똑같은 혼란에 빠져 있었지만, 지비아는 이를 겉으로 드러내지 않고 깊이 숨기고 있었다. 내가 거기에 갔어야 했는데…. 불타는 게토 안에 숨어서, 자신의 생명을 풀리지 않는 실에 매달았던 그녀는 살아남은 자의 죄책감에 깊이 사로잡혀 있었다.

하지만 또다시, 그녀에겐 걱정하고 있을 시간이 많지 않았다. 탈출구를 찾기 위해 하수도로 보내졌던 투사들이 돌아와 땅굴에서 기적적으로 카지크를 만났고, 그가 폴란드인 안내원을 데리고 있었다고 보고했다.

카지크는 ZZW 땅굴을 통해 아리아인 구역으로 건너가서 도움을 구하려고 했다. 그런데 국내군은 ZOB에게 하수도 배치도나 안내원을 제공하기를 거부했다. 하지만 ZOB는 PPR(폴란드 노동당)뿐 아니라 슈말초브니크 리더―당연히 엄청난 비용을 지불하고―, 그리고 몇몇 다른 동맹 단체의 지원을 확보했다. 이후 카지크는 폴란드인과 금을 구하고 있다는 구실을 대며 한 안내인을 데리고 땅굴로 돌아갔다. 그러나 안내원이 계속 발길을 멈춰서, 카지크는 그를 구슬리고, 술을 권하고, 결국엔 총을 겨눠서 그를 위협해야 했다. 마침내 그들은 스컹크처럼 독한 냄새가 나는 가장 좁은 구멍을 통해 바닥에 배를 대고 기어간 끝에 새벽 2시에 게토에 도착했다. 그러나 밀라 거리 18번지에서 시체들과 죽어가는 사람들의 울음소리 외에는 아무것도 발견하지 못한 카지크는 공포에 휩싸였다. 그는 거의 정신이상 직전까지 간 채 빈손으로 게토를 빠져나왔다. 하수도에서 그는 ZOB 암호인 "얀Yan"을 외쳤다.[25] 필사적인 마지막 애원이었다.

그때 한 여성의 응답이 들려왔다. "안!"

"당신은 누구인가요?" 카지크는 방아쇠를 당길 준비를 했다.

"우리는 유대인이에요." 구부러지는 길에서 누군가가 나타났다. 살아남은 투사들이었다! 그들은 얼싸안고 입을 맞추었다. 카지크는 그들에게 바깥에는 그들이 추정한 것보다 훨씬 많은 지원 세력이 있다고 말했다. 카지크는 그들을 따라 지비아와 다른 투사들이 있는 곳으로 돌아갔다.

5월 9일, 60명의 레지스탕스 투사와 민간인들이 탈출의 분턱에 있던 새로운 지휘본부 벙커에 모였다. 지비아는 살해당한 120명의 투사들이 그들과 함께 있지 않다는 사실 때문에 여전히 절망감에 빠져 있었다. 그녀는 아직 햇빛을 볼 수 없는 게토 어딘가에 더 많은 투사들이 남아 있을지 모른다고 걱정했다. 일부 동지들은 심하게 다쳐 움직일 수 없었고, 다른 동지들은 가스와 연기를 너무 많이 마셔서 제대로 숨 쉬기 어려운 상태였다. 사람들은 떠나기를 거부하면서도 어쩔 줄 몰라 당황하고 있었다.

결국 할 수 있는 한 모든 사람을 구하기 위해 "큰언니"가 단호한 결정을 내려야 했다. 그녀는 하수도로 뛰어내렸다. 지비아는 훗날 "나는 곤두박질이 무엇을 의미하는지 충분히 느꼈다"라고 썼다. "지금 당신은 마치 깊은 어둠 속으로 뛰어들어 오물을 사방에 튀기는 것처럼 보인다. 당신은 끔찍한 메스꺼움 때문에 견딜 수 없다. 당신의 다리는 악취 나는 하수도의 차갑고 끈적끈적한 점액으로 흠뻑 젖어 있다. 그러나 걸음을 멈추어선 안 된다."²⁶

카지크와 안내원이 앞장을 섰고, 지비아는 수십 명의 투사들 뒤에서 따라갔다. 한 줄로 서서 끈적끈적한 점액으로 싸인 하수도 속을 비집고 가던 그들은 서로의 얼굴조차 볼 수 없었다. 지비아는 한 손에는—계속 꺼졌던—촛불을, 다른 손에는 목숨처럼 소중한 총을 들고 있었다. 하수도는 어두웠고, 그녀는 머리를 숙여야 했다. 어떤 교차로에서는 물과 배설물이 목까지 차올랐고, 그들은 총을 머리 위로 올린 채 걸어야 했다. 어떤 부분은 너무 좁아서 통과하려면 몸을 잔뜩 움츠려야 했다. 그들은 굶주린 상태에서 다친 동지들을 부축하며 이동하고 있었다. 마실 물조차 없이 보낸 몇 시간은 마치 영원과 같았다. 하수도에 몸이 잠겨 있던 시간 내내, 지비아의 머리는 뒤에 두고 온 친구들에 대한 생각에 잠겨 있었다. 반면 부상을 입은 토시아는 사기가 많이 떨어졌다. 그래서 가끔 자신을 그냥 두고 가라고 애원하기도 했다. 하지만 그녀는 결국 해냈다.[27]

기적적으로 동이 트기 전에 그룹 전체가 바르샤바 중심부의 아리아인 구역 쪽에 있는 프로스타 거리 밑의 하수도에 도착했다. 카지크는 그들을 도시 밖으로 데려다줄 트럭이 그곳에 없으며, 따라서 지금 밖으로 빠져나가는 것은 위험하다고 설명했다. 카지크는 도움을 청하러 나갔다. 행렬의 맨 뒤에 있던 지비아는 상황이 어떻게 돌아가고 있는지 알지 못했다. 그녀는 이 구조 계획의 세부 사항을 알지 못했고 외부와 소통할 수도 없어서 걱정에 휩싸였다. 그러나 더 이상 불안정한 미래에 대해 연연하지 않았다. 여전히 게토에 있는 동지들에 대한 걱정이 "내 심장을 잔인하게 괴롭혔다."[28]

하루 종일 이 그룹은 프로스타 거리의 맨홀 아래에 앉아서, 거리에서 들려오는 마차와 전차 소리, 폴란드 어린이들이 노는 소리를 들었다. 지비아는 더 이상 참을 수 없었다. 그녀와 뒤쪽에 있던 마레크가 사람들을 밀치고 앞으로 나아갔다. 하지만 아무도 이렇다 할 정보를 갖고 있지 않았다. 그런데 오후 한낮에 갑자기 맨홀 뚜껑이 살짝 열리더니 쪽지 하나가 던져졌다. 거기엔 구조작업이 그날 밤 이루어질 것이라고 쓰여 있었다.[29] 대부분은 자포자기하며 한숨을 쉬었지만, 지비아는 활기에 차서

"다시 게토로 돌아가서 다른 사람들을 데려옵시다!"라고 외쳤다.[30]

두 명의 투사가 자진해서 게토로 돌아가 나머지 ZOB 대원들을 데려 오기로 했다. 그리고 그들은 모두 기다렸다.

한밤중이 되자, 맨홀 뚜껑이 열리고 약간의 수프와 빵이 제공되었다. 지비아는 그들이 너무 목이 말라서 거의 아무것도 먹을 수 없을 거라고 주장했지만, 적어도 무언가 먹을 수 있는 사람들에게는 음식이 전달되었 다. 그들은 독일군이 순찰하고 있기 때문에 조금 더 기다리라는 말을 들 었다. 한 무리의 투사들은 걸어서 30분 정도 걸리는 제2의 장소로 떠났 다.[31] 오물이 가득 찬 물 속에 많은 사람들이 모여 있는 혼잡한 상황을 완 화하기 위해서였다. 위험한 메탄가스가 그들 주변의 대기 중에 계속 쌓 이고 있었다. 한 사람이 쓰러져서 자포자기 속에 하수도의 물을 마셨다.

지비아는 게토로 사람들을 데리러 간 두 명의 대원을 기다리며 걱정하 고 있었다. 그녀는 아무도 성급하게 행동하지 않도록 하기 위해 맨홀 근 처에 자리를 잡았다. 한 줄기 햇살이 맨홀 입구를 뚫고 들어오자 그녀는 신선한 공기를 맡고 싶었다. 그녀 바로 위에서 사람 사는 소리가 물밀듯 이 들려왔지만, 그들에게는 먼 세상이었다.

5월 10일 이른 아침. 게토로 갔던 대원들이 무사히 돌아왔다. 하지만 다른 대원들을 구하지 못한 채 빈손으로 돌아왔다. 그들은 독일군이 모 든 하수도가 끝나는 곳을 봉쇄해서 전체 하수도 시스템을 통과하는 물의 수위가 높아지게 만들었다고 보고했다. 그래서 발길을 돌려야 했다고 한 다. 더 많은 대원들을 구하려는 희망을 내려놓지 않았던 지비아는 몹시 우울해졌다(투사들을 집결시킬 트럭을 찾으려는 모든 시도가 헛수고로 끝났기 때 문에 그녀는 지상에서 어떤 드라마가 펼쳐지고 있는지 알지 못했다). 그때 독일군 의 목소리가 들렸다.

이게 마지막인가? 지비아는 너무 낙담해서 차라리 그러기를 바랐다.

아침 10시에 맨홀 뚜껑이 들어올려졌다. 햇빛이 쏟아져 들어오자, 사람들은 그 빛에 움찔하고 공황 상태에 빠졌다. 그들이 거기 숨어 있다는 것이 발각된 것일까? "서둘러요! 빨리!" 빨리 나오라고 재촉한 사람은 카지크였다. 그들은 철제 사다리를 기어 올라가야 했다. 위에서는 끌어 올리고, 아래에서는 위로 받치며 밀었다. 뻣뻣해진 팔다리와 축축하고 더러운 옷을 입은 그들은 재빠르게 움직이지 못했다. 탈출은 한참 동안—어떤 사람에 따르면 30분이 넘게—계속되었고, 그동안 40명이 밖으로 나와 트럭에 올라탔다.[32] 거기엔 그들의 탈출을 안전하게 지켜줄 요원이 거의 없었고, 무장한 도우미가 두 명 있을 뿐이었다. 폴란드 사람들이 주변 인도에서 이 모습을 지켜보았다.

트럭에 오르고 나서야 지비아는 자신들의 행색이 어떤지 깨달았다. "우리는 더러웠으며, 지저분하고 피로 물든 누더기 옷을 걸치고 있었고, 얼굴은 수척하고 낙담한 표정이었으며, 무릎은 힘이 없어서 움츠러들어 있었다. (…) 우리는 인간다워 보이는 것이 거의 없는 만신창이 상태였다. 단지 타는 듯한 눈빛만이 우리가 살아 있다는 것을 보여주는 유일한 증거였다."[33] 그들은 기지개를 쭉 펴면서 총을 움켜잡았다. 트럭 운전사는 유대인들이 아니라 신발을 실어 나를 것이라는 말을 들었었다. 그런데 사실을 알게 되자, 그는 총으로 위협받은 후에야 카지크의 지시를 따르기 시작했다.

갑자기 근처에 독일군이 있다는 말이 들려왔다. 제2의 장소로 갔던 20명의 투사와 그들을 데리러 간 투사는 아직 맨홀 지점으로 돌아오지 않은 상태였다. 비록 지비아는 그런 말을 적지 않았지만, 지비아와 카지크 사이에 "널리 알려진 전쟁"이 있었다.[34] 카지크에 따르면, 지비아는 나머지 투사들이 도착할 때까지 기다려야 한다고 주장했다. 하지만 카지크는 자신이 모든 사람들에게 맨홀 근처에 있으라고 지시했었고, 더 기다리는 것은 너무 위험하므로 즉시 떠나야 한다고 말했다. 결국 카지크는 또 다른 트럭을 보내기로 약속한 후, 트럭 운전사에게 출발하라고 명령했다. 지비아는 이에 격노해 그를 쏘겠다고 위협했다(여러 해가 지난 후, 카지크의 회고록을 번역한 사람이 카시크에게 물었다. "저는 당신이 나치와 싸웠다는 것을 잘 압니다. (…) 그런데 지비아와 싸웠다는 게 사실인가?").[35]

그들이 이동한 시간은 아침의 교통 정체가 한참 심한 때였다. 지비아가 말했듯이, "무장한 유대인 투사 40명을 실은 트럭이 나치가 점령한 바르샤바의 중심부를 달리고 있었던 것이다."[36]

새로운 날이었다.

✳

뒤에 남은 20명의 투사를 구출하려는 두 번째 시도는 실패로 끝났다. 독일군은 아침에 바르샤바의 거리 한복판에서 일어난 탈출 작전을 알게 되었고, 이제 레지스탕스 투사들이 나타나기를 기다리고 있었다. ZOB 대원들은 더는 하수도 오물 속에 있을 수 없었다. 그래서 이미 독일군으로 가득 차 있다는 사실을 모른 채 밖으로 올라왔고, 뒤이어 매복 공격을 당했다. 그들은 나치와 백병전을 치렀으며, 이는 폴란드 구경꾼들에게 충격을 주었다. 카지크가 맨홀로 돌아왔을 때, 그는 대원들의 시체가 길거리에 흩어져 있는 것을 발견했다. 총에 맞은 채.

몇 명의 유대인들은 게토로 되돌아갔다. 나중에 지비아는 그들이 일주일 내내 전투를 치렀다는 소식을 들었다.

지비아와 카지크는 둘 다 동지들을 버렸다는 사실에 괴로워했다. 그녀는 그들에게 기다리겠다고 약속했지만, 기다리지 않았다. 이 죄책감은 죽을 때까지 그녀를 괴롭혔다.

✻

바르샤바 봉기에서는 도처에서 100명이 넘는 여성 투사들이 그들이 속한 단체와 함께 싸웠다.[37] 나치 내부에서 열린 한 회의에 보고된 바에 따르면, 전투는 그들이 예상했던 바와 달리 놀랄 만큼 치열했고, 특히 지독할 정도로 끈질긴 무장 유대인 소녀들은 죽을 때까지 싸웠다.[38] 몇몇 유대인 여성 투사들은 밀라 거리 18번지와 기타 지점에서 싸우다가 스스로 목숨을 끊었다. 그리고 많은 대원들은 "손에 총을 잡은 상태로" 죽었다.[39] 고르도니아Gordonia 청년운동 소속의 레아 코렌Lea Koren은 하수도를 통해 게토를 탈출했었는데, 부상당한 ZOB 투사들을 간호하기 위해 다시 돌아갔다가 사살되었다. 봉기 당시에 각 부대들을 연결하는 임무를 맡았던 레기나 (릴리스) 푸덴Regina(Lilith) Fuden은 투사들을 구하기 위해 여러 차례 하수구를 통해 되돌아왔다. 그녀의 사망 기사에는 "하수도를 지나다닐 때 목까지 물이 찼지만, 그녀는 포기하지 않고 돌아가서 대원들을 탈출시켰다"라고 기록되어 있다.[40] 그녀는 단 한 번의 공격을 받고 사망했다. 그녀의 나이는 스물한 살이었다. 연락책이던 프라니아 베아투스Frania Beatus는 봉기 당시 열일곱 살이었고, 초소를 지키다가 아리아인 구역으로 건너가서 스스로 목숨을 끊었다.[41] "숲과 꽃향기를 꿈꾸던" 소녀 드보라 바란Dvora Baran은 게토 중심부에서 싸웠다.[42] 그녀가 머물던 벙커가 발각되었을 때 지휘관은 그녀에게 먼저 나가라고 명령했는데, 그녀는 자신의 아름다운 외모를 이용해 나치의 관심을 흩뜨려놓아서 일단 그들의 추적을 막아내는 데 성공했다. 그런 다음 수류탄을 던져서, 동료들이 새로운 지점에 자리 잡는 동안 나치를 산산이 분산시켰다. 그녀는 이튿날 살해되었다. 당시 스무 살이었다. 아키바 소속 리브카 파사모니치Rivka Passamonic는 친구의 이마를 쏘아 죽이고, 자신도 목숨을 끊었다. 라헬 키르쉰보임Rachel Kirshnboym은 프리덤 그룹과 함께 싸우다가 파르티잔 그룹에 합류했다. 스물두 살이던 그녀도 살해당했다. 떨리는 손으로 폭발물을 던졌던 분트 대원 마샤 푸터밀히는 지하 수로를 통해 탈출했다.

공산주의 그룹인 스파르타쿠스 소속 니우타 테이텔바움Niuta Teitelbaum은 바르샤바 게토에서 독일군 사이에 악명 높은 여성이었다.[43] 그녀는 20대 중반이었지만 아마빛 머리카락을 땋은 모습이 마치 순진한 열여섯 살 소녀처럼 보였기 때문에, 누구도 그녀를 암살자라고는 생각할 수 없었다. 그녀는 고위 게슈타포 장교의 사무실로 곧바로 걸어 들어가서, 책상에 앉아 있는 그를 향해 냉혹하게 방아쇠를 당겨 살해했다. 또 다른 장교는 자기 집 침대에 누워 있다가 그녀에게 총으로 살해되었다. 또 다른 작전에서는 두 명의 게슈타포 요원을 살해하고, 세 번째 요원에겐 부상을 입혀서 병원에 실려 가게 했다. 니우타는 여기서 그치지 않고 의사로 변장한 채 부상당한 게슈타포 요원의 병실까지 찾아가 그와 경비병을 살해했다.

그 후에도 니우타는 또 한 번 독일군 지휘본부로 걸어 들어갔다. 머리에 스카프를 두른 폴란드 시골 소녀처럼 옷을 입고 있었다. 한 친위대 병사는 그녀의 밝은 푸른 눈과 금발에 이끌려 유대인들 중에 또 다른 로렐라이 여성이 있는지 물었다. 어린 니우타는 미소 지었다. 그러고는 권총을 꺼내 그를 쏘았다. 또 다른 예로 그녀는 슈차(바르샤바에 있던 게슈타포 감옥〕 밖에 있는 경비병에게 수줍게 다가가서, "개인적인 문제" 때문에 어느 장교와 이야기할 게 있다고 속삭였다. 이 "농부 소녀"가 임신했다고 생각한 경비병은 그 장교에게 가는 길을 안내해주었다. 그녀는 "남자친구의 사무실"에 들어간 후 몰래 숨겨간 소음기를 장착한 총으로 장교의 머리를 쏘았다. 나오는 길에 그녀는 자신을 들여보내준 경비병들에게 또다시 온화한 미소를 보냈다.

동료 투사가 묘사했던 것처럼, 이 "자칭 사형 집행인"은 바르샤바대학에서 역사를 공부했고 당시엔 폭발물과 사람을 밀반입하면서 ZOB와 인민군을 위해 일하고 있었다. 니우타는 바르샤바에서 여성으로 구성된 부대를 조직해서 무기 사용법을 가르쳤다. 봉기가 전개되는 동안 그녀는 게토 장벽 꼭대기에 설치된 나치의 기관총 진지를 습격하는 것을 도왔다.

게슈타포는 니우타에게 "땋은 머리의 어린 반다Wanda"라는 별명을 붙였으며〔전설에 따르면 반다가 다스리던 크라쿠프 지방에 게르만군이 쳐들어온 적이 있었는데, 군인들은 그녀의 미모를 보고는 전투하기를 거부했고, 지휘관은 자결했다고 한다〕, 가장 위험한 수배자 명단에 올려놓았다. 그녀는 바르샤바 게토 봉기에서 살아남았지만, 끈질긴 추적 끝에 몇 달 후에 사로잡혀 심한 고문을 받고 처형되었다. 당시 그녀는 스물다섯 살이었다.

나치의 총공세는 바르샤바 유대인 계몽의 절정기에 트위마키에 거리에 세워졌던 역사적인 건축물인 유대교 대회당의 폭파로 대단원의 막을 내렸다. 이 건물은 폴란드 유대인들이 갖고 있던 명성과 재산의 상징이기도 했다. 마치 유대 민족의 종말을 알리는 듯, 이 거대한 구조물은 화염

속에 와르르 무너졌다.

당시 불에 탄 흔적은 이웃 건물의 바닥까지 그을린 상태로 여전히 남아 있는데, 그 건물에는 블라드카와 지비아가 한동안 활동했던 유대인 구호단체가 있었다. 이 작은 흰색 벽돌 건물은 이후 최초의 홀로코스트 박물관이 되었으며, 지금은 에마누엘 링겔블룸 유대인역사연구소가 소재하고 있다.

세계에서 손꼽히는 역사적 유대교 건축물 중 하나인 이곳은 당시의 상흔에도 불구하고 여전히 번성하고 성장하고 있는 것이다.

트럭을 타고 바르샤바를 빠져나가는 것은 쉽지 않았다. 지비아는 비좁은 트럭 바닥에 누워 있었다. 그녀는 몹시 더러운 상태로 충격에 빠지고 탈진해 아무 말도 없었지만, 동료들을 두고 왔다는 사실 때문에 괴로워하고 있었다. 트럭에 탄 모든 사람들이 끔찍한 악취를 풍겼다. 그들의 무기는 모두 물에 젖어서 아무 쓸모가 없었고 그녀는 트럭이 어디로 가고 있는지조차 알지 못했다. 한 시간 동안 아무도 소리를 내지 않고 숨죽인 상태로 이동했다. 그런 다음 그들은 도시 밖 로미안키 숲에 도착했다. 그곳은 키가 작고 굵은 소나무 묘목이 듬성듬성 심어진 곳으로, 근처에 많은 마을들과 독일군 주둔지가 있어서, 잠시 머물 피난처로 적합했다. 일찍 게토를 탈출했던 동지들은 거기서 지비아 일행을 보더니 한편으론 그들이 아직 살아 있다는 사실에, 다른 한편으론 새로 도착한 사람들의 "창백하고 굶주린 얼굴"에 충격을 받았다. "그들의 머리카락은 지하 하수도의 오물을 쓸어왔고, 그들의 옷은 온통 진흙으로 더럽혀져 있었다. 그들이 치른 격렬한 전투, 그리고 결국 탈출을 위해 지하 하수도를 헤쳐 온 고난의 이틀은 그들의 모습을 돌이킬 수 없을 정도로 바꾸어놓았던 것이다."[44]

그곳에 이미 자리 잡은 동지들은 새로 도착한 일행에게 따뜻한 우유를 제공했다. 지비아도 그것을 마셨는데, 머리가 빙빙 돌고 가슴이 벅찼다. 기분 좋은 5월의 하루였다. 나뭇잎이 무성했던 주변은 향기로운 꽃이 만발한 목가적인 풍경이었다. 지비아가 봄 냄새를 맡은 건 정말 오랜만이었다. 그녀는 갑자기, 몇 년 만에 처음으로 울기 시작했다. 이전에는 우는 것이 수치스러운 일로 간주되어 금지되어 있었다. 하지만 이제 그녀는 그냥 눈물이 흐르게 두었다.

여전히 충격에서 헤어 나오지 못한 투사들은 나무 아래에 앉아 있었다. 그들은 그야말로 다 썩어가는 옷을 벗고, 거의 피가 날 때까지 얼굴에 묻은 흙을 긁으며 씻어냈다. 그들은 먹고 마셨으며, 여러 시간 침묵하다가 모닥불 주위에 모였다. 그들은 자신들이 지구상에 남은 마지막 유대인이라고 확신했다. 지비아는 잠을 이루지 못한 채 곰곰이 생각에 빠졌다. "우리가 하지 않은 일이 아직 남아 있을까?"[45]

80명의 투사가 다시 모인 숲에는 임시 사령부가 설치되었다. 지비아, 토시아 및 동료 리더들은 나뭇가지로 만든 수카sukkah(오두막)를 세우고 다음에 할 일을 의논했다. 그들은 자신들이 보유한 무기와 돈 그리고 한 투사가 게토에서 가져온 귀금속의 목록을 작성했다. 그들은 그룹으로 나뉘어서 대피소를 건설할 나무 기둥들을 모았다. 시간이 흐르면서 그들은 더 이상 합류할 게토 생존자가 없다는 사실을 깨달았다. 이틀 후 지비아가 살아 있다는 소식을 듣고 안테크가 숲으로 찾아왔다.[46]

안테크는 끝없는 회의를 주도했음에도 불구하고 바르샤바의 아리아인 구역에 이른바 안가를 구축할 수 없었다.[47] 폴란드 국내군은 지원하기로 했던 약속을 지키지 않았다. 블라드카도 백방으로 노력했지만, 아무 성과도 거두지 못했다.[48] ZOB는 인민군이 그들 병력의 대부분을 비슈쿠프 숲에 있는 파르티잔 캠프로 이동하자고 제안했을 때 이를 수용했으며, 몇몇 병자와 부상자는 그대로 바르샤바에 숨어 있었다. 안테크는 ZOB 지도자들을 자신의 아파트로 옮기게 했는데, 거기엔 이중으로 된 벽 뒤에 은신처가 있었다. 지비아도 공식적인 지휘관은 아니었지만 그곳으로 옮겨갔다. 안테크는 훗날 "누군가 내가 아내를 돌본다고 나를 비난한다고 해도 상관없어"라고 말했다고 적었다.[49] 안테크는 그들 모두를 가까이에 두고 싶어 했다.

안테크는 바르샤바에 있는 한 셀룰로이드 공장주에게 거액의 돈을 주고 생산을 중단시켰다. 하수도에서 탈출한 몇몇 동지들이 그 공장 안에 은신처를 마련했는데, 은신처로 사용된 그 공장 다락방은 사다리를 통해서만 접근 가능했으며, 사용하지 않을 땐 사다리를 제거했다. 다락방은 작은 창을 통해서 빛이 들어왔고 투사들은 셀룰로이드로 가득 찬 큰 자루 위에서 잠을 잤다. 한 폴란드 경비원이 주변을 지키면서 동지들에게 음식을 가져다주었다. 공장은 앞으로의 계획을 의논하기에 좋은 곳이었다. 리더들의 회의가 5월 24일에 그곳에서 열릴 예정이었다. 그들이 지하 하수로에서 탈출한 지 2주 되는 시점이었다.

5월 24일, 공장 은신처에 살고 있던 토시아는 다락방에서 리더 회의가 열리기를 기다리고 있었다. 그때 한 동지가 담배를 피우려고 성냥을 켜다가 셀룰로이드 더미에 불이 붙었다. 다른 버전에 따르면, 토시아는 부상을 입은 채 꼼짝하지 못하고 다락방에 있었는데, 그녀의 상처를 치료하기 위해 연고를 데우다가 불이 붙었다.[50]

불길은 빠르게 번졌는데, 은신처로 올라가는 사다리는 치워진 상태였고 채광창은 너무 높아서 탈출이 불가능했다. 몇 명의 투사가 불타는 천장을 뚫고 뛰어내려서 목숨을 건졌다. 옷에 불이 붙었던 토시아도 뛰어내렸지만, 심각한 화상을 입은 채 지붕에서 떨어졌다. 그때 폴란드인들이 그녀를 발견하고 나치에게 넘겼고, 나치는 그녀를 죽도록 고문했다. 또 다른 설에 따르면, 그녀는 나치에게 산 채로 잡히지 않으려고 뛰어내려 자살했다.

17 무기, 무기, 무기

그전엔 한 번도 이러한 파괴 도구에 대해 생각해본 적이 없었던 사람들에게 무기란.

직장 생활이나 평화로운 사업가의 삶을 살도록 훈련된 사람들에게 무기란.

총을 무엇보다도 혐오스러운 도구라고 본 모든 사람들에게 무기란.

바로 이러한 사람들에게 무기가 성스러운 도구가 되었다. (…)

우리는 성스러운 전투에서 무기를 사용했다. 자유로운 인간이 되기 위해.[1]

— 루츠카 코르차크

레니아

1943년 5월

"네 잘못이 아니야, 프룸카." 레니아는 그녀의 친구이자 리더인 프룸카가 비명을 지르며 제자리를 빙빙 도는 것을 지켜보면서 수없이 반복해서 말했다.[2] 레니아는 임무를 성공적으로 마친 후 새로운 소식—모두 좋은 소식은 아니었지만—을 갖고 돌아온 상태였다. "프룸카, 제발 진정해."

프룸카의 혼란한 내면세계, 열정과 냉정한 자기 분석이 뒤죽박죽 뒤섞이면서 그녀는 통제 불능 상태가 되었다. 프룸카는 지비아가 아직 살아 있다는 것을 알았을 때 흥분했고, 새로운 동기가 밀려와서 얼굴이 붉게 달아올랐었다. 그러나 한체가 바르샤바 게토에서 죽었다는 소식을 들었을 때 모든 것이 무너졌다.

"내 책임이야." 프룸카가 소리쳤다. 그녀는 레니아가 펄쩍 뛰어오를 정도로 격렬하게 자신의 가슴을 두들겼다. "내가 한체를 바르샤바로 보냈거든." 프룸카는 숨이 넘어갈 듯했다. 레니아는 그녀를 붙잡아야 할지 그대로 놔두어야 할지 몰랐다. 동료들은 그녀가 이렇게 무너질까 두려워서 한체의 사망 소식을 가능한 한 오랫동안 프룸카에게 알리지 않았다. 차이카는 일기에서 프룸카는 전시戰時의 끔찍한 현실에는 사실상 적합하지 않은 지도자라고 평가했다.[3]

다른 동료들도 합류했다. "네 잘못이 아니야."

"내 책임이야." 프룸카는 계속해서 비명을 질렀다. "내가 동생의 죽음에 책임이 있다고!" 그런 다음 그녀는 폭풍 같은 눈물을 흘리며 고통을 쏟아냈다.

레니아는 훗날 "그러나 인간은 고통에 무감각한 철로 만들어졌다. 프룸카는 이 끔찍한 충격을 겪은 후에조차 자신을 되찾았으니까"라고 썼다. 오히려 이제 오직 한 가지 생각이 집중력과 분노로 가득한 그녀의 마음을 관통하고 있었다. 복수였다!

레니아는 프룸카가 그녀의 슬픔을 실제 행동과 분노로, 그리고 구조 임무와 자살 임무 둘 다를 향한 열렬한 외침으로 표현하고 있는 것을 지켜보았다. 그녀 역시 부모님이 돌아가셨다는 소식을 들었을 때 같은 감정을 느꼈었다. 그것은 불을 활활 타오르게 하는 기름과 같았다. 프룸카는 점점 이런 생각에 사로잡혔다. 싸울 능력이 있는 사람은 누구든지 구조되기를 기다려서는 안 된다! 끝까지 자기를 방어하는 것만이 구원의 수단이다! 영웅적인 죽음을 맞이하자!

하지만 이렇게 생각한 것은 프룸카만이 아니었다. 하가나Hagana〔팔레스타인에 본부를 둔 시온주의 준군사조직)에 대해 갖고 있던 열정은 레니아의 마음 안에서도—사실 벵진 그룹 전체에서도—점점 커졌다. 바르샤바에서 발발한 6주간의 전투는 모든 지역의 지하운동을 통틀어 최초로 나치에 대항한 도시 봉기였다. 다른 모든 게토의 레지스탕스 투사들은 폴란드 수도에서 보여준 모범을 따르고자 했다. 차이카는 자그웽비에가 바르샤바 봉기를 그대로 따라 할 뿐 아니라, 그것을 능가하기를 원했다. 벵진 그룹은 게토 전체를 불태우려는 계획을 세우고, 무기를 사용하는 방법을 가르쳤다.

쳉스토호바에서 이지아 페작손이 체포되었는데, 그가 체포된 과정이 매우 의심스러웠다. 이제 지하운동의 정책이 변경되었다. 무기를 운반하는 연락책은 2인 1조로 이동해야 했다.

레니아가 카샤리옷 연락책 가운데 하나가 될 상황이었다.[4]

그녀는 스물두 살의 영가드 대원인 이나 겔바르트Ina Gelbart와 짝을 이루었다. 레니아는 그녀를 "키가 크고 활발하며, 귀엽고 민첩한 소녀. 전형적인 슐레지엔 지방의 딸. 한순간도 죽음을 두려워하지 않음"이라고 묘사했다.[5]

레니아와 이나는 둘 다 총독부 구역의 국경을 통과할 수 있는 위조 서류를 가지고 있었다. 엄청난 비용을 들여 바르샤바의 위조 전문가에게서 구한 것이었다. 레니아가 훗날 기억해낸 것처럼, 당시 상황은 위조 비용을 둘러싸고 협상할 수 있는 때가 아니었다. 국경에 도착했을 때 두 소녀는 곧바로 필수 서류를 제출했다. 사진이 부착된 정부 발행 통과 허가증, 그리고 마찬가지로 본인 사진이 부착된 신분증이었다. 당시 바르샤바로 들어가는 길에서 시행되던 검문은 이전보다 허술해서 이곳만 무사히 통과하면 여행이 성공할 가능성이 높았다.

경비병은 고개를 끄덕였다.

이제 레니아는 바르샤바에서 해야 할 활동에 대해 더 자신감을 갖게 되었다. 그녀는 경험이 많아서 노련하고 이 도시를 잘 안다고 느꼈다. 두 소녀는 탈로브라는 사람을 만나야 했다.[6] 아리아인 구역에 살고 있는 유대인으로 문서 위조 전문가나 무기 거래상을 연결해주던 인물이었다. 레니아는 "그는 우리를 잘 돌봐주었으며, 많은 보수를 받았다"라고 썼다.[7]

레니아가 밀반입한 권총과 수류탄은 주로 독일인 무기 상점에서 가져온 것이었다. 레니아는 이렇게 설명했다. "독일군 가운데 한 명이 무기를 몰래 훔쳐내 팔았으며, 그것을 구입한 사람은 다시 다른 사람에게 팔았다. 이렇게 해서 우리가 무기를 얻을 때까지 아마 다섯 사람 정도의 손을 거쳤을 것이다." 다른 여성들의 기록에 따르면 무기는 독일군 기지, 무기 수리점, 그리고 유대인이 강제노동에 동원되었던 무기 공장뿐 아니라, 농부, 암시장, 졸고 있던 독일군 병사, 폴란드 저항군, 심지어 러시아인에게서 훔친 총을 파는 독일인에게서도 나왔다.[8] 1943년 스탈린그라드에서 패전한 후 독일군의 사기가 떨어지자 병사들은 자신의 총을 팔기 시작했다. 소총은 가장 쉽게 구할 수 있었지만 휴대하거나 숨기기가 어려웠다. 반면 권총은 작전에 더 효율적이지만 값이 더 비쌌다.[9]

레니아의 설명에 따르면 무기가 밀반입되어 우여곡절 끝에 게토에 도달하기는 했지만, 너무 녹슬어서 사격이 불가능하거나 맞는 총알이 없는 경우도 가끔 있었다. 하지만 무기를 받기 전에는 이런 문제를 확인할 방법이 없었다. "바르샤바에는 무기가 제대로 작동하는지 실험할 장소도 그럴 시간도 없었다. 우리는 결함이 있는 무기가 발견될 경우 이를 어딘가 은폐된 구석에서 신속하게 포장한 후 다시 기차를 타고 가서 교환해야 했다. 이 과정에서 또다시 생명의 위험을 무릅써야 했다."

레니아와 이나는 별 문제없이 탈로프를 발견했고, 그는 두 소녀를 묘지로 안내했다.[10] 그들이 폭발물, 수류탄, 총과 같은 소중한 물건을 구입하는 곳이 거기였다.

✳

레니아에겐 밀반입된 무기 하나하나가 바로 "보물"이었다.

모든 주요 게토에는, 유대인 레지스탕스 조직이 자리를 잡았지만 별다른 무기를 갖추지 못한 채였다.[11] 우선, 비아위스토크 지하단체에는 총이 한 자루밖에 없어서, 각 전투조는 번갈아가며 이 무기를 전달받아서 훈련해야 했다. 빌나에서는 지하단체들이 권총 한 자루를 공유하면서 훈련에 임했는데, 그들은 두텁게 진흙을 바른 지하실 벽에 사격을 하는 방법으로 총알을 재사용했다.[12] 크라쿠프 그룹은 아예 단 한 자루의 총도 없이 활동을 시작했다. 바르샤바 그룹은 초기에 두 자루의 권총을 갖고 있었다.

폴란드 지하운동 단체가 무기를 제공하겠다고 약속했지만 무기 공급은 종종 취소되거나 무기한 연기되었고, 전달 도중에 도난당하는 일도 있었다. 도난당한 무기를 찾아 게토와 수용소에 밀반입하기 위해 카샤리옷이 파견되었는데, 이들은 종종 안내원도 없어서 늘 위험에 노출되어 있었다.

연락책을 맡은 소녀들의 심리적 기술은 이렇게 극도로 위험한 임무에서 특히 중요했다. 특히 은신하고, 변장하고, 의심을 피하는 데에서 그들의 인맥과 전문성이 매우 중요했다. 프룸카는 바르샤바 게토에 무기를 밀반입한 최초의 연락책이었다. 그녀는 그 무기들을 감자 자루의 맨 밑에 숨겼다. 아디나 블라디 슈바거Adina Blady Szwajger는 탄약을 똑같은 방법으로 숨겨서 밀반입했는데, 한번은 순찰대원이 그녀에게 짐 꾸러미를 열라고 명령했다. 그때 그녀는 미소 지으면서 건방진 태도로 짐 꾸러미를 열었는데, 오히려 그것이 그녀를 구했다. 비아위스토크에서 활동하던 프리덤 연락책 브론카 클리반스키Bronka Klibanski는 여행 가방에 넣은 시골 빵 한 덩어리 안에 권총과 수류탄 두 개를 몰래 숨겨서 들여오고 있었다. 기차역에서 한 독일 경찰이 그녀에게 가방에 무엇이 들어 있는지 물었다. 그녀는 음식을 몰래 밀수하고 있다고 "고백"함으로써 가까스로 가방을 열지 않을 수 있었다. 그녀의 "솔직한 고백"이 경찰의 보호 반응을 자극한 결과, 그 경찰은 열차의 차장에게 누구도 그녀나 그녀의 여행 가방을 건드리지 않도록 하라고 특별히 지시했다.

레니아는 자신이 게토에 무기를 밀반입하는 첫 번째 연락책이 아니라는 사실을 알았다. 카샤리옷들이 바르샤바와 크라쿠프 두 게토의 봉기를 위해 무기를 구해서 운반해왔었다. 크라쿠프에서 활동하는 아키바 소속의 전문 연락책 헬라 시퍼는 총을 구입하기 위해 바르샤바에 파견되었을 때, 그녀가 기차에서 20시간 동안 자신을 위장한 채 지내게 될 것이라는 사실을 알았다.[13] 그래서 그녀는 옴진드기 피부질환을 가리기 위해 특별한 비누로 얼굴을 긁어내고, 머리칼을 밝은 금발로 염색한 후, 터번 같은 스카프로 묶었다. 그녀는 또한 비유대인 친구의 어머니가 구입한 세련된 의상을 빌려 입고, 전시에 유행하던 꽃무늬가 있는 값비싼 황마 핸드백을 들었다. 그녀는 마치 오후의 극장에 가는 것처럼 보였다. 사실 그녀는 병원 입구에서 인민군Peoples Army〔런던에 있던 폴란드 망명정부의 지휘가 아니라 소련군의 지휘를 받던 공산당 군대〕 접선책인 X를 만났다. 그녀는 X가 그곳에서 신문을 읽고 있을 것이라는 말을 들었다. 지시에 따라 그녀는 그에게 몇 시인지 묻고 그가 읽고 있던 신문을 봐도 괜찮은지 부탁했다. 이 말을 들은 그는 걸어갔고, 헬라는 멀찍이서 그의 뒤를 따랐다. 그들은 기차의 다른 칸에 탔다가, 제화공의 아파트 앞에서 내렸다.

헬라는 며칠 동안 물건, 즉 무기 다섯 개, 폭발물 4파운드, 탄약통 클립 등이 오기를 기다렸다. 그녀는 갖고 있던 권총을 자신의 몸에 테이프로 부착하고 멋진 지갑 안에 탄약을 숨겼다. 그녀는 극장에 가지 않았다. 그녀 자신이 극장이었다. 바르샤바 아리아인 구역에서 찍은 그녀의 사진은 무릎 바로 위까지 오는 스커트에 가죽 구두를 신고 올림머리에 라펠 핀을 꽂은 채, 미소를 짓고 있는 만족스러운 모습을 보여준다.[14] 그녀는 작고 세련된 토트백을 쥐고 있다. 구스타는 헬라를 이렇게 묘사했다. "기차에서 도발적인 미소를 지으며 뻔뻔하게 노닥거리는 그녀의 모습을 지켜본 사람이라면 누구나 그녀가 약혼자를 만나러 가는 길이거나 휴가를 가는 길이라고 짐작했을 거예요."[15] (그런데 심지어 이런 헬라도 붙잡힌 적이 있었다. 그녀는 한번은 감옥 화장실에서 탈출하기도 했다. 그녀는 임무를 수행할 때 절대로 긴 코트를 입지 않았다. 만약의 경우에 대비해서 다리에 아무것도 거치적거리지 않게 하기 위해서였다).

바르샤바의 경우, 아리아인 구역의 ZOB 대원들은 무기를 얻으려고 몇 달을 노력했다. 폴란드인으로 위장한 그들은 가능한 한 조용하게 회의를 하기 위해 지하실이나 수도원 레스토랑을 이용했으며 종업원이 다가올 때마다 대화를 바꿨다. 블라드카 미드는 게토에 금속으로 된 줄[쇠붙이를 쓸거나 깎는 데에 쓰는 연장]을 밀반입하기 시작했다.[16] 이것은 유대인들에게 지급할 용도였는데, 유대인들이 트레블링카로 가는 강제이송 열차에 실릴 경우, 이 줄을 사용해서 창틀을 잘라내 뛰어내릴 수 있도록 하려는 것이었다. 그녀는 농부처럼 옷을 입고 비유대인 밀수 지역으로 가다가 게토 장벽도 뛰어넘었다. 일부 연락책들이 폴란드 경비병에게 돈을 주고 벽에 다가가서 암호를 속삭이면, 안쪽에서 기다리고 있던 ZOB 대원이 벽 위로 올라가서 물건 꾸러미를 받게 되어 있었다.[17] 블라드카는 첫 번째 총을 집주인의 조카에게서 2천 즈워티에 구입했다. 그녀는 집주인에게 75즈워티를 주고는, 경비병을 매수하기 쉬운 지역에서 게토 장벽에 뚫린 구멍을 통해 물건 상자를 밀어 넣도록 했다. '선물'을 집어든 사람들은 아리아인 구역에서 일하는 노동자들 사이에 섞여서 게토와 아리아인 구역을 오갔는데, 게토를 통과하는 기차에서 도중에 뛰어내리는 방법을 이용하기도 했다. 이렇게 게토에 반입된 물품은 몰래 청소차나 구급차에 실려 옮겨지거나 하수도를 통해 보내졌다. 바르샤바에서는 많은 연락책들이 유대인 구역과 아리아인 구역 쪽 모두에 출입구가 있는 법원을 이용했다.[18]

언젠가 블라드카는 다이너마이트가 들어 있는 상자 세 개를 더 작은 상자들에 나누어 포장해서 게토와 인접한 건물의 지하실에 있는 공장 창살을 통해 보내야 했다. 블라드카는 그녀와 뇌물을 받은 경비원—이 경비원은 300즈워티와 보드카 한 병을 뇌물로 받았다—이 다이너마이트를 보내기 위해 어둠 속에서 미친 듯이 일했을 때, "경비원이 마치 사시나무처럼 떨었다"라고 회상했다. 그는 땀에 흠뻑 젖은 채로 일을 끝내고는 "다음엔 절대 이런 일 안 할 거야"라고 중얼거렸다. 블라드카가 자리를 떠나자, 그는 그녀에게 상자 안에 무엇이 들어 있는지 물었다. 그녀는 바닥에 엎질러진 다이너마이트를 조심스럽게 모으면서, "분말 페인트"라고 대답했다.

하브카 폴만Havka Folman[19]과 테마 슈나이더만은 수류탄을 생리대와 속옷에 숨겨서 바르샤바 게토에 들여왔다.[20] 승객이 많이 붐비는 전차를 타고 도시를 가로질러 가다가 빈자리가 생기자, 한 폴란드인이 기사도 정신을 발휘하며 테마에게 그 자리에 앉으라고 말했다. 그러나 만약 자리에 앉으면 자칫 속옷에 숨긴 수류탄이 폭발할 수 있었다. 그래서 소녀들은 재치 있게 수다를 떨며 그곳을 빠져나갔는데, 그들의 큰 웃음은 엄청난 두려움을 감추고 있었다.

비아위스토크의 연락책 차시아 비엘리츠카는 혼자 일한 것이 아니었다.[21] 18명의 유대인 소녀들이 폴란드 농민들에게 방을 빌리고, 나치의 가정이나 호텔, 레스토랑에서 일하면서 지역 저항군을 무장시키기 위해 협력했다. 차시아가 하녀로 일하는 친위대 대원의 집 수납장에는 새 사냥용 총이 가득했다. 그녀는 주기적으로 총알 몇 개를 꺼내서 코트 주머니에 넣었다. 한번은 친위대원이 화를 내면서 그녀를 수납장 앞으로 불렀다. 순간 그녀는 이제 꼼짝없이 잡혔다고 확신했는데, 그는 총기구가 제대로 정리되지 않았다며 화를 냈다. 연락책 소녀들은 그들이 머물고 있던 방의 바닥 아래에 탄약을 숨겨두었으며, 게토 장벽에 붙어 있던, 구덩이를 파서 만든 공중 화장실의 창문을 통해 기관총 탄환을 게토에 전달했다. 비아위스토크 게토가 소개되고 청년들이 봉기를 일으킨 후, 연락책의 연결 고리는 계속해서 모든 파르티잔들에게 정보와 무기를 공급해 그들이 게슈타포 무기고를 습격할 수 있도록 도왔다.

커다란 총들을 숲지대에 있던 레지스탕스 그룹에게 보내기 위해, 소녀들은 총의 부품들을 여러 번에 나눠서 실어 날랐다. 차시아는 대낮에 굴뚝을 닮은 금속 튜브 안에 긴 소총을 숨겨서 운반했다. 그런데 갑자기 그녀 앞에 두 명의 경찰이 나타났다. 차시아는 먼저 말을 걸지 않으면 그들이 할 것이라는 사실을 알았기 때문에, 지금이 몇 시인지 물었다.

"네? 벌써 그렇게 되었어요?" 그녀가 외쳤다. "정말 감사합니다. 집에서 걱정하고 있을 거예요." 차시아가 말했듯이 "이렇게 당당하고 자신

있는 척하는 것"이 그녀의 위장 전술이었다. 만약 그녀가 (가짜) 신분증을 받기 위해서 오래 기다려야 했다면, 게슈타포에게도 불평했을 것이다. 한번은 그녀가 게토에 들어가려고 하는데 나치 한 명이 보였다. 그러자 그녀는 아무렇지도 않게 바지를 내려 소변을 보았다. 나치는 그냥 지나갔다. 이와 마찬가지로 폴란드 여성이 유대인 남성에게 의심의 눈길을 준다면, 그는 즉시 바지를 내려서 할례를 받지 않았음을 증명하겠다고 제안하는 것이 차라리 현명했다. 바지를 내릴라 치면 여성들은 대개 깜짝 놀라서 자리를 피할 것이 분명했다.

차시아는 새로운 하루 일자리를 얻었다. 새로운 상사는 독일군에서 건물 감독으로 일하는 독일 민간인이었다. 그녀는 그 독일인이 유대인 노동자들에게 식량을 제공하도록 도왔다는 것을 알고, 어느 날 밤 그에게 자신이 유대인이라고 털어놓았다. 그녀의 룸메이트로, 비아위스토크 봉기를 이끌었으며, 추방을 피해 도피한 차이카 그로스만도 반反나치 독일인을 위해 일했다.[22] 아직 생존해 있던 다섯 명의 소녀 연락책들은 나치에 반대하는 독일인들의 세포조직이 만들어지도록 주도했다. 소련군이 이 지역에 도착했을 때 소녀들은 반나치 독일인 조직을 소련군에게 소개했으며, 지역의 저항 단체들로 구성된 비아위스토크 반파시스트 위원회의 의장을 맡았다. 소녀들은 우호적인 독일인으로부터 넘겨받은 총을 소련군에 넘겨주고, 적군赤軍이 비아위스토크를 점령하는 데 필요한 모든 정보를 제공했으며, 달아나는 추축국 병사들로부터 무기를 수거해서 적군에 전달했다.

게토 봉기 이후 바르샤바에서도 투사들은 방어를 위한 무기가 필요했다. 레니아가 있던 곳과 마찬가지로 다른 수용소와 게토에서 봉기를 일으키기 위해서도 레지스탕스 투사들은 무기가 필요했다. 레아 하머슈타인Leah Hammerstein은 아리아인 구역에 있는 재활병원에서 주방 보조로 일했다.[23] 그녀는 언젠가 영가드 동료로부터 혹시 총을 훔칠 의향이 있느냐는 말을 듣고 깜짝 놀랐다. 그는 다시는 그 말을 꺼내지 않았지만 레아는 그냥 떨쳐버릴 수 없었다. 어느 날 그녀는 텅 비어 있던 독일군 병실을 지나갔다. 그녀는 아무 생각 없이 옷장에 다가갔는데, 권총 한 자루가 거기에 있었다. 마치 그녀를 기다리고 있던 것처럼. 그녀는 그것을 드레스 아래 주머니에 슬쩍 밀어 넣은 다음 욕실로 들어가 문을 걸어 잠갔다. 이제 어떻게 해야 하나? 그녀는 변기에 서서 지붕을 향해 열린 작은 창문을 발견했다. 그녀는 총을 속옷으로 싼 다음에 조용히 욕실을 빠져나왔다. 조금 후에 감자 껍질을 버릴 시간이 되자, 그녀는 옥상으로 올라가 훔친 총을 꺼내서는 병원의 정원으로 내던졌다. 병원 전체에 대한 수색이 진행되었지만, 그녀는 걱정하지 않았다. 아무도 그녀를 의심하지 않을 것이기 때문이다. 근무가 끝나고 교대 시간이 되자, 그녀는 정원의 잡초 더미 속에서 총을 꺼내 집으로 가져갔다.

✳

바르샤바 공동묘지에서 레니아는 신발 속에 숨겨두었던 현금을 꺼냈다.[24] 그녀와 이나는 그 돈으로 총을 구입한 다음에, 튼튼한 천으로 만든 벨트를 사용해서 그녀의 작은 몸에 묶어 맸다. 수류탄, 화염병 등 나머지 물품은 이중 바닥, 즉 비밀 칸막이가 있는 가방에 넣었다.

하지만 바르샤바에서 벵진으로 돌아가는 여행은 바르샤바로 가는 것보다 더 위험했다. 차창 밖으로 나무가 휙휙 지나가는 것을 보며 남쪽으로 가는 기차 안에서 그들은 더 자주, 더 철저하게 기습적인 수색을 당했다. 레니아는 한 장교가 내용물을 확인하기 위해 작은 가방들을 일일이 주물럭거리며 살필 때, 떨지 않기 위해 필사적으로 노력했다. 다른 경찰은 음식 꾸러미를 휘저으면서 조사했다. 세 번째 경찰은 무기를 찾고 있었다. 레니아는 이렇게 회상했다. "연락책이나 그들을 기다리는 동지들은 모두 엄청난 돈과 힘 그리고 신경을 소모해야 했다. 만약 연락책이 정해진 시간에 돌아오지 않으면 동지들은 미쳐갔다. 시간이 지연되는 동안 도대체 무슨 일이 일어났는지 누가 알 수 있었을까?"[25]

경찰들이 그녀 앞에 왔을 때 그녀는 식품 밀수업자인 척했다. "겨우 감자 몇 개예요, 경찰관님."

경찰은 감자 몇 개를 꺼내 보더니 통과시켜주었다.[26]

여행 내내 레니아와 이나는 매 순간 만일의 사태에 대비해야 했다. 그들은 총에 맞을 준비도 했고, 필요한 경우 달리는 기차에서 뛰어내릴 준비도 되어 있었다. 철저한 수색 도중에는 무엇을 해야 하는지 정확히 알아야 했다. 그리고 체포되면 어떻게 해야 하는지도 알아야 했다. 물론 그들은 유대인으로서 결코 잡히지 않는 방법을 알아야 했다. 그들은 절대 불행한 표정을 지으면 안 되었고, 나치가 그들을 주시할 때 오직 미소로 반응해야 했다. 그들은 심지어 혹독한 고문을 받아도 아무 말도 해서는 안 되고, 한 조각의 정보도 공개할 수 없다는 것을 알아야 했다. 일부 연락책들은 견딜 수 없는 심문을 받을 경우를 대비해서 청산가리를 지니고 다녔다. 실을 잡아당기면 종이봉지에 싸서 코트 안감 주머니에 부분적으로 꿰매어놓은 청산가리 가루가 손에 잡히게 되어 있었다.[27]

하지만 레니아에겐 그런 최후의 탈출구가 없었다. 그녀는 열차에서 매 순간 이렇게 되뇌었다. "너는 행동거지를 강하게 해야 해. 흔들리지 말아야 해." 빠른 속도로 숲을 통과하고 있는 열차에서, 검문을 통과하면서,

총을 자신의 몸에 테이프로 붙인 채, 입가에는 미소를 지으면서 반복한 말이 있었다. "너는 강철과 같은 의지를 가져야 해."[28] 그녀가 지금까지 체득한 교훈이었다.

이것은 그녀가 꿈꾸었던 속기사의 삶은 아니었다.

18   교수대

레니아

1943년 6월[1]

다시 벵진으로.[2] 이른 아침에 레니아는 멀리서 총소리를 들었다. 그녀는 창문을 통해 하늘이 대낮처럼 환해지는 것을 보았다. 탐조등이 참사 현장을 밝히고 있었다. 경찰과 게슈타포, 군인들이 게토를 포위했다. 사람들이 "벌집에서 쫓겨난 벌들처럼" 셔츠만 입거나 알몸으로 거리를 이리저리 뛰어다녔다.

레니아는 침대에서 뛰어내렸다. 추방 작전이 시작되었다! 그녀가 바르샤바에서 돌아온 지 며칠, 그녀가 가져온 무기를 보고 동료들이 환호한 지 며칠, 그녀가 무사히 돌아온 것에 대한 안도감에 사라가 거의 기절할 뻔한 지 불과 며칠 만이었다. 벌써 이런 사태가 닥치다니.

하지만 그들은 준비되어 있었다.

새벽 4시였다. 프룸카와 헤어셸은 모두에게 벙커로 이동하라고 명령했다. 거의 모든 사람이 이동했다. 의심을 피하기 위해 특별통행증이 있는 몇몇은 방에 남아 있었다. 만약에 나치가 건물이 텅 비어 있는 것을 발견하면 그들은 샅샅이 수색했을 것이고, 그러다 벙커를 발견하면 모두 살해될 것이었다. 그렇기 때문에 평소와 다름없는 모습을 보이는 것이

낫다고 판단한 것이다.

생각할 시간이 없었다. 어떤 야심찬 계획을 실행할 시간도 없었다.[3] 아홉 명이 그들의 방에 머물렀다. 레니아를 포함한 나머지는 난로 뚜껑을 들어올리고 그곳을 통해 기어갔다. 한 명, 한 명, 그들은 미리 준비해놓은 은신처로 들어갔다. 위에 남아 있던 동료 중 한 명이 난로 뚜껑을 다시 덮고 고정시켰다.

레니아는 자리에 앉았다.

한 시간 후 군화 소리가 쿵쿵 들렸다. 곧이어 독일인들의 목소리와 욕설, 옷장을 여닫는 소리, 가구 뒤집는 소리, 방들이 산산이 해체되는 소리. 독일인들은 그들을 찾고 있었다.

레니아와 그녀의 동료들은 미동도 하지 않았고, 숨조차 제대로 쉬지 못했다.

그리고 적막.

마침내 나치는 떠났다.

그러나 대원들은 꼼짝도 하지 않은 채 몇 시간 동안이나 더 앉아 있었다. 거의 30명이나 되는 사람들이 작은 벙커 안을 꽉 채운 채였다. 벽의 작은 틈에서 공기가 스며 들어왔다. 파리가 조용하게 윙윙거리는 소리 외엔 절대적인 고요. 참을 수 없는 더위가 시작되었다. 그리고 악취. 사람들은 손 부채질을 하며 서로에게 공기를 보내서 친구들이 기절하지 않게 하려고 애썼다. 갑자기 치포라 마르더Tziporah Marder가 쓰러졌다. 다행스럽게도 일행은 물과 스멜링 솔트를 비축해놓아서 이를 이용해 그녀를 회복시키려 했지만, 그 젊은 여성은 완전히 땀에 젖은 채 미동도 하지 않았다. 이런 경우 그들은 어떻게 하기로 했나? 그들 자신도 거의 숨을 쉴 수 없는 상황이었다. 그들은 마침내 그녀가 약간 움직일 때까지 조금씩 온몸을 꼬집었다. 산소 부족은 몹시 견디기 힘들었다. 레니아는 "너무 목이 말라서 다들 입이 타들어갔다"라고 회상했다.

오전 11시. 아무도 다시 돌아오지 않았다. 좁은 벙커에서 일곱 시간. 과연 얼마나 더 버틸 수 있을까? 그들은 30분을 더 앉아 있었다. 그때 멀리서 한 줄기 목소리가 들려왔다. 마치 무덤에서 나올 것 같은 소리였다. 끔찍한 외침과 비명의 코러스. 레니아는 그들이 있는 벙커 위에서 부들부들 떨며 몸부림치는 소리를 들었다.

벙커에 숨어 있던 일행은 동료가 난로 뚜껑을 들어 올려주길 기다렸다. 프룸카가 "그들이 아직 거기에 있는지 누가 아나요?"라고 물었다. 그녀의 희망은 쪼그라들고 있었다. 아무도 오지 않았다.

그러다 마침내, 발자국 소리가 들리더니 문이 열렸다.

아티드에서 고아들을 돌보았던 막스 피셔Max Fischer 동지[4]와 어린 일자 한스도르프Ilza Hansdorf가 돌아온 것이었다.[5] 작은 사고 덕분에 그들만 추방을 피할 수 있었다. 레니아의 목에서 울부짖음이 터져 나왔다. 최고 대원들 가운데 일곱 명. 그들 모두 추방되었다!

레니아가 정신을 차리고 동지들이 전하는 말을 듣기까지는 엄청난 노력이 필요했다. 게토에서 추방된 사람들은 밧줄로 만들어진 울타리를 통해 유대인 민병대가 경비하는 공터로 끌려갔다. 유대인들은 한 줄로 길게 세워졌다. 독일인들은 노동허가증은 들여다보지도 않았고 젊은이와 노인을 구별하지도 않았다. 한 게슈타포 대원이 막대기를 가지고 돌아다니며 누구는 오른쪽, 다른 누구는 왼쪽 줄에 세웠다. 어느 줄이 학살자들에게 보내질지, 어느 줄이 살아남는 쪽일지 알 수 없었다. 마침내 오른쪽 줄에 선 사람들은 기차역으로 끌려갔다. 나머지는 집으로 돌려보내졌다. 왼쪽이든 오른쪽이든 게슈타포 대원이 휘두른 지휘봉의 작은 물결에 따라 각 유대인의 운명이 결정되었다. 생존 아니면 죽음으로.

여기서 많은 사람들이 도주를 시도하다 사살되었다.

레니아와 그녀의 동료들은 밖으로 나와 그들의 작은 집 앞에 섰다. 모두 헛된 일이었다. 기차를 향해 이동하는 사람들을 구해내는 것은 불가능했다. 그들 주변에서 사람들은 울부짖으며 경찰서를 뛰어다녔다. 어떤 사람은 어머니를, 다른 사람은 아버지, 남편, 아들, 딸, 형제, 자매를 찾아 헤매고 있었다. "그들은 남아 있는 모든 사람에게서 한 명씩 강제로 떼어갔어요."

사람들은 거의 실신한 채 거리에 있었다. 거의 미쳐버린 한 어머니는 추방자 그룹에 합류하기를 원했다. 나치가 두 아들을 끌고 갔기 때문이다. 다섯 명의 아이들이 울면서 돌아왔다. 나치가 그 아이들의 아버지와 어머니를 데려갔다. 이제 그들은 갈 곳이 없었다. 나이가 제일 많은 아이가 열다섯 살이었다. 유대인 평의회 부위원장의 딸은 땅에 주저앉아 옷을 찢었다. 그들은 그녀의 아버지와 어머니, 형제를 끌고 갔다. 이제 그녀는 혼자였다. 그녀는 왜 살아야 할까? 처절한 울음과 절망이 가득했다. 모두 소용이 없었다. 빼앗긴 사람들은 결코 돌아오지 않을 것이다.

헤어셸 슈프링어도 거기 포함되었다. 사람들을 돕고 구해주면서 밤낮을 지새웠던, 그래서 모든 유대인들에게 사랑받고 공동체에서 존경받던 헤어셸. 사람들은 마치 자신의 아버지를 위해 우는 것처럼 그를 생각하며 통곡했다. 레니아도 마찬가지였다.

거리에는 유독한 덤덤탄에 의해 신체가 훼손되어 극심한 고통에 의식을 잃고 몸부림치는 사람들이 널려 있었다. 친척들이 그들을 밖으로 데리고 나왔지만, 그들의 고통을 덜어주기 위해 할 수 있는 일은 아무것도 없어서 그냥 거리에 나뒹굴게 내버려둘 수밖에 없었다. 지나가는 행인들이 그들의 몸을 밟고 갔다. 아무도 그들을 살려보려고 하지 않았고, 도와주는 사람도 없었다. 각자 자신의 고통이 최악이라고 생각했다. 총알이 박힌 시체는 마차에 실렸다. 들판의 곡식들은 옥수수 대 사이에 숨어 있던 사람들에 의해 짓밟혔다. 여기저기 썩어가는 시체들이 널려 있었다. 레니아는 주위에서 죽어가는 사람들의 신음 소리를 들을 수 있었다.

레니아뿐만 아니라 그 누구도 이런 장면을 지켜보는 것은 견디기 힘들었다. 일행은 집으로 돌아왔다. 침대가 뒤집어져 있었다. 구석구석에 사람들이 바닥에 쓰러져 통곡했다. 아티드의 아이들을 위로해줄 길이 없었고, 레니아도 그들의 흐느낌을 진정시킬 수 없었다.

프룸카는 자기 머리를 쥐어뜯다가 벽에 머리를 박았다. 그리고 소리쳤다. "내가 죄인이에요." "내가 왜 그들에게 방에 그대로 있으라고 했을까요? 내가 그들을 죽였어요, 내가 그들을 죽음으로 보냈어요." 레니아는 다시 한번 그녀를 진정시키려고 애썼다.

몇 분 후 동료들은 프룸카가 옆방에서 자신에게 칼을 겨누고 있는 것을 발견했다.[6] 그녀가 "내가 살인자예요!"라고 외칠 때, 동료들이 그녀의 손에서 칼을 빼앗았다.

총소리는 그치지 않았다. 추방될 유대인 집단은 역에 서 있었고, 무장한 군인들이 이들을 감시하고 있었다. 몇몇 사람들은 도망치기 위해 도로와 그들을 분리하고 있던 철조망을 뛰어넘으려 했다. 장벽 건너편에 있던 폴란드인과 독일인들은 만족스러운 듯이 구경만 했다. 레니아는 어떤 사람이 "유대인이 아직도 남아 있는 것은 수치스러운 일이에요. 하지만 그들도 곧 끝을 맞이하게 될 겁니다"라고 말하는 것을 들었다. "그들은 한꺼번에 모든 유대인을 보낼 수는 없었어요." 그 말에 다른 사람들은 "히틀러가 지금 누구를 죽이려고 하든지 간에, 나머지는 우리가 전쟁 후에 죽일 겁니다"라고 대답했다.

기차가 도착했다. 나치는 사람들을 가축용 화물차에 꽉꽉 밀어 넣었다. 공간이 충분하지 않았다. 남겨진 유대인들은 한때 고아원이나 요양원으로 사용되었던 큰 건물로 밀려 들어갔다.

레니아는 열차가 아우슈비츠로 떠나는 것을 지켜보았다.

열차에 실린 유대인들은 그날이 끝날 무렵에 모두 죽을 것이다.

건물에 갇힌 나머지 유대인들은 4층 창문을 내다보며 미친 듯이 구세주를 찾았다. 건물은 게슈타포가 포위하고 있었다. 민병대원들은 혹시라도 자신의 가족이나 친구들을 도울 수 있을지 고민하면서 주변에서 서성거렸다. 결국 로스너 공장의 전문 인력들은 풀려났다. 로스너는 자신이 살아 있는 한, 자기 공장의 직원들이 끌려가도록 내버려두지 않을 것이라고 말했다. 하지만 게슈타포는 지금 끌려가든 나중에 끌려가든 별 차이가 없다는 것을 알고 있었다. 조만간 유대인은 모두 살해될 것이기 때문이었다.

남겨진 유대인들은 이튿날 아침에 노동수용소로 보내질 예정이었다. 나치는 이송될 유대인 총량인 천 명을 채우기 위해 이날 수백 명의 유대인이 더 필요했다. 훗날 레니아의 기록에 따르면 "우리는 몇 차례에 걸쳐서 유대인을 보내는 것이 왜 그렇게 중요했는지를 이해할 수 없었다. 우린 그것이 그들이 죽일 수 있는 최소한의 숫자라고 농담했다." 이 야만의 현장에서조차, 기분 나쁜 유머가 유대인들로 하여금 두려움을 분산시키고, 죽음의 중요성을 부인하며 자신의 목숨에 대한 통제권을 어느 정도 갖고 있다고 느끼게 해주었다.[7]

몇 시간 후 게슈타포는 작업장 중 한곳을 한바탕 뒤집어놓으면서 남은 숫자를 채웠다. 이렇게 해서 나치는 이틀 만에 벵진에서 8천 명을 죽음의 길로 보냈다.[8] 이미 사살되었거나 슬픔과 두려움으로 목숨을 끊은 사람들을 제외하고 말이다.

✳

헤어셸이 떠나자 프룸카는 더 이상 키부츠를 운영할 수 없었다. 미래에 대한 어떤 걱정이나 계획도 견딜 수 없었다. 프리덤이 무너지기 시작했다. 아무도 일하러 나가고 싶은 의욕이 없었다. 레니아는 스스로에게 물었다. "추방이 닥쳤을 때 과연 우리 중에 누가 일하고 싶은 마음을 가질 수 있을까?" 동지들은 그들이 모두 몰살당하는 것은 시간문제이며, 시간이 얼마 남지 않았다는 것을 알고 있었다. 그들은 각자 게토를 떠나 흩어져서 각자의 목적지로 도피하는 것에 대해 생각하기 시작했다.

유대인 평의회 지도자들은 유대인 사회에 "긍정적인 이야기"를 담은 서신을 보냈다. 일하라, 오직 일하는 것만이 남아 있는 유대인들의 생명을 구할 것이다. 유대인 일부는 일상을 찾아 노동 현장으로 돌아갔다. 물론 그들의 발걸음은 무거웠다.

벵진 소개 며칠 후, 작은 기적이 일어났다. 한 민병대원이 쪽지를 전달했다. 레니아는 자신의 눈을 의심했다. 헤어셸의 필체였다. 이거 진짜야?

레니아, 알리자 치텐펠트, 막스 피셔는 그 민병대원을 따라 작업장으로 돌아갔다. 길마다 지나는 행인을 멈춰 세우는 게슈타포로 깔려 있었다. 그들은 심하게 피를 흘리고 귀가 찢어지고 뺨이 부서진 한 민병대원을 지나쳤다. 그의 흰 제복은 붉게 물들었고, 얼굴은 창백했다. 한 게슈타포가 재미 삼아 그에게 총을 쏘았다.

민병대원은 레니아 일행을 호위해서 건물 최상층, 어수선하게 늘어져 있는 작은 복도로 데려갔다. 그는 물건 더미를 치웠다. 그 사이에, 마치 둥지 안의 새처럼 헤어셸이 있었다.

레니아는 바로 그에게 달려갔다. 그는 너무 심하게 구타를 당해서 거의 알아볼 수 없는 지경이었다. 얼굴은 긁혀 있었고, 발은 상처를 입은 상태였다. 그러나 그는 웃으며 그들을 아버지처럼 껴안았다. 가라앉은 뺨에 눈물이 흘러내렸다. 그는 아주 위험한 일은 일어나지 않았다고 말하면서 그들을 안심시켰다. 그의 다리가 부러졌을 수도 있지만, "가장 중요한 일은 내가 아직 살아 있고, 너희들을 다시 만났다는 거야. 아무것도 잃은 것이 없어." 그는 주머니에 있는 내용물을 그들에게 보여준 다음, 자신이 겪은 이야기를 들려주었다.

"그들은 우리를 기차에 밀어 넣었어. (…) 우리는 모두 구타당했고. (…) 나는 탈출할 방법을 고민했지. 내가 주머니칼과 끈을 가지고 있었잖아. 쉽지는 않았지만 그걸 사용해서 창문 끝을 들어올려 열 수 있었지. 열차엔 사람이 너무 많아서 아무도 눈치채지 못했어. 그런데 내가 뛰어내리려고 하자 사람들이 내 팔다리를 잡고 이렇게 말하는 거야. '뭐 하는 짓이요? 당신 때문에 그들은 소를 도살하는 것처럼 우리를 죽일 것이오.'"

"기차는 계속 움직였지. 요엘과 구테크는 면도칼을 꺼내서 자살하려고 했어. 나는 그들을 말리면서 사람들의 주의가 산만해질 때까지 기다리라고 말했어. 그때가 되면 우리는 뛰어내릴 거라고. 그러던 중 갑자기 그 기회가 왔고, 나는 더 생각할 겨를도 없이 뛰어내렸지. 다른 사람들도 나를 따라 뛰어내렸고. (…) 나는 아우슈비츠에서 죽임을 당하느니 이런 식으로 죽기로 선택했던 거야. 뒤에서 기차가 지나가는 길을 경비하고 있던 독일군의 총성이 들렸어. 나는 구덩이에 몸을 던졌고 기차는 계속 움직였어. 멀리서 나는 사람들이 길에 쓰러져 있는 것을 보았어. (…) 아마도 기차에서 뛰어내렸다가 사살된 것 같았어. 내가 숨은 곳에서 멀지 않은 들판에 한 폴란드 여성이 일하고 있었는데, 그녀는 나를 보더니 철로에서 멀리 떨어진 들판으로 나를 끌고 갔어.

난 다리가 심하게 멍이 들어서 더는 걸을 수 없었지. 그녀는 내게 아우슈비츠 수용소가 근처에 있으며, 기차에서 뛰어내린 건 잘한 거라고, 기차에 있는 유대인들은 모두 죽음으로 끌려가고 있다고 말했어. 그녀는 내게 집에서 가져온 음식을 주었고, 내 재킷을 찢어서 내 발을 싸매주더니, 어서 떠나라고 말했지. 만약 마을 농부들이 나를 보기라도 하면, 나를 독일인들에게 넘길 거라며. 그러다가 밤이 되었지. 나는 네 발(두 손과 두 발)로 일어섰고, 그녀가 가리키는 방향으로 기어갔지. 낮엔 들판에 누워서 당근과 사탕무, 그리고 이런저런 풀을 먹었어. 그러고는 일주일을 기어서 여기 도착한 거야."

그날 밤 레니아는 친절한 민병대원의 도움으로(레니아도 일부 민병대원은 친절했다고 인정했다), 헤어셸을 키부츠로 데려왔다. 그는 게슈타포를 피하기 위해 영구적으로 벙커로 이동해야 했을 것이다. 일반인들은 믿을 수 없었다. 그들의 아버지가 죽음에서 돌아왔다. 이제 인생은 어떻게든 괜찮을 것 같았다.

하지만 그들은 이런 기쁨이 일시적이라는 것을 알고 있었다. 유대인 평의회는 키부츠의 활동을 알아차리고 의심의 눈길을 보내기 시작했다. 카미온카 게토에는 주인들이 모두 살해당해서 완전히 텅 비어 있는 아파트들이 많았다. 그래서 프리덤 그룹은 열 명으로 구성된 세 그룹으로 나뉘어서 각각 게토의 다른 지역에 주거지를 마련했다. 그러나 그들은 여전히 공동생활을 유지했다. "우리는 모두 한 가족입니다." 이것은 언제나 그들을 인도해준 만트라[유대인들이 기도하거나 명상할 때 외는 주문]였다.

19   숲속으로 간 프리덤-파르티잔

레니아, 파예, 비트카, 루츠카, 젤다

1943년 6월

금발에 파란 눈을 가진 마레크 폴만이 최근 일어난 봉기와 자신이 거둔 성공에서 힘을 얻은 채 바르샤바에서 벵진으로 돌아온 것은 1943년 늦은 봄이었다.[1] 몇 달 전 폴란드인으로 위장한 마레크와 그의 남동생은 폴란드 중부에서 활동하던 폴란드 파르티잔 그룹에 합류했었다. 그때 그들은 독일군 막사를 공격하고 군용 열차 아래에 지뢰를 설치했으며 정부 건물을 불태우기도 했다. 그런데 마레크의 남동생은 말다툼 끝에 죽임을 당했다. 비극이었다. 하지만 그는 레지스탕스 투사로 살해당한 것이다. 레니아는 마레크의 이야기에 귀 기울였다. 단어 하나하나가 모두 기적이었다.

이제 마레크에게는 계획이 있었다. 그가 속했던 파르티잔 그룹은 유대인을 받아들이기를 거부했지만, 소차라는 폴란드 장교와는 계속 연락을 취하고 있었는데, 그는 자그웽비에의 유대인들이 마레크 그룹을 포함한 지역 투쟁 단체와 접촉하는 것을 기꺼이 도운 인물이었다. 소차는 벵진에서 가족과 살고 있었다.

키부츠 전체가 그의 계획에 흥분했다. 무엇보다 그들의 철학은 게토에서 유대인으로서 싸우는 것이었다. 그러나 나치의 게토 청산 작전이 날로 과격해지고 효과적인 봉기가 일어날 기회가 줄어들면서 동지들은 선택의 여지가 없었다. 폴란드 파르티잔에 합류하는 것은 투쟁을 위해 남아 있는 한 가지 방법이자 절호의 기회였다. 그들은 여러 파견 부대에 연락을 시도했지만 성공하지 못했다.

유대인을 기꺼이 돕고자 했던 이 폴란드 남자는 과연 누구였나? 마레크와 즈비 브란데스는 당시 그들이 처한 상황을 정확하게 평가해야 했다. 그들은 소차의 단출한 아파트로 갔다. 밥을 달라고 우는 아기들, 전형적인 농민 아내, 노동계급의 가족이었다. 소차는 소년들에게 긍정적인 인상을 남겼다.

마레크와 즈비는 말했다. 좋습니다. 우리는 당신과 함께 갈 것입니다.

ZOB는 각 운동 단체에서 몇 명씩 대원을 파견하기로 결정했다. 모두 소년이었다. 몇몇은 권총을 지급받았다. 그들은 게토를 탈출한 후 옷에 부착된 다윗별을 떼고 약속 장소에서 소차를 만난 다음, 그를 따라 숲 지대로 가야 했다. 그들은 숲에 도착하면 집에 편지를 쓰라는 요청을 받았다.

긴 한 주간이 지난 후, 동지들은 소차가 마을로 돌아왔다는 소식을 들었다. 키부츠는 그에게 키부츠의 주소를 알려주고 싶지 않기 때문에, 마레크가 걱정스러운 마음을 안고 그의 아파트로 갔다.

소차는 좋은 소식을 갖고 왔다. 파견한 동지들은 숲에 안전하게 도착했으며 파르티잔들에게 환영받았다고 한다. 그들은 바로 그날 독일인들과 싸우러 나갔다. 소차는 그들이 너무 흥분해 있었기 때문에 편지 쓰는 것을 잊었다고 사과했다.

드디어 복수다! 한층 사기가 오른 ZOB는 두 번째 그룹을 파견할 준비에 착수했다. 전체가 추방될 상황이 임박했기 때문에 누구나 이 그룹에 포함되기를 간청했다. 레니아는 무언가 하고 싶으면 행동에 나서라고, 투쟁하라고 간곡히 말했다.

그들은 파견될 대원 명단을 낭독했다.[2] 영가드에서 차이카 클링어의 남자친구이자 리더인 다비드 코즐로프스키, 그리고 차이카가 새로운 전시 소녀의 상징으로 묘사했던 헬라 카센골드Hela Kacengold 두 사람이 선발되었다. "축이 높은 부츠와 승마 바지를 입은 채 총을 들면 헬라가 여자라는 것을 알아보기 어려웠다."[3] 프리덤에서는 치포라 마르더와 다섯 명의 남자, 아티드가 돌보던 고아 소년 한 명이 선발되었다. 그들은 떠나는 사람들에게 숲에 도착하면 편지를 써야 하며, 다음 파견 그룹을 어떻게 준비해야 하는지 알려달라고 다시 한번 당부했다. 남아 있는 동지들은 한편 부럽지만 희망에 차서, 새 그룹이 총알이 들어 있는 성냥갑을 꾸리는 모습을 지켜보았다. 그리고 모두 축하하는 마음으로 보드카를 마셨다.[4]

하지만 레니아는 자신의 이름이 불리지 않자 절망했다. 프룸카와 헤어셸은 ZOB가 총을 구하기 위해 여러 차례 바르샤바에 가야 할 사람으로 그녀가 필요하다고 설명했다. 특히 숲으로 간 투사들이 무기를 모두 가지고 갔기 때문에 더욱 그랬다. 레니아는 그 여정이 모두 완료된 후에라야 파르티잔 투쟁에 가담하도록 허락받을 수 있었다.

레니아는 한숨을 쉬었다. 물론 그녀는 상황을 충분히 이해했다. 하지만 그녀는 투쟁에 참여하기를 얼마나 원하고 있었던가!

✳

파르티잔 여단에 합류하는 것은, 특히 유대인 여성에겐 무척 어려운 일이었다.[5] 사실 많은 형태의 파르티잔 그룹들이 있었고 그들은 나름대로 독자적인 충성도 기준과 철학을 갖고 있었지만, 일반적으로 두 가지 공통점을 갖고 있었다.[6] 첫째, 그들은 유대인을 받아들이지 않았다. 민족주의나 반유대주의 때문에 그런 것은 아니지만, 그들은 단지 유대인들이 싸울 수 있다는 것을 믿지 않았다. 대부분의 유대인들은 아무 무기나 군사훈련도 없이 숲에 도착했으며, 극심한 신체적·정신적 고통에 빠진 채였다. 그래서 유대인은 짐으로 여겨졌다. 둘째, 그들은 여성이 전투 인력이 아니라, 단지 요리나 청소 및 부상자 간호에만 유용하다고 생각했다.

그럼에도 불구하고 약 3만 명의 유대인들이 파르티잔 부대에 등록했다. 그들은 종종 자신의 정체성을 숨기기도 했지만, 유대인임을 밝힌 경우에는 다른 대원들보다 두 배나 더 노력해서 스스로의 가치를 증명해야 했다. 그 가운데 10퍼센트가 여성이었다.[7] 대부분의 유대인 여성들은 동부 지역에서 활동하던 부대에 합류했다. 그들의 탈출은 대개 사전에 계획되었던 것으로, 파르티잔에 합류하는 것이 종종 생존을 위한 유일한 기회였기 때문에 그들은 위험을 감수했다.

그러나 파르티잔 진영에 도착하는 것만도 목숨을 걸어야 하는 일이었다. 유대인으로 발각되어 경찰에 신고가 될 수 있었고, 혹은 나치 정책에 의해 반유대주의가 촉진·확산된 결과 도중에 비유대인 민간인에게 살해될 수도 있었다. 파르티잔은 종종 소속이 불분명한 낙오자들을 사살했는데, 유대인 난민도 예외는 아니었다. 일부 파르티잔 부대는 여성들의 경우 나치 스파이가 아닌지 의심했다. 한 파르티잔 지휘관은 게슈타포가 한 무리의 여성들을 보내서 그들의 음식에 독을 탔다는 얘기를 듣고, 그의 부대에 접근하는 모든 유대인 여성들을 사살하라는 명령을 내렸다.

파르티잔이 활동하는 숲지대에는 도적, 스파이, 나치 협력자, 독일군의 보복이 두려워 레지스탕스에 적대적인 농민 등이 무수히 많았다. 파르티 잔 대원들 스스로도 폭력적일 수 있었다. 많은 여성들이 그들에게 강간 당했다.[8]

　전쟁 전 폴란드에 살던 유대인 대다수는 도시민이었다.[9] 그래서 동물 과 곤충, 수로와 늪, 얼음으로 뒤덮인 겨울과 뜨거운 여름이 있는 숲은 그들에게 육체적·정신적 고통을 주는 완전히 다른 우주였다. 숲에서 여 성들은 아무런 보호 없이 외로운 존재로 내던져졌다. 파르티잔들은 여 성들이 특별한 의료 기술 또는 요리 솜씨가 없거나 혹은 매력적이지 않 으면 대체로 이들을 '창녀'라 부르며 외면했다. 유대인 여성 대부분은 남 성들에게 전적으로 의존하면서 의복이나 신발, 그리고 거처를 얻기 위해 성을 거래했다. 어떤 여성들은 그들을 숲으로 데려온 안내원과 "감사 섹 스"를 하지 않으면 안 된다는 무언의 압박을 느꼈다. 파르티잔 캠프는 때 때로 밤에 습격당했기 때문에 여성들은 밤을 지키는 대원들 근처에서 잠 을 자야 했다. 한 여성 파르티잔 대원이 불평했듯이, "낮에 상대적인 평 화를 얻기 위해서는 밤에 '평화가 없다'는 데에 동의해야 했어요."[10] 이런 상황에서 성-방어의 경제가 발전했다. 남자는 여자를 보호했고, 여자는 그 남자의 소녀가 되었다. 한 유대인 여성은 빨리 "장교 한 명을 붙잡아 라"라는 말을 들었다고 회상했다.[11] 한 여성 파르티잔 대원은 소련군 부대 가 와서 "섹스할 여성들을 데려갔다"라고도 설명했다. 그녀는 이어서 "사 실상 강간에 가까웠다"라고 덧붙였다. 한번은 그녀가 소녀들과 샤워를 하고 있는데, 소련군 지휘관이 들어왔다. 그녀들 중 한 명이 그에게 물 한 양동이를 던지자, 그는 총을 쏘기 시작했다.[12] 결국 한 명 이상의 여성 이 그와 "짝을 이루었다." 이런 식으로 여성들은 다른 남자들의 성적 괴

롭힘을 피할 수 있었다.[13]

숲지대에서 남녀의 은밀한 관계는 여러 차원에서 복잡했다. 일단 엄청난 정신적 충격을 받고 비탄에 빠진 여성들은 바로 얼마 전에 온 가족을 잃은 상태여서, 어떤 연애감정도 느끼지 못했다. 또한 남녀 사이에 사회계층의 차이가 컸다. 전쟁 전에 주로 도시에 살았던 유대인 여성들은 대부분 제대로 된 교육을 받았고, 보통 중산층이 품고 있던 열망을 갖고 있었다. 그러나 비유대인 파르티잔은 대부분 농촌 출신으로 글을 배우지 못한 농민이었다. 엘리트 도시 남자는 숲에선 별로 "쓸모가 없었다." 총을 가진 강한 남자만이 제대로 된 지위를 누렸다.[14] 여성들은 유대인이라는 사실만 숨겨야 했던 것이 아니라, 그들이 갖고 있던 코즈모폴리턴(세계시민주의) 의식, 즉 말하고 존재하는 방식까지 총체적으로 바꿔야 했다.

그럼에도 불구하고 많은 여성들이 파르티잔 지휘관의 "전시 아내"가 되었다. 때로는 진정한 로맨스가 싹텄고 그렇지 않은 경우도 종종 있었다. 낙태가 흔했는데 참호에서 마취 없이 행해졌다. 유대인 물리치료사인 파니 솔로미안 루츠Fanny Solomian Lutz 대위는 핀스크 근처에서 파르티잔 여단의 주치의가 되었는데, 그녀는 숲에서 추출한 약초 사용을 전문으로 했다. 그녀는 퀴닌을 사용해서 여러 차례 낙태 수술을 성공적으로 집행했지만, 수술 도중에 많은 여성이 사망하기도 했다.[15]

대부분의 경우 유대인 파르티잔 여성들은 자신의 정체성을 숨기고 남자들에게 의지했다. 그들은 소지하고 있던 총을 압수당한 후, 남성 투사들을 위해 군화를 만들고 요리하고 빨래를 해야 했는데, 군복 빨래 때문에 피부가 다 벗겨졌다.[16] 여담이지만, 숲에서 요리하는 것도 쉽지 않았다. 여성들은 땔감을 모으고, 물도 길어 와야 했다. 그들은 제한된 자원을 효율적으로 활용하기 위해 창의력을 발휘해야 했다. 부대 본부에서는 여성이 서기, 속기사, 번역 임무를 맡았으며 일부는 의사와 간호사였다.

그러나 일부 유대인 여성은 예외적으로 정보 요원, 정찰병, 보급품 포획자, 무기 운반 요원, 방해 공작원, 도주한 포로 탐색조, 그리고 본격적인 산림 전투병 등으로 활동했다. 지역 농민들은 그들이 등에 무기를 짊어지고 때로는 아이까지 업은 채 나타나면 깜짝 놀랐을 것이다.

파예 슐만은 동부 국경 지방에 있는 레닌시 출신으로 모던-정통파 사진사였다.[17] 그녀는 "유용한 기술"을 가진 덕분에 그녀의 가족을 포함해 1850명의 유대인이 집단학살을 당할 때 살아남았다. 그녀는 나치가 유대인을 괴롭히는 사진을 찍도록 강요받았다. 그러다가 파예는 자신의 종말이 임박했음을 감지하고는 숲으로 도망쳐 와서, 파르티잔 지휘관에게 자신을 합류시켜달라고 벌벌 떨며 간청했다. 지휘관은 그녀가 의사와 관련이 있다고 생각하고 그녀에게 간호사가 되라고 지시했다. 그녀는 약에 대해 아는 것이 하나도 없었지만 이내 초조함을 극복하고 심리적 고통을 통제했다. 그녀는 자신이 돌보는 환자들의 피가 마치 어머니의 피로 보여서 그럴 때마다 가족 모두가 살해당하는 상상에 사로잡히곤 했다. 수의사에게 훈련을 받은 그녀는 나뭇가지로 만든 야외 수술대 위에서 수술을 했다. 그녀는 보드카로 파르티잔 대원의 신경을 마취시킨 후, 이빨로 그들의 손가락뼈를 잘라내기도 했고, 한번은 스스로 자신의 감염된 살을 도려내기도 했다. 누군가 그녀에게 열이 있다는 것을 알아차리면 짐이 되기 전에 죽일 것이기 때문이었다. 파예는 열아홉 살의 나이에 끊임없이 생사를 결정해야 하는 순간을 겪으면서 전적으로 자신만의 세계를 갖게 되었다.

파예는 전투에 참여해서 자신의 마을을 습격하겠다고 주장했다. 복수를 위해서! 그녀는 훗날 이렇게 썼다. "나치는 흙과 모래로 무덤을 덮었지만 며칠이 지나면 시신들이 자리를 잡으면서 땅의 모양이 계속 바뀌었다. 맨 위 부분은 갈라지고 피가 끊임없이 새어 나왔다. 마치 거대한 상처에서 피가 흐르는 것처럼." "시체 구덩이에서 바로 내 가족의 피가 여전히 흘러나오고 있는데, 내가 뒷전에 머물러 있을 수는 없었다."[18] 그녀는 잦은 게릴라 임무를 수행하는 동안 숲에 묻어둔 카메라를 되찾았다. 그 카메라 렌즈와 함께 총은 그녀의 가장 친한 친구가 되었고, 그녀는 전쟁이 자신의 성적 발달을 어떻게 방해했는지 느끼면서 매일 밤 그것들을 연인 대신 끌어안았다. 그녀는 "나는 고통스럽게 젊음을 잃었다"라고 회상했다. 그녀는 춤을 사랑했었지만 춤은 끝났다. "내 가족은 고문과 학대를 받고 살해당했다. 그렇기 때문에 나 자신에게 어떤 재미나 행복도 허락할 수 없었다."[19] 언젠가 잠에서 깨어나 보니 그녀가 접근을 거부했던 한 남자가 그녀의 머리에 총을 겨누고 있었다(그런데 한 친구가 미리 총알을 빼놓았었다). 하지만 대체로 그녀는 자신을 그냥 "소년 중 한 명"처럼 느꼈다. 그들은 각자 군화에서 숟가락을 꺼내서 공동 냄비에 있는 음식을 함께 먹고, 신문지로 만 담배 한 개비를 디저트로 나눠 피우며, 지뢰가 가득한 숲을 트레킹하고, 최고 전사로 인정받는 영예를 얻어서 체포된 스파이 그룹을 칼로 찌르도록 초대받기도 했다(파예는 이러한 살인을 피하기 위해 현장에 일부러 늦게 도착하곤 했다. 그녀는 강철과 같이 용감했지만 결코 피도 눈물도 없는 철면피는 아니었다).

숲에서 생활하는 내내 그녀는 자신이 유대인이라는 것을 숨겼으며, 유월절에 혼자 식사를 할 때는 이런저런 이야기를 꾸며내 둘러댔다. 40년 후에야 파예는 친구로 삼고 싶었던 한 남자가 그녀가 정체성을 숨기고 있는 이른바 비밀 유대인이라는 이유로 그녀를 무시했으며, 그녀와 함께 있으면 의심을 살까 봐 두려워했었다는 사실을 알게 되었다. 같은 레지스탕스 대원 사이에서도 유대인이라는 사실을 숨기는 것은 변함이 없었다.

✳

만약 자신이 유대인이라는 사실을 밝히고 투쟁에 참가하려면, 전적으로 유대인으로 구성된 파르티잔 부대를 택해야 했을 것이다. 유대인으로만 구성된 파르티잔 부대는 대개 동부의 울창한 숲지대에서 유대인 리더들에 의해 설립되었다. 그 부대들은 주로 유대인 난민을 보호해주는 가족 수용소였다(유대인 1200명으로 구성된 유명한 비엘스키 캠프는 모든 유대인을 환영했다). 그들은 사보타주 행위도 감행했다. 이 부대에는 많은 여성들이 포함되어 있었는데, 일부 대원은 다양한 외부 임무에 나가고, 다른 대원들은 무장 경비병으로 활동했다.[20] 한 그룹의 유대인들이 파르티잔 활동에 가담할 준비를 한 채 집단으로 루드니키 숲에 도착했는데, 이들은 빌나 동료들이었다.[21]

아바 코브너는 지하운동 단체들의 회동을 주도했는데, 그 모임에서 그는 "우리는 순한 양처럼 도살장에 끌려가지 않을 것이다"라는 슬로건을 만들어냈다. 그 회동 이후 빌나에서 활동하던 다양한 유대인 단체들은 신속하고 열정적으로 집결해서 FPO('파르티잔 조직 연합'을 뜻하는 이디시어 약자)를 결성했다. 수많은 여성들이 연락책, 조직책, 사보타주 대원으로 활동했으며, 그들 가운데에는 영가드 동료인 루츠카 코르차크와 비트카 켐프너도 있었다.

1939년 히틀러가 폴란드를 침공했을 때, 몸집이 작은 루츠카 코르차크는 도망친 유대인들에 의해 만들어진 지하 철로를 따라 480킬로미터를 여행해서 빌나로 갔다.

그곳에서 그녀는 천 명의 10대들을 수용하게 된 옛 구빈원 건물로 갔다. 그들은 갑자기 리투아니아가 통치하게 된 그곳에서—아직은 가능했던—알리야, 즉 팔레스타인 이주를 기다리고 있는 시온주의자 난민들이었다. 가족, 학교, 갈등, 미래의 꿈 등 루츠카의 옛 삶에서 어떤 것도 이제 중요하지 않았다. 뛰어난 경청 능력과 갈등 해결 능력 덕분에 그녀는 신속하게 리더가 되었다.

어느 날 아침, 루츠카가 사회주의 시오니즘에 대한 두꺼운 책을 읽고 있을 때, 긴 속눈썹에 폴란드어를 완벽하게 구사하는 활기 넘치는 한 소녀가 다가왔다.[22]

"그렇게 심각한 책을 왜 읽으세요?" 소녀가 투덜거리는 말투로 물었다.

루츠카가 대답했다. "세상은 심각한 곳이에요." 루츠카의 고향에는 유대인이 거의 없었고, 그녀가 다니던 공립학교 교사가 반유대주의 발언을 했을 때 루츠카는 자신의 책상을 복도로 옮겨버리고는 다시 들여놓지 않았다. 그녀는 자유시간을 도서관에서 보내는 수줍음 많은 아웃사이더였다.

"세상은 그렇게 심각하지 않은 것 같아요." 어린 소녀 비트카가 대답했다. 그러면서 "설령 그렇다고 해도 심각한 책을 읽지 않아야 할 이유가 더 많아요"라고 말했다. 그녀가 가장 좋아하는 책은 《몬테크리스토 백작》이었다.

비트카는 나치가 모든 유대인을 감금했던 유대인 회당의 화장실 창문을 통해 작은 마을을 탈출한 후 빌나에 왔다. 유대인 학교의 최우수 학생이었던 비트카는 베타르 조직에 합류해 '준군사' 훈련을 받은 최초의 여성이었다. 그녀는 자신을 폴란드 애국자로 여겼다. 그녀는 영가드에 정착하기 전에 다양한 청소년 조직을 거쳤지만, 결코 도그마를 신봉하는 사람은 아니었다.

루츠카와 비트카는 금세 친구가 되었다. 루츠카는 성실하고 겸손했던 반면, 비트카는 모든 것을 잃었음에도 불구하고 바보 같은 정도의 확고함을 가지고 있었다. 어느 날 그들은 한 서투른 영가드 리더가 청소년들을 관찰하는 것을 보았다. 그는 모자를 눈까지 푹 눌러쓰고 있었다. 모두 그가 매력적이라고 생각했다. 그러나 비트카는 그가 좀 이상하다고 생각했다. 그런데 감히 그에게 접근하는 사람은 아무도 없었다. 훗날 비트카는 이렇게 말했다. "왜 아무도 그에게 말을 걸지 않는지 궁금했다. '뭐야, 그렇게 무서운 사람인가?'" 그녀는 그에게 다가가 인사했다.[23] 그는 아바 코브너였다.

비트카는 빌나가 러시아인에게 점령되었을 때 도망쳤지만, 나치가 점령하자 돌아왔다. 어차피 어디나 독일군이 점령했다면, 그녀는 루츠카와 함께 있고 싶었다. 언젠가 비트카는 지나가는 차에 한 나치와 함께 타게 되었는데, 그에게 자신이 유대인이라고 말하자 그는 겁에 질려 달아나 버렸다. 화물 열차를 타고 빌나에 도착한 그녀는 노란 별을 달지 않은 채 대담하게 인도를 걸어갔다. 루츠카는 그녀를 보고 충격을 받았다. "너 지금 제정신이야? 죽으려고 작심했어?"[24] 그들은 게토로 이동해서 한 침대를 사용하며 생활했으며, 한때는 장교의 아내인 척해서 다른 독일군 병사들로부터 난폭한 행동을 당하지 않을 수 있었다.[25] 영가드는 비트카를 아리아인 구역으로 보냈다. 루츠카는 그녀를 위해 머리를 염색했는데 너무 빨간색이 되어버려서, 그들은 유대인 이발사에게 돈을 주고 다시 과산화수소로 탈색해야 했다.[26] 루츠카에 따르면 "아무리 머리카락 색을 바꿔도 약간 긴 유대인 코와 특히 유대인의 표정이 담긴 눈은 숨길 수 없었다."[27] 그럼에도 불구하고 비트카는 자신감을 갖고 폴란드인을 속일 준비가 되어 있었다. 그녀의 관찰에 따르면, 독일인을 속이는 것은 쉬운 일이었다. "독일인은 그들이 들은 것을 그대로 믿어요."[28] 한번은 유대인의 별을 착용하고 나오는 것을 깜빡 잊었는데, 그녀는 별 대신에 거리에서 주운 노란 잎사귀를 붙이고 다녔다.[29]

1941년 12월 비트카는 수녀복을 입고 수녀원에 숨어 있던 아바를 구하는 임무를 맡았다. 그녀는 아바를 게토로 데려와서 함께 포나리 학살에서 살아남은 소녀 사라를 만났다. 그는 그녀의 이야기를 듣고, 이제 유일한 탈출구는 무장봉기라는 사실을 깨달았다. 그래서 아바는 유명한 신년 모임을 소집하고 FPO를 주도했으며, 두 소녀와 함께 이동했다. 그들은 한 침대를 사용했다. 아바는 투사들에게 "나는 가운데서 잘게"라고 말했다.[30] 세 사람은 팔짱을 끼고 게토를 걸어 다녀서 삼각관계에 대한 소문이 퍼졌다(전설에 따르면 한 학생이 비트카에게 왜 레지스탕스에 참가했는지 묻자 그녀는 즉시 "섹스를 위해서!"라고 대답했다고 한다).[31]

비트카와 루츠카의 적극적인 활약 덕분에 FPO는 총과 돌, 황산 병을 많이 모았다. 이 그룹은 《탈무드》를 두껍게 쌓아올려 만든 "방탄용" 벽으로 지휘본부를 둘러싸고, 저항을 호소하는 통지문을 돌리고, 봉기 계획을 세웠다.

그런 다음 아바는 비트카에게 획기적인 임무를 부여했다. 이는 그녀에 대한 사랑 고백이기도 했다.[32] 그녀의 임무는 독일군과 보급품을 실은 독일 열차를 폭파하는 것이었다.[33] 2주 동안 그녀는 매일 밤 게토를 떠나 폭탄을 설치하기 좋은 장소를 찾아다녔다. 좋은 장소란 폭발로 인해 유대인들이 다치거나, 이 사건으로 인해 유대인들이 비난받고 처벌받지 않을 만큼 유대인 거주지에서 멀리 떨어진 곳, 그러면서도 숲과 가까워서 사보타주를 감행한 대원들이 숨을 수 있어야 하고, 동시에 게토와도 니무 멀지 않아서 그녀가 탈출해 제때 게토에 돌아올 수 있는 거리에 있어야 했다. 그녀는 열차가 지나는 길에 관한 세부 사항을 낱낱이 적으면서 면밀히 검토했다. 작전은 칠흑같이 어두운 밤에 실행되어야 하기 때문이다. 열차가 지나가는 길은 독일군에 의해 통제되었으며, 민간인에게는 폐쇄되어 있었다. 비트카는 여러 차례 검문을 받았다. 그녀는 거짓말을 했다. "저는 그저 집에 가는 길을 찾고 있어요. 여기를 지나가면 안 되는 줄 몰랐어요." 그녀는 멍청한 나치에게서 멀어지면서, 철로에 더욱 가까이 다가갔다.

한번은 개가 짖고 통금 시간도 이미 지나서, 평소 다니던 길로 게토에 돌아올 수 없었던 비트카는 비틀거리며 독일군 사격 구역으로 걸어 들어갔다. 그녀는 거의 총에 맞아 죽을 뻔했다. 그런데 그녀는 길을 잃은 사람처럼 울면서 나치에게 다가갔다.[34] 군인은 그녀를 불쌍히 여겨 다른 군인 두 명에게 그녀를 이 구역에서 데리고 나가라고 명령했다. 훗날 그녀는 위험한 상황에 처할 때마다 자신이 상황을 "냉정"하게 멀리서 보고, 침착하게 판단하여 자신을 안전하게 구출해내는 방법을 찾아낼 수 있었다고 말했다.[35]

따뜻한 7월의 어느 날 밤, 비트카는 두 명의 소년과 한 명의 소녀를 데리고 게토를 떠났다. 날씬한 그녀는 대개 게토 장벽의 틈 사이로 미끄러지듯 드나들었지만, 이번에는 일행을 굴뚝과 지붕 위로 이끌었다. 그들이 입은 재킷 안에는 권총과 수류탄, 기폭 장치가 있었다. 그리고 그녀의 재킷 안에는 아바가 파이프로 제작한 폭탄이 있었다[36](루츠카는 페이퍼 여단Paper Brigade의 일원이었는데, 안전관리에 관한 유대어 서적을 몰래 들여오는 임무를 담당했다.[37] 빌나의 이디시 과학연구소Yiddish Scientific Institute 또는 YIVO 도서관에서 그녀는 우연히 북유럽 국가가 러시아의 침공에 대비할 때 제작한 핀란드어 팸플릿을 보았다. 팸플릿은 게릴라전과 폭탄 제조에 관한 내용을 담고 있었으며, 거기엔 많은 도표가 포함되어 있었다. 이 팸플릿은 그들에게 레시피 북이 되었다).

비트카는 사보타주 그룹을 자신이 찾아낸 완벽한 작전 지점으로 안내했으며, 어둠이 내리자 기차가 다가오는지 확인하면서 선로에 폭발물을 설치했다. 그런 다음 그녀는 투사들과 함께 숲속에 숨었다. 갑자기 기관차가 돌진해왔고, 오렌지빛 불꽃이 하늘로 솟았다. 기차가 속도를 냈을 때, 비트카는 기차를 향해 달려가서 추가로 수류탄을 던졌다. 그러자 기차는 궤도를 이탈했고, 차량에서 연기가 났으며 기관차는 협곡에 빠지고 말았다. 독일군은 숲을 향해 미친 듯이 사격을 가했고, 그녀와 함께 왔던 한 소녀가 총에 맞아 사망했다. 비트카는 그녀를 숲에 묻어주고 동이 트기 전에 게토로 돌아왔다. 이후 다가오는 계절에서는 나치 열차를 파괴하는 것이 파르티잔 부대들에게 점차 일반적인 작전이 되었지만, 당시엔 비트카가 수행한 작전이 나치에게 점령된 유럽 전체에서 수행된 최초의 파괴적인 사보타주였다.

며칠 후 한 지하 신문은 폴란드 파르티잔이 독일군 수송 열차를 폭파해 200명 이상의 독일 군인이 사망했다고 보도했다. 친위대는 그에 대한 보복으로 가장 가까운 마을에서 60명의 농민을 죽였다. 비트카는 훗날 "나는 이 사태에 대해 죄책감을 느끼지 않았다"라고 말했다. "그들을 죽인 건 내가 아니라 독일인이라는 것을 알고 있기 때문이다. 전쟁에서는 누가 가해자이고 누가 피해자인지 잊어버리기가 쉽다."[38]

그 후 비트카는 끊임없이 게토를 드나들며 200명의 동지들이 숲으로 탈출하는 것을 도왔다. 그녀는 여러 날 동안 수십 킬로미터를 걸으며 빌나를 누비고 돌아다녔다. 유대인 무리가 눈에 띄지 않고 지나갈 수 있는 지역을 찾기 위해서였다. 비트카는 그들이 떠날 때 늘 배웅하곤 했는데,

배웅하기 전에 무덤을 새로 조성하면서 총과 수류탄을 함께 묻어놓았던 묘지로 데려갔다(루츠카는 언젠가 "독일인들은 살아 있는 사람은 한 명도 게토 출입구를 통과하지 못하도록 했지만, 죽은 사람들이 게토를 떠나는 것은 허용했다"라고 썼다).[39] 비트카는 동료들에게 무기를 배포하고 그녀가 미리 정찰해둔 탈출로에 대해 설명한 후 한 명 한 명과 작별 인사를 나눴다. 그녀 자신은 마지막까지 싸우기 위해 게토에 남은 100명의 FPO 전사 중 한 명이었다. 그녀가 속한 부대는 즉시 기습을 당했는데, 비트카는 몇 안 되는 생존자 중 하나였다. 훗날 한 기록자는 당시의 그녀를 이렇게 묘사했다. "그 후 그녀는 바로 다른 곳으로 떠났다. 그녀의 발걸음은 평온하고 자신감에 차 있었다. 반드시 가야 할 곳이 있는 것처럼. 아무도 그녀를 막지 못했다."[40]

만약 유대인 대중의 지원이 없었다면 거대한 게토 전투를 치르고자 했던 FPO의 꿈은 단 몇 발의 사격으로 그치는 대단히 실망스러운 결과로 끝났을 것이다. 비트카가 배치하고 이끈 전사들은 빌나의 하수도를 통해 게토를 탈출해 숲에 도착했다. 그리고 아바는 네 개 부대로 구성된 유대인 여단의 사령관이 되었다. 그는 '어벤저스' 부대를 이끌었고, 비트카는 그녀가 독자적으로 꾸린 정찰대를 지휘했다.[41]

숲에서 그들의 여단과 연루된 소련군 장교들은 아바에게 요리와 바느질을 담당할 소녀들을 수용할 가족 캠프를 만들라고 말했다. 하지만 남자와 여자의 차이를 인정하지 않았던 코브너는 이 제안을 거절했다. 그는 남녀 구별 없이 싸울 수 있는 사람은 모두 싸울 것이라고 말했다. 모든 대원들은 공동 무기고에서 무기를 빌려서 그들의 자존심을 회복할 기회를 얻게 될 것이라는 판단이었다. 게다가 그는 이 여성들이 얼마나 놀라운 용기를 보였는지를 직접 목격했었다. 비트카에 따르면, 아바는 소년들이 달가워하지 않는다 해도, 모든 임무에는 최소한 한 명의 소녀가 참가할 것이라고 주장했다. 사실 10킬로그램에 달하는 폭발물을 짊어지고 48킬로미터를 걸어야 하는 임무는 소녀들이 담당하기 어려웠기 때문에 군장을 소년들과 대등하게 짊어지지는 않았다.[42]

루츠카는 초기 유대인이 주도하는 사보타주 작전에 네 명의 남자 대원과 함께 참여하도록 선발되었다. 그들은 64킬로미터를 걸어가서 군수품 수송열차를 폭파해야 했다. 게토로 돌아온 후 믿음직스럽고 차분한 태도로 인해 "리틀 시스터"라는 별명을 얻었던 루츠카는 책을 밀반입하고 전투에 참가할 대원 모집 임무도 담당하고 있었다. 이런 임무를 수행하면서 늘 열정을 유지했던 그녀는 게토 전투부대의 2인자였다. 아바는 그녀가 가진 강인함이 실제 전투에서 유대인 여성의 가치를 증명하리라는 것을 알고 있었다.

루츠카와 남자 대원들은 이른 저녁, 점점 얼어가는 추운 날씨에 각각 총 한 자루와 수류탄 두 개를 들고 출발했다. 체구가 작은 루츠카는 자기 차례가 되면 23킬로그램에 달하는 지뢰를 짊어지겠다고 고집했다. 그들은 강 쪽으로 뻗은 얼어붙은 길을 가로질러 갔다. 강 표면 바로 아래에는 물이 흐르고 있었다. 부대는 자신들이 갖고 있는 모든 탄약을 짊어진 채 물에 띄워놓은 통나무를 따라 조금씩 움직이면서 강을 건너야 했다. 그러다가 루츠카가 물에 빠졌다. 그녀는 얼음같이 차가운 물 때문에 다리 감각이 사라지고 짐이 너무 무거웠음에도 불구하고 통나무를 붙잡고 몸을 일으켰다. 지휘관은 그녀의 몸이 흠뻑 젖은 것을 보고 자칫 얼어 죽을 수 있다고 판단해 캠프로 돌아가도록 지시했다. 그러나 그녀는 계속 남겠다고 고집했다. "당신들이 이 임무에서 나를 배제하려면 내 머리에 총을 쏘아야 할 겁니다."[43] 하는 수 없이 부대는 몇 킬로미터 전진한 후에 한 시골집에 침입해 루츠카가 갈아입을 옷을 훔쳤다. 그런데 하필 남자 옷이라 너무 커서 그녀는 양말을 말아서 옷을 채워야 했다. 그런 다음 그들은 한 농부에게 총을 겨누고, 그들을 작전 위치로 안내하게 했다. 이 작전의 결과로 50명의 나치 병사가 사망했으며, 독일군 무기 창고 한 곳이 파괴되었다.

루츠카는 훗날 "나는 우리가 독일군에게 처음으로 매복 공격을 삼행했던 일을 마치 오늘 일어난 일처럼 생생하게 기억한다"라고 회고했다. "전쟁이 발발한 이후 가장 행복했던 순간은 우리가 터뜨린 폭탄으로 인해 산산조각이 난 차량과 여덟 명의 독일군 시체가 바로 내 눈앞에 널려 있는 것을 본 순간이었다. 우리가 그것을 해낸 것이다. 너무나 행복해서 나는 환호성을 질렀다."⁴⁴ 루츠카는 이후 정찰부대의 사령관이 되었다.⁴⁵

루츠카는 대담한 전투 임무를 수행하는 동시에 병참 장교 임무도 맡았다.⁴⁶ 숲에서의 생활은 놀랍도록 발전했다. 파르티잔 캠프는 위치에 따라서, 그리고 얼마나 오래 머무는가에 따라 차이가 있었지만, 일부 캠프는 클럽하우스, 인쇄기, 의무실, 송신 라디오, 동지들을 위한 묘지, 물에 가열된 돌을 넣어서 만든 "사우나"까지 둔 지하 오두막으로 이루어져 제대로 된 마을의 모습을 갖추고 있었다.⁴⁷ 식량, 장화, 의복, 외투, 보급품은 주로 농가에서 훔쳐왔으며, 종종 총으로 위협해서 구하기도 했다. 파르티잔들은 연기 때문에 위치가 노출되는 것을 피하기 위해 캄캄한 밤에만 요리를 했다. 그들은 마을에서 훔쳐온 물탱크에 때로는 캠프에서 몇 시간 떨어진 곳의 샘이나 강에서 퍼온 물을 채웠다.⁴⁸ 겨울에는 눈과 얼음을 녹여 식수로 사용했고, 땅을 파서 만든 지엠란카ziemlankas에 줄지어 누워서 잠을 잤다. 지엠란카는 구덩이를 파서 나뭇가지와 통나무로 만든 일종의 방공호인데, 지붕 부분은 눈이 쌓이지 않도록 경사지게 만들었으며, 그 위에 풀과 나뭇잎을 덮어 위장했다. 공중에서 내려다보거나 측면에서 보면 마치 덤불이 무성한 땅이나 작은 언덕 같았다. 좁은 은신처는 사람들로 붐벼서, "심한 악취에 구역질이 날 정도"였다.[49]

어벤저스 캠프에서 루츠카는 위생 프로그램을 운영했다. 당시 캠프엔 독감, 괴혈병, 이, 폐렴, 옴, 구루병, 잇몸병, 비타민 결핍으로 인한 피부병이 급증했다(한번은 비트카가 누군가에게 외투를 빌려주었는데, 돌려받았을 때 이가 가득했다. 그녀는 이 외투를 말 위에 던져놓고, 해충이 모두 말에게 옮겨가도록 했다).[50] 그래서 루츠카는 세탁소를 만들었으며, 파르티잔들이 일주일에 두 번씩 옷을 한 구덩이에 넣고 거기에 뜨거운 물과 재를 채워서 삶도록 했다. 그녀는 파르티잔들의 동상이 얼마나 심한지 살폈으며, 병자들에게 고기와 감자로만 구성된 식단에 귀한 빵을 나눠주었다.

약품은 무기와 마찬가지로 구하기 어려웠으며, 둘 다 빌나까지 먼 거리를 도보로 이동하는 연락책들이 구해왔다. 황금빛 머리칼에 푸른 눈을 가진 젤다 트레거는 핵심 카샤리옷이었다.[51] 그녀는 조용하지만 단호한 자세로 숲에서 도시까지 가는 열여덟 번의 여행을 완수했는데, 그때마다 정해진 길이 없어 불확실하고 위험한 늪과 호수지대를 홀로 통과했다. 젤다는 치과의사 어머니 밑에서 자랐는데, 열네 살 때 어머니를 여의었다. 원래 그녀는 유치원 교사가 되기 위해 공부했다. 그런데 전쟁이 발발하자 게토를 탈출한 후 폴란드인의 농장에서 일했다. 농부는 그녀를 가족으로 등록해서 그녀는 공식적으로는 기독교인이 되었다. 몇 달 후 젤다는 손을 다쳐 염증이 생겼고, 영가드 동료를 찾고 FPO에 합류하기 위해 게토로 돌아왔다.

외모 덕분에 젤다는 곧 카샤리옷이 되어 무기를 관 속에 넣거나 농민들의 짐 사이에 숨겨 실어 날랐다. 그녀는 투사들이 게토를 탈출해서 두

군데의 숲으로 갈 수 있도록 길을 탐색했다. 그중 하나는 약 200킬로미터 떨어진 곳에 있었다. 그녀는 작은 규모의 봉기에 참가해서 싸웠으며, 비트카가 하수도를 통해 동지들을 탈출시키는 임무를 수행할 때 이를 도왔다. 또한 노동수용소와 게토에서 수백 명의 유대인을 구출해내서 숲으로 보내는 일도 도왔다. 젤다는 여러 번 체포되었지만 항상 탈출했다. 그녀는 순진한 시골 여자처럼 행동하거나 병든 할머니를 방문하는 독실한 기독교 농부 행세를 했고, 어떤 때는 더듬거리며 정신병자인 척하거나, 내밀었던 자신의 신분증을 잡아챈 후 무작정 달아나기도 했다.

추운 겨울의 어느 토요일, 무기 구하는 임무를 맡은 젤다는 농부의 모피 재킷을 입고 눈 위까지 스카프를 내려쓰고 길을 나섰다. 그녀의 바구니에는 그 도시의 지하단체에 전달할 암호 편지가 있었다. 그녀는 머리를 꼿꼿이 들고 경비원을 지나쳐 곧장 마을로 가는 길을 걸었다. 마을에 도착했을 때는 이미 늦은 시각이어서, 그녀는 평소 알고 지내던 한 기독교인 여성과 하룻밤을 보내야 했다. 한 이웃이 그 여성을 협박하려 했지만 젤다는 그녀를 밀어냈다. 그러고 나서 두 사람이 이야기를 나누고 있는데 누군가 문을 두드렸다. 그녀의 심장이 빨리 뛰었다.

리투아니아인 경찰과 독일 군인이 들어왔다. 그들은 젤다에게 신분증을 요구했고, 그녀는 가짜 신분증을 보여주었다. 하지만 그들은 여전히 의심을 거두지 않고 젤다의 옷을 뒤지기 시작하더니 게토에서 가져온 쪽지를 찾아냈다. "너 유대인이구나!" 나치가 그녀를 때리며 소리쳤다. "우린 너를 게슈타포한테 데려갈 거야."

젤다는 옆방으로 도망가서 창문 밖으로 뛰어내렸다. 언덕으로 굴러 떨어진 그녀는 어둠 속을 달리기 시작했다. 그녀가 울타리에 부딪히자 개들이 시끄럽게 짖기 시작했고, 뒤에서 총이 발사되었다. 뒤따라온 나치가 그녀의 팔을 잡아채서 쓰러트렸다. "왜 도망쳤어?"

"제발, 저를 죽여주세요." 젤다가 외쳤다. "저를 고문실로 데려가진 말아주세요."

리투아니아인 경찰이 속삭였다. "금을 주면 살 수 있을 거야."

그 말을 들은 젤다는 기회를 엿보았다. 그녀는 그들에게 아파트로 다시 가서 한잔하자고 제안했다. 그리고 "당신한테 우선 얼마를 드릴 거고, 나머지는 다른 유대인들에게서 받아서 드릴게요"라고 약속했다. 그들은 젤다의 팔을 잡고 뒤에서 따라왔다. 아파트에 있던 친구와 그녀의 아이들은 공포에 질려 있었다. "이게 당신을 재워준 대가인가요?" 친구가 젤다에게 화를 내며 물었다. "이제 고아가 될 이 아이들을 좀 봐요."

젤다는 두려움을 숨긴 채 친구를 위로하면서 남자들에게 마실 것을 내달라고 말했다. 나치는 술을 마시면서 아이들을 진정시키려고 애썼다. 그리고 젤다에게 자신은 유대인 여성을 깊이 사랑한다고 말했다. "나는 유대인들이 죽는 것을 원하지 않아." 그는 술에 취해 중얼거렸다. "하지만 우린 명령을 받았기 때문에 너를 데려가야 해." 근무 교대 시간이 다가오고 있어서 그는 마음이 급했다. 그는 밖에서 젤다를 불러냈다. "자, 어서 돈을 주고 도망쳐."

"지금은 한 푼도 없어요." 젤다가 애원했다. "하지만 내일은 구할 수 있을 거예요. 약속할게요."

리투아니아인 경찰은 그녀를 믿는 것 같았다. 그는 나치에게 자기가 내일 돈을 받아서 전달해주겠다고 말했다. 나치는 떠났다. 리투아니아인 경찰은 젤다의 팔을 잡고 자기 집으로 데려갔다. 그녀는 따라가는 것 외에 달리 방법이 없었다.

그러나 그들이 경찰의 집에 들어서자 십주인은 소녀들을 집에 데려오지 말라고 소리를 지르기 시작했다. 집주인은 도끼를 집어들고 경찰의 머리에 겨누었다. 혼돈과 폭풍이 밀려왔다. 그 사이에 젤다는 슬그머니 현장을 빠져나와 경찰이 그녀를 찾다가 포기하기를 기다리면서 칠흑 같은 정원에 숨어 있었다.

그런 다음 그녀는 아무 일 없었다는 듯이 자신의 임무를 계속했다.

❋

소비에트 파르티잔들의 목표는 독일군의 거점 도시를 파괴하는 것이었다. 그들은 무기를 갖고 있었지만, 작전을 펼치는 데 필요한 정보가 없었다. 그래서 그들은 아바 코브너에게 접근해서 "유대인 소녀 몇 명을 빌려달라"고 요청했다.[52] 아바는 이것은 유대인들이 해야 하는 임무이므로, 러시아인이 그들에게 무기를 제공해야 한다고 주장해서 상황을 역전시켰다(결국 러시아인들이 그들에게 무기를 제공했다). 욤키푸르 전날 두 명의 소년과 두 명의 소녀가 농민 복장을 하고 유대인 수용소를 떠났다. 소녀 중한 명인 비트카는 낡은 농부 가방을 들고 있었는데 그 안에는 금속 표면에 달라붙는 자석 지뢰와 시한폭탄이 있었다.

일행은 빌나 주변의 언덕을 찾아가다가 카일리스 강제노동수용소의 모피 공장에 도착했다. 그들은 일부 유대인들이 아직 일하고 있던 그곳에서 하룻밤을 보낼 생각이었다. 그들은 공장 기숙사에 살고 있던 금발의 유대인 공산주의자 소냐 마데이스커Sonia Madejsker와 이야기를 나눴다. 그녀는 빌나의 지하운동과 통하는 유일한 연결 고리였다. 소냐는 공장이곧 문을 닫을 것이며 거기서 일하던 유대인들은 처형될 것이라고 말했다. 그들은 비트카와 함께 숲으로 도망치기를 원했다.

그런데 파르티잔 지휘관은 난민으로 수용소에 살고 있던 유대인 수가 너무 많다고 이미 우려하고 있어서 더 이상은 받아들이지 말라고 지시한 상황이었다. 대부분의 유대인들은 전투 경험이 없고 무기를 사용할 줄 몰랐으며, 배우려는 열의도 없었다. 그들은 물론 전쟁이 끝나길 기다리지만 아직은 음식과 옷이 필요했다. 비트카는 소냐에게 이런 상황을 설명하면서 자신은 인도주의자가 아니라 군인으로 이 마을에 왔다고 말했다. 소냐는 비트카 일행이 이곳의 유대인들을 데려가지 않으면 그들은 모두 죽게 될 것이라고 반박했다.

그럼에도 불구하고 비트카는 우선 자신이 맡은 임무를 수행해야 했다. 그날 아침, 그녀는 노동자들과 모든 것이 정상인 것처럼 하루를 시작하는 사람들 사이를 돌아다니면서 증오로 속을 끓이다가 공격 목표를 발견했다. 소년들은 급수시설(시의 하수도과 수도꼭지), 소녀들은 변압기(도시의 불빛)를 폭파하기로 했다. 해가 질 무렵 소년들은 맨홀 아래로 내려가 폭탄을 설치했다. 소녀들은 강을 따라 빌나의 공장 지역으로 들어갔다. 윙윙거리는 전기 변압기 설비는 완전히 열려 있었다. 그러나 페인트로 덧칠된 비트카의 자석 지뢰가 설비에 달라붙지 않았다. 자석 지뢰는 계속 미끄러졌고, 시계는 째깍거렸다. 비트카는 피가 날 때까지 손톱으로 미친 듯이 페인트를 긁었다. 소녀들은 독일군 순찰대가 지나갈 때마다 숨을 죽이고 그늘 속에 숨어 있었다. 20분이나 걸렸지만 그들은 결국 문제를 해결했다. 소년, 소녀들 모두 타이머를 네 시간으로 설정했다.

소년들은 너무 지쳐서 그날 밤은 모피 공장에서 쉬고 싶었다. 하지만 비트카는 폭탄이 터지고 나면 보안이 강화될 것이기 때문에 지체할 수 없다고 주장했다. 소년들이 남아 있다가 체포되면 공장에 있는 사람들의 생명이 위험해질 터였다. 하지만 소년들은 비웃었다. 독일인들은 현지 유대인들이 그러한 대규모 공격을 하리라고는 생각하지 못할 것이다! 논쟁이 치열하게 오갔다. 결국 비트카는 시간이 없다는 것을 깨달았다. 그녀는 소냐에게 떠날 준비가 된 모든 사람들을 데려오라고 말했다. 그녀는 즉시 그들을 숲으로 데려갈 준비를 했다. 하지만 소년들은 그곳에 머물렀다.

떠난 지 한 시간도 채 지나지 않아 비트카는 60명의 유대인들을 이끌고 도시를 벗어나 어두운 길을 걸어가고 있었다. 그때 폭탄이 터지는 소리를 들었고, 빌나가 검은 연기에 휩싸이는 것을 보았다.

이튿날 소년들은 체포되었다. 비트카는 말했다. "우리는 해냈지만 소년들은 그렇지 못했다. 그들도 지쳤고 우리도 지쳤지만, 여자들이 남자들보다 더 강했다."[53] 비트카는 여자들이 더 사기에 따라 움직인다고 느꼈다. 그들은 남자들처럼 유능한 투사였을 뿐만 아니라, 후회 없이 위험을 무릅쓰며, 상황을 회피하기 위한 변명도 거의 하지 않았다. 그녀는 "여자들이 체력도 더 좋았어요"라고 회상했다.[54]

몇 년 후 비트카는 자신이 지휘관의 명령을 어기고 공장 유대인들을 숲지대로 데려온 이유를 설명하면서 곤혹스러워했다. 당시 비트카는 "지휘관으로서 어떻게 처리하는 것이 옳을까?"라고 스스로 물었다. 그리고 생각했다. "만일 60명의 유대인이 숲에 들어오면 (…) 그들은 그냥 거기 머물게 되겠지. 그러니 나는 그의 명령에 불복종하겠어. 큰 비극은 없을 거야."[55]

루츠카는 비트카에 대해 이렇게 말했다. "그녀는 공포가 도대체 무엇인지 몰랐고, 그녀의 마음은 두려움을 느낀다는 것이 어떤 것인지 알지 못했지요. 그녀는 항상 상냥하고 에너지가 넘쳤으며 진취적이었어요."[56]

루츠카, 비트카, 젤다, 그리고 유대인 파르티잔들은 무척 힘들었던

1943~1944년 겨울 내내 저항활동을 계속했다. 그들은 눈에 발자국을 남기지 않고 걷는 법을 배웠다. 때로는 반대 방향으로 가고 있는 것처럼 보이려고, 뒤로 걷기도 했다. 그들은 차량과 구조물을 폭파시켰고 그렇게 하기 위해 더 안전한 유형의 폭탄을 제작했다. 1944년 유대인 파르티잔은 단독으로 51대의 열차, 수백 대의 트럭, 수십 개의 교량을 파괴했다. 그들은 맨손으로 전신주를 쓰러뜨리고, 통신선을 끊었으며, 철로를 망가뜨렸다. 아바는 화학공장에 침입해 약품통에 불을 지르고 교량을 불태웠다. 독일군은 얼어붙은 호수를 건널 수 없었다. 나치와 유대인들은 그저 멈춰 서서 서로를 바라보았다. 타오르는 불꽃이 그들 사이에 놓인 얼음에 반사되고 있었다.[57]

4월의 어느 날 아침, 해가 뜰 무렵 소녀들은 웃으며 농담을 하고 있었다. 그때 아바가 슬픈 미소를 지으며 다가왔다. 그의 표정을 본 비트카가 물었다.[58] "내가 어디로 가야 하는 거지?"

비트카는 도시의 공산주의 반군이 봉기를 일으키는 데 필요한 선언문과 의약품 목록을 가지고 빌나로 떠났다. 도중에 한 늙은 농부가 비트카를 보더니 자신도 동행해도 되겠느냐고 물었다. 그들은 함께 다리를 건넜는데, 갑자기 농부는 나치와 함께 서 있던 리투아니아인 군인에게 귓속말을 했다. 파르티잔이자 유대인인 비트카를 게슈타포에게 넘겨주면 상당한 보상을 받을 수 있었다.

그는 비트카에게 신분증을 제시하라고 요구했다. 리투아니아인 군인은 비트카가 제시한 서류가 가짜라고 판단했다. 독일 군인은 그녀가 금발이라는 점을 지적했다. 리투아니아인은 "하지만 뿌리는 검은색"이라고 말했다. 그러면서 그녀의 옷이 파르티잔의 모닥불에서 그을렸다고 주장했다. 그녀의 속눈썹 끝이 흰색이었다.

비트카는 선언문을 찢어 공중에 던졌지만 그 농민은 그것들을 주워 군인들에게 건네주었다. 그들은 비트카의 몸을 수색해서 약품 목록을 찾아 냈다. 그녀는 "이건 우리 마을 사람들을 위한 거예요"라고 말했지만 그들은 그녀를 게슈타포한테 보냈다.

비트카는 이것이 끝이라는 것을 믿지 않으면서, 마차 뒤쪽에 앉아 가톨릭 소녀 시절에 대해 이야기했다. 고문 그리고 다음은 학살. 마차에서 뛰어내려서 숲지대로 달려가 그들이 뒤에서 총을 쏘게 해야 할까? 그녀는 그들의 일거수일투족을 관찰했고, 울퉁불퉁한 길에서 마차의 흔들림을 기억하며, 행동할 순간을 기다리고 있었다.

그러다가 비트카는 갑자기 생각을 바꿨다. "당신들이 옳아요. 저는 유대인이고 파르티잔입니다. 그런데 바로 그렇기 때문에 당신들은 저를 놓아주어야 해요." 그녀는 그 이유를 이렇게 설명했다. 나치는 지금 패전하고 있으며 전쟁이 끝나면, 그녀를 죽인 사람은 곧 처형될 것이다. 또한 많은 경찰이 지금 파르티잔을 위해 일하고 있다. 게슈타포 본부에 도착하자 경찰 한 명이 그녀를 옆문으로 데려갔다. 그는 그녀의 서류를 손에 쥐어주면서 절대로 그 다리를 다시 건너지 말라고 말했다. 그리고 언젠가는 그녀의 파르티잔 사령관을 만날 수 있기를 희망한다고 덧붙였다.

비트카는 암시장에서 약품들을 구입한 후 건초 더미에 숨어 있다가, 파르티잔을 추적하는 수색대가 갈퀴로 건초 더미를 마구 쑤셔댈 때 불과 몇 센티미터 거리를 두고 가까스로 목숨을 건졌다. 이런 구사일생의 일화를 겪은 후에 캠프에 돌아온 그녀는 마지막 임무를 완수했다고 선언했다. 그녀는 "내가 돌아온 건 기적이에요"라고 말했다. 하지만 "사람이 얼마나 자주 기적에 의존할 수 있을까요?"[59]

＊

사람이 기적에 자주 의존할 수 없다는 것은 분명하다. 그리고 어떤 기적은 그저 신기루에 불과하다.

두 번째 그룹이 파르티잔에 합류하기 위해 벵진을 떠난 지 며칠 후, 그 그룹 가운데 한 명이었던 영가드 소속 이삭이 돌아왔다.[60] 그의 몰골은 거의 알아볼 수 없을 정도로 처참하고 옷은 다 찢어진 상태였다. 공포에 부들부들 떨고 있던 그는 거의 걸을 수조차 없었다. 레니아는 충격을 받았다.

이삭은 햇살이 따가웠던 6월의 어느 날에 있었던 일을 그들에게 전했다. "우리는 게토를 떠나자마자 유대인 표식을 떼어냈어요. 그리고 숲지대의 첫 번째 나무를 보자마자 흥분해서 무기를 움켜쥐었지요. 독일인을 죽이려는 우리의 꿈이 눈앞에 다가왔던 거지요. (…) 여섯 시간을 계속 걸어간 후 밤이 되자, 소차는 이제 독일군에게 잡힐 위험이 없으니 편안히 앉아서 저녁을 먹어도 되겠다고 말했어요. 그는 우리에게 물을 주었고, 우린 그 끔찍한 게토를 탈출했다고 기뻐하면서 들떠 있었어요. 그는 우리에게 잠시 쉬라고 말한 뒤 우리의 위치를 확인하러 나갔어요.

그런데 우린 갑자기 포위되었어요. 기병대였지요. 그들은 마구 총을 쏘기 시작했어요. 저는 덤불 아래 앉아 있었기 때문에, 사격을 피하다 넘어졌지만 다치진 않았어요. 저는 그렇게 해서 살아남았지만, 다른 사람들은 모두 나치에게 살해되었어요. 그 후 나치는 손전등을 들고 시체들을 수색해서 주머니 안에 있는 것들을 약탈했어요. 저는 죽은 것처럼 꼼짝도 하지 않은 채 덤불 아래에 쓰러져 있었지요. 한 독일군이 제 다리를 들었다가 내리더니 제가 죽었다는 사실에 만족해했어요. 그들이 떠난 후 저는 덤불에서 기어 나와 도망쳤습니다."[61]

벵진 저항군은 이삭의 말을 도저히 믿을 수 없었다.

하지만 모든 것이 계략이었다. 그들이 신뢰했던 소차가 동지들을 나치에게 팔아넘긴 것이다. 심지어 우는 아기들이 있던 한 남자의 아파트도 가짜였다. ZOB는 자신들을 위장하기 위해 갖은 노력을 기울였지만, 적도 위장한다는 것은 미처 생각지 못했던 것이다.

결국 정예 대원들이 죽었다. 일부는 게토 소개 작전 동안에 그리고 나머지는 지금, 두 그룹에서 25명의 영혼이 목숨을 잃었다. 이제 싸울 사람이 거의 남아 있지 않았다.

레니아는 훗날 "그 소식은 우리를 충격에 빠뜨렸다"라고 적었다. "우리는 우리가 하는 모든 일에서 실패하고 있었다."

마레크는 스스로 목숨을 끊고 싶었다. 미칠 정도로 후회에 찬 그는 슬그머니 게토를 빠져나갔다. 누구도 그가 떠나는 것을 보지 못했다.

배신의 고통을 더욱 아프게 한 것은 차이카가 다비드를 잃은 것이었다. 동지들은 얼마 전에 차이카와 다비드가 랍비의 주례하에 비밀리에 결혼했다는 것을 몰랐다. 사실 다비드는 폴란드를 떠날 수 있는 서류를 받았지만 가지 않았다. 사령관으로 진급한 그는 자신이 훈련시킨 소년들과 함께 싸우겠다고 고집하면서, 그들 가운데 몇 명을 데리고 소차와 함께 숲속으로 떠났다. 차이카는 "그는 밤잠을 자지 않으면서 문서를 위조하고, 새 문서를 만들어냈어요"라고 말했다. "그는 자신을 필요로 하는 곳이면 어디든지 갔고, 즉각적으로 행동하려고 했어요." 적어도 그는 고통받을 시간도, 생각할 시간도 없었다고 차이카는 스스로를 위로했다.

이제 차이카는 분노로 끓어오르는, 절망에 빠진 미망인이 되었다. 그 어느 때보다 강한 복수심이 그녀를 사로잡았다.

20   멜리나스, 돈, 그리고 구조

레니아와 블라드카
1943년 7월

파르티잔이 정예 대원들을 잃은 참사가 있은 지 몇 주 후에 유대인 평의회가 체포되었다. 레니아는 그것이 무엇을 의미하는지 잘 알고 있었다.' 마지막 추방이 다가오고 있었다. 그것은 게토의 종말을 의미했다.

키부츠는 이에 대비해야 했다.

그러나 내부 불화가 있었다. 그룹 대부분은 더 이상 거대한 전투를 꿈꾸지 않았다. 너무 많은 잠재적 투사들이 이미 죽임을 당했다. 이제 떠날 시간이었다. 그러나 차이카와 리브카 모스코비치Rivka Moscovitch 동지는 여전히 투쟁을 외치면서 떠나기를 거부했다. 계속 투쟁할 것인가, 떠날 것인가?

프룸카와 헤어셸은 우선 아이들을 게토에서 내보내기로 결정했다. 강한 대원들은 마지막에 떠날 것이다. 아티드 교사인 알리자 치텐펠트는 아티드가 돌보던 고아들을 독일인 농장으로 보내기 위해 아리아인으로 변장시켰다. 레니아와 그녀의 동료들은 오래된 데이터들에 가짜 정보와 지문을 덮어씌우면서 문서들을 위조했다. 새벽이 되자 일자 한스도르프가 아이들을 몰래 데리고 나가 한 시골 마을의 의회로 데려다주었다. 거기서 아이들은 자신이 고아이며 일자리를 찾고 있다고 설명했다. 많은 농부들이 그들을 받아들였다. 값싼 노동력은 환영이었다. 일자는 며칠 만에 여덟 명의 아이들이 머물 곳을 찾아냈다. 계획했던 것처럼, 아이들은 모든 것이 잘되고 있다고 알리는 편지를 써서 폴란드의 한 주소로 보냈다. 그다음에 두 소녀는 더 이상 편지를 보내지 않았다. 레니아는 두 소녀가 아마 그곳에서 인정을 받았을 것이라고 생각했다. 그들은 "자신들에게 무슨 일이 일어났는지 아는 유일한 아이들이었다."

외모가 전형적인 유대인으로 보이는 아이들은 게토에 남았다.

지비아는 바르샤바의 은신처에서 벵진 그룹에 편지를 보냈다. 한 서신에서 그녀는 반란을 일으킬 꿈을 포기하라고 촉구했다. 자신이 참가했던 봉기가 얼마나 처참하게 끝났는지를 본 그녀는 더 이상 투쟁을 촉구하지 않았다. 죽은 대원의 수에 비해 얻은 결과는 정말 보잘것없었다. 그녀는 그들이 살아남기를 원한다면 바르샤바로 오라고 말했다.

이 편지를 읽은 차이카는 몹시 화를 내면서, 이 메시지를 "우리를 놀라게 한 뺨 때리기"라고 불렀다.[2] 그녀는 바르샤바의 투사들이 "심리적으로 너무 지쳐 있어서" "그들 스스로의 손으로 시작했던 일을 두려워하고 있으며, 그들이 어깨에 짊어진 책임을 너무 무겁게 느끼고 있다"라고 추측했다.[3] 벵진의 투사들이 왜 그들이 남긴 영광의 그늘에서 살고 그들이 얻은 영예에 만족해야 할까?

지비아는 아리아인처럼 보이는 외모를 가진 사람들은 위조 서류를 갖고 대도시에서 활동할 수 있을 것이라고 제안했다. 하지만 그렇지 않은 사람들은 계속 벙커에서 살 것이다. 레니아는 "폴란드인들은 그들이 은신처에 머물도록 내버려둘 것이다. 물론 그렇게 하기 위해선 거액의 자금이 필요할 것이다"라고 설명했다. 숨어 살기 위해선 은밀한 거래가 필요하다는 말이었다.

✳

전쟁 후반, 특히 게토가 파괴된 후 연락책 소녀가 담당한 주된 역할은—
아리아인으로 속이며 살든지 혹은 은신처에 숨어 살든지 간에—숨어 사
는 유대인을 구출하고 그들의 생계를 유지시켜주는 것이었다.[4] 카샤리옷
들은 많은 어린이를 포함해 게토 유대인들을 마을의 아리아인 구역으로
재배치했다. 그들을 위해 아파트를 물색했고, 집이나 헛간, 상업 공간 내
부의 은신처(멜리나스Melinas)도 확보했다.[5] 또한 그들에게 위조된 서류를
제공했다. 방과 식사를 제공하면서 그들을 숨겨준 폴란드인들에게도 돈
을 주었다. 동부 지역에서는 많은 유대인들을 파르티잔 캠프에 보냈다.
바르샤바와 서부 마을에서는 카샤리옷들이 새로운 소식을 전해주고 사
기를 북돋기 위해 그들의 담당 구역을 방문했다. 물론 방문은 자주 이루
어지지 않았다.[6] 그들은 은신처를 "불태우겠다"고 위협하는 슈말초브니
크를 끊임없이 피해야 했고, 그렇기 때문에 집주인이 유대인 수용을 포
기하거나 은신처가 곧 발각될 위기에 처할 때마다, 유대인을 다른 곳으
로 이동시켜야 했다. 카샤리옷은 자신도 위장된 삶을 살면서 이 모든 일
을 해냈다.

　블라드카 미드는 게토가 아직 완전히 소개되지 않았을 때 어린이들을
구출하는 활동을 시작했다. 나치는 '유대인의 미래'인 어린이들에게 특
히 잔인했다.[7] 노예 노동에 투입될 가치가 없는 소년 소녀들은 가장 먼
저 살해될 유대인에 속했다. 그녀는 다른 두 명의 분트 연락책, 즉 유대
인 아동병원의 전화 교환원인 마리시아(브론카 파인메서Bronka Feinmesser)와

소아과 의사인 인카(아디나 블라디 슈바거Adina Blady Szwajger)와 함께 바르샤바에 남아 있는 몇 안 되는 유대인 아이들을 폴란드 가정에 보내려고 시도했다. 이 여성들은 눈물짓는 엄마의 품에서 아이들을 떼어내어 데려갔다. 이미 몇 번이고 아들과 딸들을 구했던 엄마의 품에서. 엄마들은 이것이 마지막이 될지 모르지만, 아리아인 구역에 가면 자녀들이 살아남을 가능성이 더 크다는 사실을 알고 있었다.

유대인 아이들은 게토 장벽을 넘고, 신분을 숨기고, 새 이름을 지어야 했으며, 몰래 게토에 넘어가거나 '게토'라는 단어도 언급하면 안 되었다. 그들은 질문하거나 철없는 수다를 나눌 수 없었다. 유대인 아이들은 상황에 맞는 폴란드어를 사용해야 했으며 만약 잡힌다 해도 어떤 정보도 주면 안 되었다. 그래서 호스트 가족은 아이들이 실수하지 않도록 한순간도 시선을 떼어서는 안 되며 마지막 순간에만 개입해야 했다. 한 호스트 가족의 부인은 자기 집에 보내진 열 살짜리 쌍둥이가 갈색 눈과 검은 머리칼이라는 것을 알고 무척 언짢아했다. 결국 그 아이들을 받아들이긴 했지만, 엄마와 헤어진 아이들은 몹시 우울해했고 밥을 잘 안 먹었다. 그래서 블라드카는 자주 엄마의 편지를 가지고 그들을 방문했다. 호스트 가족이 바로 게토를 마주한 아파트로 이사했을 때 소녀들은 창문을 통해 엄마를 볼 수 있다는 것을 깨달았다. 아이들은—게토에서 일하는—호스트의 남편에게 부탁해서 엄마에게 음식을 가져다주고, 이 아파트의 창문에 대해 알려주었다. 엄마는 하루에도 여러 번 게토 장벽 앞을 지나갔다. 소녀들은 엄마를 보고 무척 기뻐했지만 아는 척하지도 못하고 그저 몰래 내다봐야 했다. 만약 게토 경비원이 그들을 보았다면 카빈총으로 아파트 창문을 겨냥했을 것이다. 그래서 블라드카는 마음을 굳게 먹고 아이들에게 경고해야 했다. 그런 행동들이 모든 사람의 생명을 위험에 빠뜨릴 수 있다고.

또 다른 가정의 경우, 블라드카가 유대인 유아용 옷과 장난감과 음식을 갖다 주었지만, 호스트는 그것들을 모두 자기 아이들에게 주었다. 여섯 살짜리 소년을 숨겨주던 한 폴란드인은 우울증을 감당할 수 없었거나 독일 경찰이 불시에 들이닥칠 것을 너무 두려워해서, 블라드카는 그 소년을 계속 다른 곳으로 옮겨야 했다. 그럼에도 그들은 한 달에 2500즈워티를 받고 있었다(화폐 가치는 전쟁 중에 크게 요동쳤지만, 1940~1941년의 환율에 따르면, 지금의 약 8천 달러에 해당한다). 2008년 런던 홀로코스트 생존자 센터에 제출된 한 증언에서, 당시 "숨겨진 아이"였던 블로드카 로버트슨Wlodka Robertson은 자신이 이 가정에서 저 가정으로 계속 넘겨졌던 일을 회상했다.[8] 그녀는 아무도 자신의 "월세"를 지불하지 않을까 봐 걱정했다. 하지만 블라드카 미드는 옮겨가는 곳이 어디든 매번 미소 짓는 모습으로 의연하게 대처했다.

게토가 파괴되자 아리아인 구역에서 활동하던 레지스탕스 운동가들은 당황했다. 오직 봉기가 그들의 존재 이유였기 때문이다. 타는 냄새가 여전히 남아 있었고, 독일군은 도처에서 유대인을 도왔던 폴란드인을 추적하고 체포하여 사살했다.[9] 그리고 지역 폴란드 수비대가 창설되었다. 그들은 폴란드 주민들에겐 안전을 제공했지만 모든 외지인들에 대해선 일일이 독일군에 보고했다. 상황이 이렇게 되자 블라드카는 활동하기가 더욱 어려워졌다. 이제 ZOB의 활동은 투쟁이 아니라 생존한 전사나 살아남은 유대인들을 돕는 방향으로 나아갔다. 정당과 관련된 몇몇 유대인 구호단체가 설립되었다.[10] 1942년에 설립된 폴란드 가톨릭 단체인 제고타Żegota(유대인구제위원회)가 열심히 활동했다.[11] 전쟁 전에는 노골적인 반유대주의자였던 제고타의 한 리더는 유대인을 돕기 위해 무엇이든 할 것이라고 선언했으며,[12] 실제로 그렇게 하기 위해 위험을 무릅썼다(물론 전

쟁이 끝나면 유대인들은 폴란드를 영원히 떠나기를 바란다는 희망을 품고 있었지만 말이다).[13]

유대인들의 은신처를 찾아내서 지원하고, 어린이들을 돕고, 폴란드 지하운동 단체, 노동수용소, 파르티잔들과 계속 접촉했던 이 조직들은 활동 영역이 서로 중첩되는 부분이 많았다. 그들은 모두 외국에서 오는 지원금을 받았는데, 일부는 런던에 있던 폴란드 망명정부를 통해 그 지원금을 받았다. 자금은 미국 유대인노동위원회(분트를 지원했던), 그리고 게토 급식소와 게토 봉기에 자금을 지원했던 미국 JDC에서 왔다.[14] 1941년 이전에는 JDC가 주로 미국의 유대인들이 기부한 돈을 직접 폴란드로 보낼 수 있었다. 하지만 1941년에 국경이 폐쇄된 후 구호단체들은 이제 2천 즈워티 이상은 소유할 수 없는 폴란드 내의 부유한 유대인들이나 피난길을 떠나면서 저축했던 돈을 모두 가지고 갈 수 없는 유대인들에게서 자금을 빌렸다.

일부 유대인들은 바르샤바 게토에서 게토 지역의 창고에 보관되어 있던 물건을 암거래하거나, 독일 군대와 폴란드 민간 시장을 위해 수공업 제품을 생산하는 활동을 해서 계속 돈을 벌었다. 하지만 유대인 구조단체를 위한 지원금은 대부분 전쟁 전에 모은 재산에서 나온 것이었다.[15] 다른 돈은 불법적으로 폴란드에 흘러들어온 것이었다. 당시를 기록한 회고록들은 런던에서 들어온 돈, 그래서 암시장에서 달러가 파운드, 즈워티로 환전된 것에 대해, 그리고 이때 여러 그룹들 사이에 환율을 부당하게 할인했다는 비난이 얼마나 난무했는지를 이야기해준다.[16] 전체적으로 JDC는 전쟁 중에 미화 7800만 달러 이상, 오늘날의 가치로 환산하면 약 11억 달러를 유럽에 제공했다.[17] 이 가운데 1943~1944년 폴란드의 유대인 지하운동 단체에 기부된 돈이 30만 달러였다.[18]

구조단체들은 그 기금을 사용해 탈출하고자 하는 유대인들을 위해 십자가와 신약성서를 수용소에 밀반입했으며, 음경 및 코 수술과 낙태 비용을 지원했다.[19] 제고타는 출생, 세례, 결혼, 재직증명서를 위조하는 '공장'뿐 아니라, 기꺼이 멜리나스를 방문하고 병든 유대인을 치료하기 위해 믿을 만한 유대인 의사 및 폴란드 의사를 고용한 의료부서도 운영하고 있었다.[20] 블라드카는 위조문서를 만드는 데 필요한 사진을 찍기 위해 은신처를 방문할 수 있을 만큼 신뢰할 만한 사진사를 발견했다. 그녀는 구조활동을 위한 책임 연락책이 되었고, 그녀의 조직은 바르샤바 지역에서 1만 2천 명의 유대인에게 도움을 주었다.[21] 이 젊은 여성은 폴란드식 이름이나 현주소를 기재한 문서는 전혀 소지하지 않은 채 이 모든 일을 했는데, 사실 이는 매우 위험한 일이었다.[22] 어떤 연락책은 손목시계줄 밑에 숨겨둔 가짜 영수증을 사용했다. 많은 연락책들은 암호명을 사용했다. 블라드카는 그 모든 것을 기억했다.

블라드카는 1943년 말까지 살아 있던 대부분의 유대인들이 성인이며, 전문직이라는 사실을 발견했다. 그들은 밀수업자에게 돈을 지불할 수 있었고, 은밀하게 접촉할 수 있는 비유대인들이 있었으며, 세련된 폴란드어를 구사했다. 그들 중 일부는 갖고 있던 귀중품을 비유대인 친구들과 함께 어딘가에 보관했지만, 대부분은 빈손으로 떠났다. 바르샤바 지역에는 대략 2만 명에서 3만 명의 유대인이 은신처에 숨어 있었으며, 블라드카의 활동은 입에서 입으로 퍼졌다.[23] 유대인들은 친구 관계를 통해 그녀를 찾기도 했고, 거리에서 우연히 그녀에게 접근해오기도 했다. 도움을 받으려면 유대인들은 자신의 위치와 '예산'을 자세히 기술한 서면 신청서를 제출해야 했다. 블라드카는 그들이 갈겨 쓴 신청서들을 꼼꼼히 읽었다.[24]

대부분의 신청자들은 수용소에서 탈출하거나 기차에서 뛰어내려서, 가족 가운데 유일하게 살아남은 사람이었다. 한 구강외과 의사는 자신이 일할 수 있도록 치과 기구를 요청했다. 다른 남자는 고아가 된 조카를 부양하기 위해 돈이 필요하다고 했다. 한 신문 배달 소년은 가족을 모두 잃고 어떤 폴란드 가정에서 피난처를 찾았는데 그들은 소년이 노동의 대가로 임금을 가져오는 한 그를 돌봐주었다. 그는 은신처에 들어가는 것을 거부하고 자유를 원했지만, 추운 겨울에도 일하기 위해서는 겨울 외투가 절실했다. 당시 한 달 평균 생활비는 약 2천 즈워티였지만 조직은 기껏해야 한 달에 1인당 500즈워티에서 1천 즈워티를 지원할 수 있었다.[25] 그것이 그들이 할 수 있는 최선이었다. 젊고 아리아인처럼 보이는 유대인 여성들은 매달 지원금을 전달해주고, 지원금 신청자를 방문하고, 지원 계획이 오히려 역효과를 냈을 때 도움을 주기 위해 은신처 바깥으로 나가 돌아다녔다.

방을 임대한다는 어떤 광고는 함정이었고, 어떤 이웃은 인적 사항을 꼬치꼬치 물었으며, 또 어떤 집주인은 유대인이 도착하자마자 임대료를 올렸다. 카샤리옷은 방을 제공하는 일에 대해 집주인이 자부심을 느끼도록 하기 위해 자신들이 종종 폴란드 저항군과 관련되어 있다고 암시해야 했다. 한 멜리나스에서는 어떤 여자가 이디시어로 헛소리를 하기 시작하자, 그들을 숨겨주던 폴란드인의 아들이 두려움에 사로잡혀서 그녀를 독살한 후 벙커의 마루판 아래에 시체를 숨겼다. 이 일로 인해 이 여자의 딸을 포함한 다른 유대인들은 엄청난 충격을 받았다. 블라드카는 유대인과 집주인을 수용할 새 아파트를 마련했다.

또한 블라드카는 마리라는 젊은 유대인 여성을 위해 가사도우미 일자리를 찾아냈다. 이 직업은 식사와 숙박을 제공하기 때문에 밖에 나갈 필요가 거의 없어 안전하고 좋은 일자리였다. 그런데 어느 날, 그 집의 어린 소녀가 마리에게 게토의 삶은 어떤지 물었고, 마리는 패닉 상태에 빠졌다. 그 소녀의 엄마는 유대인이었는데 아버지가 그 사실을 알고는 게토로 쫓아냈던 것이다. 소녀의 사라진 엄마를 찾기 위해 게슈타포가 그들의 집을 수색했다. 마리가 너무 불안해하자 블라드카는 그녀를 위해 새로운 피난처를 찾았다.

한 유대인 부부는 친위대 숙소 내부에 있는 작은 침실에서 그들의 옛하녀와 함께 살았다. 블라드카는 그들을 다른 곳으로 옮겨야 했다. 또 다른 여성과 그녀의 아들은 파편 더미 아래 어둠 속에서 몇 달 동안이나 웅크리고 살고 있었다. 거기 있는 내내 그들은 씻지 못했다. 집주인이 그들의 옷을 모두 팔아버렸다. 블라드카는 또다시 그들을 조심스럽게 다른 곳으로 이동시키고 치료해주어야 했다.

독일군이 동부전선에서 패배하기 시작하면서 바르샤바에서는 공포의 통치가 정점에 달했다. 폴란드인들은 노예 노동을 위해 납치되거나 파비아크 감옥으로 보내졌다. 이제 은신처는 훨씬 더 창의적이어야 했다. 어떤 아파트에서는 화장실 옆에 벽을 새로 만들어 유대인이 숨을 수 있도록 했다. 이 중간 벽에는 페인트칠을 하고 장식용 솔을 매달았다. 또 다른 유대인은 속이 빈 타일 난로 속에 숨었다.

어떤 유대인들은 좀 더 "살 만한" 멜리나스에 숨어 있었는데, 갇혀 있다는 사실로 인해 불안과 우울증이 있기는 했지만, 그 공간은 아직 더 살만한 정도였다. 블라드카는 소리굽쇠를 사용해서 연구해왔던 한 음악가에게 작곡용 악보를 구해다주었다. 그녀는 두 명의 여성에게 집안의 아이들을 가르치는 데 필요한 책 두 권을 갖다주었다. 블라드카의 지하운동 동지인 베냐민은 가족과 함께 마을 외곽에 있는 가톨릭 묘지 안의 창고 부엌에 숨었다. 그들은 먹을 것이 거의 없었지만 안식일 촛불은 켤 수 있었다. 역사가 에마누엘 링겔블룸을 포함해 30명의 유대인은 안전한 교외 정원 밑의 은신처에서 살았다.[26] 이곳의 입장료는 1인당 2만 즈워티였다.[27] 이 유대인들은 연구 자료를 수집하고 에세이와 보고서를 작성했다. 주인은 거기 들어오는 대량의 식품을 위장하기 위해 식료품점을 열었다. 그러나 안타깝게도 그 남자는 가족 외에 벙커에 대해 알고 있는 유일한 사람인 여주인과 다퉜는데, 결국 그녀가 벙커를 신고했고, 모두가 살해되었다.

블라드카는 헝가리인 밀수업자, 파르티잔, 바르샤바 외부의 유대인들과 네트워크를 구축했다. 그녀는 서류도 없이 여행에 나섰다. 쳉스토호바 게토에서 탈출해 시골에서 농민들의 집에 숨어 지내던 유대인 투사들을 돕기 위해서였다. 기차에서 그녀는 밀수꾼인 척하면서 가짜 물건들을 지니고 있었는데, 그녀의 허리띠 안에는 유대인들을 위한 돈이 숨겨져 있었다. 검문 때, "동료 밀수꾼"은 그녀를 밀수업자들이 숨어 있는 화물 열차로 안내했다. 그녀는 폴란드 밀수꾼들이 나치의 검문을 피하는 것을 보고는 이후에도 종종 그들을 따랐다. 그녀는 마을에 도착해 안테크가 설명했던 집을 찾았지만, 집주인은 한사코 모든 것을 부인했다. 그래도 쉽게 포기하지 않자, 마침내 그녀를 창고로 안내했다. 이미 주인에게 빚을 지고 있던 동료들은 감격해했으며, 그때부터 블라드카는 그들에게 정기적으로 현금, 옷, 약을 가져왔다. 한번은 미국과 런던에서 오는 지원금이 늦게 도착해 그녀의 방문이 늦어졌는데, 그때는 이미 집주인이 그들을 쫓아낸 후였다. 쫓겨난 그들 가운데 몇몇은 살해되었고, 몇몇은 파르티잔에 가담했으며 몇몇은 숲지대에 몸을 숨겼다. 거의 피골이 상접한 상태였다. 블라드카는 새로운 폴란드인이 그들을 다시 받아주도록 조치했다.

블라드카는 강제노동수용소에서 유대인들을 위한 지원 활동도 했다. 그들 대부분은 육체적으로나 심적으로나 끔찍한 상태였다. 라돔의 잔인한 노동수용소에서 유대인들에게 접근하기란 엄청나게 어려웠다. 그녀는 현지인들에게 어디에 가면 유대인들이 파는 값싼 물건을 살 수 있는지 물었다. 그들은 유대인들은 더 이상 좋은 물건을 갖고 있지 않다고 말하면서, 사람들이 수용소 울타리에 접근할 수 있는 유대인의 목욕 시간을 알려주었다. 블라드카는 그 시간에 울타리 근처가 음식물을 파는 밀수꾼들로 붐비는 것을 발견했다. 그들은 경쟁자가 접근하는 것을 원치 않아서 그녀를 밀쳐냈지만, 블라드카는 자신은 판매자가 아니라 구매자라고 설득했다. 마침내 한 유대인과 대화를 나눌 수 있었지만 그는 블라드카를 믿지 않았다. 심지어 이디시어를 썼는데도 소용이 없었다. 다른 유대인은 그녀가 건넨 돈을 그냥 자기가 챙겼다.

마지막으로 그녀는 말대꾸를 잘하는 한 유대인 여성과 이야기를 나눴다. 그 여자는 유대인 구조단체가 자신들을 잊지 않고 있다는 사실에 매우 기뻐하면서 새로운 소식을 물었는데, 주로 여기저기 숨겨진 아이들에 대해 궁금해했다. 그녀가 이야기를 나누는 동안 마을 아이들이 블라드카에게 돌을 던지며, "유대인이다!"라고 소리쳤다. 블라드카는 얼른 그 자리를 벗어나 뛰어가다가 마차를 발견하고는 역까지 타고 가서 밤새도록 기다렸다. 그런 후에 그녀는 5만 즈워티를 들고 다시 수용소로 돌아왔다. 그녀는 우크라이나 경비원에게 유대인들에게서 신발을 사려고 하니 들어가게 해달라고 부탁했고, 이런 식으로 돈을 전달하는 데 성공했다. 경비원은 그날 저녁에 그녀와 데이트할 수 있으리라 예상했지만 저녁 시간이 되자, 그녀는 감쪽같이 사라졌다.

각 연락책은 이 모든 위험한 작업을 통해 중간 강탈자나 정보원들을 다루면서 소설 같은 삶을 유지해야 했다. 언젠가 한번은 어린 시절 이웃에 살았던 한 폴란드인이 거리에서 마리시아를 알아보았다.[28] 그는 그녀에게 두 가지 선택지를 제시했다. 함께 게슈타포에게 가든지, 아니면 호텔로 가든지. 그녀는 사탕가게로 뛰어 들어갔고 가게 주인은 그녀를 가까이에 있던 그녀의 '집'으로 데려다주었다. 다시 발각되지 않기 위해 그녀는 숲에서 밤을 지새웠다.

블라드카는 아파트를 여러 차례 옮겼다. 그녀는 분트 청년운동의 지도자를 자기 집에 숨겨준 적이 있는데, 그녀의 아파트는 어떤 제보자에 의해 "불타거나", 밀고되었다. 폴란드인들은 그들을 아파트에 가두었다. 블라드카는 그녀가 가진 모든 서류를 태웠으며, 그녀와 분트 지도자는 창문으로 침대 시트를 잡고 탈출을 시도했는데, 그 과정에서 분트 지도자는 크게 다쳤다. 결국 둘 다 체포되었지만 동료들이 교도관에게 1만 즈위티를 주어서 그녀는 풀려났지만, 분트 지도자는 사망했다. 지하운동 본부는 보안 당국이 블라드카를 잊도록 하기 위해 그녀를 한동안 시골에 보내서 머물게 했다. 그녀는 나무들 앞에서는 다른 사람으로 위장하지 않아도 되었으므로 숲에서는 자유를 느꼈다. 하지만 그녀는 특히 일요일에 마을 교회에 갈 때처럼, 늘 자신을 위장하는 삶이 숨 막힐 듯 힘들다고 느꼈다.

바르샤바로 돌아왔을 때 블라드카는 좋은 신분증을 찾는 일을 계속했고, 밤새 외출하는 이유를 설명하기 위해 밀수꾼인 척하면서 이리저리 돌아다녔다. 그녀는 다른 유대인 연락책이 넘겨준 작고 황량한 아파트를 빌렸다. 공동묘지의 헛간에서 숨어 살고 있던 요원 베냐민은 그녀가 바닥이 이중으로 된 가방이나 손잡이 부분의 속이 비어 있는 국자 같은 은신처를 만드는 것을 도왔다. 이웃 사람들은 이전 세입자가 유대인이라는 것을 알아채고 이들을 소개한 블라드카를 의심하기 시작했다. 그러나 블라드카는 만약 자신이 떠난다면, 더 의심을 사고 그녀가 오랫동안 갈고 닦아온 기독교적 정체성도 손상될 것이라고 생각했기 때문에, 그냥 머물면서 지나칠 정도로 폴란드인 행세를 했다. 또한 '어머니' 역할을 맡은 폴란드 친구가 그녀를 자주 방문하도록 했다. 그녀는 축음기를 구해서 경쾌한 음악을 틀어놓았고, 이웃들을 초대해서 차도 마셨다. 숨어 살던 유대인들은 자신의 존재를 증명하기 위해 근처 마을에 가서 스스로에게 편지를 보내 마치 그 지역에 친구와 가족이 있는 것처럼 꾸몄다. '구혼자'가 그녀를 방문하기도 했다.[29] 블라드카의 '어머니'는 그녀의 수호성인의 날에 파티를 열어 아직 생존한 분트주의자 친구들을 초대했다. 그들은 노래 부를 때에는 폴란드어를 사용했고, 속삭일 땐 이디시어를 사용했다. 파티는 젊은 유대인들에게 어려운 일이었다. 겉으로 기쁜 척하면 할수록 내적인 슬픔은 더욱 커졌기 때문이다.

블라드카와 마찬가지로 대략 3만 명의 유대인들은[30] 끊임없이 행동함으로써 목숨을 건졌다.[31] 살아남은 사람들 대부분은 '우수한' 폴란드어 억양과 신분증 및 폴란드인의 외모를 가진 젊은 독신이며, 중산층 내지 상류층에 속하는 여성이었다. 그들 가운데 절반은 무역에 종사하거나 변호사나 의사, 교수로 일한 아버지가 있거나 자신이 그런 분야에 종사했다. 상대적으로 위장하기 쉬운 여성이 남성보다 게토 탈출을 시도하는 경우가 더 많았다. 게다가 여성들은 도움을 요청했고 일반적으로 남성보다 더 정중한 대우를 받았다. 많은 유대인들은 일단 부모(특히 어머니)가 살해당하면, 스스로 생존하기 위해 몸부림치며 행동에 나섬으로써 외로움과 동시에 자유를 느꼈다. 남자들은 보통 혼자 자발적으로 이런 결정을 내렸고, 여자들은 종종 친구나 친지들의 격려를 받아 결정했다. 어떤 부모들은 자녀에게 아리아인 구역으로 도피하도록 떠밀면서, "가족을 위해 살아남으라는" 사명을 주었다. 통행증 소지자들(게토 밖으로 나갈 수 있었던 대부분의 사람들)은 이전엔 사실상 비유대인으로 취급되었기 때문에 그 역할을 해낼 수 있다는 자신감을 가졌다. 하지만 그들은 대개 주거 공간을 함께 사용해야 했기 때문에 사생활을 보호받거나 유예할 수는 없었다.

이런 위장된 생활 '외부에' 은밀하게 교류할 수 있는 유대인 사교계를 갖고 있던 사람들은 이중 정체성을 가지고 살았지만, 궁극적으로는 심리적으로 더 나은 삶을 살았다. 왜냐하면 그들은 일상적인 연기를 멈춘 채 쉬거나 재충전할 수 있는 '무대 뒤'가 있었기 때문이다. 그들의 능력을 인정해주는 친구들은 그들이 '무대'에서 연기할 때 자신감을 갖도록 격려해주었다. 대부분의 통행증 소지자들은 어떤 조직에도 가입하지 않았지만, 일부는 그들이 유대인이 아니라고 판단한 폴란드 지하운동 조직에 모집되기도 했다. 유대인 구조활동의 리더인 바시아 베르만Basia Berman의 기록에 따르면, 이 여성들은 "도시 속의 도시", 즉 모든 지하운동 조직 중 가장 지하에서 생활했다. "모든 이름은 가짜였고, 그들이 내뱉는 모든 단어에는 이중적 의미가 담겨 있었으며, 모든 전화 통화는 대사관의 비밀 외교문서보다 더 암호화되어 있었다."[32]

이렇게 끊임없는 속임수로 구성된 '야외 연극'을 하면서 블라드카와 유대인구조위원회는 한 가족이 되었다. 많은 폴란드인들은 돈 때문이 아니라 기독교인의 윤리와 반나치 감정, 동정심에서 그들을 도왔으며, 유대인에게 일자리와 은신처, 만남의 장소, 차명 계좌, 음식 등을 제공했고, 그들이 유대인이 아니라는 증언을 해주었다. 저항군은 방문객에게 의심의 눈길을 던지는 집주인을 피해야 했다. 그들은 마룻바닥 밑에 문서를 숨길 수 있고 돈을 보관하기 위한 비밀 금고를 설치할 수 있는 장소를 물색했다. 그런 아파트에서 정문 근처에 튀어나온 두 개의 못은 비밀의 초인종이었다. 동지들은 두 못 사이에 동전을 놓아서 전류와 벨을 차단했다. 인카와 마리지아는 한 아파트를 임대했는데 그곳은 주요 접선 장소가 되었다. 마룻바닥 구석구석에는 문서와 현금이 숨겨져 있었다. 레코드 플레이어에서 낮은 음악 소리가 흘러나오고 사람들이 보드카를 마셨기 때문에, 이웃 사람들은 그들이 남자들을 접대하는 매춘부인 줄 알았다.[33]

활동의 또 다른 허브는 지비아의 멜리나스였다. 그녀는 뚜렷한 유대인 외모 때문에 거리에 나다니기가 어려웠다. 몇 년 동안 쉴 새 없이 삶과 죽음을 넘나드는 활동을 펼친 끝에 지비아는 이제 많은 시간을 스스로 보낼 수 있었다. 그런데 은신처에 있다는 것은 어쩔 수 없이 함께 살기로 했거나, 심지어 좋아하지 않는 사람들과 엮이는 것이기도 했다. 은신처 바깥의 세계에서 무슨 일이 일어나는지는 "다른 사람들을 통해서 전해 들었으며" 누군가 문을 두드릴 때마다 공포에 질려 대피처로 달려갔다.[34] 안테크는 지비아가 시간을 보낼 수 있도록 탐정소설을 가져왔지만, 그녀의 죄책감과 우울감은 점점 커졌다.[35] 그래서 그녀는 강박적으로 집안일에 몰두했으며, 특히 필사적으로 블라드카의 조언을 듣고 싶을 때에는 편지를 쓰느라 바빴다. 바르샤바 봉기로 많이 사람들이 죽는 것을 본 지비아는 벵진 일행에게 싸우지 말고 도피하라고 간곡히 부탁했다. 그녀는 리브카 글란시에게는 서둘러서 파르티잔에게 가라고 간청했다. 그러나 리브카 역시 동족을 떠나기를 거부하고 바르샤바에 머물렀다.

지비아는 제고타에서 일하기 시작하면서 돈과 위조문서 배포를 담당하는 관리자가 되었다. 그녀는 서신 교환을 담당하고, 예산을 관리했으며, 다시 한번 '지비아의 소녀들'을 파견해서 유대인들을 서로 연결해주고 그들에게 정보를 알리고 보호하는 24시간 임무를 수행하게 했다. 그녀는 또한 소녀들을 보내서 곤경에 처한 레지스탕스 투사를 구해내고, 가끔 미스터리하게 행방불명된 연락책을 파악하기도 했다.

21 피로 물든 꽃

레니아

1943년 7월

벵진 ZOB는 레니아의 요청을 접수하고 한 가지 계획을 세웠다. 아리아인처럼 보이는 사람들을 열차 편으로 바르샤바에 보내는 일이었다. 그밖의 다른 사람들은 안테크가 동원하는 버스를 타고 은밀하게 바르샤바에 들어간다. 여행자를 위한 위조문서는 몇 개 안 되지만 바르샤바에서 연락책들을 통해 도착했다. 나머지 비자는 레니아와 이나 겔바르트가 마을에 오면 모을 예정이었다. 지금쯤 레니아와 이나는 브래지어, 가방, 벨트에 돈과 무기, 지시 사항들을 숨긴 채 여러 차례의 여행을 마쳤을 것이다.[1]

이나는 어느 날 저녁 주소 목록과 돈, 그리고 문서 위조 전문가를 위한 도구들을 챙겨서 떠났다. 레니아는 다음 날 아침 리브카 모스코비치와 마찬가지로 같은 물건을 가지고 떠났다.[2] 벵진 노동자 가족의 마지막 생존자이자 헌신적인 프리덤 소녀인 스물두 살의 리브카는 병에 걸려 회복할 때까지 보호를 받아야 했다. 리브카는 기독교인처럼 보이는 얼굴, 그리고 국경을 넘을 수 있는 비자와 서류를 가지고 있었다. 그녀는 가만히 머물지 않고 싸우기를 간절히 원했다. 그러나 그룹은 그녀에게 우선 치료를 받고 나중에 바르샤바에서 은신처를 찾는 임무를 도와달라고 말했다. 결국 그룹은 리브카가 너무 아파서 임무를 감당할 수 없다고 확신했기 때문에 그녀는 개인용 물품이 든 가방을 싸야 했다.

레니아는 이나에게 도시의 지정된 장소에서 만나자고 말했다. 그녀와 리브카는 대도시로 여행을 떠나는 폴란드 소녀인 반다와 조시아로 변장한 채 기차를 탔다. 열차 안쪽에는 목숨을 걸고 다른 사람들을 구하기 위해 살해 위기에 처한 두 유대인이 있었다. 여행 내내 레니아는 머릿속으로, 그리고 온 마음으로 그들이 무사히 국경을 넘을 수 있기를 애원하는 기도를 올렸다.

그들이 국경에 도달했다. "통행증 검문!"

레니아는 몸이 위아래로 흔들리고 떨리는 것을 멈추기 위해 마음을 단단히 먹어야 했다. 리브카가 과연 해낼 수 있을까? 그녀는 한순간도 떨지 않고 거짓말을 할 수 있을까?

"좋아, 통과!"

겨우 숨을 내쉬었다.

그러나 완전히 숨을 내쉴 기회, 안도의 순간은 없었다. 열차에는 빈 공간이 거의 없을 정도로 승객들로 꽉 차 있었다. 숨 쉴 공기조차 거의 없었다. 이미 병들어 있던 리브카는 다른 사람들과 부딪칠 때마다 고통스러웠다. 그녀는 곧 쓰러져서 소란이 일 것 같았다. 레니아가 슬쩍 주위를 둘러보다가 중간 열차에 빈자리가 있는 것을 발견했다. 군용 객차였다.

리브카는 앉을 수 있게 되어 훨씬 편했지만, 레니아는 사실 엄청나게 힘든 시간이었다. 그녀는 미소를 지어야 했고, 머리를 꼿꼿이 들고, 신경 마디마디를 매 순간 진정시켜야 했다. 강철 같은 의지로 자신이 느끼는 모든 감정과는 정반대로 처신해야 했다. 병든 유대인을 죽인 것에 대해 "짐승 같은 쾌감"을 느끼는 독일 군인들의 대화를 들으면서도 말이다.[3]

한 군인이 말했다. "내가 바로 거기 있었어." "나는 그들이 자그웽비에의 유대인들을 죽이는 것을 봤지."[4]

다른 군인들이 웃었다. "웃기지 마! 그들은 실제로 유대인을 죽이지 않았어."

레니아는 그들이 전선에서 돌아오는 중이어서, 폴란드를 휩쓸고 있는 살인기계에 대해 아무것도 모르고 있다는 것을 알아챘다.

"행복한 장면이군!" 그녀는 첫 번째 군인의 말을 계속 들었다. "유대인들이 순한 양처럼 죽음을 향해 걸어가는 걸 볼 수 있는 잔치잖아?"

이 말을 들으면서도 레니아는 살해된 가족에 대해 생각하지 않았다. 죽은 친구, 어린 동생을 떠올리지 않았다. 아무 생각도 하지 말자.

레니아는 미소를 지었다. 그들은 리브카를 쳐다보고 더 웃었다.

하루 종일 계속된 여행. 나무들, 마을들, 정거장들, 기적 소리들. 소녀들은 막간 휴식 없는 공연과 같았던 긴 여행으로 녹초가 된 채, 드디어 바르샤바에 도착했다. 그들은 조용한 저녁 거리를 걸었다. 이나와 약속된 시간과 장소에서 만날 예정이었으며 한 치도 실수할 여지가 없었다. 레니아는 길 앞쪽 두 모퉁이에서 경찰이 모든 행인의 문서를 확인하고 있는 것을 발견했다. 그녀는 자신들이 가진 위조 통행증이 여행에는 통했지만, 바르샤바 헌병은 거기 찍힌 직인이 가짜임을 알아볼 것이라고 재빨리 판단했다. 레니아는 리브카에게 (따라오라고) 손짓을 하면서 빠르게 걷기 시작하더니 모퉁이를 돌아 군중 속으로 들어갔다. 소녀들은 한 번도 뒤돌아보지 않고, 그저 앞으로만 걸어갔고 군중의 일부가 되었다.

마침내 접선 장소에 도착했을 때 그들은 깊은 숨을 내쉬었다.

하지만 이나는 거기에 없었다.

그들은 거기서 얼마나 오래 서 있을 수 있을까? 얼마나 기다려야 할까?

무언가 의심스러워 보였다. 만남의 장소는 때로는 상점과 인접해 있었다. 그래서 누군가는 창가에서 소설, 로맨스나 탐정소설 등 진열된 책을 훑어보면서 쇼핑하는 척하고 있어야 했다. 하지만 여기에는 아무것도 없었다.

이나가 도중에 체포된 것일까?

그녀는 어디에 있을까? 근처에? 누가 그들을 볼 수 있었을까?

레니아는 다른 접선 주소를 갖고 있지 않았다. 체포되고 고문받을 경우를 대비해 한 번에 많은 정보를 지니고 다니는 요원은 없었다.

그녀에게는 딱 하루만 더 견딜 수 있는 돈만 남아 있었다.

계획이 실패할 경우에 대비한 플랜 B는 없었다.[5]

1분이 평생과 같았다. 다음 단계를 모색하는 동안 레니아의 머릿속에는 여러 생각이 스쳐 지나갔다. 그녀는 리브카를 어딘가로 데려가야 했고, 지하운동에서 아는 누군가를 찾아야 했다. 하지만 어디서? 그들이 지하운동의 누군가와 만나지 못할 경우 어떻게 해야 할까? 리브카를 다시 벵진으로 데려갈까? 그런데 그녀는 너무 아팠다.

레니아는 리브카를 자신이 머물 예정이었던 여관에 데려다주기로 결정했다. 그런 다음 답을 찾아보고 난국을 헤쳐 나갈 것이다.

그러다가 아이디어가 떠올랐다.[6] 벵진에서 온 한 지인의 여동생이 아리아인 구역에 살고 있었다. 레니아는 마레크 폴만을 떠올렸다. 어쩌면 그녀는 파르티잔 투쟁이 비극적으로 끝난 후 여기로 돌아왔을지 모른다.

도착하자마자 레니아는 이렇게 물었다. "혹시 마레크의 주소를 아시나요?"

그 여자가 안쪽에 매듭이 있는 작은 공책을 오랫동안 꼼꼼히 살펴보는 동안 레니아는 기다렸다. 그리고 마침내 마레크의 어머니가 사는 집 주소를 찾았다.

모든 작은 정보들이 금과 같이 소중했다.

물론 아직 이나는 만나지 못했다.

레니아는 여관으로 돌아와 갖고 있던 돈을 거의 방값으로 지불했다.

다음 날 아침, 그녀는 병든 리브카를 데리고 어제 받은 주소로 갔다. 그곳에는 마레크의 어머니 로잘리가 있었고, 파르티잔 전투에서 남편을 잃은 마레크의 시누이도 있었다. 마레크의 여동생 하브카는 속옷에 다이너마이트를 숨겨 운반하는 프리덤의 연락책이었다. 레니아는 그녀가 아우슈비츠에 있다고 들었었다. 마레크의 어머니 역시 ZOB를 도왔다. 진정한 투사 집안이었다. 그러나 로잘리는 마레크의 행방을 모르고 있어서 레니아는 몹시 당황했다. 그녀가 아는 마지막 정보는 마레크가 레니아와 함께 벵진에 있다는 소식이었다. "미안해요." 로잘리는 고개를 저으며 말했다. "하지만 리브카를 집에 받아들일 수 없어요." 사실 경사와 폴란드인 앞잡이들이 매일 찾아와 문을 두드렸다. 그래서 그녀는 가능한 한 빨리 아파트를 옮길 계획이었다.

하지만 로잘리는 한 가지 아이디어를 떠올렸고, 그들은 리브카를 한 폴란드인 이웃에게 데려갔다. 레니아는 리브카가 그곳에 안전하게 숨어 있기를 바라며 작별인사를 했다. 또 한 명의 유대인이 도시의 깊은 곳에 숨겨졌다.

이제 혼자가 된 레니아는 여느 때와 다름없이 자연스러운 모습으로 바르샤바 거리를 걸었다. 이전 게토 구역이 황폐화되었음에도 불구하고 광장은 붐볐고, 상점들은 열려 있었다. 그 모든 비극적 사태에도 불구하고. 그녀는 여관에서 하룻밤 더 보낼 수 있을 만큼의 여비를 갖고 있었다. 다음 날 아침 마레크의 어머니는 레니아가 하수도 탈출을 주도했던 ZOB

투사 카지크와 만나도록 주선해주었다.

레니아는 그를 만나러 길모퉁이로 갔다. 그런데 그녀가 말을 건네기도 전에 총성이 들렸다. 경찰이 카지크를 뒤쫓아왔고 그는 황급히 도망쳐서 혼잡한 거리 속으로 사라졌다. 레니아는 재빨리 반대쪽으로 발길을 돌렸다. 절대 뛰지 않았고 뒤를 돌아보지도 않았다.

다행히 카지크는 레니아와 안테크의 만남을 성사시켰다. 안테크는 레니아가 편지와 여러 이야기를 통해 알고 있던 바로 그 인물로, 폴란드 지하운동 조직과 회의를 진행하고, 재정 문제를 운영하고, 대원들을 파르티잔 기지에 보내고, 무기를 밀매하고, 문서 위조자들을 고용하는 등 백방으로 바쁘게 활동하고 있던 아리아인 구역 유대인들의 사령관이었다. 그녀는 지휘부 전체가 그를 돕고 있다고 들었다.

레니아와 안테크는 다른 길모퉁이에서 만나기로 되어 있었다. 이번에는 기술학교 앞이었다. 레니아는 미리 준비한 드레스를 입고 새 신발을 신었다. 땋은 머리에 새빨간 꽃을 꽂아서 안테크가 그녀를 알아볼 수 있도록 했다. 레니아는 모든 일이 잘되기를, 즉 무사히 안테크를 만나서 필요한 것을 얻은 후에 서둘러서 벵진으로, 친구들과 자매 사라에게로 돌아갈 수 있기를 간절히 기도하며 만남의 장소로 향했다. 그녀는 멀리서 한 남자를 발견했다. 그는 접힌 신문을 겨드랑이에 끼고 있었다. 안테크라는 표시였다.

레니아는 믿을 수 없었다. 하지만 "그는 진짜 안테크였다." 그녀는 그의 폴란드어 이름을 언급하면서 썼다. 그녀는 "부자 영주처럼 멋진 콧수염을 가진" 키 크고 금발을 한 청년을 너무 빤히 쳐다보지 않으려고 노력했다.[7] 그는 머리부터 발끝까지 녹색 옷을 입고 있었다.

레니아는 걷는 속도를 늦추고 그녀가 지닌 꽃을 보여주면서 그의 옆을 지나쳤다.

하지만 그는 꿈쩍도 하지 않았다.

이제 어떻게 하지?

그녀는 위험을 무릅쓰고 돌아서서 다시 왔던 길로 걸었다.

여전히 아무 반응이 없었다.

그는 왜 접근해오지 않는 것일까? 이 남자가 아닌가? 혹시 첩자?

아니면 그들이 감시당하고 있다고 생각했던 것일까? 함정에 빠진 것일까?

직감은 그녀에게 기회를 잡으라고 말했다. "안녕하세요." 레니아가 폴란드어로 말했다. "당신이 안테크인가요?"

"당신은 반다인가요?" 그가 물었다.

"예, 맞아요."

"당신은 자신이 유대인이라고 주장하시나요?" 그는 놀란 표정으로 조용히 속삭였다. 그런 다음 무릎을 꿇었다. 그녀의 연기는 정말 훌륭했다.

"당신은 자신이 유대인이라고 주장하나요?" 레니아가 안도하며 대답했다.

안테크는 레니아의 옆에 서서 그들이 함께 디디고 선 아리아인 구역의 콘크리트 길을 힘차게 걸어갔다. 그녀는 "자신감 있는 걸음걸이에 귀족처럼 보이는" 이 사람이 유대인이라는 것을 믿을 수 없었다.[8] 그녀는 안테크를 다람쥐처럼 교활하고 확실하며, 토끼처럼 주변의 모든 것을 파악하면서 경계하고 있다고 묘사했다. 그녀는 그의 눈이 자신을 보고 있으며, 자신이 누구인지 알고 있다고 느꼈다.

하지만 그녀는 안테크와 이야기하기 시작하면서, 그의 삐걱거리는 폴란드 억양을 알아차렸다. 잘 들어보니 그는 빌나 출신 유대인이었다.

안테크와 레니아는 이나의 행방이 묘연한 것에 대해 안타까움을 표시했다. "국경에서 통행증 검문 때 걸린 게 틀림없어요." 레니아가 말했다.

"아직은 확실하지 않아요." 그녀를 위로하기 위해 그가 대답했다. "작은 사고 때문에 집으로 돌아갔을 수도 있어요." 훗날 레니아는 그가 자신을 마치 딸처럼 조심스럽고 부드럽게 대했다고 회상했다. 미숙한 고아들의 세계에서 안테크가 앞서 경험한 9년은 그녀에겐 마치 90년처럼 느껴졌다.

안테크는 레니아에게 가능한 한 빨리 나머지 그룹을 위해 비자를 마련하고, 셈족으로 보이는 사람들을 위한 버스도 준비하겠다고 약속했다. 이중 쉬운 일은 하나도 없었고, 아마 조정하는 데 며칠이 걸릴 것이다. 그들은 이제 헤어졌다.

동지들은 리브카가 머물 수 있는 아파트를 찾을 때까지 그녀를 은신처에 두기로 결정했다. 안테크는 레니아에게 주소 하나와 1박당 200즈워티, 그리고 추가로 식사비를 주었다.

레니아는 며칠 동안 바르샤바에서 머물며 기다렸다. 지하실 입구에서 잠을 자면서. 폴란드인으로 보이는 한 유대인 소년이 이 지하실 복도에 살고 있었다. 레니아는 그 소년의 누이로 행세했다. 그들은 세대주에게 레니아가 남동생을 만나기 위해 불법적으로 독일을 탈출했으며, 그 때문에 통행증을 등록하길 원치 않는다고 둘러댔다. 레니아는 며칠만 머물 것이라고 약속했다. 그녀는 가능한 한 집주인과 마주치지 않으려고 애쓰면서 시간을 보냈다. 집주인이나 이웃 앞에서 실수해서는 안 되었다. 게토를 통과하는 대부분의 유대인들은 낮에는 무슨 일을 하는 것처럼(일이든 가족생활이든) 꾸며낸 다음, 여덟 시간 동안 숙소를 떠나 있었다. 무엇을 하는지는 전혀 상관없었다.

레니아가 한 일은 그저 비자, 그리고 버스에 대한 구체적인 정보를 기다리는 것뿐이었는데, 시간이 갈수록 조바심이 커졌다. 그녀는 매일 안테크를 만나서 서둘러야 한다고 재촉했다. 그녀는 벵진으로 돌아가는 것을 미룰 수 없었다. 유대인에 대한 전체적인 추방이 언제든 집행될 수 있기 때문이었다. 더 기다리지 말고 지금까지 준비된 서류라도 갖고 떠나는 것이 낫지 않을까? 그녀는 계속 생각하고 또 생각했다. 레니아는 하루하루가 위태롭다고 느꼈다. 시계는 째깍거리고 바늘은 점점 더 빠르게 돌면서 학살을 향해 가고 있었다.

기다림은 계속되었다. 미뤄지고 또 미뤄졌다. 마침내 며칠 후 버스가 준비되었다. 그래서 레니아는 버스가 카미온카 게토에 언제 도착할지 알려주는 전보를 보내도록 조치를 취했다. 비자도 여러 개 준비되었다. 무기는 더 이상 구할 수 없었다. 그러나 이제 그녀가 얻을 수 있는 것은 모두 얻었다. 레니아는 안테크에게 자신은 더 이상 바르샤바에 머물 수 없다고 말했다.

레니아는 22개의 위조문서뿐 아니라 각 문서를 위한 사진과 여행 서류들을 몸에 붙이고 치마 구석구석에 꿰맨 채 귀향길에 올랐다. 거리로 나선 순간부터 그녀의 심장은 격렬하게 뛰었다. 매 순간 그녀는 실수할까 봐 두려웠다. 이나에게는 무슨 일이 생긴 걸까?

열차에선 통상적인 검문이 있었는데, 이제 추가로 개별적인 수색이 있었다. 한 경찰이 그녀에게 다가왔다.

훗날 그녀의 기록에 따르면, 그들을 힐끗 쳐다보는 것만으로도 혼란에 빠질 수 있었다. 하지만 그녀는 꼿꼿한 정신 줄을 늦추지 않으려 안간힘을 썼다.

레니아는 상냥하게 경찰들의 눈을 바라보면서 용감하게 가방을 열었다. "그들은 모래를 쪼아 먹이를 찾는 닭처럼 가방 안을 샅샅이 뒤졌다"라고 그녀는 회상했다. 레니아는 자신을 단단하게 붙들고, 자신 있게 미소 지은 채 그들과 눈의 피하지 않고 대화를 이어갔다. 그래서 그들은 그녀의 몸은 수색하지 않았다. 두려워하는 기색이 전혀 없었기 때문이다.

그들은 아무런 의심 없이 그녀를 떠났다.

그래도 아직 행동은 계속되어야 했다.

레니아는 쳉스토호바에 잠시 들러서, 거기서 활동하고 있는 리브카 글란시를 만나 최근 상황을 공유하기로 결정했다. 활달하고 예민하며 생기 넘치는 리브카는 지하운동에서 리더와 밀정, 조직가로 알려져 있었다. 나치가 처음 침공했을 때 그녀는 항구 도시 그디니아에서 임무를 수행하고 있었다. 그녀는 동료들이 도주하는 것을 지켜보았는데, 일부는 배를 타고 바로 바다로 향했다. 그녀는 나치에 의해 추방당할 때까지 그곳에 머물렀다. 당시 리브카는 재빨리 작은 여행 가방을 챙겨 나오다가 문득 키부츠의 하모니카를 발견했다. 그녀는 동지들에게 너무나 큰 행복을 가져다주었던 이 작은 하모니카에 대한 애착에 사로잡혀, 그만 가방을 떨어뜨리고 이 악기를 움켜쥐었다. 그래서 그녀는 창피한 마음으로 우치에 도착했다. 그녀에겐 옷가지도 생활용품도 없었고 그저 이 하모니카만 있었다. 그녀는 키부츠 문 옆에 하모니카를 숨긴 채 빈손으로 들어갔다. 그녀는 "저는 아무것도 가져올 수 없었어요"라고 말했다. 나중에 그녀는 동료들이 하모니카를 발견했다는 사실을 알게 되었다. 그러나 그들은 기쁨을 주는 이 악기를 구하려 했던 그녀의 간절한 마음을 이해해주었다.° 하모니카는 지하운동의 전설이 되었다.

레니아는 하모니카를 떠올리면서 리브카가 몹시 보고 싶었다. 그녀의 친절함과 용기가 그리웠다. 하지만 그것은 더 이상 가능하지 않았다. 레니아 앞에는 상상할 수 없을 만큼 공포스러운 장면이 펼쳐졌다. 그녀가 도착한 국경 마을은 완전히 파괴되고 불에 타 초토화된 상태였다. 사람들의 흔적은 찾을 수 없었다.

"도대체 무슨 일이 일어난 거예요?" 그녀가 어렵게 말문을 열었다. 현지 폴란드인들은 몇 주 전에 게토에서 전투가 벌어졌다고 말했다.[10] 총 몇 자루와 수백 개의 화염병으로 빈약하게 무장한 젊은 유대인들이 숨어서 총을 쏘며 저항했다. 일부는 나치에게서 무기를 탈취하는 데 성공했고, 다른 사람들은 게토 주방에 있는 통을 사용해 탄약 공장에 있던 알루미늄, 납, 탄화물, 수은, 다이너마이트 및 폭발물용 화학물질을 밀반입했다. 그들은 여러 개의 땅굴도 팠다. 그들은 쉽게 수세에 몰렸고 화력도 소진되었지만, 5일 동안 버티면서 전투를 계속했다. 결국 많은 유대인들은 숲지대로 피신했으며, 이제 그들은 거기서 짐승처럼 살고 있었다. 숲 속에서의 파르티잔 활동을 두려워한 독일군은 은신한 유대인들을 수색하기 위해 지역 경찰을 파견해서, 단번에 그들의 뿌리를 뽑았다. 하지만 모두 체포된 것은 아니었다.

레니아가 리브카 글란시에 대해 알아낼 수 있었던 것은 그녀가 손에 무기를 들고 부대를 지휘하다가 전투 도중에 사망했다는 것뿐이었다.[11]

레니아는 "그녀를 생각하며 얼마나 울었는지!"라고 썼다. "그녀는 쳉스토호바 유대인들의 어머니 같았다."[12] 그녀는 리브카가 얼마나 떠나고 싶어 했는지, 언제 떠나기를 원했는지에 대해 생각했다. 하지만 마을에 남아 있던 유대인들은 허락하지 않았다. 그들은 리브카와 함께 있는 한 안전하다고 느꼈다.

형용할 수 없는 슬픔을 억누르며 레니아는 서둘러 역으로 향했다. 그녀는 지금 집으로 가야 했다. 기차는 밤새도록 요란한 소리를 내며 숲이 우거진 시골을 달렸다. 두 눈이 따끔거리면서 감겼다. 하지만 아니, 아니, 안 돼, 지금 그녀는 잠들 수 없었다. 레니아는 기차 안에서 한순간도 쉬지 않고 맑은 정신 상태를 유지해야 했다. 깨어 있고 의식이 명료한 상태를. 언제 검문이 있을지, 언제 문서 확인이나 그밖에 어떤 일이 벌어질지 아무도 알 수 없었다.

레니아는 나중에야 이나가 국경 근처 검문소에서 여성 나치 경비병에게 잡혔다는 것을 알게 되었다.[13] 게슈타포에 의해 아우슈비츠로 가던 도중에 이나는 차에서 뛰어내렸다. 완전히 지치고 우울하고 구타까지 당했던 그녀는 지역 게토에 있는 친구를 찾아가 피신했다. 하지만 나치는 높은 현상금을 걸었고, 유대인 민병대가 그녀를 잡아 게슈타포에게 넘겨주었다. 이번에는 게슈타포 감독관이 직접 그녀를 아우슈비츠로 이송했다. 그는 이송 차량 안에서 군용견을 풀어 그녀를 물라고 명령했다. 그녀는 게슈타포의 얼굴에 침을 뱉었으며, 결국 이송 도중에 사망했다.

우치에서 학교를 다니던
1936년의 니우타 테이텔바움.
전쟁 기간 그녀는 "땋은 머리의
어린 반다"로 알려졌다.
(게토 투사의 전당 박물관 사진
아카이브 제공)

기독교인으로 위장한 연락책
헬라 시퍼(왼쪽)와 아키바 리더
쇼샤나 랑어(오른쪽), 1943년 6월
26일 바르샤바 아리아인 구역.
(게토 투사의 전당 박물관 사진
아카이브 제공)

블라드카 미드,
1944년 바르샤바 아리아인
구역의 극장 광장.
(미국 홀로코스트 추모관 소장,
베냐민 미드 제공)

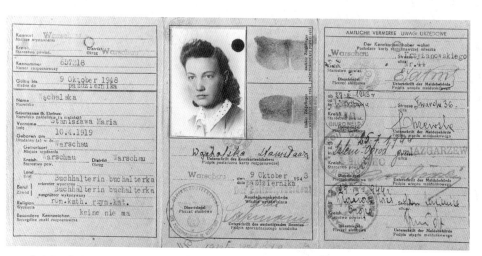

1943년 블라드카 미드의 위조 신분증. 스타니스와바 바할스카Stanislawa Wachalska라는 이름이 기재되어 있다.
(미국 홀로코스트 추모박물관 소장, 베냐민 미드 제공)

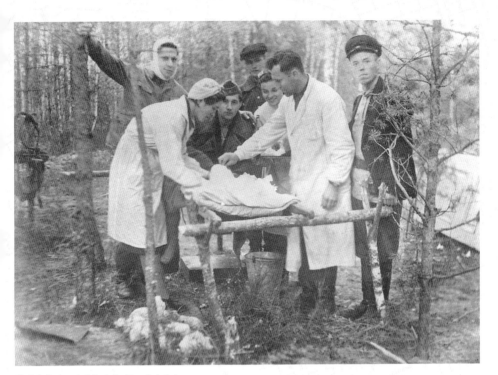

부상당한 파르티잔을 수술하는 과정에서
간호사로서 참여하고 있는 파에 슐만.
(미국 홀로코스트 추모관 소장,
벨라루스 국립 애국전쟁 역사 박물관 제공)

(왼쪽부터) 비트카 켐프너,
루츠카 코르차크, 젤다 트레거.
(예루살렘 야드바셈 사진
아카이브 제공, 2921/209)

העלדישע מיידלעך : זעלדא טרעגער (לינקס),
רייזל קארטשאק, איטקע קעמפנער

루드니키 숲에 있던 파르티잔 참호. 1993년 촬영. (리브카 아우겐펠트 제공)

알라 게르트너, 1930년대 벵진.
(미국 홀로코스트 추모관 소장.
안나 하일만과 조슈아 하일만 제공)

바르샤바 아리아인 구역 프로미카 거리 41번지 혹은 43번지. 지비아 루베트킨과 동지들이 1944년 바르샤바 봉기 후에 이 건물 지하에서 은신했다. (게토 투사의 전당 박물관 사진 아카이브 제공)

프리덤 동지들, 1944년 부다페스트. 레니아 쿠키엘카(아랫줄 오른쪽), 차우카 렌츠너(아랫줄 왼쪽), 막스 피셔 (윗줄 왼쪽), 이츠하크 피슈만(윗줄 오른쪽에서 두 번째), '꼬마 무니오시' 모니에크 호펜베르크(아랫줄 가운데). (게토 투사의 전당 박물관 사진 아카이브 제공)

레니아 쿠키엘카,
1944년 부다페스트.
(메라브 발드만 제공)

이츠하크 주커만(가명 안테크),
1946년 바르샤바.
(게토 투사의 전당 박물관 사진
아카이브 제공)

종전 후 지비아 루베트킨과 이츠하크 주커만.
(게토 투사의 전당 박물관 사진 아카이브 제공)

1946년 키부츠 야구르에서 연설하는
지비아 루베트킨.
(게토 투사의 전당 박물관 사진 아카이브 제공)

1973년 게토 투사의 전당에 모인 옛 바르샤바 게토 투사들과 그 가족들. 블라드카 미드, 프니나 그린
시판, 이츠하크 주커만, 베냐민 미드(순서대로 윗줄 왼쪽에서 2~5번째), 마샤 푸터밀히(윗줄 오른쪽에서
두 번째), 지비아 루베트킨(아랫줄 맨 왼쪽). (게토 투사의 전당 박물관 사진 아카이브 제공)

레니아 쿠키엘카(오른쪽)와 장손녀 메라브 발드만(왼쪽), 2008년 이스라엘에서 열린 메라브의 여동생 결혼식에서. (메라브 발드만 제공)

22   자그웽비에의 예루살렘이 불타고 있다

레니아

1943년 8월

1943년 8월 1일.[1]

마침내 레니아는 벵진에 도착했다. 힘든 여행으로 몸은 더럽고 마음은 낙담하고 지친 상태였다. 그런데 그녀가 기차에서 내리자마자 모든 것—플랫폼, 커다란 사각형 데코 시계—이 눈앞에서 검게 변했다. 나치가 역에서 승객들을 몰아내고 있었다.

레니아는 멀리서 들려오는 날카로운 비명과 소란을 들을 수 있었다. "무슨 일인가요?" 레니아는 근처에 모여 있던 폴란드인들에게 물었다.

"그들은 금요일부터 마을에서 유대인들을 몰아내고 있어요. 한 그룹, 한 그룹씩."

오늘은 월요일, 나흘째였다. 그리고 이날이 끝이 아니었다.

"그들이 유대인을 모두 쫓아낼까요?" 레니아는 아무렇지 않게, 아니 기뻐하는 척하면서 물었다. 세상사를 그저 수수방관하는 사람 가운데 한 명인 양. 그리고 지난 몇 달 동안 예상하고 두려워해왔던 순간이 아닌 척 하면서.

그녀는 훗날 "내 마음이 고통으로 산산조각이 났던" 순간에 이렇게 행동했던 것이라고 썼다. 그들은 레니아의 친구들과 여동생, 그리고 그녀의 우주에 있는 모든 사람을 강제로 추방하고 있었다. 그들에게 앞으로 무슨 일이 일어날지, 그들을 다시 만날 수 있을지도 전혀 알 수 없었다.

게토는 친위대 분대들에 의해 완전히 포위되어 있었다. 게토로 들어가는 길은 없었다. 레니아는 사람들 사이에 떠도는 말을 엿듣고, 소문을 들으며 가능한 한 많은 것을 눈으로 확인하려고 했다. 게토 내부에서는 독일군이 벙커를 샅샅이 수색하면서, 그 자리에서 사람들을 학살하고 있었다. 그들은 나흘 동안 쉬지 않고 유대인들을 가축 운반용 화물차에 싣고, 사방에서 게토를 향해 총격을 가했다. 유대인 민병대는 누더기로 덮인 부상자와 사망자를 들것으로 옮겼다. 거리에서는 독일인들이 범죄자처럼 쇠고랑을 찬 젊은이들을 줄지어 기차로 끌고 갔다. 그들은 젊은이들의 발을 걸어챘다. 도망치는 젊은이들은 폴란드인들이 붙잡아서 독일군에 넘겨주었다. 민간인 복장을 한 게슈타포들이 마치 들개처럼 도시를 누비고 다니면서, 한 사람 한 사람의 얼굴을 들여다보며 신분증을 확인하면서 더 많은 희생자를 찾아내고 있었다.

그러다가 레니아는 게토 장벽의 반대편, 역 옆에 열린 공간이 있는 것을 발견했다. 많은 사람들이 거기에 서 있었다. 그중에는 그녀의 친구들도 있었다. 폴란드인들은 그들 '범죄자들'을 동물원에 있는 동물처럼 바라보았다. 그녀의 동지들, 그녀가 사랑하는 사람들이 소총과 채찍, 리볼버를 든 홀리건들에게 둘러싸여 있었다.

하지만 그녀는 어디에서도 사라를 보지 못했다.

레니아는 겨우 두 발로 일어설 수 있었다. 그녀는 거의 쓰러질 지경이었다. 그러나 여기서 빨리 도망쳐야 한다는 것을 알고 있었다. 만약 그들이 그녀의 서류를 검사했다면 그녀는 끝장이었을 것이다.

레니아는 훗날 이렇게 썼다. "하지만 나는 그 순간 내 심장이 돌처럼 굳어버렸다는 것을 깨달았다. 그렇지 않았다면 내가 어떻게 가장 소중한 사람들의 운명에 대해 아무것도 모른 채 그곳을 떠날 수 있었을까?" 그녀는 유일하게 남은 가족이 죽음으로 내몰리는 것을 지켜보고 있었다. 그녀는 주변을 돌아보았지만 아무 소용이 없었다. 그녀는 게토에 들어갈 수조차 없었다. "나는 마음속으로 이렇게 생각했다. '이제 내 삶은 모든 의미를 잃었다. 그들이 나에게서 가족과 친척, 사랑하는 친구를 모두 빼앗아갔는데 내가 살아갈 이유가 있을까?'" 하지만 그녀는 삶을 다시 일으켜 세우고, 이 동료들, 그녀의 자매를 위해 모든 것을 기꺼이 감수할 각오를 했다.

레니아는 "내 마음속 악마가 나에게 목숨을 끊으라고 했다"라고 회상했다. "그러자 나는 이런 나약함에 대해 수치심을 느꼈다. 안 돼! 독일군이 할 일을 내 손으로 덜어주지는 않겠어!" 그녀의 생각은 스스로 목숨을 끊는 대신에 반드시 복수하고 말겠다는 쪽으로 바뀌었다.

레니아는 정처 없이 걸었다. 그녀에게는 이제 집이 없었고, 머물 집도 없었다.

그녀가 택할 수 있는 유일한 길은 바르샤바로 돌아가는 것뿐이었다. 하지만 어떻게? 열차는 다음 날 아침 5시가 되어야 출발했다.

레니아 쿠키엘카는 이제 마지막 남은 프리덤의 연락책이었다.[2]

✳

오후 3시경이었다. 레니아는 밤을 지새우며 하루 종일 걸어왔다. 그녀는 피곤하고 낙심했으며, 그녀가 기억할 수 있는 얼마 동안은 아무것도 먹지 못했다. 너무 굶주린 탓에 머릿속엔 그저 빵만 맴돌았다. 그러나 한 끼 배급카드로는 빵 한 조각밖에 얻을 수 없었다. 배급카드 없이는 상점에 들어갈 수도 없었다. 배급카드 없이 들어가면 유대인으로 의심받을 수 있었다. 갑자기 그녀는 누군가를 떠올렸다. 벵진에서 서쪽으로 약 6.5 킬로미터 떨어진 소스노비에츠에 사는 비유대인 러시아 여성이며 치과 의사인 바이스 박사였다.

레니아는 트램을 탔다. 차의 반대편 끝에서 신분증을 검사하고 있었다. 그녀는 검문이 다가오기 전까지 가능한 한 오래 머물다가 뛰어내려서, 다음 트램을 탔다. 그녀는 이런 식으로 여러 번 트램을 갈아타면서 목적지까지 갔다.

소스노비에츠에서도 게토는 포위되어 있었다.

여기서도 강제추방이 진행되고 있었다. 도처에 나치가 깔려 있었고, 비명과 총소리가 들렸다.

레니아는 치과의사의 집을 향해 달려갔다. 몇 구간, 작은 골목길 몇 개만 지나면 돼. 그녀는 반복해서 자신에게 속삭였다.

바이스 박사는 문을 열고 놀란 눈으로 레니아를 바라보았다. "여기에 어떻게 왔어?"

그녀는 레니아가 쓰러질까 염려하며 의자에 앉으라고 했다. 그리고 차를 끓이기 위해 주방으로 갔다.

레니아는 자리에 앉자마자 비로소 자신이 의식을 잃기 직전이었다는 사실을 깨달았다. 그녀는 몸을 일으켰다. 바이스 박사에게 그간의 모든 것을 말하고 싶었다.

그러나 그녀는 할 수 없었다.

어떤 압력이 그녀의 목을 억눌렀다.

갑자기 그녀는 울기 시작했다. 흐느낌은 너무 격해서 거의 온몸에 경련을 일으킬 정도였다.

레니아는 부끄러웠다. 하지만 그동안 억누르던 고통이 넘쳐나서 울음을 멈출 수 없었다. 울음이라도 터뜨리지 않는다면, 심장이 고통으로 폭발할 것 같아 두려웠다.

바이스 박사가 그녀의 머리를 쓰다듬으며 말했다. "울지 마. 너는 항상 용감했어. 나는 너를 영웅으로 받들고 싶어. 네가 보여준 용기는 내가 본받아야 할 모범이야. 얘야, 너는 강해야 해. 어쩌면 너희 사람들 일부는 아직 살아 있을지 몰라."

레니아는 극심한 배고픔을 느꼈지만 아무것도 먹을 수 없었다. 그녀는 정말 한계에 도달해 있었다. 그녀는 "그때 난 정말 죽고 싶었다"라고 썼다.

천천히 긴장이 풀리면서 그녀는 몇 시간 동안 쉬기를 갈망했다. 상황을 다시 정리하고 살아남기 위해.

바이스 박사는 "네가 오늘 밤을 내 집에서 보내면 정말 좋겠어"라고 말했고, 그래서 레니아는 숨을 내쉬었다. 그녀의 말이 이어졌다. "하지만 열 명의 독일인들이 갑자기 들이닥쳐서 집들을 수색하며 유대인을 찾고 있어. 그들이 이 동네에 있다면 반드시 여기에 올 거야. 난 러시아인이어서 내가 유대인들과 관계를 유지하고 있다고 의심하고 있거든." 말을 마치며 그녀는 한숨을 쉬었다. "나를 용서해줘. 하지만 내 목숨을 걸 수는 없어."

레니아는 자신의 귀를 믿을 수 없었다. 그녀는 실의에 빠졌고 겁에 질렸다. 지금 이 시간에 어디로 가서 밤을 보낼 수 있을까? 기차역에 가면 그들이 서류를 검사할 것이다. 거리는 너무 위험하다. 이 마을에서 그녀가 아는 사람이라곤 한 명도 없었다.

바이스 박사는 가다가 먹으라고 약간의 음식을 싸주었다. 그녀는 눈물을 흘리며 레니아를 축복했다. "신의 가호를…." 그리고 다시 레니아에게 용서를 구했다. "정말 미안해."

레니아는 멍한 상태로 그 피난처를 떠났다. "나는 그저 발길이 가는 곳으로 걸었다"라고 그녀는 회상했다.

그녀는 저주받은 도시를 떠나 넓은 숲지대에 다가갔다. 한낮의 햇빛이 다시 황혼 속으로 사라졌다. 찬란한 여름밤이었다. 달빛이 그녀를 비췄고, 별은 그녀의 눈에서 반짝였다. 레니아는 부모, 형제, 동지들에 대한 환영을 보고 있었다. 그들이 옆에 있는 것만 같았고, 그들의 얼굴은 모두 슬프고 일그러지고 변해 있었다. 그들 모두가 겪은 고통은 그들 자신의 몸에 흔적을 남긴 상태였다. 그녀는 필사적으로 그들을 껴안고 싶어서 그들에게 다가갔다. 그러자 환영은 녹아내리기 시작했고, 허깨비들은 영화 스크린에서 사라지는 화면처럼 사라져버렸다. 그녀는 아무것도 붙잡을 수 없었다.

레니아는 자신의 삶을 돌이켜보았다. "내가 누구에게 그 많은 짐을 지웠을까? 내가 얼마나 큰 죄를 지었기에? 내가 얼마나 많은 사람을 죽였을까? 왜 이 모든 고통이 내게 왔을까?"

갑자기 그녀는 나무 사이에 남자로 보이는 물체가 있는 것을 보았다. 이 늦은 저녁에 도대체 누구일까? 그 물체가 다가왔다. 그녀는 발끝까지 몸서리가 쳐졌다. 그 남자는 술에 취해 있었다. 그가 그녀 근처에 앉았다. 그녀는 자리를 옮겼다. 그는 더 가까이 왔다. 먹이를 발견한 육식동물처럼 그 남자의 구슬 같은 동공이 커졌다. 그는 그녀를 향해 소리를 지르기 시작했다. 그가 내뱉은 단어들이 뒤섞여서 화와 적대감, 분노의 덩어리가 되었다. 레니아는 비명을 지를 수도, 달아날 수도 없었다. 그녀는 자신의 존재를 알릴 수 있는 상태가 아니었고, 도와줄 사람은 아무도 없었다. 따라서 그는 그녀를 계속 따라와서, 자신이 원하는 것은 무엇이든 하려고 할 것이었다.

※

홀로코스트 기간 동안 성적 모욕에서 강간에 이르기까지 유대인 여성에 대한 다양한 성적 학대가 존재했으며, 심지어 널리 퍼져 있었다. 종전 직후에 나온 회고록 중 일부가 성적 학대와 폭력에 대해 언급했지만, 대부분의 경우 전쟁 직후에는 침묵했다. 연구에 나선 인터뷰어들은 이런 문제에 대해 거의 묻지 않았고, 피해 당사자들이 자발적으로 관련 정보를 제공하는 경우는 드물었다. 피해자들 대부분은 가해자들의 이름을 알지도 못했다. 그리고 많은 여성들은 강간 후 살해되었다.[3] 또 다른 사람들은 이런 과거 때문에 가정을 이루지 못할까 봐 두려워서 그것에 대해 말하기조차 부끄러워했다. 문제를 제기한 사람들은 종종 낙심했고 그들의 증언을 믿지 않는 경우도 많았다. 그들은 위로를 받지 못하고 오히려 외면당했다.

나치는 강제수용소와 노동수용소에 공식 매춘업소를 세웠다. 법은 친위대 경비대원이 수감자, 특히 유대인과 성관계를 갖는 것을 금지했지만, 실제로는 유대인 여성이 '성노예'였던 적어도 500개의 매춘업소가 운영되었다. 일부 나치는, 특히 독일이 점령했던 동부 지역의 경우 사적으로 성노예를 보유했다. 독일인 수용소장과 폴란드 장교들은 유대인 여성들을 성추행하고 임신시켰다. 한번은 나치의 사적인 파티에서 예쁜 유대인 여성들이 하인으로 선택되어 벌거벗은 채 시중을 들고, 파티가 끝난 후에는 손님들에게 강간당했다. 그리고 대부분이 살해되었다. 바르샤바의 한 나치는 영구차를 몰고 게토에서 예쁜 소녀들이 사는 집에 도착하곤 했다. 그는 소녀들을 강간하고 그 자리에서 죽였다(한 10대 소녀는 예쁘지 않게 보이기 위해 얼굴에 밀가루를 문지르기도 했다).[4] 나치는 킬링필드에서 결국 살해당할 여성들을 강간했다. 에이시스키 마을에서는 현지 폴란드인들이 나치에게 미혼의 예쁜 유대인 여성들의 명단을 제공했다. 그 여성들은 인근 덤불로 끌려가서 독일인들에게 집단 강간을 당한 후 학살되었다.[5] 루블린의 노동수용소에서는 모든 연령대의 유대인 여성들이 구타와 괴롭힘, 굶주림을 겪었으며, 끝없는 노동을 강요받았다. 작업 중 실수가 발견되면, 그 작업조의 모든 여성들은 속옷을 벗으라는 지시를 받았고, 나치는 막대기로 다리 사이를 스물다섯 번이나 매질했다.[6]

유대인 사이에도 성적 위계질서가 존재했다. 스카르지스코카미엔나 노동수용소에서는 마이다네크에서 데려온 맨발의 소녀들이 '판매 대상'이었다. 일부 여성은 수용소를 통제하는 유대인 남성 엘리트의 '사촌'이 되어서 그들과 함께 막사로 갔다. 파르티잔과의 사랑과 마찬가지로 중산층 유대인 소녀들과 시골 출신 유대인 '구두 수선공' 사이의 로맨스는 소녀들이 보호받는 방법이었으며 일부는 심지어 전쟁 후에도 그 관계가 이어졌다. 게토에서 섹스는 빵과 바꿀 수 있는 상품이었다.[7]

차시아 비엘리츠카는 그로드노 근처의 수용소에서 수용소장이 예쁘다고 여긴 유대인 소녀와 여자들이 저녁 만찬과 무도회용 의상을 제공받고 독일인들의 파티에 불려갔다고 말했다. 여자들은 파티에 초대된 손님들 앞에서 남자와 춤을 추어야 했다. 그런데 전혀 예상치 못한 순간에 소장이 다가와 권총을 꺼내더니 여자의 머리를 쏘았다. 몇 년 후에 차시아는

"나는 오직 그 여자들이 입은 드레스, 그들의 몸에 꽉 달라붙었던 그 무도회 드레스 안에 얼마나 테러와 죽음의 냉기가 가득했을지 상상해보려고 애쓸 뿐이다"라고 회상했다. "나는 그 여자들이 댄스 플로어로 이끌려 갈 때 어떻게 다리를 떨지 않고 무릎이 비틀거리지 않았는지 이해하려고 애쓴다. 그들의 두려움이 어떻게 해서 원을 그리며 춤추는 댄스 커플 주위로 밀려드는 소리의 폭포로 바뀌지 않았는지."[8]

강제수용소에 들어가는 절차는 그 자체가 성적 침해였다. 여성들은 샤워실에 떠밀려 들어간 후 낯선 남성들과 나치 경비병들이 보는 앞에서 옷을 모두 벗어야 했다. 아이들과 가족들을 빼앗기고, 살이 타는 냄새로 인한 당혹감과 혼돈 상태에 빠진 새로운 여성 수감자들을 대상으로 친위대 경비병들은 음란한 말을 하며 여자들의 몸매를 평하고, 곤봉으로 가슴을 쿡쿡 찌르고, 군용견을 풀어서 겁을 주기도 했다. 그들은 여성의 머리를 빡빡 깎고 그들의 체강을 검사했다. 강제로 집행된 산부인과 검사에는 벌거벗은 유대인 여성들이 질에 귀금속을 숨기지 않았는지 확인하는 작업도 포함되었다.[9] 여성들은 겉으로는 생식 능력이나 임신과 관련된 '의학' 실험의 대상이 되었다. 일부 여성 친위대 경비병들은 사랑하는 사람을 잃은 유대인 여성들이 끔찍하게 구타와 괴롭힘을 당하는 장면을 보면서, 그 앞에서 남자친구와 성적 행위를 했다. 잔인함과 음탕함은 한 몸이었다.

몇몇 유대인 게토 리더들은 추방을 막기 위해서, 나치에게 유대인 여성을 제공함으로써 성폭력에 가담했다. 이 때문에 몇몇 여성은 게토의 유대인 대표가 자신들을 성적으로 학대한다고 비난하기도 했다. 어떤 주장에 따르면, 리브카 글란시는 유대인 평의회 지도 인사가 그녀를 성적으로 희롱했기 때문에 우치의 유대인 평의회에서 하던 일을 그만두었다.

다른 여성들은 이 과대망상증 환자가 자신들도 성적으로 괴롭히려 했다고 주장했다.[10]

성적 학대를 받은 유대인을 보호하고 숨겨준 일부 비유대인들은 은신처에서 유대인 여성들을 성적으로 학대하거나 그 대가로 섹스를 요구했다. 슈말츠오브니크들은 돈과 더불어 또는 돈 대신 섹스를 요구할 수 있었다. 크라쿠프 저항군의 앙카 피셔Anka Fischer는 아리아인 구역에서 아파트와 일자리를 찾았지만, 협박을 당했다. 정비공은 성적 호의를 베풀지 않으면 그녀가 유대인이라는 사실을 보고하겠다고 위협했다. 그녀가 거부하자 곧 체포되었다.[11] 숨어 있던 다른 10대 소녀들은 여동생을 보호하기 위해 이런 성적 명령에 복종했다. 섹스는 그들이 가진 유일한 재산이었으며 살인으로부터 자신을 지킬 수 있는 유일한 보호막이었다. 그 보호막도 오래가지는 못했지만.

마지막으로 도망치던 유대인 여성들이 겪은 성폭력이 있다. 열다섯 살의 소녀 미나 피셔Mina Fischer는 어느 날 염증이 난 게토 생활을 끝내기로 결심했다.[12] 그녀는 강제노동을 마친 후에 숲지대로 도망쳤다. 그녀를 신고하려 했던 두 농부로부터 도망쳐 숲속으로 더 깊이 들어갔다. 밤이 되었지만, 그녀는 숨을 곳이 없었다. 그때 갑자기 세 남자가 달려들어 그녀를 집단으로 강간했다. 그녀는 "당시 섹스에 대해 잘 몰랐기 때문에 그들이 나에게 무슨 짓을 하고 있는지 몰랐다"라고 회상했다. "그런데 그 와중에 그들은 나를 들짐승처럼 물어뜯기 시작했다. 내 팔을 물었고, 내 젖꼭지를 물었다." 미나는 정신을 잃었다. 그들은 그녀가 죽었다고 생각한 것이 틀림없었다. 그녀는 깨어났지만, 충격과 고통 속에서 피를 흘리면서 제대로 서 있을 수도 없었다. 얼마의 세월이 지난 후 그녀가 임신해서 거의 죽을 뻔했을 때, 미나는 그들이 자신의 몸에 어떤 피해를 남겼는지 그제야 이해할 수 있었다.

✳

절망과 피로, 그리고 칠흑 같은 숲의 어둠에도 불구하고, 젊은 여성 레니아는 맑은 정신을 유지했다. 그 남자는 조금 더 가까이 다가와 질문을 퍼붓기 시작했다. 레니아는 본능적으로 바보처럼 행동하면서 어리석은 대답을 했다.

그러는 내내 그녀는 더 이상은 기다릴 수 없다고 생각했다. 이미 새벽 1시였다. 한시가 시급했다. 그녀는 조금씩 그와 거리를 두다가 갑자기 전력으로 뛰기 시작했다.

그 남자는 그녀를 쫓아갔다.

기력이 얼마나 남아 있는지는 모르겠지만 그녀는 그 마지막 남아 있는 힘을 다해 어느 집에 도달할 때까지 뛰었다. 그녀는 문이 열린 것을 발견하고, 그 건물 안 어두운 복도로 기어 들어갔다.

그녀는 숨을 죽이고 계단 아래에 웅크리고 있었다. 마치 "쫓기는 개처럼 앉아서" 기다렸다.

아침이 되자 레니아는 고통스럽고 지친 몸을 이끌고 바르샤바를 향해 떠났다.

3부
"어떤 경계선도 그들이 가는 길을
막을 수 없다"

———————————— 그들은 무엇이든 할 준비가 되었으며, 어떤 경계선도 그들이 가는
길을 막을 수 없을 것이다.[1]

— 차이카 그로스만, "저항운동에 참여한 여성들에 대해", 《게토의 여자들》

23   벙커, 그리고 그 너머

레니아와 차이카

1943년 8월

집이 없다. 다른 거처도, 정신적인 은신처도 없다. 임시 숙소는 물론 빵조차도 없다. 가족, 친구, 일자리, 돈, 기록된 신원도 없다. 당신 가족의 천년 유산에도 불구하고 조국은 없다. 당신에게 기대되는 것은 아무것도 없고, 당신이 어디에 있는지 궁금해할 사람도 없다. 당신이 살아 있다고 해도, 아무도 관심이 없다.

그럼에도 불구하고 생존자들은 살아남기 위해 끊임없이 몸부림쳐야 했다.

✳

마침내 바르샤바에서 안테크의 연락을 받고 몸을 숨긴 레니아는 제정신이 아니었다. 그녀는 "무슨 일이 일어났는지 알고 싶거나, 내가 벵진에서 무슨 소식을 가져왔는지 알기 위해서는 그냥 나를 흘깃 쳐다보기만 하면 될 정도였다"라고 말했다.[1] 누구도 그녀를 진정시키지 못했다. 레니아조차 자신이 언제 미쳐도 이상하지 않을 것이라고 느꼈다.

날이면 날마다 그녀는 벵진에서 무슨 소식이나 편지가 오지 않을까 기다렸다.

그녀의 친구들, 그녀가 사랑한 사람들, 그녀의 언니에게 무슨 일이 생긴 걸까?

그리고 이제는 더 이상 자그웽비에서 폭동이 일어나지도 않을 텐데, 그녀는 어떻게 되는 걸까? 레니아는 스스로 다음 계획을 세우기 위해 일이 어떻게 진행되고 있는지 알아야 했다.

3주가 지나서야 마침내 일자 한스도르프에게서 엽서 한 장이 도착했다. "벵진으로 와. 지금 당장." 레니아는 단어 하나하나를 곱씹어보았다. "도착하면 모든 걸 설명해줄게."

레니아는 곧 안테크에게 연락했고, 몇 시간 안에 떠날 채비를 하고 있었다. 지하 조직은 굉장히 비싼 돈을 받고 가짜 여행 허가증을 발급해주었는데, 벵진에 있을지도 모를 생존자를 위해 여분으로 두 장을 더 주었다. 또한 그녀는 슈말초브니크와 경찰들에게 줄 뇌물, 은신처, 음식, 장비 등 예상치 못한 지출이 발생할 것에 대비해 몇천 마르크도 받았다.

다시 전차를 타고, 그녀는 일자의 엽서에 적힌 주소에 도착했다. 그곳은 키부츠의 세탁실에서 일하는 폴란드인 기계공의 집이었다. 그는 전쟁 동안 프리덤 멤버들을 돕기 위해 지속적으로 연락을 취했고, 멤버들은 모두 그의 주소를 알고 있었다.

레니아는 가장인 노박 부인이 열쇠로 문을 열기 위해 더듬거리는 소리를 들었다. 그녀는 숨을 죽인 채 기다렸다.

문이 열리고, 정적이 흘렀다. 무척 수척해 보이는 두 사람이 테이블 앞에 앉아 있었다. 하지만 그들은 레니아를 만나게 되어 기분이 좋았다.

그 커플은 마이어 슐만Meir Schulman과 그의 아내 나차Nacha였다.[2] 마이어는 이 운동의 일원은 아니었지만, 헌신적인 친구였고 키부츠의 이웃이었다. 그는 매우 유능한 사람이었고, 레니아는 그가 완벽주의자라고 이야기했다. 기계에 대해 잘 알고 있던 그는 벙커를 짓고 비밀 라디오를 설치하는 것을 도와주었다. 고장 난 낡은 무기를 수리하기도 했다. 그들이 바르샤바로부터 폭탄 제조법을 전달받았을 때도, 필요한 재료를 가져다준 사람이 바로 마이어였다. 그는 가짜 고무도장을 만들어 위조지폐를 찍으려는 시도를 하기도 했다.

그와 마주앉은 레니아는 넘쳐나는 질문들에 그가 대답해주기를 간절히 바랐다. 모두들 어디에 있는 건지, 이송 도중에 무슨 일이 있었는지, 사라와 다른 투사들은 어떻게 되었는지.

차이카는 자기 방식대로 이해한 이야기를 들려주었다.[3]

몇 주 전, 어느 일요일 새벽 3시에 총소리가 울려 퍼졌다. 차이카조차도 나치가 그들의 휴일을 망쳐놓으리라고는 전혀 생각하지 못했기 때문에 무척 놀랐다. 모든 이들이 잠에서 깼다. 즈비 브란데스는 벙커의 슬레이트를 들어내고 무기를 한 움큼 꺼냈다. "왜 이렇게 적어?" 차이카가 물었다.

그들은 전혀 준비된 상태가 아니라는 사실이 드러났다. 대부분의 무기들은 다른 곳에 있었고, 헤어셸의 프리덤 은신처에는 아무것도 없었다. 차이카는 화가 치밀었다. "우리가 지금까지 하가나[시온주의 준군사조직]의 정신을 연마했던 이유가 고작 이런 상황에서 멍청하게 빈손으로 있기 위해서였을까요? (…) 우리는 그들이 우릴 그냥 끌고 가도록 내버려두지 않을 겁니다. 바보 같은 짓이라도 할 거예요. 총은 한 발밖에 쏘지 못할 수도 있지만, 뭐라도 할 거예요. 뭐라도 해야만 해요." 그들과 함께 있던 게토 투사 중 누군가가 무기를 집어들었다. 그는 무기가 너무 더럽다며 화를 냈고, 그것을 닦기 시작했다.

그들은 모두 아래층으로 내려가 빵 두 덩이와 물 한 주전자를 챙기고는 오븐을 통해 20명이 영가드의 벙커로 들어갔다.

그곳은 너무 좁았고, 제대로 준비되지 않은 상태였다. 모두가 잔뜩 몸을 움츠린 채 들어설 수밖에 없었다.

그들은 벙커로 들어온 뒤 오븐 문을 잠갔다. 오븐에 뚫린 구멍으로 엷은 공기가 한 줄기 들어왔다. 양동이는 없었다. 차이카는 수치스러움에 분개했다. 잠자는 곳에서 소변을 볼 수밖에 없는 상황은 가장 잔인한 고문보다도 더 끔찍하게 느껴졌다.

그들의 은신처는 두 갈래 도로가 교차하는 지점 아래에 있었다. 나치는 그 건물에 반복적으로 들어와 위층을 살폈는데, 곡괭이로 바닥을 내려치거나 오븐을 열려고 시도하며, 그들의 머리 바로 위쪽을 부수려고 했다. 즈비는 자기 총을 찾았고 바르샤바 투사들에게 준비하라고 명령했다. 그는 모두에게 말했다. "달아나세요. 만약 성공한다면 다행이겠지요. 만약 그렇지 않다면, 애도를 표할게요."

정적이 흘렀다. 총성은 끊임없이 울려 퍼졌고, 언제라도 그 총에 목숨이 날아갈 수 있는 일촉즉발의 상황이었다.

이런 상황이 사흘 내내, 하루에도 열 번씩 계속되었다.

외부에서는 아무 소식도 들리지 않았다. 다른 ZOB 은신처들과 연락할 수 있는 수단도 없었다. 그들은 자신들이 최후의 유대인들일까 봐 두려움에 떨었다. 즈비는 프리덤 키부츠가 무사한지 가서 확인해보기로 결심했다. 차이카와 다른 동료들은 그들이 사랑하고 존경하는 리더이자 형제이자 아버지인 그가 무사할 수 있을지 몹시 걱정했다.

즈비는 그렇게 떠났다. 남은 이들은 "숨을 죽인 채 죽음의 위협이 감도는 팽팽한 긴장 속에서" 망치질과 곡괭이질 소리로 가득한 끔찍한 하루를 보냈다. 나치는 벙커 주변에서 세 시간 동안 작업하면서 바닥을 절반 가까이 뜯어냈고, 당장 밖으로 나오라고 소리쳤다. 그들은 어쩔 줄 몰랐다. 차이카는 모두를 안심시키기 위해 온 힘을 다했다. 그녀는 쉿 하고 작게 말했다. "바닥에 붙으세요." 그들은 따랐다. "나는 본능적으로 지휘했다." 그녀는 나중에 이렇게 썼다. "나는 나치가 게을러지기만을 바랐다. 그리고 그들은 나를 실망시키지 않았다." 독일인들은 떠났다.

즈비가 돌아온 것은 모두에게 엄청난 안도감을 주었다. 하지만 문제는 비축된 물자가 충분하지 않다는 것이었다. 물이 부족했다. 해치를 열었더니 총소리가 들렸다. 누군가 복도에 있는 게 분명했다. 그들은 움직일 수가 없었지만, 물 없이는 모두 죽게 될 것이 뻔했다. 하는 수 없이 오븐 문을 열었는데, 대단히 시끄러운 소리가 나서 모두 겁에 질렸다. 언제나 그랬듯 즈비가 앞장서서 다른 한 명과 함께 나가서 물을 가지고 돌아왔다. 천만다행이었다.

하지만 이제 어떻게 할 것인가? "우리가 과연 이 지하 감옥에서 얼마나 더 버틸 수 있을까?" 벙커는 너무 답답했고 사람들은 날로 허약해져 갔다. 차이카는 "당신이 지옥에 대한 이야기를 들었든, 그림으로 보았든지 간에" 이곳은 누가 봐도 지옥이었다고 말했다.

어둠 속에서 얼굴이 분간되지 않는 사람들은 그저 목마른 한 무리의 존재들일 뿐이었다. "당신은 반쯤 옷을 벗은 채 누더기 위에 누워 있는 젊은 몸뚱이들을 볼 수 있다. 수많은 다리들이 다닥다닥 붙어 있다. (…)

팔도, 수많은 팔들이 (…) 축축하고 끈적거리는 손바닥이 당신을 누르고 있다." 차이카는 이렇게 적었다. "역겨울 것이다. 그런데 그 사람들이 거기서 사랑을 나누었다.⁴ 그게 그들의 마지막 순간이 될지도 모르니, 적어도 작별인사 정도는 하게 해주는 것이 도리였다." 차이카는 즈비와 그의 애인 도라가 충분히 헌신하지 않은 것에 대해 질책하지 않을 수 없었다. 그들은 시간을 너무 허비했다.

이튿날, 물이 또 바닥났다. 이제는 지상에도 아무것도 없었다. 나치가 물 공급을 끊어버린 것이었다. 즈비의 여동생 페사는 나치가 자기를 당장 죽여줬으면 좋겠다고 고래고래 소리를 지르며 히스테리 증세를 보였다. 모두가 그녀를 진정시키려 했지만 아무 소용이 없었다.

즈비는 그들이 프리덤 키부츠 벙커로 이동해야 한다고 결정했다. 도라와 카시아라는 여성, 즈비와 그의 여동생이 떠났다. 차이카는 동료 스룰레크와 함께 오븐 밖으로 기어 나와 지상으로 나왔다. 도로에는 아무도 없었다. 그런데 갑자기 로켓이 도로 전체를 밝혔다. 총이 발사됐고, 불빛이 번쩍였으며, 파편과 돌멩이가 사방에서 날아왔다. 그들은 바닥에 납작 엎드렸다. 차이카의 심장이 쿵쾅거렸다. 이렇게 아무것도 못하고 죽어야 하나? 싸우다 죽는 것도 아니고 도망치다가, 홀로 벌판에서 허무하게 죽게 되는 것인가? 그녀는 비참함과 외로움에 견디기 어려울 만큼 고통스러웠다. 하지만 그녀는 엎드린 채, 살면서 좋았던 순간들도 있었음을 떠올리며 자신을 위로했다. 그녀 곁에는 동료들이 있었고, 다비드와 보낸 멋진 순간들이 있었다. 그런데 이제 그녀도, 그가 그랬던 것처럼 총에 맞아 죽을 운명을 마주하고 있었다. "지독한 운명이네"라고 그녀는 스스로에게 말했다.

운이 좋게도 차이카는 가까운 건물로 기어가 아파트로 들어가는 데에 성공했다. 그녀는 자신의 몸을 확인해보며 생각했다. '내가 정말 살아 있는 게 맞나?' 그녀와 스룰레크는 환희의 입맞춤을 하고는 함께 물을 마셨다. 그들은 프리덤 키부츠에 무사히 도착했다. 그때가 오후 3시였고, 그곳에 모두가 있었다. 스무 명이 넘는 사람들이 모여 있었다.

즈비의 여동생은 아파트의 지상 층에 머물렀다. 사람들은 그녀가 개방적인 장소에서 안정을 찾을 수 있기를 바랐지만, 그녀는 여전히 히스테리 증세를 보였다. 나치 한 명이 그녀를 발견했다.

즈비가 그를 등 뒤에서 총으로 쏘았다.

"처음으로 쏜 총이었다." 차이카는 이렇게 기록했다. "정말 자랑스럽고, 정말 기뻤다."

그러나 기쁨도 잠시였다. 독일군 하나가 쓰러졌지만, 채 숨을 돌리기도 전에 수많은 동료가 사살되었다는 것을 차이카는 깨달았다. "우리는 끝까지 함께해야 했다. 이렇게 생명이 조각나고 몸이 찢기는 것이 아니라. 우리는 무언가를, 어떤 대단한 무언가를 함께 해야만 했다." 후에 그녀는 이렇게 적었다. 그것은 "나를 분노하게 만들었다. 속으로 비명을 질렀고 창자가 끊어지는 것 같았다."

마이어와 나차가 피난 온 이 새로운 은신처는 떠나온 곳보다 상태가 더 나빴다. 총이라고는 그들이 가져온 두 자루가 전부였고, 내부는 답답하고 땀 냄새로 가득했다.[5] 사람들의 피부는 땀으로 번들거렸다. 그들은 잠옷이나 셔츠 바람으로 반쯤 옷을 벗은 채 돌아다니거나, 대부분은 시체처럼 바닥에 누워 있었다. 숨을 간신히 쉴 수 있었던 차이카는 선풍기가 있어 정말 다행이라고 생각했다. 탁탁거리며 쉴 새 없이 돌아가는 날개는 작은 위안을 주었다. 거기다 제대로 된 부엌에 전기밥솥까지 있었다. 다들 무기력한 채 누워 있었지만, 프리덤 키부츠의 의사였던 차우카 렌츠너Chawka Lenczner는 알리자 치텐펠트를 위해 세몰리나를 요리했다.[6] 덕분에 레니아의 언니 사라를 포함해 그들은 함께 점심으로 빵 조각 대신 따뜻한 음식을 먹을 수 있었다.[7] 차이카는 차우카를 좋아했다. 그녀는 화덕 옆에 서서 동료들을 보살피고, 상처에 붕대를 감아주고, 피부에 바를 텔컴 파우더를 건네주며, 사람들에게 이가 들끓지 않도록 씻으라고 지시했다. "그녀를 바라보는 건 정말 좋았다. 정말 깨끗하고 친절했다." 차이카는 그리워하며 회고했다. 처음에 차이카는 차우카가 완벽한 아리아인의 외모를 가지고 있음에도 벙커에 머물게 하는 것에 대해 헤어셸에게 화를 냈지만, 그는 차우카 없이는 모두가 끝장이라고 말했다.

차이카는 주변을 돌아보았다. 생지옥이었다. 그녀는 더 이상 견딜 수 없었다.

"내 마지막 순간만큼은 지상에서 보내고 싶었다. 마지막으로 한 번만 더 하늘을 보고, 물과 공기를 가득 들이마시고 싶었다." 숨 막히는 공기와 갈증, 끝없는 어둠은 견디기 힘들 정도였다. 그녀는 생각했다. '나는 절대 산 채로 수레 안에 들어가지는 않을 거야.'

밤이 되어 그들은 해치를 열었다. "싱싱하고 건강한, 맑은 공기"에 기운을 차린 차이카는 소년들과 함께 떠났다. 그녀는 숨을 최대한 깊게 들이마셨다. 나중을 위해 저장해둘 수 있기를 희망하며 가능한 한 많은 공기를 들이마셨다.

그때 갑자기 총성이 울렸다.

포탄이 터지면서 건물에 불이 붙었다. 그녀는 몸을 피했다. 그 순간, 겁먹은 자신에게 화가 난 차이카는 애써 밖으로 걸어 나갔다. 그녀는 막사의 밝은 불빛을 보았다. 유대인 강제이주센터에서 나오는 불빛이었는데, 그곳에서 독일인들이 유대인을 열차에 싣고 있었다. 탐조등과 감시

초소, 빠져나갈 틈은 없었다. 더 많은 포탄들이 날아왔다. 차이카는 소리 내어 웃었다. 이곳이 바로 전선이었다. 나치는 벙커에 갇힌, 목마르고 무장하지도 않은 유대인들과 본격적인 전쟁을 시작하고 있었다. 물론 그들의 승리가 분명한 전쟁이었다.

소년들은 물을 가지고 돌아왔다. 그들은 그것을 위해 목숨을 걸었을 것이다. 차이카는 다음번에는 그들과 함께 가기로 결심했다. 그들은 모두 지하실로 돌아갔다. 차이카는 신선한 공기를 마시는 것이 좋을 거라고 생각했었지만, 그것은 오히려 상황을 안 좋게 만들었다. 이제 그녀의 폐는 아무것도 들이마시지 않는 것에 다시 적응해야 했기 때문이다. 게다가 벙커 안에서 소동이 일어났다. 여자들은 해치를 열어둔 채로 누더기에 대해 논쟁하고 있었다. 얼마나 터무니없는 짓인가. 너무나 화가 난 차이카는 그만 울음을 터뜨렸다. 왜 여기서 이 사람들과 이러고 있어야 하나? 그녀를 그토록 사랑했던 이들은 어디에 있는가? 다비드는, 페작손 자매는? 그들이 여기서 자신들의 꿈이 산산조각 나는 것을 보지 못하는 것은 어쩌면 다행일지도 모른다고 생각했다. 그러나 곧, 그들이 있었다면 뭔가 달라졌을지 모른다는 생각이 들었다. 아니 분명 달라졌을 것이다. 그녀는 자신이 생각한 것보다 훨씬 더 많이 비통해했다.

그들은 지하실에 앉아 있었다. 그들에게 무엇이 가장 중요한 문제였나? 그들은 질식할 것만 같았다. 확실히 밖은 유대인 정화구역이었다. 물 공급은 안정적이지 않았고, 산소도 부족했다. 그들은 발각되거나 그곳에서 죽을 것이 분명했다. 매일 그들은 아리아인들 쪽으로 갈 두 사람을 고르기 위해 제비뽑기를 했다. 아무도 이 집단을 떠나 그곳으로 가고 싶어 하지 않았다. 그들은 주소도, 안전한 목적지도 없었다. 그들은 아직 미지의 장소로 떠날 준비가 되어 있지 않다고 불평했다. "우리는 다 함께 가는 줄 알았어요"라고 그들은 말했다. 차이카는 슬픔이 북받쳤고, 그만큼 화도 치밀었다. 그들 모두는 너무나 겁쟁이들이었다. 그들은 아무것도 하지 않았고, 아무런 소식도 가져오지 못했다. 정말 다른 생존자는 없는 걸까?

동료 한 명이 정보를 수집하러 나갔고 몇 시간 후 숨을 헐떡이며 돌아왔다. 그는 몇몇 유대인들이 남아 있고, 그들은 남아 있는 유대인 소유지의 게토를 정리하기 위해 설치된 죽음의 수용소에서 일하고 있었다고 보고했다.

어느 날 차이카의 차례가 돌아왔다. 집단은 점점 축소되고 있었고 더 이상 지체할 수 없었다. 그녀는 즈비나 헤어셸과 함께 떠나고 싶었지만, 알리자 치텐펠트가 계속 미루고 있었다. 그녀는 즈비의 형제자매와 함께 갈 수 있었다. 그런데 그렇게 해야 하는 것일까, 지금 당장?

갑자기 비명이 들렸다. 독일군이 가까이에 있었다. 그들은 석탄을 긁어내어 해치를 열고 있었다. 발각되고 만 것이다.

※

탈출했던 동료 한 명이 캠프를 운영하는 볼프 봄Wolf Bohm과 함께 계획을 세웠다. 봄은 유대인 한 명을 보내 그들을 벙커에서 빼내어 캠프로 오도록 했다. 그러나 그 유대인이 나치 두 명을 데리고 온 것이었다.

이러한 거래에 대해 몰랐던 차이카는 대체 어떻게 발각되었는지 도저히 이해할 수 없었다.[8]

한바탕 소란이 일었다. 사람들은 가방과 보따리를 챙겼고, 여자와 아이들을 먼저 내보내기로 결정했다. 차이카는 맨몸 위에 치마를 걸쳤고,

신발이나 다른 것은 아무것도 없었다. 마이어와 나차가 두 번째로 문을 열었고, 차이카가 그들을 뒤따라 나가려고 하는 순간 쾅! 하고 그들은 문을 닫아버렸다. 감시가 너무 삼엄했기 때문이다.

마침내 차우카가 나갔다. 그녀는 금방 돌아와 당황하며 말을 더듬었다. 나치는 그녀에게 헤어셸이 그곳에 있는지 물었고, 만약 그들 모두가 당장 나온다면 로스너의 공장 주변 도로로 보내질 것이라고 말했다. 이 일의 배후에 봄이 있을 것이라는 차이카의 추측이 맞았다. '그래도 한 줄기 희망은 있네.' 차이카는 생각했다. 하지만 총은 어떻게 해야 하나? 즈비는 마이어에게 총을 가지고 떠나라고 소리쳤지만, 그는 거절하고 간이 침대 밑에 숨었다. 사람들은 허둥지둥 탈출하고 있었다. 헤어셸과 즈비는 혼란스러워했다. 헤어셸은 숨겨두었던 많은 비상금을 사람들에게 나누어주었다. 차이카는 훗날 "그렇게 많은 돈은 처음 봤다"라고 말했다.'

차이카는 밖으로 걸어 나갔다. 나치 세 명이 입구에 서 있었다. 그들은 유대인들을 한 명씩 몸수색했고 돈을 전부 가져갔다. 알리자는 창백한 얼굴로, 로스너의 공장 주변 도로로 그들을 이송하는 것에 대해 조용히 물었다. 차이카는 그들이 저축한 돈을 독일군이 모두 가져가는 것을 걱정하며 자기 몫의 돈을 어떻게 해야 할지 고민하면서 석탄실에서 상황을 지켜보았다. 그 돈을 어디에 숨길 수 있을까, 속바지 안에 숨기면 될까?

옆에 있던 페사가 귓속말로 "이 총을 어떻게 해야 할까? 여자들은 몸수색을 하지 않을 거라고 생각해서 나한테 줬는데"라고 물었다. 차이카는 공포에 얼어붙었다. 대체 누가 그런 멍청한 생각을 했단 말인가? 그 총은 이미 사용되었거나 지하 깊은 곳에 숨겼어야 했다.

차이카는 총을 석탄 속에 숨기라고 말했다. 총 때문에 그녀는 집중력을 잃었고, 나치는 그녀의 돈을 전부 가져가버렸다.

그러더니 그들은 석탄 더미 쪽으로 걸어와 손을 집어넣더니, 붉은 피로 뒤덮인 자루 하나를 끄집어내었다. 총이었다.

나치 하나가 소리쳤다. "그러니까 지금 우리를 공격할 무기를 갖고 있었다는 거군!"

"역겹네." 또 다른 나치가 중얼거렸다. "우리는 당신들을 도와주려고 했는데, 당신들은 우리를 죽이려고 했어."[10]

망했다. 차이카는 다시 벙커로 몰래 들어갔다. 즈비는 충격에 빠져 있었다. 남은 총 하나를 잃어버렸는데, 아마 어떤 가방 속에 넣어둔 것 같았다. 모두들 정신없이 총을 찾았다.

바르샤바의 투사가 돌아왔다. "지금 사람들을 전부 바닥에 정렬시키고, 당신들이 나오지 않으면 모두 처형하겠다고 협박하고 있습니다."

침묵이 흘렀다.

"제가 희생양이 되겠습니다"라고 즈비가 말했다. "제가 나갈게요." 그는 벙커를 떠났다.

마이어와 나차는 움직이지 않았다. 차이카는 '그래, 내가 가야지'라고 결심했다.

열두 명의 사람들이 바닥에 양팔을 쭉 뻗은 채 엎드려 있었다. 차이카도 합류했다.

"저 안에 사람이 남아 있나?"

그들은 확인을 위해 헤어셸을 보냈다. "아무도 없습니다." 그는 마이어와 나차를 넘겨주지 않았다.

나치는 계단을 내려가 서류 가방 하나를 집어들고 열었다. 총이었다. 그는 그것을 꺼내 들고 웃음을 터뜨렸다. "네 것은 아니겠지, 그렇지?!" 그는 서류 가방 안을 더듬어 알리자 치텐펠트의 사진을 찾아냈다. "사진을 남겨두다니, 정말 멍청하군!" 그들은 깔깔대며 웃었다.

알리자는 호소하기 시작했다. "그건 제 것이 아닙니다."

차이카는 분노가 끓어올랐다. 알리자는 적어도 용기를 내볼 시도라도 할 수 있었다.

그러더니 그들은 차이카를 정확하게 가리켰다. "그리고 이건 네 것이 겠지."

운명이 내게 선고를 내렸구나 하고 차이카는 생각했다. 다 끝난 일이 었다. "뭐라고요, 제 거라고요?"

나치는 아무 말도 하지 않고 그녀를 발로 두 번 걷어찬 후 각목으로 내리쳤다. 차이카는 마지막에 그가 얼마나 화가 났는지 본 뒤에야 비명을 질렀다.

그녀는 바닥에 쓰러진 채로 하늘을 올려다보았다. 모든 것을 받아들이고, 지금이 하늘을 볼 수 있는 마지막 기회라고 생각했다.

독일군은 그들 모두에게 일어나라고 명령했다. 차이카는 신발을 신거나 서류 가방을 가져가는 것이 금지되었다. 바닥에서 일어났을 때 그녀의 치마는 더러워져 있었다.

그들은 차이카를 뒤에서 소총 개머리판으로 때리며, 줄의 맨 뒤에서 걸어가라고 명령했다. 그중 한 명은 "저 여자를 지금 당장 끝장내버리겠어"라고 말했다.

다른 나치가 "그냥 놔둬. 어떤 행위도 우리 마음대로 해서는 안 돼"라며 말렸다.

그들은 일렬종대로 걸어서 막사 맞은편 광장에 도착했다. 군인들과 장교들을 비롯해 모두가 그들을 향해 총을 겨누고 있었다.

알리자는 울면서 빌었다.

"바보야, 진정해." 차이카는 나직하게 꾸짖었다. "품위를 좀 지켜."

✳

게토는 텅 비었다. 나치의 작전은 일주일 동안 계속되었다. 유대인 학살을 위해 특별히 훈련된 군인들은 그들을 벙커에서 끌어내는 데 투입되었다. 이륜마차를 탄 유대인 평의회를 제외하고 모든 유대인들은 가축 운반용 트럭에 실렸다. 사람들은 탈출하려고 했다. 로스너가 500명을 숨겨주었으나 모두 잡히고 말았다. 몇몇 유대인들은 노동수용소로 보내졌고, 몇몇은 게토 아파트를 정리하기 위해 카미온카에 남겨졌다. 강제추방된 이들은 안에서 자유롭게 움직일 수 있는 막사에 감금되었지만, 저항세력들은 마치 동물원의 동물들처럼, 바깥에서 경비병들의 감시를 받으며 미동도 없이 바닥에 앉아 있어야만 했다.

차이카는 사람들이 "물 양동이를 향해 야생동물들처럼 달려가는" 모습을 보았다. 갈증은 정말 참을 수 없었다. 그들은 몇 주 동안이나 제대로 된 물을 마시지 못했고, 빗물이나 심지어 소변을 마시기도 했다. 차이카는 겁에 잔뜩 질린, 그리고 너무나 비위생적인 생활을 해야 하는 노인과 아이들이 측은했다.

어떤 유대인들은 독일군에게 뇌물을 주고 일거리를 얻어보려 했지만, 줄 수 있는 것이 아무것도 없었다. 차이카가 속한 집단도 나섰지만 무시당했다. 차이카는 살고 싶었다. 하지만 어떻게 해야 살아남을 수 있을까. 그녀는 기적이 일어날 거라고는 믿지 않았다.

나치는 그녀와 알리자를 불렀다.

차이카의 처형이 다가온 것이다.

그녀는 "안녕" 하고 말하고는 고개를 들고 당당하게 걸어갔다.

그들은 폐쇄된 예전 민병대 건물까지 그녀를 걸어가게 했다. 알리자는 먼저 안으로 들어갔고, 차이카는 밖에서 기다려야 했다. 유대인 평의회의 사무원 한 명이 겁먹은 얼굴로 지나갔다.

"여기서 뭐하고 있어요?"

"딱히 아무것도요." 차이카는 대답했다. "그들이 나를 처형하려고 해요."

"대체 왜죠? 무엇 때문인가요?"

"그들이 우리 벙커에서 무언가를 발견했거든요."

그는 사과 몇 개가 담긴 쟁반을 들고 있었다. 차이카는 여유롭게 팔을 뻗어서 하나를 집어 베어 먹었다. 그는 차이카가 정신이 나간 게 아닌가 싶어 그녀를 쳐다보았다. 정말 그랬던 걸까? 아직 사과를 씹고 있을 때, 건물 안으로 들어오라는 소리가 들렸다. 그녀는 씨 부분을 바닥에 버리고는 마지막 순간에 말하려고 준비한 내용을 되뇌었다. "살인자들아, 심판의 날이 올 거야. 우리가 흘린 피의 원수를 기필코 갚을 거야. 너희들의 끝은 이미 다가왔어."

처형장으로 걸어가는 동안 차이카는 소리를 지르고 싶었지만, 그곳은 너무나 적막했다. 소리를 지른다 한들 아무도 들을 수 없었다. 그녀는 다른 사람들을 위해 스스로를 통제했다. 그렇게 하라는 지시는 없었지만, 침묵을 지키며 자기 비판적인 태도를 유지했다.

알리자는 피투성이가 되어 방구석에 있었다. 심하게 맞아 뼈가 부러진 채로.

그제야 차이카는 자신이 고문을 당하리라는 사실을 알아챘다.

그들은 그녀에게 엎드리라고 했다. 죽을 때까지 때리라는 명령이 떨어졌다. (무차별적인) 구타가 시작되었다. 그들은 온몸을 사정없이 때렸고, 그다음에는 머리를 때리기 시작했다. 차이카는 소리 지르는 것을 그만두고 "형편없는 유대인 여자가 무슨 짓까지 할 수 있는지" 보여주고 싶었다. 하지만 그녀는 그들이 말하는 죄를 부인하면서 자신의 결백을 외쳐야만 했다.

"이 총이 누구 건지 말해. 그러면 더 이상은 너를 건드리지 않을 거야!" 그들은 고함쳤고, 차이카는 "모릅니다"라고 대답했다. "나는 결백해요. 엄마! 엄마!"

결국 그들은 멈추었고 다시 알리자에게로 보내졌다. "나는 비열한 짐승임이 틀림없다." 차이카는 훗날 이렇게 적었다. "왜냐하면 그들에게 아무런 저항도 하지 않았으니까." 대체 어떻게 그녀의 친구를 두들겨 패는 이들에게 달려가서 뺨을 때리지 않고, 그저 가만히 얼굴을 감싸쥐고만 있었단 말인가? 하지만 그녀는 너무나 고통스러웠고, 동시에 비틀린 격렬한 기쁨을 느꼈다. 그녀는 자신이 견뎌낼 수 있으리라 확신했던 것이다.

그들은 또다시 차이카에게로 돌아왔다. 나치 한 명이 그녀에게 다가왔다. "그는 키가 크고 마른 사냥개 같았다." 그녀는 적었다. "익숙한 눈빛이었다."

차이카는 그를 조롱 섞인 시선으로 쳐다보았다. 그가 자신을 때리기 시작한 것은 그 때문이었을지도 모른다.

얼굴이 멍들고, 볼이 터지고, 눈이 찢어졌다. 피가 마구 쏟아져 흘러내렸다. "1센티미터만 잘못 맞았어도 아마 시력을 잃었을 것이다." 그는 건장한 팔로 차이카의 가녀린 목을 휘감아 졸랐다. "난 그때 비로소 사람이 어느 시점에 죽게 되는지 깨달았다." 그녀는 회고했다. "그 고통의 과정이 언제 시작되는지 항상 궁금했었는데 말이다." 그녀가 캑캑거리자 그는 팔을 풀었다. 그들은 밖으로 호송되었다. 그녀는 그들이 아우슈비츠에 대해 언급하는 것을 들었다.

차이카는 아픈 몸을 질질 끌고 자기 자리로 돌아갔다. 동료들은 그녀와 알리자를 보자마자 울음을 터뜨렸다.

사람들은 차이카에게 수건이나 셔츠를 주며 깔고 앉으라고 했다. 그녀의 몸은 "돌이나 고무처럼 딱딱했고, 거무스름했다. 푸르스름한 게 아니라 차라리 검은빛에 가까웠다"라고 그녀는 묘사했다. "나는 고양이처럼 몸을 웅크리고 페사 위에 누워 있었다." 코트도, 신발도, 스타킹도 없었다. 밖은 춥고 어두웠다. 군인들은 모닥불을 피우기 위해 낡은 가구들을 부수고 있었다.

갑자기 즈비가 벌떡 일어섰다.

그가 너무 빠르게 달려 나가는 바람에 차이카의 시선이 그를 따라갈 수도 없었다.

그가 도망가고 있었던 것이다!

군인들 사이에서 한바탕 소란이 일었다. 그들은 총을 쏘며 뛰어다녔다. 사령관은 격분하여 명령했다. "그를 쫓아라, 생포하든 사살해서든 반드시 데려오도록."

몇 분이 흘렀다. 차이카는 심장이 쿵쾅거렸다. 군인들이 돌아왔다. 어두워서 그들의 얼굴을 볼 수는 없었지만, 그중 한 명이 "거의 다 됐습니다! 제가 잡았습니다!"라고 말하는 것을 들었다.

차이카는 사실이 아닐 거라고 스스로에게 말했다. 그가 그저 큰소리치고 있는 것뿐이라고. 하지만 머릿속으로는 즈비가 죽었다는 걸 알았다. 그들은 동료이자 참된 지도자, 그리고 그녀의 가장 소중한 친구를 잃었다.

즈비의 여동생과 남동생이 그녀 옆에 앉았다. "그들이 뭐라고 하던 가요?"

"저도 모르겠어요." 차이카는 공허한 마음으로 거짓말을 했다. "만약 그때 누군가가 내 몸을 두드렸다면 아마 (몸속이 텅 비어) 소리가 울렸을 것이다."라고 훗날 그녀는 적었다.

어둠 속에서 차이카의 생각은 군인들의 목숨으로, 잠재적인 탈출로, 아우슈비츠에서 벌어지는 일들에 대한 궁금증으로 뻗어나갔다. 그녀는 아우슈비츠에는 절대 가지 않겠다고 스스로에게 다짐했다. 그전에 달리고, 뛰고, 자신을 쏘겠다고. 화장실에 갔을 때, 그녀는 옆에 있는 세탁소로 기어가서 몰래 탈출할까 생각했다. 하지만 경비대가 너무 가까이 있었다. 그녀는 그만큼의 용기는 없었다. 차이카는 즈비를 생각했다. 내일이면 너무 늦어버릴지도 모른다.

아침이 밝았고, 고통은 다시 시작되었다. 먹을 것이 전혀 없었다. 사람들은 물을 달라고 애원했다. 그들을 지나쳐간 유대인들이 물 몇 모금 주고 갈 수도 있었으나, 거리를 두고 시선을 피했다. 과연 이것이 그녀가 목숨을 바치려 했던 민족이었나? 그러나 다음 순간 깨달았다. 나치가 그들을 이렇게 만들었다는 사실을.

마침내 독일인 경비병 중 하나가 그들을 불쌍히 여겨 일어나라고 명령했다. 그는 그들에게 물을 주었고, 아티드 아이들에게 약간의 음식을 나눠주었다.

오후에 나치들이 와서 네 명을 데려갔다. 차이카는 한 번에 네 명씩 처형하려는 것이라고 생각했다.

하지만 아니었다. 그들은 무언가를 들고 돌아왔다.

즈비의 시신이었다.

그들이 무엇을 할 수 있는지 보여주기 위한 행위였다.

즈비의 여동생이 신음했다. 차이카는 그녀가 신음을 멈추고, 그들의 얼굴을 자랑스럽게 쳐다볼 수 있기를 바랐다.

하지만 무언가 그녀의 마음속에서 울부짖었다. "내 머리의 모든 피부가 무감각해졌다…. 머리카락이 하얗게 세려는 것 같았다." 즈비의 시신을 들고 있던 소년들은 다리가 곧 풀릴 것 같았다. 즈비의 얼굴은 끔찍했고, "그의 몸은 훼손된 채 여기저기 구멍투성이였다." 그들이 사랑했던 의로운 친구. 헤어셸은 흐느끼며 울었다.

소년들은 구덩이를 파라는 명령을 받았다. 그것은 결국 자신들의 무덤이 될 구덩이라고 그들은 추측했다. 그들은 하루에 열 번씩, 독일인들이 그들을 죽이러 오는 것을 상상했다. "기다림은 죽음보다 더 끔찍했다"라고 차이카는 적었다. 저녁때쯤 차이카는 막사로 들어가라는 명령을 받았다. 이제야 다른 유대인들과 함께 있게 된 것이다. 그리고 다음 날에 아우슈비츠로 이송될 것이었다.

그녀는 두려움에 사로잡혔다. 자신과의 약속을 어기고 아우슈비츠로 갈 것인가? 왜 여태까지 기다렸던가? 적어도 저 바깥에서는 도주의 기회라도 있었다. 그녀가 사람들 틈에 섞여서 도망칠 수 있을까? 헤어셸은 그녀를 위로했다. 이송이 그렇게 빨리 진행되지는 않을 거라고.

아침에 유대인들은 여느 때와 다름없는 평범한 날인 양 수건을 집어 들고 세수를 했다. 차이카는 격분했다. "하느님 맙소사, 제발 저항하란 말이야! 창문에서 뛰어내리기라도 하라고…." 왜 모두가 이렇게 차분한 거야? 소문에 따르면 수송열차는 10시에 올 예정이었다.

그녀는 그저 스스로를 비판하고 있던 것일까? 다른 사람이 아닌 '바로 그녀가' 도망쳤어야 했다.

추방자들 중 베레크라는 젊고 재치 있는 소년이 차이카의 눈에 띄었다. 차이카는 그를 신뢰했는데, 그의 눈이 순수했기 때문이다. 그는 주로 작업반 일을 하러 나갔고, 그날도 나갈 예정이었다. 그는 도움을 주고 싶어 했고, 소녀들을 식당까지 데려다주겠다고 했다. 차이카가 같이 가기에는 얼굴의 부상이 너무 눈에 띄었다. 소년들은 작업을 하러 떠났고 차이카는 헤어셸에게 그들과 함께 가라고 등을 떠밀었다. 그러나 그는 가지 않고 남았다.

10시가 거의 되었다. 베레크는 막사 옆에 말들과 함께 서 있었다.

떠나야만 했다.

차이카는 때를 기다리고, 기다리고, 또 기다렸다. 갑자기 사람들이 몰려왔다.

베레크가 그녀에게 윙크했다.

도망쳐.

그녀는 베레크에게로 걸어갔다.

베레크는 "식당 건물로 들어가세요"라고 속삭였다.

"같이 가요."

"안 돼요." 그는 단호하게 말했다. "혼자 가세요."

차이카는 그곳으로 갔다.

군인 한 명이 문 앞에 서 있었다.

그는 차이카를 들여보내 주었다.

✻

알리자, 페사, 차우카, 바르샤바의 투사, 그리고 레니아의 언니 사라가 식당에서 차이카와 합류했다. 독일군은 민병대에게 헤어셸을 잡으러 가라고 일렀다. 그 후에 사령관이 도착했다. 차이카는 얼굴 때문에 다시 돌려보내질 것을 알고 있었다. 알리자는 숨으러 갔지만 차이카는 그러지 않았다. 그녀는 더 이상 견딜 수 없었다.

사령관은 차이카의 얼굴을 한참 동안 들여다보고는 고개를 저었다. "처음 보는 얼굴이군." 그가 말했다. "하지만 괜찮아. 너희들은 여기 남아야 해."

10시 정각에 수송 열차는 아우슈비츠로 떠났다. 헤어셸은 그들과 함께 남았다. "참 신기하다." 차이카는 훗날 회상했다. "막사에서 식당까지 2분밖에 걸리지 않는 길이 나를 아우슈비츠로부터, 죽음으로부터 구했으니까. 우리 삶이라는 게 얼마나 알 수 없는 것인지!"

마이어는 레니아에게, 다른 사람들이 벙커 밖으로 끌려 나간 후 자신과 나차는 며칠 동안 군용침대 밑에 숨어 있다가 폴란드인 기계공의 집으로 탈출했다고 말했다. 그는 말했다. "우리에게 돈이 약간 있기는 하지만, 그게 바닥나면 어떻게 되는 거지?"[11] 그들은 몇몇 영가드 소속 소녀들이 이방인으로 위장한 채 여전히 벵진에 남아 있다는 것을 알고 있었다. 슐만 부부는 그 이상은 아무것도 몰랐고 식당으로 넘어간 이들에 대해서도 알지 못했다.

레니아가 1940년대에 쓴 기록에는 언니 사라에 대한 언급이 없다. 어쩌면 보안상의 이유 때문이었을 수도 있고, 너무 정신이 없어서 그녀에 대해 쓰기 어려웠을 수도 있고, 아니면 동지보다 친자매를 더 좋아해서는 안 되는, 청년운동에 대한 존중 때문이었을지도 모른다. 하지만 사라에게는 무슨 일이 일어났던 것일까? 그녀는 죽었나? 쿠키엘카 가족의 다른 생존자가 있을까? 아니면 레니아는 이제 완벽하게 혼자였을까?

그녀는 정말로 미쳐버릴 것만 같았다.

운이 좋게도, 일자가 때마침 기계공의 집에 도착했다. 그녀는 울면서 레니아를 끌어안았고, 그냥 가슴에 담고 있기에는 벅찼던 말들이 마구 쏟아져 나왔다. "프룸카가 죽었어. 우리 동지들이 죽었어."

일자는 레니아와 함께 앉아 "투사들의 벙커"라고 불리는 다른 벙커에 대한 이야기를 했다.[12] 그것은 언덕길의 작은 건물 아래, 풀이 우거진 곳에 지어진 수수하고 누추한 건물이었다. 프룸카와 다른 여섯 명의 '프리덤' 동지들은 이 건물 아래에 있는 잘 위장된 지하실에 머물고 있었다. 그곳은 팀이 찾아낸 최고의 구조물이었는데, 출입구가 벽에 완벽하게 가려진 것은 물론 전기, 수도, 히터까지 갖추고 있었다.

그 일곱 명은 건물 외부에서 나는 모든 소리를 내내 들었다. 프리덤의 지도자 바루흐 가프테크Baruch Gaftek는 작은 균열이 난 곳 옆에 서서 벙커를 지켰다. 갑자기 독일인들의 목소리가 들렸다. 그들은 바로 위에서 크게 쿵쿵거리는 소리를 내고 있었다. 분노에 찬 바루크는 아무 생각 없이 "우리가 무너지기 전에 복수합시다!"라고 외쳤다. 그런 뒤 그는 총에 실탄을 장전하고 열린 공간에 바로 쏘았다. 독일인 두 명의 건장한 몸이 바닥에 쓰러졌다.

그의 애인이 그를 뒤에서 어찌나 세게 끌어안았던지, 그들의 뼈가 으스러지는 소리가 들릴 정도였다.

총소리의 메아리가 주의를 끌었다. 독일인 한 무리가 숨을 헐떡이며 달려와 건물을 에워쌌는데, 너무 가까이 오지는 않았다. 그들은 분노에 가득 찬 채 나치 두 명의 시신을 옮겼고, 아직도 싸우려는 유대인들이 있다는 사실에 놀랐다.

벙커 안에서 흡연은 금지되어 있었지만 프룸카는 줄담배를 피우고 있었다. 그녀는 장신이었고 강인하고 냉정하게 자신의 무기를 들었다. 오랫동안 우울함이 서려 있던 그녀의 눈에는 전에 없던 빛이 반짝이고 있었다. 그녀는 외쳤다. "조심합시다. 하지만 몇 명은 죽이고 명예로운 죽음을 맞이합시다!"[13] 동지들은 총을 장전하고 발포했다.

수십 명의 나치들이 매복해 있다가 수류탄과 연막탄으로 건물을 습격했다. 벙커 안이 캄캄해졌다. 폭탄들로 인한 연기와 벙커 위에서 불타고 있는 건물 때문에 투사들은 눈이 따가웠다. 그들은 숨이 막히기 시작했다. 그들은 목을 부여잡으며 무기를 사용하지 못할 것 같다며 소리쳤다. "이 야만인들!" 그들은 소리를 지르며 능숙하게 수류탄을 던졌지만, 나치들은 순식간에 몸을 피했다. 나치들은 아우슈비츠에서 가지고 온 특별한 펌프를 사용했는데, 벙커 안을 물로 가득 채워 그들을 익사시킬 작정이었다.

"건물이 불타고 있었어요." 일자는 묘사했다. "검은 연기가 하늘까지 치솟았고, 시체와 머리카락이 타면서 악취가 진동했습니다. 총소리, 한숨 소리, 울부짖음, 신음소리, 저주의 말들, 그리고 독일군의 목소리들로 귀청이 터질 것 같았죠. 쿠션들이 터져 깃털이 마구 흩날렸어요. 사방이 불바다였어요."[14]

게슈타포는 유대인 민병대에게 화재를 진압하라고 명령했다. 독일군 하나가 민병대 시신 처리반인 아브람 포타츠Abram Potasz에게 총구를 들이대고 시신들을 꺼내라고 명령했다. 아브람은 30분 동안 기관총이 빗발치면서 생긴 구멍을 통해 벙커 안으로 기어서 들어갔다. 바닥에는 새까맣게 그을린 시체들이 널브러져 있었고, 몇몇은 반쯤 살아서 꿈틀대고 있었으나 인간이라 보기 힘들 정도의 몰골이었다. 아브람은 으스러진 두개골에서 뇌수가 쏟아져 나오는 것을 보았다. "비행 중대 전체가 웅웅거리는 소리에 맞먹을 정도의 단말마적인 신음이 바닥에 엎드린 유대인들의 입에서 흘러나왔다"라고 그는 훗날 묘사했다.[15] 빗발치는 총탄으로 인해 베개와 솜이불에 불이 붙었고 짙은 연기기둥이 치솟았다. 아브람은 이를 꽉 물고 기형적인 시체들을 하나하나 정원으로 끌어냈다. 프룸카는 반쯤 연기에 그을린 채 여전히 6연발 권총을 움켜쥐고 있었다.

일곱 구의 물집투성이 해골들, 깨진 머리, 노출된 두개골, 얼어붙은 눈. 아브람은 시신들을 위로 향하게 눕히고 여자들의 옷을 벗기라는 명령을 받았다.

프룸카는 윗몸을 일으켜 앉았다. 하반신은 완전히 불에 그을린 상태였다. 자랑스러웠던 그녀는 말을 하고 싶었지만, 그녀의 얼굴은 너무 끔찍했고 눈이 먼 것처럼 보였다. 그녀는 무언가 중얼거리더니, 주위를 둘러보고는 고개를 떨구었다. 게슈타포 한 명이 그녀가 유용한 정보를 제공할지도 모른다고 생각해 그녀의 말을 듣기 위해 몸을 기울였다. 그때 또 다른 게슈타포가 웃으면서 뛰어오더니 그녀의 얼굴을 무거운 군홧발로 걷어찼다. 그는 "완벽하게 금욕적이고 가학적인 차분함을 유지한 채" 그녀의 몸을 짓밟았다.[16] 그들은 그녀의 머리와 심장에 총을 쏘았고, 그 뒤로도 계속해서 그녀의 시신을 공격했다.

게슈타포는 일곱 자루의 기관총으로 시신 일곱 구를 모두 쏘았다. 그렇게 "구멍투성이가 된" 시신들로도 그들은 만족하지 않았다. 차이카는 그들이 반쯤 죽은 시체들을 어떻게 무참히 짓밟았는지 설명했다. 시체를 발로 차고 총으로 쏘면서, 그 얼굴들이 "피투성이의 끈적끈적한 덩어리가 될 때까지", "시퍼런 멍과 피로 뒤덮인 그들의 몸이 산산조각으로 으스러질 때까지" 그들은 "썩은 고기 앞의 하이에나들처럼 시체들을 덮쳤다."[17]

이튿날 프룸카의 너덜너덜해진 시신은 아우슈비츠로 보내져 소각되었다.

✳

레니아가 벵진으로 돌아올 때쯤, 그녀가 기계공의 집에 있을 때 차이카는 아직 살아 있었고, 죽음의 수용소 식당에서 일하며 이제는 텅 빈 유대인 아파트에서 물건 치우는 사람들을 위해 음식을 준비하고 있었다.[18] 차이카는 벵진에서 레지스탕스를 조직한 영가드의 마지막 지도자였다. 다른 유대인들은 부상당한 차이카를 불쌍히 여겼다. 그러나 그들은 그녀를 조롱하며 그녀가 도망치기를 바랐다. 그들은 게슈타포가 그녀를 알아보면 자신들까지 죽임을 당할까 두려워했다. 그녀를 때렸던 사람이 숙소에 들어올 때마다 차이카는 욕조 밑에 숨었다.

그녀는 살해당한 유대인들의 소지품을 모아둔 막사를 발견하고는 "독일인들의 속도와 체계성"에 말문이 막혔다. 막사는 여러 채가 한데 모여 있었고, 특정 종류의 물건들을 모아 갤러리처럼 전시해두고 있었다. 차이카는 나중에 그들의 놀라운 꼼꼼함에 대해 설명했다. "어떤 막사에는 푸른색 주방용품들을 품질에 따라 가지런히 분류해두고 있었다." 그밖에 냄비, 유리그릇, 비단, 은식기 등 온갖 종류의 물건들을 위한 막사들이 있었다. 정리 작업을 맡게 되었을 때 차이카는 그 도자기들을 산산조각 내버리고 싶었다. 유대인에게서 빼앗은 투피스 정장과 여우털 코트를 입은 독일 여자들이 막사로 찾아왔다. 그들은 자신의 우월한 취향을 증명하기 위해 서로 뽐내며 집으로 가져갈 물건들을 골랐다.

차이카는 더 이상 '선택받은' 유대인 소녀들을 부러워하지 않았다. 식당에서 일하며 거위 고기와 레이어 케이크를 먹고, 드레스를 입고 베개를 세 개나 쓰며 자기 방까지 가진 그런 소녀들 말이다. 그들은 어떤 물건도 다른 사람들과 공유하지 않았다. "이 유대인 창녀들아!" 차이카는 이렇게 썼다. "내가 너희의 목을 졸라 죽여버릴 거야."

끊임없이 선택을 받는 환경에서 유대인들은 죽음으로부터 겨우 손톱만큼 떨어진 채 삶의 가장 얇은 가장자리에 위태롭게 서 있었다. 수용소 생활은 특히나 구타, 절도, 유대인 주택 약탈, 암시장 판매 등이 성행하는, 무질서하고 도덕적으로 타락한 상태였다. 식욕과 성욕에 눈이 먼 것은 말할 것도 없었고, 그곳은 죽음을 앞두고 현재를 즐기는 쾌락주의자들로 가득했다. 남자들은 시도 때도 없이 차이카를 희롱했다. "아니, 난 당신들이랑 같이 있고 싶지 않아!" 그녀는 그들에게 이렇게 소리치고 싶었다. "나는 죽기 전에 그런 욕구들을 채우고 싶지 않아. 토할 것 같다고."

벵진에 주둔하고 있던 독일군은 러시아의 진격을 방어하기 위해 전선으로 출동하라는 명령을 받았다. 나이가 더 많은 독일 군인들이 새로 왔고, 차이카는 그들과 친구가 되었다. 그들 역시 괴로워하고 있었다. 그들은 집단학살에 대한 이야기를 믿지 않았다. 차이카는 그 운동이 요구했듯 독일인들에게 이야기를 퍼뜨려서 그들을 계몽하고, 그들이 정확히 무슨 일을 하고 있는지 알려야 한다는 책임감을 느꼈다.

24   게슈타포의 감시망

레니아

1943년 8월

하지만 어떻게 해야 그들을 구출할 수 있을까?

간절하고 초조한 마음으로, 레니아의 머릿속은 온통 수용소에 있는 동료들에 대한 생각으로 가득했다.[1] 그녀는 차이카 외에도 알리자, 차우카 렌츠너, 아티드의 아이들, 심지어 언니 사라도 그곳에 있다는 것을 들었다. 매일 점점 더 많은 유대인들이 추방되어 살해되었다. 레니아는 경비원도 입구의 배치도 알지 못했기 때문에 혼자서는 들어갈 수 없었다.

그녀는 필사적으로 수소문해서 시온주의 청년단(하노아르 하치오니Hanoar Hatzioni) 소속 볼크 코야크Bolk Kojak에 대해 알아냈는데, 그 단체는 유대인 다원주의와 구출에 초점을 맞춘 덜 정치적인 시온주의 청년단체였다.[2] 볼크는 여러 명의 경비원을 알고 있었고, 매일 수용소를 드나들었다. 그는 가톨릭 신자로 위장한 채 벵진의 아리아인 구역에서 살았다. 그는 프리덤 멤버 몇 명과 친구 사이였고, 레니아는 그가 자신을 도와주거나, 아니면 적어도 조언이라도 해주기를 기도했다. 레니아는 일자를 데리고 그를 만나기 위해 이틀 동안이나 "개처럼 길거리에 서 있었다." 갑자기 멀리서 코야크가 나타났고, 레니아는 희망에 부풀어 그를 향해 뛰어갔다.

그들은 산책하듯 함께 걷다가 시장에 있는 벤치에 앉았다. 그들은 아무렇지 않은 듯 행동했지만, 가까이에 앉아 있는 나이 든 폴란드인 여자 두 명을 의식해 귓속말로 이야기했다. 레니아는 빌었다. "제발 도와주세요."

그는 "내게는 시온주의 청년단 멤버들을 구출하는 게 우선입니다"라고 말했다. 방법을 찾았다고, 이제 다 왔다고 생각했는데 그녀는 가슴이 무너졌다.

그러나 레니아는 포기하지 않았다. 언제나처럼, 그녀는 원하는 것을 얻기 위해 할 수 있는 모든 것을 했다.[3] 그녀는 낮은 목소리로 계속 빌면서 그와 협상을 시도했다. 마침내 레니아는 그가 '프리덤' 키부츠 구성원을 한 명이라도 구해낼 수 있다면 몇천 마르크를 주겠다고 제안했다.

"모레 다시 만납시다." 그는 말했다. "새벽 6시요."

그들은 헤어졌고, 서로 반대 방향으로 걸어갔다. 레니아와 일자는 근처 마을인 카토비체에서 밤을 보내기 위해 서둘러 기차를 타러 갔다. 갑자기 벤치에서 봤던 두 여자가 나타났다. "당신들 유대인이지, 그렇지?"

그들은 레니아와 일자를 쫓아오기 시작했고, 한 무리의 아이들이 그 뒤를 따라오며 "유대인! 유대인!"이라고 소리쳤다.

"뛰는 게 좋겠어." 일자가 속삭였다.

"안 돼." 레니아는 의심을 키우고 싶지 않았다. 그들은 이전에 유대인들이 소유했던 빈 건물로 빠르게 걸어 들어갔다. 그러나 이미 그때, 그 나이 든 두 여성을 선두로 한 무리의 사람들이 그들을 뒤쫓고 있었다. 그들은 "너희는 폴란드인으로 위장했어. 너희는 유대인 남자를 만났어!"라고 소리쳤다. 주변에 사람들이 몰려들었다. "우리는 너희 히브리인들을 죽여야 해, 한 명도 빠짐없이 전부!" 한 여자가 소리 질렀다. "만약 히틀러가 그 일을 하지 않으면, 우리가 할 거야."

조금도 주저하지 않고, 레니아는 그 여자의 뺨을 때렸다. 그리고 다시 때렸다. 그리고 또. 레니아는 그녀를 때리는 중간중간에 말했다. "내가 정말로 유대인이라면, 유대인이 뭘 할 수 있는지 똑똑히 봐."

"날 유대인이라고 다시 불러봐." 그녀는 위협했다. "또 맞고 싶다면."

그때 두 명의 게슈타포 비밀 요원이 현장에 도착했다. 어쩌면 잘된 일이었다. "무슨 일인가?" 그들이 물었다.

레니아는 그들에게 폴란드어로 자초지종을 설명했고, 길가에 있던 소년 하나가 통역했다. "나를 유대인으로 의심하는 걸 보면, 저 여자는 제정신이 아닌 게 분명해요." 레니아는 침착하게 말하고서 그들의 지문이 찍힌 서류를 획 꺼냈다. "우리 서류를 확인해보시죠."

게슈타포는 그녀의 이름, 나이, 출생지를 물었다. 물론 그녀와 일자는 모든 것을 외우고 있었다. 위장하는 모든 이들이 그렇듯, 그들은 가짜 삶의 모든 세부 사항들을 몇 시간 동안이나 되풀이하여 연습했다. 한밤중에 깨워서 물어봐도 가짜 족보 전체를 줄줄 읊을 수 있을 정도였다.[4] 경찰이 한 명 더 다가와 말했다. "만약 저 여자들이 독일어를 하지 못한다면, 폴란드인이 틀림없습니다. 유대인은 모두 독일어를 할 줄 아니까요."

주변에 몰려든 군중은 소녀들이 유대인처럼 보이지 않는다며 그 말에 동의했다.

나이 든 한 여자는 이제 창피함을 느꼈다. 레니아는 게슈타포 형사들과 경찰들 앞에서 그녀의 뺨을 한 번 더 때렸다. "저 여자의 이름과 주소를 알아내세요." 레니아가 게슈타포에게 말했다. "언젠가 내가 복수할 기회가 있겠죠."

게슈타포들은 비웃었고, 그중 한 명이 말했다. "너희 둘 다 폴란드 돼지들이야. 대체 저 여자한테 뭘 할 수 있다는 거지?"

소녀들은 돌아섰다. 뒤에서 아이들이 외쳤다. "유대인으로 의심한 대가로 이를 부러뜨려야죠!"

"나이 많은 백발이었어." 그녀는 대답했다. "그렇게까지 무례한 짓은 하고 싶지 않아."

✳

그날 밤 소녀들은 사라의 지인인 동정심 많은 한 독일인 여성과 함께 있었다. 그녀는 할 수만 있다면 동료들을 구하는 데 도움을 주었을 거라고 말했다. 그녀는 그날 겪은 일들에 대해 위로하며 레니아를 진정시켰다. 레니아는 이튿날 볼크를 만나 그 때문에 겪은 고생에 대해 이야기할 참이었다.

새벽 5시, 마을이 아직 잠들어 있는 시간에 레니아는 바르샤바에서 가져온 돈을 가지고 기차를 타고 약속 장소로 향했다. 그녀는 한 시간을 기다렸다. 볼크는 나타나지 않았다.

레니아는 처음엔 놀랐고, 그다음엔 화가 났다. 머리끝까지 화가 치밀었다.[5] 그는 한 장소에 오래 서 있는 것, 기다리게 만드는 것이 그녀에게 얼마나 위험한 일인지 알았어야만 했다. 두 시간을 꽉 채운 뒤에 레니아는 더 이상 기다리는 것은 너무 위험하다고 여겨 자리를 떠났다. 하지만 이제 어떻게 할 것인가? 그녀는 수용소 안으로 몰래 들어갈 우회로를 알고 있는 다른 사람을 찾아야만 했다.

며칠이 지났다. 레니아의 머릿속에서는 이 문제가 떠나질 않았다. 그녀는 비참하게도 이 병든 세상에서 1분 1초가 얼마나 소중한지 잘 알고 있었다.

그런데 그 순간, 그 독일 여성의 집에 누군가 환영처럼 나타났다. 레니아는 꿈을 꾸는 것만 같았다.

사라였다.

레니아는 너무 기뻐서 비틀거렸다.

사라는 곧바로 레니아에게 탈출하는 방법에 대해 이야기하기 시작했다. 그녀는 이방인처럼 차려입었고, 시민군 하나가 경비원들에게 뇌물을 주었으며, 그렇게 아리아인 구역으로 몰래 빠져나왔다. 이제 탈출 방법을 마련했으니 탈출한 사람들을 숨겨줄 장소를 찾아야 했다. 사라는 동료들의 탈출을 돕기 위해 무엇이든 하겠다고 약속했다.[6]

사라는 그날 바로 수용소로 돌아갔다. 단 1초도 낭비할 시간이 없었다.

한편 레니아는 일자를 바르샤바로 데려가 아리아인 구역에 정착시켜야 했다. 그 뒤에 자신이 머물 곳도 알아보아야 한다.

❋

카토비체에서 바르샤바로. 그들은 기차표를 샀다. 일자와 레니아는 두 시간 거리에 있는 국경을 넘기 위한 여권과 여행 서류를 갖고 있었다. 바르샤바에서 같은 업자에게 가짜 서류를 받았기 때문에 그들은 서로 다른 칸에 앉았다. 레니아는 전에 리브카 모스코비치를 데리고 왔을 때 국경을 넘는 데 성공했던 것을 떠올리며, 이번에도 그렇게 간단히 통과할 수 있게 해달라고 기도했다.

밤 12시 15분쯤, 그들은 국경 검문소에 다다랐다. 수비대가 열차들을 검문하기 위해 밖에서 기다리고 있었다. 앞 칸에 타고 있는 일자부터 검문을 받게 될 터였다. 레니아는 조심스럽게 희망을 갖고 기다렸다. 그녀는 '전에 수도 없이 성공했잖아'라고 되뇌었다.

하지만 그녀는 계속 기다려야 했다. 뭐가 이렇게 오래 걸리는 걸까? 그들의 발걸음이 무거운 건가? 보통 기차표와 여권 검사는 시간이 오래 걸리지 않았다. 아니면 그녀가 괜히 지나친 상상을 하고 있던 걸까? 마침내 그녀가 탄 칸의 문이 열렸다. 레니아는 지금까지 수도 없이 해왔던 것처럼 여권과 서류를 내밀었다.

그들은 서류를 꼼꼼히 살폈다.

"앞 칸에서 봤던 것과 같군." 그중 한 명이 독일어로 말했다.

레니아는 가슴이 철렁했다. 미친 듯이 심장이 뛰기 시작했다. 그녀는 아무 말도 하지 않았고, 항상 그랬듯 독일어를 못 알아듣는 척했다.

그들은 레니아에게 서류를 돌려주지 않았다.

그들은 단호하게 소지품을 모두 챙겨 따라오라고 말했다.

레니아는 여전히 못 알아듣는 척했다.

한 친절한 남자가 통역해주었다.

그녀는 용감하게 그들의 눈을 똑바로 쳐다보았다. 하지만 그 순간, 새로운 생각이 머릿속을 스쳐 지나갔다. '이게 끝이구나.'

레니아는 정신을 똑바로 차렸다. 늦은 밤이었고, 사방에 헌병들이 깔려 있었다. 레니아는 눈에 띄지 않게 조심스럽게 가방을 열어 주소가 적힌 종이들을 꺼냈다. 그러고는 그 종잇조각들을 입안에 쑤셔 넣고 통째로 삼켜버렸다. 모아두었던 돈도 버렸다. 가터벨트에 그녀의 지문이 찍힌 독일 서류들과 바르샤바 주소가 적힌 종이 몇 장이 더 꿰매져 있었지만, 공공장소에서 그것들을 꺼낼 방법은 없었다.

그들은 레니아를 세관으로 데려갔다. 그녀는 일자가 헌병들에게 둘러 싸여 있는 것을 보았다.

헌병 하나가 레니아에게 이 여자를 아느냐고 물었다.

"아니요."

일자의 얼굴이 달아올랐다. 레니아는 일자가 눈으로 이렇게 말하는 것을 알 수 있었다. "우린 지금 사형 집행인들의 손에 넘겨진 거야."

그들은 레니아를 작은 조사실로 데리고 들어갔다. "마녀처럼 콧김을 내뿜는 뚱뚱한 독일 여경"이 조사관으로 앉아 있었다. 그녀는 레니아의 옷―외투, 셔츠, 치마 전부―을 칼로 실밥을 끊어가며 뒤졌다. 레니아는 그 여경이 살갗을 벨 정도로 칼을 가까이 댈 때도 가만히 있으려고 노력했다. 칼은 너무 가까웠다.

결국 그녀는 레니아가 가터벨트에 숨긴 것을 찾아내고 말았다. 지문이 찍힌 서류와 주소였다.

레니아는 그녀의 양심에 호소해보려고 했다. "제발요."

아무 소용이 없었다.

레니아는 손목시계를 풀어 서류를 없애주는 조건으로 시계를 주겠다고 제안했다.

"안 돼."

여경은 레니아를 넓은 홀로 데려갔다. 그녀는 서류와 주소를 넘겼을 뿐만 아니라, 레니아가 자신에게 뇌물을 주려 했단 사실도 보고했다.

헌병들이 레니아 주변을 둘러싸고는 웃기 시작했다. "이 여자애들은 뭐야? 어떻게 처리해야 하지?"

레니아는 맨발이었다. 신발은 잘려 있었고, 외투는 벗겨져 있었으며,

가방은 조각조각 찢긴 상태였다. 그들은 치약 튜브까지도 구멍을 뚫어 안에 숨긴 것이 없는지 확인했다. 그들은 그녀의 작은 거울을 산산조각 내고 손목시계를 풀어 가져갔다. 모든 것을 샅샅이 뒤졌다.

그들은 먼저 일자를 심문한 후, 레니아에게 눈을 돌렸다. 그 서류는 어디서 났지? 얼마를 주고 샀나? 어떻게 여권에 사진을 넣었나? 어느 게토에서 탈출했나? 그녀는 유대인인가? 어디로 가는 중이었나? 이유는?

"저는 가톨릭 신자이고, 그 서류들은 위조문서가 아니에요. 제가 점원으로 일하는 회사에서 샀어요." 레니아는 자신의 이야기를 고수했다. "독일에서 일하는 친척을 방문하러 왔다가, 그들이 이사 갔다는 소식을 듣고 바르샤바로 돌아가던 중이었어요. 저는 모르는 사람들과 시골에 머물렀고, 숙박료는 지불했어요."

"그럼 함께 가볼까." 경찰 한 명이 말했다. "네가 머물렀던 곳을 보여줘."

레니아는 한순간도 놓치지 않았다. "처음 가보는 곳이었고 다 모르는 사람들이었어요. 마을 이름과 집의 위치를 외울 만큼 제 기억력이 좋지 않습니다. 제가 알았다면 지금 당장 그 주소를 적어드렸겠죠."[7]

레니아의 대답은 헌병들의 화를 돋우었다. 그중 하나가 그녀를 걷어찼다. 그는 레니아의 머리채를 잡고 바닥을 끌고 다녔다. 그는 거짓말은 그만두고 진실을 말하라고 윽박질렀지만, 그들이 소리 지르고 때릴수록 레니아는 마음을 더욱 굳게 먹었다.

"이것과 정확히 똑같은 서류들을 갖고 있다가 개죽음당한 유대인이 이번 주에만 열 명이 넘거든." 헌병 하나가 말했다.

레니아는 웃음을 터뜨렸다. "글쎄요. 그건 바르샤바에서 발행된 모든 여권이 가짜이고 그 소유자가 모두 유대인이었다는 증거가 될 수 있겠군요. 하지만 그건 말이 안 되잖아요. 왜냐하면 저는 가톨릭 신자이고 제 서류는 진짜거든요."

그들은 "우리는 원하기만 하면 언제든 진실을 알아낼 수 있어"라고 협박하며, 사실대로 말하는 편이 좋을 것이라고 말했다.

레니아는 단호했다.

그래서 그들은 절차대로 진행했다. 그들은 그녀의 얼굴을 사진과 비교했다. 그녀에게 계속해서 서명을 해보라고 시키며 여권의 서명과 비교했다. 그녀의 서류는 모두 적법한 서류와 똑같았다. 진짜와 아주 조금 다른 도장만 제외하고.

레니아는 머리가 욱신거렸다. 바닥에는 그녀의 머리카락 한 움큼이 떨어져 있었다. 심문은 세 시간째 계속되고 있었다. 새벽 4시였다.

그들은 레니아에게 바닥을 닦으라고 시켰다.

레니아는 도망칠 방법을 찾기 위해 나갈 틈이 있는지 둘러보았다. 하지만 모든 문과 창문은 격자 쇠창살로 막혀 있었고, 무장한 헌병이 그녀를 감시하고 있었다.

아침 7시가 되어 헌병들은 근무를 시작했고, 레니아는 좁은 감방에 갇혔다. 그녀는 전에 한 번도 갇혀본 적이 없었다. 총에 맞게 될까? 어떤 비인간적인 고문이 기다리고 있을까? 그녀의 머릿속에서 생각들이 마구 휘몰아치기 시작했다. 그녀는 이미 죽은 사람들이 부러웠고, 차라리 지금 당장 그녀를 쏘아 고통을 끝내주기를 바랐다.

지칠 대로 지친 레니아는 바닥에 앉은 채 잠깐 졸다가, 열쇠 소리에 깼다. 나이 많은 헌병 하나와 젊은 헌병 하나가 감방에 들어와 추가 조사를 위해 그녀를 메인 홀로 데려갔다. 젊은 헌병이 그녀에게 미소를 지었다. 잠깐, 그녀는 그를 알고 있었다! 그는 국경 검문소에서 여권을 검사하던 사람이었다. 바르샤바에서 벵진으로 몰래 물자를 운반할 때마다, 그녀는 그에게 가방에 음식이 들어 있는데 국경 순찰대에게 압수당하고 싶지 않다며 검사하는 동안 가방을 들어달라고 부탁했었다.

이제 그가 교도소에서 근무할 차례가 되었다. 얼마나 운이 좋은가! 그는 그녀의 머리를 쓰다듬으며 걱정하지 말라고 말했다. "당신은 어떤 해도 입지 않을 겁니다. 고개 드세요. 금방 나갈 수 있을 테니." 그는 레니아를 다시 감방으로 데려가 문을 잠갔다.

레니아는 "만약 내가 유대인이라고 조금이라도 의심했다면 이렇게 친절하게 대해주지는 않겠지"라고 생각했다.

메인 홀에서 헌병들이 말다툼을 하는 소리가 들렸다. 그 젊은 헌병은 약속을 지켰다. "아니요. 그녀가 유대인이라고 볼 수 없어요." 그는 말했다. "그녀는 나와 함께 여러 차례 국경을 넘었어요. 지난주에도 제가 바르샤바에서 벵진으로 가는 길에 그녀의 서류를 확인했습니다. 당장 풀어줘야 합니다."

하지만 나이 많고 엄격한, 전날 밤 그녀를 구타했던 헌병은 수긍하지 않았다. "자네는 그때 그녀의 서류가 가짜라는 것을 모르지 않았나." 그는 말했다. "이제 우리는 이런 도장이 찍힌 바르샤바 서류가 가짜라는 것을 알게 되었어." 헌병들은 폭소를 터뜨렸다. "이번이 그녀의 마지막 탑승이야. 몇 시간 후면 카나리아처럼 노래를 부르며 모든 걸 실토하겠지. 그런 새들을 지금껏 많이 보지 않았나?"

몇 분에 한 번씩, 헌병들은 그녀가 무엇을 하고 있는지 보기 위해 문을 열었다. 그들은 조롱하듯 웃었다. 레니아는 잘난 척하는 그들에게 욕하고 복수하고 싶은 마음이 굴뚝같았다. 그녀는 잠자코 있지 않았다. "이런 짓을 하면 행복합니까? 죄 없는 여자를 괴롭히는 게?" 레니아가 쏘아붙였다. 그들은 조용히 문을 닫았다.

10시에 문이 활짝 열렸다. 일자가 문 앞에 있었다. 헌병들은 두 사람을 메인 홀로 데려가, 수갑을 채우고 소지품을 모두 챙기라고 했다. 레니아의 손목시계, 장신구, 그리고 다른 귀중품들은 그들을 기차역으로 데려갈 게슈타포의 가방 안에 담겼다.

그들이 떠날 때, 젊은 헌병은 레니아를 동정 어린 눈으로 바라보았다. 그 눈빛은 마치 그가 도와주려고 했지만, 그녀의 범죄가 너무 심각해서 어쩔 수 없었다고 말하는 것 같았다.

기차가 도착했다. 승객들은 게슈타포가 그들을 특별한 칸에 밀어 넣고 잠그는 것을 빤히 쳐다보았다. 죄수용 칸이었다. 작은 창문을 비집고 들어온 한 줄기 빛이 그들에게 위로를 건넸고, 다가올 시간에 대한 암울한 생각에서 잠시나마 벗어나게 해주었다.

게슈타포 요원은 그들에게 앞으로 닥칠 끔찍한 일들에 대해 경고했다. "우리는 카토비체의 게슈타포 사무실에서 모든 것을 알아낼 거야"라고 그는 말했다. 그는 그들의 뺨을 때렸고, 가는 내내 앉지 못하게 했다.

도착했을 때, 한 무리의 승객들이 두 소녀가 왜 체포되었는지 궁금해하며 그들을 뒤따랐다.

소녀들은 함께 묶여 있었다. 수갑은 너무 꽉 조여서 레니아의 살을 파고들었다. 일자는 창백한 얼굴로 떨고 있었다. 레니아는 그녀가 안쓰러웠다. 그녀는 이제 겨우 열일곱 살이었다. 레니아는 일자에게 속삭였다. "무슨 일이 있어도 유대인이라는 걸 자백해서는 안 돼. 절대로. 그리고 나에 관한 이야기도 한마디도 하지 마."[8]

게슈타포 요원은 더 빨리 걸으라며 그녀를 발로 걷어찼다.

30분 후에 그들은 좁은 골목길에 있는, 독일 국기와 스와스티카로 장식된 커다란 4층짜리 건물에 다다랐다. 게슈타포 사무실이 건물 전체를 차지하고 있었다.

레니아와 일자는 게슈타포에게 떠밀려 녹색 카펫이 깔린 계단을 올라갔다. 한쪽에 늘어선 방에서 울부짖는 소리와 신음소리가 들려왔다. 누군가 고문당하고 있었다.

게슈타포 요원은 그중 한 방의 문을 열었다. 레니아는 키가 크고 건장한 서른다섯 살 정도의 남자를 보았다. 큰 콧구멍의 매부리코 위에 안경이 얹혀 있었고, 툭 튀어나온 눈은 사악함이 가득했다.

그들을 방 안으로 들여보낸 남자는 그들에게 벽을 향해 서 있으라고 명령했다. 그는 상관에게 그들에 대한 이야기를 했다. 몇 마디 할 때마다 그는 레니아를 세게 때렸는데, 너무 세게 맞은 나머지 레니아의 눈에는 흰 빛줄기밖에 보이지 않았다. 그리고 그는 위조 서류를 꺼냈다. 젊은 게슈타포 남자가 들어와 수갑을 풀었다. 그들은 몇 대를 더 맞았다.

"여기가 바로 카토비체 감옥이다!" 레니아와 일자를 데려온 남자가 소리쳤다. 카토비체는 가장 잔혹하고 악랄한 감옥 중 하나로 알려진 나치 감옥이자 정치범 수용소였다.[9] "이곳에선 진실을 말하지 않으면 갈기갈기 찢길 거야."

소녀들의 소지품은 위층에 있는 방에 보관되었고, 그들은 축축한 지하실로 보내졌으며 각각 다른 감방에 감금되었다.

뜨거운 여름날이었지만 레니아는 덜덜 떨었다. 그녀의 눈은 칠흑 같은 어둠에 차츰 적응해갔다. 그녀는 두 개의 간이침대 중 하나에 앉았으나, 응고된 피로 뒤덮여 있는 것을 보고는 구역질이 나서 벌떡 일어섰다. 창문은 두 개의 격자 쇠창살로 단단히 막혀 있었다. 그녀는 첫 번째 창살을 빼내는 데 성공했지만, 창문이 너무 작아서 머리조차 집어넣을 수 없었다. 그녀는 아무도 알아채지 못하도록 창살을 다시 끼워놓았다.

고문을 앞둔 상황에서, 레니아는 건강하고 강인한 기분과 극심한 무력감을 동시에 느꼈다. 이게 과연 말이 되는 일인가? 시간이 흐를수록 그녀는 점점 더 추워졌다. "벽에서 물이 뚝뚝 떨어지고 있었는데, 마치 울고 있는 것 같았다." 그녀는 조금이라도 몸을 녹이려고 간이침대 구석에 웅크리고 앉았다. 어차피 일어날 일은 어떻게든 일어나겠지. 이렇게 되뇌며 레니아는 스스로를 위로했다.

교회 음악이 작은 창문을 통해 감방 안으로 흘러들어왔다. 그날은 일요일, 즉 폴란드인들에게 주일이었다.

레니아는 최근 며칠간 있었던 일을 돌이켜보고는 머리가 핑 돌았다. 과연 이 고통스러운 삶을 계속 이어갈 가치가 있을까? 그녀는 자신의 도움을 필요로 하는, 그리고 자신이 바르샤바에서 많은 돈을 가지고 돌아오기를 기다리는 사람들이 있다는 생각에 죄책감이 들었다. 적어도 마이어와 사라에게 동료 이레나 아브라모비치Irena Abramowicz의 주소를 남기고 왔으니, 필요하다면 그들이 이레나에게 연락을 할 것이다. 그러다가 레니아는 더 이상 생각하는 것, 특히 동료들에 대해 생각하는 것을 멈추기로 마음먹었다. 누가 알겠는가. 누군가 벽에 난 구멍을 통해 그녀의 마음을 읽고 있을지. 지금은 무엇이든 가능한 상황이었다.

✳

늦은 오후, 소녀들은 지하 감방에서 내보내졌다. 그들은 소지품을 챙기라는 명령을 받았다. 당장 사살되지는 않을 것이라는 표시였다. 게슈타포는 그들의 수갑에 쇠사슬을 연결해 "목줄을 채운 개들처럼" 길거리로 끌고 나갔다. 레니아는 예전에 일가족을 살해한 범죄자가 이런 식으로 끌려가는 것을 보았던 기억을 떠올렸다. 사람들이 지나가며 그들을 쳐다보았고, 독일인 아이들은 돌을 던졌다. 게슈타포 요원은 씩 웃었다.

그들은 높은 건물에 다다랐다. 메인 감옥이었다. 작은 창문들은 두꺼운 쇠창살로 막혀 있었다. 철문은 끼익 소리를 내며 열렸고, 경비원들은 게슈타포에게 경례를 했다. 그들 뒤에서 문이 닫혔다. 게슈타포는 수갑을 풀어 그들을 감독관에게 넘겼다. 그는 레니아의 귀에 대고 몇 마디 속삭이더니 떠났다. 레니아는 기분이 조금 나아졌다. 그가 곁에 있는 내내 그녀는 두려움에 압도당하는 기분이었다.

직원 한 명이 외모, 나이, 출생지, 체포 장소 등의 세부 정보를 적었다. 그들은 또 다른 감방에 함께 갇혔다.

8시에 감독관이 문을 열었다. 두 명의 수척한 어린 소녀들이 작고 검은 빵조각과 군용 주전자에 담긴 커피를 건넸다. 레니아와 일자가 음식을 가져가자 문에는 다시 빗장이 걸렸다. 하루 종일 아무것도 먹지 못했는데도 그들은 음식에 손을 댈 수 없었다. 주전자는 역겨웠고, 빵은 도저히 먹을 수 없는 상태였다.

탈출은 불가능했다. 소녀들은 가까이 다가앉아 자살에 대해 이야기를 나눴다. 일자는 자신이 고문에 굴복하고 말 것이라고 확신했다. 죽도록 맞다 보면 자신이 누구인지, 누구와 함께 지냈는지, 죄다 털어놓게 될 거라고. "날 총으로 쏘겠지. 그럼 그걸로 전부 끝인 거야."

레니아는 놀라지 않았다. 일자는 어렸고, 경험이 없었다. 이 아이가 고문을 견디고 침묵을 지킬 만큼 굳은 의지가 있을까? 그녀는 일자에게, 만약 그녀가 입을 열게 된다면 훨씬 더 많은 피해자들이 생기게 된다고 설명했다. "그래, 우린 실패했어." 그녀는 단호하게 말했다. "하지만 이 고통을 다른 사람들에게까지 안기는 건 아무 의미 없는 일이야."

그들은 기진맥진해 더러운 지푸라기 매트리스에 누웠다. 하지만 오래 누워 있지는 못했다. 벼룩이 온몸을 물어뜯기 시작했고, 그들은 마구 긁어댔다. 어둠 속에서 그들은 살갗 위를 기어 다니는 벌레들을 그대로 짓이기며 전쟁을 치렀다. 게다가 방에 가득 찬 악취 때문에 질식할 것만 같았다. 결국 그들은 맨바닥에 드러누웠다.

한밤중에 레니아와 일자의 감방으로 10여 명의 여자들이 들어왔다. 이들은 독일로 이송되는 도중에 이곳에서 하룻밤 동안만 수감될, '종신형' 죄수들이었다. 그들은 나이를 불문하고 각자 사연이 있었다. 한 독일 여성은 프랑스인 약혼자를 둔 죄로 5년의 징역형을 선고받았는데, 3년의 수감생활 후 중노동을 하기 위해 노동수용소로 이송되고 있었다. 옆에서 어린 소녀 두 명이 쉬지 않고 울고 있었다. 그들은 독일 농부의 집에서 일했는데, 밥도 제대로 주지 않고 지나치게 혹사시킨 탓에 도망쳐 나왔다. 그들은 바르샤바에서 9개월 동안 지내다 누군가의 고발로 체포되어 중노동형을 선고받고 가는 길이었다. 술과 돼지비계를 운반하다 기차에서 체포된 두 명의 중년 여성도 있었다. 그들은 지금 어떤 형을 선고받았는지도 제대로 모르고 있었다. 지금까지 1년 반 동안 수감생활을 했고, 이곳은 여섯 번째 감옥이었다. 또 다른 허약하고 나이 든 여성은 아들이 독일 군대에 징집되기를 거부했다는 이유로 몇 달 동안 수감되었다. 상냥하지만 고통스러워 보이는 그녀의 몸짓이 레니아의 마음을 울렸다.

그들이 겪은 고통에도 불구하고 레니아는 이 여성들을 부러워했다. 중노동은 그녀가 앞으로 마주해야 할 고문에 비하면 꿈만 같은 것이었다.

"당신들은 무엇 때문에 여기 있나요? 여기 있기엔 너무 어린데." 그들은 레니아와 일자에게 물었다.

"국경을 몰래 넘으려다가 체포되었어요."

"아, 그것 때문이라면 6개월 정도밖에 받지 않을 거예요." 그들은 위로했다. "독일로 데려가 중노동을 시킬걸요."

그들은 정어리처럼 바닥에 누워, 낯선 이들의 땀에 젖은 축축한 담요를 덮었다. 몇몇 사람들은 몇 주에 걸친 이감 때문에 무척 더러웠다. 레니아는 가려움에 몸을 긁었다. 이미 이가 옮은 것이었다. 어두우면 벼룩이 더욱 창궐했기에 그들은 불을 켠 상태로 밤을 보냈지만, 그래도 벼룩에게 물리는 것을 완전히 막을 수는 없었다. 레니아는 도저히 잠을 잘 수가 없었다.

여성들은 새벽에 모두 떠났다. 레니아와 일자는 벌레에 물린 탓에 온몸이 붉은 반점투성이였다. 그들의 옷은 이제 기어 다니는 벌레들로 뒤덮여 있었다. "적어도 우리에게 뭔가 몰두할 일이 생겼다." 레니아는 씁쓸하면서도 애써 긍정적인 태도로 이렇게 적었다. "벼룩을 잡는 일이었다."

아침 8시, 빵과 커피를 받고 씻을 시간이 되었다. 레니아는 반독일 활동 혐의를 받고 있는 젊은 폴란드 장교 부인을 만났다. 그녀는 너무 말라서 거의 해골 같았고, 발을 질질 끌며 걷는 것조차 힘겨워 보였다. 그녀는 몇 주 안에 교수형에 처해질 예정이었고, 유일한 희망은 그전에 전쟁이 끝나는 것이었다. 그녀의 남편은 이미 죽었고, 남겨질 세 명의 어린 자녀들은 어떻게 되는 것일까.

욕실에 있던 또 다른 폴란드 여성은 레니아에게 자신의 여동생이 며칠 전 바로 이 감옥에서 돼지를 불법적으로 도살했다는 이유로 참수되었다고 말했다. 그녀는 아이 일곱 명을 남기고 떠났고, 뱃속에 한 명이 더 있었다.

그들이 이야기하고 있을 때, 열쇠를 보관하는 악랄한 교도관이 죽음의 천사처럼 다가왔다. 그녀는 열쇠 꾸러미로 죄수들의 머리를 때리는 것으로 유명했다. 사람들은 금세 조용해졌다.

그들은 그물망이 쳐진 창문 너머로 근처의 남자 감옥과 수척한 남자들의 얼굴을 알아볼 수 있었다. 그들은 감독관들이 지나갈 때 허리를 숙여서, 호기심을 갖고 창밖을 보고 있는 모습을 들키거나 탈출을 간절히 원하는 것처럼 보이지 않도록 했다. 교도소 근처가 사형, 주로 참수형이 집행되는 곳이라는 사실을 그들은 알고 있었다. 하루도 형 집행 없이 지나가는 날이 없었다. 가족이나 친구들의 작별인사는 허용되지 않았고, 고백도 물론 마찬가지였다. 그곳은 중세 감옥의 고문 기술을 가진 것을 자랑으로 여기고 있었다.

점심식사 후에 레니아와 동료 수감자들은 씻고 죄수복으로 갈아입었다. 일자는 게슈타포가 자신들을 잊어버렸기를 바라며 행복해 보였다. 어쩌면 그들은 몇 달 동안 감옥에 있으면서 전쟁이 끝날 때까지 버티기만 하면 될지도 몰랐다. 소녀들은 하루 종일 감방에 앉아, 믿을 수 없다는 듯 서로를 바라보았다. 그들은 삼베로 만든 긴 치마와 속옷, 군데군데 기운 블라우스를 입은, 진짜 죄수들이었다. 모든 옷에는 카토비체 교도소 도장이 찍혀 있었다.

밤이 찾아오면 낮 동안 감돌았던 긴장도 조금 완화되었다. 게슈타포는 업무 시간 외에는 일하지 않았지만, 그 대신 밤에는 벼룩과 싸워야 했다. 레니아는 잠깐 졸았다가 갑자기 깼는데, 믿을 수 없는 광경을 보았다. 일자가 목을 매려 하고 있었던 것이다. 치마의 벨트를 이용했으나, 그녀의 무게를 이기지 못하고 찢어졌다. 일자는 바닥에 넘어졌다.

레니아는 분노를 주체할 수 없었다. 그녀는 곧 진정하고 일자에게 다가갔으나, 자살 시도가 실패했다는 사실에 화가 난 일자는 그녀를 밀쳐버렸다. 이것이 바로 저항군 요원들이 청산가리 캡슐을, 그리고 파르티잔(게릴라 대원)들이 자폭을 위해 여분의 수류탄을 가지고 다니는 이유였다.

새벽에 감독관들이 소리를 지르고 욕을 하며 그들을 감방에서 내보냈다. 그들은 각각 다른 방으로 옮겨졌다. 레니아가 들어간 새 방에는 여덟 명의 여성 수감자들이 있었는데, 방의 상태는 이전보다 훨씬 나았다. 침내 위에는 매트가 깔려 있었고, 그릇과 수저는 선반에 보관되어 있었으며, 앉을 수 있는 깨끗한 벤치도 있었다.

"무슨 일로 들어왔나요?" 우아한 이목구비를 가진 여성이 물었다.

"국경을 넘다가 체포되었어요."

"나는 카드를 읽다가 체포되었어요." 그녀는 이렇게 말하며 눈물을 흘렸다. 그녀는 장성한 두 아들을 둔 중년이었는데, 아들 한 명은 엔지니어였고 다른 한 명은 사무원이었다. 한 이웃이 악의적으로 게슈타포에게 그녀가 점쟁이라며 신고했고, 그녀는 아직 선고도 받지 못한 채 7개월 동안이나 카토비체 교도소에 있었다. "다른 여자들과 말할 때 조심해요." 그녀가 레니아에게 속삭였다. "그들 중에 스파이가 있어요."

레니아는 고개를 끄덕였다. 이 사람은 상냥해 보였고, 왠지 어머니 같은 느낌도 들었다.

가족들 생각하지 마. 아무것도 느끼지 마. 그녀는 스스로에게 말했다.

아침식사 후 그들은 중앙 복도로 옮겨졌다. 열쇠를 가진 감독관이 레니아를 이유 없이 세게 때렸다. "아무것도 안 하고 가만히 앉아서 한가하게 시간을 보내고 싶겠지. 우리 독일인들은 상상도 할 수 없는 일이다. 일이나 해! 나는 게으른 응석받이 여자들은 절대 두고 볼 수 없어."

복도에 늘어선 긴 탁자들에서 여성들은 "깃털을 뽑는", 즉 오리털에서 딱딱한 깃대를 제거하는 작업을 하고 있었다.[10] 레니아도 합류했다. 작업을 하면서 그녀는 조심스럽게 일자를 찾아 주위를 둘러보았다. 근처에서 그녀를 발견했지만, 말을 걸 수는 없었다. 채찍을 든 감독관들이 옆에서 있었고, 대화는 금지되었다. 레니아의 맞은편에는 그 우아한 이목구비의 여성이 앉아 있었다. 레니아는 그녀의 슬프지만 아름다운 눈을 응시했고, 반짝이는 그 눈에서 공감을 읽어낼 수 있었다. 여자의 얼굴은 그녀가 견뎌낸 고문의 고통과 레니아에 대한 연민으로 가득했고, 눈에 눈물이 고이기 시작했다. 그것을 본 레니아는 고통스러워 고개를 돌려야만 했다. 미래에 대한 생각에 집중하자 시간은 금방 흘러갔다. 그녀는 이곳에 오래 머물게 될까? 아니면 처형당할까? 차라리 그게 맞는 것보다 나을지도 몰랐다.

그들은 점심식사를 하기 위해 감방으로 돌아갔다. 점심은 검게 탄 수프와 채소 이파리 몇 장이었다. 레니아가 역겨워하며 식사를 거부하자 다른 죄수들은 그녀의 그릇을 낚아채 게걸스럽게 먹어치웠다. 그들은 "여기서 조금만 더 지내다 보면, 이런 것조차도 감지덕지하며 구걸하게 될걸"이라고 말했다.

"숙녀잖아." 한 농민 여성이 화가 난 듯 중얼거렸다.

"저 사람은 이 수프가 자기한테 어울리지 않는 하찮은 음식이라고 여기나 본데, 나중엔 이것도 그리워질 거야."

식사 후에는 다시 작업에 들어갔다. 네 시간 동안 깃털을 뽑아야 했다. 처음에 레니아는 이 일이 지겨워서 가만히 있지를 못했다. 그런데 15분에 한 명씩, 죄수들이 심문받기 위해 호출되어 나가기 시작했다.

레니아는 문이 열릴 때마다 온몸에 소름이 돋았고, 다른 이름이 불릴 때마다 식은땀이 흘렀다. 그때 그녀의 이름이 불렸다.

"반다 위두초프스카!"

레니아는 얼어붙었다. 채찍이 가차 없이 그녀의 등을 후려쳤다.

"따라와."

25   뻐꾸기

벨라와 레니아
1943년 8월

레니아는 폴란드 기독교인으로서 감옥에 갇히고, 취조받고, 고문당한 최초의 연락책은 아니었다. 벨라 하잔은 유대인이 아닌 사람으로 위장한 상태를 자신이 상상할 수 있던 것보다 더 오래도록 유지했다.[1] 비밀 유지는 끔찍한 부담이었지만, 그것은 분명한 이점을 가지고 있었다. 슈차크에서 파비아크 교도소에 도착한 벨라는 지구상에서 유일하게 자신을 이해하는 영혼인 론카 코지브로드스카를 거기서 만나기를 원했지만, 그 대신 칠흑같이 어두운 지하 감옥 독방에 갇혔다. 그녀는 손으로 더듬어가며 겨우 좁은 침대를 찾아냈지만, 거기 눕는 것은 너무 고통스러웠다. 그래서 그녀는 작고 축축한 공간에서 서성거리면서 빵 조각을 잘라 먹고, 물과 엉터리 커피를 홀짝홀짝 마시고, 다른 죄수들의 비명소리를 들으며 대부분의 시간을 보냈다. 그녀는 자신이 죽으면 아무도 그녀에게 무슨 일이 일어났는지 알지 못할 것이 두려웠다. 그런데 사실 론카는 아주 가까이에 있었다.

심하게 구타당한 후 6주 동안 회복기를 거친 벨라는 병동으로 옮겨졌다. 짙은 어둠 속에서 너무 오래 있다 보니 거의 장님 상태였던 그녀는 차츰 빛에 익숙해질 수 있도록 선글라스를 지급받았다. 그러고 나서 그녀는 다른 감방으로 옮겨졌다.

그런데 거기에 론카가 있었다. 몸에 뼈만 남고 해골 같은 창백한 얼굴. 물론 그들은 서로에게 달려갈 수 없었고, 그래서 몇 분 동안 그저 바라보기만 할 뿐이었다. 당황한 나머지 그들의 눈에는 눈물이 홍건했다. 벨라는 더 이상 견딜 수 없었다. 그녀가 론카에게 다가갔다. 그녀는 "당신을 어디선가 본 것 같아요"라고 폴란드어로 말했다.

론카는 고개를 끄덕였다.

곧 다른 사람들이 산만해졌을 때, 그들은 잠시 대화를 나눌 시간이 있었다. "당신은 유대인으로 잡혔나요, 아니면 폴란드인으로 잡혔나요?" 론카가 속삭이듯 물었다.

"폴란드인요."

론카는 안도의 한숨을 쉬었다. "그런데 어떻게 여기까지 오게 됐나요?"

"저는 당신을 찾고 있었어요."

"제가 고통받고 있는 것으로 충분하지 않나요? 왜 당신도 고통받아야 하지요?" 론카는 벨라가 더 이상 말을 하지 못하게 막고 그녀를 매트리스에 눕히더니 흐느꼈다.

"왜 우세요?" 폴란드 감방 동료들이 물었다.

"이가 아파서요"라고 론카가 대답했다.

벨라는 그녀가 독방에서 홀로 보낸 긴 시간이 감방 동료들에게 감탄을 자아냈다는 것을 알게 되었다. 그녀는 무릎을 꿇고 폴란드인들과 함께 기도했으며, 폴란드 지식층 출신의 한 나이 든 여성을 포함해서 폴란드인들과 친구가 되었다. 그녀는 독일인들을 위한 이미지를 만들라는 명령을 받은 한 화가와 가까워졌다. 그 여자는 게토가 내려다보이는 창문 앞에서 벨라의 초상화를 그렸다. 이 화가는 신앙심이 깊었고, 벨라는 그녀의 예리한 눈을 신뢰했다. 그러던 어느 날 밤 바르샤바에 폭탄이 눈처럼 떨어졌고, 그중 하나가 남자 감옥 옆의 문을 폭파시켰을 때, 그녀는 화가에게 자신이 유대인임을 고백했다. 화가는 그녀를 껴안으며 도와주겠다고 약속했다. 교도소에서 풀려난 후, 화가는 적십자를 통해 벨라에게 음식 꾸러미를 보냈다. 경비원들이 고기는 압수했지만, 벨라는 그녀가 보내준 쪽지를 고맙게 생각했다. 바깥에 있는 누군가가 그녀를 잊지 않고 있다는 것을 알게 되자, 그녀는 자신의 삶이 현실이라는 것을 느끼게 되었다.

반면 벨라는 론카와 말할 기회가 거의 없었다. 그녀는 부역자들이 늘 한밤중에 돌아다닌다는 사실을 깨달았다. 연락책들은 운동장에서 서로 가까이 붙어서 일하려고 노력했으며, 대개 목욕탕에 오가는 길에 잡담을 나누면서 친구나 가족들에 대해 정보를 교환했다. 론카는 밝은 태도로 감방에서 사랑을 받았다. 여전히 벨라는 부유하고 만족스러운 삶을 살다가 이곳에 온 론카가 감옥의 현실이 부과하는 육체적 곤경을 얼마나 견디기 힘들어하는지를 보고 싶지 않았다. 육체적 고통, 설사와 복통 등으로 그녀의 육체는 악화되고 있었다. 벨라가 살던 집의 창문은 게토를 향해 있었다. 그들은 프리덤 건물의 건너편에 있었다.[2] 론카는 "나는 그들이 우리를 바라보고 있는 것처럼 느꼈어요"라고 말하곤 했다. 그래서 그들은 지비아와 안테크가 자신들을 볼 수 있다고 상상했다. 론카는 창문 밖으로 쪽지 몇 장을 떨어뜨렸다. 그녀는 누군가가 그중 하나를 집어가는 것을 보았고, 다른 사람들이 그녀가 어디에 있는지 알기를 간절히 기도했다. 벨라는 창문을 통해서 고아원에서 놀고 있는 유대인 아이들을 볼 수 있었지만, 경찰이 유대인들을 공포에 떨게 하는 광경도 보았다.

벨라는 이런 상황에 대해 행복한 척해야 했다. 언젠가 그녀는 숨이 넘어갈 듯한 비명소리를 듣고 어떤 상황인지 자세히 보기 위해 의자를 끌어당겨서 올라섰다. 그녀는 나치가 유대인 아이들을 때려죽이는 장면, 그리고 그들에게 그만하라고 간청하는 늙은 남자를 마구 구타하는 광경을 목격했다. 그들이 그 남자를 총으로 쏘자, 그의 아들이 "이놈들아, 나도 죽여라. 나는 이제 살 이유가 없다"라고 외쳤다. 게슈타포는 이에 흔쾌히 동의했지만, 먼저 그에게 아버지를 매장하게 했다. 아들은 죽은 아버지의 이마에 입을 맞추며 통곡했다. 나치는 아들마저 총으로 쏘아 죽인 후 근처에 있던 유대인들에게 바닥에 고인 피를 깨끗이 씻어내라고 명령했다. 벨라는 온몸이 꽁꽁 얼어붙은 채 치를 떨며 복수심에 사로잡혔다. 하지만 호기심 많은 감방 동료들에게 그녀가 본 것을 말할 수 없었고, 한순간 무너져 내려서 울음을 터뜨릴까 봐 두렵기도 했다.

유대인 정치범들을 수용한 인근 감방의 환경은 벨라의 감방보다 훨씬 더 나빴다. 유대인들은 변변한 옷도 없이 반은 벌거벗은 채 바닥에 누워 생활했고, 식사는 어쩌다 배급받았으며, 화장실 청소를 해야 했다. 그들은 하루에 두 번은 체조를 하기 위해 밖으로 보내졌는데, 체조하는 동안에도 계속 두들겨 맞았다. 론카는 포로들 속에서 바르샤바 노동자 계급 가정의 외동딸인 열여섯 살의 쇼샤나 게드나Shoshana Gjedna를 발견했다.[3] 그녀는 어린 나이에 프리덤에 가입했고 게토의 지하운동에 참여했다. 쇼샤나는 지하에서 발간된 신문을 운반하다가 붙잡혔다. 그녀는 교도소 안뜰에 나오면 벨라, 론카와 눈을 마주치려고 애썼으며, 화장실에서 마주치면 의기양양한 모습으로 자신이 죽으면 나중에 증인이 되어달라고 말했다.

어느 날 벨라는 끔찍한 비명소리가 밤하늘을 갈라놓는 것을 들었다.

그녀는 쇼샤나에게 무슨 일이 일어난 것은 아닌지 두려워서 잠을 이룰수가 없었다. 아침에 밝자 그녀는 제일 먼저 화장실에 가게 해달라고 요청했다. 쇼샤나가 창백한 얼굴로 울면서 말했다. 밤중에 유대인들이 잠옷을 입은 채 밖으로 끌려 나왔고, 게슈타포가 개를 풀어놓아 그들을 물게 했다고 말했다. 그녀가 옷자락을 들어 올리니, 오른쪽 다리의 살점이 뜯겨 있었다. 그녀는 너무 고통스러워 몸을 움직이기도 어려웠지만, 계속 화장실을 청소했다. 벨라는 곧장 여의사에게 가서 붕대를 얻어와 몰래 쇼샤나의 상처를 싸맨 뒤 다시 스카프로 감아 붕대가 보이지 않게 했다.

여성 죄수들—폴란드인도—은 계속해서 사형에 처해졌다. 독일군에 맞서는 사건이 일어나면 그때마다 죄수 몇 명이 도시 광장에서 교수형에 처해졌다. 폴란드인들에게 경고하기 위해서였다. 어느 날 밤 그 소녀들은 열 명씩 줄지어서 다른 건물로 뛰어가야 했다. 벨라는 줄에서 일곱 번째, 론카는 아홉 번째에 서 있었다. 각 대열에서 열 번째 사람은 옆으로 나오라는 명령이 떨어졌다. 벨라는 나중에 열 번째 줄에 있던 사람들이 바르샤바 전역의 가로등에 매달려 있다는 것을 알게 되었다.[4]

죄수들은 외부 소식을 거의 듣지 못했지만, 때때로 폴란드인 사무직원들이 신문 몇 장을 가져다주었다. 그리고 러시아 비행기가 머리 위로 날아가는 소리를 들었을 때, 그들은 전율했다.

일요일에는 정기적으로 모든 교도소 간수들이 그들을 샅샅이 점검했다. 어느 주엔가 벨라는 폴란드 지휘관에게 일이 없으면 미쳐버릴 것 같으니 할 일을 달라고 말했다. 다음 날 그녀는 세탁소에서 일자리를 얻었다. 그녀는 다시 그 지휘관에게 그녀의 친구 '크리사'도 일을 원한다고 말했고, 그래서 론카는 식당에서 감자 껍질 까는 일을 하게 되었다. 그 일덕분에 그들은 배고픔과 허약함에서 벗어났고 하루를 빠르게 보낼 수 있었다. 론카는 감자 몇 개를 몰래 훔쳐서 식당 난로에서 요리한 후 쇼샤나에게 주어서 유대인 여자들이 먹도록 하기도 했다.

벨라는 4개월에 걸쳐 심문을 받았다. 한번은 누가 그녀에게 무기를 줬는지 자백하지 않으면 즉시 죽일 것이라고 협박했다. 늘 그렇듯이, 그녀는 그 무기들은 자기 것이라고 대답했다. 그녀는 발로 차이고 구타당한 후, 질질 끌려서 거리를 지나 숲으로 끌려갔으며, 이제 한 시간 후엔 정밀 죽일 거라는 말을 들었다. 하지만 얼마 후 경비병들은 그녀를 다시 감방으로 데려왔다. 론카는 창문 앞에서 그녀를 애타게 기다리고 있었다. 훗날 벨라는 이렇게 썼다. "그녀의 얼굴을 보았을 때, 나 자신의 모든 고통을 잊었다."

1942년 11월 강제이송될 50명의 이름이 불렸다. 벨라와 론카도 명단에 들어 있었다. 벨라는 흥분했다. 드디어, 어쩌면, 탈출할 기회가 왔다. 명단에 있는 소녀들은 빵과 잼을 받았고, 경비병들로 가득 찬 차량에 강제로 밀어 넣어진 후 입을 다물라는 명령을 받았다. 그다음 창문 하나 없는 컴컴한 죄수 열차에 실렸다. 벨라와 론카는 여름옷을 입고 있었지만 부둥켜안아서 서로를 따뜻하게 한 채 내내 긴장하며 열차 구석에 앉았다.

몇 시간 후 그들은 열차에서 내렸다. 악대가 독일 행진곡을 연주했다. 그들은 도착한 곳의 이름을 읽었다. 아우슈비츠. 문 위에 걸려 있는 철제 간판에는 "노동이 너희를 자유롭게 하리라"라고 쓰여 있었다. 벨라는 이것이 무엇을 의미하는지 몰랐다. 하지만 곧 아우슈비츠로 들어가는 입구는 거대하지만, 출구가 없다는 것을 알아차렸다.

※

아우슈비츠-비르케나우는 원래 폴란드 지도자들과 지식인들을 수용하기 위한 감옥과 노예 노동수용소로 설립되었다.[5] 이제 벨라와 론카는 유대인들과 분리되어, 철조망과 줄무늬 옷을 입은 채 그녀들을 바라보고 있는 수백 명의 여자들을 지나 행진하라는 명령을 받았다. 그들은 비명을 지르며, 아프게 구타당하고 있었다. 샤워장에서 일하던 슬로바키아계 유대인 여성들은 폴란드인들이 새로 들어온 것을 보고 기뻐했다. 벨라는 동족들에게 진짜 정체성을 숨겨야 하는 것에 대해 괴로워했다.

그들은 벨라의 부츠와 가죽 재킷을 가져갔다. 그녀는 벌거벗은 채 서서 남자 수감자들로부터 전염병 감염 여부에 대한 검사를 받았다. 그녀는 죽고 싶었다.

그녀는 머리를 깎는 사람에게 뇌물을 주어 단순한 "계단 머리" 대신 머리칼을 좀 더 많이 남겨달라고 했다. 이발사는 "만약 내 머리에 머리카락이 남아 있지 않다면 너도 없을 거야"라고 말했다. 벨라는 그녀에게 "내 어깨에 머리가 붙어 있는 한, 내 머리카락은 다시 자랄 거예요"라고 상기시켰다. 그러고 나서 그녀는 옷을 받았다. 줄무늬 원피스, 신발 끈이 달린 재킷, 그리고 수저통. 그런데 브래지어도, 속옷도 없었다. 나막신은 사이즈가 맞지 않았다. 몇 시간 동안 서 있다가 오른팔에 전기 펜으로 번호가 새겨졌다. 끔찍하게 아팠다. 그러나 그들이 번호가 되었을 때 주변의 어느 누구도 울지 않았다. 비가 많이 왔다. 론카와 벨라는 진흙 위에 깔려 있는 돗자리 바닥 한구석에서 웅크리고 있다가 잠이 들었다.

새벽 3시에 점호가 있었다. 맨발로 질퍽거리는 진흙을 밟으며, 수만 명의 여자들이 아직 잠이 덜 깬 채 몸을 따뜻하게 하려고 서로 등을 두드렸다. 선 채로 몇 시간. 무장한 경비병들과 목줄을 맨 개들. 마실 물은 없었다. 그리고 행진이 시작되었다. 행진, 또 행진. 고무 몽둥이로 리듬을 맞추었다. 넘어진 허약한 여자들은 가차 없이 구타당했다. 경비병들은 독일어를 알아듣지 못하는 여자들 때문에 술렁거렸다. 비가 억수같이 쏟아졌다. 벨라는 흠뻑 젖었다. 사진 촬영이 있었다. 만약 탈출하면 곧 추적할 수 있게 하기 위한 것이었다. 한번은 스카프를 쓴 채, 또 한번은 스카프 없이. 벨라의 머그샷은 웃는 모습으로, 심지어 건강해 보이기까지 했다.

하루 종일 기다리고 행진했지만, 그들은 쫄쫄 굶었다. 벨라는 쥐들이 접근하기 가장 먼 맨 꼭대기 침상에서 여섯 명의 여자들의 발밑에서, 멀리 화장장에서 날아오는 사람의 살이 타는 냄새를 맡으며 잠을 잤다. 그녀는 담요도 없이 젖은 옷을 입은 채 누워서 한 치도 움직일 수 없었다. 그래도 적어도 다른 여자들의 체온이 그녀를 따뜻하게 유지해주었다. 밤에 자다가 그녀는 매트리스에 들어 있는 날카로운 물체에 찔렸다. 그녀는 나중에야 이것들이 이전 죄수들의 뼈라는 것을 알게 되었다. 아우슈비츠에서 보낸 첫날이었다.

벨라와 론카는 야외 노역에 배정되었다. 그들은 수용소 밖으로 나가는 것이 좋은 조짐이기를 바랐지만, 거기서도 엄중한 감시를 받았다. 그녀는 여자 경비병이 남자 경비병보다 더 포악하다는 것을 발견했다. 죄수를 더 괴롭히면 괴롭힐수록 그들의 승진이 빨라진다. 매번 학살을 저지를 때마다 계급장에 줄 하나를 더 얻는 것이었다. 경비견 트롤리의 목줄을 붙잡고 있던 50세의 여성 부어만은 벨라를 관리하는 경비병이었다. 트롤리는 박자에 맞춰 행진할 수 없는 사람을 공격했다. 벨라는 곡괭이를 지급받아서 아침 7시부터 오후 4시까지 일했다. 그녀는 제대로 일하지 않는다며 스물다섯 번의 채찍질을 당했다. 여자 경비병은 계속 채찍질하느라 팔이 아팠지만 멈추지 않았다. 적어도 그렇게 하는 동안에는 자신의 몸을 따뜻하게 유지할 수 있었다.

일과가 끝날 무렵, 여자들은 약자들이 대열의 중간에 자리 잡도록 도왔다. 부어만의 채찍질로부터 보호하기 위해서였다. 작업반은 명령에 따라 노래 부르면서 수용소로 복귀했다. 행진 악단은 문 앞에서 그들을 기다리고 있었으며, 복귀자들에 대한 철저한 점검이 이어졌다[6](악단은 수용소에 새로 들어온 사람들에게 헛된 희망을 줄 뿐만 아니라 나치의 여흥을 위해 연주하도록 강요된 죄수들로 구성되어 있었다). 한번은 벨라가 감자 네 알을 품에 지니고 있다가 적발되었다. 벨라는 얼굴을 오른쪽이나 왼쪽으로 돌려서는 안 되고 밤새도록 무릎 꿇고 있으라는 명령을 받았다. 그걸 지키지 못하면 사살된다고 경고했다. 그녀는 훗날 "내가 신체적으로 엄청 튼튼했음이 틀림없다"라고 회고했다. "어머니가 내게 이런 종류의 고문을 견딜 수 있는 신체를 주셨던 거다."

벨라와 론카는 밤새 스스로 세뇌해가며 어떻게 하면 서로 다른 일자리에 배치될 수 있을지 고민했다. 어느 날 아침 점호가 끝난 후에, 소녀들은 여성 수감자들이 냉소적으로 "공동체 센터" 또는 "커피하우스"라고 불렀던 화장실에 숨었다.[7] 언어와 국적을 불문하고 수십 명의 여성들이 그곳에 숨어서 노동을 회피하고 있었다. 작업반이 떠난 후, 두 소녀는 지휘관에게 다가가 독일어로 말하면서 그녀를 놀라게 했다. 벨라가 자신은 정규 교육을 마친 간호사였다고 설명하는 동안, 론카는 자신이 여러 언어를 구사하고 사무실 업무를 담당할 수 있다고 주장했다. 효과가 있었다. 론카는 사무실에 배치되어 통역사로, 벨라는 병동에 간호사로 배치되었다.

여성 병동은 폴란드인, 독일인, 유대인 구역으로 나뉘어 있었다. 벨라는 독일인 구역으로 보내졌다. 비록 독일인을 돕는 것이 그다지 기쁘지는 않았지만, 고된 야외 작업보다는 지붕 밑에서 일할 수 있어 행복했다. 침대 하나당 세 명의 환자들이 있었는데, 대부분 발진티푸스, 이질 또는 설사를 앓고 있었다. 그들은 대소변을 통제하지 못했고, 그것이 너무 고통스러워 마구 울부짖었다. 약은 전혀 없었다.

유일한 폴란드인으로서, 그녀는 독일 환자들에게 형편없는 대우를 받았다. 그들은 더럽혀진 침대 시트를 그녀의 머리에 마구 던졌다. 그녀는 부엌에서 거의 50리터의 물을 실은 카트를 나르는 것과 같은 가장 힘든 일을 맡았다. 언젠가 그녀는 전 직원에게 점심을 가져다주라는 지시를 받았다. 그녀는 너무 힘이 없어서 쟁반을 떨어뜨리고 말았다. 이 때문에 수차례 복부를 걷어차였고, 바닥에 쓰러지자 누운 채로 두들겨 맞았다. 벨라는 슬프게 울면서 적어도 나무와 바람은 게슈타포처럼 잔인하지 않은 야외에서 일하는 작업반으로 돌아가게 해달라고 부탁했다.

결국 벨라는 야외 작업반으로 다시 돌아왔다. 폴란드인들이 유대인들에 관해 나누는 대화가 들려오는데 그들은 자신들이 당하는 모든 고문이 더러운 유대인 탓이라고 비난하고 있었다. 그녀는 자신의 정체가 드러날까, 혹시 잠결에라도 이디시어로 중얼거릴까 봐 두려워 떨었다. 야외 작업장에서 그녀는 자신의 친구들과 히브리 노래들을 떠올리며 탈출할 방법을 궁리해봤지만 사실상 불가능한 일이었다. 그녀가 감방으로 돌아왔을 때, 친위대 사무실에서 유대인 여성들을 도우려 애쓰면서 하루를 보낸 론카가 약간의 빵을 가지고 그녀를 기다리고 있었다.

막사 내부가 이전보다 더 어지러워졌다. 이가 옮기는 발진티푸스가 기승을 부렸는데, 한 달간 고된 야외 작업을 한 벨라가 그만 티푸스에 걸렸다. 그녀는 나흘 동안 막사 안에 누워 있었다. 그녀가 담당 간수에게 혹시 점호를 하는 동안 침대에 누워 있어도 되는지 묻자, 그 여자 간수는 벨라를 때려서 바닥에 쓰러뜨렸다. 그녀는 체온이 섭씨 40도 이상으로 올랐고, 이것은 그녀가 의무실에 갈 수 있다는 것을 뜻했다. 병동에 가니 환자가 너무 많아서 남녀가 함께 수용되어 있었다. 여섯 명의 소녀들이 침대 하나에 빽빽이 누워 있었고, 몇 주간 흘린 땀 때문에 끈끈하게 거의 서로 붙어 있었다. 샤워할 물이나 압박 붕대, 누울 공간도 없었다. 벨라는 일어나 앉아 있어야 했다. 그녀는 자신의 다리가 어디 있는지 볼 수가 없었다. 사방에서 외풍이 들어오자, 모두가 시트를 자기 쪽으로 끌어당겼기 때문이다. 독일 환자들은 벨라를 때리고 그녀의 음식을 훔쳐갔다. 지속적인 소음과 고함소리, 도와달라는 애원. 벨라는 목이 말라 죽을 것 같았지만, 그녀에게 제공된 빗물을 도저히 마실 수가 없었다. 그녀는 옆자리 환자에게 꼭 달라붙어 있었다. 그들이 언제 죽었는지도 모른 채.

폴란드 친구들은 벨라를 위해 기도했다. 몇몇은 그녀가 죽었다고 생각했다. 또 몇몇은 그녀에게 배식된 음식을 자신이 가져가기를 소망했다. 하지만 기적이 일어났다. 그녀는 회복했다. 어느 날 눈을 떴는데, 벨라는 아무 기억이 나지 않았다. 그녀는 혹시 고열의 환각 속에서 비밀을 누설한 건 아닌지 덜컥 겁이 났다. 그래서 그녀는 평상시 모든 대화에 "하느님" 대신 "예수와 마리아"를 추가했다.

론카가 그녀를 방문했을 때, 벨라는 론카 역시 병세가 있고, 점점 쇠약해지고 있는 것을 볼 수 있었다. 육체적으로나 감정적으로나, 론카는 살고 싶은 의욕을 잃어가고 있었다. 벨라는 친구가 자신을 격려하기 위해 필사적으로 온 힘을 모으는 것을 지켜보았다. 하지만 벨라의 상태가 호전되었을 때, 론카는 건강이 더 악화되어서, 거의 알아볼 수 없는 상태로 같은 병동에 실려 왔다. 벨라는 의사에게 같은 침대를 쓰게 해달라고 간청했다. 그들은 밤낮으로 서로를 껴안았다.

6주가 지난 후 벨라는 자신이 나아지고 있음을 느꼈다. 누더기 같은 천으로 부은 발을 둘둘 싸매고 걸을 수 있었다. 심지어 수프 맛을 음미할 수 있었다. 그녀는 이제 작업장으로 나가서 일해야 하며, 그렇지 않을 경우 가스실로 보내진다는 것을 알고 있었다. 또한 론카가 건강을 회복할 때까지 가까이에 머물면서 간호할 필요가 있었다. 벨라는 다시 병동에서 일을 하기로 결심했다. 그녀는 '불법자'였기 때문에 병동에서 가장 힘든 일, 즉 칼로 침대 사이에 있는 돌에 묻은 진흙을 제거하고, 대소변 통을 비우는 작업을 배정받았다.

한편 론카는 발진티푸스 때문에 고열에 시달리고 있었다. 이어 유행성 이하선염에 걸렸고 그다음에는 이질에 걸렸다. 벨라는 바깥에서 눈을 가져다가 그녀를 씻기는 등, 자신이 할 수 있는 모든 일을 하느라 거의 제정신이 아니었다. 그녀는 위험을 무릅쓰고 식수를 훔쳤으며, 하수도 청소부—그중 한 명은 친구의 오빠였다—를 통해 남자 수용소에서 약을 몰래 빼돌리기도 했다.

그때 벨라는 죄수들에게 비인간적인 의학 실험을 했던 친위대 의사인 멩겔레에 대해 들었다.[8] "죽음의 천사"라고 불리는 그는 죽음으로 가는 후보들을 선발하기 위해 정기적으로 감방을 방문하고 있었다. 그녀는 론카가 이렇게 많이 아프면 가스실로 보내질 것이라는 사실을 알고 있었다. 벨라는 론카를 병동에서 자신의 구역으로 데려갔다. 사람들에게는 친구가 단지 힘든 일 때문에 탈진된 상태라고 말했다. 하지만 발진티푸스를 숨기는 것, 점호를 받기 위해 오랜 시간 일으켜 세우는 것은 너무 어려웠기 때문에 벨라는 론카를 다시 병동으로 데려갔다. 그녀의 병세는 악화되었다. 눈은 본래 색깔을 잃었고 움푹 패어 들어갔다. 그녀는 뼈만 앙상한 상태였다.

론카는 벨라를 자신의 침대로 불러서 속삭였다. "너를 혼자 남겨두고 떠날까 봐 걱정이야. 그리고 너는 결국 고문 때문에 비밀을 지킬 수 없을 거야. 하지만 절대 네가 유대인이라는 것을 드러내서는 안 돼." 론카는 벨라를 침대 옆에 있게 했다. 그리고 네 시간 동안 얘기하고, 울고, 프리덤 동지들과 자기 동생에 대해 이야기했다. 그녀는 홀로 떨어지고, 외롭게 지내는 것을 정말 싫어했다. 론카는 벨라의 손을 움켜쥐었다. "나는 결코 생명의 끈을 놓지 않았지만 이제 끝이 다가왔어. 하지만 너는 살아서 바깥세상에 나가서 우리의 이야기를 꼭 전해야 해. 끝까지 견뎌. 정신을 잃지 말고. 모두의 얼굴을 똑바로 바라봐. 그리고 자신을 잃지 마. 그러면 너는 살아남을 거야.'"

론카가 속삭였다. "안녕." 그리고 그녀의 마지막 숨소리.

벨라는 꼼짝도 할 수가 없었다. 그녀는 론카의 손을 놓을 수 없었다. 가장 소중한 친구를 잃고 이제 이 지옥에서 어떻게 계속 살 수 있을까? 그녀는 누구에게 의지해야 하는가? 누구와 이야기를 나눌 것인가?

이 우주 전체에서 그녀가 어디에 있는지, 그녀가 누구인지를 알고 있는 유일한 사람. 론카가 떠났다.

폴란드 여자들이 와서 기도하면서 론카의 손가락 사이에 성화 카드와 예수의 아이콘을 놓았다. 벨라는 가장 친한 친구가 기독교인으로 죽는 것을 보는 게 싫었다. 하지만 안간힘을 다해 이를 악물었다.

시체를 수습하는 작업반이 다가왔다. 그들은 보통 시체를 아무렇게나 움켜쥐고 나무 널빤지에 내던지고, 배를 아래로 향하게, 머리와 발이 널빤지 밖으로 삐져 나가 매달리게 했다. 벨라는 그들이 론카를 이런 식으로 데려가지 못하게 했다. 그녀는 의사에게 론카가 자신의 친척이라고 주장하면서 들것을 빌릴 수 있도록 특별 허가를 요청했다. 그리고 그녀는 론카를 화장하기 전에 시체를 쌓아둔 묘지로 데려가달라고 부탁했다. 의사는 처음엔 "죽은 사람들을 차별"하는 것을 거부했지만, 결국은 동의해주었다.

파비아크에서부터 론카를 알고 있던 폴란드인들이 모두 모였다. 벨라는 몸을 떨면서 침대에서 시신을 옮기고 조심스럽게 담요를 들어 그녀의 손가락 사이에 있던 성화 카드와 예수 아이콘을 집어냈다. 네 명의 여자가 들것을 들고, 다른 사람들은 슬픈 노래를 불렀다. 시체 구역에 도착한 후 벨라는 론카의 얼굴을 가리고 있던 천을 다시 한번 걷었다. 그녀는 론카를 쳐다보는 것을 멈출 수가 없었다. 그녀는 조금도 움직일 수 없었다. 그녀는 유대인 문상객의 고요한 기도문, 카디시Kaddish를 읊었다.[10]

그리고 그녀는 론카가 자신에게 기도문을 계속 해달라고 말한 것을 기억했다. 벨라는 "이후 다가온 몇 년 동안, 론카는 어디든 나를 따라다녔다"라고 썼다.

하지만 이 생에서 벨라는 혼자였다.

이제 카토비체 교도소에서 깃털을 뽑으면서, 레니아는 일자를 마지막으로 바라보았다.[11] "날 따라와!"라는 목소리가 그들의 귀에 울려 퍼졌다. 그녀는 호출을 받고 있었다. 일자는 당황하고, 동정 어린 표정으로 돌아보았다. 레니아는 건물 꼭대기 층까지 걸어 올라가 감독관 사무실로 들어갔다. 그녀의 시력은 흐릿했고, 온몸에 힘이 하나도 없었다. 게슈타포 대원이 엄격한 시선과 튀어나온 눈으로 그녀를 기다렸다. 그는 그녀와 일자가 처음 여기 들어왔을 때 책상에 앉아 있던 사람이었다. 그가 명령했다. "가서 옷 입어." 이제 나를 어디로 데려가려는 거지?

레니아는 치마와 스웨터를 입었다. 다른 아무것도 가져가지 않았다. 감독관과 게슈타포 남자는 그녀의 체포에 대해 논의했다. 게슈타포 요원은 중얼거리더니 큰 소리로 말했다. "일단, 그녀의 이름은 위두초프스카다. 하지만 취조를 받으면 다 노래할[자백을 의미] 거야. 그러면 진짜 이름을 알아낼 수 있겠지." (아이러니하게도 쿠키엘카라는 이름의 다른 뜻은 '뻐꾸기 cuckoo'다. 고독하고 비밀스럽게 노래하는 새.)

감독관은 레니아를 감옥으로 돌려보낼 것인지 물었다. 그 게슈타포 남자는 모르겠다고 대답했다.

다시 레니아는 게슈타포 경비병의 호송을 받으며 쇠사슬에 묶인 채 거리를 걷고 있었다. 그는 레니아에게 "네가 지금 입고 있는 옷을 잘 봐둬"라고 독일어로 말했고, 그녀는 못 알아들은 척했다. "구타당하고 나면 갈기갈기 찢어질 테니까."

레니아는 자신이 신기했다. 조금도 두렵지 않았기 때문이다. 게슈타포의 말은 그녀를 한 치도 흔들지 않았다. 마치 그가 다른 사람에 대해 말하는 것 같았다. 그녀는 자신의 육체적 경험으로부터 거리를 두며, 고통을 견딜 준비를 하고 있었다.

게슈타포 건물로 돌아와서 레니아는 독일어를 아느냐는 물음에 "아니요"라고 대답했다. 그에 대한 보답으로, 번갯불이 번쩍이는 것처럼 따귀를 두 번 맞았다. 하지만 레니아는 아무 일도 없었다는 듯이 침착하게 서 있었다.

여성 통역관과 함께 게슈타포 네 명이 추가로 방에 들어왔다. 카토비체 게슈타포의 차장이자 그녀를 여기로 데려온 게링거가 심문관이었다.

교차 심문이 시작되었다. 맹렬한 질문 공세가 쏟아졌다. 취조관들은 그녀를 혼란스럽게 하려고 서로 경쟁적으로 돌아가며 질문을 던졌다.

하지만 그녀는 자신이 한 이야기를 고수하며 심문에 응했다. 서류들은 진짜였다. 그녀의 아버지는 러시아군에 포로로 잡힌 폴란드 장교이고, 어머니는 돌아가셨다. 그녀는 사무실에서 일하고, 가족의 귀중품을 팔아서 돈이 바닥날 때까지 근근이 살았다. 게슈타포 대원 중 한 명이 서랍에서 서류 뭉치를 꺼냈다. 그는 이 서류들을 갖고 있던 사람들이 국경에서 체포되었다고 말했다. 그 서류들은 레니아의 것과 같았고 거기에 찍힌 위조 스탬프도 마찬가지였다.

순간 레니아의 피가 얼어붙었다. 다행히 좀 전에 따귀를 세게 맞아서 얼굴이 아직도 붉게 상기되어 있었다. 그렇지 않았다면 그녀의 얼굴은 완전히 창백하게 보였을 것이다.

그들은 그녀의 답변을 기다렸다. 물론 그녀는 서류 위조업자가 돈을 받고 이 서류들을 사람들에게 팔았다는 것을 알고 있었다. 하지만 그녀는 당당하게 말했다. "그 사람들의 서류가 가짜일 수 있지만, 그렇다고 그것이 내 서류도 가짜라는 것을 증명하지는 않아요. 내가 일하는 회사는 실제로 있어요. 저는 거기서 3년 동안 일했고요. 통행증은 그 회사 직원이 작성해준 것입니다. 직인은 바르샤바 시장의 것이고요. 제 서류는 위조된 게 아닙니다."

그러자 게슈타포는 흥분하여 계속 공세를 취했다. "체포된 사람들도 똑같이 그렇게 주장했지만, 결국 유대인으로 판명되었어. 그들은 이틀 날 모두 총살되었지. 만약 당신이 죄를 인정한다면, 살려주겠다고 약속하지."

레니아가 아이러니하게 웃었다. "저는 많은 재능을 가지고 있지만, 거짓말하는 재능은 없어요. 제 서류는 진짜인데, 이걸 가짜라고 할 수 없잖아요. 저는 가톨릭 신자이고 유대인도 아니에요."

그들은 더 화가 나서 그녀를 심하게 때렸다. 통역관은, 순전히 그녀 자신의 의지로, 레니아가 유대인이 아니라고 보증했다. 레니아의 외모는 분명 아리아인이고, 폴란드어도 완벽하다고 강조했다.

"그럼 너는 스파이야." 게슈타포 소장이 말했다. 그들 모두가 같은 생각이었다.

질문의 방향이 바뀌었다. 어느 조직을 위해 연락책으로 일했지? 사회주의자들 아니면 브와디스와프 시코르스키(훗날 폴란드 망명정부의 총리가 된 인물이다)의 조직? 그들을 위해 활동하는 대가로 얼마나 받았지? 운반한 물품은 무엇이었지? 파르티잔 전초기지는 어디지?

그들 중 한 명이 좋은 경찰의 역할을 했다. 그는 레니아에게 순진하게 굴지 말라고 말했다. "네 상관을 보호하려는 거 그만둬. 만약 네가 실패했다는 소식을 들으면, 그들은 널 도우려 하지 않을 거야. 그러니 우리에게 진실을 말해. 그러면 널 풀어줄게."

레니아는 그의 '친절한' 말이 무엇을 의미하는지 충분히 이해했다. 그녀가 천천히 대답했다. "좋아요. 당신들에게 진실을 이야기해줄게요."

그들은 모두 귀를 기울였다.

그녀는 "저는 연락책이 무엇인지 모릅니다"라고 말했다. "신문 배달원인가요?" 그녀는 최대한 순진한 표정을 지었다. "PPR이나 시코르스키도 몰라요. 이름만 들었을 뿐이에요. 또 제가 파르티잔에 대해 아는 거라곤 그들이 숲에서 살면서 비무장 민간인들을 공격한다는 거예요. 그들이 어디에 있는지 안다면, 기꺼이 당신들에게 말해줄 겁니다. 만약 제가 거짓말을 하려고 마음먹었다면, 벌써 이름들을 생각해냈을 겁니다."

이제 게슈타포 요원들은 격노했다. 심문은 세 시간 동안 계속되었지만, 여전히 아무것도 알아내지 못했다.

학교 교육에 대한 질문을 받은 레니아는 초등학교 7학년까지 다녔다고 대답했다.

"이 여자가 말을 하지 않는 것은 당연하지." 그들은 웃으며 말했다. "이 여자는 너무 멍청해서 자신의 목숨이 다른 사람의 목숨보다 더 소중하다는 것을 이해하지 못해."

그들 중 한 명이 끼어들었다. "지금까지 죄다 거짓말을 했듯이, 학교에 대해서도 거짓말을 하고 있어요. 고등학교도 안 다닌 단순한 소녀가 이런 식으로 속일 수 없지요." 게슈타포 요원들은 모두 그의 의견에 동의했다.

자신의 노력이 헛된 것임을 깨달은 지휘관은 레니아를 비어 있는 다른 큰 방으로 옮기라고 지시했다. 굵은 채찍을 든 게슈타포 요원 몇 명이 따라 들어왔다. "이 레슨이 끝나고 나면 넌 새처럼 노래하게 될 거야. 너는 모든 것을 털어놓게 될 거야."

그들은 그녀를 바닥에 내동댕이쳤다. 한 명은 그녀의 발을 잡고, 다른 한 명은 머리를 잡고, 나머지는 그녀를 채찍질하기 시작했다. 레니아는 온몸에서 쓰라린 고통을 느꼈다. 채찍질이 열 번 가해진 후 그녀는 소리 쳤다. "엄마!" 그들이 그녀를 꽉 붙잡고 있었지만, 그녀는 마치 그물에 걸린 물고기처럼 심한 경련을 일으키기 시작했다. 학살자 중 한 명이 그녀의 머리카락을 손에 감아쥔 채 바닥에 질질 끌고 갔다. 이제 채찍이 그녀의 등뿐만이 아니라 얼굴과 목, 다리 등 몸 전체를 마구 내려쳤다. 그녀는 점점 약해졌지만, 여전히 입을 열지 않았다. 그녀는 나약함을 보이지 않으려 했다. 그녀는 결코 그러지 않을 것이다. 그때 모든 것이 어두워지더니 통증이 사라졌다. 레니아는 정신을 잃었다.

그녀는 마치 물속에서 수영하는 것 같은 기분으로 깨어났다. 그녀는 치마 외엔 아무것도 입지 않고 있었다. 주변에는 물을 끼얹어서 그녀를 깨우곤 했던 양동이들이 놓여 있었다.

두 명의 게슈타포가 그녀가 일어서는 것을 도왔다. 그녀는 스웨터를 찾아 헤맸고, 수치심을 느끼며 그것을 입었다.

심문이 재개되었다.

그들은 그녀의 증언이 일치하는지 확인했다. 그녀는 왜 자백하지 않을까?

손에 권총을 든 게슈타포가 말했다. "말하기 싫으면, 나와 같이 나가자. 개처럼 쏴버릴 테니까."

레니아는 그를 따라 계단을 내려갔다. 총이 반짝거렸다. 레니아는 행복했다. 마침내, 이 고통이 끝난다.

그녀는 마지막으로 석양을 바라보았다. 그리고 그것을 흠뻑 들이마셨다. 석양이 만들어내는 그림자와 색깔을 하나하나 음미하며. 자연은 이토록 완벽하게 아름다운 것을, 각각의 현상이 조금이 전환하고 변화하는 것을 정확하고 우아하게 구분하면서.

밖으로 나와서 거리를 걸어가며, 게슈타포 요원은 진심으로 의아해하며 물었다. "너는 이렇게 젊은 나이에 죽는 게 아깝지 않니? 어떻게 그렇게 멍청할 수 있어? 왜 사실대로 말하지 않는 거지?"

한순간의 망설임도 없이 레니아는 대답했다. "세상에 당신 같은 사람이 있는 한, 저는 살고 싶지 않아요. 저는 사실대로 얘기했는데 오히려 거짓말을 하라고 강요하잖아요. 거짓말은 안 할 거예요! 차라리 총에 맞아 죽는 게 나아요."

그는 그녀를 몇 번 발로 걷어차더니, 다시 건물 안으로 데리고 들어가 다른 사람들에게 넘겨주었다. 훗날 레니아는 "그는 아마도 나를 상대하는 데 진절머리가 났을 것이다"라고 회상했다.

게슈타포 중 한 명이 그녀를 위해 의자를 꺼냈다. 레니아는 그가 자신에게 친절히 대하려고 한다고 생각했다. 그는 만약 그녀가 사실대로 말하면 그녀를 바르샤바로 보내서 게슈타포를 위한 스파이로 일하게 해주겠다고 제안했다. 그녀는 그 제안에 동의했지만 진술을 뒤집지는 않았다.

게슈타포 지휘관은 그들에게 이제 그녀와의 게임을 그만두라고 말했다. "그녀가 사실대로 말하겠다고 애원할 때까지 채찍질을 스물다섯 번 가해라."

게슈타포 두 명이 그녀를 미친 듯 무자비하게 때리기 시작했다. 그녀의 머리와 코에서 피가 쏟아졌다. 통역관은 고문을 더 이상 보지 못하고 방에서 나갔다. 레니아는 너무 고통스러워서 방 한쪽에서 다른 쪽으로 펄쩍펄쩍 뛰어다녔다. 지휘관은 계속하라고 말했고, 자신도 그녀에게 몇 번 발길질을 했다.

레니아는 일어설 힘도 없었다. 게슈타포 하나가 더러운 천으로 그녀의 머리를 싸매고, 스웨터를 입히고, 팔을 부축한 채 그녀를 책상으로 데려갔다. 그는 그녀에게 보고서 한 장을 건네더니, "이 무례한 거짓말에 서명해"라고 말했다. 그가 말을 할 때, 그의 아내가 들어왔다. 그녀는 레니아의 얼굴을 보더니 움찔하고 몸을 돌렸다. 그 후 그녀는 테이블 위에 있는 레니아의 시계가 고급이라는 사실을 알아차리고 남편에게 저 여자는 어차피 죽을 테니 그 시계는 자기가 갖고 싶다고 말했다. 그는 아내에게 결국 시계를 주긴 하겠지만, 아직은 아니라고 말했다.

이 말에 그녀는 발끈 성을 내며 방을 나갔다.

게슈타포는 레니아가 펜을 잡는 것을 도왔고, 그녀는 서명했다.

그런 다음 택시를 불렀다.

운전사는 게슈타포 경비병에게 자기 옆자리에 앉으라고 했다. 레니아의 상태가 너무 '불쾌'했기 때문이다.

하지만 경비병은 제안을 거절했다. 그는 "이 여자가 지금 시체처럼 보여도, 문을 부수고 탈출할 수도 있어요"라고 말했다.

밤이었다. 어둠이 짙은. 이 남자들의 대화에서 레니아는 자신이 카토비체에 돌아가는 것이 아니라 미스워비체 교도소로 끌려가고 있다는 것을 알아챘다.

택시 운전사가 낄낄 웃었다. "제 생각에 그게 이 여자의 오만함을 처리하는 유일한 방안인 것 같아요."

26 자매들이여, 복수하라!

레니아와 안나

1943년 9월[1]

미스워비체. 그들은 어둠 속에서 넓은 뜰로 들어갔다.[2] 덩치가 큰 개들이 사방에서 달려들었다. 무장 경비원들이 전투태세를 갖추고 마당을 배회했다. 한 게슈타포가 그녀를 인계하기 위해 안으로 들어가서 사무실에 뭐라고 얘기하더니 차를 몰고 떠났다. 스물두 살 정도 된 새로운 게슈타포가 레니아를 바라보았다. "그들이 네 피부를 정말 잘 벗겨냈군, 그렇지?"

레니아는 대답하지 않았다.

그는 주먹으로 그녀에게 따라오라고 손짓을 했다.

그는 레니아를 지하실에 가두었다. 그녀는 어둠 속에서 상황을 파악하기 위해 눈을 가늘게 떴다. 침대 하나가 있었다. 그러나 통증 때문에 앉을 수도, 누울 수도 없었다. 참을 수 없는 고통. 마침내, 그녀는 간신히 엎드려서 양팔을 쭉 폈다. 뼈와 갈비뼈, 척추가 산산조각 난 것 같았다. 온몸이 퉁퉁 부어 있었다. 그녀는 팔이나 다리 어느 것 하나 움직일 수 없었다.

이미 죽은 사람들을 얼마나 부러워했는지, 레니아는 훗날 "어떤 인간도 그런 구타를 견딜 수 있다고 생각하지 않았다"라고 썼다. "만약 나처럼 맞았으면 나무는 성냥개비처럼 부러졌을 텐데, 나는 아직도 살아 숨 쉬며 생각하고 있었다."

하지만 레니아의 기억은 흐트러져 있었다. 머릿속이 혼란스러웠다. 그래도 자신의 생각이 또렷하지 않다고는 말할 만큼 정신이 맑았다. 물론 좋은 상태는 아니었다.

그녀의 상태는 점점 나빠졌다. 그녀는 붕대를 감은 채 침대에 며칠 동안 누워 있었다. 점심으로 희멀건 수프와 물 한 잔을 받았다. 그 물로 입과 얼굴을 씻었다. 그녀는 며칠 동안 샤워를 하지 못했다. 볼일을 볼 곳도 없었다. 심한 악취로 질식할 것 같았다.

어둠도 마찬가지였다. 그녀는 산 채로 매장당한 것과 다름없었다. 레니아는 나중에 당시의 심리 상태를 "나는 죽음을 기다리고 있지만, 아무 소용이 없군"이라고 묘사했다. "너를 죽여달라고 명령할 수는 없어."

일주일 후 한 젊은 여자가 와서 레니아를 사무실로 데려갔다. 게슈타포 요원이 그녀를 취조하고 낱낱이 기록했다. 레니아는 놀랐다. 그녀는 왜 처형되지 않은 것일까? 이제 다른 감방으로 보내려는 것일까? 그 젊은 여자는 레니아를 목욕실로 데려갔고, 그녀의 상처를 보더니 옷을 벗게 도와주었다.

이제 레니아는 자신이 얼마나 참혹하게 구타당했는지 그 흔적을 보았다. 몸에는 하얀 피부가 하나도 남아 있지 않았고, 검게 그을린 멍 자국, 온통 노랗고 시퍼렇고 빨갛게 피멍이 든 피부뿐이었다. 목욕 담당자는 폴란드어로 말하면서 그녀에 대한 동정심에 가득 찬 채 그녀를 어루만지고 입을 맞추면서 흐느꼈다. 자신을 그토록 염려하는 그녀를 보며 레니아는 울음을 터뜨렸다. 누군가가 아직도 나에게 신경을 쓸 수 있단 말인가? 동정심을 가진 독일인이 아직 남아 있을까? 이 여자는 도대체 누구지?

"난 2년 반 동안 감옥에 갇혀 있었어요"라고 그 여자가 말했다. "지난 12개월 동안 이곳에서 지냈지요. 여긴 취조하기 위한 수용소예요. 취조가 끝날 때까지 잡아두는 곳이지요. 여기 미스워비체에는 2천 명의 죄수가 있어요."

그녀는 계속 말했다. "전쟁 전에 난 교사였어요. 전쟁이 시작되자, 우리 마을 시에친에서 정치활동을 하는 것으로 의심되는 사람들은 모두 체포되었지요. 내 친구들도 모두 감옥에 갇혔어요. 난 한동안 숨어 살다가 체포되었고요. 나도 고생 많이 했지요." 그녀는 레니아에게 자신의 몸에 남아 있는 자국들, 쇠사슬에 맞아 생긴 상처, 손톱 밑에 박혀 있는 빨갛게 달아오른 금속 핀을 보여주었다. "남동생 두 명도 여기 있는데 반쯤 죽은 상태고요. 그 애들은 6개월 동안 침대에 묶인 채 계속 감시당하고, 조금만 움직여도 구타를 당했어요. 비밀 조직에 소속된 것으로 의심받고 있지요. 이곳에서는 정말 상상할 수 없는 끔찍한 일들이 벌어지고 있어요. 열명 정도가 채찍에 맞아 매일 죽어나가요. 남녀 구별 같은 건 당연히 없고요. 이곳은 정치범 수용소예요. 대부분은 처형될 겁니다."

레니아는 욕조에 몸을 담갔고, 이 모든 새로운 정보가 스며들었다.

그 여자는 레니아에게 친구가 되겠다고, 그리고 필요한 것이 있으면 뭐든 가져다주겠다고 약속했다. 그녀는 레니아에게 "난 지금까지 독방에 갇혀 있었지만 지금은 욕조를 관리하고 있어요"라고 말했다. "물론 여전히 죄수 취급을 받고 있지만, 적어도 자유롭게 운동장을 돌아다닐 수 있어요."

레니아는 두 개의 철제 창문이 있는 긴 방으로 끌려갔다. 2층 침대가 한쪽 벽에 늘어서 있었다. 문 옆에는 방 관리인을 위한 테이블이 있었는데, 방 관리인은 친절한 죄수 중 한 명으로 방 청소를 책임지고 있었다. 구석에는 돼지 먹이 그릇 같은 것들이 쌓여 있었다.

교사들과 단체 회원들이 일부 포함되어 있던 죄수들이 레니아를 에워싸고 주의 깊게 살펴보면서 질문을 퍼부었다.[3] 어디서 왔는지, 왜 체포되었는지, 여기 얼마나 오래 있었는지? 그녀가 겨우 2주 전에 체포되었다는 소식을 듣더니 그들은 바깥세상에 대해 물었다. 레니아는 이 여자들 사이에서 자신이 낯선 이방인처럼 느껴졌다. 이들 중에는 여러 부류, 즉 착한 사람과 나쁜 사람, 젊은 사람과 늙은 사람, 중범죄자와 경범죄자가 두루 뒤섞여 있었다. 그들 중 한 명, 아마 정신이상인 듯한 사람이 그녀를 위해 춤을 추기 시작했고 말도 안 되는 노래를 불렀다.

못된 여자들이 레니아를 조롱했다. "너는 자유의 세계에서 막 들어왔는데 벌써 꼴이 말이 아니네. 여기서 도대체 어떻게 지낼 거야? 배가 너무 고파서 뱃속에서 휘파람이 분다. 혹시 너 빵 한 조각 있어? 나한테 줘봐."

열 살에서 열다섯 살 정도 되는, 명랑해 보이는 소녀가 레니아에게 다가갔다. 몇 마디 말을 나누기도 전에 그 소녀는 레니아에게 호감을 느꼈다. 소녀는 옆에 서서 그녀를 응시했다. 그러곤 한참 후에야 용기를 내어 물었다. "벵진과 소스노비에츠에 아직 유대인이 남아 있나요?" 미르카는 유대인이었던 것이다.[4] 그녀는 소스노비에츠에서 강제추방을 당했지만, 여동생과 함께 기차에서 뛰어내렸다. 여동생은 심하게 다쳤지만 다행히 목숨을 건졌다. 당황한 미르카는 근처 경찰서로 갔다가 게슈타포에게 넘겨졌다. 여동생은 일단 병원으로 옮겨졌지만 그 후 소식이 끊겼다. 아마도 그곳에서 사살된 것 같았다. 미르카는 미스워비체로 끌려왔고, 3주 동안 거기 있었다.

어린 미르카는 좀비처럼 돌아다녔음에도 불구하고 "저는 삶에 대한 열정을 가지고 있어요"라고 말했다. "전쟁이 곧 끝날지 모르잖아요. 저는 매일 밤 감옥 문이 열리고 다시 자유로워지는 꿈을 꾸어요."

레니아는 그녀를 위로했다. "그래, 전쟁은 곧 끝날 거야. 넌 언젠가 자유로워지는 날을 볼 거야."

"당신이 여기서 나가면, 뭐든 조금만이라도 도와주세요. 작은 음식 패키지라도."

미르카는 레니아에게 감옥 생활에 대해 안내하면서 구체적으로 어떻게 행동해야 하는지를 가르쳐주고, 밤에 식사용 그릇과 짚으로 만든 베개를 반드시 지니고 있으라고 말해주었다.

그러자 레니아는 자신의 수프를 테이블 위에 놓고는 미르카에게 가져가라고 속삭였다. "당신은요?" 미르카가 걱정스러운 표정을 지었지만, 레니아는 걱정하지 말라고 안심시켰다. 그때 그녀는 얼마나 진실을 말하고 싶었는지, 얼마나 자신의 존재를 밝히고 싶었는지.

그녀가 있는 구역에는 65명의 여성이 수용되어 있었다. 매일 그중 몇 명이 심문받기 위해 또는 구타당하기 위해 끌려 나갔고, 아니면 다른 감옥이나 죽음으로 보내졌다. 그리고 매일 그들을 대신할 새로운 여자들이 도착했다. 마치 고문을 위한 공장 작업라인과 같았다.

레니아를 담당한 교도관은 악질이었고 진정한 사디스트여서, 언제고 열쇠 뭉치나 채찍을 사용할 구실을 찾으며 기다리고 있을 정도였다. 교도관은 언제고 마음 내키면 죄수를 공격해서 심하게 때릴 수 있었다. 하루도 조용히 넘어가는 날이 없었다. 전쟁이 끝나면, 우리는 그 교도관을 갈기갈기 찢어서 개들에게 던져버릴 것이다. 여자들은 분노로 인한 응어리를 억지로 삼키면서 그런 환상을 품었다. 모든 것은 전쟁 이후로 미뤄졌다. 한 죄수는 레니아에게 전쟁 전에 이 잔인한 교도관과 그녀의 남편은 빗, 거울, 장난감을 파는 작은 가게를 운영하면서 시장과 장터에서 물건을 팔았다고 말했다. 그런데 점령 초기에 남편은 굶어 죽었고, 교도관은 집을 탈출해 신분을 바꾸고 민족독일인이 되었다. 그녀의 신분은 가난한 미망인에서 500명의 죄수를 관리하는 '독일 여성'으로 바뀌었다. 그녀는 그들을 마구 구타하면서 "너희들은 폴란드 돼지들이야!"라고 소리치곤 했다. 게슈타포는 그녀의 이런 스타일을 좋아했다.

레니아의 일상은 지루하기도 하고 끔찍하기도 했다. 그녀는 아침 6시에 일어났다. 여자들은 열 명씩 그룹을 지어 목욕실로 가서 찬물로 서둘러 목욕을 했다. 다른 사람들이 기다리고 있었기 때문이다. 7시에 사디스트 교도관이 도착하면 아무도 감히 복도에 나오지 않았다. 그들은 모두 3열로 정렬해 서 있었다. 복도 감시인은 그들의 수를 세어 자신의 상관인 두 명의 게슈타포 감독관에게 죄수 총원을 보고했다. 그 후 50그램의 빵한 조각, 때로는 약간의 잼, 그리고 검고 쓴 커피 한 잔이 배급되었다. 감방 문은 잠겨 있었고, 죄수들은 굶주린 배를 움켜쥐고 빈둥빈둥 놀고 있었다. 배급된 음식은 그들의 식욕을 자극할 뿐이었다. 그들은 11시까지 매 순간 시간을 세었다. 11시가 되면 마당에서 30분 동안 산책하도록 허락받았다. 여기서 그들은 채찍질 소리와 야수 같은 끔찍한 비명소리를 들었다. 그들은 취조실로 끌려가고 나오는 사람들을 보았다. 그 사람들은 마치 살아 있는 시체 같았는데, 눈은 도려낸 채 피투성이였으며, 머리는 붕대로 감겨 있고, 손과 이빨은 부러지고, 팔다리는 제자리에서 빠져나와 비틀린 채였으며, 얼굴은 왁스처럼 창백하고 상처와 주름으로 뒤덮여 있으며, 갈기갈기 찢어진 옷은 썩어가는 살점을 드러내고 있었다. 때

때로 레니아는 수감자들을 아우슈비츠로 데려가는 버스에 시체들이 실려 가는 것을 보았다. 그래서 그녀는 마당에 나가기보다는 차라리 감방 안에 머물러 있고 싶어 했다.

감방 안에는 침묵이 흘렀다. 아무도 감히 한 마디 내뱉지 않았다. 경비원들이 복도를 순찰했다. 레니아는 너무 배가 고파서 배가 아플 정도였다. 여자들은 각자 그릇을 갖고 있었다. 냄비 달그락거리는 소리가 들리면, 그들은 지금이 정오라는 것을 알았다. 배식은 경범죄로 기소된 두 명의 죄수들이 맡았는데, 무장 경비원이 그들 옆에 서 있었다. 다른 사람들은 쭉 줄지어서 순서가 오기를 기다렸다. 담당 교도관은 문 앞에 서 있었다. 그들은 너무 배가 고파서 덜덜 떨고 있었지만, 아무도 밀치지 않았다. 레니아는 나치 감옥 시스템을 무미건조하게 묘사했다. "질서가 무엇보다 우선이었다."

그녀의 그릇은 묽은 수프와 익힌 양배추, 그리고 꽃양배추 잎으로 채워졌다. 벌레들이 위에 둥둥 떠 있었다. 여성 죄수들은 눈에 보이는 벌레를 건져내고 잎을 포함한 나머지를 먹었다. 그녀는 나중에 "개들도 그런 수프는 먹지 않는다"라고 썼다. 숟가락도 없었기 때문에 액체보다 걸쭉한 것은 손가락으로 집어 먹었다. 어떤 죄수가 보통 때보다 더 많은 잎을 받으면 행운이라고 생각했다. 잠시나마 배고픔을 해소할 수 있었기 때문이다. 어떤 여성들은 국물만 받았다. 그래도 배식 서비스에 대해 불평하는 사람은 아무도 없었다고 레니아는 비꼬았다. 식사 후 몇 시간 동안, 그녀는 함께 삼켰을지 모르는 벌레와 상한 채소를 토해내고 싶었다. 그녀의 위는 무언가 꽉꽉 우겨넣은 마대 자루처럼 느껴졌다. 그런데 여전히 배가 고팠다. 그녀는 위가 점점 수축되는 것을 느낄 수 있었다. 처음에는 수프 먹기를 거부했지만 지금은 더 받을 수만 있다면 얼마든지 더 먹을 수 있을 것 같았다.

그 후 죄수들은 벽을 따라 놓인 벤치에 우두커니 앉아 있었다. 저녁식사 때까지 기다리는 것이 마치 평생처럼 느껴졌다. 여자들은 꿈을 꾸었다. 만약 풀려나면, 가장 먼저 배가 터질 때까지 먹고 싶었다. 그들은 케이크나 별미를 상상하지 않았다. 그저 빵 한 덩어리, 소시지, 벌레 없는 수프만을 상상했다. "하지만 우리 중 누가 살아서 여길 나갈 수 있을까?" 레니아는 자신이 과연 살아남을지 확신할 수 없었다.

7시에 그들은 저녁식사를 배급받기 위해 줄지어 섰다. 마가린과 블랙커피가 포함된 100그램의 빵 한 조각. 그들은 포만감을 느끼기 위해 빵을 그대로 삼키고 커피를 홀짝거렸다. 9시는 취침 시간이었다. 레니아는 뱃속을 파고드는 허기 때문에 잠을 이루지 못했다.

미스워비체는 카토비체보다 깨끗했다. 1942년에 그곳에서 영양실조와 비위생적인 환경 때문에 치명적인 장티푸스가 발생했었다. 그 이후로 감옥은 위생 문제에 엄격했고, 죄수들에게 매트리스를 제공했다. 그러나 매트리스 안에 짚이 충분하게 채워지지 않아서 침대 판자가 살에 닿을 정도였다. 레니아는 다 헐어서 누더기 같긴 해도 깨끗한 담요로 몸을 덮었다. 죄수들은 파르티잔들이 공격해올 경우에 대비해 옷을 입은 채로 잠을 잤다. 가능한 한 빨리 탈출하기 위해서였다. 무장한 헌병들이 밤새 복도를 순찰하며 조그맣게 부스럭거리는 소리만 나도 예민하게 경계를 섰다. 여자들은 취침 시간이 시작되면 감방에서 절대 나갈 수 없었다. 취침 시간 후에 레니아는 양동이에 몸을 담그고 쉬었다.

때때로 여성들은 총소리에 놀라 잠에서 깨어났다. 그때마다 레니아는 아마 남자 구역에 있는 누군가가 탈옥을 시도했을 것이라고 추측했다. 하지만 탈출은 불가능했다. 창문에는 쇠창살이 설치되어 있었고 문은 잠겨 있었으며, 감옥 장벽에는 경비를 위한 망루가 군데군데 세워져 있었다. 경비병들이 건물 주변을 돌면서 두 시간마다 교체되었고, 수상한 물체가 나타나면 무조건 세 번에 걸쳐 사격을 가했다.

어느 날 아침, 그녀는 간밤에 몇몇 남자가 목을 매었다는 소식, 또는 한 여성이 목욕실을 통해 도망치려다가 잡혀서 구타를 당하고 창문이 없는 어두운 감방에 갇혔다는 소식을 들었다.

레니아는 수없이 탈출을 생각하며 잠 못 이루는 밤을 보냈다. 하지만 어떻게?

어느 날, 소스노비에츠에서 다섯 명의 유대인 여성이 도착했다. 그들은 위장을 위해 머리를 염색했지만 카토비체 역에서 체포되었다. 한 폴란드 아이가 그들을 의심하고 게슈타포에게 신고했던 것이다. 그들은 소지품을 몰수당했다. 레니아는 밤에 그들에게 말을 걸었지만, 자신이 유대인이라는 것을 숨기기 위해 조심했다. 이 지역 출신인 그들이 과연 그녀를 알아볼 수 있을까? 하지만 동시에 자신을 알아봤으면 하는 갈망이 아주 컸다. 세상에 그녀가 어디 있는지 아는 사람은 아무도 없었다. 자신이 죽을 때를 대비해서 그녀는 누군가에게 말해야 했다. 그래서 그들이 알 수 있도록. 누군가는 알게 될 거야.[5]

며칠 간격으로 더 많은 유대인 여성들이 도착했다. 그중 한 명은 정기적인 신분증 검사 도중 붙잡혔고, 다른 한 명은 민병대 친구의 집에 숨어 있다가 체포되었다. 그녀는 누가 밀고했는지 몰랐다. 한 독일인 가족도 체포되었다. 연로한 엄마와 두 딸은 위조한 신분증 때문에 열차에서 체포되었다. 그중 한 사람이 울음을 터뜨리며 유대인이라고 자백했다. 레니아는 이들 여성 대부분이 폴란드인의 밀고로 게슈타포에 체포되었다고 기록했다.

수감된 유대인 여성들이 20명이 되면 그들은 아우슈비츠로 보내졌다. 그들이 떠나는 모습을 볼 때 레니아는 가슴이 두근거렸다. 그들은 몰랐지만 레니아는 그들이 자신이 담당한 사람들이라는 사실을 알고 있었다. 그들은 죽음의 수용소로 보내지고 나는 뒤에 남는다. 그들은 마지막 순간까지 헛된 희망을 품고 있었다. 전쟁이 끝날지도 모른다고. 그러나 막상 떠나게 되자, 그들은 이제 죽으러 간다는 것을 알아채고 눈물을 흘렸다. 모두가 그들과 함께 울었다.

심문 대상 여성들의 이름이 예고 없이 발표되었다. 몇몇 여성들은 자신의 이름이 호명되자 의식을 잃었고 들것에 실려 조사실로 보내졌다. 이튿날 그들은 심하게 두들겨 맞은 채 돌아오곤 했다. 가끔은 죽은 채로 돌아오기도 했다.

대부분의 죄수들은 정치활동을 했다는 의심을 받았다. 일가족이 끌려온 경우도 있었다. 엄마와 딸들은 레니아와 함께 있었고, 남편들은 남자 구역에 있었다. 한 여자는 심문을 받는 도중에 그녀의 남편이 사망했거나 아우슈비츠로 이송되었다고 들은 것 같았다. 엄마들은 아들과 딸에 대해서도 이런 종류의 통지를 받았다. 그들은 결국 살고자 하는 의지를 잃게 될 것이다. 모든 사람이 영향을 받았다.

레니아는 많은 폴란드 남녀들이 유대인을 도왔다는 이유로 처형되었다는 사실을 알게 되었다. 나치는 전에 자신을 고용했던 유대인을 숨겨준 것으로 의심되는 한 폴란드 여성을 교수형에 처했다. 스물다섯 살이었던 그녀는 두 명의 어린 자녀와 남편, 그리고 부모를 남겨둔 채 세상을 떠났다. 유대인 남자와 결혼했던 일부 여성들은 도피 중인 남편을 대신해 일종의 인질로 잡혀왔다. 몇몇은 자신들이 왜 체포되었는지도 몰랐다. 그들은 공식적인 기소나 사건 조사 없이 3년 동안 이곳에 갇혀 있었다. 또한 궐석 상태에서 형을 선고하는 것도 흔한 일이어서 수감된 사람은 그들이 언제, 왜 처형되는지 전혀 모를 수도 있었다. 언젠가는 한 마을 전체, 즉 수백 명의 주민이 함께 끌려왔다. 분명 이 마을 사람들은 파르티잔들과 접촉하고 있었다.

어느 날 레니아가 쉬는 시간에 마당에 있었는데, 넉 대의 트럭이 아이들을 가득 싣고 도착했다. 그 지역에서는 파르티잔들이 활동하고 있었는데, 독일군은 지역의 무고한 사람들을 고문하고 그들의 아이들을 빼앗아 옴으로써 파르티잔들에게 보복했다. 아이들은 나이 든 죄수의 보살핌을 받으며 별도의 감방에서 살았다. 그들은 어른들과 똑같이 음식을 배급받고 심문을 받았는데, 아이들은 채찍을 보면 겁에 질려서 무엇이든 자백했다. 이렇게 강제로 이루어진 자백도 나치에겐 충분했다. 이 아이들은 독일에 있는 학교로 보내져 "괜찮은 독일인"이 되도록 "교육받았다."

한 폴란드 여성은 레니아에게 자신의 손을 보여주었다. 손톱이 하나도 없었다. 손톱 밑에 뜨거운 핀을 박아 결국 떨어져 나가게 했던 것이다. 그녀의 발뒤꿈치는 불에 달군 쇠몽둥이에 맞아 썩은 상태였다. 겨드랑이에는 쇠사슬 자국이 있었다. 그녀는 30분 동안 매달린 채 구타를 당했으며, 그다음엔 거꾸로 매달린 채 구타를 당했다. 정수리는 머리카락이 다 뽑혀서 대머리였다. 도대체 그녀는 무슨 일을 했기에 이런 고통을 당했을까? 그녀의 아들은 1940년에 어디론가 흔적도 없이 사라졌다. 소문에 따르면 그는 파르티잔 그룹을 지휘하고 있었다. 나치는 그의 친척들이 그와 접촉했다고 의심하고 있었다. 그녀는 전체 가족 가운데 아직 살아 있는 마지막 사람이었다.

레니아의 동료 죄수들 중에는 사소한 범죄로 끌려온 사람들도 있었다. 암시장에서 물건을 팔거나 소등 시간에 불을 켰다가 체포된 여성들, 그리고 그녀가 표현한 대로 "말도 안 되는 일" 때문에 끌려온 사람들이 있었다. 그런 죄수들의 삶은 조금 더 편했다. 그들은 사식이나 옷 꾸러미 등을 받을 수 있었다. 독일인들은 반입되는 물품들을 훑어보고 괜찮은 것들을 취했다.

레니아는 왜 자신이 아직 미스워비체에 남아 있는지 궁금했다. 왜 다른 곳으로 끌려가지 않았을까? 왜 아직 살아 있을까? 많은 여성들이 죽었고 또 그만큼 많은 여성들이 그들을 대체하기 위해 끌려오고 있는데.

어느 날 오후, 드디어 그녀의 차례가 왔다. 남자 간수가 감방에 들어왔다. 그는 레니아를 바라보며 무슨 일이 있었는지 물었다. 그녀는 국경을 넘다가 체포되었다고 말했다.

"가자."

무슨 일이 일어나는 걸까? 총살? 교수형? 중세식 고문? 아니면 아우슈비츠?

그녀는 어떤 방식인지 알지 못했다. 하지만 결과는 알고 있었다. 이게 그녀의 끝이었다. 이것이.

✳

가장 잔혹한 행위가 자행된 아우슈비츠는 미스워비체에서 버스를 타고 불과 한 구간 거리에 있었다. 하지만 악명 높은 상황에도 불구하고 수용소 지하에서 저항운동이 솟아났다. 아우슈비츠의 지하운동은 곧바로 가스실로 보내지지 않고 노예 노동에 선발되었던 젊은 유대인들을 포함해서 (종종 의견이 일치하지 않는) 여러 나라 출신의 그룹들로 구성되었다(이들 젊은 유대인 때문에 많은 유대인 여성들은 캠프에서 더 젊게 보이려고 노력했다. 그들은 신발의 태슬tassel에서 나온 붉은 염료를 연지와 립스틱으로 사용하고, 뒤통수의 새치를 가리고 윤기를 내기 위해 마가린을 이용했다).[6] 벵진에서 이송되어 온 사람들 중에는 청소년운동 단체의 동지들이 포함되어 있어서 지하투쟁에 도움이 되었고, 에너지를 충진해주었다.[7]

안나 하일만Anna Heilman은 자신이 속한 구역의 동료 죄수로부터 저항운동에 대해 처음 들었다.[8] 안나는 폴란드인으로 여겨져서 국내군과 접촉했던 유대인 소녀였다. 이제 겨우 열네 살인 안나는 언니 에스더와 함께 아우슈비츠에 1년 일찍 도착했었다.

바르샤바 사회에 동화된 상류 중산층 가정 출신인 이 두 소녀는 유모의 돌봄을 받았고, 고급 아이스크림 가게를 드나들며 자랐다. 현재 그들은 비르케나우 여성 수용소에 살면서 유니언 공장에서 일하고 있었다. 자칭 '자전거 공장'은 사실상 독일군에 공급되는 포탄용 기폭 장치를 제작하는 대규모 군수공장으로 단층 건물에 지붕이 유리로 덮여 있었다.[9] 아우슈비츠는 약 50개의 부속 수용소를 거느리고 있었고, 그곳들은 노동수용소와 마찬가지로 민간 업체에 임대되었다.

안나는 봉기 소식을 듣고 흥분했다. 그녀는 바르샤바 게토에서 영가드에 가담했었다. 당시 영가드는 그녀에게 정신적 구세주였다. 그녀는 히브리어나 심지어 이디시어도 못했기 때문에 영가드는 그녀에게 하가르Hagar[하갈은 이집트에서 팔려온 노예로 아브라함의 아내 사라의 여종이었는데, 아브라함의 첫아들 이스마엘을 낳았다. 이스마엘은 오늘날 이슬람을 믿는 아랍인의 조상으로 여겨진다]라는 이름을 주었다. 그녀는 다른 종족 출신이었던 것이다. 매일 저녁 안나의 유대인 친구들과 언니는 노래를 부르고, 이야기를 하고, 저항에 대해 생각했다. 안나는 게토 봉기를 직접 눈으로 보았다. 그녀는 더 많은 활동을 열망했다. 이제 그녀는 국내군이 바르샤바에서 봉기를 조직하고 있으며 아우슈비츠의 지하운동 조직과 접촉했다는 소식을 들었다. 국내군은 수용소를 공격할 계획을 세우고 있었다. 수감자들은 암호를 들으면, 내부에서 공격을 개시할 것이다. 남녀 구성원들이 준비 작업에 들어갔다. 안나와 그녀의 그룹은 필요한 자재들―휘발유, 가솔린, 무거운 물건들―을 모아서 합의된 위치에 배치했다. 그들은 농기구 창고의 열쇠를 얻었는데, 거기서 갈퀴와 괭이를 가져올 계획이었다. 각 구역에서 약 다섯 명의 여성이 가담했으며, 리더 한 명이 이들을 지휘했다. 이 조직적인 비밀 작전에서는 오직 리더들끼리만 서로 연락을 유지했다.

매일 작업장으로 가는 길에 안나는 그녀에게 항상 미소 짓는 자물쇠 수리공을 지나치곤 했다. 어느 날 아침, 그녀는 그 남자에게 절연처리가 된 철망 절단용 가위를 달라고 배짱 있게 부탁했다(전기 철조망을 뚫기 위해서). 그는 망연자실한 채 그녀를 바라보더니, 아무 대답도 하지 않았다. 며칠 동안 그녀는 자신이 너무 경솔했던 것이 두려웠고, 언제 체포될지 모른다고 걱정했다. 그러던 어느 날 오후 그 남자가 안나의 작업 테이블 위에 상자 하나를 올려놓았다. 작업대 공장 여공들이 그녀에게 "너의 애인이야!"라고 속삭였다. 남자 보호자를 뜻하는 말이었다.[10] 안나는 그 상자를 테이블 아래에 놓고 슬쩍 들여다보았다. 빵 한 덩어리가 있었다! 그녀는 한편으론 흥분했지만 다른 한편 실망했다. 고맙게도 그날은 작업이 끝난 후 검문이 없었기 때문에, 그녀는 빵을 손가방에 넣어 옷 속에 숨긴 채 몰래 수용소로 가져왔다.

남자 애인들은 종종 소녀들에게 선물을 가져왔다. 물론 모든 소지품은 금지되어 있었다. 만약 잡히면, 그 소녀는 "제가 이걸 발견했어요"라고 말할 준비를 했다. 수용소에 돌아온 안나는 침대에 웅크리고 앉아 에스더에게 빵을 보여주었다. 그들은 곧 빵 안쪽이 움푹 도려내진 것을 알아차렸다. 그 안에는 빨간 단열 손잡이가 달린 멋진 가위가 있었다. 자매는 이 보물을 매트리스에 숨겨두고—혹시나 암호가 요청되어 그들이 움직일 때를 대비해서—벵진 출신의 우아한 감방 동료인 알라 게르트너Ala Gertner를 포함한 친구들에게 말했다. 전쟁 전에 그려진 초상화 속에서 알라 게르트너는 당시 유행하는 여성용 중절모를 쓰고 있으며 칼라가 달린 상의를 입고 교태를 부리고 있다.

며칠 후 알라는 살해된 유대인들의 개인 소지품과 옷, 속옷을 정리하는 의류 작업반에서 일하는 스물세 살의 영가드 동지 로자 로보타Roza Robota가 안나의 친구들에게 쓴 메시지 하나를 전달했다.[11] 로자는 존더콤만도Sonderkommando(특수작업반)라고 알려진 애인이 있었는데, 이 작업반은 화장장을 관리하고 시체를 옮기는 유대인 남자들로 구성되어 있었다. 그는 로자에게 자기 일행이 곧 살해당할 것이라고 말했다(특수작업반은 정기적으로 '은퇴'를 했다. 즉 살해되었다). 그리고 봉기가 다가오고 있다고 말했다.

그들은 무기를 갖고 있지 않았지만, 안나는 한 가지 생각이 떠올랐다. 그들은 공장에서 화약을 가지고 일한다. 안나는 화약고에 배치된 몇 안 되는 여성 중 한 명인 에스더에게 화약을 약간 훔치라고 부탁한다. 훗날 다른 설명에 따르면, 로자에게 간청해서 화약고에서 일하는 여성에게 화약을 빼내라고 부탁하게 한 것은 어떤 남자였고, 로자는 즉시 동의했다고 한다.[12]

화약고에서 화약을 훔친다고? 공장 전체는 사방으로 개방되어 있었고, 특히 비밀리에 무엇인가를 하는 것이 불가능하도록 투명하게 건설되었으며, 작업 테이블은 감시 경로로 둘러싸여 있었다. 책임자들은 부스에 앉아서 작업장을 관찰할 수 있었다. 작업 중에는 화장실, 음식, 휴식 등 모든 것이 금지되어 있었다. 어떤 것이든 사보타주로 고발될 수 있었다. 그리고 화약고는 겨우 가로 약 1미터, 세로 1.8미터 규모였다. 에스더는 "불가능해, 말도 안 돼, 잊어버려"라고 말했다. 하지만 그녀는 더 생각해보았다.

끝없는 감시, 미칠 듯한 갈증, 역겨운 고문, 집단 처벌의 위협에도 불구하고, 집단수용소의 유대인 여성들은 봉기를 일으켰다. 유명한 발레리나이자 바르샤바의 멜로디 팰리스 나이트클럽의 무용수였던 프란체스카 만Franceska Mann이 아우슈비츠에서 옷을 벗으라는 지시를 받았을 때, 젊은 그녀는 추파를 던지는 나치에게 신발을 던졌고, 그의 총을 빼앗아 움켜쥐고 두 명의 경비원을 쏴서 그들 중 한 명을 죽였다.[13] 또 한번은 500명으로 이루어진 여성 그룹에 막대기가 지급되더니, 감자를 훔친 두 소녀를 때리라는 명령이 내려졌다.[14] 그런데 이들은 충분히 구타당했고 밤새도록 먹지도 못하고 얼어붙는 추위 속에 서 있는 고통스러운 벌을 받았음에도 불구하고, 명령을 거부했다. 농장을 핵심으로 하는 부속 수용소인 부디에서는 한 그룹에 속한 여성 전원이 조직적인 탈출을 시도했다.[15] 소비부르에서는[16] 여성들이 그들이 봉사하고 있는 친위대 남성들로부터 무기를 훔쳐내서 지하운동 그룹에게 넘겨주었다.[17]

아우슈비츠에서는, 여섯 개 국어를 구사하는 말라 지멧바움Mala Zimetbaum이라는 벨기에 여성이 친위대를 위해 일하는 통역사로 뽑혔다.[18] 그녀에게 이동의 자유를 주는 일자리였다. 그녀는 이 특권적 지위를 이용해 유대인들을 도왔다. 약을 가져오고, 가족을 서로 연결해주고, 수용소에 들어오는 유대인들의 명단을 위조하고, 신체가 허약한 사람들을 위해선 쉬운 일을 찾아주고, 병동의 환자들에게는 앞으로 선별작업(죄수들 가운데 허약한 사람들을 선발해서 가스실로 보내는 절차)이 있을 것이라고 미리 경고해주고, 나아가 친위대가 죄수 전체에 대한 집단 처벌을 하지 않도록 만류하고, 심지어 죄수들에게 양말을 신게 하도록 요청하는 등 다양한 활동을 했다. 말라는 남자 죄수복을 입고 위장된 '직무'를 구실삼아 수용소를 탈출했지만—탈출한 최초의 여성—폴란드를 벗어나려던 순간에 체포되었다. 그 후 재판을 받고 판결문이 낭독될 때, 그녀는 머리에 숨겨두었던 면도칼로 손목을 베었다. 친위대 남자가 그녀를 제지하자, 말라는 피 묻은 손으로 그의 뺨을 때리며 으르렁거렸다. "나는 여걸로 죽겠지만, 너는 개처럼 죽을 거야!"

벨라 하잔은 말라가 처형되는 현장에 있었다. 벨라는 폴란드인으로 계속 신분을 위장하면서 간호사로 일했다. 그러나 론카가 죽은 후, 그녀는 망연자실했다. 그러던 어느 날 행진곡을 연주하는 밴드가 노래 하나를 연주했는데, 벵진에 두고 온 동지를 떠올리게 하는 노래였다. 벨라는 그 연주를 듣고 울기 시작했고, 밴드 중 한 명이 그 모습을 보았다. 두 사람은 서로 이야기를 나눴고, 알고 보니 힌다라는 이 음악가는 전에 청년운동에서 활동했던 사람이었다. 벨라는 위험을 무릅쓰고 자신이 유대인이라고 커밍아웃했다. 외부에 알려진 모습이 바로 자신의 존재였다. 두 사람은 뜨겁게 끌어안으며 울음을 터뜨렸고 저항에 대해 이야기를 나눴다. 힌다는 이곳에 이송된 유대인 소녀 집단이 저항하기를 원한다고 말했다. 그중 한 명은 전기가 흐르는 철조망을 자르는 도구를 확보한 상태였다. 저녁에는 경비원들이 대개 술에 취해 있었다. 달이 뜨지 않는 밤, 그들은 유대인 소녀들을 안전한 곳으로 보내기 위해 땅굴을 파는 작업을 했다. 네 명이 보초를 서는 동안 두 명의 소녀가 땅을 팠다. 벨라는 땅 파는 작업을 도왔다. 땅굴은 열차가 도착하는 지점에서 시작해서 철조망 아래로 뻗어 있었다. 벨라는 그들이 독일에서 온 열다섯 살 소녀 두 명을 몰래 노동수용소로 데려온 일을 회상했다.[19] 소녀들은 입을 다물고 땅굴로 굴러 들어가라는 말을 듣고 충격을 받았지만, 벨라는 그들이 노동수용소에 도착했을 때 너무 기뻤다. 그녀는 그들에게 법으로 금지된 행동을 하는 법을 가르쳤고 죽은 환자들이 입었던 옷을 입히기도 했다. 목욕실에서 일하던 한 유대인 소녀는 점호 중에는 그들을 목욕실에 숨겼다. 벨라는 감자와 당근을 훔쳐서 그들에게 먹였다. 어린 소녀들은 왜 폴란드인이 자신들을 도와주는지 이해할 수 없었다.

벨라는 간호사라는 직책을 이용해서 계속 병든 유대인들을 도왔다. 그녀는 그들에게 양배추가 조금 더 많이 들어간 수프를 제공해주고, 물을 한 모금 주면서 그들의 이마를 부드럽게 어루만져주고, 피부병인 옴에 걸린 유대인 구역에서 근무하겠다고 자원했다(다들 그녀가 이 마지막 임무를 맡은 것은 "공산주의자이기 때문"이거나 그녀 자신의 주장대로 스파이가 폴란드인과 독일인에게 접근하는 것을 막기 위해서라고 추측했다). 그녀는 멩겔레 박사가 가스실로 보낼 사람들을 선별하기 위해 도착하기 전에 환자들에게 경고해주었고, 가장 아픈 환자들은 숨겼다.

벨라는 그런 친절이 유대인 죄수들에게 이상할 뿐만 아니라 의심스러워 보인다는 것을 알았다. 사실 그녀는 유대인 죄수들이 그녀가 스파이일지 모른다고 이디시어로 수군거리는 것을 들었다. 그럼에도 불구하고 그들은 그녀가 병원에서 일하는 유대인 여성들에게 유대인 축제인 하누카를 지내도록 허락했을 때 기뻐했다. 벨라는 거기 참석하지 못해 너무 속상했지만, "교황보다는 폴란드인처럼" 행동해야 했다. 그 대신 그녀는 작은 산타클로스 상으로 크리스마스트리를 장식했다.

벨라의 감독관 중 한 명인 아르나 쿡Arna Cook은 키가 작고 화를 잘 냈으며 잔인했다. 그녀는 벨라에게 자신의 방을 청소하고, 커피를 배달하고, 부츠를 닦으라고 지시했다. 어느 날 아침 벨라는 임무를 수행하기 위해 방에 들어왔지만, 아르나는 벨라가 들어오는 소리를 듣지 못했다. 벨라는 아르나가 침대에 누워 다리를 벌린 채 독일산 셰퍼드와 섹스하는 모습을 보았다. 벨라는 황급히 문을 닫고 도망쳤다. 잡히면 죽임을 당할까 봐 두려웠기 때문이다.

얼마 후 아르나는 제시간에 출근하지 않았다는 이유로 벨라를 때렸다. 그녀는 노예 노동을 하기 위해 다시 비르케나우로 도보 행진을 했고 참호를 파는 부대에 합류하도록 강요받았다. 이 작업은 끔찍하게 힘든 일이었다. 휴식은 허용되지 않았고, 쉴 새 없이 구타당했다. 소녀들이 너무 힘들어서 쓰러지면 바로 사살되었다. 다른 사람들은 행진 악단의 연주에 맞춰 몸을 움직여야 했다.

한번은 작업 도중에 친위대 남자들이 소녀 중 한 명을 근처 숲으로 끌고 갔다. 벨라는 비명소리를 들었고 소녀는 돌아오지 않았다. 그들이 소녀에게 개와 섹스를 하도록 강요했다는 사실이 드러났다. 그녀는 차라리 죽여달라고 간청했다. 친위대원은 웃었다. 벨라는 그들이 "이 개가 쾌락을 얻기 위한 좋은 상대를 찾았군"이라고 말했다는 이야기를 들었다. 이런 일이 일어난 것은 이번뿐이 아니었다. 아우슈비츠의 또 다른 생존자는 나치가 그녀의 어린 딸의 옷을 강제로 벗기고 딸이 개들에게 강간당하는 것을 지켜보도록 강요했다고 말했다.[20]

벨라와 그녀의 동료 수감자들은 밖으로 일하러 나가는 것을 두려워했다. 그런 일이 또다시 일어나면 작업장 전체가 봉기하기로 결정했다. 그들이 또 다른 소녀를 끌어내기 시작한 세 번째 개 강간 사건이 발생한 후, 20명의 소녀로 이루어진 작업조 전체가 비명을 질렀다. 그러자 친위대는 그들을 지하실 감방에 감금했고 소녀들은 거기서 밤낮으로 서 있어야 했으며, 4일에 한 번만 음식을 받았다. 그들은 육체적으로 완전히 망가진 채 독방에서 풀려났지만, 자신들이 저항했다는 사실에 위안을 얻었다. 그 여자들은 함께 뭉쳐서 서로를 보호했다.

아우슈비츠를 포함한 많은 노동수용소에서 일한 여성들은 생산성과 제품의 품질에 손상을 입히는 방식으로 사보타주함으로써 저항했다. 그들은 방적 공장의 실을 약하게 만들었고, 폭탄 부품을 규격에 맞지 않게 만들고, 볼 베어링 사이에 철사를 떨어뜨리고, 밤새 창문을 열어 공장의 파이프가 얼도록 했다.[21] 이렇게 제조된 탄약은 오작동을 일으켜서 폭발하곤 했다. 분트 출신 비아위스토크 토박이인 파니아 파이너Fania Fainer는 유니온 공장에서 일할 때 때때로 폭탄 안에 화약 대신 모래를 넣었다.[22]

파니아가 막 스무 살이 될 무렵,[23] 그녀의 친구 즐라트카 피트룩Zlatka Pitluk은 이런 기념일은 특별하게 축하해줄 필요가 있다고 결정했다.[24] 수공예를 좋아했던 즐라트카는 목숨을 걸고 수용소에서 발견한 여러 재료들을 모았다. 그녀는 물과 빵을 섞어서 서로 잘 붙도록 하는 방식으로 하트 모양의 3차원 생일카드를 만들었다. 요즘 인기 있는 아이템인 사인 책과 비슷했다. 보라색 천 커버가 달린 작은 물건(즐라트카의 비밀 언더블라우스에서 잘라낸 것)인 생일카드는 커버에 그녀의 이름 첫 글자인 F 표시가 되어 있고 오렌지색 실로 수놓아져 있었다. 즐라트카는 안나를 포함한 18명의 다른 여성 죄수들에게 이 카드를 넘겼고, 그들은 각자 생일 축하 메시지를 적었다.[25] 정성스레 만든 종이접기 같은 8면의 카드를 펼치면 클로버 모양이 되었는데, 거기엔 다양한 모국어(폴란드어, 히브리어, 독일어, 프랑스어)로 쓴 죄수들의 소원이 적혀 있었다.

마니아라는 여성은 살해당할 위험을 무릅쓰고 이렇게 적었다. "자유, 자유, 자유, 네 생일날의 소원!"

또 다른 여성은 "죽지 않으면 우리가 승리할 거야"라고 썼다.

어떤 여성은 한 폴란드 시를 인용했다. "사람들 사이에서 웃어라. (…) 춤을 출 때는 가볍게. (…) 나이가 들면 안경을 써라. 그리고 우리가 겪은 일을 기억하라."

동료애 그리고 불법적이라 할지라도 서로 깊이 신뢰하며 행동에 옮긴 저항은 여성들에게 희망을 주었고, 극한의 곤경을 견딜 수 있게 해주었다.

✳

결국 에스더는 화약을 훔치는 것에 동의했다.

안나의 언니 에스더는 화약—즉 슬레이트 그레이색으로 굵은 소금과 같은 농도를 가진—을 압축해서 체크무늬 조각으로 만드는 기계 앞에서 12시간 교대로 일했다. 이 부분이 폭탄을 불붙게 하는 곳이었다.

안나는 매캐한 냄새와 먼지로 가득 찬 복도를 걸어 내려가서, 몇몇 감독관을 지나 화약고로 향했다. 그녀는 마치 쓰레기 수거 일을 하는 것처럼 보였다. 에스더의 자리는 화약고 문 근처에 있었다. 에스더는 안나에게 작은 철제 상자 하나를 건네주었다. 쓰레기통으로 쓰이는 것과 같은 종류였다. 에스더는 매듭으로 만들어진 헝겊에 싸인 약간의 화약 조각을 거기 숨겨두고 있었다(그 헝겊은 셔츠를 찢어서 만들거나, 빵을 주고 교환한

스카프에서 나온 것이었다). 안나는 상자를 자신의 작업 테이블로 가져와서 천 꾸러미를 꺼낸 후에 옷 안에 밀어 넣었다. 그녀는 화장실에서 알라를 만나 물건을 나눠 갖고는 각자의 옷 속에 숨겼다. 하루가 끝날 때쯤, 에스더는 나무 신발을 신고, 비가 오거나 눈이 오거나, 또는 뜨거운 햇살을 맞으며 수용소로 행진하기 전에 그 일부를 자신의 몸으로 옮겼다. 만약 점검이 있으면, 소녀들은 천을 잡아당겨 가루를 바닥에 버리고 발로 문질렀다. 나중에 알라는 이렇게 모은 화약 가루를 로자에게 건네주었다.

그들뿐이 아니었다. 18세에서 22세 사이의 약 30명의 유대인 여성들로 구성된 네트워크는 좋은 화약 가루를 훔쳤고 그들이 만드는 제품에는 그 대신 폐기용 가루를 사용했다.[26] 그들은 폭발물을 성냥갑에 넣거나, 검사원들이 쉽게 건드리기 어려운 가슴 사이에 넣어 밀반입했다. 그들은 250그램짜리 아주 작은 덩어리를 종이로 싸서 거친 파란색 원피스의 주머니에 슬쩍 넣었다. 하루에 세 명의 소녀가 티스푼 두 개 분량을 모을 수 있었다. 안나의 친한 친구 중 한 명이자 수집 담당인 마르타 빈디거Marta Bindiger는 숨겨둔 물건이 '픽업'될 때까지 며칠 동안 보관하고 있었다. 소녀들은 서로 모르는 4단계로 이루어진 은밀한 작업에 연루되어 있었다. 이 모든 단계가 로자에게 연결되었고 그녀는 서로 다른 저항 그룹들을 이어주는 역할을 담당했다.

로자는 남자들에게 그 화약 가루를 전달했다. 시신을 치우는 작업을 위해 여자 수용소에 들어가는 것이 허용되었던 특별작업반원들은 화약을 바닥이 이중으로 된 수프 그릇과 앞치마 솔기, 그리고 밤에 유대인들의 시신을 실어 나르는 마차에 숨겨서 운반했다.[27] 화약 상자는 시신 밑에 숨겨서 운반된 후 화장터 안에 숨겨졌다. 한 러시아 죄수가 빈 정어리 캔이나 구두약 캔을 케이스로 사용해 화약을 폭탄으로 만들었다. 근처에서는 키티 펠릭스Kitty Felix라는 이름의 10대 소녀가 살해된 남성 죄수들의 재킷을 분류하면서 귀중품을 수색하는 일을 맡고 있었다.[28] 그녀는 이 작업을 하면서 다이아몬드와 금을 훔쳐서 노천에 있는 임시 화장실 뒤에 숨겼다. 그것들은 폭발물과 교환되었다.

소녀들은 두려움과 흥분 속에서 살았다. 그러던 어느 날, 소동이 일어났다. 특별작업반원들이 자신들이 곧 가스실에 끌려가서 죽게 될 것이라는 정보를 입수했기 때문이다. 수개월에 걸쳐 치밀하게 계획된 봉기는 예정대로 진행될 수 없었다. 바로 지금이 기회였다. 다음은 결코 없었다.

1944년 10월 7일, 유대인 지하운동 조직은 망치와 도끼, 돌로 친위대원들을 공격하고 화장장을 폭파했다.[29] 화장장에는 기름과 술에 적신 누더기를 갖다 놓았다. 그들은 숨겨놓았던 무기를 파내서 친위대 경비병 몇 명을 사살하고 다른 사람들에게 부상을 입혔다. 그들은 특히 가학적이었던 나치들을 붙잡아서 산 채로 화로에 던져 넣었다. 그리고 철조망을 끊고 도망쳤다.

하지만 그들의 탈출은 나치의 추적을 따돌릴 만큼 충분히 빠르지 않았다. 나치는 탈출한 300명 전원을 총살한 뒤 시신을 점호 대형으로 배치해놓고 시신들에 대한 공식 점호를 실시했다. 이런 대혼란의 와중에 수백 명의 죄수가 도망쳤다. 그러나 그들 역시 총격을 받아 사망했다.

그 후 나치는 수제 수류탄, 즉 화약고에서 나온 것으로 밝혀진 화약으로 채워진 깡통을 발견했다.[30] 집중적인 조사가 이어졌고 여러 사람들이 끌려가고 고문당했다. 그런데 이 사건과 관련해서 밀고와 배신에 관한 상반되는 주장들이 존재한다. 안나의 회고록에 따르면, 그들의 감방 동료 클라라는 빵을 가지고 있다가 체포되었는데, 알라에 대해 고자질함으로써 처벌을 면했다. 알라는 고문 끝에 로자와 에스더가 연루되었다는 것을 폭로했다. 또 다른 버전에 따르면, 나치가 비밀 요원을 두었는데 반¥유대인이었던 한 체코인은 알라가 이들의 이름을 폭로할 때까지 초콜릿과 담배, 따뜻한 보살핌으로 그녀를 유혹했다.[31]

에스더가 형벌 방으로 끌려갔다. 안나는 공포에 질리고 낙담했다. 어느 날 그녀도 심문을 받기 위해 끌려왔고 일종의 경고로 구타당했다. 그들은 그녀의 얼굴에 묻은 피를 닦아냈다. 그 "착한 경찰"이 아버지 같은 어조로 물었다. "누가 화약을 훔쳤지? 왜? 어디서? 언니가 너한테 뭐라고 했어?"

안나는 가만히 그를 바라보았다. 아무 말 없이, 침묵하며.

"에스더는 모든 것을 자백했어. 그러니 너도 다 털어놓는 게 좋을 거야"라고 그가 말했다.

"에스더가 어떻게 자백할 수 있지요?" 안나가 물었다. "그녀는 아무 짓도 하지 않았고 거짓말하는 사람이 아니에요." 그들은 에스더를 풀어주고 고맙게도 감방으로 돌려보냈다. 구타 때문에 그녀의 몸은 멍이 들었다. 등 피부가 찢어졌고 채찍 자국이 남았다. 그녀는 움직일 수도 말할 수도 없었다. 마르타와 안나가 그녀를 돌봤고, 그녀는 점점 회복되고 있었다. 그러나 며칠 후 나치는 알라, 에스더, 로자, 그리고 화약고 감독관인 벵진 출신 레기나를 데리러 돌아왔다.

소녀들은 모두 교수형을 선고받았다.[32] 안나는 미쳐버렸다. 마르타는 그녀가 자살하는 것을 막기 위해 병동에 입원시켰다. 안나는 언니와 연락을 취하려고, 또 만나려고 갖은 노력을 했지만, 결코 이루지 못했다.

로자와 동향 출신인 한 남성 지하 조직원은 보드카로 고문실 경비병을 매수해서 로자를 만날 수 있었다. 노아 자블루디비치Noah Zabludiwicz는 "나는 로자의 감방에 들어갔다"라고 회상했다. "차가운 시멘트 위에 누더기 같은 형체가 놓여 있었다. 감방 문이 열리는 소리를 듣고 그녀가 내게 얼굴을 돌렸다. (…) 그리고 그녀는 마지막 말을 했다. 자신은 [누구도] 배신하지 않았다고. 그녀는 내가 동료들에게 아무것도 두려워할 것이 없다고 전해주기를 원했다. 우리는 계속해야 한다고." 그녀는 자신의 행동을 후회하지도, 미안해하지도 않았지만, 저항운동이 계속될 것이라는 사실을 확인하면서 죽기를 원했다. 그녀는 그에게 남은 동지들에게 전해달라며 쪽지 하나를 건넸다. 거기에는 그녀의 서명과 함께 간곡한 권고가 적혀 있었다. "강하고 담대해지세요."

에스더는 안나에게 마지막 편지를 썼고, 마르타에게는 "내가 편하게 죽을 수 있도록 제 여동생을 잘 돌봐주세요"라고 부탁하는 편지를 썼다.

"수용소의 자매"는 가족이었다.

사형 집행 당일, 네 명의 여성이 교수형에 처해졌다. 이는 여성 죄수들을 공포에 떨게 하고 감히 더는 사보타주나 반란을 일으키지 못하도록 겁주기 위한 흔치 않은 공개 행사였다. 두 명은 주간 근무 시간에, 나머지 두 명은 야간 근무 시간에 처형되었다. 모든 유대인 여성 죄수들은 이 처형 광경을 지켜봐야 했다. 그들이 잠시라도 다른 곳을 바라보면 구타가 가해졌다. 그럼에도 불구하고 안나의 친구들은 안나가 처형 장면을 보지 못하도록 막았다. 하지만 그녀는 소리를 들었다. 그녀는 훗날 그 장면을 이렇게 묘사했다. "둥, 둥, 둥, 북소리, 수천 명의 목에서 신음소리가 났고, 나머지는 안개였다." 폴란드 간호사들이 시체를 운반하는 임무를 맡았을 때 벨라 하잔도 거기 있었다.

올가미를 조이기 전, 마지막 숨을 쉬면서 로자는 폴란드어로 외쳤다. "자매들이여, 복수하라!"

27 한낮의 빛

레니아

1943년 10월

미스워비체 감방 밖에서 민병대원 하나가 레니아를 기다리고 있었다.[1]

"너." 그가 말했다.

그녀는 희망의 마지막 지푸라기를 움켜쥔 채 참으로 오래도록 버티고 있었다. 이제 그녀는 준비가 되어 있었다. 죽을 준비.

"이제 언제라도." 그가 일부러 천천히 말했다. "언제든지, 누군가가 와서, 너를 새로운 일터에 데리고 나갈 거야. 너는 경찰 주방에서 일하게 될 거야."

뭐라고?

레니아는 아무 말도 하지 않았지만 몸을 떨며 안도의 숨을 내쉬었다. 기적적으로 아우슈비츠로 가는 건 아니군. 심지어 심문받으러 끌려가는 것도 아니고, 오히려 승진이잖아.

레니아는 수감된 지 한 달 만에 처음으로 미스워비체를 떠났다. 길거리, 평범한 거리에서 경찰서를 향해가면서 혹시 아는 사람이 있는지 미친 듯이 찾아 헤맸다. 낯익은 사람, 그녀가 감옥에 대해 말할 수 있는 사람을. 하지만 거리에 있는 사람들은 모두 낯선 이방인들이었다.

레니아의 근무 시간은 오전 4시에 시작해서 오후 4시에 끝났다. 그녀는 새벽 동이 틀 무렵인 어스름한 새벽의 어두움 속에 감방을 떠났고, 날이 곧 밝아졌다. 그녀의 회고에 따르면 주방장은 식탐이 많은 독일 여자였지만, 레니아에게 좋은 음식을 주었다. 이제 레니아는 기력을 되찾았다. 떠날 때마다 몸수색을 받기 때문에 음식을 감방으로 가지고 갈 수는 없었지만, 어쨌든 일터에서는 잘 먹었다. 그래서 감방에 돌아온 후에는 서력 배식을 자신보다 더 배고픈 여자들, 주로 유대인 여성들에게 양보했다. 그러면 다른 사람들은 화난 눈으로 그녀를 쳐다보았다.

일하러 갈 때 레니아를 호송했던 민병대원 한 명은 그녀에게 담배와 사과, 버터 바른 빵을 주는 등 친절하게 대해주었다.[2] 그는 레니아에게 자신이 폴란드에서 여러 해 동안 살았지만 원래는 베를린 출신이라고 말했다. 그는 민족독일인이었다. 그는 폴란드인 아내와 이혼하지 않을 수 없었는데, 이혼 후 아내는 아기를 데리고 친정집으로 도망쳤다.

레니아는 훗날 "내가 왜 그를 믿고 신뢰했는지 모르겠다"라고 썼다. "나는 진심으로 그가 정직하며 그의 우정이 내게 도움이 될 수 있다고 느꼈다."

어느 날 저녁, 죄수들이 모두 잠들었을 때, 레니아는 편지 한 장을 썼다. 그런데 편지를 전달할 방법이 없었다. 그녀는 그 친한 민병대원에게 그 편지를 바르샤바에 계신 "제 부모님"께 부쳐달라고 부탁했다. 레니아는 편지를 보내는 이유가 자신이 체포된 이래 누구도 그녀의 행방을 알지 못하기 때문이라고 설명했다. 그 민병대원은 자기가 편지에 우표를 붙여서 발송해주겠다고 약속했다. 그러고는 레니아에게 손가락을 흔들며 아무에게도 이 사실을 말하지 말라고 경고했다.

하지만 그 순간 이후 레니아는 잠을 이룰 수가 없었다. 도대체 내가 무슨 짓을 한 거지? 민병대원이 그 편지를 게슈타포에게 넘겨줬다면 어떻게 하지? 그러면 상황은 지금보다 훨씬 더 어려워질 것이다. 암호로 되어 있긴 하지만 그 편지에는 몇 개의 정보와 주소가 적혀 있었다. 관련 물건들은 원래 자리에서 다른 장소로 옮길 필요가 있었다. 가장 중요한 것은, 동지들에게 자신이 어디 있는지 알리길 원했다는 것이다. 하지만 날이 갈수록 그녀는 나치 감옥의 소용돌이 속으로 더 깊이 빠져들면서, 아무도 그녀를 찾을 수 없을 것만 같았다.

어느 날 밤늦게 네 명의 여성과 한 명의 아기가 감방에 새로 들어왔다. 폴란드 태생인 러시아인 타티아나 쿠프리엔코Tatiana Kuprienko라는 여성을 제외하고는 모두 유대인이었다. 레니아는 타티아나와 친구가 되었다. 타티아나는 폴란드어와 러시아어를 섞어가면서 전쟁 전에 자신을 도왔던 유대인 여성들을 숨겨주었다고 말했다. 그녀는 아무도 모를 거라고 생각하고, 다락방에 여섯 명의 유대인 어른과 아기를 숨겨주고 음식을 가져다주었다. 그녀는 문서 위조업자를 고용해 그들이 독일에서 일자리를 구할 수 있기를 바라면서 엄청나게 비싼 폴란드 서류를 구할 수 있도록 주선했다. 대부분의 여성들은 남편의 이목구비가 누가 봐도 유대인처럼 보여서 헤어지고 싶어 하면서도 주저했으나, 결국 한 여성은 어디론가 떠났고, 그곳에서 일자리를 구했다는 편지를 보내왔다.

타티아나는 계속 이야기했다. "그러고 두 달 반이 지났을 때, 경찰이 열일곱 살의 폴란드 소년과 함께 우리 집에 왔어요. 내가 말을 꺼내기도 전에 그 소년은 경찰에게 내가 유대인을 숨기고 있다고 말했고, 우리는 모두 체포되었지요. 나의 두 형제와 문서 위조업자도 체포되었어요. 그런데 난 아직도 그들이 우리 집 다락방과 위조 서류, 독일에 간 여자, 심지어 문서 위조업자의 수수료까지 어떻게 알아냈는지 모르겠어요. 그들은 내 증언을 듣기 전에 자신들이 이미 확인한 것을 소리 내어 읽었어요. 모든 것이 사실이었어요." 타티아나는 경찰서에서 마구 구타당했다. 게슈타포는 그녀가 러시아인이어서 운이 좋았다고 말했다. 러시아인이 아니었다면 교수형에 처해졌을 것이다. 그들은 그녀를 죽이거나 평생 감옥에 가두겠다고 계속 위협했다.

이틀 후, 그 유대인 여성들과 남편들은 아우슈비츠로 이송되었다. 그로부터 이틀 뒤 독일로 떠났던 유대인 여성이 절망한 채 끌려왔다. 베를린 근교에서 한 농부를 위해 일하며 남은 전쟁 기간을 견뎌낼 수 있으리라 확신했던 그녀는 갑작스레 체포되었다. 취조가 끝난 후 그녀는 들것에 실려 감방으로 옮겨졌는데, 레니아가 거의 알아보지 못할 정도로 만신창이가 되어 있었다. 그녀의 몸에선 커다란 살점이 뜯겨 나간 상태였다. 나치는 그녀의 입에 재갈을 물리고, 쇠막대로 그녀의 발을 때렸으며, 뜨겁게 달군 쇠로 그녀의 피부를 찔렀다. 이런 고문에도 불구하고, 이 유대인 여성은 문서 위조자의 이름이나, 타티아나에 대해 털어놓지 않았다. 나치는 타티아나를 고문할 때에도 이와 비슷한 방법을 사용했다.

어느 날 기분이 좋아졌을 때, 타티아나는 레니아에게 이렇게 말했다. "이 모든 일을 겪고 나니, 언젠가 자유로워질 것 같은 느낌이 들어요. 나는 어머니를 돌보기 위해서 살아야 해요. 바르샤바에 부유한 시아주버니가 있는데, 어쩌면 나를 보석으로 꺼내줄지도 몰라요."

레니아는 이 말을 들으며 그냥 미소 지었다. 그녀가 너무 심하게 맞아서 정신이 이상해졌다고 짐작하면서.

며칠 후 타티아나의 이름이 불렸다. 그녀는 얼굴이 창백해졌다. 또 한 번의 심문. 이게 그녀의 최후가 될 것이다. 그녀는 감방에서 나와 게슈타포에게 끌려갔다.

하지만 몇 분 후 레니아는 미친 듯이 웃는 소리를 들었다. 타티아나가 돌아와서 그들 모두에게 입을 맞추고는 풀려났다고 말했다. 그녀는 집으로 갈 것이다!

그녀가 레니아에게 입을 맞추러 다가와서는 시아주버니가 정말로 0.5킬로그램의 금을 보석금으로 지불했다고 속삭였다.

레니아의 눈이 반짝였다. 게슈타포에게도 뇌물이 통한다면 여기 미스워비체에도 희망이 있을 거야.

어느 날 오후 택시 한 대가 수용소 문 앞에 도착했다. 민간인 복장을 한 남자 두 명이 차에서 내리더니 자신들은 위장 근무 중인 게슈타포 대원이라며 관련 서류를 제시하고 남자 감방 쪽으로 향했다. 살아 있는 그림자 같은 죄수들이 침대에 묶여 있는 가장 끔찍한 감방이었다. 사복을 입은 게슈타포는 파르티잔 그룹을 이끈 혐의로 유죄 판결을 받은 두 청년의 이름을 불렀다. 그들은 청년들을 묶고 있던 쇠사슬을 풀더니 대기하고 있던 차로 끌고 갔고, 그 차는 빠르게 사라졌다. 게슈타포는 이전엔 한 번도 그런 방식으로 죄수들을 데려간 적이 없었다. 경비병들은 의심을 품고 택시가 떠나자마자 카토비체의 게슈타포에게 알렸다. 조사해보니 "민간인 복장을 한 두 명의 게슈타포"는 위조문서를 사용한 파르티잔 대원들이었다. 하지만 네 명의 남자는 이미 사라진 뒤였다. 자유로운 세계로.

레니아는 그저 기뻤다. "그 사건은 삶에 대한 열정과 자유에 대한 믿음을 일깨워주었다"라고 그녀는 회상했다. "어쩌면 내게도 그런 기적이 일어날지 누가 알겠는가."

그러나 교도소 지휘관들은 격분했다. 경비병들은 투옥되었다. 규율은 강화되었고 취조가 재개되었다. 어느 날 아침 갑자기 레니아는 오늘 작업장에 갈 수 없다는 말을 들었다. 대신 그녀는 몰래 국경을 넘으려 했다는 거짓말에 대한 처벌로 어두운 감방에 갇혔다. 이제 그들은 그녀에게 스파이 혐의를 부과했다. 당시 가해진 구타는 그녀의 이마에 영원히 흉터를 남겼다.

레니아는 여성 정치범 감방으로 옮겨졌다. 여기서는 아무도 작업장에 나가지 않았다. 며칠에 한 번씩, 게슈타포 위원회가 마치 시장에 있는 소처럼 그들을 조사하기 위해 왔다. 언젠가 여길 나갈 수 있다는 희망은 사라졌다.

우연히 레니아는 카토비체에서 온 한 여성으로부터, 일자가 자신이 유대인이라고 자백하고 교수형을 당했다는 사실을 알게 되었다. 레니아의 심장은 수백만 조각으로 부서졌지만, 그녀는 꿈쩍도 하지 않았다. "칼에 찔린다 해도, 나는 부서질 수가 없었다."[3]

레니아는 밤낮으로 동지들의 운명을 생각했다. 그러면서 기억이 점점 희미해지고, 자신이 미쳐가는 것처럼 느껴졌다. 그녀는 집중할 수가 없었다. 그녀는 자신의 증언을 기억할 수 없었다. 만약 그들이 다시 심문한다면, 잘 버틸 것이라고 장담할 수 없었다. 그녀는 계속 두통에 시달렸으며, 너무 허약해져서 제대로 서 있기도 힘들었다. 원래 죄수들은 낮에 침대에 누워 있는 것이 금지되었지만, 간수들은 그녀를 불쌍히 여겨서 간이침대에 걸터앉는 것을 허락했다. 그녀는 감독관의 시끄러운 소리가 들릴 때마다 벌떡 일어섰고, 그래서 아무도 그녀가 일자의 환영幻影에 시달리며 무기력하게 앉아 있는 모습을 볼 수 없었다.

그녀는 자유에 아주 가까이 다가가 있었다.

28   대탈출

레니아와 구스타
1943년 11월

"당신에게 온 거예요." 한 여자가 레니아에게 속삭이며 쪽지를 건네주었다. "현장 근무 중에 받은 겁니다." 화장실에 가던 레니아는 깜짝 놀랐다. "쪽지를 준 여자는 당신의 답신을 받고 음식 상자를 전달하기 위해 내일 다시 올 거예요."

쪽지를 받아 들었을 때 레니아의 손이 떨렸다. 정말 그럴 수 있을까? 그녀는 하루 종일 그것을 움켜쥐고 있었다.

마침내 밤이 되어 주위의 사람들이 모두 잠들었을 때 레니아는 그 보물 상자를 열어 음식을 꼭꼭 씹듯 한 마디 한 마디를 집중해서 읽었다. 아니 이게 사실이야? 사라의 필체였다.

사라는 동지들 모두가 아직 살아 있다고 썼다. 동지들은 한 폴란드인들의 집에 은신처를 발견했다. 사라는 지비아가 바르샤바에서 받은 편지를 통해 레니아의 운명에 대해 알게 되었다. 그 민병대원이 정말 편지를 보냈구나! 이제 사라는 그들이 어떻게 레니아를 도울 수 있을지 알고 싶어 했다. 동지들은 레니아를 꺼내기 위해 무슨 짓이든 할 것이다.

사라는 레니아에게 "낙담하지 마"라고 조언했다.

레니아는 그 쪽지를 수십 번이나 읽고 또 읽었다.

생각하고, 계획하고, 전략을 세우고.

레니아는 모두가 아직 자고 있는지 확인했다. 자정이 넘었다.

그녀는 침대에서 살금살금 일어나 감시원의 책상으로 갔다. 가능한 한 조용히 어둠 속에서 연필을 찾기 위해 더듬었다. 그리고 하나를 찾았다!

항상 준비성이 좋았던 사라는 레니아를 위해 답장용 종이 한 장도 첨부했다.

레니아는 살금살금 침대로 돌아와 이렇게 썼다.

"첫째, 언니는 이 쪽지를 갖고 온 여자에게 후한 대가를 지불해야 해. 왜냐하면 그녀는 목숨을 걸었기 때문이야. 둘째, 그녀가 나와 일자리를 바꾸도록 언니가 그녀한테 돈을 줄 수 있을까? 그래야 내가 야외 작업에 나갈 수 있거든. 내가 야외 작업에 나가야 우리가 서로 만나서 앞으로 어떻게 해야 할지 결정할 수 있어."

아침이 되자 그녀는 화장실에서 그 쪽지를 벨릿코바라는 여자에게 슬쩍 넘기고 그날 밤 거기서 다시 만나기로 했다.

레니아는 하루 종일 시간이 날 때마다 사라의 편지를 다시 읽었다. "우리는 너를 거기서 꺼내기 위해 무슨 일이든 할 거야. 지비아가 그 여자에게 돈을 줘서 보냈어." 그녀의 친구들은 안전했다.

그날 저녁, 또 다른 쪽지가 도착했다. "모든 게 잘될 거야. 수없이 설득한 끝에, 벨릿코바는 네가 그녀 대신 야외 작업에 가도록 교대하는 데 동의했어. 그녀는 보석과 많은 돈을 받게 될 거야. 내가 오늘 그 물건들을 그녀의 집으로 보낼 거거든. 그녀는 가난해서 돈을 주니까 아주 행복해하고 있어."

이튿날 레니아는 재빨리 벨릿코바의 옷으로 갈아입고 그녀의 감방으로 이동했다. 벨릿코바는 레니아 대신 점호에도 참석할 것이다. 추운 11월의 아침이어서 레니아는 찾을 수 있는 모든 누더기로 얼굴을 감쌌다. 다행히 경비병들 중 그녀를 아는 사람은 아무도 없었다.

그녀는 벨릿코바가 속한 작업 그룹과 함께 광장에 도착했고, 거기서 러시아, 프랑스, 이탈리아 죄수들을 만났다. 사람들이 무척 많았다. 그들은 벽돌을 기차에 싣는 작업에 동원되었다. 비교적 쉬운 작업이었지만, 레니아는 여전히 너무 허약해서 제대로 할 수 없었다. 그녀가 들어 올릴 때마다 벽돌들이 바닥에 떨어져 주변의 시선을 끌었다. 그녀는 너무 조급했다. 사라는 언제 도착할까? 매 순간이 영원처럼 아득했다.

그때, 레니아는 저 멀리에 옷차림이 단정하고 우아한 두 명의 숙녀가 서 있는 것을 보았다. 그중 자신감 있는 걸음걸이를 가진 사람이 사라일 것이다. 그녀는 사라가 주변을 샅샅이 살피고 있는 것을 보았다. 언니는 날 알아보지도 못할 거야. 레니아는 그쪽으로 걸어가기 시작했다. 여자 죄수들은 어리둥절해하며 지켜보았다. 지역에 아무 연고자도 없으면서 누군가와 대화하러 가는 이 바르샤바 소녀는 도대체 누구지?

"저 사람들은 제 감방 동료의 지인들이에요." 레니아가 거짓말을 하며 태연하게 문 쪽으로 향했다. 경비대장은 레니아 바로 뒤를 따라 걸었다. 그는 레니아가 누구인지 몰랐을 뿐 아니라, 고맙게도 그녀의 정치범 경력도 몰랐다. 레니아는 벽으로 다가갔고, 경비원이 뒤에서 감시하고 있었지만, 자매는 눈물을 참을 수 없었다. 정말 그녀였어. 사라는 경비원에게 패이스트리를 건넸고 레니아는 사라와 함께 온 소녀 할리나에게 말을 걸었다. 지비아가 그녀를 바르샤바에서 여기로 보낸 것이고, 레니아는 그 이유를 알 수 있었다. 할리나는 녹색 눈으로 레니아의 얼굴을 뚫어지게 바라보며 말했다. "혹시 당신이 실패해도 상관없어요. 당신은 탈출을 시도해야만 해요. 어차피 지금 목숨이 위태롭잖아요."

그들은 다음 주에 같은 장소에서 만나기로 했다. 그녀들은 레니아가 갈아입을 옷을 가져올 것이다. 레니아는 탈출할 준비를 해야 했다.

레니아는 오랫동안 장벽 앞에 서 있을 수 없었다. 의심을 살 수 있기 때문이었다. 그녀는 언니와 할리나가 점점 멀어지는 모습을 보면서 감정이 몹시 흔들렸다. 그러면서도 정말 오랫동안 흔들리지 않았던 확고한 의지가 새삼 솟아나는 것을 느꼈다. 그녀는 마음속으로 할리나의 말을 되뇌었다. "당신은 탈출을 시도해야 해요."

그러나 작업장에서 돌아오자마자 레니아는 쓰러지고 말았다. 머리가 지끈지끈했다. 그녀는 일어설 수 없었다. 훗날 그녀는 사라와의 만남이 자신의 머릿속에 무언가를 불러일으켰다고 썼다. 약을 먹어도 나아지지 않았다. 열이 사흘 연속 섭씨 40도까지 올랐다. 정신이 몽롱한 상태에 있던 그녀는 횡설수설, 정말 걱정되는 말을 지껄이기 시작했다. 이런 상태에서 자기도 모르게 이디시어가 나왔다면 어떻게 되었을까? 만약 그녀가 진실을 말했다면? 몇몇 감방 동료들은 레니아가 측은해서 자신들의 아침 빵을 주었지만, 레니아는 한 조각도 삼킬 수 없었다. 그녀는 기회를 놓칠 것이다. 그리고 그녀는 죽을 것이다.

마침내 기적적으로 열이 내려갔을 때, 레니아의 동료 죄수들은 그녀가 회복한 것에 대해 신에게 감사하기 위해 일요일 특별기도회를 가졌다. 진심으로 감사하는 마음으로 레니아는 그들과 함께 무릎을 꿇고 기도했다.

하지만 낭송 중에 사건이 발생했다. 레니아가 기절한 것이다. 문이 잠겨 있어서, 여성들은 레니아에게 물을 갖다 줄 수 없었다. 그들은 그녀에게 그릇을 씻을 때 사용하는 더러운 액체를 뿌렸다.

레니아는 살아났지만 이틀 더 침대에 누워 있었다. 어떻게 이럴 수 있을까?

그녀는 일어나야 했고, 회복해야 했다. 반드시 그래야 했다. '당신은 탈출을 시도해야 해요.'

※

1943년 11월 12일. 레니아는 회고록에서 이날은 "내 기억에 새겨진 날짜"라고 썼다. 잠 못 이루는 하룻밤을 보낸 후, 그녀는 가장 먼저 침대에서 뛰어내렸다. 오늘이 그날이었다.

"안 돼." 감방 감독관이 갑자기 그녀에게 말했다. "너는 오늘 야외 작업에 갈 수 없어."

뭐라고요? "왜요? 지난주엔 보내줬잖아요." 벨릿코바는 거금을 받고 레니아와 일자리를 바꾸는 데 또다시 동의했었다.

"너무 위험해. 만약 네가 정치범 감방에서 왔다는 사실을 수용소장이 알게 되면 어떻게 될까? 우리 모두가 곤경에 처하게 될 거야."

"제발." 레니아가 애원했다. 그게 그녀가 할 수 있는 전부였다. "제발 부탁이에요."

감방 감독관은 투덜거리더니 그녀를 내보냈다. 작은 기적들은 끝이 없었다.

레니아는 벨릿코바의 옷을 입고 스카프를 둘러쓴 채 떠났다. 상관은 그녀를 알아보지 못했다. 양쪽에서 동료 죄수들이 그녀가 쓰러지지 않도록 부축했다. 그녀가 살도록 돕는 데에 이렇게 많은 여자들이 움직였다. 마침내 그들은 광장에 도착했다. 여자 열다섯 명과 경비원 다섯 명. 레니아는 벽돌을 정리하고 주위를 둘러보며 사라와 할리나를 찾았다. 그들은 어디에도 없었다.

아침 10시, 그들이 도착했다! 레니아는 주위를 세심하게 살폈다. 모두가 그녀가 옮겨야 할 벽돌과 짐을 다루고 있었다. 모든 것이 정상적으로 움직이고 있었다. 그녀는 재빨리 작업 현장을 떠났다.

하지만 그녀가 소녀들에게 다가가기 전에, 경비대장이 옆에서 소리를 질렀다. "감히 내 허락도 없이 일터를 벗어나다니!"

사라는 그를 달래려고 애쓰면서, 추파를 던지고 애원했다.

"2시에 담배와 술을 가지고 와요."[1] 레니아가 할리나에게 중얼거렸다.

노동자들은 레니아가 경비대장에게 불복종한 것 때문에 화가 났다. 레니아가 모두를 위험에 빠뜨리고 있었기 때문이다.

레니아는 침착하게 벽돌 작업 현장으로 돌아갔다. 그런데 점심식사 직전에 경비원이 그녀를 불렀다. 그가 "너는 정치범이군"이라고 말했고, 그녀는 공포에 사로잡혔다. "네가 너무 어려서 안쓰러워. 그렇지 않았으면 위에 보고했을 거야."

그는 레니아의 얼굴 앞에서 손가락을 흔들며 탈출은 생각도 하지 말라고 경고했다. 그들은 그녀를 산산조각 낼 것이다.

레니아가 대답했다. "아이고, 제가 탈출할 기회는 없어요." "저는 똑똑해서 만약 탈출했다간 곧 잡힐 거라는 사실을 잘 알거든요. 저는 몰래 국경을 넘으려 했다가 잡혀왔어요. 아마 곧 풀려날 거예요. 그런데 왜 정식으로 풀려날 기회를 망치겠어요?"

레니아는 여성 노동자들이 경비대장에게 그녀가 정치범이라는 사실을 말했을 것이라고 짐작했다. 당연하다. 만약 레니아가 탈출하면 그들 모두가 고통받게 될 것이다. 파르티잔이 개입한 탈출 사건 이래 모두들 극도로 예민했다.

이 모든 것이 레니아의 탈출을 더욱 어렵게 만들었다. 모든 사람들이 그녀를 주시하고 있었다. 간수들과 동료 죄수들. 하지만 레니아는 자신이 정체성을 위장하고 있다는 것도 알고 있었다. 그들은 그녀가 '정치범'이라는 것을 알고 있었다. 어차피 그녀는 어느 길이든 가야 할 운명이었다.

사라와 할리나는 어디 있지? 레니아는 시계를 차고 있지 않았다. 물론 시계는 압수당했다. 레니아는 그들이 떠난 지 몇 시간이나 된 것처럼 느껴졌다. 만약 무슨 일이 생겼다면 어떻게 하나? 그들이 돌아오지 않았다면? 그녀 혼자서 탈출할 수 있을까?

드디어 멀리서 두 개의 실루엣이 나타났다.

이번에는 레니아가 공격적으로 움직였다. "제발 나와 함께 가요"라고 그녀가 경비대장에게 부탁했다. 그는 따라나섰다.

세 명의 유대인 소녀와 나치는 폭격당한 건물 벽 뒤에 서 있었다.

할리나는 경비대장에게 위스키 몇 병을 건네주었다. 그는 소녀들이 그의 주머니에 담배를 가득 채우는 동안 술병을 통째로 들이켰다. 레니아는 작은 술병 몇 개와 담배 한 통을 집어들고 스카프로 둘둘 말았다. 그리고 그것들을 감시병들에게 나눠주고, 다른 여자들이 벽 뒤로 가는 것을 막아달라고 부탁했다. 그녀는 지인들이 따끈한 수프를 가져왔는데, 나눠 먹고 싶지 않다고 말했다. 감시병들은 경비대장이 그녀를 주시하고 있다는 것을 알았기 때문에 크게 걱정하지 않았다.

이 무렵 경비대장은 완전히 취해 있었다. 레니아는 그를 어떻게 다뤄야 할지 생각을 정리해야 했다. 그녀는 그에게 "가서 여자들 중에 우리 쪽을 지켜보고 있는 사람이 있는지 확인해보는 게 어떨까요?"라고 제안했다.

그는 비틀거리며 갔다.

지금이 바로 유일한 기회였다.

＊

레니아가 탈옥을 시도했던 유일한 유대인 여성 공작원은 아니다.

크라쿠프 폭탄 테러 이후 심손 드렝어Simshon Draenger가 실종되었다. 구스타는 그를 찾기 위해 모든 경찰서를 뒤지고 다녔고 찾은 후에는 그의 곁을 떠나려 하지 않았다. 구스타는 심손 드렝어의 두 번째 아내로 그녀는 혼인 약속을 지키기로 다짐하며 자수했다.

그녀는 몬텔루피치 교도소의 여성 구역인 헬즐로프에 수감되었다.[2] 아름다운 옛 마을의 한가운데 자리하고 있던 몬텔루피치는 중세식 고문법을 자랑하는 또 하나의 끔찍한 게슈타포 감옥이었다. 나치는 구스타를 심하게 구타한 후, 그녀의 남편에게 데려왔다. 그에게서 자백을 받아내려는 의도에서였다. 그런데 구스타는 그들에게 이렇게 말했다. "맞다, 우리가 했다. 우리가 전투 그룹을 조직했다. 그리고 만약 여기를 벗어나게 되면 우린 더 강한 그룹을 조직할 것이다."[3]

구스타는 몇몇 유대인 지하운동 공작원을 포함한 50명의 여성과 함께 빛이 전혀 들어오지 않는 커다란 "15번 감방"에 갇혔다. 그녀는 동료 수감자들을 위해 하루의 일과를 계획했다. 그녀는 물을 구할 수 있는 한,

그들이 씻고 머리를 빗고 테이블을 깨끗이 청소하게 했다. 모든 것은 청결을 유지하고 인간 존엄성을 지키게 하려는 것이었다. 그녀는 철학과 역사, 문학, 성경에 대한 정기적인 토론 모임도 주도했다. 또한 그들은 오네그 샤바트(안식일)를 지켰다. 그들은 시를 암송하고 새로운 시를 썼다. 그리고 한 그룹이 총살되기 위해 끌려 나갔을 때, 남아 있는 사람들은 노래로 그들의 슬픔을 나눴다.

폴란드 저항군 인쇄소에서 나치에게 체포되었던 골라 미레Gola Mire도 감방에 끌려 들어와 "영적으로 고조"되고 "자매애"를 흠뻑 느끼는 시기를 겪었다.[4] 골라는 끊임없이 이디시어와 히브리어로 시를 썼고, 종종 남편과 죽은 아이에게 자신의 작품을 바쳤다. 잦은 심문에 잔인하게 구타당해서 몸은 잿빛이었으며, 손톱이 뽑히고, 머리카락이 뜯기고, 일시적으로 시력을 상실하기도 했다. 하지만 감방으로 돌아오면 그녀는 연필을 집어들었고 자신이 쓴 시를 감방 동료들에게 낭송해주곤 했다.

구스타 역시 구타당하면서도 시간이 날 때마다 회고록을 썼다. 그녀는 유대인 여성들에게 둘러싸인 채 구석에 처박혀서 자신의 행동을 다른 죄수들에게 숨겼는데, 그들 중 일부는 완전히 믿을 만한 수감자들이 아니었기 때문이다. 구스타는 삼각형 화장지 조각을 소녀의 치마에서 풀어낸 실로 꿰매서 만든 종이에, 폴란드 여성들이 몰래 기증했던 음식 상자 속에 들어 있던 연필과 고문으로 뭉개진 손가락을 사용해서 크라쿠프 저항의 이야기를 썼다. 보안을 위해서 이야기에 등장하는 인물은 모두 가명이었고, 자신에 대해선—자신의 지하운동 암호명인 유스티나를 사용해서—3인칭으로 썼다.

대부분의 자료는 다른 사람들의 시각, 특히 그녀의 감방 동료들이나 심손의 관점에서 나왔는데, 그들은 모두 저항운동에 기여했다. 구스타는 보안을 위해 게슈타포에게 이미 알려진 지나간 사건들만 포함시켰다. 그녀는 너무 지치고 더 이상 글을 쓸 수 없을 만큼 고통스러워질 때까지 글을 썼으며, 그다음엔 연필을 감방 동료들에게 건네주어 그들이 돌아가며 받아쓰게 했다. 그녀는 이 모든 과정에서 그녀 특유의 문학적·자기성찰적 어조를 유지하며 투사들과 숨어 있던 사람들, 그리고 심지어 적들의 심리적인 초상화를 그려냈다. 그녀가 구술할 때 목소리를 가리기 위해, 어떤 감방 동료들은 노래를 불렀고, 다른 사람들은 경비원을 감시했다. 구스타는 모든 페이지를 일일이 확인했고 정확성이 중요하다는 사실을 강조하며 적어도 열 번은 수정했다. 언젠가 그들의 이야기가 전해질지도 모른다는 사실에 고무되어서 여성들은 이 기록을 네 부나 베껴 썼다. 세 부는 감옥 안에―난로 안에, 문 덮개 안에, 방바닥 밑에―숨겨졌고, 한 부는 게슈타포를 위해 일하는 유대인 자동차 정비사(구스타에게 연필과 추가 화장지를 가져다주었던 사람)에 의해 밀반출되었다. 전쟁이 끝난 후, 감방 바닥 아래에 숨겨져 있던 문서가 발견되었다.

1943년 4월 29일, 탈출 계획을 세우고 있던 구스타와 그녀의 동료들은 다음에 출발하는 죽음의 열차를 타게 될 것이라는 정보를 입수했고, 지금이 아니면 다음 기회는 결코 없을 것이라고 확신했다.[5] 그들은 감옥을 나와서 수송 트럭을 타기 위해 붐비는 거리를 이동했는데, 구스타, 골라, 그들의 동료 게니아 멜처Genia Meltzer, 그리고 다른 몇 명이 갑자기 걸음을 멈추고 이동을 거부했다. 게슈타포 경비원들은 당황했고 한 명은 총을 꺼냈다. 게니아는 재빨리 그의 뒤로 달려가서 그의 팔을 허공으로 밀어 올렸다.

그 순간, 소녀들은 거리에 있던 말과 마차 주위를 돌며 도망쳤다. 그들이 몸을 숨길 곳을 찾고 있을 때 게슈타포는 붐비는 거리에서 그들을 향해 총을 쐈다.

구스타와 게니아만 살아남았다. 게니아는 문 뒤에 숨어 있었고, 구스타는 다리를 다쳤다.

이 여성들은 몰랐지만, 심손도 그날 탈출했다. 그와 구스타는 몇몇 아키바 회원들이 숨어 있던 크라쿠프 외곽의 작은 마을에서 만났다. 그들은 투쟁 그룹을 조직하고, 지하운동 속보를 작성·배포하는 등 숲을 본거지로 삼아 투쟁을 재개했다. 몇 달 후 레니아가 투옥되었을 무렵, 심손은 그들의 헝가리 밀입국을 주선하던 중 다시 체포되었다. 심손은 게슈타포에게 아내를 데리러 가라고 말했다. 나치는 그가 준 메모를 갖고 구스타의 은신처에 도착했으며, 그녀는 바로 자수했다. 세 번째에는 결국 불운했다. 그리고 둘 다 살해되었다.

✳

눈 깜짝할 순간에 소녀들은 레니아가 새 옷과 숄을 걸치고 신발 신는 것을 도왔다.[6]

사라와 레니아는 한쪽을, 할리나는 다른 쪽을 바라보았다. 레니아는 만약 그들이 실패할 운명이라면, 할리나가 희생되는 것을 원하지 않았다.

그리고 그들은 달렸다. 숨이 차서 헐떡이면서도 빠른 속도로.

자매는 언덕 앞에 이르렀는데, 레니아는 그 언덕을 오를 수 없었다. 그런데 방법이 없었다. 아무 방법이.

그때 또 한 번의 기적이 일어났다. 한 이탈리아인 죄수가 그들을 지나쳤다. "여기로 와."

그는 손을 내밀어 레니아가 언덕을 오르도록 도왔다. 그녀는 광장을 둘러싸고 있는 철조망이 설치된 벽을 간신히 넘었다. 소녀들은 야외에 있는 도로에 도착했다. 그곳은 탈출에서 가장 위험한 구간이었고 그녀의 인생에서 가장 결정적인 순간이었다. 그들은 어디로 가야 할지 몰라서 그냥 곧바로 직진했다. 레니아의 옷은 언덕을 넘으면서 진흙투성이가 되었지만, 그녀는 젖 먹은 힘까지 다해 계속 달렸다. 더 빨리, 더 빨리. 레니아는 뒤를 돌아보며 쫓아오는 사람들이 없는지 확인했다. 마침 불어온 바람이 그녀의 땀에 젖은 몸과 얼굴을 식혀주었다. 그녀는 엄마와 아빠가 옆에 있는 듯 느꼈다. 마치 그들이 바로 여기에서 그녀를 보호하고 있는 것 같았다.

차 한 대가 다가왔다.

사라는 두 손으로 머리를 움켜쥐었다. "이제 우리는 잡혔어! 운이 없군."

하지만 차는 멈추지 않고 지나갔다.

사라가 소리쳤다. "레니아, 더 빨리! 바로 이거야. 만약 우리가 이걸 해내면, 우리 둘 다 살아남을 거야."

시간이 지날수록 레니아는 점점 힘이 빠졌다. 그녀는 노력하고 또 노력했지만, 다리가 말을 듣지 않았다. 그녀는 넘어졌다. 사라가 일으켜 세웠다. 그녀는 눈물을 흘리며 애원했다. "레니아, 계속 뛰어. 그렇지 않으면 우리 둘 다 끝장이야. 포기하지 말고 해봐. 난 너 말고는 아무도 없어. 널 잃을 수 없어. 부탁이야."

사라의 눈물이 레니아의 얼굴에 떨어지면서 그녀에게 생기를 불어넣었다. 레니아는 일어서서 잠시 쉬었다. 그리고 그들은 계속 이동했다.

하지만 레니아는 숨을 헐떡였다. 그녀의 입술은 말라 타버렸다. 그녀는 마치 뇌졸중에 걸린 것처럼 언니 사라의 팔을 느낄 수 없었다. 그녀의 다리는 마치 고무처럼 흐느적거리고 구부러졌다.

버스가 지나가는 소리를 들을 때마다 그들은 심장이 멎었다. 지나던 행인들은 그들이 미쳤다고 생각했는지 걸음을 늦추었다.

또 다른 버스가 근처에 멈춰 섰다. 레니아는 이게 끝이라고 확신했다. 어떻게 해야 할까? 게슈타포가 언제든지 그들을 함정에 빠뜨릴 수 있었다. 진흙투성이가 된 누더기와 흙이 잔뜩 묻은 신발은 누가 봐도 정상이 아니었다.

그런데 그 버스도 지나갔다.

사라는 30미터를 앞서 걸었고 레니아는 뒤처졌다. 경비원 없이 혼자 걷는 게 얼마나 이상한지. 그렇게 두 사람은 천천히 카토비체에 다가갔다. 6.5킬로미터를 달려온 것이다.

사라는 자신의 침과 스카프로 레니아의 얼굴을 닦고, 그녀의 옷에 묻은 진흙과 지저분한 것들을 털어냈다. 그녀의 얼굴은 행복으로 가득 차 있었다. 그녀는 근처에 사는 독일 여성을 알고 있었다. 마이어의 아내인 나차 슐만은 가톨릭 신자로 위장해 재봉사로 일했다. 민병대가 알아볼까 봐 전차를 탈 수는 없었지만, 그녀의 집까지는 그리 먼 거리가 아니었다. 6.5킬로미터만 더 가면 된다.

레니아는 한 걸음 한 걸음 천천히 걸었다. 그때 민병대 그룹이 멀리서 보였다.

제복이다. 레니아는 몸을 떨었다. 그런데 발걸음을 돌리기엔 너무 늦었다.

그들이 다가오면서 소녀들을 주시했다. 그러더니 그냥 지나갔다.

레니아는 겨우겨우 앞으로 나아갔다. 두 걸음 또는 세 걸음을 걸은 후엔 매번 멈춰야 했다. 그녀의 숨결은 무겁고 뜨거웠다.

"얼마 남지 않았어." 사라가 격려했다. 만약 할 수만 있다면 사라는 레니아를 업고 갔을 것이다.

레니아는 술주정뱅이처럼 비틀거렸다. 사라는 그녀를 앞으로 끌고 갔다. 그들의 옷은 땀으로 흠뻑 젖어 있었다.

레니아는 있는 힘을 다했다. 언니를 위해.

마침내 그들은 시미아노비체 마을의 외곽에 있는 첫 번째 건물에 다가갔다.

레니아는 두 발자국 이상을 계속 가지 못하고 벽에 기대어 멈춰 설 수밖에 없었다. 그녀는 지나가는 사람들은 신경 쓰지 않았다. 사실 그녀는 시력이 너무 흐릿해서 그들을 거의 볼 수도 없었다.

레니아는 누군가의 집 마당에 있는 우물에 멈춰서 얼굴에 물을 끼얹었다. 일어나자.

자매는 마을을 가로질러 걸어갔다. 레니아는 의심받지 않도록 온 힘을 다해 똑바로 걸어갔다. 그들은 이 골목 저 골목을 지나 한 작은 거리에 다다랐다. 사라는 2층짜리 건물 하나를 손으로 가리켰다. "바로 여기야."

그리고 나서 사라는 허리를 굽혀 연약한 동생 레니아를 신부처럼 안고 계단을 올라갔다. 훗날 레니아는 "언니가 어디에서 그런 힘이 나왔는지 모르겠다"라고 썼다. 문이 열렸지만, 레니아는 방 안을 들여다보기도 전에 기절하고 말았다.

조금 정신이 들자 레니아는 약을 먹었지만, 열은 내리지 않았다. 그녀는 더러운 누더기를 벗고 깨끗한 침대로 들어갔다. 그것은 다시는 누릴 수 없을 것 같은 기쁨이었다. 그녀는 이가 덜덜 떨렸고, 그녀의 뼈는 담요를 덮고 있는데도 아주 공허한 느낌이었다. 너무 추워서 온몸에 경련이 일었다.

사라와 나차는 그녀 옆에 앉아서 울었다. 나차는 레니아를 알아보지 못했다. 하지만 사라는 그들 둘을 위로했다. "다 잊어버려. 중요한 건 네가 이제 자유롭다는 거야."

그런데 할리나는 어디 있을까?

사라는 그 집에 사는 독일 아가씨에게 레니아는 자신의 친구인데 몸이 많이 아파서 쉬어야 한다고 말했다. 하지만 레니아는 거기 계속 머물 수는 없었다. 늘 그랬듯이.

어떻게든 그날 밤 레니아는 다시 일어섰다. 거기서 미카우코비체까지는 4킬로미터 거리였다. 적어도 어둠은 절뚝거리고 허우적거리는 그들의 모습을 숨기는 데 도움이 될 것이다.

그들은 11시에 마을에 도착해 폴란드 농민의 집으로 향했다. 코빌레츠 씨 부부는 그들을 따뜻하게 맞이했다. 그들은 레니아에 대해 알고 있었고, 사라의 투쟁 기술에 대해 칭찬하는 마음으로 가득했다. 그들은 레니아에게 음식을 제공했지만, 그녀는 거실에 오래 머물 수 없었다. 그녀는 벙커에 들어가기 위해 거기 있었던 것이다. 그녀는 계단 밑에 있는 창문을 통해 지하실로 미끄러져 갔다. 창문은 너무 좁아서 수척해진 레니아도 간신히 들어갈 정도였다. 그다음에 그녀는 사다리를 타고 지하실로 내려갔다. 거기 은신해 있던 스무 명의 동지들은 "마치 내가 방금 태어난 것처럼" 기뻐하며 그녀를 맞이했다.

그들은 그동안 일어난 일들을 당장 듣고 싶어 했다.

그녀는 너무 기력이 소진되어서 누워 있어야 했지만, 사라는 그들에게 그녀가 탈출한 이야기를 해주었다. 그녀의 머리는 빙빙 돌고 있었고, 그녀의 심장도 마찬가지였다. 중요한 것은 지금 그녀는 동지들, 그리고 그녀의 여동생 레니아와 함께 여기에 있고, 잠시 동안만이라도 안전하다는 사실이었다.

레니아는 벙커에 있는 모든 사람들이 사라의 말을 듣고 있을 때 그들을 찬찬히 살펴보았다. 그녀는 아직 고열에 시달리고 있었고, 여전히 감옥에 있는 것 같은 느낌, 여전히 쫓기고 있는 것 같은 불안한 느낌을 떨쳐버리지 못했다. 과연 그녀가 이런 불안감에서 벗어날 수 있을까?

✳

몇 시간 후 할리나가 도착해서 자신이 겪은 이야기로 그들을 즐겁게 했다.

"당신들과 멀어지자 나는 재킷을 뒤집어 입고, 머리 스카프를 벗었어요. 가다 보니 앞쪽에 철도 노동자 한 명이 보였지요. 그에게 혹시 나와 함께 걸을 생각이 있는지 물었어요. 그는 나를 힐끗 쳐다보더니 '기꺼이'라고 말했어요. 나는 그의 팔을 잡았고, 우리는 수다를 떨며 걸었어요. 그는 아마 나를 매춘부라고 생각했을 거예요. 10분 후에 우리는 미친 듯이 수용소를 향해 뛰어가고 있는 두 명의 경비원과 마주쳤어요. 그들은 우리에게 세 명의 여자가 탈출하는 것을 보았는지 물으면서 우리가 입고 있던 옷을 묘사했어요. 그들이 허둥대는 모습을 보니 속으로 아주 기뻤답니다. 나는 아무 일도 없다는 듯이 그 철도 노동자와 계속 수다를 떨며 걸었어요. 그는 나와 함께 전차 타는 곳까지 갔고요. 우리 내일 함께 전차를 타자고 말했지요."

다음 날 아침 할리나는 기분이 좋은 상태로 바르샤바를 향해 떠났다. 일주일 후 그들은 그녀로부터 편지를 받았다. 다행히 할리나는 무사히 걸어서 국경을 넘을 수 있었다. 그녀는 레니아의 탈옥 작전에 참여해서 무척 행복해했다. 그리고 마레크 폴만의 어머니로부터 감동적인 편지 한 장이 왔으며, 연락책으로 일하면서 무기를 밀수하고 숨어 있는 사람들에게 지원금을 전해주던 지비아, 안테크, 리브카 모스코비치에게서도 편지가 왔다. 이들 트리오도 레니아가 탈출한 것에 대해 무척 기뻐했다.

반면 마레크는 불행한 최후를 맞이했다.[7] 벵진을 떠나 바르샤바로 간 후, 소차 계획이 실패한 것에 대한 죄책감으로 비틀거리던 그는 거의 정신이 나간 상태였다. 그가 쳉스토호바에서 기차를 바꿔 타려고 했을 때 나치의 눈에 띄고 말았다. 그는 그 자리에서 사살되었다.

❋

하루가 오고, 하루가 갔다. 레니아는 매일같이 마이어 슐만이 지은 코빌레즈 벙커에 앉아 있었다.[8] 마이어는 전쟁 전에 코빌레즈의 장남인 미테크와 친구였다. 미테크는 크라쿠프에서 게슈타포를 위해 일했지만, 사실 유대인 게토와 접촉하고 있었다. 그의 친구 중 한 명이 술에 취해 이런 비밀을 누설하는 바람에 미테크는 오토바이를 타고 도망쳤다. 마이어는 미테크가 유대인들을 비엘스코시에 있는 그의 집에 머물게 해주는 대가로 돈을 받았다는 것을 알게 되었다. 마이어가 미테크에게 벙커 구축 문제에 대해 의견을 구한 것이 그 무렵이었다. 마이어는 그의 부모님의 집 지하에 벙커를 만들게 해달라고 부탁했다. 코빌레즈 씨는 처음에는 거절했지만, 아들의 간청에 못 이겨 결국 수락했다. 여기에는 특히 아들의 친구인 마이어가 게슈타포를 피하는 데 이 벙커를 사용할 수 있다고 말한 것이 큰 영향을 주었다.

몇몇 유대인들은 벙커가 완성될 때까지 그들의 작은 다락방에 숨었다. 마이어는 이웃들이 눈치채지 못하도록 공사를 밤에 진행해야 했다. 레니아는 회고록에서, 코빌레즈가 그들을 숨기기 위해 많은 돈을 받았다고 썼다. "그는 동정심에서 벙커를 만든다고 말했지만, 사실 그는 자신의 이익을 위해 그렇게 했어요." 그런데 다른 기록들은 코빌레츠 가족이 대가를 받기는 했지만, 그들은 독일에 반대하는 정치적 입장과 동정심에 의해 움직였다고 주장하고 있다.[9] 유대인을 돕는 대가로 돈을 받은 폴란드인들을 "정의로웠다"라고 볼 수 있는지에 대해서는 여전히 뜨거운 쟁점으로 남아 있다.[10]

레니아는 그곳에서—지금까지보다는 상대적으로—안전하고 자유로웠지만, 코빌레츠 벙커에서의 생활은 영구적인 해결책은 아니었다. 이 대피소는 두세 명을 수용하기 위해 지어졌는데, 더 많은 게토 탈출자들이 계속 도착했다. 사람들은 몇 개 안 되는 침대에서 뒤엉켜 잠을 잤다. 식량은 며칠에 한 번씩 소녀 중 한 명이 목숨을 걸고 야블론카 마을에 가서 모아온 위조된 배급권으로 구입했다. 점심식사는 코빌레츠 부인이 준비했다. 처음에는 동지들이 이 모든 것을 지불하기 위해 게토에서 가져온 돈을 사용했지만, 나중에는 할리나가 지비아로부터 추가 자금을 받아가져왔다.

답답하기도 했지만, 벙커에 있던 사람들은 이웃들에게 들킬지 몰라 내내 두려움 속에서 살았다. 코빌레츠 가족도 마찬가지였는데 그들도 잡히면 처형될 것이 분명했다.

레니아가 도착한 지 며칠 후, 그녀는 자정에 다시 사다리를 타고 올라가 코빌레츠의 딸 바나시코바의 집으로 은신처를 옮겼다. 이동은 잘한 일이었다. 그녀는 이제 드로 동지인 의사 차우카, 그리고 고아들을 돌봤던 알리자와 함께 지내게 되었다. 그 집의 문은 항상 잠겨 있어서 이웃들은 이 집에서 무슨 일이 벌어지는지 전혀 몰랐다. 혹시 문을 두드리는 사람이 있으면 그들은 벽장 안에 숨었다. 바나시코바는 그들의 모든 요구를 처리해주었다. 그녀의 남편은 군대에 있었고, 생활비가 빠듯했기 때문에 사람들을 숨겨주는 대가로 받는 돈과 물품에 대해 고마워했다.

벵진의 죽음의 수용소와 지역 게토에는 여전히 수백 명이 흩어져 살고 있었으며, 강제이송 차량이 오고 갈 때마다 점점 그 수가 줄어들었다. 사라, 차우카, 카시아, 도르카—유대인처럼 보이지 않는 이목구비를 가진 소녀들—는 유대인이 숨어 있는 곳을 찾아내는 것이 거의 불가능함에도 불구하고, 계속해서 이곳에 잠입해 가능한 한 많은 사람들을 구하려고 시도했다. 하지만 레니아는 여전히 너무 약해서 밖에 나갈 수가 없었다.

그들은 이런 숨 막히는 삶에서 벗어나는 유일한 방법이 적어도 당분간은, 유대인이 상대적으로 자유롭게 사는 슬로바키아를 경유하는 것임을 알고 있었다. 하지만 동지들을 그곳으로 옮기기 위해서는 인맥이 필요했다. 그들은 여러 차례 시도한 끝에 네덜란드 헤이그로부터 주소 하나를 받았다. 하지만 어떻게 그곳에 갈 수 있을까? 소차에게 그렇게 잔인하게 배신당한 후, 이들 그룹은 극도로 조심스러웠다. 레니아는, 시온주의 청년단은 밀입국 주선책이 누구인지 결코 밝히지 않을 것이라고 썼다. 미테크는 밀입국 주선책을 찾으려고 나름대로 노력했지만, 언제나 그렇듯이 쉬운 일이 아니었다. 코빌레츠 가족은 자신들의 삶에 대해 점점 더 두려움을 느끼고 있었고, 많은 돈을 받았음에도 불구하고 이들 그룹에게 떠날 것을 촉구했다. 그런데 또 다른 시한폭탄이 있었다.

레니아와 그 그룹은 계속해서 바르샤바 본부와 접촉했다. 그들은 레니아를 더 안전한 바르샤바로 데려오겠다고 했지만, 지비아와 안테크는 레니아 일행에게 슬로바키아로 가라고 강력히 촉구했다. 그러나 레니아는 동지들과 헤어지고 싶지 않았다. "그들의 운명이 제 운명이에요."

마침내 미테크는 합법적으로 활동하는 밀입국 주선책을 찾아냈다. 그들은 우선 한 그룹을 먼저 보내고, 만약 그들이 무사히 도착하면 나머지를 뒤따라 보내기로 했다.

12월 초에 첫 번째 그룹이 떠났다. 그들은 폴란드인처럼 위장하고 가짜 여권과 노동허가증을 갖고 다녔다. 밀입국 주선책은 그들을 카토비체에서 비엘스코까지 기차로 데려갔고, 그다음이 국경 마을인 옐레스니아였다. 다른 사람들은 벙커에 앉아서 그들에게 다가오고 있는 치명적인 위험에 대해 강박적으로 생각하고 이야기하고 있었다.

일주일 후에 밀입국 주선책이 돌아왔다.

성공이었다! 그들의 친구들은 이미 슬로바키아에 있었다. 이번엔 그들이 레니아 일행에게 편지를 써서 여행은 예상했던 것보다 덜 힘들었다고 말했다. "더 이상 기다리지 마세요"라고 그들이 경고해주었다.

1943년 12월 20일. 알리자와 레니아는 하루 종일 차우카나 사라가 도착하기를 기다렸다. 한밤중에 문 두드리는 소리가 났다. 모두가 벌떡 일어났다. 경찰인가?

잠시 신경이 터질 듯한 순간이 지난 후 차우카가 들어왔다.

그녀는 레니아에게 다가왔다. "떠날 준비를 하세요." 여덟 명이 아침에 떠날 것이다. 레니아도 그들 중 한 명일 것이다.

싸울 것인가, 도피할 것인가?

레니아는 거절했다.

이 결정은 그녀가 추구하는 이데올로기를 위한 것이 아니라 사랑을 위한 것이었다. 사라는 독일로 밀입국한 아티드 아이들을 돕는 임무를 맡았고, 레니아는 2주 동안 그녀를 보지 못했다.[11] 그녀는 언니 몰래 떠나고 싶지 않았다. 작별인사도 없이는 분명 아니었다. 레니아는 차우카에게 "사라는 제 언니예요"라고 말했다. "언니는 내가 감옥에서 탈출하는 동안 목숨을 걸었어요. 언니의 동의 없이는 갈 수 없어요."

하지만 차우카와 알리자는 그녀를 설득하려고 했다. 게슈타포는 레니아를 쫓고 있었다. 수배 전단지에 레니아를 간첩이라고 부르며 현상금을 걸어놓고 있었다.[12] 레니아는 당장 떠나야 했다. 그들은 레니아에게 사라가 다 이해할 것이며 곧 뒤따를 것이라고 말했다. 사라와 알리자는 독일 소작농들의 집에 흩어져 있던 아티드 아이들을 모아야 했다. 알리자는 자신과 사라 그리고 아이들은 슬로바키아로 가는 바로 다음 그룹에 합류할 것이라고 약속했다.

밤새도록 설득한 끝에 레니아가 떠나는 데 동의했다.

기차는 카토비체에서 아침 6시에 출발했다. 레니아는 새로운 스타일로 머리를 올리고 깨끗한 옷을 입었는데, 이 모든 것은 게슈타포나 경찰의 시선을 피하려는 것이었다. "얼굴만 그대로군." 그녀는 입고 있는 옷 외엔 아무것도 가져가지 않았다.

바나시코바는 전쟁이 끝난 후에 서로를 기억하기만을 바라면서 연민의 마음을 가득 안은 채 그들에게 작별을 고했다. 알리자와 헤어지는 것은 고통스러웠다. 이렇게 될지 누가 알았을까?

쌀쌀한 12월의 어느 아침 5시 30분, 레니아와 차우카는 칠흑 같은 들판을 더듬어 나아갔다. 그들은 일하기 위해 광산으로 서둘러 가고 있는 행인들의 주의를 끌지 않기 위해 조용히 독일어로 말했다. 그들은 미카우코비체 역에서 비엘스코까지 동행하기로 한 미테크, 그리고 차이카 클링어를 포함해서 함께 도피하기로 한 나머지 여섯 명을 만났다.

차이카는 출입구가 철저히 통제되지 않고 경비원들을 쉽게 매수할 수 있던 죽음의 수용소에서 탈출했었다. 그녀는 처음에는 마이어와 함께 노박스의 집에 숨었지만, 노박스의 부인이 너무 예민하고 탐욕스러워졌다고 주장했다. 이후 그녀는 코빌레츠 가족이 소유한 여러 장소에 은신하며 일기 대부분을 썼다. 벵진 인근에 있던 다른 동지들은 헛간이나 창고에 숨어 살고 있었지만, 차이카는 그들의 이야기를 기록하는 임무 때문에 더 크고 편안한 멜리나스(은신처)를 제공받았다.

차이카는 처음에는 자신이 기록하는 역할을 맡은 것에 대해 거부감을 보였다. 그러나 너무 많은 동지들이 사망하자 그 소명을 받아들였다. 사실 동료들이 일상생활에 집중하는 동안에, 계속해서 자신의 고통을 되짚어보며 글을 쓰는 것은 끔찍하게 어려운 일이었다. 그녀는 4년 동안 음악을 듣지 못했고, 라디오에서 흘러나오는 독일 노래 소리는 그동안 살해당한 모든 사람들, 그녀에게서 빼앗아간 모든 것들을 생각나게 했다. 즈비가 죽었을 때 또는 심하게 구타당할 때도 울지 않았던 차이카가 마침내 울음을 터뜨렸다. 죽은 남편 다비드를 떠올랐던 걸까?

그녀는 할 일을 충분히 했을까? 그녀는 가족을 구하지 못했다는 죄책감이 너무 커서 가족에 대해선 아무것도 쓸 수가 없었다.[13]

우울증이 그녀의 뼛속까지 스며들었다.

이제 레니아, 차이카, 차우카, 그리고 나머지 일행은 미카우코비체에서 카토비체까지 가는 기차를 탔는데, 이른 시간인데도 많은 사람들로 붐볐다. 레니아는 미테크와 함께 당당하게 플랫폼을 따라 걸었다. 경찰이나 게슈타포 남자를 볼 때마다 그들은 슬슬 옆걸음질치며 군중 속으로 들어갔다. 미테크는 "게슈타포의 정치 교관이자 탈주자였던 나와 스파이로 의심되면서 감옥에서 탈출한 네가 함께 잡히면 얼마나 엄청난 사건일까!"

라고 농담을 했다.

그때 갑자기 세 명의 게슈타포가 다가왔다. 레니아는 그들이 미스워비 체에서 왔다는 사실을 알아챘다. 그들은 줄지어 서 있는 그녀를 보았다. 빨리 생각해. 레니아는 모자 깃을 얼굴 앞으로 내리고 치통이 있는 척하며 스카프로 얼굴을 가렸다.

그들이 지나갔다.

일행은 몇 분 후에 카토비체에서 비엘스코로 가는 기차에 올랐다. 기차 여행은 이 지역에서 발각될지 모르는 레니아에게는 가장 위험한 부분이었다. 다행히 여행은 아무 탈 없이 순조롭게 진행되었다. 아무도 그들의 서류를 보자고 하지 않았고, 심지어 가방을 검사하는 사람도 없었다.

비엘스코에서는 밀입국 주선책이 그들을 기다리고 있었다. 그들은 슬로바키아 국경에서 가장 가까운 역인 옐레스니아행 기차표를 샀고, 그들은 그날 저녁에 그곳에 도착했다. 미테크는 마치 가까운 친척인 것처럼 그들과 헤어졌다. 그는 "제발, 제가 당신을 위해 한 일을 잊지 말아주세요"라고 간곡하게 요청했다. 미테크는 아직 남아 있는 동지들이 탈출하는 것을 도와준 후에 슬로바키아에서 합류하기로 약속했다. 그는 밀입국 주선책에게 유대인들을 잘 돌보아달라고 말했다. 동지들은 신속하게 뒤에 남아 있는 사람들에게 보낼 메시지를 작성했다. 레니아는 언니 사라와 알리자에게 "어서 서둘러서 곧 만나요"라는 편지를 썼다. 미테크는 그쪽지들을 들고 잘 접은 후에 다시 기차에 올랐다.

탈주자들은 밀입국 주선책의 집 가운데 한 곳에서 몇 시간을 쉬면서 타트라산맥을 넘어가는 힘든 여정을 준비했다.

나머지 길은 걸어가는 코스였다.

드디어 때가 되었다. 여덟 명의 동지와 두 명의 밀입국 주선책, 그리고 두 명의 가이드는 그 작은 마을을 소리 없이 몰래 빠져나갔다. 그들은 멀리 눈 덮인 산이 하늘로 솟아 있는 것을 보았다. 국경이다. 목적지다.

처음 몇 킬로미터는 평탄했다. 세상은 온통 흰색이었지만, 눈은 깊지 않았다. 레니아는 "밤이 너무 밝아서 아침처럼 느껴졌다"라고 썼다.

그녀는 재킷 없이 원피스만 입고 있었다. 하지만 추위를 느끼지 못했다.

그리고 그들은 산악지대에 도달했다. 걷기가 점점 더 어려워졌다. 일행은 가능한 한 빨리 걸으면서 한 줄로 나아갔다. 이제 눈이 무릎까지 쌓여 있었고, 눈이 그렇게 깊지 않은 곳에서 그들은 미끄러지며 나아갔다. 나뭇가지가 흔들릴 때마다 그들은 혼비백산했다. 경찰일까?

가이드들은 길을 잘 알고 있었다. 그중 한 명은 앞에서 일행을 이끌었고, 다른 한 명과 밀입국 주선책은 동지들을 도왔다. 바람 소리가 거셌는데, 그 소리는 그들의 걸음이 내는 뽀드득 소리를 가려주었기 때문에 실제로 도움이 되었다. 하지만 걷기는 점점 더 어려워졌다. 코트도 부츠도 없이 그들은 해발 1900미터에 이르는 산 정상을 향해 올라가고 있었다. 때때로 그들은 숨을 돌리기 위해 걸음을 멈추고, 마치 깃털 침대인 양 눈 위에 눕기도 했다. 매서운 추위에도 불구하고 땀에 푹 젖은 옷이 그들의 몸에 들러붙어 있었다.

일행은 숲속으로 들어섰다. 그리고 그들은 마치 걸음마를 배우는 어린 아이들처럼 번번이 넘어졌다. 그들은 아티드 키부츠에서 온 어린 무니오시를 보며 놀라움을 금할 수 없었다. 갈색 머리에 창백한 피부와 뾰족한 귀를 가진 그는 용감했고, 대열을 이끌면서 나머지 일행의 등산 실력이 형편없다고 비웃기까지 했다.[14]

갑자기 멀리서, 하얀 눈 위에서 움직이고 있는 검은 점들이 보였다. 국경 순찰대였다.

그들은 순찰대가 지나갈 때까지 눈을 뒤집어쓰고 누워 있었다.

땀에 젖은 채, 변변한 겉옷을 입지 않은 레니아는 여전히 감옥에서 나왔을 때의 허약한 상태였다. 이 정도의 고도에서는 거의 숨을 쉴 수가 없었다. 그녀는 해내지 못할 것만 같았다.

밀입국 주선책들이 그녀를 마치 어린아이처럼 따라다니며 도와주었다. 그녀는 자신이 미스워비체에서 탈출한 것을 기억해냈다. 거기서 살아나올 수 있었다면, 지금 이것도 할 수 있을 거야. 힘을 내.

천천히, 조용히, 일행은 국경 검문소 건물을 조심스럽게 지나 정상에 도달했다. 기진맥진했지만 속도를 올려야 했다. 그들은 발걸음을 내디딜 때마다 비틀거리며, 눈밭에 주저앉았다. 하지만 이것이 도보 여정의 마지막 구간이었다. 그래서 그들은 기적적으로 다시 나아갈 힘을 되찾았다. 이제 탈출이다!

여섯 시간에 걸친 고통스러운 트레킹 끝에 그들은 슬로바키아에 도착했다.

이것은 그들이 지금까지 경험한 가장 믿기 어려운 국경 넘기였다.

레니아는 드디어 폴란드를 벗어났다.

이제, 전 세계를 향해 나간다.

29   "여행이 끝나간다고 말하지 마라"

여행이 끝나간다고 말하지 마라
약속의 땅을 만나지 못하리라 말하지 마라
그토록 기다리던 그때가 오리라, 오 두려워 마라
우리의 발걸음이 그 소식을 전한다— 우리가 왔다![1]
           — 히르시 글릭이 빌나 게토에서 이디시어로 쓴 〈파르티잔의 노래〉에서

레니아

1943년 12월

2차 세계대전 전야에 새로 수립된 국가 슬로바키아는 유대인의 천국은 아니었다. 통치자가 거침없는 반유대주의자였던 이 나라는 추축국과 동맹을 맺고 히틀러의 위성국가가 되었다. 슬로바키아에 살던 유대인 대다수는 1942년 폴란드에 있는 죽음의 수용소로 강제이송되었다. 그 후 강제이송은 1944년 8월까지 중단되었다. 이 2년 동안 유대인들은 경우에 따라서는 서류상으로 보호받거나 기독교인으로 위장함으로써, 또는 정치적 압력과 뇌물을 통해서 비교적 안전하게 살았다.

이 평온한 시기는 부분적으로는 레지스탕스 지도자 기시 플라이슈만Gisi Fleischmann 덕분이라고 할 수 있다.[2] 부르주아적인 정통파 유대인 가정에

서 태어난 그녀는 대부분의 슬로바키아 유대인들과 마찬가지로 슬로바키아어를 말하지도 않았고, 이 나라의 새로운 민족의식을 받아들이지도 않았다. 기시는 일찍부터 시온주의 운동에 가담했다. 그녀는 수도 브라티슬라바에서 국제여성시온주의자협회(WIZO) 회장을 지냈으며, 그 후 여러 공공단체의 지도자가 되었다(더 큰 국가인 폴란드에서는 좌익 단체들조차 여성에게 공적인 직분을 맡기는 경우가 없었다. 기시의 경우는 독특했다). 1938년, 그녀는 독일에서 온 유대인 난민을 돕는 기관을 운영했고, 그 후 슬로바키아 JDC의 수장이 되었다. 국제사회에서 모금된 기금이 스위스 계좌를 통해 그녀에게로 흘러들어왔다.

전쟁이 발발했을 때, 30대 후반의 기시는 팔레스타인으로 가는 대규모 유대인 이주를 주선하기 위해 런던에 있었다. 그녀의 노력은 성공하지 못했고 동료들은 그녀에게 영국에 머물도록 조언했지만, 그녀는 병든 어머니와 남편, 그리고 공동체에 대한 의무감을 느끼며 돌아가겠다고 고집했다. 그녀는 당시 10대였던 두 딸을 안전을 위해 팔레스타인으로 보냈다.

전쟁 동안 기시는 유대인 공동체 지도자로 활동하면서, 자신의 민족을 돕기 위해 유대인 평의회 지도부에 합류하겠다고 주장했다(그런 여성은 거의 없었다). 그녀는 국제사회의 많은 지도자들과 계속 접촉하면서, 지금 유대인에게 무슨 일이 일어나고 있는지 알렸다. 슬로바키아는 자국민을 독일의 노동수용소로 보내주겠다고 약속했었지만, 슬로바키아 정부는 그 약속 대신 슬로바키아의 유대인들을 강제이송할 것을 요구하는 협정을 나치와 맺었다. 슬로바키아는 나치에게 자국의 유대인 시민들을 데려갈 것을 공식 요청한 유일한 유럽 국가였다.

처음에 나치는 아우슈비츠 수용소 건설에 동원할 인력으로 2만 명의 유대인을 데려가려 했지만, 슬로바키아 정부는 더 많은 유대인을 데려가라고 강력히 요청했다. 그리고 사실상 슬로바키아 정부는 유대인 한 명당 500마르크를 나치에게 지불했는데, 이는 나치가 '최종 해결'을 시행하는 데 필요한 자금을 벌었던 또 다른 방법이었다.³ 이런 상황에서 기시는 돈을 활용해 나치에게 영향을 줄 수 있기를 희망하면서 실질적인 활동에 들어갔다. 그녀는 궁극적으로 유대인 추방자들의 수를 줄이기 위해 독일 및 슬로바키아 정부와 협상하면서, 자금을 모으고 나치에게 뇌물을 제공했다. 그녀는 폴란드로 끌려가는 유대인들을 구하기 위해 슬로바키아에 노동 캠프를 차렸다. 그녀가 개입한 일 중 몇 가지가 효과를 발휘하는 것처럼 보였을 때—비록 강제이송 축소가 다른 정치적 이유 때문일 수도 있지만—그녀는 독일인들에게 돈을 줌으로써 전 유럽에서 진행 중인 유대인 이송과 학살을 억제하기 위한 '유럽 플랜'을 추진했다.

항상 활동적이었던 기시는 유급 특사들을 보내 폴란드 유대인들에게 의약품과 돈을 전달했다. 그녀는 또한 '하이커Hiker'라고 불리는 유대인들이 폴란드에서 탈출하는 것을 돕기 위한 국제기금을 모금하는 데도 중요한 역할을 했다. 하이커들은 지하 철로를 통해 탈출했는데, 레니아가 탈출할 때 이용한 바로 그 철로였다.

이 새로운 나라에 들어온 후 레니아와 하이커 동지들은 산에서 골짜기로 내려갔다. 저 멀리 모닥불이 보였다. 상품 밀수업자들이 휴식을 취하는 중이었다. 동지들은 현지 가이드를 만나기로 한 그 자리에 멈춰 서서 모닥불을 피웠다.

이제 그들은 추위를 느꼈다.

그들의 발은 젖어 있었고 동상에 걸릴 위험이 있었다. 그들은 신발과 양말을 모닥불에 말렸다. 그때 눈 속에서 무거운 발자국 소리가 들렸다. 하지만 그들은 그저 모두를 따뜻하게 해줄 술을 갖고 온 밀수업자들이었다. 동지들은 약 한 시간 동안 휴식을 취했으며, 안내원들은 조심스레 그들과 헤어져서 더 많은 사람들을 데려오기 위해 비엘스코로 돌아갔다. 나중에 레니아는 이 안내원들도 많은 돈을 받았다고 썼다. 산악지대에 사는 사람들은 가난했고, 이것이 바로 그들이 생계를 꾸리는 방법이었다.

모닥불에 말리면서 신발이 쪼그라들어 신기가 아주 힘들었지만, 동지들은 계속 가야 했다.

그들은 슬로바키아 사람들과 대화하려 애쓰면서 함께 걸었다. 산과 언덕, 골짜기, 숲을 지나 그들은 모두가 잠들어 있는 듯 보이는 마을에 다가갔다. 개 짖는 소리가 그들을 반겼다. 그들은 말과 소, 돼지, 닭 등이 있는 마구간으로 안내되었다. 작은 기름 램프에서 조그만 불빛이 흘러나왔고, 퇴비 냄새가 참기 어려웠지만, 혹시라도 이웃들의 눈에 띌까 봐 집 안으로는 들어가지 못했다.

바깥은 아주 추웠지만, 마구간 안은 더웠다. 그동안 엄청난 피로가 쌓였던 그들은 모두 건초더미 위에 쓰러졌다. 레니아는 다리에 힘이 없어서 똑바로 펴지도 못했다. 그녀는 몸을 웅크린 채 깊은 잠에 빠졌다.

✳

정오 무렵에 전통적인 산악 복장(스카프와 화려한 치마, 그리고 하얀 끈으로 발목 밴드에 연결된 펠트 슈즈)을 한 집주인이 점심식사 시간이라며 동지들을 깨웠다. 일요일이었다. 그녀는 그들에게 지금은 마을 사람들이 교회에 가는 시간이므로 잠시 그곳에 가만히 있으라고 말했다. 그들은 아주 조심해야 했다. 당시 모든 마을 사람들은 서로 이웃을 감시하고 있었고, 모두가 서로의 의심을 받고 있었다. 물론 그들에게는 그런 상황이 전혀 새롭지 않았다.

식사를 마친 후, 레니아는 통조림 속 정어리처럼 건초 위에 있는 동료들 옆에 누워서 조금 더 잠을 잤다.[4] 작은 창문을 통해 햇빛이 들어왔다. 이제 유대인들은 이야기를 시작했고, 처음으로 지난 몇 달과 몇 년간의 사건들을 회상했다. 안전한 세상을 바로 눈앞에 두자 그들은 그동안 자신들이 잃어버린 모든 것을 제대로 깨닫기 시작했다.

국경을 넘었다는 행복감은 미래에 대한 두려움으로 바뀌었다. 그들의 여정은 아직 끝나지 않았고 전쟁도 마찬가지였다. 밤에 썰매 한 대가 도착했다. 동지들은 거기에 올라타서 경찰의 눈을 피해 작은 샛길과 텅 빈 벌판을 거쳐 다음 마을로 갔다. 몇 시간 후 그들은 어떤 마을에 도착해서 한 농부의 집에 있는 단칸방에 머물렀고, 그들을 태워다줄 차가 도착할 때까지 그곳을 떠나지 말라는 말을 들었다. 이곳에는 돈만 충분히 있다면 먹을 것이 풍족했는데, 다행스럽게도 동지들은 각자 약간의 현금을 가지고 있었다. 레니아가 느끼기에 그 집의 가장은 독일군에 대해 증오심을 가진 정직하고 인정 많은 사람이었는데, 먹을거리를 사러 밖으로 나갔다. 첫 번째 그룹이 며칠 전에 그곳에 머물렀던 것으로 밝혀졌다. 마치 잔치를 벌인 듯한 풍족한 식사를 한 후에 동지들은 좀 더 잠을 잤다.

그날 밤 마을 외곽에서 차 한 대가 그들을 기다렸다. 운전사는 뇌물로 매수된 세관원이었다. 그는 레니아 일행에게 폴란드 유대인에 대해 물었다.

그러더니 갑자기 차를 멈추었다.

이제 어쩌라는 거지? 어둠 속, 아무도 없는 곳. 그들은 완전히 속수무책이었다.

운전사는 차에서 내리더니 뒷좌석으로 갔다. 모두가 이를 악물었다.

"걱정하지 마세요. 해치지 않을 거요"라고 그가 말했다.

레니아에겐 놀랍게도 그는 어린 무니오시를 껴안았다.

그런 다음 한 사람 한 사람에게 친척들의 근황에 대해 물었다. 그들이 각각 가족 중에서 유일한 생존자라는 사실을 알고 운전사는 충격을 받았다. 독일인의 잔학 행위에 대한 이야기를 듣고는 격분했다.

운전사는 슬로바키아의 여러 시골과 마을들을 거쳐 그들을 목적지로 데리고 갔다. 날은 어두웠지만, 그들은 법에서 명령한 것과 달리 창문에서 흘러나오는 희미한 불빛을 보았다. 운전사는 그들을 돌봐줄 유대인 공동체가 있는 마을인 미쿨라시로 그들을 데려갈 것이라고 말했다. 레니아는 이번 탈출 작전이 얼마나 체계적인지, 그리고 아주 작은 세부 사항까지도 얼마나 잘 계획되어 있는지 경외심을 느꼈다.

미쿨라시에 들어선 후, 차는 마을 회관 앞에 멈추었다. 운전사는 한 유대인을 데려왔고, 그 사람이 일행을 여관으로 안내했다. 그곳에서 레니아 일행은 검은 머리에 늠름한 모습의 막스 피셔를 만났다.[5] 막스는 첫 번째 그룹의 나머지 사람들이 이미 헝가리에 있으며, 그들은 합법적으로 팔레스타인 이주를 희망하고 있다고 말했다. 갑자기 레니아는 마치 새장에서 풀려난 새가 된 것만 같았고, 마침내 날개를 활짝 펼 수 있었다.

미쿨라시 유대인들은 그들이 탈출해온 것에 대해 기뻐했지만, 경찰이 언제 들이닥칠지 모르기 때문에 그들을 집으로 초대하진 않았다. 동지들은 난민들을 위해 마련된 학교 강당에 보내졌다. 경찰들은 국경 순찰대에 붙잡혀 조사받기를 기다리고 있는 사람들만 보호소에 수용했다. 추가 난민이 있다는 사실을 알게 되면, 그들은 뇌물을 받기 위해 난민들을 철저히 조사했다. 여기서 레니아는 한 가지 사실을 재빨리 배울 수 있었다. "경찰에게 돈만 주면 무엇이든 얻을 수 있을 거야." 큰 방에는 침대와 테이블, 긴 의자, 그리고 난방기가 있었다. 음식은 난민들이 직접 설치한 특별한 주방에서 살 수 있었다. 동지들은 다음 그룹이 도착할 때까지 여기서 며칠을 기다려야 했다. 그들이 오면 함께 헝가리로 넘어갈 것이다. 사라가 과연 거기 있을까?

다음 날 영가드 출신 지역 주민인 베니토가 도착해 살아남은 동지들에 대해 물었다. 베니토는 탈출자들을 돕기 위한 여러 가지 활동을 조정하느라 눈코 뜰 새 없이 바빴다. 그는 레니아에게 너무 경계를 풀지 말라고 경고했다. 대단히 많은 슬로바키아 유대인들이 폴란드로 강제이송되었다. 또한 여기서도 유대인 표식을 착용해야 했다. 그들이 이곳에 얼마나 더 머물 수 있을지 누가 알까?

레니아는 이 난민 피난처에서 매일같이 크라쿠프, 바르샤바, 라돔, 타르누프, 류블랴나, 르부프에서 오는 유대인들을 만났다. 운명에 의해 이곳에 보내진 고통스러운 망명 신청자들이 뒤죽박죽 섞여 있었다. 수다스럽고 활기찬 젊은 유대인들은 끊임없이 치명적인 위험에 노출되기 전에는 완전히 다른 사람들이었다. 하지만 그들은 여전히 습관적으로 조용히 속삭였다. 일부는 국경 경비대에 의해 체포되었고, 대부분은 아직 아리아인 구역에 숨어 있었다. 친척이 있는 사람은 거의 없었지만 모두가 살기를 원했다. 많은 사람들이 언젠가는 복수할 꿈에 사로잡혀 있었기 때문이다. 레니아는 폴란드 전역에 여전히 존재하는 유대인 공동체, 게토와 노동수용소, 그리고 대도시마다 숨어 있는 수천 명의 유대인에 대해 알게 되었다. 혹시 아직 생존한 이들 중 그녀의 가족이 있을까? 그녀는 어떤 희망에도 불붙이지 않으려고 안간힘을 썼다.

한편 차이카는 완전히 다른 깨달음을 얻었다.[6] 그녀와 베니토는 즉시 서로에게 빠져들었다. 슬로바키아계 중산층 가정에서 태어난 베니토는 그녀와 동갑내기였고 오랫동안 영가드 리더였다. 그는 슬로바키아에서 폴란드로 강제이송되는 것을 피해 헝가리로 도망쳐서 살아남았다. 그는 헝가리에서 몇 차례 체포되었다가 유대인 난민을 수용하는 일을 돕기 위해 슬로바키아로 다시 돌아왔다. 그는 유럽과 팔레스타인의 운동 지도자들과 연결되어 있었다. 반면 차이카는 그가 말로만 듣던 끔찍한 일들을 겪으며 살아왔다. 그녀는 큰 오븐으로 따스하게 데워진 강당에서 늦게까지 깨어 있으면서 그에게 자신의 이야기를 들려주었다. 그녀의 아들은 오랜 세월이 지난 후에 "엄마는 이 슬로바키아 운동가에게서 자신이 잃어버린 모든 것을 발견했어요"라고 말했다. "그녀와 마찬가지로 베니토는 친구들을 위해 기꺼이 목숨을 걸기를 원했으며 그 역시 미래의 이상을 믿었어요." 베니토는 즉시 차이카를 보호해야 할 필요를 느꼈다. 그는 이렇게 회고했다. "한 세대 전체가 그녀의 입을 통해 절규하고 있었다. 그녀는 마치 그 모든 사실을 전해줄 시간이 없을까 봐 두려워서 몇 시간이고 이야기를 계속했다. 그러면 나는 그 모든 것을 자신의 심장과 영혼에 간직하고 있는 사람을 온전히 느끼기 위해 때때로 그녀의 손을 잡은 채 그녀의 말을 가만히 들었다."

막스 피셔와 차우카는 방 반대편에서 두 사람이 소곤소곤 속삭이는 것을 지켜보았다. 막스는 차우카에게 윙크를 보냈다. "문제가 생겼군요."

✳

레니아가 그곳에 머문 지 며칠이 지난 후에, 여덟 명으로 구성된 다음 그룹이 도착했다.

사라는 거기 없었다.

그곳에 모인 유대인들은 뇌물을 받은 경찰과 함께 헝가리 국경까지 가는 계획을 세웠다. 그들의 위장 스토리는 이러했다. 동지들은 헝가리 국적이고, 경찰은 그들을 헝가리로 추방하기 위해 국경으로 데려가고 있는 것이다. 일행은 떠났지만, 레니아는 차이카와 함께 슬로바키아에 남아 다음 그룹이 도착하길 기다렸다. 사라와 베니토를.

다음 그룹은 다음 주에 도착했다. 사라는 없었다.

이 그룹은 정신적 충격을 받은 상태였다.

그들이 떠나기 전 폴란드에서의 일 때문이었다. 코빌레츠의 집에서 사건이 있었다. 바나시코바의 남편 파벨이 군 휴가 때 처갓집을 방문했다. 마이어는 그가 올 것을 미처 예상하지 못했다가 벙커 밖에서 그와 마주쳤다. 술에 취한 파벨은 그에게 유대인들이 게토에서 탈출하는 것을 도운 미테크의 친구들로부터 은신하고 있는 유대인에 대해 들었다고 말했다. 그러면서 이렇게 말했다. "걱정하지 마세요. 내가 유대인을 해치지는 않을 겁니다."

파벨은 벙커가 어떻게 만들어졌는지 궁금해했고, 그래서 벙커로 들어가는 비밀의 문을 열었다. 문을 열 때 그는 너무 취해서 거의 서 있을 수가 없을 정도였다. 벙커에 남아 있던 다섯 명은 큰 충격을 받았다. 마이어는 집에서 만든 수제 권총을 들고 그의 뒤를 따라 들어갔다. 파벨이 그 총을 쥐게 해달라고 부탁했다. 마이어는 그 부탁을 들어주었다.

레니아는 "그 이야기를 우리에게 들려준 사람들은 아직도 마이어가 왜 그렇게 했는지 이해하지 못하고 있다"라고 썼다.

파벨은 권총을 자세히 들여다보더니 방아쇠를 당겨서, 자신을 쏘았다.

동지들이 그를 벙커에서 끌어냈을 때 그는 아직 의식이 있었다. 하지만 그의 가족은 그 사건을 경찰에 신고해야만 했다. 마이어는 그에게 벙커에 대해 폭로하지 말라고 간청했고, 파벨은 말하지 않겠다고 그들을 안심시켰다. 그러나 그의 상태는 좋지 않았다. 곧 경찰이 도착했고, 마이어는 자신이 직접 만든 총을 보여주면서, 군 복무 중에 파르티잔에게서 훔친 것이고, 실수로 총이 발사되었을 때 자신은 청소하고 있었다고 증언했다. 구급차가 도착해서 파벨을 카토비체의 병원으로 데려갔다. 하지만 그는 이틀 후에 사망했다.

코빌레츠 가족은 동지들에게 떠나달라고 요구하지 않았지만, 동지들은 너무 무서워서 그곳에 남아 있을 수가 없었다. 그래서 첫 번째 기회가 왔을 때 그들은 슬로바키아로 탈출했다.

그 무렵 레니아는 메시지 하나를 받았다. 이제 그녀와 차이카는 즉시 팔레스타인으로 출발할 예정이었다. 그들은 팔레스타인으로 이주하는 데 필요한 서류를 받았다. 그들의 사진은 이미 헝가리에 보내졌고, 소녀들은 모든 관련 서류를 받기 위해 부다페스트로 가야 했다.

그들의 꿈이 바로 눈앞에 있었다.

레니아는 사라와 알리자에게 편지를 보내 팔레스타인으로 이주하는 것이 이제 가능하다는 것, 그러니 그들도 서둘러서 아이들과 함께 슬로바키아로 와야 한다는 것을 설명했다.

그녀가 헝가리로 떠나던 바로 그날, 그 그룹은 밀입국 주선책으로부터 편지를 받았다. 산에 눈이 너무 많이 쌓여서 폴란드-슬로바키아 국경을 통과할 수 없는 상태이므로 더 이상 국경을 넘지 않을 것이라는 소식이었다.[7] 그게 전부였다.

앞이 캄캄했다. 레니아는 사라가 오지 않으리라는 것을 알았다. 다시는 언니를 볼 수 없을 것이라고 느꼈다. 이제 그녀는 쿠키엘카 집안의 마지막 사람이었다.[8]

✳

1944년 1월 초. 레니아는 단 한 번의 기회도 결코 놓칠 수 없었다. 그녀는 헝가리어를 유창하게 구사하는 영가드 출신 차이카, 베니토, 모셰와 함께 여행을 떠났다. 그들은 기차를 타고 슬로바키아 국경을 넘기 전 마지막 역까지 갔다. 그들은 화물 열차의 기관차에 숨어 탄 채 국경을 넘을 예정이었다. 때는 늦은 시각이었고, 어두웠다. 기관사가 기관차에서 내리더니 그들에게 따라오라고 손짓했다. 레니아, 차이카, 모셰가 기관차에 올라탔다. 그러나 베니토는 유대인 난민들을 돕기 위해 남았다. 그들은 기관차 안에 웅크리고 앉아 있었는데, 거기엔 다른 탈주자들이 몇 명 더 있었다. 한 사람당 보수를 받은 기관사들이 그들을 보이지 않게 구석으로 밀어 넣은 후, 기차가 움직이기 시작했다. 그들은 국경 검문에서 발각되지 않기를 기도했다. 기관차 보일러에서 뿜어 나오는 열기는 너무 뜨거워 참을 수 없었는데, 레니아는 숨을 크게 쉬기도 어려울 지경이었다. 기차가 멈출 때마다 모두 기관차 바닥에 엎드렸다. 다행히 기차 여행은 빨리 진행되었다. 그녀는 알리자와 아이들, 그리고 사라에 대해 생각하지 않으려고 무진 애를 썼다.

헝가리 영토의 첫 번째 역에서, 엔지니어는 기관차 굴뚝에서 긴 증기를 내뿜으면서 무거운 구름을 만들어냈다. 그가 레니아에게 말했다. "가세요." 이 구름은 마치 연막탄처럼 서둘러 하차해서 역사로 황급히 달려가는 탈출자들을 가려주었다. 기관사는 부다페스트행 기차표를 사주고 어디서 그 기차를 타는지도 알려주었다.

이번 부다페스트행 기차 여행은 하루 반이 걸렸다. 날씨는 점점 더 따뜻해졌으며, 기차 여행 동안 동지들은 의심을 사지 않기 위해 한마디도 하지 않았다. 레니아는 "헝가리어는 이국적이고 이상하게 들렸다"라고 썼다. "헝가리인도 유대인과 마찬가지로 셈족의 특징을 지니고 있다. 그래서 헝가리에선 누가 유대인이고 누가 아리아인인지 구별하기 어렵다."⁹ 헝가리 유대인들은 대부분 이디시어나 히브리어가 아닌 헝가리어를 사용했다. 레니아가 나치 점령 지역에서 개발했던 레이더는 더 이상 작동하지 않았다. 유대인들은 완장을 차거나 소매에 별을 달지 않아도 되었다. 기차에서는 서류 검사나 점검이 없었다. 그들이 폴란드에서 온 유대인 난민이라는 것은 상상조차 할 수 없었을 것이다.

드디어 그들은 부다페스트에 도착했다. 웅장한 부다페스트 중앙역은 사람들로 붐비고 정신이 없었다. 경찰은 승객들의 가방을 검사했다. 레니아는 재빨리 검사를 통과한 후 서둘러 정해진 주소로 갔다. 모셰의 헝가리어 실력은 여기서 대단히 요긴하게 쓰였다.

그들은 트램을 타고 팔레스타인 사무국으로 갔다. 사무국 내부는 독일어, 폴란드어, 이디시어, 헝가리어로 말하는 사람들의 호소가 여기저기서 울려 매우 혼잡했다. 다들 여권을 발급받고자 했으며, 모두가 왜 즉시 떠날 필요가 있는지를 강조했다. 레니아는 그들이 모두 팔레스타인에 갈 자격이 있다고 생각했다. 그러나 영국은 이주자 할당량을 유지하면서 유대인의 팔레스타인 이주를 제한했다. 가장 먼저 비자를 받기 위해 줄을 선 것은 가장 끔찍한 고문을 견뎌낸 폴란드 유대인이었다. 그건 바로 레니아였다.

레니아는 초조하게 출발 날짜를 기다렸는데, 출발이 계속 연기되고 있었다. 그 이유는 첫째, 그녀의 사진이 아직 접수되지 않았기 때문이었다. 그 후 여권이 준비되자, 이번에는 튀르키예 측에서 비자 발급이 지연되었다. 팔레스타인에 가까워질수록 기다림은 더욱더 그녀의 심장을 떨리게 했다. 모든 것이 불확실했다. 레니아는 훗날 "우리는 알리야가 연기되는 어떤 일이 일어날지도 모른다고 생각했다"라고 회고했다. "우리가 그동안 겪은 온갖 고생이 헛수고였을까? 헝가리의 상황은 지금 당장은 좋지만, 언제든 바뀔 수 있었다." 그녀는 인생은 안정을 제공하지 않는다는 것, 순간은 빠르게 지나간다는 것, 기회는 종이처럼 얇다는 것, 그리고 시계가 모든 것을 지배한다는 것을 이미 배웠다. 그녀는 알고 있었다.

레니아는 알리야를 위해서뿐만 아니라 당장 헝가리에서 생존하기 위해서도 정식으로 발급된 서류가 필요했다. 그녀는 사람들이 거리에서 검문받기 위해 정기적으로 멈추는 것을 지켜보았다. 경찰에 등록되지 않은 사람들은 체포되었다. 히틀러는 아직 헝가리를 침략하지 않았지만, 이곳에 사는 유대인들의 권리는 축소되어 있었다. 이곳은 폴란드에서 자행되는 야만으로부터 안전하다고 생각하던 사람들이 이제 풍전등화와 같이 초조하게 살았다.

레니아는 폴란드에서 온 난민으로 신고하기 위해 폴란드 영사관에 갔다. 폴란드인 직원은 끝없이 질문을 던졌다. 당신은 PPR(폴란드 노동당)의 당원이었나요? (공산주의는 여기서 불법이었다.) 물론 아닙니다. 그럼 모든 폴란드인들은 시코르스키 운동을 지지할 의무가 있습니까? 네, 물론입니다.

직원 중 한 명이 물었다. "부인은 정말 가톨릭 신자입니까?"

레니아는 자신은 분명히 가톨릭 신자라고 말했다. 그가 "하느님 감사합니다"라고 말했다. "지금까지는 폴란드인으로 위장한 유대인들만 왔거든요."

레니아는 분개하는 척하며 말했다. "뭐라고요? 유대인들이 폴란드인으로 위장했어요?" 그가 대답했다. "네, 불행하게도." 연극은 끝이 없었다. 1944년 부다페스트 거리에서 찍은 사진에는 그녀의 꾸밈없는 모습, 끝부분을 모피로 장식한 주머니가 달린 맞춤 코트를 입고, 가죽 핸드백을 들고 있으며, 입가에 살짝 미소를 머금기는 했지만, 실은 지난 몇 달 동안 겪은 육체적·감정적 잔혹함이 고스란히 담겨 있다.[10]

그녀는 며칠 동안 묵을 숙식비 24펭괴〔헝가리 화폐〕와 도시를 자유롭게 돌아다닐 수 있는 증명서를 받았다.

그녀가 동지들에게 돌아왔을 때, 그들은 모두 기독교 폴란드인으로 등록했음에도 불구하고, 영사관 직원들이 그들을 유대인이라고 의심해서 숙박비를 주지 않았으며, 단지 검문을 받을 때 보여줄 증명서만 발급해주었다는 것을 알게 되었다. 레니아는 JDC가 폴란드 영사관에 돈을 주면서 유대인 난민들을 보면 눈감아달라고 요청했다는 사실을 설명해주었다.[11]

레니아는 며칠 내로 떠날 거라고 생각하고 그 사무실로 다시는 돌아오지 않았다. 하지만 한 달 후에도 그녀는 여전히 부다페스트에 있었고, 팔레스타인행 비자를 기다리고 있었다.

이 한 달 동안 레니아는 여전히 마른 상태였지만, 차츰 건강을 회복하면서 회고록을 쓰기 시작했다.[12] 그녀는 자신의 동족, 가족, 동지들에게 그동안 무슨 일이 일어났는지 세상에 알려야 한다고 생각했다. 하지만 어떻게? 무슨 말로? 그녀는 보안을 위해서 이름 대신 이니셜을 사용하며 그동안 무슨 일이 일어났는지, 5년 동안 몇 번의 삶이 계속되었는지, 그녀가 누구였는지, 어떤 사람이 될 수 있었는지, 그리고 어떤 사람이 될 것인지를 생각하면서 폴란드어로 휘갈겨 썼다.

헝가리에 있는 동지들의 사진을 보면, 그녀는 지팡이 같은 손목에 새 시계를 차고 있다.[13] 이제 그녀의 시간은 완전히 새로워졌다.

동지들 중 누구도 그 상상 밖의 정신적 조국에 가본 적이 없었다. 분명 그곳은 따뜻하고 친근한 곳일 터였다. 레니아는 "조국은 자신의 아이들을 품속에 맞이하는 어머니처럼 두 팔을 벌려 우리를 맞이할 것"이라고 굳게 믿었다. 그들은 그동안 겪은 온갖 고통을 치유해줄 이 땅을 간절히 갈망했다. 바로 그것이 그들을 살아남게 해준 희망이었다. 궁극적으로 그들은 거기서 끊임없는 위협으로부터 완전히 자유로워질 것이다.

하지만 여전히 레니아는 걱정스러웠다. 그녀는 다가오는 미래를 내다보며 이렇게 물었다. "이스라엘에 있는 우리 친구들은 우리가 그동안 겪었던 일을 이해하려고 할까? 우리는 과연 평범하고 일상적인 삶, 그들과 똑같은 삶을 살 수 있을까?"

✳

그리고 마침내, 레니아는 역에 있었다. 차이카도 함께였다. 플랫폼은 불과 며칠 전에 만났던 사람들로 붐볐지만, 그들 사이엔 이미 일종의 동지애가 형성되어 있었다. 지울 수 없는 정신적 친밀감. 이제 레니아가 떠나는 길이었다.

모두가 그녀를 부러워했고, 그녀도 그것을 알고 있었다. 그러나 그 모든 갈망에도 불구하고 행복하지 않았다. "살해된 수백만 명에 대한 기억, 에레츠 이스라엘을 위해 목숨을 바쳐 헌신했지만, 목적지에 도착하기도 전에 세상을 떠난 동지들에 대한 기억은 멈출 수가 없었다."

난데없이 유대인들이 기차로 밀려드는 모습이 레니아의 뇌리를 스쳐 지나가며 온몸을 전율하게 했다. 그녀의 가족과 언니. 그녀는 가까스로 그 가운데 누군가에 대해 생각하기 시작했다.

레니아는 독일의 군용 열차가 다른 선로에서 역을 지나가는 것을 지켜보았다. 그들은 자신들이 유대인 집단이라는 것을 분명히 알아보았을 것이다. 그들은 저주의 눈길로 거기 있던 유대인들을 바라보았다. 몇몇은 히죽거렸다. 할 수만 있었다면, 그들은 이쪽으로 와서 그녀를 때렸을 것이다. 하지만 그때 레니아는 생각했다. 나도 할 수만 있다면 그들을 때렸을 것이라고. 그녀는 그들을 자극해서 자신이 게슈타포에서 탈출하는 데 성공해서 이제 팔레스타인으로 떠나는 중이라는 것을 알리고 싶은 충동을 느꼈다. 그리고 그것을 실천에 옮겼다.

〔역에서는〕 우울감과 기쁨이 교차한다. '따뜻한 포옹과 슬픈 이별. 살아남은 자들은 포옹하며 이렇게 말하는 듯했다. 남은 우리를 기억하라고. 그것이 어디서 끝나든지 몇 안 되는 살아남은 이들을 돕기 위해 당신이 할 수 있는 일은 무엇이든 하라고.

기차가 천천히 움직이기 시작했다. 사람들은 사랑하는 이를 그냥 보내기 싫은 듯 기차를 따라 함께 달렸다. 레니아 역시 그들을 그대로 보낼 수 없었다. 손은 놓을 수 있었지만, 감정은 놓을 수 없었다. 그녀는 찬란한 태양과 초목이 무성한 풍경에 매료되어 환희를 느끼고 싶었지만, 그녀의 마음은 무거웠고 위로가 되지 않았다. 폴란드에 남아 있던 사라와 알리자, 고아들, 동생 얀켈, 그리고 모든 아이들에 대한 생각이 가슴을 짓눌렀다.

레니아는 열 명의 일행과 함께 여행하고 있었다. 일행 대부분은 여권에 사진이 붙어 있었지만, 몇몇은 가명을 사용했다. 레니아의 팔레스타인 이민 서류에서, 그녀는 "때로는 이레나 글릭으로, 때로는 이레네 노이만으로 알려져" 있었다. 그녀의 파일은 빌모스 노이만으로 알려진 이츠하크 피슈만과 그녀의 결혼이 진정한 결합이 아니라는—자필로 서명된—진술을 포함하고 있다. 아마도 그들은 이민 허가를 받기 위해 약혼한 것으로 위장했다(부다페스트의 프리덤 그룹 사진에서 이츠하크는 옷깃이 넓은 멋진 수트를 입고 레니아 옆에서 포즈를 취했지만, 실제로는 바르샤바의 프리덤 연락책 차나 겔바르트와 결혼했다). 모든 가짜 커플들은 고아가 된 아이나 떠날 수 없었던 어른들의 아이를 데리고 있었다. 아이들은 새로운 모험에 대한 기대감에 몹시 들떠 있었다.

레니아는 이튿날 밤 국경에 도착했다. 이게 마지막 검문이 될까? 국경경비대가 그들의 소지품을 수색했지만 별 탈 없이 지나갔다. 루마니아에서 그들은 팔레스타인 사무국 직원들이 체포되었다는 사실을 알게 되었다. 그들은 몹시 긴장했지만, 평화롭게 불가리아로 건너갔다. 그런데 여기서 선로가 큰 바위로 막혀 있었다. 레니아는 기차를 갈아타기 위해 800미터를 걸어야 했다. 불가리아인(군인, 철도 노동자, 민간인)들은 기꺼이 레니아와 유대인들을 도와주었다. 튀르키예 국경까지 걸어가는 동안 레니아는 계속해서 그들의 친절을 떠올렸다.

이제 그들이 막 유럽을 떠나는 순간이었다.

이제, 드디어, 사람들을 쳐다볼 수 있고, 그들의 시선을 두려워하지 않아도 되는 미래가 다가오고 있음을 감지하면서, 레니아는 얼떨떨한 기쁨을 느끼기 시작했다.

베니토는 이스탄불 역에서 레니아가 V라고 이름 붙였던 또 다른 동지와 함께 그들을 기다리고 있었다. 모두가 의기양양했고, 그들은 여관에서 함께 머물렀다. V는 자신이 아는 사람들에 대해 자꾸 질문을 해서 그들을 괴롭게 했다. 그는 첫 번째 그룹과 함께 도착한 무니오시를 깨끗이 목욕시켰다. 그는 전 유럽에 남아 있는 소수의 유대인들과 접촉을 시도하느라 쉴 새 없이 바빴다. 그가 구해내려 노력하던 사람들이 안타깝게도 사망했다는 이야기를 들으면 그는 "아기처럼 울었다." V는 지비아를 폴란드에서 구출하려고 필사적이었지만, 그녀는 꿈쩍도 하지 않았다. 그녀의 편지에는 아직 할 일이 너무 많다고 적혀 있었다. 그녀는 거기 그대로 머무르고자 했다.

유대인들은 이스탄불 거리를 자유롭게 돌아다녔다. 아무도 그들을 뒤쫓지 않았고, 손가락질하는 사람도 없었다. 레니아는 다른 사람으로부터 의심의 눈총을 받지 않는 것, 사냥당하지 않는 것이 얼마나 낯선 일인지 새삼 놀라면서 일주일을 보냈다. 그들은 배를 타고 보스포루스 해협을 건넌 다음, 기차를 타고 시리아를 가로지르고, 알레포와 레바논의 수도 베이루트를 경유했다.

1944년 3월 6일, 옝제유프 출신 속기사인 열아홉 살의 레니아 쿠키엘카는 팔레스타인 하이파에 도착했다.[14]

4부

감정적 유산

———————— 인터뷰어: 요즘 어떠신가요?

레니아: (잠시 머뭇거리다가) 네, 저는 그럭저럭 잘 지내고 있습니다.[1]

— 야드바셈 증언, 2002

우리는 죽음의 공포에서 벗어났다. 그러나 우리는 여전히 공포 속에서 일상을 살고 있다.[2]

— 하다사 로젠사프트Hadassah Rosensaft, 아우슈비츠 수용소에서 환자들에게 주기 위해 음식과 옷, 약품을 훔쳤던 유대인 치과의사

30   삶의 공포

살아남은 자는 강풍에 흩날리는 잎사귀 같을 것입니다. 누구에게도 속하지 않는, 죽어
버린 엄마 나무를 잃은 잎사귀…. 이 나뭇잎들은 제자리를 찾지 못한 채 바람과 함께
날아다닙니다. 그들은 알고 있던 오래된 나뭇잎들도, 오래된 하늘의 한 조각도 찾지
못할 것입니다. 새로운 나무에 붙는 것도 불가능합니다. 그래서 가련한 잎은 계속 방
황할 것입니다. 비록 너무 슬프지만, 옛날을 회상하며 그때로 돌아가길 열망하며. 하
지만 영원히 제자리를 찾지는 못할 것입니다.[1]

— 차이카 클링어, 〈나는 당신에게 이 글을 쓰고 있습니다〉

1944년 3월

레니아는 몽롱하지만, 들뜬 마음으로 고향으로 돌아왔다. 게슈타포에 의
해 탈주자로 쫓기던 그녀는 폴란드를 떠나서 이제 꿈꾸던 고국에 있었
다. 키부츠 지바트 브렌너Givat Brenner에서 재활 생활을 하며 회고록을 쓴
후에, 그녀는 동지 차이카와 함께 갈릴리 지역의 녹음이 우거진 키부츠
다프나에 정착했다(레온 우리스[유대계 폴란드 가정 출신으로 미국에 귀화한 작
가]의 소설 《영광의 탈출》에 묘사된 바로 그 키부츠다). 그녀는 마침내 여기에서
600명의 키부츠 동료들과 함께 "마치 부모님 집에 온 것 같은" 편안함을
느꼈다.[2]

많은 시온주의 운동의 생존자들이 이스라엘에 들어와서, 그들이 오래

전부터 준비했던 키부츠에 합류했다. 시온주의자가 아닌 생존자들도 키부츠에 매력을 느꼈다.[3] 그들의 이념 때문이 아니라 거기서 제공되는 노동과 자부심, 그들의 삶을 위해 마련된 구조 때문이었다.

하지만 아직도 그곳엔 낯설고 어려운 부분이 있었다. 힘든 방황을 끝냈고 이제 몇 년 동안이나 억눌렀던 노래를 자유롭게 부를 수 있게 되어 한편 안심이 되었지만, 레니아는 여전히 당시의 고통과 잃어버린 사람들에 대한 기억에 짓눌려 있었다. 그녀는 키부츠에 도착한 직후 "우리는 주변 사람들보다 더 작고 약한 것처럼, 우리는 마치 그들과 똑같은 삶을 살 권리가 없는 것처럼 느낀다"라고 썼다.[4]

많은 생존자들과 마찬가지로 레니아도 자신이 항상 이해받고 있다고 느끼지 않았다. 그녀는 팔레스타인을 여행하면서, 하이파 원형 극장부터 지역 키부츠의 레스토랑에 이르기까지 다양한 장소에서 자신이 전쟁에서 겪은 일들에 대해 이야기했으며, 폴란드 유대인 말살에 대해 세상에 알렸다. 1980년대에 이스라엘 국립도서관에서 증언할 때, 레니아는 언젠가 자신이 키부츠 알로님Alonim에서 요청받아 증언했던 일을 떠올렸다. 당시 그녀는 폴란드어와 이디시어로 이야기를 시작했는데, 소란이 일어나서 연설이 중단되었다. 그녀가 말을 멈추자, 청중들은 의자와 테이블을 옮겼다. 무슨 일이 있었던 걸까? 그들은 댄스 시간을 준비하고 있었던 것으로 드러났다. 이어서 음악이 울려 퍼졌다. 레니아는 너무 기분이 상해서, 그들이 단지 자신의 언어를 이해하지 못했는지, 아니면 강연에 관심이 없는지 확신할 수 없었지만, 그냥 자리를 박차고 나갔다.

✳

레지스탕스에 참가한 유대인 여성들의 이야기가 제대로 공개되지 않고 묻힌 데는 여러 가지 이유가 있다. 여성 레지스탕스 투사들과 연락책들—토시아, 프룸카, 한체, 리브카, 레아, 론카—은 대부분 사망했기 때문에 그들의 이야기를 직접 전해줄 기회가 없었다. 하지만 생존한 대원의 경우에도 여성들의 이야기는 국가와 지역사회에 따라 각각 다른 정치적·개인적 이유에서 부각되지 않았다.

건국 후 첫걸음을 내딛던 초기 이스라엘에서 신생 정부의 정치적 논리는 이후 홀로코스트 이야기가 어떻게 세상에 전달될지에 크게 영향을 미쳤다.[5] 1940년대 중반과 후반에 홀로코스트 생존자들이 이슈브〔팔레스타인의 유대인 정착촌〕에 도착했을 때, 게토 투사들의 전설적인 투쟁 이야기는 주로 좌익 정당들에서 주목을 끌었다. 그런데 유대인들이 겪은 끔찍한 고문보다 레지스탕스 투사들의 치열한 반나치 투쟁에 주목한 것은 그 이야기가 꼭 그들의 정치적 구미에 맞기 때문만은 아니었다.[6] 투쟁 이야기는 좌익 정당의 이미지를 강화하고 새로운 국가 건설을 위해 싸우라는 정치적 외침을 뒷받침하는 데에도 도움이 되기 때문이었다. 레니아와 마찬가지로, 생존한 몇몇 여성 게토 투사들에게 연설 기회가 주어졌지만, 그들의 증언은 당의 노선을 부각하도록 편집되었다. 일부 생존자들은 이슈브가 생존한 폴란드 유대인 문제에 대해 수동적이며 그들을 지원해주지 않는다고 비난하기도 했다. 한나 세네시가 상징이 된 것이 바로 이때였다. 그녀는 유대인들의 사기를 높이는 것 외에는 어떤 구체적인 임무를 수행하지 않았지만, 헝가리에서 유대인을 돕기 위해 팔레스타인을 떠난 사실은 이슈브가 유럽 유대인을 돕는 데 적극적인 역할을 했다는 것을 입증해주었다.

학자들의 설명에 따르면 건국 초기 이스라엘 정치인들은 유럽 유대인과 이스라엘 유대인을 이분법적으로 구별하려 했다. 이스라엘인들은 유럽 유대인들이 신체적으로 약하고 순진했으며 수동적이었다고 주장했다. 일부 사브라sabra〔이스라엘 토박이〕나 이스라엘에서 태어난 사람들은 새로운 이민자들을 '비누'라고 불렀는데, 이는 나치가 유대인의 시체로 비누를 만들었다는 루머에서 유래한 것이었다. 반면에 이스라엘 유대인들은 자신들을 다가오는 강한 새 물결로 보았다. 그들에게 이스라엘은 미래인 반면, 천년 이상 유대 문명의 요람이었던 유럽은 과거였다. 이런 맥락에서—레지스탕스 투사들로 상징되는—결코 나약하지 않았던 유럽 유대인들에 대한 기억은 그들에 대한—새로운 이스라엘과 상반된다는—부정적인 고정관념을 굳히기 위해 의도적으로 지워졌다.

따라서 저항 이야기는 점점 잊혀갔다. 종전 10년이 지난 후에야 사람들은 집단수용소에 대한 이야기를 들을 마음이 생겼고, 당시의 트라우마는 공적 관심사가 되었다. 1970년대에 이스라엘의 정치 지형도는 바뀌었고, 레지스탕스 투사 개개인의 이야기는 유대인들의 '일상적인 저항' 이야기로 대체되었다. 2000년대 초에 바르샤바 게토 투사였던 프니나 그린시판Pnina Grinshpan(프리머Frimer)이 표창장을 받기 위해 폴란드에 초청되었다. 당시 그녀는 고통스럽고 무심한 표정으로 무대에 섰다. 그녀에 관한 한 다큐멘터리에서 그녀는 자신이 폴란드에서 '탈출'했던 사실을 되새기며, "그런데 내가 왜 상을 받으러 폴란드에 가야 합니까?"라고 물었다. "여기 이스라엘에서 우리는 매우 나약한 존재입니다."[7]

오늘날에도 논쟁은 계속되고 있다. 이스라엘 최대의 홀로코스트 추모관인 야드바셈에서 '의로운 이방인 부서Department of Rightous Gentiles'를 담당하는 소장이었던 모르데하이 팔디엘Mordechai Paldiel은 동족을 구조했던 유대인들이 같은 활동을 했던 이방인들처럼 인정을 받지 못하는 사실 때문에 심적으로 고통스러워했다. 그래서 그는 2017년에 유럽 전역에서 유대인을 위한 대규모 구조활동을 전개했던 유대인들에 대해 연구한 두꺼운 단행본《동족을 구하라: 홀로코스트 동안의 유대인 구조자들Saving One's Own: Jewish Rescuers During the Holocaust》을 저술했다. 물론 어떤 유대인들은 수정주의 청년단체(베타르의 ZZW)의 지하 활동은 이 책에서 거의 인정받지 못했다며 비판적인 입장이다.[8] 사실 생존자가 극히 적었기 때문에 이런 주장이 나올 수 있다. 다른 사람들은 레지스탕스를 연구한 역사가들이 대개 좌파로 치우쳐져 있어서, 그들의 자녀들이 좌파 청년단체들의 활동만 기억하는 경향이 있다고 지적한다. 또 어떤 사람들은 아직도 이스라엘 건국 초기 우파 지도자이자 여섯 번째 총리였던 메나헴 베긴이 당시 러시아로 탈출했기 때문에 바르샤바 게토에서 싸우지 못했는데, 이런 개인적인 배경에서 베긴은 바르샤바 봉기 전체를 폄하했다고 지적한다.[9] 게다가 주로 이스라엘 바깥에 근거지를 두고 있는 분트, 시온주의자들, 그리고 수정주의적인 시온주의자들은 바르샤바 게토의 봉기를 주도한 사람이 누구인지에 대해서도 각각 다른 의견을 제시하고 있다. 심지어 좌파 시온주의자들과 프리덤, 영가드, 시온주의 청년 단체들조차 이스라엘에서 홀로코스트를 기반으로 한 아카이브와 갤러리, 출판사를 각자 독자적으로 설립·운영하고 있다.

반면 미국에서는 유대인 레지스탕스의 역사가 이스라엘에서와는 다르게 취급되고 있다. 대중적인 담론에서는 미국의 유대인들이 1940년대와 1950년대에 홀로코스트에 대해 논의하지 않았다고 한다. 그것은 아마도 두려움과 죄책감 때문이며, 또한 교외의 평범한 미국인으로 사느라 바빴으며, 거기서 유대인이 아닌 중산층 이웃들과 어울려 살기를 원했기 때문이라는 것이다. 하지만 하시아 디너Hasia Diner가《우리는 존경과 사랑으

로 기억한다: 홀로코스트 이후 미국 유대인과 침묵의 신화, 1945-1962》라는 획기적인 책에서 보여주었듯이, 이런 주장은 근거가 없다. 오히려 전후 몇 년 동안 미국 유대인 사회에서 홀로코스트에 대한 글쓰기와 토론은 크게 늘어났다. 한 유대인 지도자는 심지어 레니아의 책을 예로 들면서 전투에 지나치게 초점이 맞춰져 있다고 걱정할 정도였다. 디너가 지적했듯이, 미국 유대인들은 자신들이 세계에서 유대인 공동체의 중심이라는 새로운 정체성을 느끼면서, 홀로코스트, 즉 유대인 학살에 대해 말해야할지 아닐지가 아니라, '어떻게' 말해야 할지라는 문제와 씨름했다.[10]

그런데 시간이 지나면서 홀로코스트에 관한 이야기의 흐름이 변해갔다.《레지스탕스: 나치의 테러와 도전에 저항했던 유대인과 기독교인들: 비엘스키의 파르티잔들》(나중에 영화로도 제작되었다)의 저자 네하마 테크Nechama Tec는, 1960년대 초에는 미국 학계에 새로운 경향, 즉 나치에 복종했던 유대인을 옹호하는 경향, 심지어 박해의 희생자를 비난하는 경향마저 있었다고 주장한다.[11] "유대인이 수동적이라는 신화"는 부분적으로는 정치철학자 한나 아렌트에 의해 촉발되었던 것인데, 이는 편견일 뿐 사실에 근거한 것이 아니었다.[12] 디너는 미국 유대인 공동체는 1960년대 후반 무렵에 이미 공공 사회에 개방되어 있었고, 안정적으로 구축되어 있었다고 주장한다. 이때 급격하게 증가한 홀로코스트 관련 출판물들이 이전에 출간된 저서들을 밀어냈고, 아마도 부분적으로는 이 때문에 레니아의 책이 우리의 집단기억에서 사라지게 되었던 것 같다.

물론 오늘날에도 미국에서는 유대인 여성들의 저항 투쟁에 관한 해석에서 윤리적 문제가 대두되고 있다. 홀로코스트에 강력하게 저항했던 레지스탕스 투사들에 대해 글을 쓰는 것이 어쩌면 홀로코스트가 "그렇게 끔찍하지는 않았다"는 인상을 줄지도 모른다.[13] 그렇지 않아도 집단학살에 대한 기억이 점차 희미해지고 있는 시대적 맥락에서 홀로코스트의 해악을 희석시키는 듯한 인상을 주는 것은 위험할 수 있다.[14] 또한 많은 저술가들은 레지스탕스 투사들의 투쟁을 지나치게 높이 예찬할 경우 그들의 선택의지에 지나친 관심을 기울이게 될 수 있다는 점을 우려한다. 그럴 경우 생존이 단순한 행운을 넘어서는 것이었음을 암시하면서, 무기를 들지 않은 사람들을 비판적으로 판단하고, 궁극적으로는 학살의 희생자를 비난하게 된다는 것이다.[15] 나아가 이런 홀로코스트, 레지스탕스 내러티브는 피해자와 가해자의 경계를 흐릿하게 만들면서, 복잡하고 미묘한 측면들이 드러나게 한다. 나아가 나치 점령에 어떻게 맞설 것인가에 관해 유대인 공동체 내부에 존재했던 극심한 불협화음도 노출시킨다. 이러한 이야기는 필연적으로 유대인 나치 협력자 문제와 무기를 사기 위해 돈을 훔쳤던 유대인 저항군의 문제도 포함하게 된다. 곳곳에서 흔들렸던 윤리적 문제 말이다. 앞서 언급된 유대인 여성들의 회고록에는 격하고 투쟁적인 레토릭들이 등장하지만, 이러한 문제에 대해선 명확한 입장을 보이지 않은 채 망설이고 있다. 이들 저항세력 중 다수가 중산층에 속하는 도시 출신으로, 안락하다기보다는 모던하고 세련된, '우리'와 비슷한 사람들이었다는 것이 사실이다. 이 모든 요소들은 앞서 언급된 문제에 대한 진지한 토론에 걸림돌로 작용하고 있다.[16]

젠더 문제도 있다. 여성들은 그들이 중요한 역할을 했던 사건들의 이야기에서 자연스럽게 배제되었고 그들의 경험은 역사에서 삭제되었다. 레지스탕스에서도 여성들에 관한 이야기는 들리지 않았다.[17] 차이카 클링어의 아들이면서 홀로코스트 연구자인 아비후 로넨Avihu Ronen에 따르면 이런 현상은 부분적으로 여성들이 청소년운동 단체에서 맡았던 역할과 관련이 있다. 여성들은 대개 "탈출해서 증언하라는 임무"를 부여받았다. 그들은 문서 작성자(서기)로 임명받았으며, 직접 역사를 기록한 역사가였다. 레지스탕스 활동을 기록한 초기 연대기 중 많은 부분이 여성에 의해 작성되었다. 그런데 로넨의 주장에 따르면, 저자로서 여성들은 자신들의 활동이 아닌 "다른 사람들"(주로 남성들의 활동)의 활동에 대해 보고했다. 이 과정에서 여성 자신들의 개인적 경험은 자연스레 뒷전으로 밀려났다.[18]

여성과 홀로코스트 문제에 관한 토대 연구를 수행했던 레노어 바이츠만Lenor Weitzman은 이러한 여성들의 저서가 출간된 직후, 남성들에 의해 이른바 주류 역사가 쓰였는데, 그들은 남성들의 역할에 관심을 집중했으며, 스스로도 자신의 활동을 폄하했던 연락책 소녀들에겐 별 관심을 기울이지 않았다고 설명한다. 그녀는 남성들이 집필한 역사에서는 오직 공개적이고 조직된 실제적인 전투만 높이 평가되었다고 주장한다. 지하에서 전개된 다른 은밀한 활동들은 사소한 것으로 치부되었다[19](그렇지만 많은 유대인 여성들은 봉기가 지속되는 동안에 구체적인 투쟁을 전개했으며, 무장 전투에도 참여했다. 따라서 여성들의 투쟁이 레지스탕스 역사에서 빠지면 안 된다).

또한 여성들은 자신이 경험한 투쟁 이야기를 하려는 경우에도 의도적으로 방해받기도 했다. 어떤 여성들의 글은 특정한 정치적 동기에 맞추도록 압박받았으며, 어떤 여성들의 글은 노골적인 무관심에 직면했다. 또 다른 여성들의 이야기는 의심스러운 시선을 만났으며, 심지어 지어낸 것이라고 비난받는 경우도 있었다. 해방 후 한 미군 기자는 비엘스키 파르티잔이었던 프루마Fruma와 모트케 베르거Motke Berger에게 그녀들의 이야기를 되풀이하지 말라고 경고했다. 사람들이 그들을 거짓말쟁이로 보거나 미쳤다고 생각할 것이라면서.[20] 많은 여성들에 대해선 냉소와 경멸이 쏟아졌다. 여성 투사들의 친척들은 그들이 집에 남아서 부모를 돌보는 대신에 투쟁하기 위해 도망쳤다고 비난했다.[21] 또 다른 여성 투사들은 그들의 투쟁이 "가족의 안전을 오히려 위태롭게 했다"고 비난받았다. 여성들은 "순수한 영혼은 모두 죽었지만 학살을 방조한 영혼들은 살아남았다"라는 오래된 믿음에 갇혀 자책감을 느꼈다. 이렇듯 자신들의 연약한 외침에 대해 공감이나 이해를 받지 못할수록, 여성들은 점점 더 내면으로 몰입해서 자신들의 경험을 말하지 않고 기억 속 어딘가로 깊이 밀어넣었다.

그런 다음 여성들은 현실에 적응했다. 그리고 스스로 침묵에 빠졌다. 많은 여성들은 새로운 세대의 유대인을 키우는 것이 그들이 짊어져야 할 "우주적 중요성"을 지닌 "신성한 의무"라고 느꼈다.[22] 그래서 그들은 자녀와 자신을 위한 "정상적인" 인생을 꾸려가려는 필사적인 욕망에서 과거를 가슴속 깊숙이 간직했다. 이 여성들 중 많은 수가 전쟁이 끝났을 무렵 20대 중반이었다. 그들은 창창한 미래를 앞두고 있었기 때문에 앞으로 나아갈 방법을 찾아야 했다. 그들은 "생존 전문가"가 되기를 원하지 않았다.[23] 가족도 그녀들에게 입을 다물게 했다. 끔찍한 기억을 마주하는 것이 너무 견디기 힘들 것이며 오래된 상처를 들쑤시는 것은 오히려 상처를 덧나게 할 수도 있다고 우려했기 때문이다.

많은 여성 투사들은 살아남았다는 죄책감 때문에 무거운 고통에 짓눌렸다.[24] 비아위스토크의 연락책이었던 차시아가 자신이 과거에 무기를 훔치고 사보타주에 가담했던 이야기를 사람들에게 털어놓을 준비가 되었을 무렵, 강제수용소에서 살아남은 유대인들은 수용소에서 겪은 일들을 말하기 시작했다. 차시아는 많은 유대인들이 수용소에서 당한 고통에 비하면 자신이 겪은 일은 "별거 아니었다"고 생각했다. 그렇기에 자신의 이야기는 너무 "이기적"인 것처럼 보였다.[25] 또 어떤 사람들은 생존자들의 공동체 안에서도 각자 겪은 고통의 층위가 다르다는 점을 이야기했다. 프루마 베르거의 아들은 한때 생존자의 2세대 행사에서 소외감을 느꼈는데 그의 부모가 파르티잔이었기 때문이다. 일부 투사들과 그 가족들은 매우 친밀한 생존자 커뮤니티에서조차 소외감을 느낀 나머지 이들에게 등을 돌렸다.

그리고 수십 년 동안 여성들을 지배해온 내러티브가 있다. 한나 세네시는 이슈브가 어떻게 레지스탕스와 연관되었는지를 보여주었기 때문에 좋은 롤모델이 되었던 것 같다. 그러나 학자들은 한나가 젊고 아름답고 독신이고 부자이고 시인이었기 때문에 동료 공수부대원이었던 하비바 라이히Haviva Reich보다 더 유명해질 수 있었다고 지적한다.[26] 라이히는 미국인 조종사를 설득해서 슬로바키아에 낙하했고, 거기서 수천 명의 전쟁 난민들을 위해 식량과 피난처를 마련하고, 연합국 군무원들을 구출했으며, 아이들의 탈출을 도왔던 전설적인 인물이다. 그러나 한나와 달리 파란만장한 로맨스 경력을 가진 30대의 갈색 머리 이혼녀였다.

그러나 북아메리카의 유대인들이 볼 때 이 모든 것은 과거에 일어난 일이고, 아직도 다루기 힘든 주제에 속한다. 소련의 지배를 받았던 힘든 세월 때문에 사회 전반이 여전히 휘청거리고 있는 폴란드에서 여성 투사들이 적군과 협력했던 과거사는 레지스탕스 당시와는 다른 의미를 지닌다. 게다가 폴란드 상원은 최근에 폴란드가 홀로코스트와 연관된 어떤 범죄로 인해서도 비난받아서는 안 된다는 내용의 법률(나중에 개정된다)을 통과시켰다. 폴란드인들의 반나치 저항에 관한 기억은 오늘날 폴란드에서 널리 알려져 있으며, 폴란드 저항군을 상징하는 닻이 여러 건물에 그래피티로 새겨져 있다. 그리고 가족 가운데 국내군 전사가 한 사람이라도 있다면 그 가족은 사회의 존경을 받는다. 이러한 애국주의 내러티브는 현재 만들어지는 과정에 있으며 레지스탕스와 그들의 역할은 아직 근거가 충분하지 않은 상태다. 궁극적으로 폴란드인들이 나치와 치른 전쟁을 어떻게 해석해서 폴란드뿐 아니라 다른 국가들에 제시하는지는, 폴란드의 국가 정체성, 즉 그들은 누구이며 왜 그들 나름의 방식대로 행동하는지를 설명해줄 수 있는 중요한 사안이다.

✳

생존자들과 레지스탕스 투사들은 외부 세계가 그들이 겪은 험난한 이야기에 주목하지 않고 오히려 침묵한다는 사실, 그리고 그들에게 갑자기 자유가 다가왔다는 사실 때문에도 고통을 겪었다.

이 젊은 여성 집단은 어린 시절을 잃었고, 직업을 얻기 위해 공부하거나 훈련할 기회를 갖지 못했으며, 정상적인 가족 네트워크가 없고, 성적 발달이 종종 불안정하게 진행되거나 정신적 외상을 입기도 하고 때로는 비정상적으로 심화되었던 집 없는 20대 성인이었다. 이들 중 많은 여성들, 특히 뚜렷한 정치철학을 갖지 못한 여성들은 이제 어디로 가야 할지, 무엇을 해야 할지, 어떤 사람이 되어야 할지, 어떻게 사랑해야 할지 등을 도무지 알지 못했다.

숲속을 배회하고, 기차를 폭파하고, 야외에서 수술을 시행하고, 군인들의 사진을 찍으면서 수년을 보냈던 파르티잔 파예 슐만은 전쟁이 끝난 후, 나치로부터의 해방이 자신에게는 완벽한 기쁨의 날이 아니라 "내 인생의 가장 낮은 지점"이었다고 기록했다.[27] "내 인생에서 이렇게 외롭고 슬펐던 적이 없다. 다시는 볼 수 없는 부모와 가족, 친구들에 대한 그리움을 그토록 절실하게 느껴본 적이 없다."[28] 그녀의 가족들이 잔인하게 살해되고 모든 것을 잃은 후, 파르티잔 생활의 엄격함과 의무, 사회적 결속력은 그녀가 정신을 놓지 않고 집중하며 살 수 있도록 해주었으며, 그 상황에서 삶의 목적은 생존과 복수였다. 그런데 해방이 되자 이제 그녀는 아무것도 가진 것 없이, 심지어 국적도 없이 세상에서 완전히 혼자였다. 파르티잔 동지들이 모닥불 주위에 앉아 전쟁의 종식을 생각하고 재회와 축하를 꿈꾸는 동안 그녀는 동지들과 다른 것을 느꼈다.

전쟁이 끝나면 내가 속하는 곳이 어디일까? 기차역에서 누가 나를 마중하기 위해 기다리고 있을까? 누가 나와 함께 자유를 축하해줄까? 고향에서 나를 환영해주는 퍼레이드는 없을 것이고, 죽은 이를 애도하는 시간조차 없을 것이다. 내가 살아남는다면 어디로 돌아갈 것인가? 내 집과 마을은 산산이 파괴되었고 마을 사람들은 살해당했다. 나는 나를 둘러싼 동료들과 같은 처지가 아니었다. 나는 유대인이고 여성이었다.[29]

파예는 소련 정부로부터 공로 메달을 받았지만, 무기를 반납해야 했다. 소련 정부로부터 보호받는 느낌이나 공산주의 소련과 동일한 정체성을 느끼진 못했지만, 그녀는 소련군에 입대하기로 결정했고, 유고슬라비아 전선에서 계속 전투에 참가했다. 언젠가 군대 행정실로 가는 길에 그녀는 유대인처럼 보이는 장교를 만났는데, 그로부터 전투에 목숨을 걸지 말라는 간곡한 조언을 들었다. 파예는 핀스크에서 정부 소속 사진사가 되었다. 그녀는 살아남은 남자 형제들을 찾아낼 수 있었고, 또한 소련 정부에서 받은 메달을 보여줌으로써 자유롭게 기차를 탈 수 있었으며, 공무원에게 접근할 수도 있었다. 그녀는 남동생의 소개로 파르티잔 사령관 모리스 슐만Morris Schulman을 만났는데, 사실 그는 이전에 파르티잔 활동을 할 때 숲에서 만난 적이 있었고, 전쟁 이전부터 그녀의 가족과 알고 지내던 사람이었다. 살아남은 일부 여성들은 죽은 아버지를 이상화한 채, 그 아버지와 친밀한 인간관계를 형성하려고 몸부림쳤다.[30] 하지만 파예와 모리스가 서로에게 느낀 감정은 아주 즉각적인 것이어서, 파예는 모리스와의 사랑을 위해서 다른 모든 제안들을 거절했다. 그녀는 "우리 안에 남아 있는 사랑이 얼마만큼이든 빨리 이루어지도록 해야 한다는 절박감을 느꼈다"라고 회상했다.[31]

그들은 비교적 부유하고 성공적인 소비에트 커플이었지만, 유대인 해방구(유대인이 완전히 사라진)가 된 도시 핀스크는 너무 우울했다. 그들은 위험천만한 여행을 수차례 하며 유럽을 횡단했다. 유럽 대륙을 배회한 수백만 명의 실향민 중 한 커플이었던 것이다. 그들은 난민수용소에 끌려갔는데, 이곳의 상황은 파예에게 나치 게토의 기억을 상기시킬 만큼 끔찍했다. 얼마 지나지 않아 그들은 유대인들을—이민자 쿼터제가 시행되고 있던—팔레스타인으로 이주시키기 위해 활동했던 지하운동 단체인 브리하Bricha(탈출)에 합류했다. 하지만 아기를 갖게 된 파예는 안전한 곳을 갈망했다. 그래서 그녀와 모리스는 진로를 바꾸어 캐나다 토론토로 갔고, 거기서 여생을 보내면서 경력을 쌓고 가족을 부양했다. 파예는 자신이 겪은 수십 년 동안의 전쟁 경험에 대해 공개적으로 말했다. 그녀는 "내게는 때때로 지나간 세상이 현재보다 더 가깝게 느껴진다"라고 썼다.[32] 그녀의 일부는 늘 자신이 잃어버린 우주에 뿌리를 두고 있었다.

✳

생존자들을 평생 따라다니는 또 다른 문제는 죄책감이었다.

1944년 여름, 지비아는 바르샤바에 있는 은신처 창문으로 농부의 수레를 끌고 가는 지친 말들을 볼 수 있었다.[33] 수레에는 목숨을 걸고 도망치는 독일인들이 가득 타고 있었다.

주로 국내군이 장악한 폴란드 지하운동 진영은 이제 약해진 나치를 몰아내고, 밀려오는 소련군으로부터 폴란드를 방어하기 위해 싸워야 할 때라고 결정했다. 지비아, ZOB, 그리고 폴란드 공산주의자들은 이러한 정치에 동의하지 않았지만, 그들은 전투에 동참하기로 결정했다. 나치를 파괴하려는 그 어떤 노력도 가치가 있었다. 지비아는 폴란드 지하 언론을 통해 모든 유대인들은 어떤 단체에 속해 있든지 "자유롭고 독립적이며 강하고 정의로운 폴란드"를 위해 싸워야 한다고 주장했다. 봉기는 8월 1일에 시작되었다. 여성을 포함한 모든 정파의 유대인들이 봉기에 참여했다.[34] 이 봉기가 진행되는 동안 리브카 모스코비치는 거리에서 차를 몰고 가다 한 나치가 쏜 기관총에 맞아 사망했다.[35]

국내군은 유대인 편에서 싸우려 하지 않았지만, 인민군은 ZOB의 협력을 환영했다. 유대인 사상자를 우려한 인민군은 그들에게 후방에서의 역할을 제안했지만, 지비아와 그녀의 그룹은 전투에 가담하겠다고 고집했다. 그녀는 중요하지만 이미 고립되어 있어 작전에서 그 존재가 거의 잊혔던 한 거점을 방어했다. 실전에서 유대인 22명이 담당한 역할은 미미했지만, 지비아에게는 ZOB가 건재하며, 폴란드 편에서 활동한다는 사실 자체가 매우 중요했다. 국내군은 전투가 며칠 안에 끝날 것이라 생각했지만, 나치 독일에 대한 소련군의 공세는 거침없이 계속되어서 소름 끼치는 전투는 두 달 동안이나 지속되었다. 그동안 찬란했던 도시 바르샤바는 무참하게 파괴되어서 3층 높이의 잔해 더미로 변했다. 건물들의 거의 90퍼센트가 파괴되었다.[36] 결국 폴란드인들은 항복했다. 그리고 독일인들은 폴란드인들을 모두 쫓아냈다. 그러나 유대인들—특히 그것을 목격한 사람들—은 이제 무엇을 할 수 있었을까?

레지스탕스 투사들은 또 한 번 하수도를 통해 탈출했다. 지비아는 체력이 소진되어 거의 익사할 뻔했다. 안테크가 체력이 소진되어 잠든 지비아를 업고 다녔다.

소련군이 다가오고 있음에도 지비아는 그들에게 큰 희망을 걸지 않았다. 심지어 비관적이어서 동지들에게 너무 흥분하지 말라고 경고했다. 수많은 멜리나스를 거치면서 은신하고 있던 유대인들의 상황은 심각했다. 6주간에 걸쳐 생명을 위협했던 소련군의 끊임없는 폭격, 식량과 물 부족, 그들이 나무에서 떼어왔던 잎사귀에서 나는 연기, 게다가 숨어 있던 비좁은 지하실에서 그들은 거의 질식사할 뻔한 위기까지, 불운의 연속이었다. 특히 바로 그 건물이 있는 거리에서 독일인들이 참호를 파기 시작했을 때는 더욱 그랬다.

나치는 지비아 일행이 숨어 있던 은신처 바로 근처에서 건물 벽을 허물고 있었다.[37] 유대인들은 그들이 삽질하는 소리를 생생하게 들을 수 있었다. 늘 그랬듯이 독일인들은 정오에 점심을 먹기 위해 작업을 중단했다. 그리고 5분 후 폴란드 적십자사의 구조대가 도착했다. 분트의 연락책이 가까운 병원에 근무하는 한 좌파 폴란드 의사에게 연락을 취했고, 그가 장티푸스 환자들을 병원으로 데려오는 구조대를 보냈던 것이다. 의사는 감염의 위험 때문에 독일인들이 그 구조대를 멀리하리라는 것을 알고 있었다. 가장 유대인처럼 보이는 두 사람은 얼굴에 붕대를 감은 채 들것에 실려 나갔다. 나머지는 적십자 완장을 차고 구조대원인 척했다. 지비아는 집 안을 헤매고 있는 늙은 농부인 척했다. 이렇게 해서 은신처를 벗어난 지비아 일행은 파괴된 도시를 이리저리 떠돌면서 몇 차례의 언쟁을 겪었지만, 결국 탈출에 성공했다. 심지어 "유대인 도적들에게" 한쪽 눈을 잃은 나치를 설득해서 그의 말과 마차가 유대인 도적들을 끌어내고 있다고 믿게 만들기도 했다. 병원에서 나온 지비아는 교외로 숨어들었다.

1945년 1월 소련이 바르샤바를 해방했을 때 서른 살의 지비아는 허탈함을 느꼈다. 그녀는 소련군 탱크가 바르샤바에 진입한 날을 이렇게 묘사했다. "많은 사람들이 그들을 맞이하기 위해 마을의 장터로 쏟아져 나왔다. 사람들은 해방군을 환호하고 얼싸안았다. 우리는 짓밟히고 실의에 빠진 상태로 외로운 우리 백성의 편에 섰다."[38] 이날은 지비아의 인생에서 가장 슬픈 날이었다. 그녀가 공식적으로 알고 있었던 세계는 더 이상 존재하지 않았다.[39] 극심한 폭력을 헤쳐 나왔던 많은 생존자들과 마찬가지로 지비아는 이제 다른 사람들을 돕는 데 자신을 던졌다.

대략 30만 명의 폴란드 유대인이 살아남았다. 이는 전쟁 전 인구의 10퍼센트에 불과했다. 여기에는 수용소 생존자, 게토 탈출자, 은신처 생존자, 숲지대에서 활동했던 파르티잔, 그리고 주로 소련 영토에서 전쟁을 겪었던 20만 명의 유대인들—이들 가운데 대부분은 시베리아에 수용소(굴라크)에 수감되었으며 '아시아인'이라고 불렸다—이 포함되었다. 이제 이 유대인 생존자들은 가족도 집도 없는, 잿더미가 된 어딘가로 돌아가고 있었다. 그런데 전후 폴란드는 반유대주의가 만연한 '거친 서부'였다. 작은 마을, 특히 유대인들이 빼앗긴 재산을 되찾으러 올 것을 두려워했던 마을들의 경우, 유대인은 노상에서 살해당할 수도 있었다.[40] 지비아는 유대인을 돕기 위해 일했다.[41] 그녀는 만약의 경우에 대비해 탈출 경로도 계획했다. 그녀는 루블린에서 아바 코브너와 협력했지만 그들의 관계는 곧 틀어졌다. 지비아는 유대인 공동체 구축을 우선시했던 반면, 코브너는 폴란드에서의 즉시 철수와 보복을 원하기 때문이었다.

유대인 청년운동 단체들은 폴란드 기지를 다시 구축하기 위해 그 어느 때보다 열심히 노력했으며 심지어 소련에서 돌아오는 '아시아인들'이 그들의 대열에 합류하도록 설득하기 위해 기차역에 홍보사절단을 보내기까지 했다. 지비아는 생존자들과 함께 일하기 위해 바르샤바로 돌아와서 안전한 공동체를 만들고 유대인들을 프리덤으로 끌어들였다. 언제나처럼 그녀는 모두가 존경하는 어머니의 모습이었지만, 자신의 사적 감정을 비밀로 간직했다.

일에 지쳐 고통을 겪던 지비아는 마침내 1945년에 알리야, 즉 팔레스타인 이주를 신청했다. 그리고 비텐 출신 사회주의 시온주의자는 마침내 팔레스타인에 도착했다. 오랫동안 지체되었던 그녀의 꿈이었다. 특히 그녀의 사망을 알리는 많은 기사가 보도된 후였기 때문에, 그녀의 팔레스타인 귀국은 죽은 자 가운데서 기적적으로 부활한 것 같은 일이었다. 하지만 현실에서의 삶은 녹록하지 않았다. 그녀는 한 영국인이 이슈브 지도자를 습격한 사건이 벌어졌던 키부츠의 한 오두막에서 살았다. 이는 그녀의 게토 작전을 연상시키는 에피소드였다.[42] 그녀는 키부츠가 생존자들을 환영하기 위해 충분히 움직이지 않는다고 느꼈다. 여동생이 그곳에 있었지만 그녀는 운동과 관련된 업무 때문에 가족과 친구들을 볼 시간이 없었다. 그리고 그녀는 안테크를 그리워했지만, 실은 시시덕거리는 것을 좋아하는 안테크가 다른 여자들과 어떤 관계에 휘말릴까 두렵기도 했다.[43] 그녀의 우울증과 죄책감은 점점 커져갔다. 밀라 거리 18번지에 남아 거기서 죽었어야 했다는 생각에 사로잡혔다.

그러나 지비아는 즉시 그녀가 '서커스'라고 불렀던 연설 투어에 파견되었다.[44] 그녀는 수많은 그룹으로부터 초대받았으며 그 어떤 것도 거절할 수 없다고 느꼈다. 너무 많은 조직이 그녀의 지원을 원했고 그녀의 영웅적 행동이 던져주는 빛을 갈망했다.

1946년 6월, 6천 명의 사람들이 키부츠 야구르Yagur에 모여 지비아의 연설을 들었다. 그녀는 여덟 시간 동안 원고도 없이 머리와 심장에서 솟아나는 생각을 히브리어로 웅변적으로, 그리고 확고한 신념에 차서 증언했다. 모두가 미동조차 하지 않은 채 그녀의 연설에 빠져들었다. 한 청중은 나중에 "그녀는 마치 여왕처럼 거기에 서 있었다"라면서, 지비아가 거룩한 인상마서 풍겼다고 적었다.[45] 그녀의 강연은 전쟁과 운동, ZOB에 관한 것이었지 결코 사적 감정이나 개인 생활에 관한 것이 아니었다. 지비아는 게토에 있던 유대인 대중을 옹호했고, 생존자들이 겪은 고난에 대해 공감을 표명해줄 것을 촉구했지만 대부분의 청중은 봉기에 대해 듣고 싶어 했다. 결국 그녀가 게토에서 투쟁했던 역사는 일부 좌파 정치인들이 자신들의 정치 어젠다를 개발하는 데 이용되었다. 또한 투사로서 지비아가 보였던 자세는 급성장하는 신생 국가 이스라엘의 호전적인 철학에서 반향을 일으켰다. 그녀는 요청받은 대로 봉기 당시 이슈브가 바르샤바에 더 많은 지원을 제공하지 않은 점에 대해선 비판의 강도를 낮췄다. 그녀는 여성들에게 호소하고, 무기와 영웅주의의 중요성을 강조함으로써 존경을 받았고, 당이 대중의 지지를 받는 데에도 도움을 주었다. 하지만 이런 식으로 여론에 노출되고 정치에 연루됨으로써 그녀는 완전히 지쳐버렸다. 사실 그녀의 모든 연설은 아물지 않은 상처를 찢었고, 고통과 죄책감을 다시 일깨웠다. 이제 그녀는 혼자, 제대로 숨 쉬고 싶었다.

지비아는 이듬해 스위스 바젤에서 열린 시온주의자 총회에서 기조연설을 할 예정이었다. 그녀와 안테크는 스위스에서 만나 랍비의 주례로 비밀리에 결혼했다. 그녀는 임신한 채 야구르에서 입었던 것과 같은, 하지만 이제는 편안하게 잘 맞는 드레스를 입고 이스라엘로 돌아왔다.[46] 안테크는 몇 달 후 그녀의 뒤를 따랐다. 그러나 이 유력한 부부는 영웅과 같은 명성을 누렸음에도 불구하고(그들은 바르샤바 게토 봉기를 이끌었던 사령부에서 마지막 남은 시온주의자였다), 이스라엘 정계에서 고위직에 오르지 못했다. 아마도 이슈브 정치가들이 그들이 지닌 신화적 지위에 위협을 느꼈기 때문이었을 것이다. 안테크는 지도부가 아닌 현장에서 활동했고, 지비아는 사실상 닭장 안에 갇혀 있는 듯했다. 그녀는 대중의 시선을 피했다. 가까운 지인들에 따르면 그녀는 자신이 특별한 사람이 아니라, 그저 해야 할 일을 했던 보통 사람이라고 생각했다.

지비아는 자신의 글에서 이를 위해 훈련을 받았었다는 점을 강조한다. 대부분의 유대인들은 당시 무엇을 해야 할지 몰랐지만, 유대인 청소년들은 스스로 목표를 세우고 그것을 실행하도록 교육받았다는 것이다. 전쟁 당시 그러한 비범한 행동을 하도록 이끈 요인이 과연 무엇이었는지 딸이 물었을 때 지비아는 즉시 대답해주었다. 아버지로부터는 관용의 정신을, 영가드로부터는 그녀 자신이 가진 힘을 얻었다고.[47] 60년 후 차시아가 회상한 바와 같이, "우리는 서로 나누고, 함께 일하고, 서로를 존중하고, 장애물을 극복하고, 우리 자신을 극복하는 방법을 알고 있었다. 다만 우리가 그때부터 몇 년 동안 [이러한 기술이] 얼마나 절실히 필요할지는 몰랐다." 청소년운동은 유대인들이 위협을 느끼는 상황에서 등장했다. 그들은 운동 참가자들에게 생존에 필요한 문제를 처리하는 것뿐 아니라 함께 살고 일하며 모든 문제에서 서로 협력하는 법도 가르쳤다.

지비아와 안테크는 이제 그들을 이해하고 그들의 과거를 기념할 커뮤니티를 세울 필요성을 느꼈다, 그들만으로 구성된 키부츠를 설립하기로 한 것이다. 이는 쉬운 일이 아니었다. 그들이 속했던 운동 단체는 이 키부츠가 혹시라도 과거의 트라우마에 초점을 맞출까 봐 두려워했다. 게토 투사들은 자신들이 정신적으로 무너지지 않는다는 것을 지속적으로 증명해야 했다. 약간의 투쟁 끝에 그들은 주로 생존자들로 구성된 게토 투사들의 전당 키부츠를 성공적으로 설립했다. 지비아는 과거에 대해선 가능한 한 침묵하고 앞으로 나아가기 위해 노동, 그리고 어머니로서의 역할—끊임없이 균형을 맞춰야 하는 행동—에 집중했다. "재앙은 예고 없이 닥칠 수 있다"라는 느낌을 갖고, 천둥과 번개(폭격을 떠올리게 하는)를 두려워하며 살았던 많은 생존자들처럼, 키부츠 사람들은 외상 후 스트레스와 밤의 공포 속에서 고통을 느끼며 살았다.[48] 그러나 대체로 그들은 생산적인 존재가 되기 위해 열심히 일했다. 훗날 안테크는 둥글게 굽은 높은 천장이 있는 우아한 야수파 양식의 건물에 이스라엘 최초의 홀로코스트 추모 박물관과 아카이브를 세웠다. 하지만 이곳에서 그들이 제시하는 내러티브의 성격을 둘러싸고는 키부츠 회원들 사이에서조차 논란이 일었다.[49] 안테크가 세운 박물관 및 아카이브와 영가드, 야드바셈 사이에 있던 불화는 시간이 지남에 따라 점차 희미해졌지만, 수면 아래에서는 이 불화가 여전히 사라지지 않았음을 아직도 느낄 수 있다.

지비아는 여전히 원칙을 지키고 절제하면서 운동이 추구하는 이상에 따라 행동하는 자세를 유지했다. 그녀는 궁핍했지만, 독일과의 화해나 배상금 수령에 대해선 맹렬히 반대했다(그녀의 실용적인 측면이 발동한 드문 경우를 제외하고는). 그래서 경제적 여유가 없던 그녀에게는 중요한 행사를 위해 옷 한 벌 사 입으라는 레온 유리스의 강한 압박이 필요했다.[50] 그녀는 자녀들에게 선물로는 오직 책만 받도록 허락했다. 그래서 지비아의 자녀들은 키부츠에서 자전거를 제일 늦게 구입했다(로맨틱한 몽상가이자 인생을 즐기는 식도락가인 안테크는 좀 더 물질적인 것을 즐겼다). 새로운 현관문이 필요했을 때 지비아는 돌과 망치를 구해서 직접 만들었다. 그녀는 늘 일상적인 행동이 자신이 추구하는 가치의 표현이라고 느꼈다. 그녀는 이슈에 연연하지는 않았지만, 사람은 결정을 내리고 그에 따라 행동해야 한다고 믿었다. "스스로 자신의 엉덩이를 쳐라!"가 그녀의 좌우명이었다.[51]

지비아는 키부츠에서 일하고, 여행하고, 키부츠 재정을 관리하고, 신간을 열정적으로 읽고, 손님을 접대하고, 두 자녀를 키웠다.[52] 대다수의 홀로코스트 생존자들과 마찬가지로 그녀와 안테크는 자녀들을 과잉보호하며 양육했다. 많은 생존자 부모들은 자녀들이 정상적인 삶을 살기를 바라는 간절한 마음에서 과거를 숨겼는데, 이는 본의 아니게 세대 간 균열을 일으켰다. 생존자의 자녀들은 이스라엘 전역의 키부츠에서 부모와 떨어진 채 별도의 공동 숙소에서 살았고 오후에만 부모와 시간을 보냈다. 이런 생활방식은 부모와의 거리를 더 멀어지게 해서, 부모와 물리적 친밀감을 발전시키는 데 큰 장애가 되었다. 게토 투사의 전당에서 아이들은 밤에 악몽을 꾸거나 침대에 오줌을 싸는 등의 문제를 보였다. 그래서 지비아는 아이들을 위해 심리상담사를 고용하는 데 동의했다. 평소에는 결코 용납하지 않았을 외부 용역에 막대한 비용을 지출하기로 한 것이었다. 그녀 역시 아들이 우는 모습을 보면 근심이 많았지만, 아이들 구역에서 부모가 머무는 시간이 끝나면 울고 있는 아들을 놔둔 채 떠나야 했다.

지비아는 대체로 대중의 관심 주변에 머물러 있었다. 그녀는 1961년 나치의 고위 관료였던 아돌프 아이히만에 대한 재판에서 증언했으며, 몇 차례 이스라엘 의회를 구성할 때 노동당 후보자가 되는 데 마지못해 동의했다. 그녀는 당을 돕고 싶어서 당과 함께하기는 했지만, 사실 낙선이 예상되었기 때문에 자신을 후보자 명단에 올리는 데 동의했던 것이다.[53]

또한 지비아는 정부에서 직위를 하나 받았었지만, 키부츠에서 일하고 가족과 함께 있기 위해 사임했다. 그녀는 귀찮은 가식적 행위를 통해 허수아비 유명인사가 되는 것보다 요리와 양계장 일을 더 좋아했다. 1970년대 지식인들이 영웅적 투사를 배출하는 대신에 일상적인 저항에 관심을 기울이고, 또 지비아가 대중의 뜨거운 관심을 회피하면서, 그녀의 이름은 이스라엘 사람들의 의식에서 점점 사라져갔다. 전쟁에 관한 그녀의 책은 강연에 기반을 둔 것으로 안테크가 편집을 맡았다. 그녀는 자신이 세상을 떠난 후에 출판되어야 한다고 주장했지만, 그 글들에 사적인 폭로가 포함되어 있지는 않았다. 그녀는 이렇게 말했다. "여러분은 한 사람에 대해 많은 것을 말할 수 있다. 한 문장에서 몇 번이나 '나'라고 말하는지 그 횟수에 따라서."[54]

영웅적인 인물인 지비아와 안테크의 집에서도 과거는 이야기되지 않는 비밀이었다. 캐물으며 조사하는 것이 안전하지 않다고 느낀 생존자의 아이들이 흔히 그렇듯이, 지비아의 아이들은 부모가 겪은 역사에 대해 거의 묻지 않았다. 그런데 심리학자가 된 지비아의 딸 야엘은 궁금했다. "어떻게 하면 내가 부모님을 조용히 앉혀놓고 과거사에 대해 물어볼 수 있을까?"[55] 어린 시절 그녀는 부모가 더 젊고 히브리어를 사용하는 평범한 토박이 이스라엘 사람이길 원했다. 아들 시몬은 전설적인 영웅들의 자식으로서 자신이 주변의 기대에 부응할 수 없다는 심리적 중압감을 느꼈다. "저는 무엇을 해야 할까요. 저도 화염병을 던지고, 독일인을 죽이고, 또 무엇을 해야 할까요?"[56]

다른 생존자들의 많은 자녀들은 이와 정반대의 압박감을 느꼈다. 변함없이 행복하게 살고, 부모의 과거를 정당화하면서, 부모가 할 수 없었던 일을 성취하고, 대가족 전체의 목표를 달성해야 한다는 압박감.[57] 또 다른 자녀들은 그저 부모와는 다른 "보통 사람"이어야 한다는 압박감을 느꼈고, 결혼하지 않음으로써 이에 반항했다. 또 다른 자녀들은 의사와 같은 특정 직업에 종사해야 한다는 압박감을 느꼈다(살아남은 한 파르티잔은 캘리포니아에 사는 그의 아이들에게 이렇게 말했다. "숲지대에서 이루어지는 파르티잔 투쟁에서는 철학자가 아무 쓸모가 없단다").[58] 그래서 많은 사람들이 정신건강 분야 종사자나 사회복지사가 되었다.

지비아가 죽기 직전에 손녀딸이 태어났다. 아기의 이름은 우연히도 ZOB의 히브리어 이름인 에얄이었다.[59] 지비아는 손녀딸 에얄을 품에 안고 사람들 앞에서 울었다. 그녀가 운 것은 폴란드의 숲지대 투쟁 이후 처음이었다. 에얄은 가족의 역사에 대해 공개적으로 이야기하며 자신의 수다가 어린 시절 할아버지에게서 배운 것이라고 말했다. 할머니의 내적 삶에 대해 더 많이 알고 싶기는 하지만, 에얄은—간병인이자 행동가, 그리고 다른 사람들을 먼저 생각하며 자신을 포함해 모든 사람에게 매우 높은 가치 기준을 요구하는 사람의 이야기인—할머니의 책을 통해 힘을 얻는다.[60]

에얄은 프리덤의 철학적 유산인 솔직한 자기비판도 보여준다. 이스라엘에서 제작된 그녀의 가족에 관한 다큐멘터리에서 그녀는 자신도 과연 할머니처럼 투쟁할 수 있었을지에 대해 스스로 묻는다. 그리고 사람들이 그저 옆에 서서 유대인 박해와 학살을 방관했던 폴란드인들을 비판할 때, 그녀는 아마 자신도 투쟁 현장 옆에 있는 레스토랑에 앉아서 여유를 즐기고 있었을 것이라고 이야기한다.[61]

에얄이 할머니가 했던 것처럼 사람들을 조직하는 인사 파트에서 근무한 반면, 그녀의 여동생 로니는 지비아의 투쟁 발자취를 따라갔다. 로니는 이스라엘군 최초의 여성 전투기 조종사였으며, 길게 땋은 머리를 등에 늘어뜨린 채 조종사 대열에 서 있어서 눈에 띄었다. 로니는 공개적으로 말을 하는 일이 거의 없었는데, 이는 부분적으로는 그녀가 군인 신분이기도 했지만, 주로 할머니의 유산을 물려받았기 때문이다. 그녀는 자신만의 "엄격한 도덕성"을 추구하고 할머니를 한 번도 만난 적은 없지만,[62] 할머니의 "조용한 리더십"이 아름답다고 생각하며 할머니를 위해 살고 있다.[63] 에얄과 로니 자매는 우리 가족의 방식은 모든 것을 가슴 가까이에 두는 것, 어떤 질문에도 한 마디로 대답하는 것이라고 농담했다. 예를 들어 "주커만은 울지 않는다"처럼 말이다.[64] 에얄은 조부모로부터 가장 많이 배운 것이 이것이라고 이야기했다. "너희는 자신들이 처한 상황 자체를 결코 좌지우지할 수는 없을 거야. 하지만 그 상황에 어떻게 반응할지는 통제할 수 있어. 세상을 살아가려면 자신을 믿어야 해."[65]

지비아는 늘 "나는 죽기를 각오하고 모든 일을 했지만 살아남았다"라는 말을 달고 다녔다. "운명은 내가 살아남아야 한다고 결정했고, 내게는 다른 길이 없었다."[66] 승리로 가득 찬 생에도 불구하고 지비아는 늘 죄책감에 시달렸다.[67] 더 많은 사람을 구하고, 더 많이 활동하고, 이 모든 일들을 더 일찍 할 수도 있지 않았을까? 바르샤바에서 시작된 양심의 가책—기회를 놓쳤다는 느낌, 그가 잃은 전사들—은 희미해지는커녕 오히려 더 커져만 갔다. "나는 왜 버텨냈을까?"라는 회한이 늘 가슴 한구석에서 사라지지 않았다.

지비아가 가진 또 하나의 문제는 흡연이었다. 날마다 흡연과 자책감 속에 살던 그녀는 60대에 폐암에 걸렸다. 그래도 평소처럼 계속 일하려고 모든 노력을 기울였지만, 1978년에 63세의 나이로 세상을 떠났다. 안테크의 요청에 따라 묘비에는 이름 석 자만 표기되었다. 그녀의 아들은 "지비아는 한 개인이 아니라 하나의 기관입니다"라고 말했다. 더 이상의

말이 필요 없었다.[68]

그녀가 세상을 떠나자, 연약하지만 늘 스스로를 힘겹게 다시 일으켜 세우곤 했던 안테크는 곧 무너지고 말았다. 그는 지비아가 없는 세상에서 살고 싶지 않았다. 의사의 지시에도 불구하고 그는 술을 마셨다. "할아버지는 죽으려고 애썼어요"라고 에얄이 말했다.[69] 매력적이고, 행복을 즐기는 본성을 갖고 있었음에도 불구하고, 안테크는 과거를 떨쳐버리지 못했다. 가족을 구하지 못한 자신을 자책하며 깊은 고뇌에 빠졌고, 전쟁 중 자신이 내린 결정 때문에 괴로워했다. 그는 당시 밀고자로 의심된 사람을 살해한 일에 대해 끊임없이 생각했다. "만약 그 남자가 무죄였다면 어떻게 하지?" 자신의 과거와 현재가 어떻게 얽혀 있는지를 회상하면서, 안테크의 후회는 마치 "땅에서 용암이 솟구치는 것처럼" 시간이 지나면서 더욱 날카로워지기만 했다.[70] 죽음을 무릅쓰고 바르샤바 게토 봉기를 이끌었으나 이제 키부츠에서 한가하게 과일을 따는 것은 사실 견디기 어려운 삶이었다. 많은 레지스탕스 투사들은 악몽과 같았던 비극적인 20대가 지난 후, 결코 진정한 자신을 되찾지 못했다.[71] 안테크는 지비아가 세상을 떠난 지 3년 후 그녀를 기리는 행사에 참석하러 가는 도중에 택시 안에서 사망했다.

야엘은 "지비아는 가지이고, 안테크는 줄기였어요"라고 말했다. "가지가 구부러지면 줄기는 아무리 튼튼해 보여도 결국 떨어지고 말지요."[72]

✳

물론 신생 국가 이스라엘은 어려운 환경이었지만, 수십 년 동안 소련에게 점령된 전후 폴란드도 폴란드인 레지스탕스 투사들에게 쉽지 않은 환경이었다. 온 나라를 지배하던 감시와 공포 분위기 속에서, 전쟁 중에 국내군을 지원했던 사람은 누구나 "폴란드 민족주의자"로서 소련 체제에 맞서는 반군으로 간주될 수 있었다. 만약 그렇게 된다면 그들은 치명적인 위험에 처할 수 있었다.[73] 따라서 당시 유대인을 도왔던 많은 폴란드인들은 국가에 적대적인 편에 서 있다는 비난을 받을까 봐 두려워서, 전쟁당시 자신들이 펼쳤던 영웅적인 행동을 비밀로 했다. 한 예로 이제는 이스라엘로 이주한 유대인 가족을 보호해주었던 한 폴란드 여성은 이스라엘 국기가 포함된 감사 선물을 보내지 말아달라고 부탁해야 했다. 선물때문에 이웃들의 의심을 살까 두려웠기 때문이다.[74]

폴란드에 사는 일부 유대인들도 과거를 감추고 연락을 끊었다. 감옥에서 레니아를 구해내는 데 도움을 주었던 할리나의 본명은 이레나 겔블룸Irena Gemblum이었다.[75] 전쟁이 끝난 후 그녀는 남자친구 카지크와 이스라엘로 건너갔다. 그러나 그녀는 곧 이스라엘을 떠나 의학을 공부하고 언론인으로 일했으며 이탈리아에서 유명한 시인이 되었다. 이탈리아에서 그녀는 이름을 이레나 콘티Irena Conti로 바꿨다. 나중에는 폴란드로 돌아가 정착했지만, 자신의 정체성과 친구를 끊임없이 바꿔야 했으며, 그녀의 과거는 깊고 깊은 비밀이었다.

그러나 또 다른 사람들은 좀 더 개방적으로 살았다. 가톨릭 스카우트인 이레나 아다모비치는 폴란드 국립도서관에서 일했다.[76] 그녀는 결혼하지 않고 어머니를 돌보았고 종종 전쟁 중에 사귄 친구들과 시간을 보냈다. 이레나는 함께 일했던 유대인 여성들과 계속 서신을 주고받았고 1958년에는 이스라엘을 방문했다. 이 일은 그녀의 인생에서 최고 절정이었다. 그녀는 고독사를 엄청나게 두려워하며 살았지만, 나이가 들면서 점차 은둔하게 되었다. 1973년 어느 날 그녀는 63세의 나이로 거리에서 쓰러져 갑작스레 숨을 거두었다. 1985년 그녀는 "야드바셈 세계의 의인들"(이스라엘 정부가 2차 세계대전 당시 학살로부터 유대인을 구하기 위해 생명의 위협을 무릅썼던 비유대인에게 수여하는 명예로운 칭호)로 명명되었다.

✳

또 다른 사람들에게는 살아남기 위한 고통이 그저 너무 견딜 수 없었다. 차이카 클링어는 레니아가 탔던 바로 그 열차를 타고 팔레스타인에 도착했지만, 우울증이 점점 더 심해졌다.[7] 그녀와 베니토는 영가드가 운영하는 키부츠 갈온Gal On으로 이사해 공동생활에 적응하려고 애썼다. 차이카는 수많은 집회와 회의에 참석해 연설을 했다. 그러나 영가드와 갈등이 일어났다. 영가드가 그녀의 일기에서 발췌한 내용을 편집해서 출판했는데, 그들은 이슈브에 대한 비판(이슈브가 충분히 행동하지 않았다고 비판적으로 지적한)은 생략하거나 심지어 정반대로 뒤집는 식으로, 그리고 저항이 실제로 효과가 있을지에 대해 그녀가 의구심을 갖고 있었다는 사실은 아예 삭제해버리는 방식으로 편집했다. 차이카는 강하게 이의를 제기했지만, 결국 반영되지 않았다. 그녀와 같은 지식인에게는 자신의 정체성과 같았던 그녀의 말과 사상이 그녀가 평생 헌신했던 바로 그 운동 조직에 의해 함부로 변조된 것이다.

그녀가 은신처에 숨어 있을 때 발동하기 시작한 병적인 생각은 밀려왔다 밀려 나갔다를 반복하며 영원히 그녀를 떠나지 않았다. 그녀와 베니토는 이전보다 더 적은 수의 친구들과 함께 새로운 키부츠인 하오겐Ha'Ogen으로 이사했다. 그들은 오렌지 상자로 만든 방에서 살았지만 차이카는 가족과 함께하는 생활을 즐기는 데 집중했다. 그녀는 자신의 일기를 책으로 편집하기 시작했고 마침내 행복감을 느꼈다. 물론 행복감을 느낀다는 사실에 죄책감을 느끼기는 했다. 그녀는 가장 연장자였기 때문에 키부츠에서 정규직, 특히 그녀가 선호하는 직업인 어린이집 일자리를 얻기 어려웠다. 산전수전을 다 겪은 그녀는 처음부터 새로 시작해야 했다. 그녀의 아들 아비후는 이렇게 썼다. "전쟁 중 저항운동을 주도하고 게슈타포에 맞서 싸웠던 어머니는 이제 단지 차이카 R.이었다."(그녀는 R을 베니토의 성에서 가져왔는데, R은 로넨Ronen, 예전엔 Rosenberg였다.) 그러다가 차이카는 아이를 갖게 되었다.

임신 기간 동안 그녀는 망상 때문에 잠에서 깨어나곤 했다. 베니토는 이러한 현상이 당시 매우 포괄적으로 사용되던 용어인 '정신질환'이라는 것을 이해하기 시작했다. 당시엔 외상 후 스트레스장애나 집단적 트라우마 같은 개념은 아직 통용되지 않았다. 키부츠 하오겐에서 생존자들은 어떤 특별대우도 받지 않았으며 과거에 대해 토론하지도 않았다. 그저 키부츠의 규칙과 노동력에서 구성원이 차지하는 역할 그리고 현재가 중요했다.

그녀는 아들이 태어나자 이름을 즈비라고 지었다. 즈비 브란데스의 이름을 딴 것이었다.

차이카에게는 그녀를 이해하고, 함께 복수를 회상하거나 상상할 수 있는 생존자 커뮤니티가 없었다. 그녀는 친구를 많이 만들지 않았다(그녀의 키부츠 동료들 대부분은 헝가리어를 구사했다). 게다가 베니토의 옛 여자친구도 그곳에 살았다. 그리고 차이카는 자신이 희망했던 대로, 고급 자격증을 얻기 위해 키부츠에 온 것이 아니라, 닭장에서 하는 일에 대한 훈련을 받으러 온 것이었다. 중요한 일자리는 남자들에게 배정되었다. 그녀의 커리어 목표, 즉 부끄럽지 않은 지성인이 되고자 했던 목표는 좌절되었다.

그러다가 차이카는 자매 중 한 명이 살아 있다는 사실을 알게 되었고, 이는 그녀에게 약간의 희망과 안정을 주었다. 그런데 이때 영가드는 여전히 난민 구호활동을 하고 있던 베니토에게 유럽으로 돌아가라고 통보했다. 차이카는 그동안 스스로 만들어냈던 모든 안락함을 포기하고, 가까스로 탈출했던 피에 물든 대륙으로 돌아가라고 요청받은 것이다.

그녀는 유럽에 오래 머물지 않고 이스라엘로 돌아와서 둘째 아들 아비후를 낳았고, 아비후는 후에 학자가 되었다. 차이카는 심한 산후 우울증 때문에 몇 주 동안 침대에서 일어나지 못했으며, 중독이 될까 봐 약도 쉽게 복용하지 못했다. 결국 그녀는 원치 않았지만 병원에 입원해야 했다. 그 후 아무도 그녀의 병에 대해 이야기하지 않았다. 그것은 금기였다.

키부츠로 돌아온 후 차이카는 뱅진 친구들과 점점 멀어졌고 재능을 발산할 출구를 찾지 못했다. 그리고 세 번째 임신 중 그녀의 일기가 허락 없이 영가드의 리더십을 비판하는 기사에 사용되어, 그녀는 또 한 번 뜨거운 논쟁의 중심에 서게 되었다. 이 논쟁으로 인해 그녀는 자신이 간직하고 있는 진실과 영가드에 대한 충성심 사이에서 갈등했다. 그녀는 결국 또다시 산후 우울증으로 병원에 입원했다. 그리고 심리 치료 과정에서 게슈타포에게서 받았던 고문에 대해 말해야 했다. 이러한 치료 과정에서 오히려 외상을 입은 그녀는 더 이상의 의료 지원을 거부했다.

아비후는 주로 어머니에 대한 행복한 기억을 회상했지만 그녀가 머리에 수건을 두른 채 침묵 속에 앉아 있던 모습도 떠올렸다. 차이카는 살아남았고 영가드가 자신에게 부여한 역할을 완수하기를 원했다. 그녀가 목격한 것을 사람들에게 증언하는 것이었다. 하지만 궁극적으로 그녀는 자신이 살아남는 형벌을 받았다고 느꼈다. 마침내 더 깊은 우울증을 보여주는 사건을 겪은 후 마흔두 살의 차이카는 병원으로 돌아가는 데 동의

했다. 어느 날 저녁 그녀는 긴 코트를 입고 아이들이 사는 집에 도착했다. 작별인사를 하기 위해서였다.

다음 날 아침, 1958년 4월 바르샤바 게토 봉기의 열다섯 번째 기념일에 차이카 클링어는 세 아들이 놀고 있던 키부츠 탁아소에서 그리 멀지 않은 곳에 있는 나무에 목을 매달았다.

살아남은 사람이 모두 생존의 고통을 견뎌내는 것은 아니다.[78]

31 잊힌 힘

1945년

레니아는 키부츠에서는 특정 그룹에게 말하는 행운이 없었을지도 모르지만, 그녀의 순회강연은 다른 방식으로 중요한 사실을 알렸다. 어느 날 실향민 수용소의 몇몇 연락책들이 그녀의 이름을 언급했다. 그러자 그들 앞에서 한 남자가 기절했다.

그는 레니아의 오빠였다.[1]

즈비 쿠키엘카Zvi Kukielka는 러시아로 탈출했다가 적군에 합류했다. 남동생 아론도 살아 있었다. 그는 금발에 잘생긴 외모를 가진 매력적인 인물이었고 감미로운 목소리는 교회 성가대에서 노래할 정도였기 때문에 노동수용소에서 살아남았다. 전쟁이 끝난 후 즈비는 생존한 난민들과 함께 키프로스섬에 있는 열악한 실향민 수용소에 수용되었었다. 두 형제는 결국 팔레스타인에 도착했다.[2]

불안한 예감이 없지 않았지만, 레니아는 사라가 살아 있을 것이라는 희망을 버리지 않고 있었다. 물론 아무도 확실한 사실을 알지 못했다. 그러나 그녀가 팔레스타인에 도착한 후, 언니가 슬로바키아 국경 근처의 비엘스코에 잡혀 있다는 사실을 알게 되었다. 동지들과 고아들로 이루어진 한 무리와 함께.[3]

"제발 제 동생 레니아를 돌봐주세요."[4] 사라가 녹음으로 남긴 마지막 호소였다.

1945년에 레니아는 그녀의 책으로 청중과 만났다. 시인이자 정치가인 잘만 샤자르Zalman Shazar의 격려로 그녀는 폴란드어로 된 회고록을 완성했다.[5] 프리덤 출신 생존자들의 이야기를 출판했던 조직인 하키부츠 하모이차드Hakibbutz Hameuchad는 저명한 이스라엘 번역가 차임 샬롬 벤-아브람Chaim Shalom Ben-Avram에게 레니아의 회고록을 히브리어로 번역하게 했다.[6] 그 히브리어 번역본은 널리 호평을 받았다. 이슈브 소속 지하 군대의 정예 여단인 팔마치의 초기 대원들은 레니아의 책을 배낭에 넣고 다닐 정도였다.[7]

레니아의 이야기는 '파이어니어 여성 단체Pioneer Women's Organization' (지금의 나아마트Na'amat)에 의해 발췌되고 이디시어로 번역되어 《게토의 여자들》에 수록되었다. 1947년에는 발췌본이 아닌 책 전체가 맨해튼 시내에 있는 여성 단체인 파이어니어 여성들Pioneer Women의 사무실과 같은 주소를 갖고 있는 샤론북스 출판사에서 《수렁에서의 탈출Escape from the Pit》이라는 제목의 영어본으로 나왔다. 책의 서문은 중요한 유럽 서적들을 번역·소개해온 번역가이며 브랜다이스대학 설립자인 루트비히 레비손Ludwig Lewisohn이 썼다.

《수렁에서의 탈출》은 1940년대 후반에 여러 작가들에 의해 언급되었다. 한 번은 미국에서 홀로코스트 출판물이 급증하는 현상에 대한 에세이에서, 또 한 번은 미국 대학생을 위한 권장 도서에 대한 에세이에서.[8] 또한 이 책은 다른 생존자의 증언에서도 언급되었는데, 그들은 이 책의 이야기가 오직 프리덤에만 초점을 맞추고 있다고 비판적으로 지적했다.[9] 레니아는 생존자들이 출판한 "자그웽비에 추모서"뿐 아니라 프룸카와 한체에 관한 선집에도 기고했다.[10] 글쓰기는 치료 효과가 있었다. 그녀는 자신의 견딜 수 없는 고통을 글로 표현했다. 이러한 카타르시스를 겪은 후에, 레니아는 계속 살아갈 수 있다는 자신감을 느꼈다.[11]

그러나 《수렁에서의 탈출》은 시간이 지나면서 그 존재가 희미해져갔다. 아마도 미국에서 일어난 홀로코스트 출판물의 홍수 때문에 또는 어떤 이들이 암시하듯이, 많은 유대인들이 경험한 1950년대의 "외상 피로감" 때문에 그녀의 이야기는 유행에서 벗어나게 되었던 것이다.[12] 한나 세네시나 안네 프랑크와 달리 레니아는 살아남았기 때문에 흥미가 덜 했을지도 모른다. 사실 살아 있는 사람을 추켜세워 명사로 만드는 것은 더욱 어려운 일이다. 그녀는 생존자들을 홍보하거나 그들의 대변인이 되지 않았다. 어쨌든 그 책에 요점이 있다면, 그것은 폴란드를 배경으로 그녀의 이야기를 전하는 것이었다.

따라서 새로워지는 것이 매우 중요했다.[13] "그런 일이 있었다. 그리고 이젠 지나갔다." 이것이 그녀의 모토였다. 레니아는 자신의 형제와 동료들, 특히 차우카와 가깝게 지냈다. 그러나 그녀는 또한 키부츠의 삶에 자신을 던졌다. 육체노동에 몰두했고 사회활동에 참여했으며, 난생 처음으로 히브리어도 배웠다.

그러다가 레니아는 아키바 헤르스코비치라는 사람을 소개받았다. 전쟁이 일어나기 전인 1939년에 이스라엘로 이주했던 엥제유프 출신 남자였다. 레니아는 폴란드에 있을 때 그의 누이나 부유한 아버지와 친하게 지냈었다. 아키바는 레니아를 젊고 매력적인 10대로 기억하고 있었다. 그들은 금방 사랑에 빠졌다. 이제 그녀는 혼자가 아니었고 1949년에 공식적으로 레니아 헤르스코비치Renia Herscovitch가 되었다.

그런데 아키바는 키부츠에서 사는 것을 별로 좋아하지 않았다. 그래서 레니아는 사회적 동지애와 자신이 사랑했던 키부츠 다프나 커뮤니티를 잃는 것이 슬펐지만, 아키바에 대한 사랑을 쫓아 키부츠를 떠났다. 그들은 갈멜산 비탈에 위치한 그림 같은 해안 도시이자, 이스라엘의 주요 항구인 하이파로 이사했다. 그녀는 1950년 첫아이가 태어나기 이틀 전까지 외국에서 배를 타고 들어오는 이민자를 받아들이는 유대인 기구에서 일했다. 그녀는 지금까지 수많은 어려움을 겪었지만, 또 다른 장애물에 부딪혔다. 전쟁 당시 살해당한 남동생 얀켈의 이름을 딴 야콥이 부분적으로 마비 장애를 가진 채 태어난 것이다. 레니아는 하던 일을 그만두고 아들을 치료하기 위해 헌신했다. 그리고 해냈다.

5년 후, 레니아는 딸 레아를 낳았다. 그 아이는 레니아의 어머니, 즉 외할머니의 외모와 엄격한 행실을 닮아서 레아라고 이름 지었다. 나중에 레니아는 장난으로 딸에게 클라브타라는 별명을 주었다. 이디시어로 '암캐'라는 뜻이었다. 레니아는 딸을 위해 기도하면서, 딸에게 할머니의 이름을 준 것이 어머니에 대한 기억을 소중히 여기는 유일한 방법이라고 느꼈다. 많은 생존자의 자녀들은 자신이 죽은 친척, 특히 그들이 전혀 알지 못하는 조부모를 대신하는 "대체품"처럼 느껴진다고 말한다.[14] 이처럼 "상실된 관계"는 생존자 가족에게 영향을 미쳤다. 종종 조부모나 숙모, 삼촌, 사촌이 한 명도 남지 않은 가족 구성원들은 세대를 넘어서 혈연 구조를 이전시키면서 낯선 역할을 맡아야 했다.[15]

레니아는 아이들이 어렸을 때, 가급적 다른 일을 삼가고 가사에 몰두했다. 그녀는 재미있고 생기가 넘치며 재치 있고 아이들의 성격을 잘 파악했다.[16] 아직도 카리스마가 넘쳤지만, 여전히 옷차림에도 신경을 썼다. 그녀는 수십 벌의 스커트 슈트를 갖고 있었고, 옷에 맞춰 신발이나 핸드백, 액세서리를 번갈아가며 착용했다. 머리칼이 하얗게 세자 그녀는 당황했다. 비록 나이가 일흔두 살이었지만 말이다(물론 레니아는 옛날에 자신의 어머니가 늙어간다는 사실을 눈치채지 못했었다).[17] 야콥이 자랄 때 어머니와 다퉜던 문제도 그의 외모에 관한 것이었다. 그녀는 야콥이 너무 단정하지 않게 보인다고 생각했다.

야콥과 레아가 커가면서, 레니아는 유치원에서 보조교사로 일했는데 유치원 아이들은 그녀를 무척 좋아했다. 그 후 그녀는 건강관리 클리닉의 관리자가 되었다. 그녀는 독학하면서 좌파인 노동당에서 적극적인 당원으로 활동했다. 아키바는 국영 대리석 회사 사장을 거쳐 전기회사 사장이 되었다. 박학다식했던 그는 지역 회당의 모자이크와 목판화를 제작한 예술가이기도 했다. 종교적인 가정에서 자랐지만 아키바는 더 이상 신을 믿지 않았다. 그의 대가족 대부분은 전쟁 동안에 살해당했다. 그는 폴란드어를 한마디도 하기 싫어했고, 자녀들이 못알아듣게 할 때만 이디시어를 사용했다. 집에서 가족들은 히브리어를 사용했다.

레니아는 게토 투사의 전당에서 학생들에게 강연도 하고, 프리덤 동지들과 교류하고, 예민한 오빠 즈비와 함께 과거를 분석하면서 시간을 보내기도 했다.[18] 하지만 새 가족과는 홀로코스트에 대해 거의 이야기하지 않았다. 그녀는 아이들에게 기쁨을 보이고 싶었고, 모험심을 키워주고 싶었다. 그들의 삶은 책, 강의, 콘서트, 클래식 음악, 집에서 만든 쿠키와 게필테 피시(어머니 레아의 고유한 생선요리), 여행, 낙관주의로 가득 차 있었다. 그녀는 립스틱과 귀고리를 좋아했다. 금요일 밤 그들의 집은 50명이나 되는 손님들로 북적였다. 턴테이블에 음반을 올려놓았다. 탱고와 댄스. 그러나 청소년 야콥은 영가드에 합류했기 때문에, 어머니가 주최한 술자리나 댄스파티에 참석할 수 없었다. 레니아는 말했다. "인생은 짧아요. 모든 것을 즐기고, 모든 것에 감사하세요."

그들의 집은 이렇게 유쾌한 분위기였지만, 야콥과 레아는 항상 과거의 어둠을 느꼈다. 그들은 레니아의 역사를 제대로 이해하지 못했지만 그것을 흡수하고 있다고 느꼈다. 레아는 열세 살 때 엄마의 회고록을 읽었지만 대부분 이해하지 못했다.[19] 야콥은 엄마와 연관된 옛 땅[폴란드]과 거리를 두기 위해 자신의 성을 헤르스코비치에서 이스라엘리 하렐Israeli Harel로 바꿨다. 자칭 비관주의자였던 그는 마흔 살이 되어서야 처음으로 어머니의 책을 읽었다.

레아는 "아버지는 수코트[초막절: 풍성한 수확을 허락한 하느님에게 감사하는 뜻으로 가을 수확 마지막에 기념하는 축제]에 사용하는 네 종류의 식물들 가운데 하나인 노란 유자를 언급하며 어머니를 유자처럼 대하셨어요"라고 말했다. 유대인들은 이 과일을 부드러운 솜이나 말총으로 덮은 작은 상자에 넣어 보관했다. "어머니는 강하면서도 연약했어요."[20] 레니아는 아이히만 재판에서 증언하도록 요청받았지만 아키바는 이 경험이 그녀에게 너무 큰 스트레스를 줄까 걱정해서 허락하지 않았다. 레니아는 자신의 이야기를 증언해야 한다는 것이 싫었기 때문에 독일에 어떠한 금전적 보상도 요청한 적이 없었다. 왜 그들에게 시간을 내서 자신의 이야기를 해야 한단 말인가? 홀로코스트 추모일이면 레니아의 가족은 텔레비전을 껐다. 레니아가 과거와 직면하면 너무 괴로울 것이라고 온 가족이 걱정했다. 그녀가 무너질 수도 있다고 우려했다. 그러면 가족들 자신은? "어머니의 과거 이야기가 나에게 상처를 줄까 봐 무서웠어요." 야콥은 그의 어머니처럼 솔직하게 고백했다.

은퇴한 엔지니어이자 이스라엘 기술연구소Israel Institute of Technology 졸업생인 야콥은 2018년에야 처음으로 홀로코스트 추모일 프로그램을 시청했다. 레니아의 자녀 중 누구도 몇 년 동안 어머니의 회고록을 읽지 않았다. 그녀의 기억 속에서 당시의 세부 사항은 흐릿해져갔다. 60대가 돼서야 레니아는 믿을 수 없어하면서 자신이 쓴 책을 꺼내 읽었다. 자신이 어떻게 그런 일을 할 수 있었을까? 당시 그녀가 과거로부터 기억하는 것은 자신감, 그리고 복수에 대한 엄청난 열망뿐이었다. 그런데 결혼 이후의 삶은 이와 너무 달랐다. 그녀의 삶은 행복하고 열정적이며 아름다움으로 가득 차 있었다.

레니아는 새 잎사귀, 천 개의 새 잎사귀, 나무 기둥 전체로 변해 있었다.

레니아는 매일 아침 전화로 남자 형제들과 이야기했다. 이스라엘 의회에서 자유주의적인 의원이 되어 널리 알려졌던 차이카 그로스만을 포함해 비아위스토크의 다섯 생존자[21]는 매일 밤 10시에 서로 이야기를 나눴다.[22] 파니아는 손으로 직접 제작한 하트 카드에 서명했던 유니온 공장 출신 몇몇 여성들과 계속 연락을 취하면서, 보고 싶을 땐 대륙을 넘나들며 그들의 가족을 방문했다.[23] 많은 빌나 파르티잔은 여러 해 동안 서로 가깝게 지냈다. 그들의 자손은 여전히 연례 추모 행사 때마다 모이고 있다. 숲 지대에서 투쟁하면서 서로를 위해 목숨을 걸었던 생존 유대인들은 수십 년에 걸쳐 애틋한 교류를 이어갔다. 그 결과 현재 비엘스키 그룹인 "비엘스키 아기들"에서 구제받은 2만 5천 명의 유대인 후손이 존재한다.[24] 수용소와 게토, 그리고 숲 출신의 "자매들"은 서로에게 일종의 대리 가족이 되었다. 그들이 고통스러운 과거에서 건져냈던 유일한 사람들이다.[25]

하지만 모두가 전후 동지애를 공유한 것은 아니었다. 아마도 벨라 하잔은 홀로코스트 기간 동안 대부분 위장된 삶을 살았기 때문에, 전후 시대도 홀로 겪어야 했으며, 과거 기억은 그녀가 마치 새로운 세계를 창조한 것처럼 대부분 자기 자신에게만 머물러 있었다. 그녀는 "아이들을 키우면서 일상적인 삶에 몰두했다. 내 일상에 사적인 이야기를 담으려고 노력했다"라고 적었다. "나는 내 아이들이 홀로코스트의 그늘에서 자라는 것을 원하지 않았다." 그러나 그녀의 과거 이야기는 당연히 "같은 힘으로 마음속 깊이 생생하게" 머물러 있었다.[26]

1945년 1월 18일, 러시아군이 그녀가 의무실에서 일하고 있던 아우슈비츠에 점점 다가왔을 때, 벨라는 독일로 가는 "죽음의 행진"에 보내졌다. 그 추운 겨울에 누더기 차림으로 신발도 없이 사흘 밤낮을 먹을 것도 마실 것도 없이 눈 덮인 길을 걸었다. 행진 속도를 따라오지 못하는 사람, 행진이 힘겨워서 잠시 발길을 멈춘 사람, 심한 갈증을 견디다 못해 눈이라도 집어 먹으려고 몸을 숙였던 사람들은 그 자리에서 사살되었다. 수천 명이 행진 도중에 사망했다. 심하게 아팠던 벨라는 유대인이 아닌 것으로 여겨졌기 때문에 라벤스부르크 수용소에 딸린 곳으로 이송되었다가, 다시 라이프치히 부근에 있는 노동수용소로 보내졌다. 그녀는 거기서 간호사로 자원했는데, 병든 수감자들을 미군 진영으로 이송하는 일을 하다가 탈출했다. 1945년, 전쟁이 끝나자마자 바로 출간된 그녀의 회고록은 "죽음의 행진에서 삶으로"라는 제목의 장으로 시작한다.

피골이 상접한 그녀의 모습을 보고 함께 통곡했던 미국인들은 벨라가 파리에 있는 시온주의자 사무실에 가도록 도움을 주었다. 그녀는 거기서 마침내 브로니슬라바 리마노프스카라는 아리아인 정체성을 버렸다. 위장한 채 살았던 세월이 마침내 끝난 것이다. 그녀는 팔레스타인에서 온 유대인 여단 군인들을 만났는데, 그들은 벨라를 이탈리아로 데려갔다. 그들 가운데 한 명으로 언론인이었던 하임 첼싱키Haim Zelshinki가 그녀를 인터뷰한 후 그녀의 이야기를 썼다. 벨라는 이탈리아에서 3개월을 보냈는데, 그동안 카운슬러로 일하면서 주로 파르티잔 가족 수용소에서 온 6~14세 소녀 생존자 43명을 돌보고, 그들의 비참한 이야기를 들었다. 이 그룹은 사후에 폴란드 십자 훈장을 받은[27] 프룸카 프워트니카의 이름을 따서 '프룸카 그룹'이라고 불렸다.[28]

(이와 비슷하게, 비아위스토크 연락책이었던 차시아는 우치에 어린이집을 세우고, 어떤 정식 교육도 받지 못한 채 수녀원, 폴란드 가정, 파르티잔 기지, 소련 땅, 죽음의 수용소, 장롱, 그리고 숲지대 등에서 숨어 살았던, 73명의 외상을 입은 유대인 고아들을 돌보았다.[29] 그런데 몇 년 후, 수많은 "어린이 되찾기 기관"들은 그들이 이전에 했던 활동에 의문을 제기했다. 이미 큰 충격을 받고 안정을 갈망하며 한 민족보다는 한 가족의 일원이 되기를 원했던 이 아이들을 전쟁 전에 살던 곳에서 이주시킨 것이 과연 옳은 결정이었을까? 그러나 차시아에 따르면 당시 그들은 폴란드에서 어린이들과 그들의 보호자가 안전할지 우려했고, 폴란드계 유대인 가운데 일부 남은 자들이 기독교에 동화되도록 허용하는 것은 도덕적으로 용납될 수 없을 것 같았다. 차시아는 2년 동안의 여행 끝에 자신이 돌보던 고아들과 함께 팔레스타인에 도착했고 평생토록 그들과 교류하며 살았다.)

1945년, 벨라는 자신이 돌보던 소녀 그룹과 함께 팔레스타인으로 이주했고, 거기서 저널리스트 하임과 결혼한 후 이름을 더 이스라엘적인 야아리Yaari로 바꾸고 두 자녀를 낳아 키웠다. 프리덤 출신임에도 불구하고 그녀는 지하운동을 했던 투사들과 연결되어 있다는 느낌을 받지 못했고, '게토 투사의 전당'이 폐쇄된 사회라고 느꼈다. 그녀는 자신이 겪은 이야기를 홀로 가슴속에 묻어두었지만 결코 잊지 않았다.

벨라는 어느 날 비아위스토크 연락책 중 하나로 전후 야드바셈에서 계속 일하고 있던 브론카 킬반스키Bronka Kilbanski로부터 연락을 받았다.

게토에서 브론카는 살해되기 전에 테마의 약혼자였던 모르데하이 테넌바움과 연인 관계가 되었었다. 브론카는 비아위스토크 게토에 대한 자료를 모았던 자신의 아카이브를 숨겨왔다. 그는 벨라, 론카, 테마가 함께 찍힌 게슈타포 크리스마스 파티 사진의 사본도 벨라에게 보관용으로 주었었다. 이제 브론카는 그것을 벨라에게 넘겨주었다. 벨라는 이 가보를 자신의 침대 옆에 두었으며, 그것은 그녀의 남은 생애 동안 거기 놓여 있었다.[30]

1990년 '게토 투사의 전당'이 벨라에게 연락을 취해서 그녀의 45년 전 기억을 회고록으로 출판하자고 문의해왔을 때, 그녀는 처음에는 끔찍한 과거의 기억과 마주하는 것이 두려워 거절했다. 그러나 결국에는 세상을 떠난 무고하고 용감한 사람들을 위해 자신의 이야기를 출판하기로 결정했다. 특히 죽음을 앞둔 론카가 부탁한 일이었기 때문이기도 했다. 또한 이제 안전한 보금자리에 둥지를 튼 그녀의 아이들과 손주들, 그리고 자라날 후대들을 위한 마음도 있었다.

벨라의 아들 요엘은 어머니를 매우 겸손하고, 자신을 결코 영웅으로 생각하지 않으며, 자신의 희생에 대해 어떤 배상이나 인정도 요구하지 않는 사람으로 묘사했다.[31] 벨라는 1990년대에 파르티잔 조직으로부터 메달을 받았다. 요엘이 어머니를 대신해 신청했던 것이다. 그러나 사실 벨라는 오히려 가족을 구하지 못했다는 죄책감에 시달리고 있었다. 사람다운 사람이 되는 것과 불운한 사람들을 돕는 것을 무엇보다 중요하게 여겼던 대부분의 투사들과 마찬가지로 벨라는 가난하고 병든 사람들을 돕는 일에 평생을 바쳤다. 그녀는 자원해서 시각장애인을 돕는 일을 했고 병원에서 자원봉사도 했다(안나 하일만Anna Heilman은 캐나다의 아동지원협회에서 사회복지사로 활동했으며, 거기서 다르푸르의 인도주의적 위기(2003~2010년에 수단의 다르푸르 지역에서 발생한 인종과 종족 간의 극렬한 내전) 때 정부가 나서도록 로비 활동을 했다).[32] 벨라의 남편은 지식인이었지만, 벨라는 실용적이고 사교적이어서 어울리는 여자친구가 수십 명이었다. 그녀의 아들이 농담처럼 한 말에 따르면, "어머니는 버스에서 타고 내릴 때마다 매번 누군가로부터 새로운 전화번호를 받았어요."[33] 그러나 노년에는 홀로 있기 위해 실버타운에 들어갔으며, 80대에는 시와 연극에 열정을 갖게 되었다. 그녀는 낙천주의자였고 희망에 차 있었으며, 항상 수완이 좋았다.

신경생물학자인 요엘은 어머니가 돌아가신 후 유품을 정리하다가 그녀가 아우슈비츠에서 맞이한 끔찍한 첫날 비 내리는 수용소에서 찍은 상반신 사진을 발견했다. 그 사진 속에서 벨라는 미소 짓는 아름다운 모습이었으며 대담하고 강해 보였다. 생존자의 많은 자녀들처럼 요엘이 어머니의 과거에 대해 알고 있는 이야기는 단편적이었으며, 그는 자신이 어머니가 겪은 전체 역사가 아니라 흐릿한 기억들, 여기저기 분절된 채 흩어져 있는 감상적 일화들을 움켜쥐고 있다고 느꼈다.[34] 그래서 그는 어머니의 전설적 이야기에 사로잡히고 자신은 한 번도 묻지 않았던 세부 사항에 자신도 모르게 몰입한 결과, 어머니의 고귀한 유산을 탐구하고 집필해서 이를 세상에 알리기 위해 몇 년을 보냈다.

해방된 지 며칠이 지난 어느 날, 루츠카는 빌나 외곽에서 작고 마른 소년을 품에 안고 있는 어머니를 보았다. 소년은 울면서 어머니에게 이디시어로 무언가 중얼거렸다. 루츠카는 게토에서나 숲에서 지낼 때는 결코 울지 않았다. 이제 그녀는 눈물을 흘리며 흐느꼈다. 그녀는 다시는 유대

인 아이의 목소리를 듣지 못할 것이라고 믿었던 것이다.[35]

비트카와 루츠카는 전쟁 내내 함께했던 것처럼, 전쟁이 끝난 후에도 삶의 대부분을 함께했다. 도중에 짧은 헤어짐이 있었지만. 해방 직후 아바는 비트카를 그로드노로 보내 유대인 난민의 실태를 조사하고 거기서 시온주의자를 찾아 보고하도록 했다. 당시 비트카는 검문이 강화되는 것이 두려워 기차에서 뛰어내려야 했다. 그런데 당시 강제수용소에서 풀려난 사람들만 국경을 자유롭게 넘을 수 있었기 때문에 다른 많은 생존자들은 스스로 수용소 유대인의 표식인 문신을 했다.

루츠카는 리투아니아의 카우나스와 루마니아의 부쿠레슈티로 파견되어 파르티잔을 대표하는 '특사' 자격으로 이슈브 관리를 만나 모든 생존자를 팔레스타인으로 보내달라고 설득했다. 코브너는 루츠카의 존재감과 성격이 그런 직업에 적합하다는 것을 알고 있었다. 사람들은 그녀를 신뢰할 것이 분명했다. 루츠카의 여정은 험난했다. 전후 폴란드 사회는 산산이 분열되고 위험했지만, 즉시 살해당할지 모르는 위험 없이 거리를 활보할 수 있는 자유는 그녀에게 당혹스러웠다. 루츠카의 이야기—비극 이야기가 아니라 투사의 이야기—는 이슈브 사절들에게 너무나 매력적이어서 이슈브 지도자는 그녀에게 팔레스타인으로 가서 그 이야기를 직접 알리라고 지시했다.

루츠카는 누군가의 아내로 위조된 여권을 갖고 여행했다. 배 여행은 외로웠고, 완전히 방향 감각을 상실한 채 진행되었다. 알리야(팔레스타인 이주)는 오래전부터 그녀의 꿈이었지만 이제 그녀는 그 꿈에 속박되지 않는 느낌이었다. 그녀는 유대인 불법 이민자들을 위한 수용소인 아틀리트Atlit에 상륙했는데, 그곳의 열악한 상황을 보고 어안이 벙벙했다. 아무도 그녀를 데리러 오지 않았다. 자신의 이야기를 알리기 전까지 그녀는 잊힌 존재, 좌초된 느낌을 받았다. 그러다 갑자기 이슈브 지도자들과 그들의 아내가 줄지어 그녀를 방문하기 시작했다. 그녀는 자신이 "호기심을 유발하는 전시품"처럼 느껴졌다. 결국 지도자들 중 한 명이 그녀가 결핵에 걸렸다고 주장하는 가짜 진단서를 받아내서 그녀는 아틀리트에서 풀려났다. 그녀는 연설 투어에 보내졌으며, 모든 참석자들이 그녀의 품격과 이야기에 매료되었다. 그녀가 전하는 끔찍한 역사뿐 아니라 이야기를 전하는 투사의 눈을 통해서. 많은 사람들은 그녀가 "첫 번째 메신저"였다고 회상한다.

이 가운데 어느 것도 루츠카에게 쉽지 않았다. 그녀는 많은 이슈브 지도자들이 자신을 이해하지 못하고 새로운 출발에만 집착한다고 느꼈다. 곧 이스라엘의 첫 번째 총리가 되었던 당시 노동당의 시온주의자 다비드 벤구리온은 열띤 감정에 가득 찬 그녀의 증언이 끝난 후 무대로 올라와 그녀가 "거슬리는 언어"인 이디시어를 사용했다는 모욕적인 말을 했다.[36] 루츠카는 키부츠에 합류했고 회고록을 쓰기 시작했지만 절망적으로 외로움을 느끼면서 여전히 '전쟁 중'인 비트카에게 그곳의 상황을 한탄하는 편지를 썼다.

비트카는 루츠카가 떠난 것에 대해 화가 났다. 그녀의 삶의 일부가 무너졌다. 그녀는 루츠카의 편지에 어떻게 답장을 보내야 할지 몰랐고, 그래서 답장을 쓰지 않았다. 비트카와 아바는 빌나에서 공식적으로 한 쌍이 되었다. 그러나 러시아인들이 시온주의자라는 이유로 아바를 쫓고 있었기 때문에 아바는 빌나를 떠나야 했다. 어느 날 비트카는 이제 아바와 합류할 때가 왔다고 마음을 굳혔다. 그녀는 자신이 "만취와 살인의 도시"라고 불렀던 루블린으로 가는 비행기에 정신없이 탔다.[37] 그곳에서 시온주의자들은 한 아파트에 머물며 하루 종일 이야기하고, 서로 나누고,

울고 웃었다. 그들은 브리하를 설립했으며, 비트카는 지하철 철도 노동자로 일하면서, 유대인들을 도보로 국경까지 안내했다.

그러나 아바는 아직 복수할 생각에 가득 차 있었다. 결국 아바와 비트카는 유대인 투사들을 모아 새로운 어벤저스 여단의 지도자가 되었다. 이탈리아에 기반을 둔 그들은 보복과 파괴에 사로잡혀서 유럽 전역에, 그리고 나치가 구금되어 있는 수용소 근처에 투사들을 배치했다. 젤다 트레서는 생존자를 찾고 유대인을 나라 밖으로 탈출시키는 일을 하도록 파견되었다가, 이제는 보복 임무와 자금 전달, 활동가를 지원하고 그들이 머물 안전한 집을 찾는 임무를 맡게 되었다. 아바는 보복 계획에 필요한 독극물을 얻기 위해 팔레스타인으로 여행했고, 비트카는 여단 구성원들의 정신적 안정을 걱정하며 여단을 방문했다. 아바는 돌아오는 길에 체포되어 카이로에 수감되었다. 그는 독극물을 비트카에게 보냈는데, 그녀는 가짜 서류를 사용하고 여러 차례 체포를 겪으면서 파리에 도착해 있었다. 아바의 메모는 그녀에게 플랜 B를 수행하라고 지시했다. 그녀는 "복수의 CEO" 역할을 맡았다.[38] 결국 그녀는 뉘른베르크 근처의 수용소로 공급되는 빵에 이 독극물을 주입하는 데 성공했고, 그 결과 수천 명의 독일인들이 병에 걸렸다. 그 수용소는 미군정이 나치들을 수용하고 있던 곳이었다. 아바는 어벤저스들이 이제 투쟁 장소를 팔레스타인으로 옮겨야 한다고 결정했다. 이 결정은 많은 갈등을 일으켰다. 일부는 복수 임무를 위해 유럽으로 돌아갔지만 궁극적으로 루츠카는 많은 사람들이 팔레스타인에 남아 그 땅을 지키도록 설득했다.

비트카는 1946년 영국인들이 항구에 접안을 허용한 마지막 배를 타고 팔레스타인에 도착했다. 얼마 후 그녀는 아인 호레시Ein Horesh 키부츠에서 루츠카의 집과 18미터 떨어진 곳에 정착했다. 전후에 잠시 떨어져 있기는 했지만, 루츠카와 비트카는 성인으로서의 인생 대부분을 함께 얽혀서 보냈고 자녀들도 함께 성장했다. 전쟁 전에 이미 팔레스타인에 정착했던 오스트리아인과 결혼한 루츠카는 비트카가 임신한 사실을 제일 먼저 알아차린 사람이었다. 둘 다 숲에서 살 때 생리가 완전히 멈췄기 때문에 자신이 불임이라고 생각해왔다. 그렇기 때문에 그들이 아이를 낳은 것은 더욱더 놀라운 일로 여겨졌다.

젤다와 숲의 전사였던 그녀의 남편 산카도 팔레스타인에 왔다. 그들은 키부츠에 정착하지 않고 네타냐에, 나중에는 텔아비브에 정착하기로 결정했다. 젤다에게는 두 명의 자녀가 있었는데, 산카는 원치 않았음에도 불구하고 그녀는 그들에게 홀로코스트 이야기를 전해주겠다고 고집했다.[39] 젤다는 전쟁 전 직업인 유치원 교사로 복귀해서 일했다. 그녀는 텔아비브 시내에 식당도 개업했다.[40] 반나치 투사에서 샌드위치 상점 주인에 이르기까지, 생존자들에게는 흔치 않은 인생 궤적이었다.

하지만 루츠카와 비트카는 둘 다 키부츠에서 활동했다. 처음에는 현장에서 일했는데 이는 엄청나게 카타르시스를 주는 사회활동이었다. 루츠카는 나중에 교육자이자 키부츠 운영을 관리하는 사무국장이 되었다. 시간이 지나면서 그들은 자신의 경력을 추가로 발전시켰다. 루츠카는 키부츠가 모든 생존자들을 대상으로 먼저 '재교육'하는 것을 원했기 때문에 연구 활동은 할 수가 없었다. 그러나 그녀와 아바는 결국 홀로코스트와 저항운동 연구를 위한 영가드 센터인 모레셰트Moreshet를 설립했다. 이 센터는 프리덤이 세운 게토 투사의 전당과 달리, 전쟁을 다른 시각, 즉 여성뿐 아니라 1939년 이전 폴란드에서의 복잡하고 역동적인 유대인 생활에 초점을 맞춰 새롭게 조명하고자 했다.[41] 루츠카가 센터장이었다. 편집자이자 작가, 역사가이자 활동가인 그녀는 공감하고 용기를 북돋고 가르쳤다. 루츠카는 몇 년 동안 병을 앓았지만, 가족에게조차 비밀로 했다. 아바가 세상을 떠난 지 채 1년도 되지 않은 1988년에 루츠카는 암으로 세상을 떠났다. 루츠카의 세 자녀 중 한 명인 고등학교 교사 요나트가 모레셰트에서 '가업'을 이어받아 수행하기 시작했다.

남편의 공적인 삶을 조용히 뒷받침해준 비트카는 자신의 열정을 다른 곳으로 가져갔다. 아바나 루츠카와 달리 그녀는 과거사에 대해 이야기하지 않았다.[42] 물론 전쟁 전 폴란드에서의 초기 생활에 대해서도. 첫아이가 세 살이 되었을 때 비트카는 결핵에 걸렸다. 의사는 그녀에게 앞으로 4개월이 남았다고 말했다. 그녀는 의사에게 "저는 살고 싶어요"라고 말했다.[43] 그녀의 말대로 그녀는 살았다. 물론 격리 치료를 받았기 때문에 거의 2년 동안 아들을 가까이서 볼 수 없었다. 회복하는 기간 동안 그녀는 방송통신대학의 역사, 영어, 프랑스어 과정에 등록했다. 그녀는 의사에게서 아이를 또 낳으면 절대로 안 된다는 말을 들었지만 몇 년 후에 딸을 낳았다. 당연히 어려움이 많았다. 그녀는 결핵균을 옮길까 봐 아기에게 모유를 먹일 수가 없었다.

비트카는 요리와 재봉일 등 가사에 전념하는 키부츠 여성의 전형적인 삶에 정착하지 않았다. 그 대신 그녀는 아이들의 교육을 도왔다. 마흔다섯 살의 나이에 대학에 들어가서 임상심리학을 공부하고 문학 학사와 석사 학위를 취득했다.[44] 그녀는 게오르크 슈테른George Stern 박사의 제자였는데, 그는 본능을 사용해서 어린이들과 함께 활동하는 데 전문화된 열정적이고 독특한 실천가였다.[45] 그녀는 심리적 장애가 있는 아이들이 안내도 없이 숲에서 마음껏 움직였던 것처럼, 언어 이전에 마음을 따라가며 색을 통해 자신을 표현하는 방법을 고안했다. 그녀는 다양하고 효과적인 실습법을 개발했으며 그녀의 기술에 관심이 있는 많은 치료사를 훈런시켰다. 그러다 여든다섯 살에 은퇴했다.

비트카의 딸 슐로밋은 어머니와 복잡한 유대감을 갖고 있었다. 비트카가 죽은 후 모레셰트에서 출판된 그녀에 관한 책에 슐로밋은 어머니에 대한 시를 썼다.[46] 예루살렘에서 활동하는 예술가인 아들 미하엘은 부모의 삶에 관한 그래픽노블과 텍스트를 창작했다. 어머니의 성격에 대해 질문을 받자 그는 이렇게 대답했다. "어머니는 이교도적인 기질을 가지고 있었어요. 외모는 유대인스러웠지만 유대인답지 않게 위험을 감수하는 기질을 갖고 있었답니다." 그는 어머니가 아바부터 슈테른 박사에 이르기까지 권위자들에게서 매력을 느꼈다고 설명했다. 사실 그녀는 비유적으로 그리고 문자 그대로 불을 향해 달려갔고, 감히 그것을 만졌다. "어머니는 규칙에는 관심이 없었어요. 어머니는 진정한 대담함을 갖고 있었습니다."[47]

블라드카 미드는 생존자들을 미국으로 실어 나른 두 번째 배를 타고 미국에 도착했다. 그리고 전쟁 당시 그녀가 작은 여행가방 안에 비밀 공간을 만드는 것을 도왔던 남편 벤야민과 뉴욕에 정착했다.[48] 미국에 도착한 직후 그녀는—바르샤바에 자금을 지원했던—유대인노동위원회(JLC)의 요청에 따라 자신의 경험을 알리는 강의를 하러 이곳저곳에 파견되었다. 블라드카와 벤야민은 워싱턴D.C.에 있는 미국 홀로코스트 박물관을 포함해서 홀로코스트 생존자 단체, 기념관 및 박물관 등을 설립하는 데 깊이 관여했다. 블라드카는 공식적으로 이 분야의 국가 리더 중 한 명으로 인정받았다. 그녀는 바르샤바 게토 봉기에 관한 전시회를 조직했을 뿐만 아니라 홀로코스트 교육학에 관한 국제 세미나를 기획하고 주최했다. 블라드카는 자신의 뿌리라고 할 수 있는 분트와의 유대를 계속 유지했고, JLC 부회장이 되었으며 뉴욕의 이디시어 방송국인 WEVD에서 주간 이디시어 평론가로 활동했다. 딸과 아들은 모두 의사가 되었다. 그녀는 은퇴 후 애리조나로 이사했으며, 거기서 2012년에 91세 생일을 몇 주 앞두고 세상을 떠났다.

✳

레니아는 항상 몸집이 작고 말랐으며 허약했다. 하지만 그녀는 강해지려는 노력을 결코 멈추지 않았다. 그녀의 아들은 "어머니가 방으로 걸어 들어가면 마치 불꽃이 튀는 것 같았어요"라고 말했다.[49] 레니아의 즐거운 태도와 낙관적인 전망은 가족도 잘 이해하기 어려웠다. 그녀의 큰손녀인 메라브는 궁금했다. "누구든 그런 일을 겪고도 그렇게 행복할 수 있었을까요?" 메라브는 할머니가 바다를 얼마나 사랑했는지, 그리고 해변과 마을을 산책하는 것을 얼마나 좋아했는지를 회상하면서 이렇게 말했다. "보통은 비관론자들이 살아남는다고 하지만 할머니의 경우는 아니에요."[50] 레니아는 일흔네 살 때 심지어 알래스카까지 여행했다.[51]

레니아의 남편 아키바는 1995년에 사망했으며, 레니아는 80대 후반까지 새로운 구혼자들에게 끊임없이 구애를 받았다. 그녀의 단정하고 세련된 모습은 세월이 가도 결코 시들지 않았다. 그러나 그녀에게도 일상적인 도움이 필요한 때가 왔다. 그래서 레니아는 친구들을 설득해 실버타운으로 이사해서 그곳에서의 삶이 어떤지 테스트해보고 적응하도록 했으며, 거기서 그들이 자리 잡아 사회관계를 확립했을 때 그녀도 이사했다. 그녀는 계속 재미있고 재빠르며 중앙 무대에 서서, 자신의 외모와 에너지로 사람들을 최면에 빠지게 했다. 여든일곱 살의 나이에도 그녀는 외출해서 자정까지 돌아오지 않는 일이 빈번했다. 그럴 때마다 자녀들은 공황 상태에 빠졌다.

"내가 이 노인들과 함께 여기서 도대체 뭘 하고 있는 거지?" 그녀는 몹시 화가 나서 과장된 말투로 자녀들에게 묻곤 했다.

"엄마, 그 사람들은 엄마랑 동갑이에요."

하지만 몸과 영혼이 시들해진 또래 노인들과 달리 레니아는 여전히 활기차고 생기가 넘쳤다.

많은 여성 레지스탕스 투사들은 결단력 있고 본능에 충실하며 목표 지향적이고 낙관적이었다. 살아남은 많은 사람들은 삶에 대한 활력을 보였고 장수의 축복을 받았다. 이스라엘에 정착한 헬라 시퍼는 세 명의 자녀와 열 명의 손주를 남기고 96세에 세상을 떠났다. 블라드카는 90세, 차시아는 91세, 비트카는 92세에 작고했다.[52] 이 글을 쓰는 시점에도 파니아 파이너, 파예 슐만, 그리고 몇몇 빌나 파르티잔들이 생존해 있으며, 이들은 모두 95세에서 99세 사이다.[53]

레니아는 그녀와 친구가 되고 싶어 하는 남자의 접근을 결코 받아들이지 않았다. 20년에 걸쳐 미망인으로 지내면서 남자친구가 단 한 명도 없었다. 남편에 대한 헌신은 자녀들과 손주들에게 일편단심의 본보기였다. "세상에서 가장 중요한 건 가족이야." 그녀는 손주들에게 버릇처럼 말했는데, 이는 분명 고통스러운 상실로부터 얻은 교훈이었다. "어떤 일이 있어도 항상 가족과 함께 있거라."[54]

레니아의 손자(그리고 증손자)는 최고의 보물이었지만 그들의 탄생은 또한 그녀가 잃어버린 모든 것을 상기시켰다. 그녀는 금요일 밤과 휴일 저녁식사 모임을 열성적으로 이끌었으며, 반짝이는 드레스를 입고 지나칠 정도로 환하게 웃으며 아이들의 결혼식에 참석했다.⁵⁵ 그러나 그녀는 그들에게 자신의 과거사도 들려주었다. 전쟁과 살해당한 형제자매들의 이야기 등 자신이 할 수 있는 한 많은 유산을 물려주기 위해서. 많은 생존자들은 자녀보다는 손주들과 더 편한 관계를 형성했는데, 아마도 손주들은 '대체 가족'이 아니며 문제가 될 사안을 거의 공유할 일이 없기 때문일 것이다. 또한 생존자들은 손자들에 대해서는 보호본능이 상대적으로 적었으며, 친밀한 관계가 되는 것에 대한 두려움(가까운 친척들을 잃은 데서 비롯된)도 수십 년 동안 점점 줄어들었다. 레니아는 매년 홀로코스트 추모일에 게토 투사의 전당에 자녀는 데려가지 않았을지 모르지만, 손주들은 데려갔다. 자신이 겪은 이야기를 미래 세대에 전달하는 것이 얼마나 중요한지 알고 있었기 때문이다. 홀로코스트 3세대인 레니아의 손주들도 학교에서 홀로코스트에 대해 배웠고, 그에 대해 지적으로 반응했다. 그래서 할머니에게 많은 질문을 했고 그녀는 기꺼이 대답해주었다.⁵⁶ 이런 시간은 그녀가 레아와 자신의 과거에 대해서도 이야기를 나누는 기회가 되었다. 레니아의 사춘기는 마음속 어딘가에 숨겨져 있었을지 모르지만 결코 사라지지 않았다.

2014년 8월 4일 월요일, 레니아는 세상을 떠났다. 옝제유프에서 태어난 지 거의 90년이 되는 안식일 전날이었다. 그녀는 하이파에 있는, 바다와 인접한 네베 다비드 묘지의 무성한 풀과 나무 사이, 생전에 묻히고 싶어 했던 아키바 옆에 묻혔다. 그녀는 대부분의 친구들보다 더 오래 살았지만 그녀의 장례식은 그녀가 한때 일했던 헬스 클리닉과 실버타운에서 온 70명의 사랑하는 사람들, 그리고 그녀가 평생 지속될 강한 인상을 안겨준 자녀들의 수십 년 지기 친구들로 가득 차 있었다. 그곳엔 대부분 그녀가 맨땅에서 키운 끈끈한 가족 구성원, 잘린 나무에서 자라난 새 가지들이 서 있었다. 그녀의 손자 리란이 할머니와 나눈 반짝이는 대화, 특히 유머 감각에 대해 언급하며 추도사를 했다. 그는 레니아의 세대를 가리키며 다음과 같이 말했다. "당신은 항상 진정한 영웅처럼 싸웠습니다."

에필로그

실종된 유대인

2018년 봄. 어두컴컴한 영국 국립도서관에서 《게토의 여자들》을 처음 발견한 지 10여 년이 지난 어느 날, 나는 이스라엘행 비행기에 올랐다. 몇 년 동안 내 머릿속에 살았던 여성들, 이제 그들의 자녀들과 커피 한 잔을 하기 위해서. 나는 그들의 사진과 편지들이 가득 담긴 상자를 샅샅이 살펴볼 것이다. 그들이 인생의 마지막 단계를 어디서 머물고, 어디서 살다 죽었는지 살펴볼 것이다. 나는 불안한 마음을 떨치기 위해 한 번에 두 조각의 껌을 씹었다. 나는 대체로 비행기 타기를 겁내는 여행객이 되어 있었으며, 지난 10년 동안 한 번도 방문하지 않은 데다가 혼자 여행한 적은 한 번도 없는 이스라엘에 머무는 것 자체가 일단 불안했다. 내가 이스라엘을 방문한 그 주는 시리아 공습, 가자 지구에서 발생한 '나크바의 날' 〔1948년 이스라엘이 독립을 선언하면서 그동안 그곳에 거주하던 약 70만 명의 팔레스타인 사람들이 추방당한 날로, 매년 5월 15일〕 시위, 이란과의 갈등, 미국 대사관의 예루살렘 이전, 폭염 등 극도의 갈등과 긴장 상태가 그치지 않는 이스라엘의 기준으로 볼 때조차도 특히 고통스러운 한 주였다. 나는 불구덩이로 향해가는 도망자였다.

여성 레지스탕스 투사들에 관한 책은 그리 많지 않지만, 나는 마치 시험을 앞둔 수험생처럼, 인터뷰에 필요한 벼락치기 공부를 위해 기내에 실을 수 있을 최대량의 책을 가져왔다. 나는 이 집필 프로젝트가 더 이상 추상적인 인물을 다루는 것이 아니라는 점을 스스로에게 계속 상기시켰다. 나는 이 여성들이 낳고 길러낸 사람들, 그 동지들의 아이들을 만나고 있었다. 그러면서 열흘 동안 뉴욕에 남겨두고 온 내 아이들에 대해 다시 걱정했다. 아이들과 이만큼 멀리, 이만큼 오랫동안 떨어진 적이 한 번도 없었다.

나는 모든 사람들이 이 유대인 여성들의 저항 이야기에 침묵하는 것을 보고 충격을 받았었지만, 사실 나 자신도 침묵했었다. 마침내 이 책을 완성하는 데 12년—출생에서 성인식까지의 기간에 해당하는—이 걸렸다. 이중 일부 시기는 프로젝트의 어려움과 싸우느라 소요되었다. 나의 이디시어 실력은 녹슬어서 예전 같지 않았고, 《게토의 여자들》에 실린 1940년대 산문을 게르만 문장(집에서 듣던 폴란드 방언이나 학교에서 공부한 캐나다 방언과 다르다)으로 번역하는 것도 고된 작업이었다. 《게토의 여자들》은 발음하기 어려운 이름을 가진 수많은 인물들의 저서나 그 인물들에 관한 내용을 모아놓은 일종의 스크랩북이었다. 주석이나 각주 또는 추가 설명은 없었다. 그런데 서술된 사항들이 관련된 전반적인 맥락은 전혀 언급되지 않아서, 스마트폰 이전 시대의 독자에게는 특히 이해하기 힘들었다.

하지만 집필하는 데 오랜 시간이 걸린 또 다른 이유는 감정적인 것이었다. 난해한 문장을 번역하는 데 필요한 몇 시간은 어찌어찌 처리할 수 있었지만, 밤낮을 가리지 않고 몇 개월 혹은 몇 년을 쉬지 않고 오직 홀로 코스트 자체로 깊이 빠져드는 일—책을 완성하기 위해선 이 정도의 몰두가 필수적이었다—을 감당할 마음의 준비가 미처 되지 않았던 것이다.

내가 《게토의 여자들》을 발견한 것이 서른 살 때였는데, 그때 나는 미혼이었고 안절부절못하면서 학계에서 학문적 능력을 인정받기를 갈망하고 있었다. 물론 그 당시에도 나는 이 프로젝트가 감정적으로, 지적으로, 윤리적으로, 정치적으로 얼마나 힘든 일인지 잘 알고 있었다. 1943년이라는 시간에 몰두하려다 보니, 마치 지금의 세계, 실제 내가 살아가고 있는 이 삶에서 나의 존재가 사라지는 듯한 느낌을 받았다.

이런 느낌 중 어떤 것들은 확실히 나의 가족적 배경과 관련이 있다. 나의 할머니는 나치를 피해 도망쳤다가 체포되어 시베리아 수용소에 수감되었고, 결국은 거기서 살아남았지만 생존 이후 삶의 무게를 제대로 견뎌내지 못했다. 할머니는 적극적으로 활동하며 살았지만, 매일 오후가 되면 자매들의 죽음(당시 막내는 겨우 열한 살이었다)에 대한 고통을 토로했다. 할머니는 독일인 이웃(그리고 자신을 속인다고 느낀 과일 가게 직원)에게 큰 소리로 욕을 했고, 철제문이 닫히는 엘리베이터에 타기를 거부했으며, 결국 편집증 진단을 받아 정신과 치료를 받았다. 1945년에 '아시아인' 할머니가 폴란드로 돌아가던 길에서 태어난 나의 어머니—집이 무엇인지도 몰랐던 난민이었다—역시 극심한 불안에 시달렸다. 그런데 무언가를 절대로 버리지 않고 모아두는 성격이었던 어머니와 할머니는 모두 그들의 부서진 마음을 할인 때 싸게 구입한 옷가지들이나 신문 더미, 오래된 덴마크식 페이스트리로 가득 채우면서 살았다. 나의 가족들이 서로 사랑했다는 것은 의문의 여지가 없다. 하지만 이 사랑은 매우 강렬했고 때로는 너무 깊었으며, 감정은 폭발적이었다. 그래서 나의 가정생활은 걱정이 가득했으며, 깨지기 쉬웠다. 이런 무거운 분위기는 텔레비전 시트콤 〈셋이 사는 집Three's Company〉이나 〈예, 장관님Yes Minister〉 같은 코미디 연기가 폭소를 자아낼 때나 잠시 사라졌다.

그래서 나는 어린 시절을 마음의 벽을 쌓고, 씻어내고, 도망치려 애쓰면서 보냈다. 나는 여러 나라와 대륙으로, 내 사회생활 커리어를 통해서 갈 수 있는, 홀로코스트에서 가능한 한 멀리 떨어진 곳으로 도망 다녔다. 내 전공은 희극과 예술 이론이었다. 큐레이터는 내가 아는 가장 짧은 이디시어 단어였고, 나는 그것이 되고 싶었다.

담보 대출도 받고, 회고록(바로 우리 가족에서 트라우마가 세대를 거쳐 전해지는 문제에 관한 내용)도 쓰고, 배에 군살이 붙은 중년의 엄마가 된, 마흔 살이 된 후에야 비로소 나는 홀로코스트 문제에 깊이 천착할 만큼 충분히 안정되었다고 느꼈다. 하지만 이것은 내가 새로운 관점에서 홀로코스트를 대면해야 한다는 것을 의미했다. 나는 더 이상 투사들의 나이대가 아니었다. 나는 투사들이 맞서서 저항하고자 했던 대상의 나이였다. 즉, 왼쪽 줄에 세워지지 않고 오른쪽 줄로 보내져 결국 죽임을 당했던 사람들의 나이였다. 나는 보통 사람들보다는 더 강했지만, 어쩌면 중년의 엄마로서 훨씬 더 평범한 인간이기도 했다. 테러에 맞선 다양한 반응을 평가하는 것이 얼마나 불가능한 일인지, 그리고 어떻게 '도망'도 일종의 저항인지를 깊이 깨달았던 평범한 인간. 이제 나는 홀로코스트의 공포뿐 아니라 굶주리는 자녀들을 보호하지 못한 부모들이 느껴야 했던 특별한 고통에 대한 소름 끼치는 이야기, 가족들이 바로 눈앞에서 총에 맞아 죽었고 그래서 홀로 숲속을 배회하며 산딸기와 풀을 먹었던 내 딸과 같은 일곱 살 된 소녀들의 이야기들을 다루면서 내 삶을 채워야 했다. 어린 딸이 다니는 유대인 회당 유치원 건너편 커피숍에서 내가 일하는 동안, 특히 미국 유대교 회당에 대한 무장한 백인 우월주의자들의 공격 때문에 유치원이 치안을 강화하기 시작한 상황에서, 갓난아기들이 엄마 품에서 강제로 떼어지는 끔찍한 이야기를 읽는 것은 쉽지 않았다. 나는 75년이 지난 지금도 여전히 고통스러운 이 생생한 증언 앞에서 거의 매일 홀로 나 자신을 열어야 했다. 그리고 이제 나는 이들에게 좀 더 가까이 다가가기 위해 딸들을 집에 두고 지구를 가로질러 날아가고 있었다.

다행히도 내가 탄 비행기는 텔아비브 벤구리온—루츠카에게 이디시어를 쓴다고 꾸짖었던 바로 그 벤구리온—국제공항에 순조롭게 착륙했다. 비행기가 나를 이런저런 혼란스러운 생각에서 끌어내어 갈등과 활기찬 삶으로 가득한 이스라엘로 데려간 것이다. 곧바로 정치적 변화와 도시 풍경의 변화가 눈에 띄었다. 건물 개발, 포스터, 부티크 호텔. 나는 시차로 인한 피로를 풀기 위해 소금 냄새가 풍기는 야파 해안을 따라 긴 산책을 했고(그런데 이것은 피로 해소에 도움이 되지 않았다), 다음 날 아침 6시에 시작하는 일에 대비했다.

가장 긴장되고 기대되는 것은 레니아의 아들과의—잠정적으로는 그녀의 딸도—만남이었다. 《게토의 여자들》에 언급된 '레니아 K.'라는 이름, 그리고 그녀가 1946년에 다프나 키부츠에 살고 있었다는 기록을 바탕으로 온라인 기록보존소를 방문해 발췌 수록된 내용과 일치하는 세부 정보를 가진 레니아 코켈카Renia Kokelka를 추적했다. 나는 이스라엘 국가기록원에서 그녀의 사진이 첨부된 이민 파일을 찾았다! 히브리어로 쓰인 그녀의 회고록도 발견했다. 그리고 그녀의 아들에 대한 메모가 포함된 가계家系 리포트와 그녀의 죽음에 대한 애도 메모로 이어지는 링크도 찾아냈다. 그것은 에게드 버스 회사에서 야콥 하렐Yakov Harel에게 보낸 편지였다. 과연 야콥 하렐이 그녀의 아들일 수 있을까? 하렐은 성일까 아니면 이름일까?

페이스북에서 야콥 하렐을 검색해본 후(힙스터 콧수염이 있는 이들은 레니아의 아들 나이로는 보이지 않았다), 나는 훌륭한 이스라엘인 해결사를 통해 버스 회사에 연락을 취할 수 있었다. 내가 찾던 바로 그 사람이었다! 그는 하이파에 있는 자신의 집에서 나와 만나는 데 동의했다. 그에게는 여동생이 있을 수도 있고 그 여동생이 나를 만나는 데 관심이 있을 수도 있었다. 나는 지난 몇 년 동안 내가 친밀한 관계를 느꼈던 레니아의 아이들을 만나러 가고 있었다. 말할 것도 없이, 내가 다루는 그 모든 이야기를 짊어져야 했던 그 사람.

하지만 레니아의 가족을 만나기도 전에 이미 수많은 다른 일들이 있었다. 나는 이스라엘을 남북으로 샅샅이 훑으며 여행했다. 고급스럽고 세련된 교외 카페부터 텔아비브의 바우하우스식 거실까지. 또 우연히 하비바 라이히 거리 모퉁이에서 발견한 예루살렘 레스토랑. 이스라엘 국립도서관(영국 국립도서관과 같은 고즈넉한 분위기는 아니었다)에는 《게토의 여자들》의 소스 자료였던 1940년대 부고 기사와 문학적 에세이들이 공개되어 있었는데, 도서관 측은 대화가 가능한 열람실에서 그것들을 읽을 수 있게 해주었다. 그리고 건물 배치가 넓게 열려 있으며 나무 패널로 건축된 우아한 '게토 투사의 전당'과 야드바셈의 대규모 기록보존소도 방문했다(야드바셈 기록보존소의 입구는 점심 휴식 시간에 경비병들이 내려놓은 기관총 더미로 막혀 있었다). 또한 특별히 나를 위해 문을 열고 조명을 켰으며, 저항운동에 참여했던 여성들과 전쟁 전 폴란드 유대인들에 관한 대규모 자료를 전시하고 있던 모레셰트 지하실의 갤러리, 유명한 건축가 아리에 샤론이 디자인한 야드 모르데하이 박물관의 국제 스타일 코너도 방문했다. 그러면서 나는 많은 학자, 큐레이터, 기록보존소 직원뿐 아니라 루츠카, 비트카, 차이카, 벨라, 차시아, 지비아의 자녀들과 손주들도 만났다.

나는 이미 북아메리카의 홀로코스트 박물관과 기록보존소를 방문했고, 뉴욕에서 캘리포니아, 캐나다에 이르기까지 파르티잔 분트 구성원들과 이디시어 옹호 운동가의 많은 자녀들을 찾아다니며 인터뷰를 했었다. 그런데 이스라엘에 살던 가족들은 이들과 무언가 다른 것을 느끼고 있었다. 언어와 태도, 에티켓 등—그들의 세계는 감정이 강하고 커다란 위험을 무릅쓰며 더 정치적이고 더 생동감이 있었다. 나는 종종 이들 가족들 가운데 홀로코스트 주제와 관련해 열정적으로 활동하거나 취미로 몰두하는 친척인 이른바 '홀로코스트 대변인'을 만났다. 나는 내 관심이 피상적이라고 우려하는 어떤 사람에게 호된 공격을 당하기도 했다. 또 그녀를 추종하는 그룹이 이제까지 애써 편집한 작업을 내가 무단으로 도용할까 우려하는 사람도 있었다. 내가 자신과 협력해서 영화 각본을 쓰는 데 동의하지 않으면 많은 것을 밝히고 싶지 않다는 뜻을 보이는 사람도 있었다. 또 어떤 사람은 한 학술 출판물에 가족 구성원이 잘못 기술되어서 법적 분쟁이 발생했다고 내게 알려주기도 했다. 각 기록보존소—모두 노동 시온주의자들에 속한—들은 각각 자신들이 가진 전문성과 견해가 다른 기록보존소보다 더 타당하다는 사실을 반복해서 설명했다.

그 주에 있던 모든 모임 중에서 나를 가장 긴장하게 했던 것은 레니아의 자녀들과의 만남이었다. 긴장감이 컸던 탓에 나는 모임을 앞둔 식사에서 평소 그렇게 좋아하는 슈니첼을 겨우 삼킬 수 있었다. 나는 작가로서 유대감을 느끼고, 그의 상황을 공감했던 이 여성에게 내 프로젝트의 운명을 걸었다. 그런데 그녀의 가족이 나를 싫어하거나, 나에게 무언가 말해주기를 거절하거나, 차갑고 어렵게 대하거나, 혹은 자신들만의 어젠다를 내세운다면 어떻게 해야 할까?

하지만 바람이 부는 푸른 하이파의 언덕 위에 자리 잡은 콘도인 그녀의 아들의 집에 들어갔을 때 나는 걱정했던 것과는 정반대 상황을 마주했다. "생존자들과 연관된 전문적인 비즈니스"에 종사하지 않는 사람을 따뜻하게 환영해준 자녀들, 그들은 내가 레니아에 관해 알고 있는 것을 그들과 공유할 수 있게 된 것에 감사를 표했다. 나는 소파에, 레니아의 딸 레아는 안락의자에 앉았다. 레아는 이게 레니아가 생전에 앉았던 바로 그 의자라서 버리지 않고 있다고 말했다. 내가 아카이브에서 찾아냈던 사진 속 나의 영웅이 다른 형상으로 나를 바라보고 있었다. 굵은 아래턱 윤곽, 강렬한 눈빛을 지닌 자녀들의 레니아를 닮은 모습은 마치 그녀의 어릴 적 소꿉친구를 보는 것 같았다. 우리는 우리가 서로를 찾았다는 사실에 모두 놀라워했다.

그리고 나는 그들이 레니아에 대해 말하는 것을 듣고 또 놀랐다. 맞다. 레니아는 물론 재미있고 날카롭고 냉소적이고 연극적이었다.

하지만 그녀는 세계를 두루 여행한 패셔니스트이기도 했다. 뜨거운 열정과 웃음기가 가득한 활동가, 사회적 관심을 한 몸에 받으면서도 기쁨을 주는 사람이기도 했다.

그리고 그들이 분명 열렬히 사랑하고 깊이 애도하는 어머니 레니아에 대해 이야기하는 것을 들었을 때, 내가 사실상 뜻을 같이하는 동지를 찾으려고 애써온 것이 아니라는 사실이 분명해졌다. 나는 하이파의 언덕과 계곡, 그 너머로 기울어가는 황금빛 석양을 바라보았다. 그리고 레니아가 나와 같은 생각을 가진 작가 동료가 아니라 그 반대라는 것을 깨달았다. 나의 영웅 레니아는 내가 원해왔던 유형의 조상을 대신하는 인물, 즉 살아남아 번성하고 삶을 만끽한 "행복한 유대인"이었다.

✳

한 달 후, 나는 런던에서의 연구 여행을 마치고 바르샤바로 돌아가는 비행기를 타고 있었다. 아니 적어도 그 비행기가 바르샤바로 가고 있다고 생각했다. 내가 선택했던 비행기, 예정보다 늦게 출발했던 저가 항공편이 나를 바르샤바에서 북쪽으로 한 시간 거리에 있는 옛 군용 비행장에 내려놓을 줄은 꿈에도 몰랐다. 그것도 한밤중에. 홀로. '폴란드에 다시 오신 것을 환영합니다.'

나는 2007년에 《게토의 여자들》을 처음 발견한 직후 곧바로 폴란드로 첫 여행을 떠났다. 당시 나는 약혼자와 남동생, 그리고 친구 한 명과 함께 가을에 '뿌리' 찾기 항해에 올라서 일주일 동안 폴란드를 횡단하면서, 할머니와 할아버지가 각각 성장한 유대인 마을 네 곳, 그리고 몇몇 대도시에 있는 유대인 유적지를 방문했다. 그 당시에 나는 열심히 안내하면서 역사에 대한 해석을 들려주려고 애쓰는 투어 가이드를 선택했었다. 어느 날 밤 자정에 전화벨이 울렸다. 내가 마을에 있다는 소식을 들은 우치 부시장이었다. 우리가 내일 만나서 커피를 한잔 할 수 있을까? 그가 나를 위해 여행을 주선해줄 수 있을까? 공동묘지를 보존하고 방문자들에게 유대교식 점심을 제공하기 위해 새로운 유대인 단체가 생겨나고 있었다. 크라쿠프에는 유대인 커뮤니티 센터가 문을 열 예정이었다. 나는 자신이 유대인이라는 것을 최근에야 알게 된 20대와 30대를 만났다. 그들의 조부모들은 폴란드가 소련의 통치를 받던 몇 년 동안 그 사실을 숨겼었다. 우리를 안내한 가이드 중 한 명은 나와 동갑이었는데, 그의 할아버지는 나와 같은 마을 출신이었고, 마이다네크 강제수용소 건너편에서 자랐다고 했다. 그는 전쟁 문제에 깊이 사로잡혀 나와 밤새도록 이야기를 나눴다. 나는 잃어버린 뿌리를 찾기 위해 폴란드에 왔는데, 여기서 폴란드가 그들이 잃어버린 유대인을 찾고 있다는 사실을 알게 되었다.

다른 한편, 나는 음악가가 〈지붕 위의 바이올린〉을 연주하고 웨이터가 디저트로 하만타셴〔유대교 부림절에 먹었던 삼각형 과자〕을 제공하는 크라쿠프의 '유대인 테마' 레스토랑에서 저녁을 먹었다. 그런데 단체관광 버스로 와서 옆자리에 앉아 식사를 하면서 이 연주에 박수를 친 사람들은 공교롭게도 독일인 관광객이었다. 나는 공산주의 신념 때문에 전쟁이 끝난후 폴란드에 남았고, 이후 소비에트 통치와 반유대주의적 공격을 두루 겪어냈던 먼 친척들을 만났다. 그들 중 한 명은 어떻게 부모님이 어린 자신의 손을 꽉 잡고 게토에서 숲으로 도망쳤는지를 들려주었다. 그는 파르티잔 캠프에서 지내며 전쟁으로부터 살아남았다. 그는 폴란드의 '새로운 유대인' 문화에 대해 분개했고, 유대교 율법에 따라 만들어진 점심식사가 참을성 있는 유대인 공동체의 필요조차 충분히 채워주지 못한다는점에 분노하면서, 이것은 미국인들이 보낸 기부금을 폴란드인들이 착취하는 방법일 뿐이라고 믿었다.

나는 이렇게 서로 상충되는 두 가지 생각을 어떻게 받아들여야 할지몰랐다. 게다가 나는 유대인의 피로 젖은 나라에서 유대인의 의식과 유대인 중심주의가 성장하는 것에 대해 회의적이었다.

2018년 여름, 여성 레지스탕스 투사에 관한 이 책을 쓰기 위해 연구차혼자 폴란드로 돌아왔지만, 나는 여전히 확신이 없었다. 그러나 10년 전에 내가 무엇을 경험했든지 간에 그것은 더 이상 존재하지 않았다. 한편으로 바르샤바는 대도시가 되었다. 나는 한때 게토 지역에 속했고 그 이전엔 조부모님이 살았으나 지금은 초현대적인 도시로 변한 곳의 풍경이내려다보이는 한 호텔의 41층에 머물렀다. 호텔은 이스라엘에서 온 관광객들로 붐볐다. 분명히 바르샤바는 인기 있는 쇼핑 목적지이며, 이스라엘의 젊은이들은 비싼 자국의 부동산 시장에 진입하지 못하자, 유럽의낙후된 나라에 투자하기 시작했다. 나는 바르샤바 거리를 걸어서 프룸카

같은 사람들을 위한 기념비들과 지비아의 투쟁 이야기를 담은 하수도를 지나, 새롭고 인상적인 폴란드 유대인 역사박물관(POLIN)을 방문했다. 그곳엔 홀로코스트뿐 아니라 그 이전 천 년간 부유했던 유대인들의 삶, 그리고 그 이후 수십 년의 이야기가 전시되어 있었다.

이번에 들른 크라쿠프는 수많은 관광버스와 젤라토 상점들, 그리고 소매치기 경고문으로 가득 차 있었다. 나는 베네치아의 카페 문화가 더 힙해 보인다는 점을 제외하고는 여기가 베네치아인지 크라쿠프인지 모르겠다는 생각이 들었다. 여행 가이드를 확보하는 일은 베네치아에서보다 더 어려워서, 이미 몇 달 전에 예약이 꽉 찬 상태였다. 이제 잘 정착된 크라쿠프 JCC(Jewish Community Center)는 유대인 후손들을 위한 보육원도 열었다(원장인 미국인 조너선 오른스타인Jonathan Ornstein은 오래된 크라쿠프 유대인 테마 레스토랑을 쥐라기 공원Jurassic Park에 빗대어 'Jews-rassic Park'라고 불렀다).[1] 많은 도시에는 노년층과 젊은 "새 유대인"들에게 음식을 공급하는 유대인 조직이 있었다.

나는 비유대인이 설립하고 기획한 제28회 크라쿠프 연례 유대인 문화축제에 참가했다. 이 축제는 그 역사가 1407년으로 거슬러 올라가는 유서 깊은 일곱 개의 유대교 회당이 서 있는 카지미에시 구역을 중심으로 진행되었는데, 그 구역은 오래된 유대인 지역으로 세련되고 예술적인 특성까지 지니고 있었다. 축제는 전 세계의 유대인과 비유대인을 끌어들였다. 축제 기간 동안 군악대와 각종 예술을 선보였으며, 동시에 현대의 폴란드-유대인 관계를 조사하고, 폴란드가 유대인을 필요로 하고 원하고 그리워하는 이유를 묻는 강의와 투어 및 세미나가 개최되었다.

나는 내 작업에 대해 날카로운 관심을 보여서 나를 놀라게 한 내 나이 또래의 폴란드인 문학 그룹과 함께 점심을 먹었다. 나의 조부모님 네 분 모두 폴란드 출신이라는 것을 알았을 때, 그들은 내가 자신들보다 더 폴란드인 같다고 놀렸다. 한번은 붐비는 횡단보도에서 멈춰 서서 주변을 살펴보았다. 나는 내 주변에 있는 많은 사람들과 똑같아 보였다. 나는 외모가 현지인처럼 보였기 때문에 지역 주민에게 제공하는 할인된 관광 티켓을 받았다. 런던 시절부터 나는 내가 분명히 유대인처럼 보인다고 생각했지만, 지금 여기서는 그렇게 말하기 어려웠다. 아마도 오늘날 폴란드에는 유대인이 거의 없기 때문인 것 같다. 한편 나는 이상하게도 집에 온 듯한 느낌이 들었다. 그런데 다른 한편, 폴란드 정부는 최근 홀로코스트 관련 범죄로 폴란드를 비난하는 것을 금지하는 법을 통과시켰으며, 이를 어기면 투옥될 수 있었다. 수십 년간 소비에트의 탄압, 그전에는 나치 점령을 겪은 후 폴란드는 이제 새로운 민족주의 국면에 접어들고 있었다. 그들에게는 2차 세계대전에서 피해자 지위였다는 것이 중요했다. 폴란드 지하국가[2차 세계대전 당시 망명정부에 따랐던 지하운동 조직 전체를 집합적으로 부르는 용어]는 엄청난 인기를 누려서 그 상징인 앵커 문양이 바르샤바 도처의 건물들에 낙서되어 있다. 그리고 폴란드인들은 레지스탕스 완장을 본뜬 소매 장식이 있는 티셔츠를 즐겨 입었다. 국내군 가족의 유산은 거대한 기억장치를 보유하고 있었다. 크라쿠프에서는 게토의 유대인 레지스탕스에 관한 상설전시가 비유대인들의 광범위한 전쟁 이야기로 대체되었다. 폴란드인들은 거대한 적에 맞섰던 폴란드 영웅들의 이야기, 그 영웅주의를 느끼고 싶어 했다.

그리고 바로 그 문제에 대해 글을 쓰고 있는 내가 여기에 있었다. 나는 한편으론 무언가 접점을, 다른 한편으론 새로운 차원의 소외와 두려움을 느꼈다. 다시 한번, 많은 여성 투사들이 회고록에서 묘사했던 두 극단의 폴란드를 느꼈다.

역사적 내러티브가 무엇을 말해도 괜찮은지를 법으로 규정하는 것은 매우 골치 아픈 일이다. 법은 진실이 아니라 정치적 선전 효과에 관심이 있는 권력을 반영하기 때문이다. 그러나 나는 또한 폴란드인들이 오해를 받고 있다고 느끼는 것도 파악했다. 당시 바르샤바는 초토화되었다. 나치 정권은 많은 폴란드 기독교인들을 노예로 만들고, 테러를 가하고, 폭격하고, 살해했다. 무엇보다 레니아는 유대인이 아니라 폴란드인으로서 투옥되고 고문을 당했다. 특히 폴란드 정부가 나치에게 협력하지 않고 저항세력을 조직하려고 시도했던 사실을 보면 폴란드에 홀로코스트 책임을 묻는 것은 불공평해 보였다. 비록 그들이 유대인에게 적극적이 아니라, 대충 우호적인 자세를 보이긴 했지만. 분명히 목숨을 걸고 유대인을 도운 폴란드인들에게 이 주장은 부당한 것이다. 그리고 그들의 수는 우리가 알고 있는 것보다 훨씬 많을 수 있다. 이러한 폴란드인들은 소비에트 통치 시절 자신들이 유대인을 도운 사실을 침묵했지만, 역사가 군나르 파울손Gunnar S. Paulsson은 바르샤바에서만 7만에서 9만 명의 폴란드인이 유대인의 은신을 도왔다고 주장했다. 이것은 폴란드인 3~4명이 한 명의 유대인의 은신을 도왔다는 말이다.[2] 일부 학자들은 유대인들이 폴란드인 이웃들에게서 특히 상처 받고 배신감을 느꼈기 때문에, 그들이 증언할 때 폴란드인들의 반유대적 행동을 강조했다는 점에 주목했다.[3] 사실 당시 유대인을 도와주기보다는 아무것도 하지 않은 폴란드인이 더 많았고, 더 나쁜 것은 유대인을 배척하거나 밀고하고, 푼돈을 받거나 설탕 몇 조각에 유대인을 게슈타포에게 팔아넘기거나 협박하고 등쳐먹고 이익을 챙기고, 신나게 유대인의 재산을 훔친 폴란드인들이 많았다는 사실이다. 많은 폴란드인들이 반유대주의자였으며 가해자였다. 나는 반유대주의를 미화하지 않고, 또 "누가 더 많이 고통받았나"라는 부질없는 논

쟁을 피하면서, 폴란드인들의 피해자 정서를 이해하려고 노력했다.[4]

이 여성 투사들의 회고록에서 영감을 받은 나는 이야기를 흑백논리가 아닌 다면적, 다층적으로 배치하면서, 다면적인 이야기가 갖는 양면성 때문에 고통스러운 이야기를 하는 것이 중요하다는 사실을 깨달았다. 역사는 복잡하게 얽힌 사실들을 설명할 필요가 있다. 우리는 과거와 정직하게 대면해서, 우리가 여러 방식으로 피해자인 동시에 가해자라는 사실을 직시해야 한다. 그렇지 않으면 아무도 스토리텔러를 믿지 않을 것이며, 우리는 사실에서 벗어난 이야기를 쓰게 될 것이다. 이해가 용서를 의미할 필요는 없다. 하지만 그것은 자신을 냉정하게 성찰하고 성장하는 데 필요한 걸음이다.

"조심하세요Carefulski!" 나는 무례하게 보이지 않으려고 애쓰면서 운전사에게 말했다. 나의 폴란드어는 약간 서툴렀지만, 트럭이 우리를 향해 달려오는 것처럼 보였다. 그것도 빠른 속도로.

이 책을 위한 연구를 진행하면서 나는 작가들이 종종 겪는 것처럼, 무수히 많은 특이한 상황에 처하면서 마치 세계일주를 하는 듯한 느낌을 받았다. 갈릴리에 있는 키부츠 작업장의 식당에서 내가 어떤 사람인지 확인하기 위해 여러 가지 질문을 던지던 게토 투사들의 딸들과 함께 부레카[이스라엘의 전통식 빵]를 먹던 일. 분트주의자들이 모두 기립해서 '파르티잔 찬가'를 마치 애국가처럼 불렀던 뉴욕 추모 집회. 몬트리올의 프렌치 카페에서 크루아상 버터를 바른 손으로 혹시라도 묻을까 봐 조심조심 숲속 레지스탕스의 오두막 은신처였던 지엠란카 사진을 뚫어지게 들여다본 일. 새벽 5시에 화재 경보가 울려서 아직 잠에서 덜 깬 세 살배기를 데리고 요란하게 들리는 폴란드어 지시에 따라 황급하게 계단을 뛰어 내려온 크라쿠프 호텔.

그리고 이번 여행은 나의 마지막 여행 일정의 하나, 레니아의 출생지를 찾아가는 일종의 순례였다. 나는 수동으로 창문을 여닫는, 파워 스티어링도 에어컨도 없는 낡은 체코산 스코다 자동차의 담배 냄새로 찌든 뒷좌석에서 차멀미를 느꼈다. 나는 아침 일찍 카미온카 게토를 거니는 투어에 나섰다가 천둥번개를 동반한 폭우에 흠뻑 젖은 상태였다. 게다가 나는 프룸카의 투사 벙커가 있던 곳에 서보기 위해 비에 흠뻑 젖은 잡초가 무성한 곳을 걸었다. 그 후 우리는 유대 문헌이 가득한 벵진의 한 '유대인 카페'에서 달콤한 치즈와 오렌지 껍질, 시럽, 건포도로 된—그때까지 한 번도 들어본 적이 없는— 유대식 디저트를 먹었다(이 레스토랑은 현지인들의 데이트 장소로 유명하다). 우리는 또한 유대 민족에 관한 프레스코화로 장식된 반짝이는 황금빛 벽이 있었던—지금은 개조된—개인 기도원을 보기 위해 들렀다. 이곳은 몇 년 전에 근처에서 놀고 있던 어린이들에게 우연히 발견되었는데, 그 방은 당시까지 수십 년 동안 석탄 창고로 사용되었다고 한다.[5] 갑자기 운전사가 도로 한가운데에서 끼익 소리를 내며 차를 세웠다. 아무도 없는 허허벌판에. 그날 운전 시간은 다섯 시간, 내가 레니아의 스토리가 깃든 곳을 모두 답사하려고 예정했던 것보다 훨씬 많은 시간이었다. 운전사는 폴란드어로 전화 통화를 하고 있었다. 리투아니아 출신인 내 가이드는 조수석에 앉아 운전사를 위해 새 담배에 불을 붙여주었다. 마지막 담배가 다 타기 전에.

지나가는 트럭이 성난 듯 시끄럽게 경적을 울리자 운전사는 차를 갓길로 이동해 세웠다. 그녀는 즉시 엔진을 끄고 차 밖으로 나가더니 담배를 피우면서 휴대전화에 대고 소리를 질렀다.

"이혼과 관련된 문제예요"라고 가이드가 몸을 돌려서 내게 설명해주었다. "그녀의 딸이 전남편과 함께 지내고 있어서, 그녀는 아주 화가 나 있어요. 일정이 지체되어서 죄송합니다."

나 역시 딸을 가진 엄마였기에, 특히 운전사와 가이드 모두 고된 하루 일정에 최저 일당을 받고 있는 상황이었기에 나는 아무런 불평도 할 수 없었다. 게다가 그들은 레니아와 여성 투사들의 이야기에 관심을 보이면서 이 여행에 적극적으로 참여하고자 했다. 나는 뒷좌석에 앉아 다이어트 콜라를 마시면서 차멀미로 인한 메스꺼움이 가라앉기를 바라며 여성을 연구하는 여성 연구자들이 직면한 문제들에 대해 생각했다. 엄마가 된다는 것은 내가 하는 활동에 수없이 영향을 미쳤다. 나는 여러 차례 숙식 일체를 제공하는 연구 지원금을 제안받았지만 거절해야 했다. 내 연구 때문에 몇 달 동안 가족이 다른 도시로 이사하도록 할 수는 없었기 때문이다. 그 대신 기간이 짧은 연구 여행을 자주 다녔다. 그러기 위해서 나는 행정적인 위업을 수행해야 했다. 누가 아이를 돌볼지, 아이들을 학교에 데려가고 데려오는 일은 누가 맡을지를 조율하고, 엄마 없이 지낸 아이들에게 줄 조그마한 선물을 준비하는 등. 우리 집 냉장고에 붙어 있는 메모판에는 아이들 픽업 일정, 도시락 싸기, 포토 데이 일정 등이 모자이크 처리되어 분 단위로 적혀 있었다. 심지어 나는 며칠이 걸리는 폴란드 여행에 아이들을 데리고 다녀야 한 적도 있었다(그래서 앞서 기술했던 화재 경보 사건이 있었다). 어떤 날에는 너무 많이 걸어 다녀서 임신 후유증인 좌골 신경통이 재발해 저녁때 호텔 욕조에 몸을 담가야 했다.

그리고 당연하지만 늘 안전 문제가 있었다. 물론 항상 보안 문제도 있었다. 연구를 마치고 저녁 늦게 새로운 도시에서 저녁을 먹으러 나가면 주변을 미리 살피기 위해 불안 속에 한 걸음 한 걸음을 옮겼다. 내가 속한 유대인 과거의 흔적 그리고 여성인 나의 현실, 모두 위험 요인이었다. 나는 다른 사람들처럼 이어폰을 끼고 음악을 들으며 거닐 수 없었다. 내 눈과 귀는 항상 열려 있어야 했다. 게다가 나는 폴란드 농촌, 트럭이 다니는 길에 있었고, 와이파이가 잘 연결되지 않아서 내 위치를 추적할 수도, 아는 사람도 없었다. 그때 내가 무엇을 했을까? 적어도 나는 여자들과 함께 있었고, 화가 나서 줄담배를 피우며 갈 길을 서둘렀던 한 엄마의 소리를 들으며 스스로 위로받았다. 우연이지만 나는 현지 여성 가이드를 고용했고, 그녀가 이 여성을 운전사로 고용한 터였다.

허허벌판에 있던 세 명의 여성. 나는 여성의 역사, 엉뚱한 곳에 내몰렸다가 목숨을 잃었던 여성들의 이야기를 생각했다. 마침내 운전사는 전화를 끊고 차에 올라타 빠르게 차를 출발시켰다. 그 바람에 내 모든 연구 자료가 젖은 스코다 자동차 바닥에 쏟아졌다. "미안해요." 그녀가 나를 향해 뒤돌아보며 말했다. "배고파 죽겠어요."

차멀미 때문에 메스꺼웠던 내 연약한 내장이 아직 잠잠해지지 않았고, 무언가를 먹을 준비도 되지 않았지만 나는 가장 가까운 다음 식당에서 일찍 저녁을 먹는 데 동의했다. 그들은 나에게 이 시골길에는 식당이 거의 없어서 멀리까지 가야 할 것이라고 말했다. 이 지역에는 고속도로가 없었기 때문에 240킬로미터를 가는 데 다섯 시간이 걸렸다. 나는 1943년 당시 레지스탕스 연락책들이 변장한 채 이 길을 가는 데 얼마나 걸렸을까 상상했다. 길가의 카페는 여름 햇살에 오렌지빛, 황금빛으로 빛나는 찬란한 들판에 있었다. 여기 목가적인 아름다움 외에는 아무것도 없던 허허벌판 한가운데에 유대인들, 그리고 그들을 죽이기 위해 건설된 효율적인 게토-학살 시스템이 있었다. 나치의 공격은 도처에서 이루어졌기 때문에 도망칠 곳은 사실상 어디에도 없었다.

카페에서 나는 일행이 담배를 피우고 립스틱을 다시 바르는 동안 기다렸다. 그리고 접시에 버섯 피에로기스(거기서 제공되는 유일한 채식 메뉴)를 잔뜩 담아 와서, 빠르게 비프스튜와 튀긴 돼지갈비를 먹는 동안, 그들이 어떤 사이인지 물었다. 내 또래로 보이는 두 여성은 최근에 알게 된 사이였다. 그들은 자칭 페미니스트로서, 이런 칭호를 스스로에게 자랑스럽게, 도전적으로 붙였다. 그들은 한 페미니스트 집회에서 만났다. "무엇을 위한 페미니스트 집회였나요?" 내가 물었다.

"모든 것을 위한 페미니스트 집회였어요."

정부는 모든 낙태를 범죄로 규정하고 시험관 수정이 '정자 낭비'를 초래하기 때문에 이를 금지하려 하고 있었다. 그들은 내게 막강한 권력을 가진 교회가 크라쿠프 최고의 호텔을 운영하지만, 세금은 한 푼도 내지 않는다고 푸념했다. 두 사람은 여성에 대한 정부의 불공평한 내우에 격분하면서, 여성 혐오 전반에 대해 분노했다. 확실히 이해했다. 나는 그들의 분노를 충분히 이해할 수 있었다.

"내가 지금 책으로 쓰고 있는 1930~1940년대 폴란드는 지금보다 훨씬 페미니스트적이었던 것 같아요." 내가 말했다.

"맞아요. 어떤 면에서는 그랬어요!" 그들은 나무 테이블을 주먹으로 두드리며 내 말에 동의했다.

우리는 마침내 이 여행의 마지막 정거장인 옝제유프, 레니아가 어린 시절에 살았던 집이라고 레아가 알려준 주소에 도착했다. 레니아가 1924년의 어느 금요일에 태어난 집, 모든 것의 시작점이었다. 클라츠토르나 거리는 쉽게 찾았지만, 16번지는 없는 주소인 것 같았다. 그러나 100년이 훨씬 넘은 고목들로 구분되는 번지 구획을 세어보면, 삼각형 지붕을 가진 회색의 작은 석조 구조물이 아마 16번지였다. 비슷한 모양의 집 몇 채가 녹색 마당을 둘러싸고 있었다. 마당에서 개가 짖었다. 가이드가 나보다 앞서 마당으로 들어가더니 거기 사는 주민 한 명을 찾았다. 나는 일상적인 속사포 폴란드어를 이해하지 못했지만, 그 여자가 머리를 부정적으로 흔드는 것이 무슨 뜻인지 이해했다. "그동안 주소가 바뀌었다고 하는군요." 가이드가 내게 말했다. "16번지는 틀림없이 예전에 불타버린 목조 주택일 겁니다. 그녀는 그곳에 살던 가족에 대해선 들어본 적이 없다고 하면서, 그들이 유대인이었는지 물었어요."

"그래서 말해주었나요?"

곤란한 상황을 정리하려 애쓰면서 나의 해결사가 말했다. "그 질문에 대답하지 않으려고 말을 돌렸어요. 그들은 유대인들이 다시 돌아와 과거 재산을 되찾을지 모른다고 겁을 먹고 있어요." 그녀가 속삭였다.

집주인은 집 안으로 들어오라고 초대하지 않았다.

그래서 바깥에서 몇 장의 사진을 찍고는 다시 스코다에 올라타서 황혼 무렵 피 흘리는 태양, 비옥한 들판을 배경으로 바르샤바와 크라쿠프 사이 비밀스러움을 간직한 아름다운 키엘체 지역을 달렸다. 내가 상상했던 잿빛 폴란드는 어디에도 없었다. 상황은 오락가락했지만, 지금 여기 매우 다른 배경을 가진 세 명의 여성이 있었다. 폴란드인, 리투아니아인, 그리고 유대인. 레니아와 여성 투사들 때문에 만나게 된 우리 모두는 각오를 새롭게 하고 투쟁할 마음가짐이 되어 있었다. 강하고, 주체적이며, 잠시 동안이라도 안전하다고 느끼면서.

후기

이 연구에 대해서

전 세계 여러 지역에서 일어난 사건을 다루는 연구, 수십 년에 걸쳐 여러 대륙의 다양한 언어로 작성된 자료들을 활용하는 연구를 진행하다 보면, 여러 가지 장애물과 의문점에 마주하게 된다. 사실 이는 놀라운 일이 아니다.

이 연구 프로젝트에 활용된 1차 사료는 주로 회고록과 증언들이다.[1] 그 가운데 일부는 구술된 것이고, 비디오나 오디오로 녹화된 것도 있다. 어떤 자료들은 기록으로 남아 있는데, 히브리어, 이디시어, 영어, 폴란드어, 러시아어, 독일어 등으로 작성되었다. 이 자료들 가운데 일부는 번역된 것이고, 어떤 것들은 번역된 것을 또다시 번역한 것이었다. 내가 직접 번역한 것도 있다. 어떤 자료는 당사자들이 개인적 동기에서 남겼지만, 어떤 것들은 인터뷰 진행자를 위해 작성된 것이었다. 일부 자료는 사실 확인을 거쳐 편집되었으며, 심지어 전문 연구자와 공동으로 집필된 후 출판(대개 소규모이지만 학술 서적을 전문으로 하는 출판사에서)된 것도 있었다. 또 다른 자료들은 일기나 열정적인 순수한 증언으로 분노에 가득 차 있었다. 일부는 전쟁 직후 또는 전쟁 중에 숨어 있는 동안 작성되어서, 오류나 세부 사항에서 앞뒤가 안 맞는 부분, 누락된 부분들이 포함되어 있었다. 어떤 사실들은 단순히 몰랐고, 어떤 사실들은 보안이나 감정적인 이유 때문에 사실과 다르게 기록되었다(일부 생존자들은 특정한 사람들의 죽음에 대해 사실 그대로 기록하기가 너무 힘들었다). 어떤 사실들은 잊히는 것을 필사적으로 막기 위해, 그리고 체포에 대한 두려움으로 가득 찬 경험들을 떨어내면서 손가락에 불이 붙을 정도로 빠르게 기록했다.[2] 레니아는 종종 이름 대신 이니셜(그녀의 이름은 '레니아 K.'였다)을 사용했다. 이는 아마도 보안 때문일 것이다. 그녀는 전쟁 동안에 여전히 엄청난 위험을 안고 있던 은밀한 지하 작전에 대해 기록하고 있었다. 또한 다른 사람들의 이야기가 어떻게 끝났는지 알 수 없었던 시기에 글을 쓰고 있었다. 친구와 친척들이 살아 있는지 아닌지 소식을 애타게 기다리고 있던 시기였다. 초기에 글을 남긴 많은 사람들처럼, 레니아는 실제 어떤 일이 일어났는지를 개인적인 입장에서 벗어나 '객관적으로' 세상에 알리고 싶은 마음에서 글을 썼다. 특징적으로 그녀는 '우리'라는 단어를 사용했기 때문에, 그게 그녀 자신을 말하는지, 그녀의 가족이나 공동체를 말하는지, 아니면 유대 민족 전체를 지칭하는지를 식별하는 것은 어려울 수 있다.[3]

다른 증언들은 나중에, 특히 1990년대가 되어서야 나왔다. 따라서 시간이 흐르면서 증언자들이 얻게 된 깊은 통찰력이 추가로 반영된 경우도 종종 있지만, 기억은 그들이 살고 있는 현재 상황, 수년 동안 그들이 들었던 다른 사람들의 기억, 생존자의 현재 관심사와 인생 목표에 따라 굴절되거나 변형될 수도 있다. 어떤 사람들은 극심한 정신적 외상을 입은 이들의 경우 많은 기억들을 억누르고 있는 반면, 수용소에서 고문을 당하지 않은 투사들이 오히려 더 많은 기억들—안테크에 따르면 "잉여 기억"—을 가지고 있다고 주장한다.[4] 다른 사람들은 외상성 기억이야말로 가장 예리하고 정확하고 가차 없는 기억이라고 주장한다. 나는 또한 소멸성이 강한 기본 문서들(신문 기사, 편지, 노트)도 샅샅이 뒤지고 수십 명의 가족을 만나 인터뷰도 했다. 그들은 각자 기억하는 이야기, 경우에 따라서는 서로 모순되는 이야기를 갖고 있었다.

기억은 왜곡되고 반전을 겪기도 한다. 회고록은 '차가운 데이터'가 아니다.[5] 이런저런 수많은 주장들 사이에는 많은 차이가 있었다. 이를테면 사건의 세부 사항은 종종 서로 불일치했고 날짜도 뒤죽박죽이었다. 때때로 수년에 걸쳐 여러 차례 개인적인 증언을 한 경우에도 그때마다 큰 차이가 났다. 때로는 동일한 텍스트 안에서조차 일치하지 않는 사실이 발견되었다. 1차 사료와 2차 사료 사이에서도 불일치가 있었다. 예를 들어 학계의 전기 작가와 역사가들은 당사자가 이야기한 것과 다르게 언급한 여성들의 설명을 인용했다. 때로는 1차 사료들에서도 흥미로운 차이가 드러났다. 그 차이들은 누가 책임을 지고 비난받아야 하는지와 연관된 것이었다. 이런 문제와 관련되어 있을 때, 나는 대개 주석에서 그것을 강조하려고 했다. 이러한 차이가 어디에서 나온 것인지 이해하고, 또 역사적 분석을 통해 서로 대조되는 분석을 제시하려고 노력했다. 내 목표는 가장 합리적이고 풍부해 보이는 버전을 제시하는 것이었다. 나는 때로는 많은 주장에서 나온 세부 사항들을 통합해서 전체 그림을 만들었으며, 내가 할 수 있는 한 가장 감정적으로 사실에 가까우면서도, 사실적으로 정확한 이야기를 제공하고자 했다. 어떤 부분에 대해 의심이 들 때는 궁극적으로 여성들의 증언과 진실에 따랐다.

나는 가능한 한 내가 확보한 자료들을 동원해서 상황을 직접 재현해 보았다. 이렇게 해서 재구성된 이야기는 때때로 원본 텍스트에 함축되어 있던 감정을 강화하고 동일한 사건에 대한 다양한 관점을 제시했지만, 이 모든 것은 연구를 기반으로 한 논픽션이다.

나는 여러 사람들의 이야기에서 나타난 차이가 흥미로웠지만, 전체적으로 엄청나게 많은 것이 중복된다는 점에 더 놀랐다. 서로 다른 시간과 장소에서 나온 자료들은 비슷한 사람과 상황을 묘사하면서도 똑같이 어느 정도 모호한 일화들을 이야기했다. 이는 내가 진실성을 확립하는 데 도움이 될 뿐만 아니라, 감동을 주고 흥미진진함을 불러일으켰다. 다른 렌즈를 통해 이야기를 다시 살펴볼 때마다 나는 더 많은 것을 배우고, 진실에 더 깊이 파고들며, 나 자신이 진정으로 그들의 우주 안으로 들어가는 것을 느꼈다. 이 젊은이들과 그들의 열정이 나와 비유적으로, 그리고 문자 그대로 연결되어 있었던 것이다.

이 책과 같이 여러 언어를 필요로 하는 연구들에서 발생하는 또 다른 문제는 사람과 장소의 이름이다. 많은 폴란드 도시는 슬라브어, 독일어, 이디시어로 된 여러 이름을 갖고 있으며, 통치 주체가 바뀔 때마다 다르게 불렸다. 어떤 이름을 다른 이름에 앞서 사용하는 것은 종종 정치적 선택의 결과다. 이 책에서 내가 어떤 이름을 선택한 것에 명시적인 의도가 있는 것은 아니지만, 나는 영어로 표기된 오늘날의 지명을 사용하는 경향이 있다.

개인들의 이름에 관한 한, 이 책에 나오는 여성들은 대부분의 폴란드계 유대인들처럼 폴란드어, 히브리어, 이디시어 이름과 별명을 가지고 있었다.[6] 어떤 이들은 전쟁 동안에 하나 또는 여러 개의 가명을 갖고 있었다. 때때로 그들은 이주 서류에 가짜 신분을 추가로 사용했다(위장결혼을 한 여성은 대개 유럽을 떠나기가 더 쉬웠다). 또한 그들은 마지막에 머물게 된 나라의 언어에 맞게 이름을 바꿨다(예를 들어 블라드카 미드는 파이겔레 펠텔Feigele Peltel이라는 이름으로 새로운 삶을 시작했다. 블라드카는 폴란드에서 은밀한 첩보활동을 할 때 사용한 이름이었다. 그녀는 미드치르체스카와 결혼했으며 미드치르체스카는 뉴욕으로 이주한 후에 이름을 미드로 바꾸었다). 또한 나는 영어 검색 엔진을 동원해서 라틴 문자 조합을 기반으로 이러한 슬라브어 및 히브리어 단어를 검색해보았다. 그러곤 Renia, Renya, Rania, Regina, Rivka, Renata, Renee, Irena, Irene라는 이름 아래에서 레니아Renia를 찾아냈다. 쿠키엘카Kukielka는 이디시어 쿠켈콘Kukelkohn처럼 다양한 영어 철자로 표기되고 있었다. 그녀가 전쟁 당시에 사용했던 다양한 가명들도 발견되었다. 반다 위두초프스카, 글룩, 노이만(나는 연락책이었던 아스트리트Astrit가 Astrid, Estherit, A., Zosia Miller와 같은 사람인지 확인하기 위해 적어도 반나절을 소모했다. 내 생각에 아스트리트는 조시아 밀러였다) 등. 여기에 여성의 이력에 대한 추적을 더욱 힘들게 하는 또 다른 문제가 있었다. 바로 결혼 후의 이름이다. "Renia Kukielka Herscovitch"(또는 Herskovitch 또는 Herzcovitz…)는 비슷하게 들리지만 무수히 많은 알파벳의 조합이 가능했다. 그래서 혼동하거나 놓치기 쉽고, 체계적으로 분류되기 어려워서, 영원히 찾지 못할 수 있었다.

아마도 이름이 가진 복잡성을 잘 보여주는 극적인 사례는 쿠키엘카 남매일 것이다. 홀로코스트에서 살아남은 쿠키엘카 형제자매는 이스라엘에서 레니아 헤르스코비치Renia Herscovitch, 즈비 자미르Zvi Zamir(자미르는 히브리어로 '뻐꾸기'를 뜻한다), 그리고 아론 클라인만Aaron Kleinman이란 이름으로 생을 마감했다. 아론 클라인만은 그가 1940년대에 팔레스타인에서 전투에 참가했을 때 영국인들이 원해서 바꾼 이름이었다. 직계가족 안에서도 이름이 보여주는 혼란은 끝이 없다.

마지막으로 단어 및 용어에 대해 한마디하자면, 레니아가 그랬던 것처럼 나도 편의상 폴란드인이라는 용어를 비유대인(기독교인) 폴란드 국민을 지칭하는 데 사용했다. 그러나 유대인도 폴란드 국민이어서, 내가 사용한 단어 Pole(폴란드인)은 유대인과 비유대인 사이의 분열을 조장하고자 의도한 것은 아니지만, 사실상 분열을 강화하고 있다. 또한 나는 폴란드 유대인역사박물관 학자들에게 영향을 받아서, 반유대주의antisemitism를 한 단어로 사용해왔다. anti와 semitism 사이에 하이픈을 사용하는 것은 '유대주의semitism'가 하나의 인종 범주로 존재한다는 것을 의미하기 때문이다.[7] 내 이야기에 나오는 여성들은 나치를 '독일인'이라고 불렀으며, 나도 그런 표현을 유지했다. 왜냐하면 그들이 접촉했던 독일인들은 나치였기 때문이다. 물론 나치에 맞섰던 독일인들도 있었다.

몇몇 학자들은 '소녀 연락책courier girls'이라는 용어의 사용을 비판했다. 그들은 'courier'가 모욕적이라고 주장한다. 이 단어는 배달원courier이 편지를 배달하는 것처럼 사소하고 수동적인 역할로 들리기 때문이다. 하지만 이 여성 courier들은 전혀 그렇지 않았다. 그들은 무기를 어렵게 구해서 비밀리에 반입하고, 정보를 수집하고, 그들의 히브리어 명칭인 카샤리옷이 보여주듯이 여러 저항 조직들을 연결하는 활동을 수행했다. 홀로코스트 당시 '질주' 혹은 '달리는' 행위(프랑스어의 courir 또는 run을 의미)는 무장 전투에 참여하는 것만큼이나 위험했다. 게토나 수용소 밖에서 발견되는 유대인은 사형에 처해졌다. 또한 이 여성들은 몇 달, 때로는 몇 년 동안 전국을 누비면서 이 게토에서 저 게토로 돌아다녔다. 나는 매주 240차례의 여행을 했던 한 연락책의 기록을 발견하기도 했다.[8] 하지만 여성 레지스탕스 주제에 관한 기존 연구들과 용어상의 통일성을 유지하기 위해, 그들의 활동을 설명하는 데에 연락책이란 용어를 사용했다.

'소녀girl'라는 단어도 이들을 무시하는 것으로 간주되어왔다. 이들은 스무 살쯤 된 젊은 여성이었으며, 일부는 결혼한 상태였다. 다시 말하지만 나는 레니아와 그녀의 집단을 설명하기 위해 다른 많은 용어 중에서 이 용어를 사용했다. 나는 저항운동에 가담한 젊은 남성들에 대해서도 소년boy이란 용어를 사용했다. 이는 우선 내가 그들의 젊음을 강조하고 싶었기 때문이다. 나아가 여전히 소녀라는 용어가 여권 신장에 대한 토론에 재사용되고, 폭넓게 등장하는 상황에서 이 글을 쓰고 있기 때문이다.

감사의 말

이 책은 수많은 사람들의 너그러운 지원이 없이는 태어나지 못했을 것입니다. 그분들 모두에게 깊이 머리 숙여 감사드립니다.

이 프로젝트의 잠재력을 처음 알아본 알리아 한나 하비브, 지혜와 관대함 그리고 인내와 열정으로 그 잠재력을 북돋아준 레이철 카한에게 감사드립니다. 나는 이들이 내게 준 것 이상의 지적이고 헌신적인 가이드는 꿈도 꾸지 못했습니다.

프로젝트에 대해 열정과 창의성, 뜨거운 관심을 보여준 윌리엄 모로의 연구진에 감사드립니다. 앤드리아 몰리터, 패멀라 배릭로, 샤린 로젠블룸, 켈리 루돌프, 카일리 조지, 벤저민 스타인버그, 플로이 시리판트, 알리비아 로페즈, 필립 배시. 그리고 캐나다 하퍼콜린스의 재클린 호드슨, 샌드라 리프, 로렌 모로코에게 감사드립니다.

끝없는 지식과 격려에 대해 리베카 가드너와 애너 워럴에게 감사드립니다. 거네트 팀의 윌 로버츠, 엘런 굿슨 코트리 및 나머지 팀원들에게 감사드립니다. 아낌없는 지원과 열정을 보내준 레니 구딩스, 미셸 위너, 홀리 배리오, 피터 샘플, 수전 솔로몬-셔피로, 니콜 듀이에게 감사드립니다.

《게토의 여자들》번역 프로젝트가 추진될 수 있도록 자금을 지원하고 처음부터 이 자료의 중요성을 믿어준 슐라미트 라인하르츠, 요안나 미츨릭, 데비 올린스를 포함한 허대서-브랜다이스 인스티튜트에 감사드립니다. 이곳을 내게 소개해주고 그 후에도 계속해서 많은 기관을 소개해준 앤터니 폴론스키에게 감사드립니다.

레지스탕스 투사들의 친척이며, 그들 가운데 이 주제에 관한 전문가로서 자신들의 기억과 인상을 자비롭게 공유해준 리브카 아우겐펠트, 랄프 베르거, 샌디 프라이너, 요람 클라인만, 미카엘 코브너, 야코프 하렐, 엘리엇 팔레프스키, 요나트 로트바인, 아비후 로넨, 릴리언 로즌솔, 일레인 셸루브, 올리 스타, 레아 왈드만, 메라브 발드만, 요엘 야아리, 라헬리 야하브, 예얄 주커만 등 모든 분들께 감사드립니다.

소중한 시간을 내어 자신이 가진 지식을 공유해준 하비 드레이푸스, 바바라 하르샤브, 에밀 케렌지, 아그니 레구트코, 다니엘라 오차키-슈테른, 카타지나 페르손, 로셀 자이델, 데이비드 실버클랑, 안나 시테른시스, 미하우 트렝바츠 등 모든 연구자들께 감사드립니다. 내가 보낸 이메일에 답신을 주면서, 수많은 자료와 전문가들을 알려준 샤론 게바, 벨라 구터만, 사무엘 카소, 유스티나 마제프스카, 디나 포라트, 에디 포르트노이 등에게도 감사드립니다.

없어서는 안 될 중요한 도움을 제공해준 모든 사서, 아키비스트 및 사진 기록 아키비스트에게 감사드립니다. 아즈리엘리 재단의 아리엘레 베르거, 게토 투사들의 전당 박물관의 아나트 브라트만-엘하울렐과 그녀의 동료들, JDC 아카이브의 미샤 미첼과 미카엘 겔러, 몬트리올 유대인 공공도서관의 에디 폴, 페니 프랜스블로 및 그들의 동료들, 알렉스 드워킨 캐나다 유대인 아카이브의 재니스 로즌, YIVO/유대인역사센터, 미국 홀로코스트 박물관 야드바셈, 유대인 파르티잔 교육재단, 유대인역사 연구소의 에마누엘 링겔블룸, POLIN 박물관, 키부츠 다프나, 몬트리올 홀로코스트 박물관 및 기타 여러 기관의 도서관 사서 및 기록보관소 직원들, JCC 크라쿠프의 조너선 오른스타인과 폴란드를 두루 답사하는 데 도움을 준 모든 가이드들에게 감사드립니다. 유대인도서위원회의 나오미 파이어스톤-티터에게도 감사드립니다.

내 연구 조교들, 통역사들, 비서들에게 감사드립니다. 엘리사 베스킨이 보여준 열정과 통찰력, 생생한 독창성과 우아함에 대해 감사드립니다. 자신의 업무를 넘어서는 많은 일을 통해 큰 도움을 준 에바 케른-예드리초프스카와 라나 다두에게 감사를 표합니다. 파울리나 블라슈치키에비츠, 쿠바 베소워프스키, 예얄 솔로몬, 이샤이 차무도트에게도 감사드립니다.

부지런하고 성실하게 초고를 검토해준 사라 버탤리언, 니콜 보카트, 에이미 클라인, 리 맥멀런 에이브럼슨에게 고마움을 표합니다.

모든 세부 사항을 세 번씩 확인하고, 참신한 여성사를 구성하도록, 그리고 사과할 내용 없이 당당하게 집필하도록 가르쳐준 엘리너 존, 미농 닉슨, 수전 셔피로 및 나의 많은 멘토들에게 감사의 마음을 전합니다.

더윙에서 일하는 나의 '동료들', 내 아이들의 양육을 맡아서 내가 연구에 몰두할 수 있도록 기꺼이 도와준 분들께 감사드립니다.

가족들의 이야기를 공유해주고, 레지스탕스 관련 기사와 파르티잔들의 노래에 접근할 수 있는 링크를 보내주고, 10년 넘게 게슈타포의 허를 찌르며 활동했던 유대인 여성들에 대해 내가 털어놓는 말을 들어주신 모든 분들께 감사드립니다. 그리고 기억의 희미함 때문에 여기 이름을 적지 못한 모든 분들―많은 분들이 있다고 확신합니다―께 감사드립니다.

이 연구에 영감과 희망을 준 젤다와 빌리에게, 아주 정확한 시간에 도착해준 브램에게, 그리고 모든 면에서 도움을 준 존에게 감사합니다.

마지막으로, 2019년에 나와 스카이프를 통해 소통하며 이 책에서 다음과 같은 메시지를 전해달라고 당부했던 빌나 파르티잔 출신 차엘레 팔레프스키에게 감사 인사를 드립니다.

"우리는 결코 이런 일이 다시는 일어나지 않도록 해야 합니다. 증오는 우리의 가장 무서운 적입니다. 평화롭게 서로 사랑하며 행복한 세상을 만들기 위해 노력하십시오."

주

서론

1   Leib Spizman, ed. *Women in the Ghettos* (New York: Pioneer Women's Organization, 1946). 《게토의 여자들》은 주로 폴란드 노동 시온주의 운동 출신으로 레지스탕스 활동을 했던 유대인 여성 투사들이 남긴 글, 또는 그들에 대한 회고, 편지, 시 등을 수록한 출판물이며, 더 방대한 내용의 저서들에서 발췌한 내용도 포함하고 있다. 이 책에서 많은 부분은 이미 히브리어로 출판되었던 것이지만, 이 책의 텍스트는 이디시어로, 미국계 유대인을 대상으로 집필되었다. 편집자 라이프 슈피츠만은 나치에 점령된 폴란드에서 탈출하여 일본을 거쳐 뉴욕으로 이주했으며 그곳에서 노동 시온주의 역사가가 되었다.

2   레지스탕스 개념에 대한 토론은 다음 자료들을 참조하라. Brana Gurewitsch, ed. *Mothers, Sisters, Resisters: Oral Histories of Women Who Survived the Holocaust* (Tuscaloosa: University of Alabama Press, 1998), 221-22; Yehudit Kol-Inbar, "'Not Even for Three Lines in History': Jewish Women Underground Members and Partisans During the Holocaust," in *A Companion to Women's Military History*, ed. Barton Hacker and Margaret Vining (Leiden, Neth.: Brill, 2012), 513-46; Yitchak Mais, "Jewish Life in the Shadow of Destruction," and Eva Fogelman, "On Blaming the Victim," in *Daring to Resist: Jewish Defiance in the Holocaust*, ed. Yitzchak Mais (New York: Museum of Jewish Heritage, 2007), *exhibition catalogue*, 18-25 and 134-37; Dalia Ofer and Lenore J. Weitzman, "Resistance and Rescue," in *Women in the Holocaust*, ed. Dalia Ofer and Lenore J. Weitzman (New Haven, CT: Yale University Press, 1998), 171-74; Gunnar S. Paulsson, *Secret City: The Hidden Jews of Warsaw 1940-1945* (New Haven, CT: Yale University Press, 2003), 7-15; Joan Ringelheim, "Women and the Holocaust: A Reconsideration of Research," in *Different Voices: Women and the Holocaust*, ed. Carol Rittner and John K. Roth (St. Paul, MN: Paragon House, 1993), 383, 390; Nechama Tec, *Resistance: Jews and Christians Who Defied the Nazi Terror* (New York: Oxford University Press, 2013), 특히 12-13; Lenore J. Weitzman, "Living on the Aryan Side in Poland: Gender, Passing, and the Nature of Resistance," in *Women in the Holocaust*, ed. Dalia Ofer and Lenore J. Weitzman (New Haven, CT: Yale University Press, 1998), 187-222. Paulsson과 Weitzman은 은신을 일종

의 저항으로 간주해야 한다고 강조한다; Paulsson은 탈출도 이와 마찬가지라고 주장한다.

3 유대인 구조활동에 대한 토론은 Mordechai Paldiel, *Saving One's Own: Jewish Rescuers During the Holocaust* (Philadelphia: Jewish Publication Society, University of Nebraska Press, 2017) 참조. Paldiel에 따르면 폴란드에서는 다른 나라와 비교할 때 대규모의 구조활동이 많지 않았다.

4 Vera Slymovicz testimony, p. 27, Alex Dworkin Canadian Jewish Archives, Montreal.

5 Renia Kukielka, *Underground Wanderings* (Ein Harod, Isr.: Hakibbutz Hameuchad, 1945).

6 예를 들어 https://images.shulcloud.com/1281/uploads/Documents/Narayever-News/news-jan-feb-2014.pdf.에 있는 레니아의 책에 대한 설명 참조.

7 Renya Kulkielko, *Escape from the Pit* (New York: Sharon Books, 1947). 흥미롭게도 출판사 샤론북스는 Pioneer Women's Organization과 같은 주소에 자리하고 있다(그런데 2018년에 레니아의 가족은 이 책의 영역본이 존재한다는 사실을 모르고 있었다).

8 유대인의 저항에 관한 이야기는 내가 속한 유대인 문화권에는 도달하지 못했다. 하지만 그 이야기는 생존자 커뮤니티에서 이야기되고 있고, 이스라엘 학계에서도 논의되고 있다. 어떤 사람들은 유대인의 저항 노력이 너무 미미했기 때문에 주목할 가치가 없다고 주장한다. 반면 다른 사람들은 '상당히 많은' 저항 활동이 있었다고 언급한다. 또한 이 이야기에 나오는 통계들은 추정치여서 종종 논쟁거리가 된다는 점을 언급할 필요가 있다. 많은 홀로코스트 '데이터'는 나치가 작성한 기록에서 가져왔으며, 그렇기 때문에 저항운동에 대한 기록들은 대체로 왜곡되어 있다. 유대인 측에서 아카이브를 만들어 자료를 수집·보존하려는 성공적인 시도가 몇 차례 있었지만, 너무 많은 정보가 소실되었거나 많은 문서들은 여전히 비밀문서로 분류·유지되고 있다. 어떤 것들은 아예 기록으로 남지 않았고, 어떤 것들은 암호화되어 있다. 또한 많은 기록들은 인터뷰 등을 통해 개인들의 기억에서 생산되었다.

9 Mais, "Jewish Life in the Shadow of Destruction," 24. 다른 자료들은 조금 다른 통계 수치를 기록하고 있다. USHMM Encyclopedia(https://encyclopedia.ushmm.org/content/en/article/jewish-uprisings-in-ghettos-and-camps-1941-44)에 따르면 대략 100개 정도의 게토에 지하 저항운동이 존재했다(그들이 무장했는지에 대해서는 구체적으로 명시되어 있지 않다). Agnes Grunwald-Spier, *Women's Experiences in the Holocaust: In Their Own Words* (Stroud, UK: Amberley, 2018), 180-81에 따르면 폴란드와 리투아니아에 있던 17개의 게토에는 무장 저항운동 조직이 존재했으며, 벨라루스에 있던 대략 65개의 게토에도 무장 저항조직이 있었는데 이들은 나중에 숲지대를 거점으로 저항운동을 전개했다.

10 전시 벽보 텍스트, "Fighting to Survive: Jewish Resistance," Montreal Holocaust Museum, Montreal. Wall text, POLIN Museum of the History of Polish Jews, Warsaw도 다음 도시들을 포함하고 있다: Będzin, Braslaw, Brzesc, Kobryn, Krzemieniec, Mir, Nieswiez, Tuczyn and Vilna. USHMM Encyclopedia, https://encyclopedia.ushmm.org/content/en/article/jewish-uprisings-in-ghettos-and-camps-1941-44에는 다음 도시들이 포함되어 있다: Lachva, Kremenets, Nesvizh. Mark Bernard, "Problems Related to the Study of

the Jewish Resistance Movement in the Second World War," *Yad Vashem Studies* 3 (1959): 45는 Kazimierz, Biala Podlaska, Pulawy, Radzyn, Jaslo, Sandomierz에서 유대인 저항운동이 일어났다고 언급하고 있다; 그는 우쿠프, 푸와비, 비아와포들라스카, 민스크마조비에츠키, 브레스트, 루블린, 그리고 핀스크 게토에서는 파르티잔 부대가 조직되었다고 언급한다; 그는 또한 타브니키 수용소에서 발생한 봉기에 대해서도 언급한다. 야드바솀의 자료에 따르면 그로드노의 투사들은 비록 실패했지만 게토 지휘관 암살을 시도하기도 했다. https://www.yadvashem.org/odot_pdf/Microsoft%20Word%20-%206316.pdf.

11 Tec, *Resistance*, 148.

12 Jewish Partisan Educational Foundation, http://www.jewishpartisans.org.

13 유대인 네트워크들은 은신처에 숨어 있는 유대인들을 재정적으로 지원했다. 이들의 지원을 받은 유대인의 수에 대해선 의견이 분분하다. 20장의 주 참조.

14 Grunwald-Spier, *Women's Experiences in the Holocaust*, 228-29. 이 글은 지비아의 손녀가 투사 파일럿이 되었을 때, 영국의 《데일리 텔레그래프》가 그녀와 지비아에 대해선 물론이고 그녀의 할아버지가 어떻게 해서 바르샤바에서 투사가 되었는지에 대해서 기사를 썼다고 언급한다. Matthew Brzezinski, *Isaac's Army: A Story of Courage and Survival in Nazi-Occupied Poland* (New York: Random House, 2012)에서 여성은 등장인물 가운데 남성 아래에 언급되며, 그것도 '-의 여자친구'로 서술되고 있다. 남성들은 '-의 남자친구'로 서술되지 않는다.

15 Ziva Shalev, *Tossia Altman: Leader of Hashomer Hatzair Movement and of the Warsaw Ghetto Uprising* (Tel Aviv, Isr.: Moreshet, 1992), 32-33: hussies에 대해 더 알려면 Anna Legierska, "The Hussies and Gentlemen of Interwar Poland," Culture.pl, https://culture.pl/en/article/the-hussies-and-gentlemen-of-prewar-poland, 16 Oct 2014 참조.

16 Chaika Grossman, "For Us the War Has Not Ended," in *Women in the Ghettos*, 180-82.

17 에마누엘 링겔블룸의 1942년 5월 일기: Emanuel Ringelblum, *Notes from the Warsaw Ghetto: The Journal of Emanuel Ringelblum*, ed. and trans. Jacob Sloan (New York: ibooks, 2006)에서 그 번역본을 찾을 수 있다. 당시 많은 지도자들이 링겔블룸과 마찬가지로 이들에게 찬사를 아끼지 않았다. 폴란드의 저명한 레지스탕스 지도자 얀 카르스키(Jan Karski)도 연락책들을 기리며 그들이 운동의 조직책이나 실행자들보다 더 많은 위험에 노출돼 있었으며, 보상은 최소한이면서 가장 힘든 일을 수행했다고 강조했다. Vera Laska, ed., *Different Voices*, 255에서 인용.

18 "우리 민족의 위대한 보물이며, 유대 민족의 구전에서 필수적인 부분이 될 것이다.": Ruzka Korczak, "Women in the Vilna Ghetto," in: *Women in the Ghettos*, 126.

19 Gusta Davidson Draenger, *Justyna's Narrative*, trans. Roslyn Hirsch and David H. Hirsch (Amherst: University of Massachusetts Press, 1996), 33. 그녀는 이렇게 기록했다. "죽음을 앞둔 우리 젊은 투사들은 결코 산 채로는 벗어나지 못할 이 감옥에서 여러분께 작별인사를 보냅니다. 우리는 우리의 신성한 대의를 위해 기꺼이 목숨을 바칠 것입니다. 다만 우리의

이러한 행동이 영원한 기억의 책에 기록되기를 바랄 뿐입니다."

프롤로그

1 벵진에 대해서는 다음 자료 참조. "Będzin," Virtual Shtetl, https://sztetl.org.pl/en/towns/ b/406-bedzin/99-history/137057-history-of-community; Bella Gutterman, "The Holocaust in Będzin," in *Rutka's Notebook: January-April 1943* (Jerusalem: Yad Vashem, 2007); Aleksandra Namyslo, *Before the Holocaust Came: The Situation of the Jews in Zaglebie During the German Occupation* (Katowice: Public Education Office of the Institute of National Remembrance, with the Emanuel Ringelblum Jewish Historical Institute in Warsaw and Yad Vashem, 2014); Anna Piernikarczyk, "Bedzin," Polskie Dzieje, https:// polskiedzieje.pl/dzieje-miast-polskich/bedzin.html; Avihu Ronen, "The Jews of Będzin," in: *Before They Perished ... Photographs Found in Auschwitz*, ed. Kersten Brandt et al. (Oświęcim, Pol.: Auschwitz-Birkenau State Museum, 2001), 16-27; Marcin Wodziński, "Będzin," *The YIVO Encyclopedia of Jews in Eastern Europe*, http://www.yivoencyclopedia. org/article.aspx/Bedzin; Ruth Zariz, "Attempts at Rescue and Revolt: Attitude of Members of the Dror Youth Movement in Będzin to Foreign Passports as Means of Rescue," *Yad Vashem Studies* 20 (1990): 211-36.

2 "Będzin," The YIVO Encyclopedia of Jews in Eastern Europe, https://yivoencyclopedia. org/article.aspx/Bedzin. 다른 자료들은 45퍼센트에서 80퍼센트에 이르는 통계를 제시한다.

3 다양한 자료들은 40명에서 200명에 이르는 숫자를 언급하고 있다. The YIVO Encyclopedia of Jews in Eastern Europe에 따르면 44명의 유대인이 살해되었다.

4 다양한 지역의 유대인들은 지역마다 상이한 완장을 착용하도록 강요받았다. 폴란드의 많은 지역에서 유대인은 푸른색 다윗의 별이 새겨진 흰 완장을 착용해야 했다; 다른 곳에서는 노란색 별을 착용했다. "Holocaust Badges," Holocaust Memorial Center, https://www. holocaustcenter.org/visit/library-archive/holocaust-badges 참조.

5 나치는 유대인 학살 프로그램을 지칭하는 은밀한 용어를 사용했다. '최종 해결'은 유럽 유대인의 몰살 프로그램을 뜻하는 은어였고, '철거'는 주민을 죽음의 수용소나 집단학살 장소로 이송해서 학살함으로써 게토를 없애는 것을 뜻하는 은어였다.

6 이 장면은 레니아의 회고록에서 언급된 내용을 근거로 세밀하게 재구성한 것이다. Kukielka, *Undergound Wanderings*, 74-75.

7 헤어셀에 대한 묘사는 Chajka Klinger, *I Am Writing These Words to You: The Original Diaries, Będzin 1943*, trans. Anna Brzostowska and Jerzy Giebułtowski (Jerusalem: Yad Vashem and Moreshet, 2017), 69를 참고했다.

8 "Generalgouvernement," Yad Vashem Shoah Resource Center, http://www.yadvashem.org/ odot_pdf/Microsoft%20Word%20-%206246.pdf.

9 뽀족하게 튀어나온 광대뼈와 마음을 꿰뚫어보는 듯한 검은 눈을 가진 사라: 이러한 묘사는

'게토 투사의 전당'에 전시된 사라의 사진을 토대로 한 것이다.

10 Zariz, "Attempts at Rescue and Revolt," 211-36. 당시의 여권 제도에 대해 좀 더 상세하게 살펴보려면 다음 자료를 참조하라. Vladka Meed, *On Both Sides of the Wall*, trans. Steven Meed (Washington, DC: United States Holocaust Memorial Museum, 1993), 175-80; Paldiel, *Saving One's Own*, 361-62; Avihu Ronen, *Condemned to Life: The Diaries and Life of Chajka Klinger* (Haifa and Tel Aviv, Isr.: University of Haifa Press, Miskal-Yidioth Ahronoth and Chemed, 2011), 234-94.

1부 게토의 소녀들

1 렘베르그는 폴란드어 르부프의 이디시어 이름이며, 오늘날에는 우크라이나어 르비우로 불린다.

2 Ringelbaum, *Notes from the Warsaw Ghetto*, 273-74.

1. 폴-린

1 레니아가 태어난 날에 대해서는 자료마다 다르다. 1924년 10월 10일은 야드바셈의 카탈로그와 레니아의 자녀들이 레니아의 생일로 인정하는 날이다.

2 나는 출생 장면을 야드바셈 아카이브와 당시의 역사적 맥락에 근거해서 재구성해보았다. 이 장에 나오는 레니아와 그녀의 가족에 대한 정보는 다른 언급이 없는 한 그녀가 야드바셈에서 증언한 내용에서 가져왔다.

3 레니아의 야드바셈 증언에 따르면 가족들은 집에선 이디시어로 말하고, 친구들과는 폴란드어로 소통했다. 그런데 게토 투사의 전당에서 한 구술 증언에 따르면 그녀는 집에서 폴란드어를 썼다. 그녀의 사촌들은 그들이 집에서 이디시어와 폴란드어를 함께 사용했다고 주장했다. 2019년 2월 11일에 진행된 Yoram Kleinman과의 전화 인터뷰.

4 쿠키엘카(Kukielka)는 폴란드어 Kukielo와 비슷한데, 이는 지역의 장례식장을 설립·운영했던 가문의 성이다. 2018년 6월에 엥제유프의 한 주민이 필자에게 알려주었다.

5 엥제유프 이즈코르 연감(*The Jędrzejów Yizkor Book*, Tel Aviv, Isr.: Irgun Ole Yendzéyov be-Yiśra'el, 1965)에는 코키엘카(Kokielka) 가문에 속하는 다섯 가구의 가족들이 나치에 의해 학살되었다고 기록하고 있다.

6 The Yivo Encyclopedia of Jews in Eastern Europe, http://www.yivoencyclopedia.org/article.aspx/Food_and_Drink. 다음 자료도 참조: Magdalena Kasprzyk-Chevriaux, "How Jewish Culture Influenced Polish Cuisine," Culture.pl, https://culture.pl/en/article/how-jewish-culture-influenced-polish-cuisine.

7 이 장에 나오는 엥제유프에 관한 정보는 주로 다음 자료에서 가져온 것이다: "Jędrzejów," Virtual Shtetl, https://sztetl.org.pl/en/towns/j/40-Jędrzejów/99-history/137420-history-

of-community#footnote23_xgdnzma; "Jędrzejów," Beit Hatfutsot: *My Jewish Story, The Open Databases of the Museum of the Jewish People*, https://dbs.bh.org.il/place/Jędrzejów; "Jędrzejów," Holocaust Historical Society, https://www.holocausthistoricalsociety.org.uk/contents/ghettosj-r/Jędrzejów.html; "Jędrzejów," JewishGen, https://www.jewishgen.org/yizkor/pinkas_poland/pol7_00259.html. 이 자료는 본래 Pinkas Hakehillot: Encyclopedia of Jewish Communities, Poland, Volume VII (Jerusalem: Yad Vashem), 259-62에 수록되어 있던 것이다.

8 이들의 출생일은 대략 추정된 것이지만 아론은 1925년, 에스더는 1928년, 얀켈은 1932년에 태어난 것으로 보인다.

9 130개는 이디시어, 25개는 히브리어, 25개는 폴란드어로 발간되었다: 전시물 텍스트, POLIN Museum of the History of Polish Jews, Warsaw.

10 "The Struggle for a Jewish Palestine" (in May 1937): "Jędrzejów," Virtual Shtetl.

11 당시 폴란드 여학생들의 교복 차림인, 흰색과 네이비블루의 세일러복과 주름치마를 입고 무릎까지 올라오는 스타킹을 신은 레니아: Anna Legierska, "The Hussies and Gentlemen of Interwar Poland." 이는 당시 흔한 옷차림이어서 나는 레니아도 그렇게 입었을 것으로 추정한다.

12 2018년 10월 23일에 스카이프를 통해 진행한 메라브 발드만(Merav Waldman)과의 개인적인 인터뷰.

13 "Jędrzejów," Virtual Shtetl.에서 인용했다.

14 레니아의 야드바셈 증언에 따르면 그녀는 잠시 바이트 야콥 학교에 다니다가, 학교가 너무 멀어서 폴란드 공립학교로 전학했다.

15 야드바셈 증언에서 레니아는 한 교사가 자신을 '쿠키엘찬카(Kukielchanka)'라고 부르게 했다고 전한다. '쿠키엘카'라는 이름이 너무 폴란드인처럼 들린다는 것이 이유였다.

16 건국 이래 폴란드는 서서히 발전하고 있었다: 이 장에 서술된 폴란드와 폴란드 유대인의 역사에 관한 정보는 주로 다음 자료에서 가져왔다: "Poland," The YIVO Encyclopedia of Jews in Eastern Europe, https://yivoencyclopedia.org/article.aspx/Poland; Samuel D. Kassow, "On the Jewish Street, 1918-1939," POLIN, 1000 Year History of Polish Jews — *Catalogue for the Core Exhibition*, ed. Barbara Kirshenblatt-Gimblett and Antony Polonsky (Warsaw: POLIN Museum of the History of Polish Jews, 2014), 227-85; Jerzy Lukowski and Hubert Zawadzki, *A Concise History of Poland* (Cambridge: Cambridge University Press, 2001).

17 Adriel Kasonata, "Poland: Europe's Forgotten Democratic Ancestor," The National Interest, May 5, 2016, https://nationalinterest.org/feature/poland-europes-forgotten-democratic-ancestor-16073.

18 이 정당의 전체 강령은 폴란드 유대인에 대한 비방, 그리고 '유대인과 다른' 새로운 폴란드의 정체성에 관심이 있었다: 다음에 언급된 Paul Brykczynski 강의 참조. "In Dialogue:

Polish Jewish Relations During the Interwar Period," November 15, 2018, at Fordham University, with Columbia, YIVO.

19 엥제유프의 작은 마을에서도 반유대주의가 증가하는 현상이 있었다: "Jędrzejów," Virtual Shtetl 참조.

20 시멘 지간(Shimen Dzigan)과 이스로엘 슈마허(Yisroel Schumacher)는 우치에서 한 희극 공연단의 일원으로 만났다. 1930년대에 그들은 인기가 많아서 바르샤바에 독자적인 카바레 회사를 차렸다.

21 Samuel D. Kassow는 내게 다음 자료에 수록된 그의 강연에서 이 스케치에 대해 알려주었다: "In Dialogue: Polish Jewish Relations During the Interwar Period." 이 스케치에 대한 토론은 Ruth R. Wisse, *No Joke: Making Jewish Humor* (Princeton, NJ: Princeton University Press, 2015), 145-46 참조.

22 분트는 영국의 백서[1939년 5월 영국 의회에서 승인된 백서. 향후 이스라엘의 독립을 약속하고, 동시에 팔레스타인으로 이주하는 유대인의 수를 제한하는 것을 주요 내용으로 하고 있다] 때문에 팔레스타인 이주가 불가능해 보였고, 또 폴란드 정부가 종교당의 요구를 들어주지 않았기 때문에 1938년에 유대인이 가장 선호하는 제1당이 되었다. 그전에는 세 정당의 지지율이 상당히 비슷했다.

23 모셰는 레니아에게 지적인 영향을 주었고, 사라는 레니아의 리더십에 큰 영향을 주었다고 레니아의 자녀들은 이야기했다. 하지만 사라가 레니아보다 나이가 더 많고 다양한 하흐샤라 키부침(hachshara kibbutzim)에 살았던 것으로 보아 레니아도 벨라와 동행했을 가능성이 있다. 야드바솀 증언에서 레니아는 열다섯 살이 채 안 되었던 전쟁 전까지만 해도 학교생활에 집중했으며, 청소년운동에는 별 관심이 없었다고 주장했다.

24 "그녀는 남색 털실로 짠 넓은 치마를 입고 있었는데, 길이가 아주 짧았어요. 신발 전체가 밑에서 다 보일 정도로요. 아마 사람들이 그녀에게 손가락질을 했을 거예요!" 인용문은 Legierska, "The Hussies and Gentlemen of Interwar Poland"에서 가져왔다.

25 사라 쿠키엘카의 사진은 게토 투사의 전당 아카이브에서 가져왔다.

26 빌나의 저명한 이디시어 연구소(YIVO)는 이러한 위기에 주목해서 젊은 유대인들에게 그들의 삶에 대해 기록할 것을 요청하는 회고록 경연대회를 조직했다. 젊은 유대인들이 그들 자신에 대해 더 잘 이해하도록 하고, 사기를 북돋우려는 바람에서였다.

27 영가드는 어떤 정당과도 관련되어 있지 않았지만, 사회주의 시온주의자들과는 연관을 맺고 있었다.

28 엥제유프 하흐샤라의 사진은 "Jędrzejów," *Beit Hatfutsot: My Jewish Story*에서 가져왔다.

29 Dror(Freedom, 이하 '프리덤'으로 표기)는 1938년에 헤찰루츠 하차르(Young Pioneer)와 프라이하이트(Freedom) 두 조직을 통합한 것으로, 노동계급 구성원을 끌어들였던 이디시어 그룹이었다. 프리덤은 히브리어와 이디시어를 함께 사용하는 시온주의자 집단이었고, 더 많은 노동 청소년들을 포함하고 있었다. 그들은 포알레이 시온(Poalei Zion)['시온의 노동자들'이라는 뜻. 마르크스주의-시온주의 유대인 노동자들의 정당] 정당과 연계되

어 있었으며, 지금도 활동하고 있다. 프리덤 동지들은 영가드보다 나이가 많고, 잘난 척을 덜 하며, 더 현실적이라는 평판을 받았다(Bella Gutterman, *Fighting for Her People: Zivia Lubetkin, 1914-1978*, trans. Ora Cummings (Jerusalem: Yad Vashem, 2014), 132).

30 예를 들어 "나 자신은 결코 운동 단체를 좋아하는 사람이 아니었다. 하지만 ZOB의 모든 사람들이 그의 운동 단체의 이름을 마치 자신의 또 다른 이름처럼 사용했기 때문에, 나는 아키바라는 이름을 고수했다." Simha "Kazik" Rotem, *Memoirs of a Ghetto Fighter*, trans. Barbara Harshav (New Haven, CT: Yale University Press, 1994). 운동 단체들 사이에는 경쟁과 갈등이 있어서, 어떤 단체가 다른 단체의 본부를 공격하기도 했다.

31 그러나 여성들은 유대인 공동체의 위원회를 선출할 권리를 얻지 못했다.

32 진간기 폴란드에서 폴란드 여성과 유대인 여성 문제에 관한 토론은 다음 자료를 참조하라. Gershon Bacon, "Poland: Interwar," *The Encyclopedia of Jewish Women*, https://jwa.org/encyclopedia/article/poland-interwar; Judith Taylor Baumel-Schwartz and Tova Cohen, eds. *Gender, Place and Memory in the Modern Jewish Experience: Re-Placing Ourselves* (London: Vallentine Mitchell, 2003); Anna Czocher, Dobrochna Kałwa, et al., *Is War Men's Business? Fates of Women in Occupied Kraków in Twelve Scenes*. trans. Tomasz Tesznar and Joanna Bełch-Rucińska. (Kraków: Historical Museum of the City of Kraków, 2011); Nameetha Matur, "'The New Sportswoman': Nationalism, Feminism and Women's Physical Culture in Interwar Poland," *The Polish Review* 48 (2003), no. 4: 441-62; Jolanta Mickute, "Zionist Women in Interwar Poland," on The Macmillan Report, https://www.youtube.com/watch?v=TrYt4oI4Mq4; Lenore J. Weitzman and Dalia Ofer, "Introduction to Part 1," Paula E. Hyman "Gender and the Jewish Family in Modern Europe," Gershon Bacon, "The Missing 52 Percent: Research on Jewish Women in Interwar Poland and Its Implications for Holocaust Studies," and Daniel Blatman, "Women in the Jewish Labor Bund in Interwar Poland," 이 논문들은 모두 *Women in the Holocaust*에 수록되어 있다; Puah Rakovsky, *My Life as a Radical Jewish Woman: Memoirs of a Zionist Feminist in Poland*, trans. Barbara Harshav with Paula E. Hyman (Bloomington: Indiana University Press, 2001); Avihu Ronen, "Poland: Women Leaders in the Jewish Underground in the Holocaust," *The Encyclopedia of Jewish Women*, https://jwa.org/encyclopedia/article/poland-women-leaders-in-jewish-underground-during-holocaust; Jeffrey Shandler, ed., *Awakening Lives: Autobiographies of Jewish Youth in Poland Before the Holocaust* (New Haven, CT: Yale University Press, 2002); Anna Zarnowska, "Women's Political Participation in Inter-War Poland: Opportunities and Limitations," *Women's History Review* 13 (No. 1, 2004): 57-68.

33 당시 대부분의 폴란드 페미니스트들은 스스로를 '급진주의적' 또는 '혁명적'이라고 지칭했다.

34 Avihu Ronen, "Young Jewish Women Were Leaders in the Jewish Underground During the Holocaust," *Jewish Women's Archive: The Encyclopedia of Jewish Women*, https://jwa.org/

encyclopedia/article/Poland-women-leaders-in-jewish-underground-during-holocaust. 반면, Kol-Inbar, "Three Lines in History," 514는 여성들이 폴란드 청소년운동에서 그리 대단한 역할을 하지 않았다고 주장한다.

35 앞의 주장은 레니아의 *Escape from the Pit*, 프롤로그에 언급된 것이며, 뒤의 주장은 레니아 의 야드바셈 증언에서 언급된 것이다.

36 예를 들어 the Alex Dworkin Canadian Jewish Archives, Montreal에 보존되어 있는 여성들 의 증언 참조.

2. 불 속에서 불 속으로

1 히틀러의 전격전은 우선 적의 교통망과 통신망을 파괴하기 위해 대규모 폭격을 가하고, 뒤 이어 대규모 육군 병력을 투입하는 것을 포함하고 있었다. 폴란드군은 장비가 부족하고 구 식이어서(기마병으로 독일군의 선봉대에 맞서려고 시도했을 정도다), 현대식으로 기계화 된 독일군에 맞설 상대가 되지 못했다.

2 Kukielka, *Underground Wanderings*, 4. 이 장은 Kukielka, *Underground Wanderings*, 3-8에 서술된 내용과 야드바셈 증언을 바탕으로 한다.

3 Kukielka, *Underground Wanderings*, 4.

4 레니아는 야드바셈 증언에서는 그들이 지하실에 숨어 있었다고 말했다.

5 "Chmielnik," Beit Hatfutsot: My Jewish Story, The Open Databases of the Museum of the Jewish People, https://dbs.bh.org.il/place/chmielnik.

6 "Chmielnik," Virtual Shtetl에는 첫 번째 밤에 대한 또 다른 주장이 담겨 있다.

7 Naomi Izhar, *Chasia Bornstein-Bielicka, One of the Few: A Resistance Fighter and Educator, 1939-1947*, trans. Naftali Greenwood (Jerusalem: Yad Vashem, 2009), 133.

8 레니아의 야드바셈 증언.

3. 여성들, 투쟁 거점을 구축하다

1 이 장에서 지비아와 연관된 모든 장면은 다음 자료를 토대로 했다. Zivia Lubetkin, *In the Days of Destruction and Revolt*, trans. Ishai Tubbin and Debby Garber, ed. Yehiel Yanay (Tel Aviv, Isr.: Am Oved; Hakibbutz Hameuchad; Ghetto Fighters' House, 1981). 추 가적인 정보는 주로 다음 자료를 참조했다. Zvi Dror, *The Dream, the Revolt and the Vow: The Biography of Zivia Lubetkin-Zuckerman (1914-1978)*, trans. Bezalel Ianai (Tel Aviv, Isr.: General Federation of Labor [Histadrut] and Ghetto Fighters' House, 1983); Chana Gelbard, "In the Warsaw Ghetto," in *Women in the Ghettos*, 3-16; Gutterman, *Fighting for Her People*; Yitzhak "Antek" Zuckerman, *A Surplus of Memory: Chronicle of the Warsaw Ghetto Uprising*, trans. Barbara Harshav (Berkeley: University of California Press, 1993).

2 Lubetkin, *Days of Destruction*, 16.

3 Gutterman, *Fighting for Her People*, 9.

4 이들 가운데 프룸카, 한체, 레아(레아 페를슈타인), 토시아가 포함되어 있다.

5 벤 샤니(Ben Shani)와 노아 샤브타이(Noa Shabtai)가 이끌었던 *Zuckerman Code* (Israel, 2018)에 따르면 안테크는 그의 '내부 별명'이었다. 그는 독일인과 폴란드인을 만나면 다른 이름들을 사용했다.

6 Lubetkin, *Days of Destruction*, 14.

7 Lubetkin, *Days of Destruction*, 14.

8 Eyal Zuckerman, Tel Aviv, Isr., May 15, 2018. 에얄 주커만과의 인터뷰에 따르면 그녀가 슈무엘(Shmuel)을 찾아서 바르샤바에 갔을 가능성이 있다. Gutterman, *Fighting for Her People*, 107. 그런데 다른 한편 그녀는 슈무엘이 체포되었기 때문에 바르샤바행을 연기했을 수도 있다.

9 Lubetkin, *Days of Destruction*, 13.

10 Gutterman, *Fighting for Her People*, 110. Lubetkin, *Days of Destruction*, 14에 따르면 그것은 "다음 날 저녁"이었다. 그리고 그녀의 주장에 따르면 루베트킨은 안테크에 대해선 아무런 언급도 하지 않았다.

11 Lubetkin, *Days of Destruction*, 15.

12 Lubetkin, *Days of Destruction*, 17.

13 "The History of the Great Synagogue," Jewish Historical Institute, http://www.jhi.pl/en/blog/2013-03-04-the-history-of-the-great-synagogue.

14 "Warsaw," The YIVO Encyclopedia of Jews in Eastern Europe. Dalia Ofer, "Gender Issues in Diaries and Testimonies of the Ghetto: The Case of Warsaw," in *Women in the Holocaust*, 144-45에는 전쟁 전 인구가 35만 9천 명이며 여기엔 인구절벽이 포함되어 있다고 기록되어 있다.

15 총 860만 명 가운데 110만 명. 이 통계는 2016년의 것이며, Uriel Heilman, "7 Things to Know About the Jews of New York for Tuesday's Primary," *Jewish Telegraphic Agency, April 18, 2016*, https://www.jta.org/2016/04/18/politics/7-things-to-know-about-the-jews-of-new-york-for-tuesdays-primary에 수록되어 있다.

16 전쟁 전 바르샤바 시내의 광경은 다음에서 볼 수 있다. https://www.youtube.com/watch?v=igv038Pqr34; https://www.youtube.com/watch?v=CQVQQQDKyoo; https://www.youtube.com/watch?v=Zk_8lTLGLTE.

17 Lubetkin, *Days of Destruction*, 19.

18 Lubetkin, *Days of Destruction*, 21.

19 Eliezer, "In the Movement," in *Women in the Ghettos*, 87-91.

20 Lutke, "Frumka," in *Hantze and Frumka*, 169.

21 Y. Perlis, "In the Hachshara and the Movement," in *Hantze and Frumka*, 155.

22 Zruvevel, "Meeting and Separation," in *Women in the Ghettos*, 91-95.

23 Eliyahu Plotnicki, "Childhood Home," in *Hantze and Frumka*, 10.

24 Yudka, "Catastrophe," in *Women in the Ghettos*, 95-102. 이 기록에 따르면, 그녀의 열정은 나치에게 점령된 폴란드에서 한체가 죽었다는 잘못된 소문에 의해 촉발된 것으로 보인다.

25 Gelbard, "Warsaw Ghetto," 5-7.

26 Zuckerman, *Surplus of Memory*, 104. 레아 페를슈타인은 프리덤이 우치와 바르샤바에서 운영하던 농장에서 레지스탕스 리더였다. 그녀는 1943년 1월 바르샤바 봉기 때 사망한 것으로 보인다.

27 Zuckerman, *Surplus of Memory*, 244.

28 Kukielka, *Underground Wanderings*, 12. 다른 기회에 레니아는 몇몇 민병대원들은 자신의 지위를 이용해서 다른 사람들을 도우려 애썼다고 주장했다.

29 Bernard, "Problems Related to the Study," 61-62. Ronen에 따르면 자그웽비에 유대인 평의회에는 500명의 직원이 있었다. Ronen, "The Jews of Bedzin," 21. JDC 아카이브에 보관된 문서들은 2천 명의 유대인 경찰이 바르샤바에서 고용되어 활동했다고 보고하고 있다.

30 예를 들어 유대인 평의회가 갖고 있던 복잡한 성격을 연구한 문헌들에 대한 서평을 보려면 Tec, *Resistance*, 14 참조. 저항운동을 지원해주었던 유대인 평의회에 대한 다른 주장, 그리고 유대인 평의회의 역할에 대한 사려 깊은 논의들은 다음 자료 참조. Izhar, *Chasia Bornstein-Bielicka*, 124-25, 140; Rotem, *Memoirs of a Ghetto Fighter*, 15; Don Levin and Zvie A. Brown, *The Story of an Underground: The Resistance of the Jews of Kovno (Lithuania) in the Second World War* (Jerusalem: Gefen, 2018); Mira Shelub and Fred Rosenbaum, *Never the Last Road: A Partisan's Life* (Berkeley, CA: Lehrhaus Judaica, 2015), 78. 유대인 경찰에 대해서도 비슷한 논쟁이 있다. 유대인 평의회와 노동력의 발전에 대해서는 Bernard Goldstein, *The Stars Bear Witness*, trans. Leonard Shatzkin (London: Victor Gollancz, 1950), 34-36 참조.

31 지비아는 마침내 자신이 유대인 평의회, 유대인 경찰, 유대인 협력자들을 경멸한다고 기록했다. Lubetkin, *Days of Destruction*, 39-42.

32 Chana Gelbard, "Life in the Ghetto," *The Pioneer Woman*, No. 97, April 1944, 11.

33 Zuckerman, *Surplus of Memory*, 44-45.

34 주커만과의 개인적인 인터뷰(텔아비브, 2018년 5월 15일)

35 Naomi Shimshi, "Frumka Plotniczki," *Jewish Women's Archive, The Encyclopedia of Jewish Women*, https://jwa.org/encyclopedia/article/plotniczki-frumka.

36 주커만은 사랑과 관련된 그들의 삼각관계에 대해 언급한다. Zuckerman, *Surplus of Memory*, 130. 구터만은 이에 대해 추측한다. Gutterman, *Fighting for Her People*, 101, 127, 134, 135 참조.

37 Zuckerman, *Surplus of Memory*, 132. Sharon Geva에 따르면 '지비아(Zivia)'는 폴란드 전역에서 하나의 암호였다. Sharon Geva, *The Zuckerman Code, and Blue Bird*, directed by Ayelet Heller, Isr., 1998.

4. 또 하나의 아침을 맞기 위해

1   레니아의 야드바셈 증언에 따르면 한 이웃이 그녀에게 법원 속기사 자리를 제안했고, 그녀는 기꺼이 그 자리를 맡았다.

2   별도의 언급이 없으면 이 장에 나오는 장면들과 묘사들, 그리고 관련된 정보들은 대부분 Kukielka, *Underground Wanderings*, 9-36에 근거하고 있다. 옝제유프 게토에 관한 추가적인 정보는 1장에서 인용한 자료를 참조.

3   레니아의 야드바셈 증언. 레니아에 따르면 그들은 자신의 귀중한 소장품들을 다시는 보지 못했다.

4   예를 들어 Izhar, *Chasia Bornstein-Bielicka*, 104, 133 참조.

5   예를 들어 Izhar, *Chasia Bornstein-Bielicka*, 104-15 참조.

6   Barbara Kuper, "Life Lines," in *Before All Memory Is Lost: Women's Voices from the Holocaust*, ed. Myrna Goldenberg (Toronto: Azrieli Foundation, 2017), 198.

7   Myrna Goldenberg, "Camps: Forward," in *Before All Memory Is Lost*, 272.

8   Renia Kukielka, 야드바셈 증언.

9   예를 들어 Faye Schulman, *A Partisan's Memoir: Woman of the Holocaust* (Toronto, Canada: Second Story Press, 1995), 77 참조.

10 Tec, *Resistance*, 52-54.

11 Izhar, *Chasia Bornstein-Bielicka*, 108-10.

12 Tec, *Resistance*, 52.

13 물자를 몰래 반입하는 장면들은 레니아가 1985년 이스라엘 국립도서관, 도서관 아카이브에서 한 증언에 기초하고 있다. 그녀가 이 활동을 한 것이 게토 '봉쇄' 이전인지 이후인지는 분명하지 않다. 나는 이 장면을 많은 여성 밀수업자들의 이야기에 근거해서 재구성했다. 예를 들어 *Warsaw Ghetto: Everyday Life, The Ringelblum Archive*, Volume 1, ed. Katarzyna Person, trans. Anna Brzostowska et al. (Warsaw: Jewish Historical Institute, 2017), 232-55에 수록된 "Women" 부분 참조.

14 레니아는 자신이 아침에 나갔다고 주장했지만, 대부분의 주장에 따르면 여성 밀수업자들은 주로 밤에 게토를 나갔다.

15 몇몇 사례들이 "Women," *Warsaw Ghetto: Everyday Life*에 언급되어 있다.

16 Lenore J. Weitzman, "Resistance in Everyday Life: Family Strategies, Role Reversals, and Role Sharing in the Holocaust," in *Jewish Families in Europe, 1939-Present: History, Representation and Memory*, ed. Joanna Beata Michlic (Waltham, MA: Brandeis University Press, 2017), 46-66.

17 Tec, *Resistance*, 59. 대규모 게토에는 두 가지 모두 있었다.

18 Schulman, *Partisan's Memoir*, 78.

19 Izhar, *Chasia Bornstein-Bielicka*, 120-22.

20 Izhar, *Chasia Bornstein-Bielicka*, 111.

21 차시아 비엘리츠카는 그들이 여러 가지 경로를 통해, 경우에 따라서는 폐기물 트럭에 숨어서 게토에 들어왔다고 설명한다. Izhar, *Chasia Bornstein-Bielicka*.

22 Kukielka, *Underground Wanderings*, 21.

23 Ofer, "Gender Issues in Diaries and Testimonies of the Ghetto," 143–67에 서술된 논의 참조; Ringelheim, "Women and the Holocaust," 378–79; Tec, *Resistance*, 55–57; Michael Unger, "The Status and Plight of Women in the Łódź Ghetto," in *Women in the Holocaust*, 123–42.

24 Dalia Ofer, "Parenthood in the Shadow of the Holocaust," in *Jewish Families in Europe*, 3–25.

25 예를 들어 다음 자료 참조. Brana Gurewitsch, "Preface," *Mothers, Sisters, Resisters*, xi–xxi; Esther Katz and Joan Miriam Ringelheim, eds., *Proceedings of the Conference on Women Surviving the Holocaust* (New York: Institute for Research in History, c1983), 17–19; Ringelheim, "Women and the Holocaust," 373–418; Tec, *Resistance*, 50, 55.

26 Agi Legutko, tour of the Kraków ghetto, Jewish Culture Festival, Kraków, June 2018.

27 Izhar, *Chasia Bornstein-Bielicka*, 111.

28 Izhar, *Chasia Bornstein-Bielicka*, 112; Shelub and Rosenbaum, *Never the Last Road*, 80–81.

29 *Who Will Write Our History*, directed by Roberta Grossman, USA, 2019. 비슷한 액수가 JDC 아카이브에서 작성된 JDC 리포트와 *Warsaw Ghetto, Everyday Life* (Ringelblum archive)에 수록된 'Women' 항목에 기록되어 있다. 이 장에 따르면 1940년 바르샤바에서 보통 여성 노동자는 하루에 3즈워티를 벌었고 숙련 여성 노동자는 6즈워티를 벌었다. 당시 수프 한 그릇이 1즈워티였다. 불안한 전시 경제 속에서 임금에 비해 물가가 지나치게 높았던 것이다. JDC 보고서에 따르면 1942년 바르샤바에서 유대인이 버스를 타려면 60그로시를 내야 했으며, 물 한 잔이 18그로시였다. 대체로 1940년에 1즈워티는 2020년 기준 미화 3.3달러에 상당했다. 여기서 당시 환율은 미국의 인플레이션율뿐만 아니라 전쟁 동안 —여러 가지 이유에서 발생했던— 통화 가치의 엄청난 변동을 정확히 적용할 수 없기 때문에 그리 정확하지는 않다. 또한 독일에 점령되었던 폴란드에서 사용된 통화는 지역마다 서로 달랐지만 그것들은 나치가 독일 경제를 강화하기 위해 독일 제국마르크에 실질적으로 상응하도록 정한 즈워티 환율과 일치했던 것으로 보인다. 어떤 게토에서는 독자적인 통화를 사용했다.

30 당시 폴란드의 이 지역에서 밀반입된 물자의 가격이 얼마인지 평가하기는 어렵다. 레니아는 돈으로 지불하기보다 물건과 맞바꾸기를 했을지도 모른다.

31 "Janowska," USHMM Encyclopedia, https://encyclopedia.ushmm.org/content/en/article/janowska. 이 수용소는 1941년 9월에 설립되었다. 레니아의 증언에서는 아론이 언제 끌려 갔는지 확실하지 않다.

32 Goldenberg, "Camps: Forward," 267. "Nazi Camps," The USHMM Encyclopedia. 골덴베르크는 나치가 4만 개 이상의 수용소와 기타 유대인 수용 시설을 건설했다고 주장한다

(게토 포함). Zuckerman, *Surplus of Memory*, 340은 폴란드에 8천 개의 수용소가 있었다고 주장한다. Dalia Ofer and Lenore J. Weitzman, "Labor Camps and Concentration Camps: Introduction to Part 4," in *Women in the Holocaust*, 267에 따르면 나치는 점령된 폴란드에 적어도 437개의 유대인 노동수용소를 건설했다.

33 Goldenberg, "Camps: Forward," 266-67. 친위대는 '최종 해결'의 책임을 맡은 나치 조직 이다.

34 Ofer and Weitzman, "Labor Camps and Concentration Camps," 268. Felicja Karay, "Women in the Forced Labor Camps," in *Women in the Holocaust*, 285에 따르면 스카르지 스코카미엔나 노동수용소는 남성 노동자를 공급받으면 친위대에 한 명당 하루에 5즈워티, 여성 노동자의 경우 4즈워티를 지불했다.

35 Dyna Perelmuter, "Mewa (Seagull)," in *Before All Memory Is Lost*, 179.

36 레니아가 회고록에 쓴 내용만으로는 그녀의 가족이 여기 포함되었는지 여부를 구별하기 어렵다. 하지만 그녀의 야드바셈 증언에 따르면 레니아의 가족은 보지스워프로 이주했다.

37 Kukielka, *Underground Wanderings*, 18.

38 Jon Avnet는 그가 제작한 영화 Uprising at the Directors Guild (New York City, April 22, 2018)에 대한 토론에서 이러한 '게토의 생존법칙'에 대해 언급했다.

39 Izhar, *Chasia Bornstein-Bielicka*, 112.

40 Kukielka, *Underground Wanderings*, 28.

41 Schulman, *Partisan's Memoir*, 79-80.

42 나치에 협력한 우크라이나인 가운데 몇몇은 독일인들로부터 "지저분한 일"을 집행하는 임무를 받은 전쟁포로(POW)들이었다. 우크라이나 전쟁포로들의 나치 협력 문제는 이 책의 주제를 넘어서는 것이지만, 많은 여성들의 회고록은 우크라이나인들의 나치 협력을 자주 서술하고 있다. 폴란드인들에게 겪은 일과 마찬가지로, 여성들은 이웃들이 자신들을 배신 했다는 사실 때문에 더욱 깊은 상처를 받은 것 같다.

43 구스타 다비드손은 일기에서 이 폭력의 심리학을 해석하려고 애썼다. "가장 낮은 계급에 속해 있던 도시경찰(Schupo/Schutzpolizei)은 죄수들과 가장 자주 접촉했다. 그들은 다른 경찰들보다 자비와 동정심을 더 많이 보였던 것 같다. 하지만 상관과 함께 있으면, 그들은 마치 교수형 집행자처럼 감옥 경비병 가운데 가장 잔인한 모습을 보였다. (…) 유대인이 나 폴란드인을 직접 고문한 사람은 독일인이나 우크라이나인이 아니었다. 우리에게 고통 을 주는 폭력의 지렛대를 휘두른 것은 인간의 탈을 쓴 짐승이었다. 하지만 그들 모두가 같 은 것은 아니다. 주체할 수 없는 야만성을 그들 모두가 깊게 갖고 있던 것은 아니다. 이념 적으로 반유대주의자이거나 폴란드인에 대한 미움을 갖고 있던 자라 할지라도, 고문을 하 거나 고통을 주는 것을 힘들어한 SD(SS보안방첩부) 사람들도 있었다." Draenger, *Justyna's Narrative*, 20-21.

44 Kukielka, *Underground Wanderings*, 27

5. 바르샤바 게토

1 Zuckerman, *Surplus of Memory*, 65.

2 이하에 나오는 한체에 관한 모든 정보는 *Hantze and Frumka*를 참조했다.

3 루베트킨은 자신이 한체의 연설에 얼마나 매료되었는지 서술한다. Lubetkin, *Days of Destruction*, 37.

4 Rachel Katznelson-Shazar, "Meeting Hantze," in *Hantze and Frumka*, 153.

5 Zuckerman, *Surplus of Memory*, 104. 안테크는 그녀를 안타깝게도 잘못된 시기에 태어난, 상처받기 쉽고 섬세한 '꽃봉오리'로 묘사했다.

6 Z-L에게 보낸 편지에서, Łódź, June 1939, 게토 투사들의 전당 아카이브(Ghetto Fighters' House Museum archive) 소장.

7 Eliezer, "In the Movement," 87-91. 여기서 그는 자매의 관계에 대해 길게 서술한다.

8 Yudka, "Catastrophe," 95-102.

9 Irene Zoberman, "The Forces of Endurance," in *Before All Memory Is Lost*, 221. Zoberman 은 46만 명의 유대인이 1제곱마일 안에 몰려 있었다고 언급한다. 이는 방 하나에 8~10명이 살았다는 뜻이다. 수용자가 점점 불어나고 결국 살해되면서 장벽의 경계가 이동했는데, 이런 게토 장벽은 감옥과 같은 기능을 수행하기 위해 기존의 건물들과 3미터 높이의 장벽으로 이루어져 있었다.

10 Chaya Ostrower, *It Kept Us Alive: Humor in the Holocaust*, trans. Sandy Bloom (Jerusalem: Yad Vashem, 2014), 237. 여기서 Ostrower는 카바레와 공연에 관해 서술한다(229-330). *Women in the Ghettos*, 160에서는 저명한 바르샤바 유대교 회당 합창단 단장의 딸 Miriam Eisenstat에 대해 언급한다. 당시 10대 후반이던 그녀는 바르샤바 게토에서 '게토의 나이팅게일'로 빠르게 인기를 얻었다. 게토 안 유대교 대회당에서 그리 멀지 않은 아파트 건물 1층에 있던 천 석 규모의 페미나(Femina) 극장에서 열린 그녀의 콘서트는 전석 매진되었다.

11 게토 안에서 분트가 펼친 활동에 대해서는 다음 자료 참조. Goldstein, *Stars Bear Witness*, 41-42, 45, 82-84, 102-3. 블라드카 미드에 따르면 바르샤바 게토에는 불법적으로 운영되는 학교가 85개 있었다(Katz and Ringelheim, *Proceedings of the Conference on Women*, 80).

12 어떤 자료들에는 질병의 확산을 예방한다는 구실로 유대인들이 기도하기 위해 모이는 것조차 금지했다고 기록되어 있다. 또 다른 자료들은 유대인 집회가 모두 금지되었다고 주장한다. 예를 들어 Gelbard, "Life in the Ghetto," 7에는 "누구에게나 모임이나 집회가 엄격하게 금지되었다"라고 기록되어 있다. 여기서 저자는 시간이 가면서 모임이 재개되었다고 설명한다. 이밖에 여러 자료에는 유대인들이 모여서 강의하고 배울 때 창문을 어둡게 했으며, 누군가 문 앞에서 지켰다는 이야기가 나온다. 어떤 자료들은 바르샤바 게토에서 유대인 집회가 금지된 것은 사실이지만, 나치는 불법 집회보다 불법 밀반입을 훨씬 더 우려했다고 주장한다(그들은 유대인들이 저항 문제를 토론할 수 있을 것이라고는 생각하지 않았다는 것이다).

13 프리덤의 교육과 사회봉사 활동에 관한 논의를 살펴보려면 Gelbard, "Warsaw Ghetto,"

3-16; Lubetkin, *Days of Destruction*, 58-72; Zuckerman, *Surplus of Memory*, 52-64, 114-25 참조.

14 Rotem, *Memoirs of a Ghetto Fighter*, 21.

15 Gelbard, "Warsaw Ghetto," 3-16.

16 *Who Will Write Our History*.

17 프리덤의 출판물에 대해서는 Lubetkin, *Days of Destruction*, 66-67; Zuckerman, *Surplus of Memory*, 55-56 참조.

18 전자는 1940년에, 후자는 1942년에 발간되었다.

19 전시 해설 텍스트, POLIN Museum of the History of Polish Jews, Warsaw.

20 이 출판물에 대한 정보는 다음을 참조했다. Barbara Engelking and Jacek Leociak, *The Warsaw Ghetto: A Guide to the Perished City* (New Haven, CT: Yale University Press, 2009), 683-88.

21 Gelbard, "Warsaw Ghetto," 3-16.

22 그들이 어떻게 분트 도서관을 만들었는지에 대해서는 Goldstein, *Stars Bear Witness*, 49-50 참조; 안테크도 자료를 모아 도서관을 만들었다.

23 Henia Reinhartz, *Bits and Pieces* (Toronto: Azrieli Foundation, 2007), 24-30.

24 Rachel Feldhay Brenner, *Writing as Resistance: Four Women Confronting the Holocaust* (University Park: Pennsylvania State University Press, 2003)에 잘 정리된 분서 내용 참조.

25 시각 예술가들도 비인간화에 저항하고 정신 차리기, 정체성과 살아야 할 이유 유지를 주제로 작품을 만들었다. 예를 들어, 바르샤바 태생의 화가 할리나 올로무츠키(Halina Olomucki)는 강제노동에 끌려가는 동안 폴란드 지인들에게 자신의 작품을 밀반출하면서 바르샤바 게토에서의 경험을 그림으로 그렸다. 그녀는 예술적 재능 덕분에 강제수용소에서 특별한 지위를 누렸고, 막사와 수용소의 직원들을 그리는 대가로 더 나은 음식과 예술 용품을 제공받았다. 그녀는 이 재료들로 수용소 동료들을 몰래 그렸다. 그녀의 놀라운 작품 〈비르케나우 수용소의 여인들〉은 줄무늬 유니폼을 입은 수척한 세 여성을 그린 것으로, 그들의 눈은 공포, 피로, 절망으로 가득 차 있다. 할리나는 훔친 부드러운 연필로 그림을 그렸다. 다음 자료 참조: Rochelle G. Saidel and Batya Brudin, eds., *Violated!: Women in Holocaust and Genocide* (New York: Remember the Women Institute, 2018), 전시 도록.

26 비아위스토크에서 프리덤 리더였던 모르데하이 테넨바움도 아카이브를 구축했는데, 이 아카이브는 한동안 비공개였다가 지금은 공개되어 있다. 안테크는 프리덤 아카이브를 구축하려 시도했다.

27 전시 해설 텍스트, Emanuel Ringelblum Jewish Historical Institute, Warsaw.

28 Gelbard, "Warsaw Ghetto," 3-16.

29 Lubetkin, *Days of Destruction*, 38-39. 겔바르트는 빵 값을 지불할 수 있었던 유대인은 "일 주일에 세 번씩 1.25킬로그램의 빵을 살 수 있었으며, 1941년에 바르샤바 게토에 있던 유대인들에게 할당된 빵은 하루에 184칼로리였다"라고 말한다. Tec, *Resistance*, 60에 따르면,

폴란드 게토 주민의 20퍼센트가 굶주림 때문에 사망했다.

30 JDC와 기타 단체들이 어떻게 급식소를 지원했으며, 얼마나 많은 급식소가 여성들에 의
해 운영되었는지에 대해서는 Tec, *Resistance*, 62-65 참조. 여성들에 관한 정보를 더 얻
으려면 *Women in the Ghettos*; Meilech Neustadt, ed., *Destruction and Rising*; Katarzyna
Person, ed., *Warsaw Ghetto: Everyday Life*, "Women" 부분 참조.

31 Vladka Meed, in Katz and Ringelheim, *Proceedings of the Conference on Women*, 34, 80을
참조했다.

32 예를 들어 다음 자료를 참조. "A Bit Stubborn: Rachela Auerbach," Jewish Historical
Institute, http://www.jhi.pl/en/blog/2018-05-30-a-bit-stubborn-rachela-auerbach;
Ofer, "Gender Issues in Diaries and Testimonies of the Ghetto," 143-67.

33 Yakov Kenner, "Paula Elster," *Women in the Ghettos*, 148-50. 그녀는 연락책으로 활동했으
며 1944년 바르샤바 봉기 당시 투쟁하다가 사망했다.

34 특정 기간 동안 폴란드에서 청소년운동 단체의 활동—특히 공산주의 경향을 보이는—은
불법이었다. Ido Bassok, "Youth Movements," trans. Anna Barber, *The YIVO Encyclopedia
of Jews in Eastern Europe*, https://yivoencyclopedia.org/article.aspx/Youth_Movements 참조.

35 Paldiel, *Saving One's Own*, 32-42. 나중에 전쟁이 일어났을 때 그녀는 구조 임무에 깊이
관여했다. 그녀의 회고록 *City Within a City*는 2012년에 출간되었다.

36 Goldstein, *Stars Bear Witness*, 82.

37 *Women in the Ghettos*, 162-163 참조.

38 Gutterman, *Fighting for Her People*, 150.

39 Lubetkin, *Days of Destruction*, 57.

40 그녀는 이츠하크 피슈만(Yitzhak Fiszman)과 결혼했다. 차나와 레니아는 전쟁 후 다프나
키부츠에서 살면서 친구가 되었다. 그녀에 대한 더 많은 정보는 Zuckerman, Surplus of
Memory, 47을 참조했다.

41 Gelbard, "Warsaw Ghetto," 3-16. 글자 그대로는 "지비아의 아이들".

42 골드슈타인에 따르면 분트는 60개의 마을을 연결하는 교외 연락책 시스템을 보유하고 있
었다. Goldstein, *Stars Bear Witness*, 47.

6. 정신교육에서 유혈투쟁으로

1 이 장에 나오는 토시아 알트만에 관한 정보는 주로 Shalev, *Tosia Altman*을 토대로 했다.

2 Anna Legierska, "The Hussies and Gentlemen of Interwar Poland."

3 Shalev, *Tosia Altman*, 215.

4 Shalev, *Tosia Altman*, 163.

5 Izhar, *Chasia Bornstein-Bielicka*, 157.

6 Chaika Grossman, *The Underground Army: Fighters of the Białystok Ghetto*, trans. Shmuel
Beeri (New York: Holocaust Library, 1987), 42.

7 Ruzka Korczak, "Men and Fathers," in *Women in the Ghettos*, 28-34.

8 Grossman, *Underground Army*, 42.

9 Korczak, "Men and Fathers," 28-34.

10 *Partisans of Vilna*에서 코브너가 주장한 바에 따르면 그녀는 11세 소녀였다(이름은 언급되지 않았다). Rich Cohen, *The Avengers: A Jewish War Story* (New York: Knopf, 2000), 38에 따르면 그녀는 17세였다. 포나리 생존자들이 자신들의 경험을 게토에 전했지만 그들은 대개 믿지 않았다는 이야기가 있다. 이 사실에 관해서는 Cohen, 43-45를 참조했다.

11 대략 유대인 7만 5천 명과 비유대인 2만 5천 명이 3년 동안 여기서 사살되었다.

12 이디시어로 작성된 자료를 보고 이바가 모임에서 읽어주었다. 빌나의 파르티잔에서 읽었던 것처럼.

13 아래 두 파트는 Lubetkin, *Days of Destruction*, 83-99를 참고했다.

14 그들이 남긴 글들 일부는 링겔블룸 아카이브에 수집되었다가 현재는 유대역사연구소 아카이브(Jewish Historical Institute archives)에 소장되어 있다.

15 Gutterman, *Fighting for Her People*, 159에는 연락책들의 명단이 수록되어 있다. Shimshi, "Frumka Plotniczki"에 따르면 프룸카는 "동부 지역에서 진행되던 폴란드 유대인들에 대한 학살의 규모를 전해준 첫 번째 사람이었다."

16 Lenore J. Weitzman, "Kashariyot (Couriers) in the Jewish Resistance During the Holocaust," in The Encyclopedia of Jewish Women, https://jwa.org/encyclopedia/article/kashariyot-couriers-in-jewish-resistance-during-holocaust. 유대인들이 의심하거나 믿지 않은 추가적인 이유에 대해서는 다음 자료 참조: Izhar, Chasia Bornstein-Bielicka, 114; Mais, "Jewish Life in the Shadow of Destruction," 18-25; Meed, Both Sides of the Wall, 31, 47; Zuckerman, Surplus of Memory, 68, 72.

17 Ziva Shalev, "Tosia Altman," *The Encyclopedia of Jewish Women*, https://jwa.org/encyclopedia/article/altman-tosia.

18 *Vera Slymovicz testimony*, 23-24, Alex Dworkin Canadian Jewish Archives, Montreal.

19 Lubetkin, *Days of Destruction*, 88.

20 Lubetkin, *Days of Destruction*, 92-93 (JDC leaders on 108). 다음 자료도 참조: Zuckerman, *Surplus of Memory*, 194. Ronen, *Condemned to Life*, 186-207에서 다른 사람들은 무장 저항은 유대법에 의해 금지되어 있었다고 주장했다.

21 Lubetkin, *Days of Destruction*, 93.

22 Gutterman, *Fighting for Her People*, 163에서 인용.

23 Lubetkin, *Days of Destruction*, 92.

24 Gutterman, *Fighting for Her People*, 161에서 인용. 다른 주장에 따르면, 그들이 갖고 있는 총은 단 한 자루밖에 없었다. 이 총을 어디에서 구했는지도 확실하지 않다.

25 벨라 하잔과 루츠카 코르차크는 자기방위 수업에서 무기 사용법을 배웠다고 기록하고 있다. 이는 팔레스타인에서의 삶을 준비하는 프리덤과 영가드의 교육 과정의 일부였다. 그러나

로넨(Ronen)은 한 개인 인터뷰에서 분트와 수정주의자들이 훨씬 더 잘 준비하고 있었다고 강조했다. 그에 따르면, 전쟁 이전에 분트는 반유대주의적 공격으로부터 공동체를 보호하기 위한 일종의 민병대인 Tzufunkt Shturem(Future Storm)을 조직했다(POLIN은 1929년부터 그들의 포스터를 내걸었다). 또한 분트는 전쟁이 일어나자 일찌감치 '침착한 무장 저항(cold armed)'에 참여해서 포그롬, 즉 유대인들을 공격하기 위해 나치가 폴란드인들에게 일당 4즈워티를 지불했던 대대적인 폭력 사태에 맞서 쇠파이프와 쇳조각을 사용하기까지 했다. 그들은 실제로 투쟁했던 유일한 정당이었으며, 게토에서 자기방위를 외쳤던 최초의 정당이었다. 그들은 사람들이 게토로 밀려오는 혼잡한 시기에 유대인들이 사는 거리를 순찰할 경비대도 구성했다. Marek Edelman, *The Ghetto Fights* (New York: American Representation of the General Jewish Workers' Union of Poland, 1946), 3; Goldstein, *Stars Bear Witness*, 45-65 참조.

26 Marek Edelman, *The Last Fighters*, directed by Ronen Zaretsky and Yael Kipper Zaretsky, Isr., 2006. 다른 분트 회원들에 따르면 그들은 반시온주의자가 아니었다; 그들은 단지 폴란드 정부의 지원 없이는 싸우는 것이 별 의미가 없다고 생각했다. Zuckerman, Surplus of Memory, 166, 173, 221, 249에는 그가 분트에 대해 느낀 절망감이 기록되어 있다.

27 지비아는 파울라 알스터(Paula Alster)와 함께한 특별구호조직의 리더였다. Gutterman, *Fighting for Her People*, 167.

28 이 사건은 금요일 밤에 발생했다. Gutterman, Fighting for Her People, 167에 따르면 이 사건은 '피의 토요일'이라고 불렸다. 다른 사료는 이를 '피의 금요일'로 언급했다. Zuckerman, Surplus of Memory, 178에는 '피의 밤(The Night of Blood)'으로, Shalev, 141에는 '피의 날(The Day of Blood)'로 기록되어 있다.

29 1942년 6월 15일에 대한 프룸카의 보고서는 바르샤바 유대역사연구소(Jewish Historical Institute)에 소장되어 있다.

30 이 부분은 Meed, *Both Sides of the Wall*, 9-67을 토대로 기술한 것이다.

31 Meed, *Both Sides of the Wall*, 22.

32 Tec, *Resistance*, 68.

33 Tec, *Resistance*, 67

34 Klinger, "The Pioneers in Combat," in *Women in the Ghettos*, 23-28. 문자 그대로 번역하면 "훗날 나치는 체포된 유대인 한 명의 가치가 빵 0.5킬로그램 및 잼 0.25킬로그램과 같았다고 주장했다. 이는 유대인의 목숨이 얼마나 값싼 것이었는지를 잘 보여준다."

35 "The Liquidation of Jewish Warsaw," 오네그 샤바트 그룹(Oneg Shabbat group)이 1942년 11월에 작성한 보고서는 바르샤바 유대역사연구소에 전시되어 있다.

36 Meed, *Both Sides of the Wall*, 65.

37 영어로는 Jewish Combat Organization(유대인전투단)으로 알려졌다. 히브리어 Eyal은 Irgun Yehudi Lochem의 머리글자다.

38 포스터의 텍스트는 Lubetkin, *Days of Destruction*, 112에 수록되어 있다. 탈출한 사람(현장

의 지도를 그린 사람), 분트의 연락책, 프리덤 연락책 등 누가 트레블링카에 대해 처음으로 보고했는지에 대해서는 여러 주장이 있다.

39 Lubetkin, *Days of Destruction*, 115.

40 Meed, *Both Sides of the Wall*, 70; Tec, *Resistance*, 72–73. Lubetkin, *Days of Destruction*, 116 에서 Tec는 카날이 첫 발을 쏜 뒤에 총에 문제가 있어서 더 이상 사격을 하지 못했지만, 그는 누구든지 다가오면 총을 쏘겠다고 위협했다고 서술한다. 이는 카날이 처음으로 총을 발사한 경험이었다.

41 바르샤바에 무기를 들여온 유대인들에 관한 논의는 Shalev, *Tosia Altman*, 155, 174–75를 참조.

42 Zuckerman, *Surplus of Memory*, 213.

43 Gutterman, *Fighting for Her People*, 183에서 인용.

44 "Warsaw," United States Holocaust Memorial Museum: Holocaust Encyclopedia, https:// encyclopedia.ushmm.org/content/eu/article/warsaw. 이 자료에 따르면 바르샤바 게토에는 가장 많을 때 40만 명의 유대인들이 있었다. 이 가운데 30만 명이 1942년 여름에 죽음의 수용소로 이송되었다. 이후 약 7만 명이 남아 있었다.

45 이 인용구는 Gutterman, *Fighting for Her People*, 189에 수록된 연설에 대한 설명을 종합적으로 반영해서 재구성한 것이다. Lubetkin, *Days of Destruction*, 122; Zuckerman, *Surplus of Memory*, 214.

7. 방랑의 나날들

1 Kukielka, *Underground Wanderings*, 37. 이 장은 레니아의 회고록과 야드바셈 증언에 기초한 것이다.

2 Kukielka, *Underground Wanderings*, 38.

3 Kukielka, *Underground Wanderings*, 42.

4 Kukielka, *Underground Wanderings*, 43.

5 "Jędrzejów," Virtual Shtetl.

6 '경찰'은 독일 경찰과 폴란드 경찰로 구별될 수 있다. 나치는 점령 후 폴란드 경찰을 장악해서 청색경찰(Blue Police)을 조직했다. 독일 경찰은 치안경찰(Orpo/Ordnungspolizei) 또는 녹색경찰(Green Police)이라고 불렸다. 도시에는 독일 경찰이 많았고, 농촌 지역에는 폴란드 경찰이 더 많았다. 'Gendarme'는 대체로 독일 경찰을 지칭했던 것으로 보인다. 폴란드 경찰의 나치 부역 문제에 대해서는 Jan Grabowski, "The Polish Police: Collaboration in the Holocaust," Lecture at USHMM, November 17, 2016 참조.

7 Grunwald-Spier, *Women's Experiences in the Holocaust*, 245에 따르면 수술 비용은 3천~1만 즈워티였다. Zoberman, "Forces of Endurance," 248; Weitzman, "Living on the Aryan Side", 201–5도 참조.

8 Paulsson, *Secret City*, 4.

9   이들에 대한 논의를 살펴보려면 Zuckerman, *Surplus of Memory*, 482-83 참조.

10 Weitzman, "Living on the Aryan Side," 188.

11 Kukielka, 야드바솀 증언.

12 뒤에 나오는 대화를 포함하여 아래 두 파트는 레니아의 야드바솀 증언에서 가져온 것이다. 세부 사항은 조금씩 차이를 보인다.

13 Kukielka, *Underground Wanderings*, 45에 따르면 그녀는 그를 셍지슈프 수용소에서 만 났다. 나는 이 특별한 수용소에 대한 정보를 발견하지 못했지만, 다음 자료에는 셍 지슈프 외곽에 수용소가 있었다는 또 다른 주장이 실려 있다: https://njjewishnews. timesofisrael.com/dor-ldor-a-polish-town-remembers-its-holocaust-victims/. According to "Jędrzejów," Holocaust Historical Society, https://www.holocausthistoricalsociety. org.uk/contents/ghettosj-r/Jędrzejów.html. 옝제유프 사람들이 셍지슈프에 있는 기차 역 노동에 보내졌다면, 보지스워프 사람들도 이곳에 보내졌을 가능성이 있다. 하지만 ITS(International Tracing Service) 아카이브 자료에 따르면 아론은 1942년 3월에서 7월까 지는 스카르지스코카미엔나 노동수용소에, 1943년 7월에서 1944년 4월까지는 쳉스토호 바 노동수용소에, 그리고 1944년 4월에서 1945년 5월까지는 부흐베르크 수용소에 있었 다. 하지만 스카르지스코카미엔나 수용소는 그 규모가 거대해서 레니아가 묘사한 부분과 맞지 않는 것 같다. 레니아는 스카르지스코에서 하르슈니차에 도착하기까지 며칠을 걸어 야 했으며, 나중에 그곳에서 철도에서 작업하던 지인들을 만났다. 그런데 그곳은 셍지슈프 로부터 30킬로미터밖에 떨어져 있지 않다. ITS 아카이브 자료는 아론의 생일도 정확하지 않다는 것을 보여준다. 따라서 이 모든 점을 고려할 때 아론은 이때 셍지슈프에 있었고, 나 중엔 스카르지스코카미엔나에 있었다고 생각한다. 레니아는 야드바솀 증언에서 남동생과 노동수용소에 대해 많은 이야기를 하면서 그가 철로 건설 공사에 동원되었으며, 셍지슈프 수용소는 열차 창고에 있었다고 언급했다.

14 레니아는 야드바솀 증언에서 이 여행에 대해 언급했다.

15 이 장면은 레니아가 야드바솀 증언에서 자신의 지하 떠돌이 생활에 대해 약간 다르게 언급 했던 내용을 종합해서 구성한 것이다.

16 Kukielka, *Underground Wanderings*, 47.

17 Kukielka, *Underground Wanderings*, 47.

18 레니아의 야드바솀 증언에는 이와 다른 주장이 나와 있다.

19 레니아와 그녀의 지인 이야기 및 그들 사이의 대화는 *Underground Wanderings*, 48-50과 그 녀의 야드바솀 증언에서 언급된 내용을 근거로 하는데 이들은 약간 차이를 보인다.

20 Kukielka, *Underground Wanderings*, 48.

21 이는 쿠키엘카의 야드바솀 증언에 따른 것이다. Zuckerman, *Surplus of Memory*, 485-86에 는 애국심이 강한 사제들이 사망한 사람들의 이름과 신분증을 모아서 폴란드 지하운동 단 체에 넘겼으며, 그들은 그중 일부를 유대인들에게 팔았다고 기록하고 있다.

22 Meed, *Both Sides of the Wall*, 226-27; Paldiel, *Saving One's Own*, 37, 218-19; Weitzman,

"Living on the Aryan Side," 213-15 : Zuckerman, *Surplus of Memory*, 485-86 등을 참조.

23 이 부분과 대화 내용은 Kukielka, *Underground Wanderings*, 49-51을 토대로 한 것이다.

24 야드바셈 증언에서 레니아는 그를 어떻게 만났는지를 조금 다르게 설명했다.

25 이 장면과 대화는 Kukielka, *Underground Wanderings*, 52를 토대로 한 것이다.

26 Kukielka, *Underground Wanderings*, 53.

27 Kukielka, *Underground Wanderings*.

8. 마음이 돌처럼 굳어버리다

1 레니아는 이 장면에 관련된 날짜를, 심지어 *Underground Wanderings*에서도 혼란스럽게 언급하고 있다. 산도미에시 게토가 소개된 것은 10월이었다. 이 장에 나오는 장면은 10월 말 또는 11월 초에 일어났던 것으로 보인다.

2 이 장은 인용문과 대화 내용을 포함해서, Kukielka, *Underground Wanderings*, 56-62에 토대를 둔다. 야드바셈 증언에서 레니아는 밀수꾼이 어떻게 홀란더 가족에게 왔는지를 약간 다르게 이야기한다.

3 벵진의 건축물들은 보자르, 아르누보, 폴란드 신고전주의, 아르데코, 이탈리아 파시스트 (기차역) 양식, 네덜란드 부흥 양식의 독특한 혼합이었는데, 이는 1870년대에서 1930년대까지 이 도시가 얼마나 부유했는지를 잘 보여준다.

4 쿠키엘카의 야드바셈 증언에 따르면 레아와 모셰가 살해했을 때 그들의 나이는 각각 45세, 48세였다.

5 Skarzysko-Kamienna, Yad Vashem Shoah Resource Center, https://www.yadvashem.org/odot_pdf/Microsoft%20Word%20-%206028.pdf.

6 Draenger, *Justyna's Narrative*, 111-12. Weitzman, "Living on the Aryan Side," 192-93은 청소년들이 자신의 부모가 학살당한 뒤 특히 적극적으로 행동했다고 설명한다. JPEF 유대인 여성 파르티잔에 관한 영화 "When my mother died, I got tough"에도 이런 증언이 나온다.

9. 검은 까마귀들

1 차이카의 아들에 따르면 그녀는 너무 짧은 머리는 원치 않았다. 미국 할리우드의 부르주아 지처럼 보일 것 같아서였다. 아비후 로넨(Avihu Ronen)과의 개인적인 인터뷰(텔아비브, 2018년 5월 16일).

2 차이카가 전단지를 배포하는 이 장면은 그녀의 일기장에 근거한 것인데, 거기서 누가 전단지를 배포했는지는 다소 애매하다. 이 장에 서술된 장면은 Klinger, "Girls in the Ghettos," in *Writing These Words, and adaptations*와 "Pioneers in Combat," in *Women in the Ghettos*에 근거를 둔다. 관련된 추가 정보를 확인하려면 Ronen, *Condemned to Life*와 Fela Katz (in JHI archives)가 제공한 유언장, 그리고 Jerzy Diatłowicki, ed., *Jews in Battle, 1939-1945* (Warsaw : Association of Jewish Combatants and Victims of World War II and Jewish Historical Institute, 2009-2015) 참조. 또한 앞서 언급된 벵진 자료도 참고했다.

3 Ronen, *Condemned to Life*, 29-38에 따르면 영가드가 조직한 최초의 지부 가운데 하나가 벵진에 설립되었다.

4 Klinger, *Writing These Words*, 167.

5 Klinger, *Writing These Words*, 167.

6 Klinger, *Writing These Words*, 81.

7 Rutka Laskier, *Rutka's Notebook: January-April 1943* (Jerusalem: Yad Vashem, 2007), 54.

8 예를 들어 Ronen, *Condemned to Life*, 125-43 참조. 어떤 주장에 따르면 특별증명서는 노란색이었고 다른 주장에 따르면 푸른색이었다.

9 Klinger, *Writing These Words*, 84. Ronen, *Condemned to Life*, 104-24는 유사한 행사를 전해주고 있지만, 이것이 하누카 축일을 위한 것이라고 말한다.

10 Klinger, *Writing These Words*에 수록된 사진들.

11 1943년에 촬영된 사진들은 게토 투사의 전당 박물관 아카이브에 소장되어 있다.

12 Ronen, *Condemned to Life*, 104-24.

13 Klinger, *Writing These Words*, 131-32.

14 이 부분은 Klinger, *Writing These Words*, 136-43을 근거로 하고 있으나, 장면들이 전개되는 순서는 다르다. 각 부분들은 《게토의 여자들》에 등장한다.

15 어떤 주장에서는 이것이 레아였고, 다른 주장에서는 나시아였다.

16 이들 이름은 Klinger, "Girls in the Ghettos," in *Women in the Ghettos*에서 가져온 것이지만, 이것들이 어떤 지역을 뜻하는지는 분명하지 않다. *Writing These Words*, 138에는 단지 "노동수용소"라고만 언급되어 있다.

17 자그웽비에서는 학살 작전인 라인하르트 작전(Operation Reinhard) 지휘관보다 강제노동 작전 지휘관의 영향력이 더 컸던 때가 있었다.

18 이 부분은 Ronen, *Condemned to Life*, 162-85에 근거한다.

19 Rutka Laskier, *Rutka's Notebook*, 36-39에 서술된 내용을 참조했다. 루트카는 노동수용소로 가도록 선발되었으나, 강제이송 열차의 창문으로 뛰어내려 탈출했다.

20 이 이야기와 세부적으로 조금 다른 내용을 보려면 Klinger, *Writing These Words*, 139; Klinger, "Girls in the Ghettos," *Women in the Ghettos*; Ronen, *Condemned to Life*, 162-85 참조.

21 이 이야기에 관해서는 여러 버전이 있는데, 여기 서술된 것은 Klinger, "Girls in the Ghettos," *Women in the Ghettos*를 참조한 것이다. 이 글에서는 수백 명이 탈출했다고 서술되어 있다. Ronen의 저서 *Condemned to Life*, 162-85에는 다락방을 통한 탈출을 이끈 사람이 다비드(David)라고 기록되어 있다. Klinger, *Writing These Words*, 139-40에는 그저 출구가 발견되었으며 "passage was found"에서는 2천 명이 탈출했다고 언급하고 있다.

22 Shalev, *Tosia Altman*, 134.

23 Klinger, *Writing These Words*, 98

24 Klinger, *Writing These Words*, 15. 펠라 카츠(Fela Katz)의 증언에 따르면 200~300명에 달

하는 회원이 있었다.

25 이 메시지와 해설은 *Women in the Ghettos*에서 가져왔다. Zuckerman, *Surplus of Memory*, 89에 따르면 그들은 각 지역마다 서로 다른 암호를 사용해 소통했다. 어떤 지역을 위해서는 단어 대신에 첫 글자를 사용했다. 또 어떤 암호는 성경에 근거하기도 했다. 동부로 가는 서신들은 대문자로 된 암호를 사용했다.

26 Klinger, *Writing These Words*, 98.

27 Klinger, *Writing These Words*, 7.

28 Klinger, *Writing These Words*, 177. 그의 이름도 Cwi라고 표기했다.

29 Lubetkin, *Days of Destruction*, 83에 따르면 이 부대는 러시아인들과 독일인들이 전투를 벌이던 1941년에 5인조 유대인 자위대라고 인지되었다. 청소년들은 러시아의 승리를 예상했기 때문에, 이 부대가 혼란기 동안 정권들 사이에서 폴란드인으로부터 자신들을 보호해줄 것으로 기대했다. 그들은 이 부대가 나중에 반나치 민병대의 토대가 될 것이라고는 상상도 하지 않았다.

30 이후 다른 언급이 없는 한 서술 내용은 Kukielka, *Underground Wanderings*에 토대를 둔다.

31 Kukielka, 야드바셈 증언 참조.

32 한체는 사실 1942년 여름에 벵진으로 가기 위해 그로슈프를 떠났다. 그러나 레니아는 마치 자신이 거기 있었던 것처럼 한체가 도착한 일을 기록했다(Kukielka, "The Last Days," *Women in the Ghettos*). 레니아가 다른 사람의 회고록에 근거해서 한체의 도착에 대해 서술했을 수도 있다. 아니면 한체가 임무를 수행하기 위해 잠시 떠났다가 레니아가 벵진에 오자마자 도착했을 수도 있다. 어떤 경우든 레니아는 한체의 긍정적인 정신에 매료되었다.

33 Kukielka, "Last Days," 102-6.

34 Kukielka, *Underground Wanderings*, 65.

35 Kukielka, "Last Days," 102-6. 이 부분은 이 글을 바탕으로 한다.

36 Kukielka, *Underground Wanderings*, 67

37 Ronen, *Condemned to Life*, 186-207.

38 1917년에 설립된 JTA는 유대인 공동체의 신문 발행을 지원하는 세계적인 모금 단체다. 이 보고서는 1943년 1월 8일에 출간되었다. 사건은 1942년 10월 4일에 발생했다. 여성들의 봉기는 세부 사항에서 차이는 있지만 JTA 보고서와 《게토의 여자들》에 서술되었다. 출처: JTA.org.

10. 역사가 흘러갈 세 개의 길

1 Draenger, *Justyna's Narrative*, 141. 그들은 'Akiba'라는 용어를 사용한다.

2 구스타의 글에 따르면 이것은 1942년 가을이었다. 어쩌면 9월이었을 수 있다.

3 이 장면은 주로 Gusta Davidson Draenger의 일기 *Justyna's Narrative*에 근거한 것이다. 구스타와 크라쿠프 봉기에 관한 정보는 또한 Anna Czocher, Dobrochna Kalwa, et al., *Is War Men's Business? Fates of Women in Occupied Kraków in Twelve Scenes*, trans. Tomasz Tesznar

and Joanna Bełch-Rucińska (Kraków: Historical Museum of the City of Kraków, 2011) 의 전시 도록에서 가져온 것이다. Sheryl Silver Ochayon, "Armed Resistance in the Kraków and Białystok Ghettos," Yad Vashem, https://www.yadvashem.org/articles/general/armed-resistance-in-Kraków-and-Białystok.html; Yael Margolin Peled, "Gusta Dawidson Draenger," *The Encyclopedia of Jewish Women*, https://jwa.org/encyclopedia/article/draenger-gusta-dawidson.

4 총독 관구의 본부가 크라쿠프에 있었기 때문에 독일인들은 이 도시에 사는 유대인들에 대한 인종청소를 하고자 했고, 그들 대부분을 일단 도시 외곽으로 추방했다. 크라쿠프 안에 있던 게토는 1941년 3월 20일에 봉쇄되었고, 단 2만 명의 유대인만 도시에 남았다.

5 Draenger, *Justyna's Narrative*, 46.

6 Draenger, *Justyna's Narrative*.

7 Draenger, *Justyna's Narrative*, 33.

8 Draenger, *Justyna's Narrative*, 50.

9 Draenger, *Justyna's Narrative*, 37-38.

10 Draenger, *Justyna's Narrative*, 39.

11 Draenger, *Justyna's Narrative*, 43.

12 Draenger, *Justyna's Narrative*.

13 Wojciech Oleksiak, "How Kraków Made it Unscathed Through WWII," Culture.pl, May 22, 2015, https://culture.pl/en/article/how-Kraków-made-it-unscathed-through-wwii. 전략적으로 중요한 이 도시를 수도로 만드는 것을 정당화하기 위해 나치가 이런 작센 신화를 만들어낸 것으로 보인다. 나치는 크라쿠프의 도시 인프라를 구축하는 데에도 투자했다. http://www.krakowpost.com/8702/2015/02/looking-back-70-years-wawel-under-occupation 참조.

14 Draenger, *Justyna's Narrative*, 59.

15 Draenger, *Justyna's Narrative*, 61.

16 Draenger, *Justyna's Narrative*, 62.

17 Draenger, *Justyna's Narrative*, 64-67.

18 Draenger, *Justyna's Narrative*, 101.

19 크라쿠프 지하 출판물에 대한 서술은 Kalman Hammer의 증언(1943년 9월 14일 헝가리 부다페스트에서 수집됨)에 나오는데 이는 게토 투사의 전당 박물관 아카이브에 소장되어 있다.

20 Draenger, *Justyna's Narrative*, 103.

21 헬라에 관한 정보는 다음 자료를 참조: *Farewell to Mila 18* (Tel Aviv, Isr.: Ghetto Fighters' House and Hakibbutz Hameuchad, 1990); Yael Margolin Peled, "Hela Rufeisen Schüpper," *The Encyclopedia of Jewish Women*, https://jwa.org/encyclopedia/article/schupper-hella-rufeisen; Tec, *Resistance*, 171-77.

22 Draenger, *Justyna's Narrative*, 94–95.

23 Draenger, *Justyna's Narrative*, 71.

24 Draenger, *Justyna's Narrative*, 72.

25 Mire Gola 또는 Gola Mire로 언급되는 Gola Mire(nee Miriem Golda Mire)에 관한 정보는 주로 다음 자료를 참고했다: Grunwald-Spier, *Women's Experiences in the Holocaust*, 207–11; Kol-Inbar, "Three Lines in History," 520–21; Yael Margolin Peled, "Mire Gola," *The Encyclopedia of Jewish Women*, https://jwa.org/encyclopedia/article/gola-mire.

26 Draenger, *Justyna's Narrative*, 84.

27 Draenger, *Justyna's Narrative*. "1941년 아키바의 리더급 구성원"을 포함하고 있는 사진 한 장은 여섯 명의 여성과 세 명의 남성을 보여준다.

28 Draenger, *Justyna's Narrative*, 112.

29 Draenger, *Justyna's Narrative*.

30 레니아는 불타는 바르샤바 게토 안에 갇힌 유대인들을 구출하기 위해 변장술을 사용했던 남성 동지들에 대해 기록을 남겼다. 몇몇 유대인들은 죽은 독일 군인의 군복을 벗겨내서 입거나, 강제노동 작업장에서 제복을 훔쳐 입고 나치처럼 행동하며, 유대인들에게 버스에 오르라고 소리를 질렀다. 그 모습을 본 나치는 그들이 유대인들을 숲속에서 죽이기 위한 이송 명령을 수행하고 있다고 생각해서, 정말로 그들을 풀어주기도 했다. 유사한 다른 사건의 경우, 나치로 변장한 한 유대인이 유대인들에게 땅굴 밖으로 나오라고 소리쳤을 때, 어떤 유대인들은 이 계략을 깨닫지 못해서 땅굴에서 나오기를 거부했다. 그러자 할 수 없이 유대인 몇 명을 강제로 끌어낸 후 뛰어가라고 말했다. 또 다른 유대인들은 폴란드 민병대로 위장해서, 이들을 전혀 의심하지 않는 나치에게 접근한 후 그들을 사살했다. "The Battle of the Warsaw Ghetto," *The Pioneer Woman*, 5에 따르면 500명의 유대인들이 나치로 변장하고 파비아크 감옥을 공격했다.

31 Lubetkin, *Days of Destruction*, 138–39. Lubetkin and Zuckerman, *Surplus of Memory*. 두 사람은 그들의 책에서 크라쿠프 저항운동에 대해 썼다(주커만은 당시 크라쿠프에 있었다).

32 Katz and Ringelheim, *Proceedings of the Conference on Women*, 36–38.

33 Draenger, *Justyna's Narrative*, 115.

34 Draenger, *Justyna's Narrative*, 117.

35 Draenger, *Justyna's Narrative*, 125.

36 Draenger, *Justyna's Narrative*, 126.

37 Kol-Inbar, "Three Lines in History," 520.

38 Ochayon, "Armed Resistance in Kraków and Białystok"에 따르면 7~12명의 나치가 살해되었다. Lubetkin, *Days of Destruction*은 13명이 살해되고 15명이 중상을 입었다고 말한다. Kol-Inbar, "Three Lines in History," 519에서는 일곱 명이 살해되고 많은 사람들이 다쳤다고 적고 있다.

39 이 이야기는 Draenger, *Justyna's Narrative*, 6–7을 참고했다.

11. 1943년, 새해

1 지비아의 관점에서 쓰인 이 부분은 Lubetkin, *Days of Destruction*, 125-36(봉기를 위한 준비 작업)과 145-59(1월 봉기)를 토대로 한다. 1월 봉기에 대한 다양한 서술을 보려면 다음 자료 참조: Goldstein, *Stars Bear Witness*; Gutterman, *Fighting for Her People*; Meed, *Both Sides of the Wall*; Ronen, *Condemned to Life*; Zuckerman, *Surplus of Memory*.

2 나치 지도자인 하인리히 힘러는 홀로코스트를 설계한 인물로 여겨진다.

3 베타르(Betar)는 시온주의 계열 수정주의 운동과 연계된 청년단체였다. 그들은 유대인과 그들의 적 사이에 군사력으로 유지되는 '철의 장벽'을 가진 유대인 국가를 팔레스타인에 건설해야 한다고 믿었다. 베타르는 사회주의가 아니라—호칭, 퍼레이드, 계급 등에 나타나듯이—군사 행동과 군대 구조에 기초해서 조직되었다. 1930년대 말에 그들의 졸업생들이 군사적 기능을 수행하는 부대를 창설했으며, 이들은 폴란드의 군대 조직과 연계되었다. 베타르와 시온주의 좌파 청소년들 사이에는 이견이 자주 발생했으며 바르샤바의 경우 이런 이견은 전쟁 내내 계속되었다. 게토에서 이 청소년 단체들은 서로 협력할 수 없었다 (*The Last Fighters*에서 Marek Edelman은 대화를 위해 베타르를 방문했을 때 베타르의 리더가 그에게 총을 쏘았던 이야기를 한다). 좌파와 우파는 누가 레지스탕스를 주도할지, 그리고 투사들을 어떻게 모집할지를 둘러싸고 합의에 이를 수 없었다. 베타르는 자신들이 군사훈련을 받았다는 사실을 근거로 투쟁의 지휘권을 원했지만, 좌파 시온주의자들은 그 제안을 받아들이려 하지 않았다(베타르는 좌파들이 불합리한 요구를 한다고 느꼈다). 베타르는 군사작전을 펼치면서 많은 대원을 잃었기 때문에, 추가로 대원을 공개 모집했는데, 다른 사람들은 이에 대해 우려를 표명했다. 나치 협력자들이 정체를 숨기고 지원할 수도 있다는 것이었다. 프리덤과 영가드에게는 서로를 잘 알고 신뢰하는 것이 중요했다. 베타르는 그들이 보유한 무기를 대외적으로 노출했는데, 안테크는 이것이 어리석은 일일 뿐 아니라(그는 나치의 검문을 경험한 적이 있었다) "건방지고 과시욕이 강한 것"이라고 보았다 (Zuckerman, *Surplus of Memory*, 226-27, 412). 지비아에 따르면, 수정주의자들은 많은 사람들이 죽음의 수용소로 강제이송된 후 큰 혼란에 빠졌다. 다른 조직들과의 합의에 실패하자, 베타르는 자체 투쟁 조직인 ZZW를 창설했다. 그들의 역사, 그리고 폴란드 투쟁 조직과의 연계 때문에 베타르는 다른 조직들보다 더 잘 무장되어 있었으며, ZZW는 내실 있게 무장한 투사 300명으로 구성되었다. Lubetkin, *Days of Destruction*, 128, 133-36; Tec, *Resistance*, 72-77 참조.

4 Tec, *Resistance*, 72에 따르면 분트는 폴란드 지하운동이 자신들과 협력하지 않을 것이라고 인지했을 때 베타르에 합류하는 데 동의했다.

5 Tec, *Resistance*, 42-45, 78-80. Zuckerman, *Surplus of Memory*, 219-20, 349, 360-63에 기록된 주커만의 관점. Bernard, *Problems Related to the Study*, 52-59는 AK가 '일회성 콘셉트'가 아니라 거대하고 다양한 지하 군대였다고 강조한다.

6 주커만에 따르면 1월 봉기 전에 ZOB는 기껏해야 스무 정도 안 되는 권총을 보유하고 있었으며, 소총이나 화염병은 아예 없었다. *Surplus of Memory*, 252-55. 수류탄과 전구는 있었다.

7   블라드카에 관한 이 부분은 Meed, *Both Sides of the Wall*, 68-85를 참조했으며, 블라드카의 구술 증언은 USHMM과 USC Shoah Foundation collections에 소장되어 있다.

8   게토에 남아 있던 유대인 대부분은 노예처럼 일했다.

9   Edelman, *The Ghetto Fights*, 30.

10   Zuckerman, *Surplus of Memory*, 230, 251.

11   Meed, *Both Sides of the Wall*, 120. 하지만 지비아가 언급한 바에 따르면, 대부분의 유대인 은 혼란에 빠져서 아무 반격도 가하지 않았다.

12   Gutterman의 번역본 *Fighting for Her People*, 199.

13   Lubetkin, *Days of Destruction*, 151.

14   Lubetkin, *Days of Destruction*, 154

15   Lubetkin, *Days of Destruction*, 155.

16   Lubetkin, *Days of Destruction*, 57.

17   Lubetkin, *Days of Destruction*, 158.

18   슐츠(Schultz)와 할만(Hallman)은 수천 명의 유대인들이 노예 노동을 하고 있던 바르샤바 게토 공장 가운데 두 곳이었다.

19   Meed, *Both Sides of the Wall*, 120-21.

20   Klinger, *Writing These Words*, 152.

21   Tec, *Resistance*, 79에 따르면 그들은 애초 독일 경찰을 200명 보냈지만, 결국 총 800명을 투입해야 했다. 그들은 작전이 몇 시간이면 끝날 것이라고 생각했지만, 며칠 동안 계속되 었다. Ronen, *Condemned to Life*, 208-33에 따르면 40명의 독일군이 사망했으며(그는 차 이카를 인용함), 본래 추방자 할당량인 8천 명이 아니라 그 절반에 불과한 4천 명의 유대 인이 추방되었다.

22   Kukielka, "Last Days," 102-6.

23   대부분의 자료는 벵진 지역에 1942년 가을까지는 게토가 없었다는 사실에 동의한다. "Będzin," *Virtual Shtetl*에 따르면 그 이전에는 유대인들이 개방된 게토에서 살고 있었다.

24   Laskier, *Rutka's Notebook*, 34.

25   Ronen, "The Jews of Będzin," 16-27.

26   Gutterman, "Holocaust in Będzin," 63. USHMM에는 카미온카 게토에 관한 수많은 사진 이 소장되어 있다. 예를 들어 사진 20745와 19631 참조.

27   레니아는 그곳이 담장으로 둘러싸이고 덧문이 설치되어 있었다고 말한다. 그러나 다른 자 료에 따르면 그곳에 담장은 없었다. Gutterman, "Holocaust in Będzin," 63 참조.

28   Kukielka, *Underground Wanderings*, 73.

29   2018년 5월 14일 이스라엘 하이파에서 진행된 야콥 하렐과 레아 발드만과의 개인적인 인 터뷰에 따르면, 레니아는 이 장면을 보고 남동생에게 묘사해주었다.

2부 악마인가, 신인가

1 전쟁이 끝난 후 나치 지휘관 슈트룹이 그의 감방 동료에게 한 이야기. 이 글은 다음 자료를 참조했다. Witold Bereś and Krzysztof Burnetko, Marek Edelman : *Being on the Right Side*, trans. William R. Brand (Kraków, Pol.: Bereś Media, 2016), 170. Tec, *Resistance*, 81은 슈 트룹이 남자들과 대등하게 투쟁하는 유대인 여성들을 보고 깊은 인상을 받았다고 강조한다.

12. 투쟁 준비

1 이 장의 내용은 다음 자료들에서 모은 것이다: 레니아의 회고록, 펠라 카츠의 증언, 차이카 의 일기, 로넨의 *Condemned to Life*, 나미슬로(Namyslo)의 카탈로그. 프리덤, 고르도니아 (Gordonia), 영가드, 그리고 나중에는 하노아 하치오니(HaNoar HaTzioni)와 하쇼메르 하 다티(Hashomer HaDati)가 나에게 도움을 주었다. 고르도니아 지도부에는 ZOB의 리더인 슬로마 레르너(Szloma Lerner)와 한카 보른슈타인(Hanka Bornstein) 같은 여성들도 포함 되어 있었다. 당시 벵진의 연합지휘부가 어떤 것이었는지는 불분명하다. 도처에서 전개되 던 지하운동은 자신들을 바르샤바 ZOB의 산하 단체로 인식해 그들의 지휘를 받는 것으로 보았다. 자그웽비에의 경우 성인 조직들은 ZOB에 포함되지 않았다.

2 Kukielka, *Underground Wanderings*, 76.

3 Kukielka, *Underground Wanderings*, 77.

4 Ahron Brandes, "In the Bunkers," trans. Lance Ackerfeld, from *the Bedzin yizkor book*, https://www.jewishgen.org/Yizkor/bedzin/bed363.html.

5 Tec, *Resistance*, 90.

6 이 이야기는 Kukielka, *Underground Wanderings*, 77-82에 근거한다. Ronen, *Condemned to Life*, 208-33에 따르면 이런 일은 조금 있었다.

7 Kukielko, *Escape from the Pit*, 78은 레니아도 아마 구타당했을 것이라고 추정한다. 얼마 전 바르샤바 게토에서 프룸카는 유대 경찰과 실랑이를 벌였다. 작전 도중 그녀와 지비아, 안 테크, 그리고 다른 지도자가 갑자기 포위되었다. 프룸카는 한 경찰을 모욕했다. 그러자 그 는 외설적인 반응을 보였고 그녀는 그 경찰의 뺨을 때렸다. 그러자 한 무리의 경찰이 그녀 를 마차에 던졌고, 그녀는 코피를 쏟았다. 안테크는 마치 폭력적인 사람처럼 그들에게 발 길질을 했다. 지나가는 사람들이 헤찰루츠 지도자들을 구금한 것에 대해 경찰에게 항의 했으며, 한 동지는 그들의 석방을 위해 도움을 주었다. 안테크와 프룸카는 민병대원의 얼 굴에 침을 뱉었다. Lubetkin, *Days of Destruction*, 41-44; Zuckerman, *Surplus of Memory*, 190-91 참조.

8 별도의 언급이 없는 경우, 인용과 대화 내용을 포함해서 이 장의 나머지 부분은 Kukielka, *Underground Wanderings*, 82-88에 근거한다.

9 이레나에 관한 정보는 다음 자료에서 가져왔다. "Adamowicz Irena," POLIN Polish Righteous, https://sprawiedliwi.org.pl/en/stories-of-rescue/story-rescue-adamowicz-irena; Izhar,

Chasia Bornstein-Bielicka, 155; Anka Grupińska, *Reading the List* (Wołowiec: Czarne, 2014), 21; Lubetkin, *Days of Destruction*, 131; Zuckerman, *Surplus of Memory*, 96, 146-47. 그녀로서는 목숨을 건 작업이었지만, 안테크는 그녀의 노력이 궁극적으로는 선교 목적이었다고 주장했다. Zuckerman, *Surplus of Memory*, 421 참조.

10 이지아에 관한 정보는 Klinger, *Writing These Words*, 112-13, 140-4를 포함해서 다양한 자료에서 가져왔다.

11 Klinger, "Girls in the Ghettos," *Women in the Ghettos*, 17-23.

12 이들에 대한 정보는 Klinger, *Writing These Words*, 141에서 가져온 것이다. 펠라 카츠의 증언에 따르면 이지아는 그녀의 파트너 때문에 인지되었다.

13 아스트리드에 관한 정보는 Klinger, *Writing These Words*, 112-13, 140-41을 포함, 다양한 자료에서 수집되었다: Kukielka, *Underground Wanderings*, 85; Aaron Brandes, "The Underground in Bedzin," in *Daring to Resist*, 27-28. 이지아가 무기를 구하기 위해 바르샤바에 갔던 것으로 보인다. 그녀는 벵진으로 다시 돌아오지 못했지만, 아스트리드는 권총과 수류탄을 갖고 돌아왔다.

14 Klinger, *Writing These Words*, 113.

15 이 사람은 아스트리드였다.

13. 소녀 연락책

1 Draenger, *Justyna's Narrative*, 1-57.

2 다음 두 단락은 대화와 인용문을 포함해서 Kukielka, *Underground Wanderings*, 88-91을 참조했다.

3 Sheryl Silver Ochayon, "The Female Couriers During the Holocaust," https://www.yadvashem.org/articles/general/couriers.html. 연락책에 관한 전반적인 정보는 다음 자료를 참조했다: Lubetkin, *Days of Destruction*, 73-81; Ochayon, "Female Couriers During the Holocaust"; Weitzman, "Kashariyot (Couriers) in the Jewish Resistance."

4 Lubetkin, *Days of Destruction*, 73.

5 Izhar, *Chasia Bornstein-Bielicka*, 167.

6 Weitzman, "Kashariyot (Couriers) in the Jewish Resistance."

7 Korczak, "Men and Fathers," *Women in the Ghettos*, 28-33.

8 Zuckerman, *Surplus of Memory*, 153.

9 Kol-Inbar, "Three Lines in History," 517에 따르면 연락책의 약 70퍼센트가 여성이었다. 모두 100명 정도가 연락책으로 활동했으며 평균 연령은 20세였다.

10 Shalev, *Tosia Altman*, 165.

11 Myrna Goldenberg, "Passing: Foreword," in *Before All Memory Is Lost*, 131-34.

12 Aliza Vitis-Shomron, *Youth in Flames: A Teenager's Resistance and Her Fight for Survival in the Warsaw Ghetto* (Omaha: Tell the Story, 2015), 176.

13 하비 드라이푸스(Havi Dreifuss)와의 개인적인 인터뷰(텔아비브, 2018년 5월 16일).

14 Weitzman, "Living on the Aryan Side in Poland," 213.

15 Weitzman, *Living on the Aryan Side in Poland*, 208.

16 Diane Ackerman, *The Zookeeper's Wife: A War Story* (New York: Norton, 2007), 220.

17 Shalev, *Tosia Altman*, 134.

18 연락책의 하나였던 차시아는 무릎 꿇는 법은 알고 있었지만, 할리나(Halina)가 두 성인의 이름이라는 것과 자신의 이름이 그중 하나에서 따온 것이라는 사실은 알지 못했다.

19 비아위스토크 연락책 브론카 클리반스키(Bronka Klibanski)는 "내 생각에 우리 여성은 남성에 비해 대의에 더 충실하고, 우리 환경에 더 예민하고, 더 현명한 것 같다. 어쩌면 더 전반적인 직관을 부여받은 것 같다"라고 썼다. Klibanski, "In the Ghetto and in the Resistance," in *Women in the Holocaust*, 186.

20 또한 그들은 투지가 넘쳤다. 블라드카 미드(Katz and Ringelheim, *Proceedings of the Conference on Women*, 82)에 따르면 일부 연락책들은 더 많은 임무를 수행하기 위해 경쟁하기도 했다.

21 이 이야기는 Shalev, *Tosia Altman*, 150에서 가져왔다.

22 Draenger, *Justyna's Narrative*, 99.

23 Izhar, *Chasia Bornstein-Bielicka*, 237.

24 Meed, *Both Sides of the Wall*, 90-92.

25 Draenger, *Justyna's Narrative*, 56

14. 게슈타포에 잠입하다

1 이 부분은 대화와 인용문을 포함해서 주로 벨라의 회고록 *Bronislawa Was My Name* (Ghetto Fighters' House, 1991), 24-67에 기초한다. 추가로 참고한 자료는 다음과 같다. Sara Bender, "Bela Ya'ari Hazan," *The Encyclopedia of Jewish Women*, https://jwa.org/encyclopedia/article/hazan-bela-yaari; M. Dvorshetzky, "From Ghetto to Ghetto," *Women in the Ghettos*; 요엘 야아리(Yoel Yaari)와의 개인적인 인터뷰(예루살렘, 2018년 5월 17일). 벨라가 작성한 증언은 게토 투사의 전당 박물관(두 개의 문서)과 야드바솀 아카이브에 소장되어 있다.

2 Grunwald-Spier, *Women's Experiences in the Holocaust*, 251. 론카에 관한 정보는 주로 다음 자료를 참고했다. Diatłowicki, ed., *Jews in Battle, 1939-1945*; Itkeh, "Leah Kozibrodska," *Women in the Ghettos*, 129-31; Lubetkin, *Days of Destruction*, 76-78; Zuckerman, *Surplus of Memory*, 106-7, 121, 176-77 등. 그녀는 안테크가 동원한 최초의 책임 연락책이었다.

3 테마 슈나이더만에 관한 정보는 주로 다음 자료를 참조했다. Bronia Klibanski, "Tema Sznajderman," *The Encyclopedia of Jewish Women*, https://jwa.org/encyclopedia/article/sznajderman-tema. 테마 슈나이더만, 레아 페를슈타인, 사라 그라나트슈타인은 1월에 있었던 바르샤바 게토 소개 작전 때 사망했다.

4 여기에, 그리고 다음 장에 서술된 이 사진에 얽힌 이야기는 요엘 야아리의 "A Brave Connection," Yedioth Ahronoth, *Passover Supplement*, April 5, 2018과 요엘 야아리와의 개인적인 인터뷰(예루살렘, 2018년 5월 17일)에서 가져왔다. 벨라는 야드바셈 증언에서, 그녀의 집에서 열린 크리스마스 파티에 게슈타포를 초대했다고 이야기했다.

5 내가 현지를 방문했을 때 이것을 직접 보았다.

6 Zuckerman, *Surplus of Memory*, 242. 그는 지엘나 동지들이 그것을 어떻게 발견했는지를 설명해주고 있다. 나는 이레나가 그것을 레니아에게 말해주었을 거라고 추정한다.

7 Izhar, *Chasia Bornstein-Bielicka*, 155.

15. 바르샤바 게토 봉기

1 지비아의 관점에서 서술되는 이 장의 첫 세 단락은 Lubetkin, *Days of Destruction*, 160-89에 근거한다.

2 바르샤바 게토에는 전화가 있어서―예를 들어 작업장에―사람들은 외부에서 오는 전화를 받거나 외부로 전화를 걸 수 있었다. 편지를 쓸 때처럼 전화 통화에서도 그들은 암호를 사용했다. Zuckerman, *Surplus of Memory*, 354는 레스토랑에서 작업장에 전화를 걸어 암호로 통신하는 방법을 설명해주고 있다. 368쪽은 봉기 기간 동안 밤마다 전화로 보고된 내용을 담고 있다(토시아가 연락책 프라니아 베아티스(Frania Beatis)에게 전화했다). 또한 블라드카는 총기 밀반입을 조직하는 데 전화를 사용했다. 파울센의 *Secret City*, 237에 따르면, 이 전화들은 아마도 나치의 감시가 소홀한 탓에 작동하고 있었다.

3 이 내용은 보고된 대화에 근거한다. Lubetkin, *Days of Destruction*, 178.

4 Tec, *Resistance*, 79.

5 Kol-Inbar, "Three Lines in History," 522에 따르면 강제이송이 억제된 것은 저항운동과는 상관없는 다른 이유 때문이었지만, 유대인들은 상관관계가 있다고 믿었다.

6 Tec, *Resistance*, 67

7 Vitis-Shomron, *Youth in Flames*, 174-75에 따르면 그녀는 강제동원된 노동자들에게 옷을 팔았고(게토 밖에서 팔기 위해), 폴란드 밀수업자에게서 총을 사기 위해 그 돈을 저축했다. 유대인 민간인들이 총기를 사려고 했기 때문에 암시장이 발달했다.

8 반면 *Mothers, Sisters, Resisters*에 수록된 마리지아-바르만(Marysia-Warman)의 증언에 따르면, 그녀는 봉기에 대해 아무것도 몰랐기 때문에 봉기가 일어나자 깜짝 놀랐다. 심지어 그녀가 분트 연락책이었다.

9 Meed, *Both Sides of the Wall*, 123. Zuckerman, *Surplus of Memory*, 292에 따르면 도중에 권총 한 자루가 도난당해서 49정만 게토에 도착했다.

10 Zuckerman, *Surplus of Memory*, 344-45에 따르면 그는 "자신의 사이즈에 비해 4분의 3 정도밖에 안 되는 짧은 바지"를 입었다(분명히 이 바지들은 키가 작은 남자가 입던 것이었다; 그는 나중에 사람들이 그것을 알아본다는 것을 알았다). 235쪽은 크라쿠프에서 봉기가 일어났을 때 그의 모습을 묘사하고 있다: "나는 마치 폴란드 시골 귀족처럼 보였다. 4분

의 3 길이의 코트를 입고, 모자를 쓰고, 요드퍼스가 채워진 부츠를 신고, 콧수염을 기르고 있었다."

11 Meed, *Both Sides of the Wall*, 135-38.

12 무기에 관한 정보는 주로 Zuckerman, *Surplus of Memory*, 292-95를 참고했다. Tec, *Resistance*, 80에 따르면 ZOB는 2천 개의 화염병, 열 자루의 소총, 독일인에게서 훔친 몇 자루의 기관총, 그리고 많은 양의 화약을 갖고 있었다.

13 Lubetkin, *Days of Destruction*, 166. 이 기간 동안 게토에서 수많은 소규모 봉기들이 발생했다.

14 Blue Bird와 Zuckerman, *Surplus of Memory*, 318에 따르면 ZOB는 제빵사들에게 지원을 강요했다 (일부는 자발적으로 기부했지만).

15 Zuckerman, *Surplus of Memory*, 318.

16 David M. Schizer, "The Unsung, Unfinished Legacy of Isaac Giterman," Tablet, January 18, 2018, https://www.tabletmag.com/scroll/253442/the-unsung-unfinished-legacy-of-isaac-giterman.

17 Gutterman, *Fighting for Her People*, 196.

18 Lubetkin, *Days of Destruction*, 166-67.

19 Rotem, *Memoirs of a Ghetto Fighter*, 25-30.

20 Zuckerman, *Surplus of Memory*, 378은 그들이 귀금속과 수백만 즈워티, 달러, 영국 파운드를 보유하고 있었다고 주장한다.

21 미리암 하인스도르프에 관한 정보는 다음 자료에서 가져왔다. Grupińska, 70; Zuckerman, *Surplus of Memory*, 78, 229, 259 등; 그녀는 자신이 부른 노래 때문에 자주 기억되고 있었으며 당시 약 서른 살로 다른 사람들보다 나이가 조금 많았다.

22 조직 내 여성의 지위에 대해서는 주장이 엇갈리고 있다. 어떤 곳에서는 지비아가 ZOB 리더로 선출되었다고 주장하는 반면에, 다른 주장에 따르면 그녀는 자신의 한계를 알고 있어서 자발적으로 리더의 지위에서 내려왔다.

23 Zuckerman, *Surplus of Memory*, 228-29.

24 Gutterman, *Fighting for Her People*, 205-15; Lubetkin, *Days of Destruction*, 170-77의 내용을 종합한 것이다.

25 구스타가 80-81에서 관찰했듯이, "파르티잔 전투의 효율성은 순전히 무력에 의존하는 것보다는 적의 균형을 깨뜨릴 수 있는 갑작스러운 기습 작전에 달려 있다."

26 많은 프리덤 회원들은 바르샤바 외부에서 왔으며 나이도 약간 많았다.

27 Lubetkin, *Days of Destruction*, 176-77에 따르면 영가드 4개조, 고르도니아 1개조, 아키바 1개조, 하노아 하치오니 1개조, 프리덤 5개조, 포알레이-치온(Poalei-Zion) ZS 1개조, 좌파 포알레이-치온 1개조, 분트 4개조, 공산주의 계열 4개조가 있었다. ZZW도 규모가 크고 강력한 부대가 있었다. 대부분의 자료들은 대략 500명의 ZOB 투사들과 250명의 ZZW 투사들이 있었다는 지비아의 주장에 동의하고 있다. 하지만 어떤 주장(*The Last Fighters*

같은)에 따르면 ZOB 대원은 단지 220명에 불과했다고 한다. Grupińska, *Reading the List* 는 1943년 ZOB 리더들이 작성한 명단에 의지해서 전체 233명의 명단을 제시하지만, 이 명단이 완전하지 않다는 것을 인정하고 있다; 모든 투사들이 ZOB에 받아들여진 것은 아 니다. ZOB에 수용되지 않은 일부 투사들은 독자적인 '야생' 그룹을 조직해서 싸웠다. 또 다른 무소속 투사들은 ZZW에 합류했다.

28 Kol-Inbar, "Three Lines in History," 522.

29 Rufeisen-Schüpper, *Farewell to Mila* 18, 99.

30 Rotem, *Memoirs of a Ghetto Fighter*, 22.

31 Zuckerman, *Surplus of Memory*, 304.

32 Lubetkin, *Days of Destruction*, 178.

33 Gutterman, *Fighting for Her People*, 215와 Zuckerman, *Surplus of Memory*, 313을 종합해서 서술한 것이다. *Blue Bird*에 따르면 각 투사들은 권총 한 자루와 수류탄 한 개를 소지하고 있었다; 각 전투조는 두 정의 소총과 몇 개의 수제 폭탄을 갖고 있었다.

34 Lubetkin, *Days of Destruction*, 181.

35 Lubetkin, *Days of Destruction*, 181.

36 Lubetkin, *Days of Destruction*, 182.

37 Gutterman, *Fighting for Her People*, 218에서 인용.

38 이 첫날 밤에 대한 묘사는 Gutterman, *Fighting for Her People*을 토대로 한 것이다.

39 Gutterman, *Fighting for Her People*, 216.

40 Gutterman, *Fighting for Her People*, 220에서 인용.

41 Goldstein, *Stars Bear Witness*, 190은 분트 구성원의 시각에서 이 봉기를 상세히 묘사하고 있다.

42 Rotem, *Memoirs of a Ghetto Fighter*, 34.

43 Lubetkin, *Days of Destruction*, 34-35, 187.

44 글라이트만(Gleitman)은 결혼하기 전의 이름이다. *The Last Fighter*에서 그녀는 자신의 공 격이 가진 추가적인 요소를 묘사한다: "나는 발코니에 나가서 독일인을 보았는데, 더 이상 탄약이 없자, 우리는 더 독해졌다. 그래서 나는 냄비를 던지기로 결심했고, 던진 냄비가 그 를 맞혔다. 냄비에는 순대가 들어 있었는데 냄비가 열리면서 순대가 그의 머리 위에 쏟아 지자, 그는 자신의 몸에서 순대를 떼어내기 위해 몸부림쳤다."

45 야드 모르데하이(Yad Mordechai) 박물관에서 볼 수 있는 영상물 〈불기둥(Pillar of Fire)〉 (히브리어 버전, 아마 13회)에서 마샤 푸터밀히(Masha Futermilch)는 아셰르 틀라림(Asher Tlalim)이 감독한 것이다(이스라엘, 1981).

46 이 부분은 인용문을 포함해서 Kukielka, "Last Days," 102-6을 토대로 한 것이다. 다른 언 급에 따르면 운동 조직은 한체를 벵진으로 돌려보냈다.

47 *Women in the Ghettos*의 이디시어 버전에서 가져왔다.

48 아리아인 구역에서 바라본 불타는 게토를 묘사한 이 부분은 Kukielka, *Underground*

Wanderings, 92-94에서 가져왔다; Mahut, 144; Meed, *Both Sides of the Wall*, 140-46; Vitis-Shomron, *Youth in Flames*, 191.

49 Kukielka, *Underground Wanderings*, 92.

50 일부 보고서들은 300명의 나치가 사망했다고 주장한다; 나치의 보고서는 훨씬 적은 수를 기록하고 있다. 하지만 그들은 특히 슈트룹(stroop) 장군이 자신의 업적을 과시하는 데 필사적이었기 때문에 그렇게 기록했을 것이다. Ackerman, *Zookeeper's Wife*, 211-13에 따르면 나치 16명이 사망했고, 85명이 부상당했다.

51 Meed, *Both Sides of the Wall*에 삽입된 사진.

52 Kukielka, *Underground Wanderings*, 94

53 Kukielka, *Underground Wanderings*, 94.

54 Kukielka, *Underground Wanderings*, 94.

55 Kukielka, *Underground Wanderings*, 94. 이와 비슷한 주장을 확인하려면 Kuper, "Life Lines," 201-2와 Meed, *Both Sides of the Wall*, 141 참조.

16. 많은 머리의 강도들

1 별도의 언급이 없으면, 이 장은 주로 Lubetkin, *Days of Destruction*, 190-259를 참고한 것이다.

2 Lubetkin, *Days of Destruction*, 199-200.

3 Lubetkin, *Days of Destruction*, 200-201.

4 Gutterman, *Fighting for Her People*, 222에서 인용.

5 Tec, *Resistance*, 174-76.

6 Lubetkin, *Days of Destruction*, 190-92.

7 Meed, *Both Sides of the Wall*, 155에서 인용.

8 Lubetkin, *Days of Destruction*, 206-7.

9 Lubetkin, *Days of Destruction*, 205-8에는 불타는 게토에서 보낸 며칠 동안 진행되었던 토론에 대해 서술되어 있다.

10 Lubetkin, *Days of Destruction*, 209.

11 카지크(Kazik)는 심차 로템(Simcha Rotem, 출생명은 Simcha Rathajzer)의 가명이었다.

12 Lubetkin, *Days of Destruction*, 239-40; Zuckerman, *Surplus of Memory*, 412.

13 Gutterman, *Fighting for Her People*, 230에서 인용.

14 도시의 지리는 중요했다. 바르샤바에는 밀반입과 탈출을 위한 하수도 망이 있었다. 그리고 도시 동부는 숲에 가까워서 파르티잔 캠프를 구축하는 것이 가능했다. 그러나 우치는 하수도가 없이 고립된 상태였다.

15 Lubetkin, *Days of Destruction*, 220-24.

16 헬라의 탈출 이야기는 Rufeisen-Schüpper, *Farewell to Mila 18*, 113을 토대로 재구성한 것이다.

17 Lubetkin, *Days of Destruction*, 229.

18 Shalev, *Tosia Altman*, 208-11. Davar(June 1, 1943)의 기사는 게토 투사의 전당 아카이브에 소장되어 있다.

19 Dror, *The Dream, the Revolt*, 3.

20 Shalev, *Tosia Altman*, 208.

21 Gutterman, *Fighting for Her People*, 244.

22 Lubetkin, *Days of Destruction*, 233.

23 Lubetkin, *Days of Destruction*, 234.

24 Lubetkin, *Days of Destruction*, 236.

25 이 이야기는 *The Last Fighters*에 수록된 Pnina Grinshpan Frimer에서 가져왔다.

26 Lubetkin, *Days of Destruction*, 244.

27 Shalev, *Tosia Altman*, 189.

28 Lubetkin, *Days of Destruction*, 247.

29 구조 작전의 세부 사항은 자료에 따라 지비아가 언급한 것과는 차이가 있다. 예를 들어 Gutterman, *Fighting for Her People*, 244-57; Rotem, *Memoirs of a Ghetto Fighter*, 48-58; Shalev, *Tosia Altman*, 189 참조.

30 Lubetkin, *Days of Destruction*, 247

31 이 순간에 대해서는 논란이 있다. 카지크는 자신이 모두에게 맨홀에서 가까운 지점에 있도록 했다고 주장하면서 지비아가 그들의 행동을 통제했어야 했음을 암시하고 있다(Rotem, *Memoirs of a Ghetto Fighter*, 53).

32 Rotem, 55.

33 Lubetkin, *Days of Destruction*, 252.

34 그러나 카지크는 이를 *Memoirs of a Ghetto Fighter*, 53-56에 기록으로 남겼다. Gutterman, *Fighting for Her People*, 251-53은 이 사건에 대해, 물론 자신의 관점에서, 약간 언급하고 있다; 여기서 그녀는, 그들이 트럭에 타고 있는 동안에 지비아가 카지크에게 총으로 위협했다고 설명한다. 카지크는 자신의 회고록에서 탈출한 일행이 숲에 도착하자마자 지비아가 그에게 총으로 위협했다고 주장한다.

35 바바라 하르샤브(Barbara Harshav)와의 개인적인 인터뷰(뉴욕, 2018년 3월 9일, 4월 13일).

36 Lubetkin, *Days of Destruction*, 252.

37 이들 수많은 여성들에 관한 부고 기사는 Grupińska, *Reading the List*; Spizman, *Women in the Ghettos*; Neustadt, ed., *Destruction and Rising* 등에서 확인할 수 있다.

38 Kol-Inbar, "Three Lines in History," 522.

39 이 표현은 *Women in the Ghettos*에서 반복적으로 나온다.

40 *Women in the Ghettos*, 164.

41 Lubetkin, *Days of Destruction*, 81.

42 Rotem, *Memoirs of a Ghetto Fighter*, 26. 드보라 바란에 대해 더 많은 정보를 찾으려면

Lubetkin, *Days of Destruction*, 214-15 참조.

43 니우타 테이텔바움(Niuta Teitelbaum)에 관한 정보는 다음 자료를 참조: Grupińska, *Reading the List*, 132-33; Vera Laska, *Different Voices*, 258; Jack Porter, "Jewish Women in the Resistance," *Jewish Combatants of World War 2* 2, no. 3 (1981); Katrina Shawver, "Niuta Teitelbaum, Heroine of Warsaw," https://katrinashawver.com/2016/02/niuta-teitelbaum-aka-little-wanda-with-the-braids.html.

44 Gutterman, *Fighting for Her People*, 258.

45 Lubetkin, *Days of Destruction*, 256.

46 Gutterman, *Fighting for Her People*, 260-61. Lubetkin, *Days of Destruction*에는 이 사실이 언급되어 있지 않다.

47 그는 심지어 수영장에서 수영을 하는 동안에도 회의를 했다; 그는 트램을 타지 않기 위해 어디든 걸어 다녔다. Zuckerman, *Surplus of Memory*, 352, 377.

48 Meed, *Both Sides of the Wall*, 156-62.

49 Zuckerman, *Surplus of Memory*, 390. 누가 어떤 은신처에 배치되는지는 뜨거운 논란이 되는 이슈였다.

50 공장 화재와 토시아의 죽음에 대해서는 여러 개의 상충되는 언급들이 있다. 관련된 많은 주장들이 Shalev, *Tosia Altman*, 194, 206에 수록되어 있다. Lubetkin, *Days of Destruction*, 257과 Zuckerman, *Surplus of Memory*, 394-96도 참조.

17. 무기, 무기, 무기

1 Ruzka Korczak, "The Revenge Munitions," in *Women in the Ghettos*, 81.

2 이 부분은 인용과 대화를 포함해서 Kukielka, "Last Days," 102-6에 토대를 둔다.

3 Klinger, *Writing These Words*, 129.

4 이 부분의 나머지는, 대화와 직접 인용문을 포함해서 Kukielka, *Underground Wanderings*, 96-98에 토대를 둔 것이다.

5 이나 겔바르트는 소스노비에츠 영가드 출신으로 1923년생이다. 그녀에 관한 정보는 펠라 카츠의 증언에 토대를 둔다: Ronen, *Condemned to Life*, 311.

6 레니아는 그를 위해 여러 가지 이름을 갖고 있었다. 그는 다음 자료들에서 "타를로프 (Tarlow)"라고 불렸다: Ronen, *Condemned to Life*, 256-76, 그리고 Brandeis, "The Underground in Bedzin," 128.

7 Kukielka, *Underground Wanderings*, 97.

8 예를 들어 다음 자료 참조: Chaya Palevsky, "I Had a Gun," in *Daring to Resist*, 120-21; Riezl (Ruz'ka) Korczak, *Flames in Ash* (Israel: Sifriyat Po'alim, Hakibbutz Ha'artzi Hashomer Hatzair, 1946), 109; Tec, *Resistance*, 92.

9 무기 획득에 관해서는 Zuckerman, *Surplus of Memory*, 252-55, 292 참조.

10 이곳이 묘지였는지는 명확하지 않다. 하지만 대체로 유대인 묘지는 레지스탕스에게 중요

한 장소였다. Lubetkin, *Days of Destruction*, 160에 따르면, 강제이송 동안 영가드 멤버들을 도왔던 유대인 란다우(Landau) 형제는 목재 공장을 소유하고 있었다. 그들은 나치에게 유대인 묘지 근처에 채소밭을 만들어달라고 요청했는데, 그곳은 나치가 거의 없기 때문에 바르샤바에서 가장 평화로운 지역이었다. 묘지에는 푸르름이 남아 있어 아이러니하게도 게토에서 가장 살아 있는 장소였다. 유대인들은 괭이와 갈퀴를 메고 게토 밖, 이 채소밭으로 왔다. 이곳은 아리아인 구역의 멤버들과 접촉하고, 무기 찾는 일을 하는 곳이었다. 안테크는 유명한 이디시어 작가 I. L. 페레츠(Peretz)의 무덤을 만남의 장소로 사용해서, 무덤 파는 사람과 시체 운반인을 통해 게토 내부로 편지를 보내기도 하고, 게토에서 나오는 편지를 받기도 했다. 더 많은 내용을 보려면 Zuckerman, *Surplus of Memory*, 260, 356 참조.

11 Weitzman, "Kashariyot (Couriers) in the Jewish Resistance." 이 단락은 이 기사뿐 아니라 Ochayon, "Female Couriers During the Holocaust"를 토대로 했다.

12 Cohen, *The Avengers*, 59.

13 헬라의 이야기는 Rufeisen-Schüpper, *Farewell to Mila 18*에 토대를 둔 것이다.

14 1943년 6월로 표기된 사진에서 헬라는 쇼샤나 랑어(Shoshana Langer)와 함께 포즈를 취하고 있다. 게토 투사의 전당 박물관 아카이브 자료.

15 Draenger, *Justyna's Narrative*, 70.

16 블라드카의 무기 반입에 관한 내용은 Meed, *Both Sides of the Wall*, 9-109, 123-32에 토대를 둔 것이다.

17 Shalev, *Tosia Altman*, 174.

18 Zuckerman, *Surplus of Memory*, 125-26, 153. 빌나에서는 가싸 교통 표시판을 이용해서 차를 하수구 뚜껑이 열린 거리로 돌렸으며, 장총을 공구 상자 안에 넣어 하수도로 운반했다. Paulsson, *Secret City*, 61-65에서는 처음엔 게토에서 식량 공급으로 시작되었던 물자의 밀반입 및 반출이 어떤 방법으로 이루어졌는지를 설명해준다. 다음과 같은 방법들이 이용되었다. 하수도 및 땅굴, 차량(트램, 트럭, 쓰레기차, 영구차, 구급차), 도로 작업반, 법적 통행증, 시청 사무실 및 약국(바르샤바의 경우), 게토 장벽과 접한 건물들의 옥상 또는 배수관, 벽 타기, 바르샤바에 있는 게시아 거리의 장터; 경비병에게 뇌물을 주거나 그들의 동정심을 사서 게토 출입구 드나들기.

19 안테크의 책임 연락책 가운데 하나였던 그녀는 결국 아우슈비츠로 이송되었으나 전쟁에서 살아남았다. 그녀의 회고록 *They Are Still with Me*는 2001년에 출간되었다.

20 이 이야기에 대해서는 서로 다른 여러 버전이 존재한다. 예를 들어 다음 자료들을 참조: Diatlowicki, ed., *Jews in Battle*, 1939-1945에 수록된 Havka Folman의 증언; Lubetkin, *Days of Destruction*, 80; Ochayon, "Female Couriers During the Holocaust"; Yaari, "A Brave Connection." 게토 투사의 전당 박물관 전시 해설문에 따르면 나치의 슈트룹 장군은 유대인 여성들이 속옷 안에 무기를 숨기고 다닌다는 사실을 상부에 보고했다.

21 차시아와 비아위스토크 연락책들에 관한 정보는 주로 Izhar, *Chasia Bornstein-Bielicka*와 Liza Chapnik, "The Grodno Ghetto and its Underground," in *Women in the Holocaust*,

109-19에 토대를 둔 것이다; Chaika Grossman, *Underground Army*; Klibanski, "In the Ghetto and in the Resistance," 175-8 참조.

22 차이카 그로스만('할리나 워라노비치Halina Woranowicz')은 금발에 푸른 눈을 가진, 부유한 공장주 가문 출신이다. 1938년에 그녀는 영가드 활동을 위해 히브리대학을 중퇴했다. 히틀러가 폴란드를 침공했을 때, 그녀는 리더십 B를 위해 바르샤바로 급히 보내졌다. 그 후 그녀는 신중하고 감상적이지 않은 자세로 코브너와 함께 빌나에서 활동했다. 그녀는 아리아인 구역에 거주하면서 포나리에 대한 정보를 가지고 바르샤바와 다른 게토들을 여행한 다음, 고향인 비아위스토크로 돌아와 게토 내부에서 지하운동을 시작했다. 그녀와 그녀의 남자친구인 에데크 보르크스(Edek Borks)는 여러 청소년 운동들—결국 모르데하이 테넨바움이 지휘하는—을 하나의 전투 단위로 통합하기 위해 노력했다. 차이카는 항상 파르티잔 진영으로 탈출하기보다는 게토 내부에서 싸우겠다고 고집했다. 유대인 평의회의 지도부와 친하게 지내면서, 그들에게 레지스탕스 활동을 지지해줄 것을 여러 차례 호소했다. 그녀는 어린 동지들에게 "용감한 자의 광기가 세상을 진전시킨다"라고 가르쳤다. 그녀는 비아위스토크 저항세력에서 싸웠으며, 강제이송이 다가왔을 때 군중 속으로 도망친 후, 공장에 몰래 들어가서 그곳에서 일하는 노동자인 것처럼 행세해서 강제이송을 피할 수 있었다.

23 레아에 관한 이야기는 Tec, *Resistance*, 159-71에 토대를 두며, 그녀의 증언은 USHMM 아카이브에 소장되어 있다.

24 이 부분은 레니아가 이스라엘 국립도서관에서 한 증언, 야드바셈 증언, 그리고 *Underground Wanderings*, 98을 종합해서 서술한 것이다. Gelbard, "Life in the Warsaw Ghetto," 11에 따르면 무기 하나당 7천 마르크가 들었다.

25 Kukielka, *Underground Wanderings*, 98.

26 레니아는 훗날 *Underground Wanderings*에서 자신이 이 전략을 사용했다고 설명한다.

27 Izhar, *Chasia Bornstein-Bielicka*, 206-7. 파예는 항상 체포될 경우에 대비해서 허리띠에 수류탄을 지니고 다녔다. 자폭하기 위해서였다. 또 다른 여성 파르티잔 대원은 "수류탄 한 개는 적을 위해, 다른 한 개는 자신을 위해" 지니고 다녔다고 설명했다.

28 Kukielka, *Underground Wanderings*, 97.

18. 교수대

1 *Underground Wanderings*에서 레니아는 이하에 서술된 사건이 1943년 5월 초에 일어났다고 쓰고 있다. 하지만 그녀가 바르샤바 게토가 불타는 것을 보았으며, 무기 구입 여행을 마치고 돌아왔는데도 아직 5월 초라는 것은 사실 말이 되지 않는다. 벵진에서 강제이송은 1943년 6월 22일에 진행되었는데, 아마도 그녀는 이 사건을 언급하고 있는 듯하다. 그녀의 책에는 날짜와 관련한 몇 가지 오류가 있는데, 이것은 그중 하나로 보인다.

2 이 장은 인용과 대화를 포함해서 Kukielka, *Underground Wanderings*, 98-107에 토대를 둔다.

3 Ronen, *Condemned to Life*에 따르면, 이 그룹은 작전의 주도권을 가질 능력이 없었다. 그래서 그들은 바르샤바에서 오는 명령을 기다리고 있었다.

4 게토 투사의 전당 증언에서 그는 자신이 아티드 설립에 관여했다고 암시하고 있다.

5 그녀는 때로는 알리자 호이스도르프(Aliza Hoysdorf)로 불렸다.

6 Ronen, *Condemned to Life*, 277-94는 막스 피셔(Max Fischer)를 인용한다.

7 물론 당시 웃을 수 있는 상황은 전혀 아니었지만, 농담은 그 자체가 저항의 표현이기도 했다. 유머는 게토와 수용소에서도 존재했으며 심지어 널리 성행했다. 많은 여성들이 신체, 외모, 음식, 요리를 중심으로 한 특이한 형태의 유머를 만들어냈다. 이에 관한 진지한 토론을 살펴보려면 Ostrower, *It Kept Us Alive* 참조.

8 이는 레니아가 제시한 통계다. "Będzin, Poland," *Encyclopedia Judaica, Jewish Virtual Library*, https://www.jewishvirtuallibrary.org/Będzin, on June 22, 1943에 따르면 4천 명의 유대인이 벵신에서 강제수방뇌었다.

19. 숲속으로 간 프리덤

1 펠라 카츠는 폴만이 잘생겼다고 묘사한다. 그는 알리자 치텐펠트와 함께 고아들을 가르치고 돌보았다. 그리고 바르샤바 게토에 프리덤 학교를 조직·운영했다.

2 누가 이 그룹에 포함되었는지에 관해서는 증언이 엇갈린다. 레니아는 이르카(Irka)와 레아 페작손(Leah Pejsachson)이 이 그룹과 함께 갔다고 주장하는 반면, Klinger, *Writing These Words*, 122-23에 따르면 그들은 다른 방식으로 사망했다. Ronen, *Condemned to Life*, 295-312에 따르면 영가드 지휘관이 되었던 다비드가 첫 번째 그룹과 함께 갔다. 차이카는 남자들만 가도록 허용되어 속이 상했었다. 펠라 카츠의 증언에 따르면, 다비드는 권총 몇 자루를 갖고 있던 첫 번째 그룹에 있었다; 이 그룹은 모두 남자였으며, 각자 칼 한 자루와 몇 발의 총알을 소지하고 있었다. Ronen, *Condemned to Life*, 295-312와 카츠는 모두 두 번째 그룹에 단 두 명의 여성이 열 명의 남자와 함께 갔다는 데 의견이 일치한다.

3 Klinger, "Girls in the Ghettos," 17-23.

4 펠라 카츠의 증언.

5 파르티잔에 관한 정보는 주로 http://www.jewishpartisans.org에 수록된 유대인 파르티잔 교육재단 자료에서 가져왔다: Kol-Inbar, "Three Lines in History," 513-46; Nechama Tec, "Women Among the Forest Partisans," in *Women in the Holocaust*; Tec, *Resistance*, 84-121; Tamara Vershitskaya, "Jewish Women Partisans in Belarus," *Journal of Ecumenical Studies* 46, no. 4 (Fall 2011): 567-72. 다음 자료들에 언급된 개인적인 주장들도 참고했다. Shelub and Rosenbaum, *Never the Last Road*; Schulman, *Partisan's Memoir*. 그리고 아래에 수록된 참고 자료는 빌나 투사들에 관한 것이다.

6 나치에게 체포되지 않으려는 소련 병사와 전쟁포로들, 재야 진영과 공산주의자로 구성된 리투아니아 그룹, 독일 노동수용소에 강제동원되지 않으려는 벨라루스 사람들, 폴란드 지하운동의 지원을 받는 폴란드인 등.

7 유대인 파르티잔 교육재단(http://www.jewishpartisans.org)을 참조했다. 이 숫자는 유대인이든, 비유대인이든 전체 파르티잔 대원들을 포함한 것이다. 상이한 통계를 제시하는

다양한 자료를 보려면 Schulman, *Partisan's Memoir*; Tec, *Resistance*; Vershitskaya, "Jewish Women Partisans." 참조.

8 파르티잔에게 섹스는 금지 사항으로 사형에 처해질 수 있었다. 하지만 일부 남성 파르티 잔들은 섹스 상대를 찾기 위해 마을에 들어갔다. 나치가 이 사실을 알고, 마을 여성들에게 성병균을 주사해서 파르티잔들이 성병에 감염되도록 했다는 소문이 있다. Tec, *Resistance*, 107.

9 Tec, "Women Among the Forest Partisans," 223에는 77퍼센트라고 언급되어 있다.

10 Kol-Inbar, "Three Lines in History," 527에 인용된 Fanny Solomian-Lutz의 주장.

11 다큐멘터리 비디오 *Everyday the Impossible: Jewish Women in the Partisans, Jewish Partisan Education Foundation*, http://www.jewishpartisans.org/content/jewish-women-partisans 참조.

12 Yigal Wilfand, ed., *Vitka Fights for Life* (Givat Haviva, Isr.: Moreshet, 2013), 49에 수록된 비트카켐프너(Vitka Kempner)와의 인터뷰.

13 Shelub and Rosenbaum, *Never the Last Road*, 111-14.

14 Kol-Inbar, "Three Lines in History," 526가 강조했듯이, 파르티잔들은 전반적으로 반권위 주의를 표방했던 것 같다. 하지만 여성 문제에 관한 한, 그들은 전통사회의 가장 보수적인 행동방식을 택했다.

15 Fanny Solomian-Lutz, *A Girl Facing the Gallows* (Tel Aviv, Isr.: Moreshet and Sifryat Hapoalim, 1971), 113-14.

16 그녀의 어머니인 사라 로즈노프에 관한 개인 전화 인터뷰: Holly Starr, 2018년 11월 13일. 빌나 파르티잔인 리바 마르샤크 아우겐펠트(Liba Marshak Augenfeld)는 요리사이자 파르 티잔들이 가져다준 가죽으로 부츠를 만드는 재봉사였다.

17 Née Faye Lazebnik. 파예의 이야기는 Schulman, *Partisan's Memoir and Daring to Resist: Three Women Face the Holocaust*, directed by Barbara Attie and Martha Goell Lubell. USA, 1999에 토대를 둔 것이다.

18 Schulman, *Partisan's Memoir*, 17.

19 Schulman, *Partisan's Memoir*, 149.

20 예를 들어 프루마 베르거(Fruma Berger) (비엘스키 파견대와 함께); 미라&사라 로스노프 (Mira and Sara Rosnow).

21 나는 다음 자료들을 토대로 빌나 레지스탕스에 관한 이야기를 집필했다. *Partisans of Vilna: The Untold Story of Jewish Resistance During World War II*, directed by Josh Waletsky, USA, 1986; Neima Barzel, "Rozka Korczak-Marla" and "Vitka Kempner-Kovner," *The Encyclopedia of Jewish Women*; Cohen, *Avengers*; Grossman, *Underground Army*; Moshe Kalchheim, ed., *With Proud Bearing 1939-1945: Chapters in the History of Jewish Fighting in the Narotch Forests* (Tel Aviv, Isr.: Organisation of Partisans, Underground Fighters and Ghetto Rebels in Israel, 1992); Michael Kovner, www.michalkovner.com; Korczak, *Flames*

in Ash; Roszka Korczak, Yehuda Tubin, and Yosef Rab, eds., *Zelda the Partisan* (Tel Aviv, Isr.: Moreshet and Sifriyat Po'alim, 1989); Ruzka Korczak, "In the Ghettos and in the Forests," "The Revenge Munitions" and "Women in the Vilna Ghetto," in *Women in the Ghettos*; Dina Porat, *The Fall of a Sparrow: The Life and Times of Abba Kovner* (Stanford, CA: Stanford University Press, 2010); Ziva Shalev, "Zelda Nisanilevich Treger," *The Encyclopedia of Jewish Women*; Yehuda Tubin, Levi Deror, et al., eds., *Ruzka Korchak-Marle: The Personality and Philosophy of Life of a Fighter* (Tel Aviv, Isr.: Moreshet and Sifriyat Po'alim, 1988); Wilfand, *Vitka Fights for Life*. 다음에 언급된 개인들과의 인터뷰 자료도 사용했다. Rivka Augenfeld, Montreal, August 10 and 17, 2018; Michael Kovner, Jerusalem, May 17, 2018; Daniela Ozacky-Stern and Yonat Rotbain, Givat Haviva, Isr., May 14, 2018; Chayele Palevsky, Skype, November 20, 2018.

22 루츠카와 비트카가 어떻게 만났는지에 관한 이야기는 Cohen, *Avengers*, 18-19를 토대로 했다. 나는 이 장을 코헨의 책을 그대로 재인용하는 방식을 사용했다. 그들의 개인적인 성장 배경에 관해서는 같은 책, 13-23에 포함된 다양한 자료를 참고했다.

23 Michael Kovner, "In Memory of My Mother," https://www.michaelkovner.com/said04eng 참조. Cohen, *Avengers*, 19에서도 이 모임이 언급되고 있다.

24 Cohen, *Avengers*, 27. 비트카의 빌나 귀환 이야기는 같은 책, 26-27 참조.

25 Tubin, Deror, et al., eds., *Ruzka Korchak-Marle*, 22.

26 Cohen, *Avengers*, 38.

27 Korczak, "Women in the Vilna Ghetto," 113-27.

28 Cohen, *Avengers*, 37.

29 Cohen, *Avengers*, 38.

30 Cohen, *Avengers*, 49. On p. 7, 코헨은 다른 사람들이 그들의 삼각관계에 대해 어떻게 상상했는지를 서술하고 있다. 비트카는 Tubin, Deror, et al., eds., *Ruzka Korchak-Marle*, 63에서 그들의 로맨스를 다루고 있다.

31 2018년 영국 청소년 그룹 드로(Dror)의 한 멤버가 나에게 한 말과 같다.

32 Cohen, *Avengers*, 61에 따르면 유럽의 지하운동 단체에서, 지휘관은 자신의 힘을 고려해서 "그의 여자"를 가장 어려운 임무에 파견했다.

33 이 임무, 그녀의 준비 작업, 그리고 그녀가 거의 체포될 뻔한 이야기는 다음 자료들을 토대로 했다. Cohen, *Avengers*, 62-64; Korczak, "Women in the Vilna Ghetto," 113-27; Wilfand, *Vitka Fights for Life*, 29-31. 자료마다 세부 사항에서 약간 차이가 난다.

34 차시아는 비아위스토크 외부의 숲지대로 무기를 운반하다가 경비병에게 붙잡힌 적이 있었다. 그때 그녀는 울면서 길을 잃었다고 호소했다. 그러자 나치는 그녀에게 방향을 알려주면서 앞으로는 조심하라고 경고했다. 잘못하면 파르티잔에 의해 사살될 수 있다고 말하면서! Izhar, *Chasia Bornstein-Bielicka*, 251.

35 Cohen, *Avengers*, 62.

36 *Partisans of Vilna*에서 비트카가 주장한 바에 따르면 폭탄은 구조가 단순하고 크기가 컸다. 유대인 경찰과 함께 근무하던 한 FPO 동지가 그것을 코트 안에 숨겨서 게토 밖으로 가져 왔다.

37 루츠카와 핀란드 폭탄 서적에 대해선 다양한 언급이 있다. 예를 들어 David E. Fishman, *The Book Smugglers: Partisans, Poets, and the Race to Save Jewish Treasures from the Nazis* (Lebanon, NH: ForEdge, 2017)와 Wilfand, *Vitka Fights for Life*, 29-31 참조.

38 Cohen, *Avengers*, 64.

39 Korczak, "Women in the Vilna Ghetto," 113-27.

40 Cohen, *Avengers*, 88.

41 Wilfand, *Vitka Fights for Life*, 46; Ruzka in Tubin, Deror, et al., eds., *Ruzka Korchak-Marle*, 42: "사실 비트카 코브너 켐프너는 숲지대에서 최고 지휘관이었다. 그녀는 모든 순찰에 참가했을 뿐 아니라 스스로 정찰대의 지휘를 맡았다."

42 Wilfand, Vitka Fights for Life, 41. 비트카는 이 문제를 영화 〈Everyday the Impossible: Jewish Women in the Partisans〉에서도 다뤘다. 루츠카에 따르면(Katz and Ringelheim, *Proceedings of the Conference on Women*, 93), 여성들은 물자 수집, 사보타주, 매복, 정규 전투 등 거의 모든 활동에 참가했다.

43 Cohen, *Avengers*, 123. 여기 서술된 부분은 122-25를 참조했다.

44 Korczak, "In the Ghettos and in the Forests," *Women in the Ghettos*, 74-81. 이것은 아마 다른 사건을 설명하는 듯하다.

45 Tubin, Deror, et al., eds., *Ruzka Korchak-Marle*, 67.

46 Yehuda Tubin ed., *Ruzka Korchak-Marle*, 42.

47 아이다 브리드보르드(Aida Brydbord)를 포함해서 다른 사람들의 다양한 언급을 참조했다. *Women of Valor*, 16.

48 Izhar, *Chasia Bornstein-Bielicka*, 247.

49 프룸카는 이 상황을 훗날 한 편의 시로 적었다. "땅 밑에 숨겨진 깊은 구덩이 / 오늘날 나의 집이어라." Ralph S. Berger and Albert S. Berger, eds., *With Courage Shall We Fight: The Memoirs and Poetry of Holocaust Resistance Fighters Frances "Fruma" Gulkowich Berger and Murray "Motke" Berger* (Margate: ComteQ , 2010), 82-83.

50 Wilfand, *Vitka Fights for Life*, 46.

51 젤다에 관한 정보와 장면, 그리고 여기 언급된 대화는 주로 Korczak, Tubin, and Rab, *Zelda the Partisan*을 토대로 했다.

52 Cohen, *Avengers*, 125. 이 임무에 관한 이야기는 같은 책, 125-28에 언급되어 있다; Korczak, "Women in the Vilna Ghetto," 113-27; Wilfand, *Vitka Fights for Life*, 42. *Partisans of Vilna* 에서 아바가 주장한 바에 따르면 독일인들에게 지하운동이 작동하고 있다는 것을 보여주기 위해 빌나에서 사보타주를 실시하기로 한 것은 그의 아이디어였다. 그는 이 임무를 유대인들을 구해서 숲지대로 보내는 임무와 연계하기를 원했다.

53 Cohen, *Avengers*, 128에 인용되었다.

54 Wilfand, *Vitka Fights for Life*, 48.

55 Vitka Kempner in *Partisans of Vilna: The Untold Story of Jewish Resistance During World War II*, directed by Josh Waletsky, USA, 1986.

56 Korczak, "Women in the Vilna Ghetto," 113-27.

57 Cohen, *Avengers*, 129-30.

58 Cohen, *Avengers*, 139. 이어지는 이야기는 같은 책, 139-42와 Tubin, Deror, et al., eds., 73을 토대로 했다. 그런데 이 이야기에 관해서는 여러 가지 버전이 있다. Korczak, "Women in the Vilna Ghetto," 113-27에 따르면 비트카는 그녀를 체포한 나치의 주위가 산만해지기를 잠시 기나렸나가 탈출해서 뛰었다. Wilfand, *Vitka Fights for Life*, 42에서 비트카의 주장에 따르면 이 사건은 빌나의 전기 공급을 폭파하려는 그녀의 임무와 연결되어 있었다. 임무를 마치고 돌아오는 길에 그녀는 다리에서 오토바이를 탄 나치에게 붙잡혔다. 그녀는 나치가 자신들을 풀어줄 것이라고 확신하고, 전쟁이 끝나면 그들에게 유리한 증언을 하겠다고 제안했다. 그녀는 포나리 탈출자들도 함께 데리고 떠났다.

59 Cohen, *Avengers*, 142에 인용되었다.

60 펠라 카츠의 증언에 따르면 리더들은 그를 벙커에 숨겼다. 그래서 그가 다시 등장했을 때 아무도 놀라지 않았다. 펠라는 세부 사항에서 약간 다른 주장을 하고 있다.

61 인용문은 Kulielka, *Underground Wanderings*, 110-11과 Ronen, *Condemned to Life*, 295-312를 토대로 한 것이다.

20. 멜리나스, 돈, 그리고 구조

1 별도의 언급이 없는 경우 이 장은 Kukielka, *Underground Wanderings*, 112-13을 토대로 한 것이다.

2 Klinger, *Writing These Words*, 119-20.

3 Klinger, *Writing These Words*, 120-21.

4 이 부분에 관한 정보는 주로 Meed, *Both Sides of the Wall*; Ochayon, "Female Couriers During the Holocaust"; Weitzman, "Kashariyot (Couriers) in the Jewish Resistance"를 토대로 했다.

5 Ackerman, *Zookeeper's Wife*, 173은 "den of thieves"에 대해 언급한다.

6 Rotem, *Memoirs of a Ghetto Fighter*, 96-98에는 연락책들의 문제와 전략이 서술되어 있다.

7 Schulman, *Partisan's Memoir*, 89에 따르면 나치는 총알을 낭비하지 않으려고 어린이들을 산 채로 불태우기도 했다.

8 빈 홀로코스트 도서관 아카이브에서 진행된 구두 증언.

9 Lubetkin, *Days of Destruction*, 260. 독일인들이 폴란드인들을 얼마나 고문했는지에 관한 토론을 살펴볼 수 있다.

10 Paulsson, *Secret City*, 3-4. 다른 조직들에 관한 상세한 정보를 알려면 201-210 참조.

11 Paldiel, *Saving One's Own*, 32-42.

12 Paldiel, *Saving One's Own*, 25.

13 Samuel D. Kassow, lecture, at "In Dialogue: Polish Jewish Relations During the Interwar Period."

14 JDC에 관한 정보는 다음 자료 안에 포함되어 있다. "American Jewish Joint Distribution Committee and Refugee Aid," USHMM *Holocaust Encyclopedia*, https://encyclopedia.ushmm.org/content/en/article/american-jewish-joint-distribution-committee-and-refugee-aid; Yehuda Bauer, "Joint Distribution Committee," in *Encyclopedia of the Holocaust*, ed. Israel Guttman (New York: Macmillan, 1990), 752-56.

15 Nathan Eck, "The Legend of the Joint in the Ghetto," 미출간 보고서, JDC 아카이브 소장.

16 안테크는 폴란드 지하운동 조직이 자신들에게 필요한 자금을 기부금에서 자의적으로 떼어 가고 있다고 비난했다. Rotem, *Memoirs of a Ghetto Fighter*, 98-99; Zuckerman, *Surplus of Memory*, 419.

17 Bauer, "Joint Distribution Committee," 752-56; Zuckerman, *Surplus of Memory*, 43n15.

18 Michael Beizer, "American Jewish Joint Distribution Committee," trans. I. Michael Aronson, *The YIVO Encyclopedia of Jews in Eastern Europe*, https://yivoencyclopedia.org/article.aspx/American_Jewish_Joint_Distribution_Committee.

19 Paldiel, *Saving One's Own*, 32-42.

20 Paldiel, *Saving One's Own*, 33. 다음 자료도 참조: Lubetkin, *Days of Destruction*, 263; Meed, *Both Sides of the Wall*, 226-29; Zuckerman, *Surplus of Memory*, 486-87.

21 전체를 포괄하는 기록은 없으며, 이것은 추정치다. 자료마다 다른 수치를 제공하고 있다. 루베트킨은 *Days of Destruction*, 262에서 바르샤바 지역을 거쳐 갔거나 숨어 있는 유대인 이 2만 명이라고 주장했고, 그 가운데 1만 2천 명이 그녀의 조직에 도움을 요청했다고 말 했다. *Surplus of Memory*, 449에서 주커만은 그의 카드 파일에 3천 개의 이름(또는 암호화 된 이름)이 있었다고 주장한다. Kol-Inbar, "Three Lines in History," 531에 따르면, 제고타 는 4천 명의 유대인과 4천 명의 아이들을 구했다. Paldiel, *Saving One's Own*, 34에 따르면 구조 단체들은 모두 합쳐서 1만 1천 명에서 1만 2천 명의 유대인을 구조했다. 또한 Paldiel, 26은 바르샤바 지역에 은신해 있던 대략 1만 5천 명에서 2만 명의 유대인들 중에서 약 절 반이 제고타와 유대인 단체의 도움을 받았다고 주장한다. Paulsson, *Secret City*, 3-4, 207, 229-30은 약 9천 명의 유대인들이 이들 조직으로부터 도움을 받았다고 생각한다.

22 Zuckerman, *Surplus of Memory*, 435, 496은 서면으로 작성된 기록일 경우, 그들은 실제 인 물을 파악할 수 없는 유대인 이름을 기재했다고 설명한다. 그리고 POLIN 박물관에 전시 된 제고타의 한 영수증은 실제 주어진 금액의 100분의 1을 보여주며, 이 작전을 감추기 위 해 이것이 마치 10년 전의 일인 것처럼 기록했다. Paulsson, *Secret City*, 232-33은 이 모든 기록과 영수증에 대한 토론을 소개해주고 있다.

23 자료에 따라 숫자가 다양하다. 어떤 자료는 4만 명까지 올라간다. Paldiel, *Saving One's*

Own, 26에 따르면 1만 5천 명에서 2만 명의 유대인들이 바르샤바 지역에 숨어 살고 있었다. 파울손(Paulsson)의 연구에 따르면 약 2만 8천 명이 당시 바르샤바에 숨어 있었다 (통계를 살펴보려면 *Secret City*, 2-5 참조).

24 Zuckerman, *Surplus of Memory*, 496.

25 POLIN에 전시된 해설 텍스트에 따르면 이 금액은 필요한 식량을 공급하기에도 부족했다. 하지만 기부는 희망과 소속감을 주는 데 큰 도움이 되었다.

26 그의 벙커 이야기는 Meed, *Both Sides of the Wall*, 200에 서술되어 있다.

27 Goldstein, *Stars Bear Witness*, 229.

28 Warman, *Mothers, Sisters, Resisters*, 285-86.

29 Izhar, *Chasia Bornstein-Bielicka*, 230.

30 Weitzman, "Living on the Aryan Side," 189는 생존한 유대인의 10퍼센트가 게토 패싱, 즉 게토 떠나기에 의한 것임을 암시한다.

31 게토 떠나기에 관한 토론은 Weitzman, *Living on the Aryan Side* 참조.

32 Paldiel, *Saving One's Own*, 35에서 인용.

33 이들 은신처에 대한 더 많은 주장과 세부 사항을 보려면 Rotem, *Memoirs of a Ghetto Fighter*, 86; Zuckerman, *Surplus of Memory*, 474; Warman, "Marysia Warman" 참조.

34 Rotem, *Memoirs of a Ghetto Fighter*, 76-77. 지비아의 경우, 그녀가 숨겨준 사람들은 대부분 그녀보다 거의 10년 가까이 어린 분트 회원들이었다.

35 Zuckerman, *Surplus of Memory*, 501.

21. 피로 물든 꽃

1 Ronen, *Condemned to Life*, 256-76.

2 리브카에 관한 정보는 Grupińska, 96과 Neustadt, ed., *Destruction and Rising*을 참고했다.

3 Draenger, *Justyna's Narrative*, 54.

4 그는 사실상 국경 지방에 있는 "Silesia(슐레지엔)"에 대해 언급하고 있었는데, 이곳은 문화적으로나 역사적으로 자그웽비에와 비슷한 점이 많은 도시였다.

5 Rotem, *Memoirs of a Ghetto Fighter*, 69는 지하운동 조직들이 연락책이 나타나지 않을 경우에 대비해서 대개 어떤 플랜 B를 갖고 있었는지를 설명해준다. 예를 들어 그들은 다음 날 같은 장소에 다시 가라는 지시를 받았다.

6 레니아가 겪은 이야기에 관한 한 버전에 따르면 그녀는 우연히 이 여성과 마주쳤다: 그런데 게토 투사의 전당 증언에서 그녀는 안테크로부터 이 주소를 받았다고 주장했다. 레니아는 다양한 증언(게토 투사의 전당, 이스라엘 국립도서관, YV, *Underground Wanderings*)을 통해 자신의 바르샤바 임무에 대해 각각 서로 다른 내용을 진술하고 있다. 게토 투사의 전당 증언에서 그녀는 자신이 지비아와 안테크를 위해 자금을 가져왔다고 주장한다. 또한 게토 투사의 전당 증언에서는 카지크를 만났다고 말했지만(그녀가 게토가 불타는 것을 보기 전에 일어난 일로 언급하고 있다), 다른 증언에서는 카지크를 전혀 언급하지 않는다. 여기

서 그녀는 자신이 어떻게 안테크를 발견했는지 기억이 나지 않으며, 한 폴란드인으로부터 권총 한 자루를 받았다고 언급한다. 안테크와의 만남에 대해서도 여러 증언에서 서로 다른 설명을 하고 있다. 그녀가 수행했던 임무의 시간적 배열도 증언마다 차이를 보인다. 어떤 증언에서는 그녀가 여섯 차례 또는 일곱 차례에 걸쳐 임무를 수행했다고 언급했지만, 다른 증언에선 임무를 네 차례 수행했다고 주장한다. 이 책의 제2부에서 나는 그녀의 다양한—때로는 서로 모순되는—이야기들을 최대한 정확하게 바로잡으면서 재구성해보았다.

7　Kukielka, *Underground Wanderings*, 115.

8　Kukielka, *Underground Wanderings*, 115. 하비 드라이푸스(Havi Dreifuss)가 *The Zuckerman Code*에서 분명하게 표현했듯이: "너희들은 무한한 용기와 거리에서의 영리한 태도가 필요했어. 그런데 안테크는 이 부분에서 실력자였지. 그의 외모도 그중 일부였지만, 그는 폴란드 건달처럼 처신하는 능력도 있었어. 그래서 만약 누군가가 그에게 말을 건다면, 안테크는 그의 말문을 막는 방법을 알고 있었어."

9　하모니카를 갖고 있는 것은 유대인의 모든 소유물을 통제하는 나치 정권에 대한 일종의 저항 행위였다. 나치는 유대인들이 무엇을 소유하고, 무엇을 소유할 수 없는지에 대해 수많은 법을 제정해 시행했다. 예를 들어 전쟁이 시작되었을 무렵, 유대인들은 소유하고 있던 모든 금과 모피, 무기를 나치에게 제출해야 했다. 음식은 배급제로 제공되었다. 추가 음식을 보유하면 사형에 처해질 수 있었다. 유대인들을 한 장소에서 다른 장소로 이송할 때, 나치는 유대인들에게 얼마나 많은 소지품을 가져가도 되는지 정해주었다. 그러나 많은 유대인들은 규정을 무시하고 물건들을 숨겼다. 막사 벽 안에 집안 소유의 귀중품을 숨겼고, 돈과 다이아몬드, 장신구 등은 구둣솔과 화려하게 장식된 할머니의 침대보 안에 숨겼다. 이런 물건들은 그들에게 안정감과 희망을 주었다.

10　쳉스토호바 게토의 봉기에 관한 이야기는 Kukielka, *Underground Wandering*, 117-18을 참조했다; Brandeis, "Rebellion in the Ghettos," in *Daring to Resist*, 128-29; Binyamin Orenstayn, "Częstochowa Jews in the Nazi Era," Czenstochov; *A New Supplement to the Book "Czenstochover Yidn*," trans. Mark Froimowitz (New York: 1958), https://www.jewishgen.org/yizkor/Częstochowa/cze039.html

11　Brandeis, "Rebellion in the Ghettos," in *Daring to Resist*, 128-29.

12　Kukielka, *Underground Wanderings*, 118.

13　이나의 체포에 관한 내용은 펠라 카츠의 증언, 그리고 Ronen, *Condemned to Life*, 311을 참고했다.

22. 자그웽비에의 예루살렘이 불타고 있다

1　별도의 언급이 없는 경우, 이 장은 대화와 인용문을 포함해서 Kukielka, *Underground Wandering*, 118-22를 토대로 했다.

2　Ronen, *Condemned to Life*, 349.

3　다음 자료 참조: Rochelle G. Saidel and Batya Brudin, eds. *Violated! Women in Holocaust and Genocide* (New York: Remember the Women Institute, 2018), 전시 도록 *exhibition catalogue*; Rochelle G. Saidel and Sonja M. Hedgepeth, eds., *Sexual Violence Against Jewish Women During the Holocaust* (Waltham, MA: Brandeis University Press, 2010). 이 부분 과 관련된 추가 자료에 대해서는 Karay, "Women in the Forced Labor Camps"와 Laska, *Different Voices*, 261-67; Ostrower, *It Kept Us Alive*, 139-46; Gurewitsch, *Mothers, Sisters, Resisters* 참조.

4   Ringelheim, "Women and the Holocaust," 376-77.

5   *Women of Valor: Partisans and Resistance Fighters*, Center for Holocaust Studies Newsletter 3, no. 6 (New York: Center for Holocaust Studies, 1990), 8 참조.

6   Grunwald-Spier, *Women's Experiences in the Holocaust*, 174.

7   Ringelheim, "Women and the Holocaust," 376-77.

8   Izhar, *Chasia Bornstein-Bielicka*, 147-48.

9   Babey Widutschinsky Trepman, "Living Every Minute," in *Before All Memory Is Lost*, 383.

10   리브카에 대해서는 Zuckerman, *Surplus of Memory*, 108; 그의 성격에 대해서는 Reinhartz, *Bits and Pieces*, 33 참조.

11   Draenger, *Justyna's Narrative*, 98-99.

12   이 생존자는 나에게 가명을 사용해달라고 요청했다. 나는 아즈리엘리(Azrieli) 재단의 자료 에서 그녀의 미출간 증언을 발견했다.

3부 "어떤 경계선도 그들이 가는 길을 막을 수 없다"

1   Chaika Grossman, "For Us the War Has Not Ended," *Women in the Ghettos*, 180-82.

23. 벙커, 그리고 그 너머

1   Kukielka, *Underground Wanderings*, 123. 이 부분은 레니아의 회고록 *Renia's memoir*, 123-24를 토대로 했다.

2   추가적인 정보는 Ronen, *Condemned to Life*, 256-76 참조.

3   아래에 나오는 차이카에 대한 서술은 Klinger, "The Final Deportation," in *Writing These Words to You*, 33-79를 토대로 했다; 직접 인용문들도 여기에서 가져왔다. 차이카에 대한 설명은 레니아의 회고록에 나오는 내용, 즉 마이어 슐만이(124-28에서 서술한 것처럼) 그 녀에게 해준 이야기와 비슷하다. 소스노비에츠 영가드 멤버였던 펠라 카츠도 그녀의 증 언(유대역사연구소 아카이브에서 한 증언이며 Jerzy Diatłowicki, ed. *Jews in Battle*, 1939-1945에 수록되었다)에서 비슷한 이야기를 하고 있다. 그런데 그녀의 이야기는 몇 차례에 걸친 대규모 총격전에 관한 이야기를 포함하고 있기는 하다. 세부 사항은 버전마다 조금씩 다르다.

4 바르샤바 게토의 남성 투사였던 카지크는 드보라 바란과의 로맨스에 대해 기록을 남겼다. 그녀는 죽기 전에 바르샤바 게토 봉기에서 카지크와 함께 싸웠다. 그들은 운동 조직 내의 순결 규정을 지키고 있는 동료 투사들을 불쾌하게 만들까 염려해서 연인 관계를 감추었다. 훗날 그는 자신의 전투조에 관해 언급하면서 이렇게 기록했다. "누가 커플인지 말하기 어려웠다. 할루츠(halutz) 운동의 리더는 성적 순결 원칙에 충실했고, 그래서 남녀관계는 대부분 플라토닉한 사랑이었다." "커플들은 서로 많은 대화를 나눴고, 감정을 주고받았으며, 꿈을 꾸었다." 하지만 카지크의 부대 지휘관은 그가 드보라와의 로맨스를 자신에게 말하지 않은 것에 대해 화를 냈다. 그는 이를 축하해주고 싶었다. 이렇듯 운명의 순간에도 예외는 많이 있었다. 성행위와 죽음은 피할 수 없는 조합이었다. 어느 날 밤, 벙커 침대칸 자신들의 구역에 있던 이 커플은 자제하지 않기로 결심했다. "너 콘돔 있니?" 드보라가 물었다. 마치 일상적인 삶에서처럼. 카지크는 콘돔을 갖고 있지 않았다. 그래서 그들은 함께 누워서 성행위 대신 밤새 수다를 떨었다. 드보라가 죽은 후, 카지크는 한 폴란드 여성에게 그의 순결을 바쳤으며, 연락책인 이레나 겔블룸(Irena Gelblum)과 사랑에 빠져 "청춘의 불꽃을 활활 태웠다." 아리아인 구역에서 사는 동안 그들은 운동 지도부의 마음을 상하지 않게 하기 위해 바깥 공원에서 만남을 즐기곤 했다.

5 차이카는 키부츠 벙커에 총이 없었다고 쓰고 있다. 이것은 그들이 가진 무기는 영가드 그룹이 가져온 두 개의 총이었다는 것을 암시한다. 마이어의 주장에 따르면 그들은 숨겨놓았던 몇 자루의 총이 있었다.

6 차우카에 관한 정보는 야드바솀 아카이브에서 행해진 그녀의 증언과 Ronen, *Condemned to Life*, 91-103에서 가져왔다. 차우카는 실패로 돌아간 이주 계획의 일환으로 벵진에 왔다. 게토에서 그녀는 의료인이었고 고아들을 구하는 활동을 도왔다. 그녀는 폴란드어를 유창하게 구사했고 외모가 "예뻤다".

7 사라가 벙커에 있었다는 사실은 David Liwer, *Town of the Dead: The Extermination of the Jews in the Zaglembie Region* (Tel Aviv, Isr., 1946)에 기록되어 있다.

8 Ronen, *Condemned to Life*와 마이어(레니아의 회고록에 나오는 그의 증언에서)는 이 거래에 관해 다소 상이한 버전을 이야기하고 있다. 로넨에 따르면 벙커에서 나간 동지는 막스 피셔였던 반면, 마이어에 따르면 그것은 모셰 마르쿠스(Moshe Marcus)였다.

9 펠라 카츠는 유대역사연구소에서 행한 증언에서 한때 영가드, 프리덤, 고르도니아는 7만 제국마르크를 공유하고 있었다고 주장했다(이 자금은 동지들과 파르티잔의 재정착을 돕기 위한 것으로 짐작된다). 헤어셸 슈프링어는 벙커에 금고를 갖고 있었다.

10 이것은 Kukielka, *Underground Wanderings*, 126에 나오는 마이어의 진술에 따른 것이다.

11 Kukielka, *Underground Wanderings*, 127. 이 장면은 같은 책, 127-28을 토대로 한 것이다.

12 투사들의 벙커에 관한 이야기는 다음 자료들에서 발췌했다. Kukielka, *Underground Wanderings*, (relayed by Ilza), 128-30; Klinger, *Writing These Words*, 159-65(그녀는 마지막 순간에 동지들에게 일어난 일을 상상하기 위해 자신의 증언을 부분적으로 각색했다. 유대인 경찰 아브람 포타슈(Abram Potasz)의 증언도 참조했는데 이는 Klinger, *Writing These*

Words, 181-84에 수록되어 있다. 그밖에 추가적인 몇몇 자료에서 이 벙커는 "세탁 벙커"라고 언급되었다.

13 Kukielka, *Underground Wanderings*, 129.

14 Kukielka, *Underground Wanderings*.

15 Klinger, *Writing These Words*, 182-83.

16 Klinger, *Writing These Words*, 183.

17 Klinger, *Writing These Words*, 164.

18 죽음의 수용소에 관한 이 부분은 직접 인용문을 포함해서 Klinger, *Writing These Words*, 71-79에서 가져왔다.

24. 게슈타포의 감시망

1 별도의 언급이 없는 경우, 이 장은 대화와 인용문을 포함해서 Kukielka, *Underground Wanderings*, 130-52를 토대로 했다.

2 덜 정치적이고, 유대인의 다원성과 통합에 더 관심이 많았던 노동 시온주의 청년단체는 어떤 주제에 대해서도 토론할 준비가 되어 있었으며, 자신을 유대인으로 여기는 모든 사람들에게 열려 있었다. 그들은 구조활동을 촉진했다.

3 레니아의 야드바솀 증언 참조: "저는 아주 고집이 세답니다. 그래서 원하는 것을 얻기 위해서라면 무엇이든 하지요."

4 Rotem, *Memoirs of a Ghetto Fighter*, 63.

5 Ronen, *Condemned to Life*, 357-70에 따르면 볼크(Bolk)는 약속을 지키고 그들을 도왔다. Namyslo, *Before the Holocaust Came*, 25에 따르면 그의 이름은 볼레슬라브 코주크(Boleslaw Kozuch)였다.

6 Liwer, *Town of the Dead*, 18에 따르면 이번 구조활동 후에 사라는 23명의 회원과 두 명의 어린이들이 아리아인 구역의 여러 장소에 숨어 지내고 있다고 보고했다.

7 레니아는 야드바솀 증언에서 이 이야기를 조금 다르게 말했다. 신발 상인은 지폐를 자신의 신발에 숨겼는데, 이 신발 가게의 주소를 기억할 수 없었다. 이 증언에서 레니아는 연락책들이 비아위스토크와 빌나 근처에서 게슈타포에게 체포되었다는 사실을 알았기 때문에 자신이 바르샤바에서 왔다고 말했다.

8 야드바솀 증언에서 레니아는 일자에게 만약 자신이 유대인이라는 사실을 말한다면 목을 졸라 죽이겠다고 그녀를 위협했다고 주장했다.

9 그가 직면했던 잔혹함에 관한 한 죄수의 진술에 대해서는 다음 자료 참조: "Escape from a Polish Prisoner of War Camp," WW2 People's War, https://www.bbc.co.uk/history/ww2peopleswar/stories/63/a3822563.shtml.

10 Grunwald-Spier, *Women's Experiences in the Holocaust*, 173-74.

25. 뻐꾸기

1 이 부분은 모든 대화와 인용문을 포함해서 Ya'ari-Hazan, *Bronislawa Was My Name*, 68-93 을 토대로 했다. 나는 벨라의 다음 증언도 참조했다. "From Ghetto to Ghetto," *Women in the Ghettos*, 134-39.

2 "From Ghetto to Ghetto," *Women in the Ghettos*, 134-39에서 인용되었다.

3 벨라의 주장에 따르면 쇼샤나는 유대인으로 투옥되었다: *Women in the Ghettos*에 따르면 그녀는 살해되었다. 그러나 Lubetkin, *Days of Destruction*, 305와 Zuckerman, *Surplus of Memory*, 472에 따르면 그녀는 폴란드인으로 오인되어 여러 수용소를 거치다 결국 살아남 아서 팔레스타인으로 이주할 수 있었다. 결혼 후 그녀는 자신의 성을 클링어(Klinger)라고 적었다. 게토 투사의 전당은 1940년대에 찍은 그녀의 사진 몇 장을 소장하고 있다.

4 벨라는 "가로등 기둥에"라고 표기하지 않았는데, 주커만은 *Surplus of Memory*, 429에서 이 것이 파비아크 죄수들을 교수형에 처하는 일반적인 방법이었다고 언급하고 있다.

5 Paldiel, *Saving One's Own*, 382-84; Tec, *Resistance*, 124.

6 "Official Camp Orchestras in Auschwitz," *Music and the Holocaust*, http://holocaustmusic. ort.org/places/camps/death-camps/auschwitz/camp-orchestras.

7 Ostrower, 149.

8 요제프 멩겔레는 많은 유대인 수용자들을 상대로 비인간적인 의학 실험을 실시한 다음, 그 들을 가스실로 보냈다.

9 이 인용문은 *Women in the Ghettos*와 *Bronislawa Was My Name*에 수록된 벨라의 증언에 나 오는 다양한 버전을 종합한 것이다.

10 Yaari, "A Brave Connection."

11 이 부분은 대화와 인용을 포함해서 Kukielka, *Underground Wanderings*, 152-60을 토대로 했다.

26. 자매들이여, 복수하라!

1 추정된 이 날짜는 레니아의 이야기를 토대로 했다.

2 별도의 언급이 없는 경우 이 장은 대화와 인용을 포함해서 Kukielka, *Underground Wanderings*, 160-73을 토대로 했다.

3 Kukielka, 야드바셈 증언.

4 미르카에 대한 묘사 역시 레니아의 야드바셈 증언을 토대로 한 것이다.

5 레니아는 야드바셈 증언에서 다르게 말하고 있다. 어딘가에서 그녀는 미르카에게 자신의 유대인 본명을 말했다고 주장한다. 그녀가 죽은 후, 누군가 그녀를 찾아올 경우에 대비해 서. 미르카는 가톨릭 신자들과 함께 자연스럽게 기도를 올렸던 여성이 유대인이라는 것을 믿을 수 없었다. 레니아는 그녀가 유대인과 우정을 나누고 있다는 사실을 보여줄 수 없어 서 미르카에게 절대로 다가오지 말라고 경고했다. 몇 년 후 이스라엘에서 레니아는 남동생 의 결혼식을 위해 결혼 악대와 함께 야파로 가고 있었다. 서둘러 결혼식장으로 가다가 그

녀는 거리에서 아이를 안고 있는 남루한 모습의 미르카를 발견했다. 레니아는 기쁘기도 하고 깜짝 놀라기도 했지만, 거기서 길게 이야기를 나눌 수는 없었다. 미르카는 그녀에게 한 건물을 가리키며 자신이 저 근처에서 남편, 아이와 함께 산다고 말했고, 나중에 한번 방문해달라고 말했다. 실제로 레니아는 집집마다 돌아다니면서 미르카를 찾는 데 많은 시간을 보냈다. 심지어 그녀는 생존자들을 추적하는 이스라엘 라디오 쇼에도 전화를 걸었다. 하지만 레니아는 그녀를 찾지 못했다.

6   Goldenberg, "Camps: Foreword," 273; Rebekah Schmerler-Katz, "If the World Had Only Acted Sooner," in *Before All Memory Is Lost*, 332.

7   Brandeis, "Rebellion in the Ghettos," in *Daring to Resist*, 127. See Tec, *Resistance*, 124-27. 아우슈비츠 지하운동의 배경을 알려면 이 자료들을 참조.

8   출생명 한나 바츠블룸(Hannah Wajcblum). 한나의 이야기는 그녀의 회고록을 토대로 했다: Anna Heilman, *Never Far Away: The Auschwitz Chronicles of Anna Heilman* (Calgary: University of Calgary Press, 2001), 그리고 *Mothers, Sisters, Resisters*, 295-98에 수록된 그녀의 증언. 그녀의 구술 증언은 USC *Shoah Foundation collection*에 수록되어 있다. 나는 안나의 관점으로 이 이야기의 대부분을 말하지만, 다른 자료들은 누가 이 사건과 관련되었는지, 누가 화약 밀반입을 주도했는지, 밀반입이 어떻게 이루어졌는지, 그들이 어떻게 체포되었는지, 봉기가 어떻게 소멸되었는지, 그리고 누가 마지막까지 살아남았는지에 대해 서로 다른 버전을 제공해준다. 나는 다음 여러 자료를 종합적으로 분석해서 서술했다: Noach Zabludovits, "Death Camp Uprisings," in *Daring to Resist*, 133; *In Honor of Ala Gertner, Róza Robota, Regina Safirztajn, Ester Wajcblum: Martyred Heroines of the Jewish Resistance in Auschwitz Executed on January 5, 1945* (Unknown publisher, 1991?); "Prisoner Revolt at Auschwitz-Birkenau," USHMM, https://www.ushmm.org/learn/timeline-of-events/1942-1945/auschwitz-revolt; "Revolt of the 12th Sonderkommando in Auschwitz," Jewish Partisan Educational Foundation, http://jewishpartisans. blogspot.com/search/label/Roza%20Robota; Ronen Harran, "The Jewish Women at the Union Factory, Auschwitz 1944: Resistance, Courage and Tragedy," Dapim: *Studies in the Holocaust* 31, no. 1 (2017): 45-67; Kol-Inbar, *Three Lines in History*, 538-39; Rose Meth, "Rose Meth," in *Mothers, Sisters, Resisters*, 299-305; Paldiel, *Saving One's Own*, 384; Tec, *Resistance*, 124-44. *Resistance*, 136쪽은 이 이야기에 정확한 사항과 통계가 누락되어 있다는 점을 지적한다.

9   *The Heart of Auschwitz*, directed by Carl Leblanc, Canada, 2010을 참고해 서술했다. Harran, *Jewish Women at the Union Factory*, 47에 따르면, 유니온 공장은 원래 자전거 부품을 만드는 곳이었으나, 1940년대에 무기를 제조하는 보조공장으로 개조되었다.

10 안나의 회고록에 따르면 일부 "애인"들은 성관계를 맺고 있었고, 일부는 그렇지 않았다. 여자 수용소 통행증을 소지하고 있던 이 남자들은 여자들에게 음식이나 물품을 가져다주었다.

11 로자에 관한 정보는 앞서 아우슈비츠에서의 봉기에 관해 제시했던 자료들 외에 다음 자료를 참조했다. Jack Porter, "Jewish Women in the Resistance," *Jewish Combatants of World War 2*, No. 3 (1981); Na'ama Shik, "Roza Robota," *The Encyclopedia of Jewish Women*, https://jwa.org/encyclopedia/article/robota-roza.

12 대부분의 주장들은 남자들이 이를 주도했다는 데에 동의한다. 많은 사람들은 그들이 로자에게 동료 여성 죄수들로부터 화약을 빼돌리도록 요청했다고 진술한다. 그리고 로자는 종종 이 작전의 여성 지도자로 소개된다.

13 프란체스카 만에 대해 언급한 많은 기록들이 있다. 그녀는 가끔 카테리나 호로비치(Katerina Horowicz)로 언급되며, 어떤 기록에는 그녀가 의도적으로 감질나게 스트립 댄스를 한 적이 있다고 나오며, 어떤 기록은 그녀가 나치 친위대에 의해 조롱당했다고 언급하기도 한다. 다른 기록에 따르면 그녀가 옷을 던지고 신발을 던졌다는 기록도 있다. 또 다른 기록에 따르면 그녀가 나치를 공격할 때 다른 여자들이 합세했다. 예를 들어 다음 자료 참조: *Women of Valor*, 44; Grunwald-Spier, *Women's Experiences in the Holocaust*, 266-71; Kol-Inbar, *Three Lines of History*, 538. Vitis-Shomron, *Youth in Flames*, 2000에 따르면 그녀는 나치 부역자였다.

14 Reinhartz, *Bits and Pieces*, 42.

15 Goldenberg, "Camps: Foreword," 269.

16 소비부르 봉기에서 유대인들은 열한 명의 친위대 경비병과 경찰 보조원들을 죽였으며, 수용소에 불을 질렀다. 그리고 약 300명의 유대인들이 철조망을 끊고 탈출했다. 이 가운데 200명 정도는 탈출에 성공했다. 그의 지하 활동을 숨기기 위해 소비부르 봉기의 지도자는 그가 한 여성 "리우카(Lyuka)"(게르트루드 포퍼르트-숀보른Gertrude Poppert-Schonborn)와 낭만적인 사랑에 빠져 있는 것처럼 위장했다. 그들의 위장을 이용해서, 그녀는 모든 계획을 엿듣고, 거사 전날 지도자에게 행운의 셔츠를 선물로 주기까지 했다. 다음 자료 참조. "Jewish Uprisings in Ghettos and in Camps," USHMM Encyclopedia, https://encyclopedia.ushmm.org/content/en/article/jewish-uprisings-in-ghettos-and-camps-1941-44; Paldiel, *Saving One's Own*, 371-82; Tec, *Resistance*, 153-57.

17 Tec, *Resistance*, 155.

18 말라 지메트바움에 관한 정보는 다음의 여러 자료에서 발췌했는데 각각의 자료는 그녀의 성장 배경, 탈출, 살인에 관해 서로 다른 세부적인 이야기를 들려준다. Grunwald-Spier, *Women's Experiences in the Holocaust*, 271-75; Jack Porter, "Jewish Women in the Resistance"; Na'ama Shik, "Mala Zimetbaum," *The Encyclopedia of Jewish Women*, https://jwa.org/encyclopedia/article/zimetbaum-mala; Ya'ari-Hazan, *Bronislawa Was My Name*, 109-13.

19 *Women in the Ghettos*, 134-39에 언급된 벨라의 주장에 따르면 그들은 열네 명의 소녀를 우치와 테레지엔슈타트에서 수용소로 몰래 데려왔다.

20 Olga Lengyel, "The Arrival," *Different Voices*, 129.

21 예를 들어 Karay, "Women in the Forced Labor Camps," 293-94; Laska, "Vera Laska,"

Different Voices, 254 ; Suzanne Reich, "Sometimes I Can Dream Again," in *Before All Memory Is Lost*, 315 참조.

22 Née Fania Landau. 원래 비아위스토크 출신인 파니아는 강제노동수용소로 이송되었다가, 아우슈비츠로 보내져 유니온 공장에서 일했다.

23 하트 모양 카드는 그녀의 생일인 1944년 12월 12일에 파니아의 작업 테이블에 남겨졌다. 그녀는 그 귀중한 선물을 막사 천장에 있는 짚더미에 숨겼다. 1945년 1월, 죽음의 행진에서, 파니아는 이것을 겨드랑이에 숨긴 채 행진 내내 지니고 다녔다. 이 하트가 살아남은 것처럼 파니아는 살아남았다. 그녀의 첫 20년 인생에서 남아 있는 유일한 유물이었다. 수십 년 후에 그녀의 딸이 발견할 때까지 이를 속옷 서랍에 숨겨서 간직하고 있었다. 유니온에서 일했던 한 여성은 *The Heart of Auschwitz*에서 이 이야기는 사실일 수 없다고 주장한다. 즉 여성들이 그런 물건을 몰래 소지하는 것은 불가능하며, 사람들이 행진 대열에서 단 1인치만 이탈해도 사살되었던 죽음의 행진을 할 때, 이 물건을 내내 간직하는 것도 불가능하다고 주장했다. 또한 다른 사람들은 아우슈비츠에서 생일을 축하하는 이야기는 들어본 적이 없다고 말한다.

24 Née Snajderhauz. 하트 모양 카드에 대한 이야기는 *The Heart of Auschwitz*, directed by Carl Leblanc, Canada, 2010에서 참고한 것이다. Sandy Fainer와의 개인적인 전화 인터뷰, 2018년 11월 27일 ; Montreal Holocaust Museum, Montreal의 전시 해설문.

25 이들의 명단은 다음과 같다. Hanka, Mania, Mazal, Hanka W., Berta, Fela, Mala, Ruth, Lena, Rachela, Eva Pany, Bronia, Cesia, Irena, Mina, Tonia, Gusia, Liza. *The Heart of Auschwitz*에서 안나는 자신은 이 카드에 서명하지 않았으며 Hanka W.는 그녀가 아니라고 말했다.

26 Harran, *Jewish Women at the Union Factory*, 51-52에 따르면 30명 이상의 여성들이 여기에 연루되었다 : 그들 대부분은 폴란드 유대인이었다. 다섯 명은 바르샤바 출신, 다섯 명은 벵진 출신이었다. 몇 명은 영가드 대원이었다. 하란은 다음 이름을 추가로 언급했다 : Haya Kroin, Mala Weinstein, Helen Schwartz, Genia Langer. 다음 여성들도 연루되었다 : Faige Segal, Mala Weinstein, Hadassah Zlotnicka, Rose Meth, Rachel Baum, Ada Halpern, Hadassah Tolman-Zlotnicki and Luisa Ferstenberg.

27 로자가 두 겹으로 된 앞치마로 운반한 이야기에 관해서는 Tec, *Resistance*, 139-41 참조.

28 Grunwald-Spier, *Women's Experiences in the Holocaust*, 275-77.

29 어떤 주장에서는 화장장이 세 곳이었던 반면, 다른 주장에서는 네 곳이었다.

30 어떤 주장에 따르면 유니온 공장의 화약은 이 폭발물과 관계가 없다고 주장하는 반면, 다른 주장들은 모든 화약은 유니온 공장에서 나온 것이며 여성들은 아우슈비츠에서 발생한 전무후무한 무장봉기에서 중요한 역할을 담당했다고 한다.

31 Harran, *Jewish Women at the Union Factory*, 53-56 ; Tec, *Resistance*, 138.

32 Harran, *Jewish Women at the Union Factory*, 60-64에 따르면, 그들은 사실 생산 사보타주 때문에 처벌받은 것이었지 레지스탕스 시도 때문이 아니었다. 나치는 그들의 노예 공장에

서 사보타주 행위가 확산되자 몹시 언짢아 했다. 이들 네 명의 여성을 교수형에 처한 것은 다른 사람들이 사보타주에 참여하지 못하도록 겁주려는 의도에서, 그리고 자신들이 공장 사보타주 문제를 잘 통제하고 있다는 것을 베를린의 본부에 보여주고자 하는 의도에서였다.

27. 한낮의 빛

1 별도의 언급이 없는 경우 직접 인용문을 포함해서 이 장은 Kukielka, *Underground Wanderings*, 173-79를 토대로 했다.

2 레니아는 야드바셈 증언에서 자신과 민병대원의 관계에 대해 약간 다르게 묘사하고 있다.

3 Kukielka, 야드바셈 증언.

28. 대탈출

1 야드바셈 증언에서 그녀는 그것이 소시지와 보드카였다고 말했다.

2 이 부분은 다음 자료에 근거한다: "Montelupich Prison," Shoah Resource Center, https://www.yadvashem.org/odot_pdf/Microsoft%20Word%20-%206466.pdf; Draenger, *Justyna's Narrative*, 9-15, 27-29; Grunwald-Spier, *Women's Experiences in the Holocaust*, 209-10; Kol-Inbar, *Three Lines of History*, 520-21; Margolin Peled, "Gusta Dawidson Draenger," Margolin Peled, "Mike Gola."

3 Draenger, *Justyna's Narrative*, 29.

4 Kol-Inbar, *Three Lines of History*, 521에서 인용.

5 다음 자료들에는 그들의 탈출에 관해 약간 다른 버전이 나온다. Draenger, *Justyna's Narrative*, 18-19; Grunwald-Spier, *Women's Experiences in the Holocaust*, 209-10; Peled, "Gusta Dawidson Draenger," and Peled, "More Gola". 둘 다 *Encyclopedia of Jewish Women*에 수록되어 있다.

6 다른 버전에 따르면 할리나는 레니아에게 아주 눈에 띄는 가죽 코트를 주었다.

7 Zuckerman, *Surplus of Memory*, 406.

8 직접 인용문을 포함해서 이 장의 나머지 부분은 Kukielka, *Underground Wanderings*, 191-200을 토대로 했다.

9 Ronen, *Condemned to Life*, 357-70.

10 야드바셈의 "Righteous Among the Nations" 명단에는 금액이 너무 터무니없이 많지 않고, 유대인들이 그들에게 학대받거나 착취당하지 않았다는 것을 전제로, 돈을 받고 구조를 도운 사람들이 포함되어 있다. Paulsson, *Secret City*, 129 참조.

11 Paulsson, *Secret City*, 382-83.

12 Kukielka, 야드바셈 증언.

13 Ronen, *Condemned to Life*, 341-70.

14 부다페스트에서 촬영한 그룹 사진 참조. 이 사진은 게토 투사의 전당 아카이브에 소장되어 있다.

29. "여행이 끝나간다고 말하지 마라"

1 이 이디시어 노래는 히르시 글릭(Hirsh Glick)이 빌나 게토에서 지었으며, 가장 잘 알려진 유대인 레지스탕스 노래 가운데 하나다. 미리암 슐레징어(Miriam Schlesinger)가 영어로 번역했다.

2 기시 플라이슈만이나 슬로바키아에 관한 정보는 주로 다음 자료를 참고했다. "Slovakia," *Shoah Resource Center*, http://www.yadvashem.org/odot_pdf/Microsoft%20Word%20 -%206104.pdf; Yehuda Bauer, "Gisi Fleischmann," *Women in the Holocaust*, 253-64; Gila Fatran, "Gisi Fleischmann," *The Encyclopedia of Jewish Women*, https://jwa.org/ encyclopedia/article/fleischmann-gisi; Paldiel, *Saving One's Own*, 100-136.

3 Paldiel, *Saving One's Own*, 101-2.

4 직접 인용문을 포함해서 이 장의 나머지 부분은 Kukielka, *Underground Wanderings*, 147-218에 근거한다.

5 게토 투사의 전당에 소장된 사진을 참고했다.

6 직접 인용문을 포함해서 차이카와 베니토에 관한 이야기는 Ronen, *Condemned to Life*, 384-402를 참조했다.

7 Ronen, *Condemned to Life*, 384-402에 따르면 국경 탈출 작전은 밀입국 주선책들이 그룹을 배신하는 바람에 탈출 난민들이 체포되고 아우슈비츠로 끌려가면서 끝이 났다.

8 레니아가 사라에 관해 쓴 글은 좀 애매하다. 내 생각에 그녀는 사라를 다시 보지 못할 것임을 확실히 알지 못했지만, 어느 정도 눈치를 챘던 것 같다.

9 Kukielka, *Underground Wanderings*, 211.

10 Rotem, *Memoirs of a Ghetto Fighter*, 90은 바르샤바에는 사진을 찍어주고 사진이 나오면 연락을 해주는 거리의 사진사가 있었다고 언급하고 있다. 사진사의 연락을 받으면 찾아가서 값을 지불하고 사진을 받을 수 있었다. 아마 이것이 블라드카, 헬라, 쇼샤나, 레니아가 어떻게 사진을 찍었는지를 설명해주는 것 같다(게재된 사진 참조).

11 레니아가 그렇게 주장했다. 하지만 JDC 아카이브는 이 사실을 확인해주지 않았다.

12 Zariz, "Attempts at Rescue and Revolt," 23에 따르면 레니아는 부다페스트에서 일기를 쓰기 시작했다.

13 사진은 게토 투사의 전당 박물관 아카이브에 소장되어 있다.

14 레니아의 이주 서류에는 입국일이 3월 7일로 적혀 있다. 그로부터 2주 후 히틀러는 헝가리를 침공했다.

4부 감정적 유산

1 비디오 녹화 증언, Yad Vashem archive #4288059, June 20, 2002.

2 Paldiel, *Saving One's Own*, 394에서 인용.

30. 삶의 공포

1 Klinger, *Writing These Words*, 49.

2 레니아의 증언, 이스라엘 국립도서관.

3 Avinoam Patt, "A Zionist Home: Jewish Youths and the Kibbutz Family After the Holocaust," in *Jewish Families in Europe*, 131-52.

4 Kukielka, *Underground Wanderings*, 218.

5 이스라엘에서 이루어진 홀로코스트 내러티브에 대한 토론은 다음 자료들에 근거한다. Gutterman, *Fighting for Her People*, 12-19, 352-79, 455-67; Paldiel, *Saving One's Own*, xvii-xxi; Sharon Geva, *To the Unknown Sisters: Holocaust Heroines in Israeli Society* (Tel Aviv, Isr.: Hakibbutz Hameuchad, 2010). *The Last Fighters*에서 마레크 에델만은 이스라엘은 유럽 유대인에 관해서라면 반유대적이라고 주장한다. Klinger, *Writing These Words*, 21에서 로넨은 차이카의 일기가 결코 인기를 얻지 못했으며, 그 이유는 희생자-무장 투사 내러티브에 적절하게 맞아떨어지지 않았기 때문이라고 주장한다.

6 Kol-Inbar, *Three Lines of History*, 523-24는 지비아의 영웅적 내러티브가 1946년 이스라엘에서 인기를 끌었던 것은 그것이 희생자 스토리보다 당시 정세의 구미에 더 잘 맞았기 때문이라고 언급한다.

7 *The Last Fighters*.

8 예를 들어 Gutterman, *Fighting for Her People*, 473-74 참조.

9 Eyal Zuckerman과의 개인 인터뷰, 텔아비브, 2018년 5월 15일.

10 디너 역시 바르샤바 게토 봉기가 유월절에 일어났다는 사실을 지적한다; 사실 해방이라는 주제는 유월절과 밀접한 관계가 있다. 그런데 미국 유대인들은 매년 유월절을 전후로 많은 추모 행사를 주최했지만 주로 애도가 목적이었지, 봉기 자체가 이벤트의 중심에 있었던 적은 결코 없다.

11 Tec, *Resistance*, 1-15.

12 Schulman, *Partisan's Memoir*, 10. Eva Fogelman, "On Blaming the Victim," in *Daring to Resist*, 134-37 참조.

13 Ostrower, *It Kept Us Alive*, 14, 20, 64, 231은 특정한 방향의 문제 제기가 의도치 않게 홀로코스트의 심각성과 잔혹성을 잘못 표현할 수도 있다는 점을 인정한다.

14 2018년 유대인들이 독일에 제기한 물질적 보상에 관한 콘퍼런스에서 발표된 한 연구에 따르면, 최근 설문 조사에서 미국 밀레니얼 세대의 3분의 2가량이 아우슈비츠에 대해 잘 모른다고 답한 것으로 나타났다.

15 이들 투사들이 내걸었던 구호의 하나는 "우리는 양처럼 학살로 끌려가지 않겠다"였다. 이 구호는 그들에게 강력한 힘의 원천이었지만 후에 다른 희생자들에 대한 공격적인 내용으로 보이게 되었다. 대부분의 투사들은—심지어 나치의 얼굴에 총을 쏜 사람들조차—사망했고, 폴란드에서 330만 명의 유대인 가운데 약 30만 명만이 생존했다. 수많은 요소들이 유대인들이 어떤 길을 선택할지, 그리고 홀로코스트의 고통에 어떻게 대응할지에 영향

을 미쳤다. 저항에 수많은 방법이 있었다는 사실은 따로 언급할 필요도 없다. 세계에서 가장 대규모의 군대가 히틀러를 이기지 못하고 있는 상황에서, 굶주린 유대인들이 독일군에 맞서 전투를 벌이지 않았다는 것은 전혀 이상한 일이 아니다. The Last Fighters에서 마레크 에델만은 가스실로 긴 유대인들은 영웅이었다고 강조한다. "무기를 드는 것이 벌거벗은 채 죽음으로 걸어 들어가는 것보다 쉬웠다."

16 여기서 추가적인 요소에는 실패로 인한 당혹감뿐 아니라, 저항 행위가 오히려 역효과를 내거나 심지어 더 많은 학살을 자극할 수도 있다는 우려도 포함된다. Gutterman, "Holocaust in Będzin," 63에 따르면 어떤 역사가들은 바르샤바 게토 봉기가 나치로 하여금 유대인 학살 계획을 가속화하도록 자극했다고 주장한다. 저항이 사실상 효과적이지 않았고 오히려 해로운 결과를 초래했다는 관점에 관해서는 다음 자료를 참조: Eli Gat, "The Warsaw Ghetto Myth" & "Myth of the Warsaw Ghetto Bunker: How It Began," in Ha'aretz, December 19, 2013, and January 13, 2014, https://www.haaretz.com/jewish/premium-fiction-of-warsaw-ghetto-bunkers-1.5310568 and https://www.haaretz.com/jewish/.premium-warsaw-ghetto-myths-1.5302604. Mark, 41-65에 따르면 유대인들은 저항을 시도하지 않는다는 가정은 우리 마음속에 너무 뿌리 깊게 자리하고 있어서 유대인들의 저항은 당연히 일어난 일이라기보다는 오히려 일종의 "기적"으로 여겨진다. 마크(Mark)는 유대인들이, 소수의 인구가 행한 일은 민족적 투쟁으로 간주되지 않는다고 말하면서 저항을 폄하하고 있다고 지적한다. 하지만 어떤 민족적 투쟁에서도 실질적인 전투는 항상 소수의 투사들에 의해 수행된다.

17 "여성과 홀로코스트"라는 주제를 연구 분야로 도입하는 것에 대해 논란이 많아서, 이 주제가 정식 연구 분야로 제도화되기까지 여러 해가 걸렸다. 여성들의 고통이 정치적 관점에 따라 이용되어왔다는 불편함 때문이었다. 심지어 자칭 페미니스트인 홀로코스트 학자들은, 연구의 핵심 방향이 개인적인 우정이나 가정사를 특별히 주목할 경우에, 여성 중심으로 사건을 파악하는 문제점을 보였다. 심지어 최근 특별히 "여성과 홀로코스트"를 주제로 개최한 어떤 전시회와 인터넷 자료들에는 여전히 모든 유대인들이 동등하게 고통을 겪었다는 "면책선언(Disclaimer)"이 포함되어 있다.

18 Ronen, "Women Leaders in the Jewish Underground During the Holocaust."

19 Weitzman, "Living on the Aryan Side," 217-19. 바이츠만은 다음과 같이 주장한다. 무장 전투(남성에 의한)는 겉으로 눈에 띈 반면, 여성들에 의한 구조활동은 은밀하게 진행되었다; 여성들은 대체로 어떤 투쟁 조직에 소속되지 않고 사적인 저항 행위에 종사했다; 여성의 역할은 위험이 더 컸음에도 불구하고 보조적인 것으로 규정되었다; (특히 아이들을 구조하는) 여성들의 활동은 평가절하되었다; 여성들은 자신의 행위를 기록에 남기지 않았거나, 전쟁이 끝난 후 사회로부터 인정을 받으려 하지 않았다. 카샤리옷(연락책)이 왜 역사에 기록되지 않았는지에 관한 그녀의 토론에 관해서는 "Kashariyot(Couriers) in the Resistance During the Holocaust"를 참조.

20 Berger and Berger, eds., With Courage Shall We Fight, 45. 이 가운데 몇 가지 요소는 남성

생존자들에게도 적용된다.

21 안나 슈테른시스(Anna Shternshis)와의 개인적인 인터뷰(뉴욕, 2018년 4월 9일). 그녀는 가족 모두가 생존했음에도 불구하고, 당시 엄마를 돌보지 않고 파르티잔에 뛰어들었다는 이유로 자매에게 결코 용서받지 못한 한 파르티잔 여성의 이야기를 전해준다.

22 Helen Epstein, *Children of the Holocaust: Conversations with Sons and Daughters of Survivors* (New York: Penguin, 1979), 23.

23 리브카 아우겐펠트(Rivka Augenfeld)와의 개인적인 인터뷰(몬트리올, 2018년 8월 10일).

24 리바 마르샤크 아우겐펠트의 어머니는 딸에게 게토를 떠나 파르티잔에 가라고 축복해주었다. 그래서 리바는 가족을 떠나기로 결심했던 것에 대해 후회하지 않고 마음의 평화를 유지할 수 있었다. 하지만 다른 많은 여성 투사들은 이런 축복을 받지 못해서 죄책감에 시달렸다. 아우겐펠트와의 인터뷰.

25 Izhar, *Chasia Bornstein-Bielicka*, 차시아의 침묵에 대해선 294, 309, 310, 313 참조. 차시아는 전쟁 경험에 대해 많이 이야기하지 않았다. 부분적으로는 그녀가 다른 생존자들에 비해 더 고통스럽게 지냈다고 느끼지 않았기 때문이며, 또 부분적으로는 자신의 고통스러운 과거에 대해 자녀들에게 알리고 싶지 않았기 때문이다. 훗날 성장한 딸들이 어머니에게 과거에 대해 물었을 때, 차시아는 자신이 겪은 믿을 수 없는 스토리를 말해주었다. 딸들은 그제야 비로소 어머니가 한때 밤새 한잠도 자지 못했었다는 사실을 알게 되었다.

26 예를 들어 다음의 개인적인 인터뷰를 참조: Daniela Ozacky-Stern and Yonat Rotbain, Givat Haviva, Isr., May 14, 2018.

27 이 부분은 Schulman, *Partisan's Memoir*를 토대로 했다.

28 Schulman, *Partisan's Memoir*, 192-93.

29 Schulman, *Partisan's Memoir*, 188-89.

30 슈타르(Starr)와의 인터뷰.

31 Schulman, *Partisan's Memoir*, 206.

32 Schulman, *Partisan's Memoir*, 224.

33 지비아와 바르샤바 봉기에 관한 이 부분은 Gutterman, *Fighting for Her People*, 280-90을 토대로 했다; Lubetkin, *Days of Destruction*, 260-74; Zuckerman, *Surplus of Memory*, 526-29, 548-49, 550-5.

34 예를 들어 이레네 조버만(Irene Zoberman)은 전단지 배포 임무를 받았으며, 헬렌 마후트(Helen Mahut)는 지하 폴란드 학교에서 가르치고 AK에 합류했다. 그녀는 AK를 위해 버스 창고 앞에 서서 독일군 트럭을 지켜보며 그들의 휘장을 외웠을 뿐 아니라, 라디오 런던 방송을 폴란드어로 번역했다. "미나 아스플러(Mina Aspler)" 또는 "매드 마리아(Mad Maria)"는 부상당한 군인들을 돌봤고, 그룹 사이에 메시지를 전달하는 연락책도 맡았다. 조피아 골드파르브-슈티푸워코프스카(Zofia Goldfarb-Stypułkowska)는 폴란드 지하운동의 하사였다.

35 Grupińska, *Reading the List*, 96.

36 관련된 건물의 종류에 따라 통계에서 차이를 보인다. Micholaj Glinski, "How Warsaw Came Close to Never Being Rebuilt," Culture.pl, February 3, 2015, https://culture.pl/en/article/how-warsaw-came-close-to-never-being-rebuilt 참조.

37 이 구조에 관해서는 많은 버전의 이야기가 있다. 예를 들어 다음 자료들을 참조: Gutterman, *Fighting for Her People*, 291-99; Lubetkin, *Days of Destruction*, 272-74; Warman, in *Mothers, Sisters, Resisters*, 288-94; Zuckerman, *Surplus of Memory*, 552-56.

38 Lubetkin, *Days of Destruction*, 274. Zuckerman, *Surplus of Memory*, 558, 565에서도 해방을 우울한 날로 묘사하고 있다.

39 주커만과의 인터뷰.

40 1946년에 발생한 키엘체 집단학살에서는 40명 이상의 유대인들이 폴란드 군인과 공무원, 그리고 민간인에 의해 살해당했다.

41 이 단락은 Gutterman, *Fighting for Her People*, 303-45를 토대로 했다.

42 Gutterman, *Fighting for Her People*, 381. 지비아의 팔레스타인에서의 삶에 관해 서술한 이 부분은 ibid., 349-487을 참고했다.

43 Gutterman, *Fighting for Her People*, 386, 389. 구터만이 어디서 이런 개인적인 정보를 얻었는지는 확실치 않다.

44 Gutterman, *Fighting for Her People*, 361.

45 *Blue Bird*.

46 주커만과의 인터뷰.

47 이야기에서 언급된 것처럼 레니아와 벨라는 둘 다 부모로부터 강인함을 물려받았다. 피예도 어머니의 능력과 아버지의 사랑스러운 본성이 그녀에게 독립심과 개인적 능력을 부여했다고 느꼈다. 피예는 훗날 "우리는 부모님으로부터 많은 사랑을 받았다고 느꼈다"라고 썼다. "내 인생에서 도움이 된 안정감과 자원을 제공해준 것이 바로 부모님의 사랑이었다고 믿는다."

48 Shelub and Rosenbaum, *Never the Last Road*, 174. 리바 마르샤크 아우겐펠트와 그녀의 남편은 늘 비행기를 따로 타고 다녔다. 프루마 베르거(Fruma Berger)는 천둥을 무서워했다. 그것이 군사적 공격을 연상시켰기 때문이다.

49 이에 대한 논쟁은 Gutterman, *Fighting for Her People*, 418-23 참조.

50 Gutterman, *Fighting for Her People*, 452.

51 주커만과의 인터뷰.

52 *Zuckerman Code*에 따르면 어떤 사람들은 그들의 집을 "진행 중인 시바(부모나 배우자가 사망했을 때 지키는 7일간의 복상(服喪) 기간)로 여겼다. Epstein, *Children of the Holocaust*, 176은 끝없이 일에 몰두함으로써 과거의 악몽에 대처하는 생존자들에 대해 쓰고 있다: 일은 그들에게 재정적 안정감을 준 반면, 생각할 여유를 앗아갔다.

53 주커만과의 인터뷰.

54 주커만과의 인터뷰. Zuckerman, *Surplus of Memory*, ix 역시 이 모토를 언급하고 있다.

55 *The Zuckerman Code*.

56 *The Zuckerman Code*.

57 Epstein, *Children of the Holocaust*, 170-71, 195-96, 207-10.

58 Shelub and Rosenbaum, *Never the Last Road*, 186

59 *The Zuckerman Code*에 따르면 이것은 그저 우연이었으며, 그녀가 ZOB의 이름을 가져온 것은 아니었다.

60 주커만과의 인터뷰.

61 *The Zuckerman Code*.

62 Eyal Zuckerman in *The Zuckerman Code*.

63 *The Zuckerman Code*에서 로니(Roni)는 바르샤바에서 인생을 즐기기를 거부한다. Epstein, *Children of the Holocaust*, 201, 230은 생존자의 자녀들이 위험한 상황에서도 자신들이 생존할 수 있다는 것을 입증하기 위해 의도적으로 위험한 상황에 뛰어든 사례들을 보여주고 있다.

64 *The Zuckerman Code*

65 *The Zuckerman Code*

66 Lubetkin, *Days of Destruction*, 275.

67 주커만과의 인터뷰.

68 *Blue Bird*.

69 주커만과의 인터뷰.

70 Zuckerman, *Surplus of Memory*, 677.

71 바바라 하르샤브(Barbara Harshav)와의 개인적인 인터뷰(뉴욕, 2018년 3월 9일, 4월 23일). 하르샤브는 바르샤바에서 유대인들을 방어했던 많은 리더들이 이스라엘에서 "무명의 존재"가 되었다고 강조한다; 몇몇 리더들은 이스라엘 사회에 적응하는 데 어려움을 겪었다(물론 모두가 그랬던 것은 아니다. 그녀는 카지크가 한 슈퍼마켓 체인의 행복한 소유자가 되었다고 언급한다).

72 주커만과의 인터뷰에서 인용.

73 Tec, *Resistance*, 31은 1970년대 후반까지 레지스탕스에서 자신이 맡았던 역할을 인정하지 않았던 한 폴란드 여성의 이야기를 담고 있다. 어떤 이들은 베타르의 ZZW는 폴란드 민족주의 지하 그룹과의 연계성 때문에 폴란드에서는 결코 언급되지 않았다고 주장한다.

74 Agi Legutko, *tour of the Kraków ghetto, Jewish Culture Festival*, Kraków, June 2018.

75 여러 경우에 레니아는 이 여성을 "할리나(Halina)"라고 부른다. 레니아는 그녀가 너무 절망한 나머지 전쟁이 끝난 후에도 고향 마을로 돌아갈 수 없었다고 말한다. Regina Kukelka, "In the Gestapo Net," *Memorial Book of Zaglembie*, ed. J. Rapaport (Tel Aviv, Isr., 1972), 436의 각주에 따르면 "할리나는 이레나 겔블룸이었다. 이레나는 카지크와의 연애에 빠졌었고 대담한 바르샤바 공작원이었다. 그녀는 추정컨대 지비아에 의해서 자그웽비에에 보내졌다가 행방불명된 연락책을 찾고, 벵진에 은신하고 있는 유대인들을 돌보고, 그들이 파

르티잔에 합류하도록 자금을 지원해주는 일을 했다." 한 이야기에 따르면, 그녀는 자그웽비에에 있는 동안 우연히 레니아에 대해 알게 되었고, 사라에게 그녀와 함께 미스워비체로 가자고 설득했다고 한다. 전쟁이 끝난 후, 이레나는 이탈리아로 이주하여 이름을 이레나 콘티(Irena Conti)로 바꾸고 시인이 되어 과거와 거리를 둔 채 살았다. 그녀의 이야기는 Zuckerman, *Surplus of Memory*, 389에 나오는데 거기서는 "이르카(Irka)"라고 언급된다. Joanna Szczesna, "Irena Conti," *Wysokie Obcasy*, 21 April 2014를 참조.

76 Grupińska, *Reading the List*, 21.

77 차이카 클링어에 관한 나머지 이야기는 Ronen, *Condemned to Life*, 403-79를 토대로 했다.

78 하르샤브 인터뷰. 아비후 로넨(Avihu Ronen)과의 개인적인 인터뷰(텔아비브, 2018년 5월 16일). 이 인터뷰에서 그는 차이카의 전설에 대해 이야기하면서 그녀는 늘 "시류를 거스르는" 사람이었으며, 그녀의 손자—특히 그들 중 일부는 리퓨즈니크refusniks[팔레스타인 이주가 거부된 유대인. 주로 소비에트 유대인을 지칭하는 러시아어]—들이 그런 일을 계속해왔다고 말한다. 아비후는 자신이 학구적인 괴짜라고 생각한다.

31. 잊힌 힘

1 나는 레니아의 남동생에 관해 서로 모순되는 주장들을 발견했다; 실향민 수용소(DP 캠프)에서 그녀에 대해 알게 된 것은 아론일 수도 있고, 그가 키프로스에 있었을 수도 있다. 남동생은 원래 살아남은 사람이 사라라고 생각했던 것으로 보인다. 2019년 2월 11일 이스라엘 국립도서관에서 한 레니아의 증언과 요람 클라인만(Yoram Kleinman)과의 개인적인 전화 인터뷰(2019년 2월 11일) 참조.

2 레니아가 세속적인 삶을 살았던 것과 달리 그녀의 남자형제들은 이스라엘에서 평생 종교적인 삶을 살았다. 아론은 하이파에서 레니아와 가까운 곳에 살았다. 그는 세관의 조사원이었고 국제적으로 활동하는 성가대의 칸토어였다. 그의 아들 요람에 따르면 그는 레니아와 닮았다: "자아가 아주 강하고, 주변을 장악하며, 터프하고, 존경받는 데 관심이 많았어요." 그는 이르군[Irgun: 1931~1948년에 팔레스타인에서 활동했던 시온주의 준군사조직]을 위한 투사 활동 때문에 영국군에 의해 지명수배되어 자신의 성을 클라인만 으로 바꿨다. 즈비는 부드럽고 조용한 성격이었다. 그는 예루살렘에 정착했고, 눈썰미가 좋아서 법무부에서 법무 서기로 일했다. 레니아와 즈비는 자신들의 과거를 분석하고, 전쟁과 그들의 가족에 대해 토론하면서 많은 시간을 보냈다. 즈비는 자신의 이름을 쿠키엘카의 히브리어 버전인 자미르(Zamir)로 바꿨다. '뻐꾸기'라는 뜻이다.

3 Kukelka, "In the Gestapo Net," 436의 각주에 따른 것이다. 야드바셈 증언에 따르면 레니아는 아마 1946년 주커만 가족이 이스라엘에 도착한 후에 그들로부터 이 사실을 알게 되었다.

4 Liwer, *Town of the Dead*, 23.

5 레니아의 가족은 그녀에게 회고록을 쓰라고 권한 것이 잘만 샤자르(Zalman Shazar)라고 말한다; 그런데 위에 언급되었던 다른 자료들은 그녀가 헝가리에서 집필을 시작했다고 기

록하고 있다. 야콥 하렐(Jacob Harel), 레아 발드만(Leah Waldman)과의 개인적인 인터뷰(하이파, 2018년 5월 14일).

6 그녀의 아들에 따르면 레니아는 번역에 대해 문제를 제기했다. 하렐, 발드만과의 개인적인 인터뷰. 다음에 언급된 아카이브와 단체들을 두루 찾아다녔지만 폴란드어 원본은 발견하지 못했다: Lavon, Yad Tabenkin, Kibbutz Dafna, Jewish Historical Institute, Hakibbutz Hameuchad and Naamat USA.

7 Geva, *To the Unknown Sisters*, 275.

8 Hasia R. Diner, *We Remember with Reverence and Love: American Jews and the Myth of Silence After the Holocaust*, 1945-1962 (New York: New York University Press, 2009), 96-109, 134.

9 Fredka Mazia, USHMM testimony, 1991, https://collections.ushmm.org/search/catalog/irn502790. Fredka (Oxenhandler) Mazia는 레니아가 그녀의 증언에서 비판했던 그룹인 하노아 하치오니의 리더였다.

10 그녀의 기고문은 *Underground Wanderings*에서 발췌한 내용을 편집하고 주석을 달아 번역한 것이다. 주로 생존자들에 의해 이디시어나 히브리어로 집필된 추모 서적(Yizkor)들은 홀로코스트에 의해 파괴된 유대인 공동체에 대해 기록하고 있다. 현재까지 2천 권의 추모 서적들이 발간되었다.

11 하렐, 발드만과의 개인적인 인터뷰.

12 안나 슈테른시스와의 개인적인 인터뷰(뉴욕, 2018년 4월 9일) 아비후 로넨과의 개인적인 인터뷰(텔아비브, 2018년 5월 16일).

13 이 부분의 나머지 이야기는 레니아 가족과의 개인적인 인터뷰를 토대로 했다.

14 Uta Larkey, "Transcending Memory in Holocaust Survivors' Families," in *Jewish Families in Europe*, 216.

15 예를 들어 Michlic, ed., *Jewish Families in Europe*과 Epstein, *Children of the Holocaust*를 참조.

16 레니아의 조카인 요람 클라인만에 따르면 레니아는 "냉소적이고 직설적이어서, 당신은 어떤 것에 대해서든 그녀와 이야기할 수 있었다." 클라인만과의 인터뷰.

17 그들은 연로한 부모를 돌보지도 않았다. 빌나 파르티잔의 딸인 리브카 아우겐펠트는 자신의 세대가 어떻게 하면 스스로 그렇게 할 수 있었는지를 찾아내기 위해 노력해야 했다고 말했다. 리브카 아우겐펠트와의 개인적인 인터뷰(몬트리올, 2018년 8월 10일, 17일).

18 Chawka Lenczner, Chana Gelbard, Yitzhak Fiszman.

19 Larkey, "Transcending Memory in Holocaust Survivors' Families," 209-32를 참조.

20 Epstein, *Children of the Holocaust*, 168-69, 178, 251은 생존자 부모들이 얼마나 "연약한 존재"로 보였는지 이야기하고 있다; 생존자 자녀들은 자신의 부모를 보호해야 했다.

21 차이카 그로스만은 평생 공공 봉사에 헌신했다. 폴란드 생존자들을 돕고, 이스라엘 의회인 크네셋 의원으로 선출되어 특히 청소년 및 노인의 이해관계를 옹호했으며, 여성 평등과 아랍계 주민을 위해 활동했다.

22 Izhar, *Chasia Bornstein-Bielicka*, 272.

23 개인적인 전화 인터뷰, Sandy Fainer, November 27, 2018.

24 Vershitskaya, 572.

25 Gurewitsch, "Preface," *Mothers, Sisters, Resisters*, xi–xxi.

26 Ya'ari Hazan, *Bronislawa Was My Name*. 이 부분은 *Bronislawa Was My Name*, 그리고 내가 요엘 야아리와 실시한 개인적인 인터뷰(예루살렘, 2018년 5월 17일)를 토대로 했다. 2019년 12월 23일에 주고받은 이메일에서 요엘은 나에게 *Bronislawa Was My Name*에 서술된 해방 이야기가 정확하지 않다고 알려주면서 수정된 세부 사항을 전해주었다.

27 이 훈장(그룬발트 십자훈장 3급) 수여에 관한 기록은 게토 투사의 전당 박물관 아카이브에 소장되어 있는데, 1945년 4월 26일 런던에 있던 이삭 슈바르츠바르트(Isaac Schwarzbart)가 팔레스타인에 있는 모셰 클링어(Moshe Klinger)에게 보내는 서신 형태로 되어 있다 (The HeHalutz archive in England 소장). 이 훈장이 프룸카 또는 한체에게 전달되었는지에 대해서는 혼란이 있다. 리브카 글란시도 폴란드 군사 훈장을 받았다. 파예와 차시아, 비아위스토크 연락책들은 모두 소련 정부로부터 메달을 받았다.

28 Yoseph Baratz, "The Frumka Group," *Women in the Ghettos*, 182–84는 이 그룹이 벨라와 18세에서 22세에 이르는 30명의 소녀들로 구성되었다고 말한다.

29 25세의 차시아는 정식으로 심리학 교육을 받지는 않았지만 트라우마에 빠진 이 그룹을 다루는 시스템을 고안했다. 그녀는 그들 모두를 위해 "가족의 역할"을 만들어냈고, 거기서 자신이 "큰언니" 역할을 맡았다. Izhar, *Chasia Bornstein-Bielicka*, 319–20.

30 Yaari, "A Brave Connection."

31 이 부분의 나머지는 요엘 야아리와의 개인적인 인터뷰(예루살렘, 2018년 5월 18일)를 토대로 했다.

32 "About Anna Heilman," http://www.annaheilman.net/About%20Anna%20Heilman.htm. 그녀의 가족에 따르면 차시아는 눈치가 빠르지만 조용하고 배려심이 많고 베풀기를 좋아하며 인도주의자였다. 최근 난민을 둘러싼 정치적 논쟁에서, 그녀의 가족은 어떻게 투표할지 결정해야 했다. 그들은 스스로 "차시아는 뭐라고 했을까?"라고 물었다. 그때마다 대답은 분명했다: 어떤 상황에서도 항상 "사슬에서의 가장 약한 고리를 생각하라." 그래서 그녀의 가족은 난민들을 돕기로 결정했다. 차시아가 남긴 "공감"이라는 유산이다. 빌나 파르티잔 출신 리바 마르샤크 아우겐펠트는 늘 사람들을 집으로 초대했다; 그들의 유월절 축제는 "가족으로부터 떠나온 난민" 손님들로 가득 찼다. 리브카는 자신의 부모가 "어떻게 하면 궁극적으로 인간적인 사람이 되는지"에 관한 유산을 물려주었다고 믿는다. 세부적인 사항에 대해서는 리브카 아우겐펠트와의 개인적인 인터뷰 참조.

33 요엘 야아리와의 개인적인 인터뷰(예루살렘, 2018년 5월 17일).

34 예를 들어 Epstein, *Children of the Holocaust*, 179는 이야기의 내러티브가 시간 순이 아니고 분절되고 감정적이어서 그 조각들을 짜맞추는 것이 어려웠던 생존자 자녀들의 사례를 잘 보여준다.

35 Cohen, *Avengers*, 148-49. 루츠카는 *Partisans of Vilna*에서 다소 다른 이야기를 하고 있는 데, 그녀 역시 다시는 웃고 울지 않을 거라고 확신했다. 이 부분은 Neima Barzel, "Rozka Korczak-Marla" and "Vitka Kempner-Kovner," *The Encyclopedia of Jewish Women*에 토대를 둔다; Cohen, *Avengers*; Michael Kovner, www.michalkovner.com; Korczak, *Flames in Ash*; Korczak, Tubin, and Rab, *Zelda the Partisan*; Ziva Shalev, "Zelda Nisanilevich Treger," *The Encyclopedia of Jewish Women*; Yehuda Tubin, Levi Deror et al., eds., *Ruzka Korchak-Marle: The Personality and Philosophy of Life of a Fighter*; Wilfand, *Vitka Fights for Life*; 다음 인물들과의 개인적인 인터뷰도 참조했다: Michael Kovner, Jerusalem, May 17, 2018, and Daniela Ozacky-Stern and Yonat Rotbain, Givat Haviva, Isr., May 14, 2018.

36 개인 인터뷰, Daniela Ozacky-Stern and Yonat Rotbain, Givat Haviva, Isr., May 14, 2018.

37 Cohen, *Avengers*, 172에서 인용.

38 코브너와의 개인적인 인터뷰(예루살렘, 2018년 5월 17일).

39 Korczak, Tubin, and Rab, *Zelda the Partisan*, 150.

40 1971년 4월 19일 루스 메게드(Rhth Meged)가 하레츠(Haaretz)를 위해 쓴 기사에서 가져왔으며 이는 *Zelda the Partisan*, 136에 다시 수록되었다.

41 인터뷰 Ozacky-Stern and Rotbain.

42 코브너와의 개인적인 인터뷰.

43 코브너와의 개인적인 인터뷰.

44 어떤 자료들은 40세라고 쓰고 있다.

45 슈테른 박사에 대해 더 알고 싶으면 "Color Psychotherapy," http://www.colorpsy.co.il/colorPsyEng.aspx 참조. 비트카의 심리요법 활동에 대해 더 알고 싶으면 Michael Kovner, "In Memory of My Mother," https://www.michaelkovner.com/said04eng 참조.

46 Ibid.

47 코브너와의 개인적인 인터뷰(예루살렘, 2018년 5월 17일).

48 Leisah Woldoff, "Daughter of Survivors Continues Parents' Legacy," Jewish News, April 23, 2014, http://www.jewishaz.com/community/valley_view/daughter-of-survivors-continues-parents-legacy/article_7249bb6e-cafb-11e3-8208-0017a43b2370.html.

49 하렐, 발드만과의 개인적인 인터뷰(하이파, 2018년 5월 14일). 이 부분은 레니아의 가족과의 개인적인 인터뷰를 토대로 했다.

50 발드만과의 개인적인 인터뷰(스카이프, 2018년 10월 23일).

51 야드바셈 증언에서 레니아는 자신이 전 세계를 여행했다는 사실을 강조한다. 그러나 폴란드에는 결코 돌아가지 않았다.

52 비트카의 생일은 자료마다 다르지만, 대부분의 자료들은 그녀가 92세에 사망했다고 보고 있다.

53 파르티잔 미라 로스노프(Mira Rosnov)는 이 책을 쓰는 시점에 생존해 있었다. 당시 나이 99세! 파르티잔 투사였던 그녀의 여동생 사라는 92세에 사망했다. 빌나 파르티잔인 차엘

레 포루스 팔레브스키(Chayele Porus Palevsky)도 아직 생존해 있다. 마찬가지로 빌나 파르티잔이었던 리바 마르샤크 아우겐펠트는 95세에 세상을 떠났다.

54 Epstein, *Children of the Holocaust*, 182, 310은 가족에 대한 일편단심이 생존자들에게 가장 중요한 가치였다고 언급하고 있다.

55 메라브 발드만(Merav Waldman)의 컬렉션에서 가져온 사진.

56 Uta Larkey, "Transcending Memory in Holocaust Survivors"에 수록된 3세대의 토론을 참조; 디나 바르디(Dina Wardi)가 설명하듯이 2세대, 3세대 여성들은 때로는 가족 가운데 추모 정신을 지키는 "촛불"과 같다. 2020년 1월 27일 뉴욕 더윙(The Wing)에서 열린 세대 간 트라우마에 관한 좌담회에서 이리트 펠젠(Irit Felsen)이 설명했듯이, 2세대는 부모 세대의 배경에 대해 분노와 부끄러움을 느꼈던 반면, 3세대는 그들의 생존 유산에 대해 자부심을 느꼈다(2세대는 부모와의 사이에 "이중의 장벽"을 갖고 있었고, 각 세대는 서로를 보호하려는 마음에서 전쟁에 관해 토론하는 것을 원치 않았다).

에필로그

1 조너선 오른스타인과의 개인적인 인터뷰(크라푸트, 2018년 6월 25일).

2 Paulsson, *Secret City*, 5, 129-130. 파울손은 16만 명의 폴란드인이 유대인들의 은신을 도왔다는 또 다른 평가를 언급하고 있다. 같은 책 247쪽에서 그는 폴란드인이 수많은 방법으로 유대인들을 도왔다는 것을 강조하면서, 물론 그들의 도움이 곧 구조로 이어진 것은 아니라고 설명한다.

3 Paulsson, *Secret City*, 21-25에서도 파울손은 회고록에는 보통 예기치 못했던 것을 기록하는 경향이 있으며, 표준적인 것은 기록되지 않을 수 있다는 점을 강조한다. 그는 폴란드인 대부분은 그들이 숨겨주고 있던 유대인을 배신하지 않았지만, 극소수지만 배신하고 밀고한 폴란드인의 경우, 더 강한 인상을 남겨서 그 사실을 기록으로 남겼을 것이라고 지적한다.

4 나는 이 단락에 관한 영감을 준 사무엘 J. 카소프(Samuel J. Kassow)에게 감사한다(그의 강의 "In Dialogue: Polish Jewish Relations During the Interwar Period"). 특히 마지막 감상에서 "정당성을 주장하는" 반유대주의를 언급하지 않고, 또한 누가 더 고통을 받았는지에 관한 쓸모없는 논의를 하지 않는 점에 대해 감사한다.

5 다음 자료에 나오는 상이한 설명도 참조: Marisa Fox-Bevilacqua, "The Lost Shul of Będzin: Uncovering Poland's Once-vibrant Jewish Community," Haaretz, 7 Sept 2014, https://www.haaretz.com/jewish/premium-the-lost-shul-of-Będzin-1.5263609.

후기

1 회고록과 증언을 자료로 사용하는 문제에 관한 토론을 살펴보려면 다음 자료 참조: Michlic, ed., *Jewish Families in Europe*; Mervin Butovksy and Kurt Jonassohn, "An Exploratory Study of Unpublished Memoirs by Canadian Holocaust Survivors,'" in Paula J. Draper and Richard Menkis, eds., *New Perspectives on Canada, the Holocaust and Survivors*:

Canadian Jewish Studies, Special Issue (Montreal: Association for Canadian Jewish Studies, 1997), 147-61; Frumi Shchori, "Voyage and Burden: Women Members of the Fighting Underground in the Ghettos of Poland as Reflected in Their Memoirs (1945-1998)," thesis, Tel Aviv University, 2006.

2 Ronen, *Condemned to Life*, 52-63은 차이카가 당시 일기를 쓴 구체적인 환경에 대해 설명 해준다: 재빠르게, 자신의 생생한 감정을 잃게 될까 두려워하면서, 그리고 체포될지 모르 는 두려움에 사로잡혀서.

3 연대기 작가들이 주관적인 입장을 표현하기 위해 사용하는 "우리"라는 집합명사는 Rita Horvath, "Memory Imprints: Testimony as Historical Sources," in *Jewish Families in Europe*, 173-95에 언급되고 있다.

4 Zuckerman, *Surplus of Memory*, viii.

5 Zuckerman, *Surplus of Memory*, 371에 따르면 ZOB의 문서들이 늘 정확하지는 않았다. 그 들은 역사 아카이브를 위해 기록했던 것이 아니라, 어떤 지원을 얻어낼 수 있다는 희망에 서 동정심을 자극하기 위해 기록하고 있었다.

6 이 책에서 나는 이미 책이 출판되고 또 널리 알려지게 된 이름의 표기 방식을 그대로 사용 하려 애썼다. 또한 영어 독자들에게 간편한 철자를 사용하려고 노력했다. 필요하다고 생각 할 경우 가끔 추가적인 표기법을 각주에 남겼다.

7 Kirshenblatt-Gimblett, Barbara and Antony Polonsky, eds., POLIN, *1000 Year History of Polish Jews — Catalogue for the Core Exhibition* (Warsaw: POLIN Museum of the History of Polish Jews, 2014) 서문 참조. Paulsson, *Secret City*, ix-xv는 이 분야에서 용어가 아주 복잡 하다는 점을 고려하고 있다.

8 Laska, *Different Voices*, 255에서 인용.

참고문헌

아래는 내가 집필 과정에 참고한 자료들 가운데 특히 중요한 자료의 목록이다. 이 외의 자료는 주석에 포함되어 있다. 나는 자료에 사용된 본명들을 그대로 사용했다. 그래서 자료의 철자가 이 책에서 내가 사용한 철자와 일치하지 않는 경우가 있다.

아카이브 자료

Alex Dworkin Canadian Jewish Archives, Montreal, Canada.

Emanuel Ringelblum Jewish Historical Institute, Warsaw, Poland.

Ghetto Fighters' House Museum, Israel: 문서로 기록된, 또는 구술로 된 중요한 증언 자료, 현재 또는 과거에 발간된 역사적 뉴스 기사, 사진, 서신 교환, 강연 초록, 레니아 쿠키엘카의 증언을 포함하여 이 책에 등장하는 여러 인물들에 관련된 추도사, 기타 미간행 기록물.

Israel National Archives, Jerusalem, Israel: 레니아 쿠키엘카 이민 서류.

Israel National Library, Jerusalem, Israel: 레니아 쿠키엘카의 증언록.

JDC Archives, New York, USA.

Kibbutz Dafna, Israel.

Massuah International Institute for Holocaust Studies, Tel Yitzhak, Israel.

Moreshet Mordechai Anielevich Memorial Holocaust Study and Research Center, Givat Haviva, Israel.

Ringelblum Archive (Accessed in various locations and formats).

United States Holocaust Memorial Museum, Washington, DC: 생존자 명단, 희귀본, 팸플릿, 구술사와 학술대회 초록, 비아위스토크 게토 관련 전자 아카이브, 디지털화된 링엘블룸 아카이브 자료, 메모, 사진, 비디오 필름, 문서로 작성된 증언.

Yad Vashem, Jerusalem, Israel: 레니아 쿠키엘카, 벨라 하잔, 차우카 렌츠너를 포함한 생존자들의 서면, 구술 증언 자료.

YIVO, New York, USA.

The Wiener Holocaust Library, London, UK.

온라인 자료

아래 자료는 흔히 사용되는 온라인 자료들이다. 여기서는 관련 홈페이지 주소만 언급하고 그 안에 수록된 개별 기사 주소는 생략했다.

Arolsen Archives—International Center on Nazi Persecution: Online Archive; https://arolsen-archives.org/en/search-explore/search-online-archive.

"Before They Perished" Exhibition; https://artsandculture.google.com/exhibit/QRNJBGMI.

Beit Hatfutsot: My Jewish Story, The Open Databases of the Museum of the Jewish People; https://dbs.bh.org.il.

Brama Cuckermana Foundation; http://www.bramacukermana.com.

Centropa; centropa.org.

Culture.pl; https://culture.pl/en.

Emanuel Ringelblum Jewish Historical Institute; http://www.jhi.pl/en.

Geni; https://www.geni.com/family-tree/html/start.

Historic Films Stock Footage Archive, YouTube channel; https://www.youtube.com/channel/UCPbqb1jQ7cgkUqX2m33d6uw.

The Hebrew University of Jerusalem: Holocaust Oral History Collection; http://multimedia.huji.ac.il/oralhistory/eng/index-en.html.

Holocaust Historical Society; https://www.holocausthistoricalsociety.org.uk.

JewishGen; https://www.jewishgen.org/new.

Jewish Partisan Education Foundation; http://www.jewishpartisans.org.

Jewish Records Indexing—Poland; http://jri-poland.org.

Jewish Virtual Library; https://www.jewishvirtuallibrary.org.

Jewish Women's Archive: The Encyclopedia of Jewish Women; https://jwa.org/encyclopedia.

Michael Kovner; https://www.michaelkovner.com.

Modern Hebrew Literature—a Bio-Bibliographical Lexicon; https://library.osu.edu/projects/hebrew-lexicon/index.htm.

Museum of the History of Polish Jews POLIN: Virtual Shtetl; https://sztetl.org.pl/en.

Museum of the History of Polish Jews POLIN: Polish Righteous; https://sprawiedliwi.org.pl/en.

Narodowe Archiwum Cyfrow (National Digital Archive); https://audiovis.nac.gov.pl.

The New York Public Library: Yizkor Book Collection; https://digitalcollections.nypl.org/collections/yizkor-book-collection#/?tab=navigation.

Organization of Partisans, Underground Fighters and Ghetto Rebels in Israel; http://eng.thepartisan.org/ and http://archive.c3.ort.org.il/Apps/WW/page.aspx?ws=496fe4b2-4d9a-4c28-a845-510b28b1e44b&page=8bb2c216-624a-41d6-b396-7c7c161e78ce.

Polish Center for Holocaust Research: Warsaw Ghetto Database; http://warszawa.getto.pl.

Sarah and Chaim Neuberger Holocaust Education Center: In Their Own Words; http://www.
  intheirownwords.net.
Sharon Geva; http://sharon-geva.blogspot.com/p/english.html.
Silesiaheritage YouTube channel; https://www.youtube.com/user/silesiaheritage/featured.
United States Holocaust Memorial Museum: Holocaust Encyclopedia; https://encyclopedia.
  ushmm.org.
USC Shoah Foundation: Visual History Archive; https://sfi.usc.edu/vha.
Warsaw Before WW2, YouTube Channel; https://www.youtube.com/channel/UC_7UzhH0
  KCna70a5ubpoOhg.
The World Society of Częstochowa Jews and Their Descendants; https://www.
  czestochowajews.org.
Yad Vashem: Articles; https://www.yadvashem.org/articles/general.html.
Yad Vashem: Exhibitions; https://www.yadvashem.org/exhibitions.html.
Yad Vashem: Shoah Resource Center; www.yadvashem.org.
Yiddish Book Center: Oral Histories; http://www.jhi.pl/en.
YIVO Digital Archive on Jewish Life in Poland; http://polishjews.yivoarchives.org.
The YIVO Encyclopedia of Jews in Eastern Europe; https://yivoencyclopedia.org.
Zaglembie World Organization; zaglembie.org.

전시와 조형물

Faces of Resistance: Women in the Holocaust, Moreshet, Givat Haviva, Israel.
The Paper Brigade: Smuggling Rare Books and Documents in Nazi-Occupied Vilna, October 11,
  2017–December 14, 2018, YIVO, New York.
Memorials, Mila 18, Warsaw, Poland.
Memorial, Prosta Street Sewer, Warsaw, Poland.
Permanent Exhibition, Emanuel Ringelblum Jewish Historical Institute, Warsaw, Poland.
Permanent Exhibition, Galicia Jewish Museum, Kraków, Poland.
Permanent Exhibition, Ghetto Fighters' House Museum, Ghetto Fighters' House, Israel.
Permanent Exhibition, Mizrachi House of Prayer, Museum of Zagłębie, Będzin, Poland.
Permanent Exhibition, Montreal Holocaust Museum, Montreal, Canada.
Permanent Exhibition, Moreshet, Givat Haviva, Israel.
Permanent Exhibition, Mausoleum of Struggle and Martyrdom, Warsaw, Poland.
Permanent Exhibition, Museum of Warsaw, Warsaw, Poland.
Permanent Exhibition, Museum of Pawiak Prison, Warsaw, Poland.
Permanent Exhibition, Oskar Schindler's Enamel Factory, Museum of Kraków, Kraków,
  Poland.

Permanent Exhibition, POLIN Museum of the History of Polish Jews, Warsaw, Poland.

Permanent Exhibition, United States Holocaust Memorial Museum, Washington, DC.

Permanent Exhibition, Warsaw Rising Museum, Warsaw, Poland.

Permanent Exhibition, Yad Mordechai Museum, Hof Ashkelon, Israel.

Permanent Exhibition, Yad Vashem, Jerusalem, Israel.

Permanent Exhibition, Zabinski Villa, Warsaw Zoological Garden, Warsaw, Poland.

Violated, Ronald Feldman Gallery, April 12 to May 12, 2018, New York.

주요 행사 자료

"Hitler Hanging on a Tree: Soviet Jewish Humor During WW2." Lecture by Anna Shternshis. April 2018. New York. YIVO.

"In Dialogue: Polish Jewish Relations During the Interwar Period." Lectures by Samuel D. Kassow and Paul Brykczynski, November 15, 2018. New York. Fordham University, Columbia, YIVO.

"Kraków Ghetto: A Walking Tour." Agi Legutko. June 2018. Kraków, Poland, Jewish Culture Festival.

"Memorial for Warsaw Ghetto, Warsaw Ghetto Uprising Commemoration, 75th Anniversary." April 19, 2018. New York. The Congress for Jewish Culture with Friends of the Bund, the Jewish Labor Committee, the Workmen's Circle, and YIVO.

Nusakh Vilna Memorial Lecture and Concert. September 16, 2018, and September 22, 2019. New York. YIVO.

Uprising. Screening and Talk. April 22, 2018. New York City. Jewish Partisan Education Foundation, Directors Guild.

인터뷰

Rivka Augenfeld, Montreal, Canada, August 10 and 17, 2018.

Ralph Berger, New York, April 10, 2018.

Havi Dreifuss, Tel Aviv, Israel; May 16, 2018.

Sandy Fainer, telephone, November 27, 2018.

Yoram Kleinman, telephone, February 11, 2019 (interview conducted by Elisha Baskin).

Michael Kovner, Jerusalem, Israel, May 17, 2018.

Jacob Harel and Leah Waldman, Haifa, Israel; May 14, 2018.

Barbara Harshav, New York, March 9 and April 23, 2018.

Emil Kerenji, Washington, DC, April 27, 2018.

Agi Legutko, New York, May 2, 2018.

Jonathan Ornstein, Kraków, Poland, June 25, 2018.

Daniela Ozacky-Stern and Yonat Rotbain, Givat Haviva, Israel, May 14, 2018.

Chayele Palevsky, Skype, November 20, 2018.

Katarzyna Person, Warsaw, Poland, June 21, 2018.

Avihu Ronen, Tel Aviv, Israel, May 16, 2018.

Lilian Rosenthal, telephone, November 12, 2018.

Rochelle Saidel, New York, June 8, 2018.

Elaine Shelub, telephone, November 6, 2018.

Anna Shternshis, New York, April 9, 2018.

David Silberklang, Jerusalem, Israel, May 17, 2018.

Holly Starr, telephone, November 13, 2018.

Michał Trębacz, Warsaw, Poland, June 22, 2018.

Merav Waldman, Skype, October 23, 2018.

Yoel Yaari, Jerusalem, Israel, May 17, 2018.

Racheli Yahav, Tzora, Israel, May 17, 2018.

Eyal Zuckerman, Tel Aviv, Israel, May 15, 2018.

미출간 자료

Grabowski, Jan. "The Polish Police: Collaboration in the Holocaust." Lecture at USHMM, November 17, 2016. Text accessed online.

Jewish Telegraphic Agency Newswire. January 8, 1943. Vol. 10. Number 6. New York.

Kaslow, Maria Wizmur. "Mania: A Gestapo Love Story" and "Vanished." Family collection.

Kukielka, Renia. Photographs, letter, husband testimony, eulogy. Family collection.

Shchori, Frumi. "Voyage and Burden: Women Members of the Fighting Underground in the Ghettos of Poland as Reflected in their Memoirs (1945-1998)." Thesis, Tel Aviv University, 2006 (히브리어).

Starr, Holly. Eulogy for Sara Rosnow, 2017.

Unpublished testimony, Azrieli Foundation.

주요 단행본

학술논문이나 단행본에 포함된 챕터 목록은 여기 언급하지 않았다. 많은 도서들이 여러 언어와 판본으로 출판되어 있기 때문에, 여기서는 주로 이용 가능한 적당한 정보를 제공하고자 했다.

Hantze and Frumka: Letters and Reminiscences. Tel Aviv, Israel: Hakibbutz Hameuchad, 1945 (히브리어).

In Honor of Ala Gertner, Róza Robota, Regina Safirztajn, Ester Wajcblum: Martyred Heroines of the Jewish Resistance in Auschwitz Executed on January 5, 1945. N.p.: n.p., c. 1991 (영어, 이디시어, 폴란드어, 독일어, 프랑스어).

In the Face of Annihilation: Work and Resistance in the Ghettos 1941–1944. Berlin, Germany: Touro College, 2017. Exhibition catalogue.

Portraits of the Fighters: Biographies and Writings of Young Leaders of the Jewish Resistance During the Holocaust. American Friends of the Ghetto Fighters' Museum.

Voice of the Woman Survivor 9, no. 2. New York: WAGRO Women Auxiliary to the Community of Survivors, Holocaust Resource Centers and Libraries. Spring 1992.

Women of Valor: Partisans and Resistance Fighters. Center for Holocaust Studies Newsletter 3, no. 6. New York: Center for Holocaust Studies, 1990.

Ackerman, Diane. *The Zookeeper's Wife: A War Story*. New York: Norton, 2007.

Baumel-Schwartz, Judith Taylor, and Tova Cohen, eds. Gender, *Place and Memory in the Modern Jewish Experience: Re-Placing Ourselves*. London, UK: Vallentine Mitchell, 2003.

Berés Witold and Krzysztof Burnetko. *Marek Edelman: Being on the Right Side*. Translated by William R. Brand. Kraków, Poland: Berés Media, 2016.

Berger, Ralph S., and Albert S. Berger, eds. *With Courage Shall We Fight: The Memoirs and Poetry of Holocaust Resistance Fighters Frances "Fruma" Gulkowich Berger and Murray "Motke" Berger*. Margate, UK: ComteQ, 2010.

Blady-Szwajger, Adina. *I Remember Nothing More: The Warsaw Children's Hospital and the Jewish Resistance*. New York: Pantheon, 1990.

Brzezinski, Matthew. *Isaac's Army: A Story of Courage and Survival in Nazi-Occupied Poland*. New York: Random House, 2012.

Burstein, Dror. *Without a Single Case of Death: Stories from Kibbutz Lohamei Haghetaot*. Tel Aviv, Israel: Ghetto Fighters' House/Babel, 2007.

Cain, Larissa. *Ghettos in Revolt: Poland, 1943*. Paris, France: Autrement, 2003 (프랑스어).

Cohen, Rich. *The Avengers: A Jewish War Story*. New York: Knopf, 2000.

Czocher, Anna, Dobrochna Kałwa, et al. *Is War Men's Business? Fates of Women in Occupied Kraków in Twelve Scenes*. Translated by Tomasz Tesznar and Joanna Bełch-Rucińska. Kraków, Poland: Historical Museum of the City of Kraków, 2011. Exhibition catalogue.

Diatłowicki, Jerzy, ed. *Jews in Battle, 1939–1945*. 4 vols. Warsaw, Poland: Association of Jewish Combatants and Victims of World War II and Jewish Historical Institute, 2009–2015 (폴란드어).

Diner, Hasia R. *We Remember with Reverence and Love: American Jews and the Myth of Silence After the Holocaust, 1945–1962*. New York: New York University Press, 2009.

Draenger, Gusta Davidson. *Justyna's Narrative*. Translated by Roslyn Hirsch and David H. Hirsch. Amherst, MA: University of Massachusetts Press, 1996.

Draper, Paula J., and Richard Menkis, eds. *New Perspectives on Canada, the Holocaust and Survivors. Canadian Jewish Studies*, Special Issue. Montreal, Canada: Association for

Canadian Jewish Studies, 1997.

Dror, Zvi. *The Dream, the Revolt and the Vow: The Biography of Zivia Lubetkin&Zuckerman (1914-1978)*. Translated by Bezalel Ianai. Tel Aviv, Israel: General Federation of Labor (Histadrut) and Ghetto Fighters' House, 1983.

Edelman, Marek. *The Ghetto Fights*. New York: American Representation of the General Jewish Workers Union of Poland, 1946.

Engel, David, Yitzchak Mais et al. *Daring to Resist: Jewish Defiance in the Holocaust*. New York: Museum of Jewish Heritage, 2007. Exhibition catalogue.

Engelking, Barbara, and Jacek Leociak. *The Warsaw Ghetto: A Guide to the Perished City*. New Haven, CT: Yale University Press, 2009.

Epstein, Helen. *Children of the Holocaust: Conversations with Sons and Daughters of Survivors*. New York: Penguin, 1979.

Feldhay Brenner, Rachel. *Writing as Resistance: Four Women Confronting the Holocaust*. University Park, Pennsylvania: Penn State University Press, 2003.

Fishman, David E. *The Book Smugglers: Partisans, Poets, and the Race to Save Jewish Treasures from the Nazis*. Lebanon, NH: ForEdge, 2017.

Freeze, ChaeRan, Paula Hyman et al., eds. *Polin: Studies in Polish Jewry*, vol. 18, *Jewish Women in Eastern Europe*. Liverpool, UK: Littman Library of Jewish Civilization, 2005.

Gabis, Rita. *A Guest at the Shooters' Banquet: My Grandfather's SS Past, My Jewish Family, A Search for the Truth*. New York: Bloomsbury, 2015.

Geva, Sharon. *To the Unknown Sister: Holocaust Heroines in Israeli Society*. Tel Aviv, Israel: Hakibbutz Hameuchad, 2010 (히브리어).

Goldenberg, Myrna, ed. *Before All Memory Is Lost: Women's Voices from the Holocaust*. Toronto, Canada: Azrieli Foundation, 2017.

Goldstein, Bernard. *The Stars Bear Witness*. Translated by Leonard Shatzkin. London, UK: Victor Gollancz, 1950.

Grossman, Chaika. *The Underground Army: Fighters of the Białystok Ghetto*. Translated by Shmuel Beeri. New York: Holocaust Library, 1987.

Grove, Kimberley Sherman, and Judy Geller. *Stories Inked*. Brighton, Canada: Reflections on the Past, 2012.

Grunwald-Spier, Agnes. *Women's Experiences in the Holocaust: In Their Own Words*. Stroud, UK: Amberley, 2018.

Grupińska, Anka. *Reading the List*. Wołowiec, Poland: Czarne, 2014 (폴란드어).

Gurewitsch, Brana, ed. *Mothers, Sisters, Resisters: Oral Histories of Women Who Survived the Holocaust*. Tuscaloosa, AL: University of Alabama Press, 1998.

Gutterman, Bella. *Fighting for Her People: Zivia Lubetkin, 1914-1978*. Translated by Ora

Cummings. Jerusalem, Israel: Yad Vashem, 2014.

Heilman, Anna. *Never Far Away: The Auschwitz Chronicles of Anna Heilman*. Calgary, Canada: University of Calgary Press, 2001.

Izhar, Naomi. *Chasia Bornstein-Bielicka, One of the Few: A Resistance Fighter and Educator, 1939–1947*. Translated by Naftali Greenwood. Jerusalem, Israel: Yad Vashem, 2009.

Kalchheim, Moshe, ed. *With Proud Bearing 1939–1945: Chapters in the History of Jewish Fighting in the Narotch Forests*. Tel Aviv, Israel: Organisation of Partisans, Underground Fighters and Ghetto Rebels in Israel, 1992 (이디시어).

Katz, Esther, and Joan Miriam Ringelheim, eds. *Proceedings of the Conference on Women Surviving the Holocaust*. New York: Institute for Research in History, c1983.

Kirshenblatt-Gimblett, Barbara, and Antony Polonsky, eds. *POLIN, 1000 Year History of Polish Jews — Catalogue for the Core Exhibition*. Warsaw, Poland: POLIN Museum of the History of Polish Jews, 2014. Exhibition catalogue.

Klinger, Chajka. *I am Writing These Words to You: The Original Diaries, Będzin 1943*. Translated by Anna Brzostowska and Jerzy Giebułtowski. Jerusalem, Israel: Yad Vashem and Moreshet, 2017 (원본은 2016년 히브리어로 출판).

Kloizner, Israel, and Moshe Perger. *Holocaust Commentary: Documents of Jewish Suffering Under Nazi Rule*. Jerusalem, Israel: Jewish Agency of Israel and the Rescue Committee for the Jews of Occupied Europe, 1945–1947.

Korczak, Riezl (Ruz'ka). *Flames in Ash*. Israel: Sifriyat Po'alim, Hakibbutz Ha'artzi Hashomer Hatzair, 1946 (히브리어).

Korczak, Roszka, Yehuda Tubin, and Yosef Rab, eds. *Zelda the Partisan*. Tel Aviv, Israel: Moreshet and Sifriyat Po'alim, 1989 (히브리어).

Kukielka, Renia. *Underground Wanderings*. Ein Harod, Israel: Hakibbutz Hameuchad, 1945 (히브리어).

Kulkielko, Renya. *Escape from the Pit*. New York: Sharon Books, 1947.

Laska, Vera, ed. *Women in the Resistance and in the Holocaust: The Voices of Eyewitnesses*. Westport, CT: Praeger, 1983.

Laskier, Rutka. *Rutka's Notebook: January-April 1943*. Jerusalem, Israel: Yad Vashem, 2007.

Liwer, Dawid. *Town of the Dead: The Extermination of the Jews in the Zaglembie Region*. Tel Aviv, Israel, 1946 (히브리어).

Lubetkin, Zivia. *In the Days of Destruction and Revolt*. Translated by Ishai Tubbin and Debby Garber. Edited by Yehiel Yanay, biographical index by Yitzhak Zuckerman. Tel Aviv, Israel: Am Oved; Hakibbutz Hameuchad; Ghetto Fighters' House, 1981 (원본은 1979 년 히브리어로 출판).

Lukowski, Jerzy, and Hubert Zawadzki. *A Concise History of Poland*. Cambridge, UK:

Cambridge University Press, 2001.

Meed, Vladka. *On Both Sides of the Wall*. Translated by Steven Meed. Washington, DC: United States Holocaust Memorial Museum, 1993 (원본은 1948년 이디시어로 출판).

Michlic, Joanna Beata, ed. *Jewish Families in Europe, 1939–Present: History, Representation and Memory*. Waltham, MA: Brandeis University Press, 2017.

Milgrom, Frida. *Mulheres na resistência: heroínas esquecidas que se arriscaram para salvar judeus ao longo da história*. Sao Paolo, Brazil: Ipsis, 2016.

Namyslo, Aleksandra. *Before the Holocaust Came: The Situation of the Jews in Zaglebie during the German Occupation*. Katowice, Poland: Public Education Office of the Institute of National Remembrance, with the Emanuel Ringelblum Jewish Historical Institute in Warsaw and Yad Vashem, 2014. Exhibition catalogue.

Neustadt, Meilech, ed. *Destruction and Rising, The Epic of the Jews in Warsaw: A Collection of Reports and Biographical Sketches of the Fallen*. 2nd ed. Tel Aviv, Israel: Executive Committee of the General Federation of Jewish Labor in Israel, 1947.

Ofer, Dalia, and Lenore J. Weitzman, eds. *Women in the Holocaust*. New Haven, CT: Yale University Press, 1998.

Ostrower, Chaya. *It Kept Us Alive: Humor in the Holocaust*. Translated by Sandy Bloom. Jerusalem, Israel: Yad Vashem, 2014.

Paldiel, Mordechai. *Saving One's Own: Jewish Rescuers During the Holocaust*. Philadelphia, PA: The Jewish Publication Society; Lincoln: University of Nebraska Press, 2017.

Paulsson, Gunnar S. *Secret City: The Hidden Jews of Warsaw 1940–1945*. New Haven, CT: Yale University Press, 2003.

Person, Katarzyna, ed. *Warsaw Ghetto: Everyday Life*. The Ringelblum Archive, vol. 1. Translated by Anna Brzostowska et al. Warsaw, Poland: Jewish Historical Institute, 2017.

Porat, Dina. *The Fall of a Sparrow: The Life and Times of Abba Kovner*. Stanford, CA: Stanford University Press, 2010.

Prince, Robert M. *The Legacy of the Holocaust: Psychohistorical Themes in the Second Generation*. New York: Other Press, 1999 (원본은 1985년에 출판).

Rakovsky, Puah. *My Life as a Radical Jewish Woman: Memoirs of a Zionist Feminist in Poland*. Translated by Barbara Harshav with Paula E. Hyman. Bloomington, IN: Indiana University Press, 2001.

Rapaport, J. ed. *Memorial Book of Zaglembie*. Tel Aviv, Israel, n.p., 1972 (이디시어, 히브리어, 영어).

Reinhartz, Henia. *Bits and Pieces*. Toronto, Canada: Azrieli Foundation, 2007.

Ringelblum, Emanuel. *Notes From the Warsaw Ghetto: The Journal of Emmanuel Ringelblum*.

Translated by Jacob Sloan. New York: ibooks, 2006 (원본은 1958년에 출판).

Rittner, Carol, and John K. Roth, eds. *Different Voices: Women and the Holocaust*. St. Paul, MN: Paragon House, 1993.

Ronen, Avihu. *Condemned to Life: The Diaries and Life of Chajka Klinger*. Haifa and Tel Aviv, Israel: University of Haifa Press, Miskal-Yidioth Ahronoth and Chemed, 2011 (히브리어).

Rosenberg-Amit, Zila (Cesia). *Not to Lose the Human Face*. Tel Aviv, Israel: Kibbutz Hameuchad, Moreshet, Ghetto Fighters' House, 1990 (히브리어).

Rotem, Simha "Kazik." *Memoirs of a Ghetto Fighter*. Translated by Barbara Harshav. New Haven, CT: Yale University Press, 1994.

Rufeisen-Schüpper, Hella. *Farewell to Mila 18*. Tel Aviv, Israel: Ghetto Fighters' House and Hakibbutz Hameuchad, 1990 (히브리어).

Saidel, Rochelle G., and Batya Brudin, eds. *Violated! Women in Holocaust and Genocide*. New York: Remember the Women Institute, 2018. Exhibition catalogue.

Saidel, Rochelle G., and Sonja M. Hedgepeth, eds. *Sexual Violence Against Jewish Women During the Holocaust*. Waltham, MA: Brandeis University Press, 2010.

Schulman, Faye. *A Partisan's Memoir: Woman of the Holocaust*. Toronto, Canada: Second Story Press, 1995.

Shalev, Ziva. *Tossia Altman: Leader of Hashomer Hatzair Movement and of the Warsaw Ghetto Uprising*. Tel Aviv, Israel: Moreshet, 1992 (히브리어).

Shandler, Jeffrey, ed. *Awakening Lives: Autobiographies of Jewish Youth in Poland Before the Holocaust*. New Haven, CT: Yale University Press, 2002.

Shelub, Mira, and Fred Rosenbaum. *Never the Last Road: A Partisan's Life*. Berkeley, CA: Lehrhaus Judaica, 2015.

Solomian-Lutz, Fanny. *A Girl Facing the Gallows*. Tel Aviv, Israel: Moreshet and Sifryat Hapoalim, 1971 (히브리어).

Spizman, Leib, ed. *Women in the Ghettos*. New York: Pioneer Women's Organization, 1946 (이디시어).

Tec, Nechama. *Resistance: Jews and Christians Who Defied the Nazi Terror*. New York: Oxford University Press, 2013.

Thon, Elsa. *If Only It Were Fiction*. Toronto, Canada: Azrieli Foundation, 2013.

Tubin, Yehuda, Levi Deror, et al., eds. *Ruzka Korchak-Marle: The Personality and Philosophy of Life of a Fighter*. Tel Aviv, Israel: Moreshet and Sifriyat Po'alim, 1988 (히브리어).

Vitis-Shomron, Aliza. *Youth in Flames: A Teenager's Resistance and Her Fight for Survival in the Warsaw Ghetto*. Omaha, NE: Tell the Story, 2015.

Wilfand, Yigal, ed. *Vitka Fights for Life*. Givat Haviva, Israel: Moreshet, 2013 (히브리어).

Ya'ari-Hazan, Bela. *Bronislawa Was My Name*. Tel Aviv, Israel: Hakibbutz Hameuchad, Ghetto Fighters' House, 1991 (히브리어).

Yerushalmi, Shimshon Dov. *Jędrzejów Memorial Book*. Tel Aviv, Israel: Jędrzejów Community in Israel, 1965.

Zuckerman, Yitzhak "Antek." *A Surplus of Memory: Chronicle of the Warsaw Ghetto Uprising*. Translated by Barbara Harshav. Berkeley, CA: University of California Press, 1993.

주요 논문

아래는 앞서 수록된 단행본이나 온라인 자료에서 나타나지 않는 몇몇 주요 논문의 목록이다.

Bernard, Mark. "Problems Related to the Study of the Jewish Resistance Movement in the Second World War." *Yad Vashem Studies* 3 (1959): 41-65.

Fox-Bevilacqua, Marisa. "The Lost, Shul of Będzin: Uncovering Poland's Once-vibrant Jewish Community." *Ha'aretz*, September 7, 2014, https://www.haaretz.com/jewish/. premium-the-lost-shul-of-Będzin-1.5263609.

Harran, Ronen. "The Jewish Women at the Union Factory, Auschwitz 1944: Resistance, Courage and Tragedy." *Dapim: Studies in the Holocaust* 31, no. 1 (2017): 45-67.

Kasonata, Adriel. "Poland: Europe's Forgotten Democratic Ancestor." *The National Interest*. May 5, 2016. https://nationalinterest.org/feature/poland-europes-forgotten-democratic-ancestor-16073.

Kol-Inbar, Yehudit. "'Not Even for Three Lines in History': Jewish Women Underground Members and Partisans During the Holocaust." *A Companion to Women's Military History*. Eds. Barton Hacker and Margaret Vining. Leiden, Netherlands: Brill, 2012.

Ofer, Dalia. "Condemned to Life? A Historical and Personal Biography of Chajka Klinger." Translated by Naftali Greenwood. *Yad Vashem Studies* 42, no. 1 (2014): 175-88.

The Pioneer Woman, no. 97, April 1944.

Porter, Jack. "Jewish Women in the Resistance." *Jewish Combatants of World War 2* 2, no. 3 (1981).

Ringelheim, Joan. "Women and the Holocaust: A Reconsideration of Research." *Signs* 10, no. 4 (Summer 1985): 741-61.

Ronen, Avihu. "The Cable That Vanished: Tabenkin and Ya'ari to the Last Surviving Ghetto Fighters." *Yad Vashem Studies* 41, no. 2 (2013): 95-138.

_____. "The Jews of Będzin." *Before They Perished ... photographs Found in Auschwitz*. Edited by Kersten Brandt, Hanno Loewy, et al. Oświęcim, Poland: Auschwitz-Birkenau State Museum, 2001, 16-27.

Szczęsna, Joanna. "Irena Conti." *Wysokie Obcasy*. April 21, 2014 (Polish).

Tzur, Eli. "A Cemetery of Letters and Words." *Ha'aretz*, August 1, 2003, https://www.haaretz.

com/1.5354308.

Vershitskaya, Tamara. "Jewish Women Partisans in Belarus." *Journal of Ecumenical Studies* 46, no. 4 (Fall 2011): 567-72.

Yaari, Yoel. "A Brave Connection." *Yedioth Ahronoth*. Passover Supplement, April 5, 2018 (히브리어).

Zariz, Ruth. "Attempts at Rescue and Revolt: Attitude of Members of the Dror Youth Movement in Będzin to Foreign Passports as Means of Rescue," *Yad Vashem Studies* 20 (1990): 211-36.

Zerofsky, Elisabeth. "Is Poland Retreating from Democracy?" *New Yorker*. July 23, 2018.

영화와 음악

Blue Bird. DVD. Directed by Ayelet Heller. Israel, 1998 (히브리어).

Daring to Resist: Three Women Face the Holocaust. DVD. Directed by Barbara Attie and Martha Goell Lubell. USA, 1999.

The Heart of Auschwitz. DVD. Directed by Carl Leblanc. Canada, 2010.

The Last Fighters. DVD. Directed by Ronen Zaretsky and Yael Kipper Zaretsky. Israel, 2006 (히브리어).

Partisans of Vilna: The Untold Story of Jewish Resistance During World War II. Directed by Josh Waletsky. USA, 1986.

Pillar of Fire (히브리어 버전, 아마도 에피소드 13번). Viewed at Yad Mordechai Museum. Directed by Asher Tlalim. Israel, 1981 (히브리어).

Uprising. DVD. Directed by Jon Avnet. USA, 2001.

Who Will Write Our History. Cinema screening. Directed by Roberta Grossman. USA, 2019.

Yiddish Glory: The Lost Songs of World War 2. CD. Six Degrees Records, 2018 (이디시어).

The Zuckerman Code. Accessed online at https://www.mako.co.il/tv-ilana_dayan/2017/Article-bb85dba8ec3b261006.htm. Directed by Ben Shani and Noa Shabtai. Israel, 2018 (히브리어).

게토의 저항자들

유대인 여성 레지스탕스 투쟁기

1판 1쇄 2023년 6월 14일

지은이 | 주디 버탤리언
옮긴이 | 이진모

펴낸이 | 류종필
편집 | 권준, 이정우, 이은진
마케팅 | 이건호
경영지원 | 김유리
표지 디자인 | 석운디자인
본문 디자인 | 박애영
교정교열 | 오효순

펴낸곳 | (주) 도서출판 책과함께
　　　　주소 (04022) 서울시 마포구 동교로 70 소와소빌딩 2층
　　　　전화 (02) 335-1982
　　　　팩스 (02) 335-1316
　　　　전자우편 prpub@daum.net
　　　　블로그 blog.naver.com/prpub
　　　　등록 2003년 4월 3일 제2003-000392호

ISBN 979-11-92913-16-2 03900